구조율고【四】九朝律考

구조율고【四】 九朝律考

[권4] 남조제율고南朝諸律考 / [권5] 후위율고 상·하後魏律考 上·下

[권6] 북제율고北齊律考 / [권7] 후주율고後周律考 / [권8] 수율고 상·하隋律考 上·下

An Annotated Translation on the Laws of Nine Dynasties

정수덕程樹德 저 ▌ 임병덕 역주

세창출판사

구조율고 【四】 九朝律考

1판 1쇄 인쇄   2015년 4월 15일
1판 1쇄 발행   2015년 4월 25일
저   자 ┃ 정수덕(程樹德)
역주자 ┃ 임병덕(林炳德)
발행인 ┃ 이방원
발행처 ┃ 세창출판사
           주소 ┃ 서울 서대문구 경기대로 88 (냉천빌딩 4층)
           신고번호 ┃ 제300-1990-63호
           전화 ┃ (02) 723-8660   팩스 ┃ (02) 720-4579
           http://www.sechangpub.co.kr
           e-mail: sc1992@empal.com

ISBN 978-89-8411-499-9 94360
        978-89-8411-495-1 (세트)

잘못된 책은 구입하신 서점에서 바꾸어 드립니다.
책값은 뒤표지에 있습니다.

이 도서의 국립중앙도서관 출판예정도서목록(CIP)은 서지정보유통지원시스템 홈페이지
(http://seoji.nl.go.kr)와 국가자료공동목록시스템(http://www.nl.go.kr/kolisnet)에서
이용하실 수 있습니다.(CIP제어번호: CIP2015011085)

역주자 서문

 2011년 한국연구재단 명저번역에 선정된 후 벌써 3년이 지났다. 청대고 증학의 진수를 느낄 수 있는 程樹德의 『九朝律考』에 대한 역주를 진행하고 마무리하면서 요즘 3년 전 내가 그 얼마나 무모한 시도를 했는지 절감하고 있다. 출판을 앞둔 현 시점에서도 역주작업의 결과에 대해 여전히 두려움 을 느끼고 있다. 만약 그 어려움을 미리 알았더라면 이 일을 결코 시도할 엄 두도 내지 못하였을 것이다. 程樹德의 『九朝律考』를 언뜻 보았을 때는 '二 十四史'의 본문이 대부분인 줄 알았다. 그런데 막상 하나하나 번역을 하다 보니 程樹德이 인용하고 참고하고 있는 문헌자료가 실로 방대하다는 것을 실감하였다. 程樹德의 『九朝律考』에는 『漢書』, 『史記』, 『三國志』, 『魏書』, 『晉書』, 『陳書』, 『隋書』 등의 正史類를 비롯하여 唐代의 법전인 『唐六典』 과 『唐律疏議』, 그리고 유교 경전 및 제자백가서인 『春秋左傳』, 『抱朴子』, 『春秋公羊傳』, 『禮記』, 『韓非子』, 『呂氏春秋』, 『荀子』, 『管子』, 『周禮』, 『禮記』, 『春秋穀梁傳』, 『大戴禮記』 등을 비롯하여 漢代의 지리서인 『水經 注』, 『三輔黃圖』, 그리고 자서 혹은 자전류인 『急就篇』, 『集韻』, 『釋名』, 『爾雅』, 『說文解字』 등이 인용되었고, 시기적으로는 전국시대부터 송원대 에 이르는 시기에 편찬된 『國語』, 『戰國策』, 『潛夫論』, 『新序』, 『韓詩外傳』, 『申鑒』, 『新書』, 『漢紀』, 『風俗通義』, 『論衡』, 『鹽鐵論』, 『淮南子』, 『東觀 漢記』, 『逸周書』, 『荊楚歲時記』, 『後漢紀』, 『羣書治要』, 『酉陽雜俎』, 『藝 文類聚』, 『通典』, 『北堂書鈔』, 『意林』, 『白氏六帖事類集』, 『初學記』, 『通 志』, 『容齋隨筆』, 『演繁露』, 『冊府元龜』, 『東漢會要』, 『鼠璞』, 『唐會要』, 『西漢會要』, 『資治通鑑』, 『太平御覽』, 『文獻通考』 등 수많은 사료가 인용

되고 있으며 여기에서 散見하는 漢律을 비롯한 隋代까지의 九朝律을 빠짐없이 망라하고 있다. 程樹德의『九朝律考』에서 인용되고 있는 사료는 앞서 열거한 것만이 아니고, 심지어는 北京大 도서관에서도 찾을 수 없는 사료도 있고, 또한 단순히 사료의 본문에서만 인용된 경우 못지않게 '注疏'에서 인용된 사료가 상당하여 한문 실력이 짧은 나로서는 수많은 한계에 부딪칠 수밖에 없었다. 게다가 程樹德이 활동한 시대에는 중국의 노대가들을 동원하여 정밀한 교감을 행한 '중화서국 표점본 이십사사'가 출판되지 않은 시기였고, 또한 납활자 시대에 수작업과 자신의 암기력에 기초해서『九朝律考』를 출간하였기 때문에 표점이나 오자, 탈자를 제외하고도 전거로 삼은 문헌 가운데 인용권수가 다르거나 찾을 수 없는 경우도 적지 않아 실제 번역과정에서 수도 없는 난관에 부딪혔다. 그 전거가 되는 인용문을 전혀 다른 책에서 찾기도 하였다. 이처럼 이 책의 번역은 나의 능력을 벗어난 작업이었지만, 그럼에도 불구하고『九朝律考』의 번역을 이나마 마무리하고 출판할 수 있게 된 것은 나를 도와준 뛰어난 제자와 후배가 있었기 때문이었다. 충북대학교를 졸업하고 성균관대학교에서 석사를 마친 뒤 북경대학에서 박사과정에 재학 중인 김병진 군은 이 책의 번역에 큰 도움을 주었다. 특히 해석이 어려운 문장의 경우 김병진 군이 결정적 해석을 제공한 경우도 적지 않았다. 예를 들어 "行言許受財"를 해석하지 못하고 있어서 며칠간 고민한 적이 있었다. 김병진 군을 포함하여 몇 분께 자문을 받았는데, 김병진 군의 해설이 가장 상세하여 김병진 군의 해설에 근거하여 "[사전에] 말을 주고받아 뇌물을 받는 것을 허락한 경우"라는 식으로 해석하여 "사전에 뇌물을 요구하였거나 뇌물로 바치는 물건임을 알면서도 받는 행위에 대한 처벌 규정"으로 번역을 마무리하였다. 또한 성균관대학교 박사과정에 재학 중인 김진 군으로부터도 많은 도움을 받았다. 이미 김병진 군과 김진 군은 매우 빈틈없는 논문을 발표하여 한국의 동양사학계의 차세대 주자로 주목을 받고 있는데, 이들의 탄탄한 연구성과의 배경에는 은사이신 하원수 선생님의 영향이 큰 것 같다. 이 밖에도 이 책을 번역하면서 해석이 풀리지 않을 경우에는 성대의 김경호 선생님, 숙대 임중혁 선생님, 경북대 윤재석 선생님, 전남대 박건주 선생님, 성대 송진 선생님, 서강대 홍승현 선생님, 경북대 오준석 선생님 등을 비롯하여 많은 분들의 도움을 받았다. 해제에 대해서는 충남대학교의 정순모 선생님의 예리한 지적을 받아 수정하였다. 이렇게 많은 분들의 도움을 받고도『九朝律考』에 대한 역주는 아직도 자신이 없다. 무엇보다『九朝律考』가 얼마나 난해하고 방대한 책인지도 모르고 명저번역을 1년 기간으로 신청하다 보니 번역기간이 너무 짧았다. 이 정도 분량의 번역서라면 당연히 연구팀이 조직되어 여러 사람들과의 토론을 거쳤어야 했는데, 필자의 착오로 예산이나 시간상 모두 불가능하였다. 변명을 덧붙이자면, 국내 명저 번역이 대체로 중국과 일본의 번역서를 참고하고 있고, 심지어는 국내에 이미 번역한 책을 별다른 수준의 차이를 느낄 수 없게 중복 번역한 경우도 있지만, 이 책은 일본이나 중국에서 번역된 사례가 없어서 참고할 만한 책이 전무한 상태였다는 점이다. 따라서 중국의 고전과 전적에 천박한 나는 해석상 미궁에 빠진 적이 많을 수밖에 없었다. 여러 면에서 부족하고 미진하지만, 한 가지 이 책의 장점을 거론할 수 있다. 그것은 역주에 최근의 출토문헌의 연구성과를 반영하여 보강하고 있다는 점이다. 근래에 최근의 中國古代法制史 연구는 주로 출토문헌을 중심으로 진행되었는데, 그 계기가 된 것은 1975년 湖北省 雲夢縣 睡虎地秦墓에서 1천여 매의 법률관계 죽간, 즉 秦律의 조문과 그 해석이 밝혀지게 되면서부터였다.『雲夢睡虎地秦簡』중의 법률자료는 중국 고대 법제의 형성과 전개과정에 대한 이해는 물론 동아시아 법체계의 형성이라는 측면에서도 매우 중요하다. 즉『雲夢睡虎地秦簡』은 漢初의「九章律」,『二年律令』등을 통해 파악할 수 있는 漢律과의 관계뿐만 아니라 唐律의 연원 및 법체계의 변천과 異同에 대한 연구에도 중요한 단초를 제공하고 있다.『雲夢睡虎地秦簡』이후 최근 몇 년 사이에 학계의 관심이 집중된 것은『張家山漢簡』『二年律令』이었다. 秦律 이후 湖北省 江陵 張家山 漢墓群에서도 그 모습을 보인 漢初의 律令인『張家山漢簡』『二年律令』에 대한 연구는 2002년 공식

출간 이후 秦律 연구를 능가하는 열기 속에 진행되었다. 최근 3권까지 공개된 『嶽麓書院秦簡』도 中國古代法制史 연구의 중요한 출토자료로 주목을 받고 있고 곧 전모가 공개될 예정이다. 본서에서는 『嶽麓書院秦簡(參)』의 奏讞資料까지 역주에 참고하고 있다. 역주만이 아니라 본문의 해석상에서도 『雲夢睡虎地秦簡』과 『張家山漢簡』『二年律令』의 연구 성과를 어느 정도 반영할 수 있었다. 예를 들어, '船方長'의 方은 舫의 通假字로 '方長'은 곧 '舫長'이다. 따라서 船方長은 船長을 의미하는 것으로 쉽게 해석할 수 있었다. 그런데 '船方長'에 대한 해석은 『張家山漢簡』『二年律令』의 강독에서 도움을 받은 것이었다. 『晉書』「刑法志」에는 矯制가 나오고 있는데, 制는 詔書로 矯制는 즉 矯詔이다. 오늘날의 연구자는 『二年律令』을 통하여 矯制는 '大害', '害', '不害' 등 몇 개의 등급으로 나누어 있었고, 이에 따라 처벌을 달리하였음을 상세히 알 수 있게 되었다. 程樹德은 『史記』「秦始皇本紀」에 나오는 隱宮을 궁형을 받은 자로 보고 있지만, 나는 최근의 출토문헌의 연구성과에 따라 '隱宮'을 '隱官'으로 주석을 달았다. 또한 服飾과 관련된 한율의 규정은 이해하기 매우 어려운데, 『二年律令』282簡에는, "윗도리(겉옷 衣)를 사여하는 경우 6장 4척에 그 테두리 장식은 5척이며 (안에 넣는) 솜은 3근이다. 속저고리(속옷 襦)는 2장 2척에 그 테두리 장식은 1장이며 (안에 넣는) 솜은 2근이다(賜衣者六丈四尺、緣五尺、絮三斤, 襦二丈二尺、緣丈、絮二斤)."라 하여 복식과 관련된 참고할 만한 규정이 나온다. 복식과 관련된 한율의 규정을 쉽게 이해할 수 있었던 것도 『二年律令』에 힘입은 바라 할 수 있다. 程樹德의 『九朝律考』에는 魏晉 註釋家들의 주석이 대거 인용되고 있는데, 魏晉 註釋家는 『睡虎地秦墓竹簡』 자료나 『二年律令』을 직접 보지 못한 상태였기 때문에 때로는 『睡虎地秦墓竹簡』 자료나 『二年律令』을 확인하게 된 현재의 학자가 유리한 점도 있다. 그러나 이 부분도 최근의 출토문헌에 대한 연구성과를 소화하는 데 게을리한 결과로 인하여 미진한 것 투성이다.

돌이켜보면 자신의 능력도 돌아보지 않고 내가 『九朝律考』의 역주에 도

전한 것은 실로 모험이었고 따라서 오역도 적지 않으리라 생각한다. 게다가 이 책에 대한 역주를 진행하고자 하였을 때 수술로 몸이 정상적인 상태가 아니었다. 중국의 고전과 전적에 천박한 내가 최근 3년간 이 책의 번역에 집중하면서 논문으로만 연구자의 역량이 평가되는 한국의 학계의 이상한 현실에서 크게 뒤처진 느낌이 든다. 이 책의 출판을 계기로 소홀히 한 몸 관리와 밀린 논문에 집중해야 할 것 같다.

끝으로 이 책의 편집을 맡은 세창출판사의 편집진들의 세심한 교정과 편집에 감사를 드린다. 그리고 이 책을 명저번역으로 선정되는 데 도움을 주신 한국연구재단의 인문사회연구진흥지원팀의 서영민 선생님, 임현정 선생님, 김대환 선생님, 홍지영 선생님, 김상현 선생님께도 감사를 드린다. 특히 홍지영 선생님께는 틈틈이 많은 질문을 드려 귀찮게 해드렸고 그때마다 친절하게 상세히 설명해 주었다. 모든 면에서 무미건조하고 부족한 나를 사랑하는 아내에게 나는 매우 부족하다. 항상 미안함을 느낀다. 그리고 나 자신보다 훨씬 소중하게 생각하는 내 딸 예나와 예림이에게 아빠의 작은 성과를 전해주고 싶다.

2014년 9월
세종시 첫마을에서
임 병 덕

1. 『九朝律考』는 1927년 商務印書館에서 처음 출간되었는데, 현재까지 북경과 대만의 商務印書館에서 꾸준히 책을 출판하고 있다. 다만 본 역주서는 商務印書館에서 출판된 책이 아닌 1963년 中華書局에서 출판된 책을 저본으로 삼았다.

2. 인용된 『漢書』와 『史記』 등은 '중화서국 표점본 이십사사'를 참고하여 대조 작업을 하였다.

3. 『唐六典』과 『唐律疏議』에 대한 번역은 金鐸敏主編, 『譯註唐六典』 서울: 신서원, 2003년과 김택민 · 임대희 主編, 『譯註唐律疏議』 名例編 · 名則上 · 下, 서울: 한국법제연구원, 1994 · 1998년을 참고하였으며, 원문 대조는 (唐)李林甫等撰, 『唐六典』(陳仲夫點校本) 北京: 中華書局, 1992년과 (唐)長孫無忌等撰, 『唐律疏議』 北京: 中華書局, 1993년을 참고하였다.

4. 『睡虎地秦墓竹簡』과 『二年律令』은 각각 睡虎地秦墓竹簡整理小組, 『睡虎地秦墓竹簡』 北京: 文物出版社, 1978년과 張家山二四七號漢墓竹簡整理小組, 『張家山漢墓竹簡[二四七號墓](釋文修訂本)』 北京: 文物出版社, 2006년을 참고하였고, 그중 『張家山漢墓竹簡[二四七號墓](釋文修訂本)』 속의 漢初 율령은 『二年律令』으로 약칭하였다. 특히 『睡虎地秦墓竹簡』에 대한 해석은 尹在碩, 『睡虎地秦墓竹簡』 서울: 소명출판, 2010년을 참고하였다.

5. 『春秋左傳』 등의 경전은 주로 十三經注疏를 참고하였다.

6. 『九朝律考』의 표점에 오류가 상당히 많았다. 이는 많은 양의 사료를 중

간 중간 떼어내어 발췌하고 이를 이어 붙이는 과정 중에 문장이 불분명해진 부분이 많았기 때문일 것으로 추측되지만, 이와 같은 부분을 제외하고도 사료 자체를 잘못 이해하여 표점이 잘못된 부분도 상당히 많았다. 때문에 표점을 고칠 경우 하나하나 주석을 달아 설명하는 것이 불가능하였고, 이 경우 '중화서국 이십사사 표점본'을 따랐다. 그러나 꼭 필요하다고 생각되면 원래의 문장 가운데 어느 부분을 발췌했는가를 주석에 사료를 나열하면서 관련부분에 줄을 그어 표기하기도 하였다.

7. 『九朝律考』에는 표점이나 오자, 탈자를 제외하고도 전거로 삼은 문헌 가운데 인용권수가 다르거나 찾을 수 없는 경우도 적지 않아 실제 번역 과정에서 수도 없는 난관에 부딪혔다. 그 전거가 되는 인용문을 전혀 다른 책에서 찾기도 하였다. 예를 들어 심한 경우에는 전거를 『南齊書』라고 하였는데, 『南齊書』에는 해당 내용이 보이지 않으며, 『冊府元龜』에 수록되어 있는 사례도 있었다. 단순한 문장상의 차이점이나 글자의 오류 등은 대부분 그대로 두고 번역과 주석을 통해 바로잡고자 하였다. 권수나 문헌 자체가 확실히 다른 경우에도 대부분 설명 없이 전거가 되는 문헌에 따라 수정하였다.

8. 인용한 사료는 원칙적으로 사료 원문과 빠짐없이 대조하여 쪽수를 표기하는 것을 원칙으로 하였다.

9. 번역은 모두 우리말 발음으로 하고 한자의 병기가 필요하다고 판단될 때는 우리말(한자)을 병기하였다. 그러나 주석의 경우에는 전문성이 있는 내용이 많다는 점에서 우리말과 한자를 함께 사용하였다.

10. 번역 가운데 [ ]로 표시된 부분은 원문에는 없지만, 이해를 돕기 위해 보완한 내용이다.

南朝諸律考

【원문】 自晉氏失馭, 海內分裂, 江左以淸談相尙, 不崇名法. 故其時中原律學, 衰於南而盛於北. 北朝自魏而齊而隋而唐, 尋流溯源, 自成一系, 而南朝則與陳氏之亡而俱斬. 竊嘗推求其故, 而知南朝諸律, 實遠遜北朝, 其泯焉澌滅, 蓋有非偶然者. 元魏自太祖迄世宗, 凡五次修定律令, 考訂之勤, 超越前代. 齊律科條簡要, 仕門子弟, 嘗講習之, 南朝則異是. 宋齊均沿用晉律, 南齊武帝嘗欲令王植刪正張杜舊律, 事未施行. 唐志有宗躬齊永明律八卷, 蓋亦不過考正舊註, 實未定律也. 其定律者, 厥惟蔡法度之梁律與范泉之陳律. 然梁祖崇尙釋氏, 煦煦爲仁, 陳氏又尤而效之, 律令繁蕪, 史無稱焉. 考唐志有梁律二十卷, 陳律九卷, 而宋史藝文志已不載, 則南宋以來, 其佚已久. 今欲考訂南朝諸律, 有三難焉. 梁陳享國日淺, 著述傳世者稀, 文集碑誌, 率多騈儷, 風雲月露, 侈爲蕪詞, 不易徵實, 一難也. 梁陳二書, 不立刑法志, 隋志於梁陳記載亦略, 二難也. 書鈔御覽諸書, 間引晉律, 而梁陳律特晉律之附庸, 後人鮮援引之者, 三難也. 故考證梁陳二律, 較漢晉諸律爲獨難. 雖然, 其增損沿襲之迹, 後人尙有可以意得之者. 隋志言梁律全用王植舊本, 今以律目相較, 梁律篇目, 均與晉同, 惟刪去諸侯一篇, 增置倉庫一篇. 陳律篇目, 全與梁同, 是梁陳兩朝之律, 質言之, 卽晉律之張杜舊本. 唐志有條抄晉宋齊梁律二十卷, 蓋比較四朝之異同, 宋齊沿用晉律, 而與梁幷擧, 知梁陳雖間有增改, 而大體悉仍晉律之舊, 此其證也. 隋志又云, 梁於晉律, 所刪者止游詞費句; 陳則篇目條綱, 一依梁法. 是兩朝之於晉律, 其增損均在文句之間. 蓋當時柄國諸臣, 率多優於詞章, 而疏於掌故, 卽搜討巖穴, 得蔡法度范泉之流, 已如鳳毛麟角. 梁陳二書, 於蔡范

均不爲立傳, 則其人蓋亦不足當創制顯庸之任, 非史有闕略也. 今仍以
隋志爲主, 刺取梁書陳書南史及他書以附益之, 略爲排比, 疏陋之誚,
知所不免, 亦聊以備一代之制云爾.

一九二三年癸亥冬 閩縣 程樹德 序

【역문】 진(晉)이 통치 권력을 상실하여 국토가 분열된 이래, 강좌(江左)[1] 지
역에서는 청담(淸談)만을 서로 고상히 여길 뿐 명분과 법률[名法]은 숭상
하지 않았다. 이 때문에 당시 중원(中原)의 율학은 남쪽에서 쇠퇴하고 북
쪽에서 흥성하였다. 북조(北朝)는 위(魏)에서 제(齊), 수(隋), 당(唐)에 이
르기까지 그 갈래를 찾아 근원으로 거슬러 올라가면 스스로 하나의 계
통을 이루지만, 남조(南朝)의 경우 진(陳)의 멸망과 함께 단절되어 버리
고 말았다. 내 일찍이 그 까닭을 미루어 짐작해 보건대, 남조의 여러 율
은 실로 북조로부터 멀리 유리되어 있었으니 그 단절되어 사라져 감도
우연한 일은 아니었을 것이라 생각된다. 후위(後魏)[2]는 태조 때부터 세
종 때까지 모두 다섯 차례에 걸쳐 율령을 정비[修定]하였으니, [그 율령
을] 검토하여 바로잡기[考訂] 위한 노력이 전대(前代)를 초월하였다. 북제
(北齊)의 법률 조문은 간단하고 요략하여 출사(出仕)한 가문의 자제들이
일찍이 이를 배우고 익혔지만, 남조의 경우는 이와 달랐다. 유송(劉宋)과
남제(南齊)는 모두 진율(晉律)을 답습하였고, 남제(南齊)의 무제(武帝; 재위
482-493)는 일찍이 왕식(王植)으로 하여금 장두(張杜)의 구율(舊律)을 산정
(刪正)하게 하고자 하였으나, 이 일을 끝내 시행치는 못하였다.[3] 『신당서』
「예문지」에 "종궁(宗躬)의 『제영명률』 8권"[4]이라는 기재가 있으나, 이

---

1 東晉 및 宋·齊·梁·陳 등 南朝 각 대의 기업이 모두 長江 이남에 치우쳐 있었기 때문에 "江左"라
불리며, 그 범위는 각 정권의 영향력이 미쳤던 모든 지역을 포괄한다.
2 "元魏"는 곧 北魏를 가리킨다. 孝文帝가 洛陽으로 천도할 당시 姓을 拓跋氏에서 元氏로 고쳤기 때
문에 역사상에서 이를 "元魏"라 일컫는다.
3 이와 관련한 자세한 내용은 『南齊書』 권48, 「孔稚珪傳」, 835-838쪽에서 확인할 수 있다.
4 『新唐書』 권58, 「藝文志2」, '乙部史錄·刑法類', 1493쪽; 『舊唐書』 권46, 「經籍志上」, '乙部史錄·

또한 대체로 옛 주석을 고증하여 바로잡은 것에 불과하며 사실상 여전히 정률(定律)은 아니었다. 그 정률이라 함은 다만 채법도(蔡法度)의 『양률(梁律)』과 범천(范泉)의 『진율(陳律)』일 따름이다. 그러나 양조(梁祖)[5]가 불교[釋氏]를 숭상하여 사소한 자애로움을 인(仁)이라 여기었고[6] 진(陳) 또한 이를 더욱 본받아 받드니, 율령은 번잡해지고 역사 속에 일컬어짐도 없게 되었다. 『신당서』「예문지」에 "『양률(梁律)』 20권"과 "『진율(陳律)』 9권"[7]에 대한 기재가 있으나 『송사』「예문지」에서는 이미 [이를] 기재하고 있지 않으니, 남송(南宋) 이래 두 율서(律書)의 실전(失傳)은 이미 오래된 것이었다. 지금 남조의 여러 율을 고증하여 바로잡고자 한다면, [다음과 같은] 세 가지 곤란함이 뒤따른다. 양(梁)과 진(陳)은 국가로서 존속한 기간이 매우 짧고 저술도 세상에 전하는 것이 드물며 문집이나 비(碑)에 새긴 글도 대체로 변려문(騈儷文)이 많아 실속이 없고 겉멋만 화려한 데 불과하므로 그 실질을 명확히 밝히기가 쉽지 않다는 것이 첫 번째 곤란함이다. 『양서(梁書)』와 『진서(陳書)』는 「형법지」를 별도로 두지 않았고, 『수서』「형법지」 내에 양(梁)과 진(陳)에 대한 기재 또한 소략하다는 점은 그 두 번째 곤란함이다. 『북당서초』나 『태평어람』과 같은 책들이 간간이 진율(晉律)을 인용하였지만 양률(梁律)과 진율(陳律)

刑法類', 2010쪽.

5 梁의 개국시조 武帝 蕭衍(464-549)을 이른다. 재위 기간은 502년부터 549년까지이다. 武帝는 저서로 『涅萃』, 『大品』, 『净名』, 『三慧』 등 수백 권의 불교 관련 저작을 남겼을 정도로 불교학 연구에 매진하였으며, 儒家의 '禮', 道家의 '無', 佛家의 '因果應報' 사상을 한데 융합하여 "三教同源說"을 제창하기도 하였다.

6 "煦煦爲仁"이란 구절은 唐의 韓愈(768-824)가 지은 「原道」의 내용 중에 보인다. "煦煦"란 본래 햇볕이 만물을 따스하게 비추는 모양을 형용하는 말로 아녀자의 慈愛와 같은 일상적이고 사소한 은혜를 가리킨다. 韓愈는 道家와 佛家를 배척하고 儒家 사상의 정통성을 드높이기 위해 작성한 「原道」라는 글 중에서 仁義가 하찮은 것이라 비방하였던 老子의 견해를 다시 비판하였다. 그중 老子를 가리켜 "사소한 자애로움 따위를 '仁'으로 여기고, 고립되어 자신의 주장만을 관철하는 것을 '義'라고 여긴다."고 비판한 내용 중에 이 구절이 등장한다.([宋]李昉 等 編, 『文苑英華』 권363, 「雜文13」, '辯論1', 韓愈 「原道」, 北京: 中華書局, 1966, 1862쪽. "老子之小仁義, 非毁之也, 其見者小也. 坐井而觀天, 曰天小者, 非天之罪也. 彼以煦煦爲仁, 子子爲義, 其小之也則宜. 其所謂道, 道其所道, 非吾所謂道也.")

7 『新唐書』 권58, 「藝文志2」, '乙部史錄 · 刑法類', 1494쪽. 다만 『舊唐書』 권46, 「經籍志上」, '乙部史錄 · 刑法類', 2010쪽에는 『梁律』 20권에 대한 기록만 있고, 『陳律』 9권에 대한 기록은 없다.

은 단지 진율(晉律)의 부용(附庸)일 따름이니, 후세 사람들 중에 인용한 이들이 드물다는 점은 그 세 번째 곤란함이다. 그러므로 양률(梁律)과 진율(陳律)을 고증하는 일은 한(漢)과 진(晉)의 여러 율[을 고증하는 일]과 비교하였을 때 유독 어려움이 따른다. 비록 그렇다고 할지라도 그 증손(增損)한 바와 답습한 자취를 후세 사람들이 여전히 헤아려 알 수 있는 것들도 있다. 『수서』「형법지」8에 양률(梁律)은 전적으로 왕식(王植)의 구본(舊本)을 활용하였다고 하였는데, 지금 율목(律目)을 가지고 서로 비교해 보면 양률(梁律)의 편목은 모두 진(晉)[의 편목]과 동일하며, 다만 「제후(諸侯)」1편을 삭제하고 「창고(倉庫)」1편을 덧보태었을 뿐이다. 진율(陳律)의 편목은 모두 양(梁)[의 편목]과 동일하며, 이 양(梁)과 진(陳) 두 나라의 율은 그 바탕을 가지고 말하자면, 곧 진율(晉律)인 장두(張杜)의 구본(舊本)과 같다. 『신당서』「예문지」에 "『조초진송제양률』20권"9이라는 기재가 있는데, 대략 네 나라의 같고 다름을 비교해 보면, 송(宋)과 제(齊)는 진율(晉律)을 답습하였으며 양(梁)과 함께 병렬된다. 양(梁)과 진(陳) 사이에 비록 간간이 증개(增改)된 바가 있었을지라도 대체로 모두 여전히 진율(晉律)의 구본(舊本)에 바탕을 두고 있다는 점을 알 수 있는데, 이는 그 증거라 하겠다. 『수서』「형법지」에 다시 이르기를, 양(梁)에서 진율(晉律)과 관련하여 삭제한 바는 다만 현실과 부합하지 않는 공허한 어구일 따름이며,10 진(陳)의 경우 편목과 조강(條綱)을 모두 양법(梁法)에 의거11하였다고 하였다. 이 두 나라가 진율(晉律)에 대하여 증손(增損)한 바는 모두 문구(文句) 방면에서 나타난다. 대개 당시 권력을 쥐고 있던

---

8 『隋書』 권25, 「刑法志」, '梁', 697쪽.

9 『新唐書』 권58, 「藝文志2」, '乙部史錄·刑法類', 1494쪽.

10 『隋書』 권25, 「刑法志」, '梁', 697쪽. "天監元年八月, 乃下詔曰: 「律令不一, 實難去弊. 殺傷有法, 昏墨有刑. 此蓋常科, 易爲條例. 至如三男一妻, 懸首造獄, 事非慮內, 法出恒鈞. 前王之律, 後王之令, 因循創附, 良各有以. 若遊辭費句, 無取於實錄者, 宜悉除之. …」"

11 『隋書』 권25, 「刑法志」, '陳', 702쪽. "於是稍求得梁時明法吏, 令與尙書刪定郞范泉, 參定律令. 又勅尙書僕射沈欽·吏部尙書徐陵·兼尙書左丞宗元饒·兼尙書左丞賀朗參知其事, 制律三十卷, 令律四十卷. 採酌前代, 條流冗雜, 綱目雖多, 博而非要. 其制唯重淸議禁錮之科. … 又存贖罪之律, 復父母緣坐之刑. 自餘篇目條綱, 輕重簡繁, 一用梁法."

제신(諸臣)들은 대부분 사장(詞章)에만 능하고 장고(掌故)에는 소홀한 경우가 많았지만, 암혈지사(巖穴之士)를 찾아내어 채법도(蔡法度)와 범천(范泉) 같은 이들을 얻었으니 [이들은] 이미 매우 훌륭하고 뛰어난 인재들이었다. 『양서(梁書)』와 『진서(晉書)』가 채법도(蔡法度)와 범천(范泉)에 대하여 모두 열전을 싣지 않은 것은 이들이 대개 또한 새로운 제도를 만들어 매우 밝게 드러내는 임무를 감당하기에 부족하였기 때문이지 사서(史書)에서 [이들을] 누락한 바는 아닐 것이다. 이제 계속해서 『수서』「형법지」를 위주로 『양서(梁書)』와 『진서(陳書)』, 그리고 『남사(南史)』 및 기타 서적들의 내용을 발췌하여 이를 부연함으로써 대략적으로나마 배비(排比)하겠지만, 그 미진함에 대한 책망은 면할 수 없음을 잘 아는 바이니, 또한 일대(一代)의 제도를 갖춘다는 것으로써 의지하고자 한다.

1923년 계해 겨울 민현에서 정수덕 序

● 梁定律年月及修律諸人

양(梁)에서 율을 정한 연월 및 율의 정비에 참여한 여러 인물

【원문】 天監元年八月丁未詔, 中書監王瑩等八人, 參定律令.(武帝紀)

【역문】 천감 원년(502) 8월 정미일에 조(詔)를 내려, 중서감(中書監) 왕영(王瑩) 등 8인으로 하여금 율령을 참작(參酌)하여 상정(商定)토록 하였다.[12] (『양서』「무제본기」)

【세주 원문】 按藝文類聚五十四, 有任昉爲梁公請刊改律令表, 考封梁公事在齊中興二年, 是定議實在齊末, 故甫卽位, 遂有是詔.

【세주 역문】 『예문유취』 권54에 "임방(任昉)의 「위양공청간개율령표」가 있다."[13]고 기재되어 있다. 이를 상고해 보면 양공(梁公)의 일은 제(齊)나라 중흥 2년(502)에 있었고, 이는 율령을 참정(參定)하기 위한 논의가 실제로 제(齊)나라 말엽에 있었음을

---

12 『梁書』 권2, 「武帝本紀」, 38쪽.
13 [唐]歐陽詢撰, 『藝文類聚』 권54, 「刑法部」, '刑法'(上海: 上海古籍出版社, 1985), 975쪽.

의미한다. 그러므로 즉위하자마자 마침내 이 조(詔)를 내렸던 것이다.

【원문】 天監二年夏四月癸卯, 尙書刪定郎蔡法度上梁律二十卷, 令三十
卷, 科四十卷.(同上)

【역문】 천감 2년(503) 4월 계묘일에 상서산정랑 채법도(蔡法度)[14]가『양률』20
권과『[양]령』30권 및『[양]과』40권을 진상하였다.[15](『양서』「무제본기」)

【원문】 天監元年八月, 乃下詔曰, 律令不一, 實難去弊, 殺傷有法, 昏墨有
刑, 此蓋常科, 易爲條例. 至於三男一妻, 懸首造獄, 事非慮內, 法出恒
鈞. 前王之律, 後王之令, 因循創附, 良各有以. 若遊辭費句, 無取於實錄
者, 宜悉除之. 求文指歸, 可適變者, 載一家爲本, 用衆家以附. 景(丙, 唐
避諱作「景」)丁俱有, 則去丁以存景; 若景丁二事, 注釋不同, 則二家兼載,
咸使百司, 議其可不, 取其可安, 以爲標例, 宜云某等如干人同議, 以此
爲長, 則定以爲梁律, 留尙書比部, 悉使備文. 若班下州郡, 止撮機要, 可
無二門侮法之弊. (蔡)法度又請曰: 魏晉撰律, 止關數人, 今若皆諮列位,
恐緩而無決. 於是以尙書令王亮、侍中王瑩、尙書僕射沈約、吏部尙
書范雲、長兼侍中柳惲、給事黃門侍郎傅昭、通直散騎常侍孔藹、御
史中丞樂藹、太常丞許懋等, 參議斷定, 定爲二十篇.(隋書刑法志)

【역문】 천감 원년(502) 8월에 비로소 조(詔)를 내려 말하기를, "율령이 한결
같지 못하여 실로 폐단을 제거하기가 어렵다. 살상(殺傷)[의 죄]에 대해
서는 [그에 상응하는] 법률이 있고, 혼묵(昏墨)[의 죄][16]에 대해서도 [그에

---

14 蔡法度는 濟陽人으로 齊나라 때 상서성 관원이 되었고, 梁이 건국되자 義興郡(현재 강소성 宜興縣)
태수 등의 관직을 역임하였다. 『梁書』「武帝紀」에 따르면, 그는 『梁律』20권과 『令』30권, 『科』
40권을 刪定하였고, 天監 2년 4월에 반포한 것으로 되어 있다. 다만 梁의 율령이나 科의 撰定에
주도적인 역할을 한 채법도의 傳는 분명하지 않고 여러 서적에 단편적으로 보일 뿐이다. 채법도에
대하여 기술되어 있는 문헌으로는 『梁書』「柳惲傳」, 『文苑英華』권397, 『唐六典』권6, 『舊唐書』
「經籍志」, 『新唐書』「藝文志」 등이 있다.

15 『梁書』권2, 「武帝本紀」, 39쪽.

16 "昏墨"은 죄명이다. "昏"은 자신이 죄가 있는데도 도리어 좋은 名聲을 掠取하는 것을 가리키고,
"墨"은 뇌물을 탐하고 법을 왜곡하여 직무를 훼손시키는 것을 말한다. 『좌전』昭公 14년에 "昏 ·

상응하는 형벌이 있다. 이러한 것들은 대체로 일상적인 죄과(罪科)이므로 그 조례를 만드는 것은 쉬운 일이다. 그러나 세 남자가 한 명의 처(妻)를 공유한 일[17]이나 계모(繼母)를 처로 삼은 전처(前妻)의 자식을 살해하고 그 수급을 걸어둔 특별한 처형[18] 등은 사정이 보통 사람의 생각 안에 있지 않고, 법률상 통상의 범위를 넘는 것이다. 그러므로 전왕(前王)이 율을 만들고 후왕(後王)이 다시 영을 만들 듯이 종전의 것을 답습하면서도 또 새로운 것을 부가해 가는 것은 확실히 각각 이유가 있는 것이다. 그러나 만약 쓸데없는 말이나 부실한 장구로 실제의 기록에 부합하지 않아 도움이 되지 않는 것들은 마땅히 모두 제거토록 하라. 조문이 의미하는 바를 찾은 경우, 그것이 다른 방향의 해석을 취할 수 있는 가능성을 가진 것은 1가(家)의 설을 근본으로 하고 다른 여러 가(家)의 설을 부가하여 증감하도록 하라. 병(丙)의 조문과 정(丁)의 조문이 공통의 내용을 가진 경우에는 정을 버리고 병을 남기도록 하라. 만약 병과 정의 두 조문에서 주석이 다른 경우에는 2가(家)의 주석을 함께 싣도록 하라. 이상의 것들에 대해서는 백관으로 하여금 그 가부를 논의시켜 타당한 것을 채택하여 표준의 사례로 삼도록 하여라. 마땅히 '모모(某某) 등 약간 명이 함께 심의하여 이것이 가장 좋다.'라고 하는 방식으로 『양률(梁律)』을 제정토록 하라. 그것을 상서비부(尙書比部)[19]에 존치(存置)하고 거기

墨·賊·殺은 皐陶의 형이다."라고 하였다.

17 『初學記』 권12에 인용된 謝承의 『後漢書』에는 다음과 같이 기술되어 있다. 漢 宣帝(기원전 74-49) 때 燕代(현재 하북·산서의 북부) 지방에서 3인의 형제가 1인의 부인을 함께 처로 맞이하여 4명의 자녀를 낳았다. 뒤에 자식들이 재산을 다투어 나누고자 하였다. 縣의 관아에서 이 일을 듣게 되었지만, 결단을 내릴 수가 없었다. 마침내 이 사안은 廷尉에게 넘어갔고, 정위 范延壽는 "이것은 사람의 類屬이 아니다. 금수는 어미에게 속하지 아버지에게 속하지 않는다."고 論決하고는 자식들을 어미에게 귀속시킨 후 3명의 형제를 棄市하였다(이는 『太平御覽』 권 647에 인용된 『搜神記』에도 보인다).

18 前漢 元帝 初元 연간(기원전 48-44), 王尊이 美陽縣의 현령이었을 때 前妻의 자식이 繼母를 자신의 처로 삼은 일이 있었다. 왕존은 이와 같은 경우를 經傳에서 "造獄"이라 표현하고 있는 것에 빗대어 불효자를 懸磔하여 나무에 매단 후 騎吏 5명으로 하여금 사살케 하였다(『漢書』 권76, 「王尊傳」). "造獄"과 관련하여 「王尊傳」의 顔師古 注에는 "非常의 刑名으로 殺戮하는 법"이라고 하였다. 이는 律로 규정할 수 없는 不倫罪에 대해 특별한 판결이나 처형을 내리는 것을 의미하는 것으로 보인다.

에 법문의 완전한 것을 부본(副本)으로 갖추어두는 것으로 하되, 만약 법을 주군(州郡)에 반포하여 발급할 때는 그 요점만을 정리하는 것으로 하라. 이와 같이 하면 법의 해석이 구구해져서 법률을 왜곡하는 폐해를 없앨 수가 있을 것이다."라고 하였다. [이후] 채법도(蔡法度)가 다시 청하여 말하기를, "위(魏)·서진(西晉) 때 율의 제정은 단지 몇 사람의 손에 의해 행해졌습니다.[20] 지금 만약 관위에 있는 자들 모두에게 의견을 구한다면 아마 일이 지체되어 결단을 내릴 수가 없을 것 같아 걱정됩니다."라고 하였다. 이에 상서령(尙書令)[21] 왕량(王亮),[22] 시중(侍中)[23] 왕영(王瑩),[24] 상서복야(尙書僕射)[25] 심약(沈約),[26] 이부상서(吏部尙書)[27] 범운(范雲),[28] 장겸

---

19 尙書比部는 尙書省 소속의 比部曹를 가리킨다. 魏晉 시기 尙書에 처음 比部曹가 설치되었고, 관원에는 郎中과 員外郎을 두었으며, 그 職掌은 南朝 宋의 사례를 통해 유추해 본다면, 율령 등 법제를 관장하였을 것으로 생각된다. 齊, 梁, 陳 및 北魏, 北齊에도 比部曹가 있었으며 都官尙書에 속하였지만, 北齊의 比部曹는 詔書, 律令, 句檢 등의 일을 관장하였다. 梁의 비부도 이와 유사한 職掌을 가지고 있었을 것으로 생각된다.

20 『晉書』「刑法志」에 따르면, 『魏律』18편의 撰者는 陳羣, 劉邵, 韓遜, 庾嶷, 黃休, 苟詵 등이었고, 『晉律』20편의 撰者는 賈充, 鄭沖, 荀勗, 羊祜, 王業, 杜友, 杜預, 裴楷, 周權, 郭頎, 成公綏, 柳軌, 榮邵 등 14인이었다.

21 尙書令은 勅命의 선포나 관원의 人選을 관장하던 관청의 장관이다.

22 王亮의 字는 奉叔으로 琅邪 臨沂人이다. 宋에 仕進하여 黃門侍郎, 晉陵太守를 역임하였고, 齊에서는 吏部尙書가 되었다. 梁의 臺閣이 성립하자 侍中, 中書監兼尙書令이 되었고, 武帝가 受禪한 이후에는 시중, 상서령, 中軍將軍에 임명되었다. 天監 2년(503)에 光祿大夫가 되었지만, 죄로 인해 면관되어 庶人이 되었다. 이후 天監 8년(509)에 복직되어 그 이듬해에는 中書監이 되었지만, 같은 해에 유명을 달리하였다.

23 侍中은 前漢 이래 정원이 없었다. 漢代에는 주로 加官으로서 天子의 측근에서 봉사하며 신변의 雜用을 관장하였다. 魏晉 이후에는 정원을 두어 4명으로 하였다. 주로 천자의 出駕 때 호위를 담당하였으며, 印璽를 가지고 乘輿에 陪乘하거나 騎乘하여 따르기도 하였다. 또 천자의 고문으로서 政務의 樞機에도 참여하였다. 梁이나 北魏 때에는 宰相과 다름없는 직책이었으며, 이는 陳에서도 동일하였다.

24 王瑩의 字는 奉光으로 王亮의 從兄이다. 南朝의 宋, 齊에 仕進하여 太子詹事, 中領軍 등을 역임하였다. 梁 武帝가 踐祚한 이후 侍中, 撫軍將軍이 되었고, 天監 15년(516)에는 左光祿大夫, 開府儀同三司가 되었다.

25 尙書僕射는 尙書省의 次官이다. 齊와 梁에서는 左右僕射를 두었고, 左僕射를 右僕射의 상위에 두었다. 秦의 尙書는 4명이었지만, 여전히 曹名을 나누지는 않았다. 漢 成帝(기원전 33-7) 때, 尙書를 5명으로 하여 그중 1명을 僕射, 다른 4명을 각각 常侍曹, 二千石曹, 民曹, 客曹 등 四曹로 삼았으며, 그 후에 다시 三公曹를 두어 총 五曹로 삼았다. 이 중 常侍曹는 公卿의 일을 관장하였으며, 이후 吏曹, 選部 등으로 그 명칭이 변경되었지만, 모두 選擧를 관장하는 職掌을 가지고 있었다. 魏는 吏部尙書 이하 五尙書를 두었고, 晉 초에는 吏部 이하 六曹를 두었으며, 太康(280-289) 중에는 吏部 이하 六曹尙書를 두었고, 東晉 때는 吏部 이하 五尙書를 두었으며, 宋에서는 吏部 이하 六尙

시중(長兼侍中)[29] 유운(柳惲),[30] 급사황문시랑(給事黃門侍郎)[31] 부소(傅昭),[32] 통직산기상시(通直散騎常侍)[33] 공애(孔藹),[34] 어사중승(御史中丞)[35] 악애(樂藹),[36] 태상승(太常丞)[37] 허무(許懋)[38] 등에게 합의하여 결정토록 하여 20

書를 두었다.

26 沈約은 梁의 臺閣이 성립하였을 때 散騎常侍, 吏部尙書兼右僕射가 되었지만, 高祖가 受禪한 이후 尙書僕射가 되었고, 그 이후 잠시 尙書左僕射를 역임하였다.

27 劉宋의 吏部尙書는 吏部, 刪定, 三公, 比部 등의 四曹를 거느렸으며, 그 권위는 가장 컸다. 梁과 陳도 이와 동일하였다. 『隋書』「百官志」에 따르면, 梁의 경우 吏部尙書는 中書令, 侍中, 散騎常侍, 列曹尙書와 함께 秩 중2천석으로 제3품이었다.

28 范雲(451-503)의 字는 彦龍으로 南鄕 舞陰人이다. 南齊의 竟陵王(蕭子良) 주위에 있던 文人 집단 중 한 사람이다. 梁의 臺閣이 성립하자 시중이 되었고, 天監 원년(502)에는 散騎常侍, 吏部尙書가 되었다. 뒤에 尙書右僕射로 옮겼지만, 天監 2년(503)에 53세의 일기로 생을 마감하였다.

29 長兼侍中에서 "長兼"은 그 의미가 명확하지는 않지만, 『魏書』, 『梁書』및『南史』에 보이는 몇몇의 용례를 통해 추론해 볼 수는 있다. 『魏書』「郭祚傳」에 "長兼給事黃門侍郎", "兼吏部尙書", "長兼吏部尙書", "正吏部尙書"가 보이고, 『梁書』「張纘傳」에 "長史兼侍中"이 보이지만, 『南史』「張纘傳」에는 "長史兼侍中"을 "長兼侍中"이라 기재하고 있다. 다만 『梁書』의 "長史"가 어떤 관직의 "長史"인지가 명확하지 않다. 또 張纘의 네 번째 아우의 열전인 「張綰傳」에도 "起家長兼秘書郎"이라는 관직이 보인다. 그 밖에도 "長兼"의 용례는 여럿 보이지만, 『魏書』「郭祚傳」에 따르면, 郭祚가 "兼吏部尙書", "長兼吏部尙書", "正吏部尙書"로 官階를 거치고 있기 때문에 "長兼"은 "兼"과 "正"의 중간에 위치하는 것으로 생각된다.

30 柳惲(465-517)의 字는 文暢으로 河東 海人이다. 南齊의 경릉왕 주변에 있던 문인 집단 중 한 사람이다. 梁 天監 원년(502)에 長兼侍中이 되었고, 吳廣太守를 마지막으로 관직에서 물러났으며 天監 6년(508)에 53세의 일기로 생을 마감하였다.

31 黃門은 宮中에 들어가는 문을 말하며, 給事黃門侍郎은 천자를 近侍하는 관원으로서 散騎常侍와 함께 尙書의 奏事를 담당하였다.

32 傅昭(454-528)의 字는 茂遠으로 北地 靈州人이다. 齊의 永明 연간(483-493)에 경릉왕 蕭子良의 參軍, 尙書議曹郎이 되었고, 累遷하여 尙書左丞으로 승진하였다. 梁의 臺閣이 성립하였을 때는 給事黃門侍郎, 兼御史中丞이 되었고, 天監 연간에 太常卿, 臨海太守 등을 거쳐 散騎常侍가 되었다. 淸廉하고 私利를 가까이하지 않는 것으로 이름이 알려졌다. 大通 2년(528)에 75세의 일기로 생을 마감하였다.

33 通直散騎常侍에서 "通直"은 西晋 泰始 10년(274)에 武帝가 散騎常侍와 員外散騎常侍를 通直하였기 때문에 생겨난 명칭이다(『宋書』「百官志」참고). 通直散騎常侍는 황제를 侍從하는 관원으로서 規諫과 잘못의 駁正 등을 관장하였다. 宋, 齊 때는 集書省에 속하였고, 梁代에는 文化省에 귀속되었다.

34 孔藹에 관한 사적은 자세히 살피기가 어렵다.

35 御史中丞은 御史大夫의 副官으로서 관원의 위법 행위를 탄핵하는 일을 관장하였다. 당초 漢에서는 어사대부에 두 명의 丞을 두어 그중 한 명을 御史丞이라 하였고, 다른 한 명을 中丞이라 하였다. 중승은 殿中의 蘭臺에서 圖書秘籍을 관장하였고, 밖으로는 刺史를 督察하고 내부에서는 侍御史 15명을 거느리고 公卿의 奏事나 탄핵의 案文을 受理하였다. 곧 殿中에서 不法을 察擧하는 것을 임무로 하였지만, 어사대부가 大司空이 되자 중승은 殿外로 나가 御史臺의 장관이 되었고, 뒤에 어사대부의 임무를 관장하게 되었다. 齊, 梁 이래 어사중승을 南司라고 부르게 되었고, 陳도 齊의 제도를 답습하였다.

편을 제정하였다.[39](『수서』「형법지」)

【원문】 柳惲字文暢, 天監元年除長史兼侍中, 與僕射沈約等, 共定新律.
(柳惲傳)

【역문】 유운(柳惲)의 자는 문창으로 천감 원년(502)에 장사 겸 시중으로 제수되어 복야 심약(沈約)[40] 등과 함께 신율(新律)을 참정(參定)하였다.[41](『양서』「유운열전」)

【원문】 二年四月癸卯, (蔡)法度表上新律, 帝乃以法度守廷尉卿, 詔班新律於天下.(同上[42])

【역문】 [천감] 2년(503) 4월 계묘일에 채법도(蔡法度)가 상표문(上表文)과 함께 신율(新律)을 진상하였다. 황제가 이에 채법도를 수정위경[43]으로 삼

---

36 樂藹의 字는 蔚遠으로 南陽 淯陽人이다. 宋의 名將 宗愨의 外甥이다. 宋의 荊州刺史 建平王 景素의 主簿가 되었고, 다시 荊州의 諸官을 역임하였다. 梁 天監 연간(502-519) 초에 驍騎將軍이 되었고, 少府卿을 거쳐 御史中丞으로 승진하였다. 뒤에 信武長史, 江夏太守 등이 되었으며, 63세의 일기로 생을 마감하였다.

37 太常丞은 宗廟禮儀를 관장하는 太常侍의 官으로 大常이라고도 한다. 漢나라 때 秦의 奉常을 太常으로 개명하였고, 梁代에는 金紫光祿大夫에 비견되었다. 丞은 그 속관이다.

38 許懋(464-532)의 字는 昭哲로 高陽 新城人이다. 지극히 효성스럽고 학문을 숭상하였던 것으로 널리 알려져 있다. 특히 故事에 매우 밝아서 儀注의 學으로 칭송받았다. 齊에 仕進하여 豫章王의 行參軍이 되었고, 뒤에 太子步兵校尉에 제수되었으며, 이어서 散騎常侍, 兼國子博士 등을 역임하였다. 梁 天監 연간 초에 五禮의 개정에 참여하였고, 征西鄱陽王의 諮議參軍, 兼著作郎에 제수되었다. 그 뒤 太子家令으로 관직을 옮겼고, 지방으로 나가서 始平太守, 天門太守 등을 역임하였으며, 中大通 4년(532)에 太子中庶子를 담당한 이후 생을 마감하였다.

39 『隋書』권25, 「刑法志」, ‘梁’, 697-698쪽.

40 沈約(441-513)의 字는 休文으로 吳興 武康(현재 浙江省 德淸 武康鎭) 출신이다. 南朝의 宋, 齊 두 왕조에서 관직을 지냈으며, 후에 梁 武帝의 즉위를 도와 尙書令까지 역임하였다.

41 『梁書』권21, 「柳惲傳」, 331쪽.

42 원문에는 “同上”이라 하여 그 출처를 『梁書』「柳惲傳」으로 밝혀 두었으나, 이는 誤記이다. 올바른 출처는 『隋書』「刑法志」이다.

43 梁 초까지만 하더라도 宋과 齊의 제도를 답습하여 여전히 “卿”의 명칭을 두지는 않았지만, 天監 7년(508)에 春, 夏, 秋, 冬에 각각 3卿씩을 두어 총 12卿을 설치하였다. 廷尉卿도 또한 그 하나로서 秋卿에 속하였다. 이전부터 司法의 長官으로서 刑罰을 管掌하였다. “守”의 경우 唐制에서는 관위가 낮은 사람이 그 관위보다 높은 관직에 임명된 경우에 그 관직 앞에 “守”字를 붙이도록 되어 있었지만 六朝에서도 반드시 그러하였던 것은 아니고, 오히려 兼任이라는 의미로서 사용되는 경우

고, 조(詔)를 내려 신율을 천하에 반포하도록 하였다.[44](『수서』「형법지」)

【원문】 沈約授廷尉制略云, 尙書刪定左曹郞中蔡法度, 少好律書, 明曉法令, 世之所廢, 篤志不怠. 至於章句蹉滯, 名程乖礙, 莫不斟酌厥裏, 允得其門, 方欲寄以國刑, 開示後學.(文苑英華三百九十七)

【역문】 심약의 「수[채법도]정위제」에 대략 다음과 같이 기재되어 있다. 상서산정좌조낭중 채법도는 어려서부터 율서(律書) 읽기를 좋아하여 법령에 정통하였으며, 세간에서 기피하는 바에 뜻을 오로지하여 게을리하지 않았다. 장구의 해석에 막힘이 있거나 명칭과 격식이 이치와 어긋날 경우 그 까닭을 헤아리지 않음이 없이 진실로 그 해답을 얻어내고 난 후에야 비로소 이를 국가의 형률에 부침으로써 후학들에게 본보기가 되었다.[45](『문원영화』권397)

【원문】 梁氏受命, 命蔡法度沈約等十人, 增損晉律, 爲二十篇, 凡定罪二千五百二十九條.(唐六典注)

【역문】 양(梁)이 건국된 후 채법도와 심약 등 10인으로 하여금 진율(晉律)을 증손(增損)케 하여 20편을 만들었으니, 모두 2,529조였다.[46](『당육전』 주)

【세주 원문】 按修律諸人, 據隋志止九人, 此幷法度計之, 故云十人. 武帝紀云八人, 則幷不數王亮也. 梁律, 據元年詔書, 所刪定者僅遊辭費句; 其注釋不同者, 以衆議定其可否, 餘多仍晉律之舊. 此云增損晉律, 最得其實.

【세주 역문】 율의 정비에 참여한 여러 인물들은 『수서』「형법지」에 따르면 단지 9명[47]일 뿐이지만, 여기서는 [채]법도까지 아울러 계산하였기 때문에 10명이라고 한

도 많았던 듯하다.

44 『隋書』권25, 「刑法志」, '梁', 700쪽. "二年四月癸卯, 法度表上新律, 又上令三十卷, 科三十卷. 帝乃以法度守廷尉卿, 詔班新律於天下."
45 『文苑英華』권397, 「中書制誥18」, '卿寺2 · 大理卿', 授蔡法度廷尉制, 2015쪽.
46 『唐六典』권6, 「尙書刑部」의 注, 181쪽.

것이다. [한편『양서』]「무제기」에는 8명[48]이라고 하였는데, 이는 또한 [이미 해임된] 왕량(王亮)을 포함하지 않은 것이다.[49] [천감] 원년(502)의 조서[50]에 따르면, 『양률』이 [『진율(晉律)』에서] 삭제하였던 것은 다만 현실과 부합하지 않는 공허한 어구들이었을 뿐이며, 그중 주석이 동일하지 않은 경우에는 중의(衆議)를 통해 그 가부를 결정하고, 그 밖의 사안은 대부분『진율(晉律)』의 옛 면모를 그대로 유지하였다. 여기서『진율(晉律)』을 증손(增損)하였다고 한 것은 최대한 그 사실을 분명히 한 것이다.

【원문】 梁律二十卷, 梁義興太守蔡法度撰.(隋書經籍志, 舊唐書經籍志, 新唐書藝文志同)

【역문】 『양률』20권은 양(梁)의 의흥(義興) 태수 채법도가 편찬하였다.[51](『수서』「경적지」,『구당서』「경적지」와『신당서』「예문지」에도 대체로 이와 동일한 내용이 전한다.)

◉ 梁律係用南齊王植舊本
『양률』은 남제(南齊) 왕식(王植)의 구본(舊本)을 계승하여 활용함

【원문】 時欲議定律令, 得齊時舊郎濟陽蔡法, 度家傳律學, 云齊武時, 刪

---

47 『隋書』권25, 「刑法志」, '梁', 698쪽, "於是以尙書令王亮、侍中王瑩、尙書僕射沈約、吏部尙書范雲、長兼侍中柳惲、給事黃門侍郎傅昭、通直散騎常侍孔藹、御史中丞樂藹、太常丞許懋等, 參議斷定, 定爲二十篇."

48 『梁書』권2, 「武帝本紀」, 38쪽, "[天監元年八月]丁未, 詔中書監王瑩等八人參定律令."

49 王亮은 新律의 정비에 참여하였으나, 이 작업이 모두 완료되기 이전인 天監 2년(503) 정월에 해임되었기 때문인 것으로 보인다. 蔡法度에 의해 新律이 進上된 것은 같은 해 4월의 일이었다.(『梁書』권2, 「武帝本紀」, 39쪽, "[天監二年春正月]丙辰, 尙書令、新除左光祿大夫王亮免. 夏四月癸卯, 尙書刪定郎蔡法度上梁律二十卷、令三十卷、科四十卷.")

50 『隋書』권25, 「刑法志」, '梁', 697쪽, "天監元年八月, 乃下詔曰:「律令不一, 實難去弊. 殺傷有法, 昏墨有刑. 此蓋常科, 易爲條例. 至如三男一妻, 懸首造獄, 事非慮內, 法出恒鈞. 前王之律, 後王之令, 因循創附, 良各有以. 若遊辭費句, 無取於實錄者, 宜悉除之. 求文指歸, 可適變者, 載一家爲本, 用衆家以附. 丙丁俱有, 則去丁以存丙. 若丙丁二事, 注釋不同, 則二家兼載, 咸使百司, 議其可不, 取其可安, 以爲標例. 宜云某等如千人同議, 以此爲長, 則定以爲梁律. 留尙書比部, 悉使備文, 若班下州郡, 止撮機要, 可無二門侮法之弊.」"

51 『隋書』권33, 「經籍志2」, '刑法篇', 972쪽;『舊唐書』권46, 「經籍志上」, '乙部史錄 · 刑法類', 2010쪽;『新唐書』권58, 「藝文志2」, '乙部史錄 · 刑法類', 1493쪽.

定郎王植之集注張杜舊律合爲一書, 凡一千五百三十條, 事未施行, 其
文殆滅. 法度能言之, 於是以爲兼尚書刪定郎, 使損益植之舊本, 以爲
梁律.(隋書刑法志)

【역문】 당시 율령을 의논하여 제정하고자 할 무렵, 제(齊)나라의 옛 낭관이
었던 제양(濟陽)[52] 출신 채법도를 찾아내었는데, 그의 집은 대대로 율학
을 전수하고 있었다. 그가 말하는 바에 따르면, 제(齊) 무제(武帝)[53] 때의
산정랑[54] 왕식지(王植之)[55]는 장비(張斐)[56]·두예(杜預)[57] 구율(舊律)의 주
(注)를 집성하여 한 권의 책으로 만들었는데, 모두 1,530조[58]였지만, 시
행되지 못하였고 그 문서의 문자도 거의 소실되었다. 그러나 채법도는
그 내용을 능히 서술할 수가 있었다. 이에 그를 산서산정랑(尚書刪定郎)
으로 겸임하도록 하여 왕식지의 옛 판본에 증감을 하게 하여 『양률(梁
律)』을 제정하였다.[59](『수서』「형법지」)

【세주 원문】 按南齊書孔稚圭傳, 尚書刪定郎王植撰定律章, 取張注七百三十一條,
杜注七百九十一條, 二家兩釋、於義乃備者, 又取一百七條, 注相同者, 取一百三

---

52 濟陽은 지금의 河南省 蘭封縣 동쪽 지역이다.
53 齊武는 南齊의 제2대 武帝(482~493)이다. 武帝는 高帝 蕭道成의 長子로서 자는 宣遠, 이름은 賾이
    다. 高帝의 뒤를 이어 즉위하여 내정에서는 지방 제도의 개혁, 호적 정리를 통한 신분제의 정비,
    재정 충실 정책 등을 펼쳤고, 외교 면에서는 北魏와 우호 관계를 유지하여 안정된 시대를 이룩하
    였다.
54 刪定郎은 법률의 刪定을 주관하는 관원으로 尚書省에 속한다. 『資治通鑑』 권137, 「齊紀」, 永明 9
    년(491) 條의 注에 魏晉 이래 尚書의 여러 曹에 刪定郎이라는 관직은 존재하지 않았지만, 齊에서
    는 율령의 刪定을 위해 이 관직을 두었을 것이라고 추측하고 있다.
55 『南齊書』 권48, 「孔稚珪傳」 및 『資治通鑑』 권145에는 단지 "王植"으로만 되어 있다.
56 杜預(222~284)의 字는 元凱으로 京兆의 名族이다. 守河南尹 때 가충의 율령 제정에 참여하여 율의
    주를 지었다.
57 張斐는 晉의 明法掾으로서 晉律에 注를 달았다. 張斐는 『晉書』「刑法志」에도 '裴'로 되어 있지만,
    『隋書』「經籍志」에는 "婓"로 되어 있고, 『唐六典』 권164에는 "斐"으로 되어 있다. 『春秋經典集解』
    의 撰者로서도 저명하다. 晉武帝 太康 5년에 63세의 나이로 사망하였다.
58 『南齊書』「孔稚珪傳」에 따르면, 王植之는 張注 731조, 杜注 791조를 취하였고 또 장비와 두예의
    해석 가운데 義理에서 완비된 것 107조를 취하였으며, 그 注 가운데 동일한 것 103조를 취하여 1책
    으로 완성하여 총 1,532조, 20권으로 만들었다고 한다. 그러나 본문의 조문수를 합하면 1,732조가
    되므로 1,532조와는 일치하지 않는다.
59 『隋書』 권25, 「刑法志」, '梁', 697쪽.

條, 凡一千五百三十二條, 爲二十卷. 梁律所用, 卽此本也.

【세주 역문】『남제서』「공치규전」에 따르면, 상서산정랑 왕식(王植)은 율장(律章)을 찬정(撰定)하면서 장비(張裴)의 주석 731조와 두예(杜預)의 주석 791조를 취하였다. [또한] 양쪽의 해석이 엇갈릴 경우 그 뜻이 충분히 갖추어져 있다고 판단되는 것들에 한하여 다시 107조를 취하였고, 주석이 서로 동일한 것들에 대해서도 103조를 취하였으니, 모두 합쳐 1,532조였으며 이를 20권으로 엮었다.[60]『양률』에서 채용한 바는 바로 이 [왕식의] 구본(舊本)이다.

◉ **梁律篇目** 『양률』의 편목

【원문】 一曰刑名, 二曰法例, 三曰盜劫, 四曰賊叛, 五曰詐僞, 六曰受賕, 七曰告劫, 八曰討捕, 九曰繫訊, 十曰斷獄, 十一曰雜, 十二曰戶, 十三曰擅興, 十四曰毀亡, 十五曰衞宮, 十六曰水火, 十七曰倉庫, 十八曰廐, 十九曰關市, 二十曰違制.(隋書刑法志、唐六典注同)

【역문】 첫 번째는「형명」이고, 두 번째는「법례」이며, 세 번째는「도겁」이고, 네 번째는「적반」이다. 다섯 번째는「사위」이고, 여섯 번째는「수구」이며, 일곱 번째는「고핵」이고, 여덟 번째는「토포」이다. 아홉 번째는「계신」이고, 열 번째는「단옥」이며, 열한 번째는「잡(雜)」이고, 열두 번째는「호(戶)」이다. 열세 번째는「천흥」이고, 열네 번째는「훼망」이며, 열다섯 번째는「위궁」이고, 열여섯 번째는「수화」이다. 열일곱 번째는「창고」이고, 열여덟 번째는「구(廐)」이며, 열아홉 번째는「관시」이고, 스무 번째는「위제」이다.[61](『수서』「형법지」와『당육전』주에 동일하게 보인다.)

---

60 『南齊書』 권48, 「孔稚珪傳」, 835-836쪽.

61 『隋書』 권25, 「刑法志」, '梁', 698쪽;『唐六典』 권6, 「尙書刑部」, 181쪽의 注. 晉律을 增損하여 제정한 梁律의 篇目과 晉律의 편목을 비교해 보면, 그 편목의 순서는 거의 동일하지만 律名에는 약간의 異同이 있다. 곧 진율의 盜律을 盜劫으로, 賊律을 賊叛으로, 請賕를 受賕로, 捕律을 討捕로 각각 改稱하였고, 諸侯律을 없애고 倉庫律을 증보하였다.

【세주 원문】 按以晉律篇目相較, 次第均同. 惟盜律改稱盜劫, 賊律改稱賊叛, 請賕改稱受賕, 捕律改稱討捕, 刪諸侯一篇, 增置倉庫一篇.

【세주 역문】 『진율(晉律)』의 편목과 서로 비교하여 보면, 순서는 모두 동일하다. 다만 「도율」의 명칭을 「도겁」, 「적률」의 명칭을 「적반」, 「청구」의 명칭을 「수구」, 「포율」의 명칭을 「토포」로 바꾸었고, 「제후」 1편을 삭제한 후 새롭게 「창고」 1편을 덧붙였다.

◉ 梁律佚文 『양률』의 일문

【원문】 其謀反降叛大逆已上, 皆斬; 父子同産男, 無少長, 皆棄市; 母妻姊妹及應從坐棄市者, 妻子女妾同補奚官爲奴婢. 貲財沒官. 劫身皆斬, 妻子補兵. 遇赦, 降死者黥面爲劫字, 髡鉗補冶鎖士終身, 其下, 又謫運(謫)配; 材官冶士、尙方鎖士, 皆以輕重差其年數, 其重者或終身. 士人有禁錮之科, 亦有輕重爲差. 其犯淸議, 則終身不齒. 耐罪囚八十已上、十歲已下及孕者、盲者、侏儒當械繫者, 及郡國太守相、都尉、關中侯已上、亭侯已上之父母妻子及所生, 坐非死罪除名之罪, 二千石已上非檻徵者, 幷頌繫之.(隋書刑法志)

【역문】 모반(謀反)·항반(降叛)·대역(大逆)[62] 이상은 모두 참수형에 처한다. 부자·형제의 경우 남자는 나이에 관계없이 모두 기시하고, 모·처·자매[63] 및 마땅히 연좌하여 기시해야 하는 자의 처·아들·딸·첩은 동일하게 해관(奚官)에 배속하여 노비로 삼고,[64] 재산은 관에서 몰수

---

62 隋·唐에서는 謀反·謀大逆·謀叛·惡逆·不道·大不敬·不孝·不睦·不義·內亂을 일컬어 十惡이라고 하였다. 梁의 謀反·降叛·大逆은 隋·唐에서 성립한 十惡의 과도적인 형태를 나타내는 것으로 보인다. 현재 당률을 가지고 추론하면, 謀叛은 국가를 위태롭게 하는 것을 모의하는 죄, 降叛은 적에게 항복하여 적을 이롭게 하는 죄, 大逆은 宗廟·山陵 및 궁궐을 훼손한 죄였을 것으로 생각된다.

63 여기에는 딸에 대한 기술이 보이지 않는데, 이는 아마도 생략되었을 것으로 생각된다.

64 奚官은 漢晉 이래 궁중에 설치된 官署의 이름이다. 죄로 인해 관에 몰입된 노비가 여기에 배속되었다. 奚官은 이들 노비의 工役을 관장하였고, 宮人의 질병이나 送葬 등의 일을 그 임무로 하였다.

한다. 인신(人身)을 강제로 약취(略取)하는 경우 본인은 모두 참수형에 처하고, 처자는 병사[65]에 충당한다. 사면을 만나 사형에서 강등된 자는 얼굴에 "겁(劫)" 자를 새기고 머리를 자른 후 겸(鉗)을 채워서 야사(冶士)나 쇄사(鎖士)[66]에 배속하되, 종신형으로 한다. 그보다 가벼운 경우 또한 운반 노역을 부과하여 재관(材官)[67]의 야사(冶士)나 상방(尙方)[68]의 쇄사(鎖士)에 배속하고, 모두 죄의 경중에 따라 그 연수에 차등을 둔다. 그 가운데 혹 죄가 무거운 경우 종신형으로 한다. 사인(士人)에게는 금고(禁錮)라는 조목이 있는데, 이 역시 죄의 경중에 따라 차등을 둔다. 그리고 청의(清議)[69]를 범한 경우에는 종신토록 서용(敍用)될 수 없다. 내죄수(耐罪囚) 가운데 80세 이상, 10세 이하 및 임신부·맹인·주유(侏儒)[70]로서 형구를 사용하여 구금할 자 및 군국(郡國)의 태수(太守)·상국(相國)[71]·도위(都尉)[72]·관중후(關中侯)[73] 이상, 정후(停侯)[74] 이상 관원의 부모·처

---

65 兵은 兵戶를 가리키는 것으로 보인다. 兵戶는 兵鎭에 배속되어 군의 잡역에 종사하는 戶를 말한다.

66 晉에서는 衛尉 아래 冶令을 두었고, 工徒의 鼓鑄를 관장하게 하였다. 劉宋에서는 少府 아래 東冶와 南冶를 두었으며, 각각 冶令과 冶丞을 두었다. 그리고 梁에서도 東冶와 西冶를 두고 있었다. 『資治通鑑』 권147의 胡三省 주에 따르면, 『梁書』에 백관 9품을 18班으로 나누었지만, 동. 도야는 그 최하위의 1반이다. 모두 철을 생산하는 군현에 두어졌지만, 冶士는 그 아래에서 활동하는 자를 말하는 것으로 보인다. 鎖士의 役務는 명확하지 않지만, 『梁書』 권5, 「元帝本紀」의 承聖 원년 (552), 원제 즉위 초에 "孝子, 義孫에게는 모두 爵을 내리고, 長徒, 쇄사에게는 특별히 原有를 더하였다."는 기사가 보인다. 이들은 철로 된 자물쇠 등을 만드는 노역형에 종사하였을 것이다.

67 材官은 少府에 속하며 造營 등을 담당하였다. 또한 材官將軍은 그 장관이었을 것으로 생각된다. 『資治通鑑』 권147의 胡三省 주에 따르면, 材官將軍은 18반 가운데 2반에 속하는 하급관원이었다.

68 尙方은 秦代로부터 비롯된 관직으로 少府에 속하였다. 尙方令은 上等의 器物, 천자의 刀劍, 손잡이 기구 및 寶玉의 기물 등을 만드는 일을 관장하였다. 漢末에는 중·좌·우 3상방으로 나뉘었다가 東晉 때 하나가 되었지만, 劉宋 武帝 때 다시 좌·우상방으로 분할되었으며, 梁에서도 좌·우상방을 두었다. 『資治通鑑』 권147의 胡三省 주에 따르면, 좌·우상방령은 18반 중 1반이었다.

69 淸議는 청렴하고 바른 도덕적 의론을 말한다. 이 시대에는 주로 관인 자질의 유무나 다소 등에 대한 士人 사이에서의 여론 같은 것을 의미하였다.

70 侏儒는 朱儒라고도 쓴다. 왕후나 귀족의 가내노예였다. 혹 다른 민족이라는 설도 있다.

71 『通典』 권33 및 권37에 따르면, 삼국시대에 君主, 國相, 內史의 관직이 있었고, 晉에서는 모두 관품 제5에 자리하였으며, 劉宋에서도 5품이었다. 梁代의 相은 명확하지 않지만, 晉과 劉宋의 예로부터 추측해 볼 때 군국의 태수. 相. 내사는 모두 동격이었을 것으로 생각된다.

72 秦·漢代에는 都尉職이 매우 많았는데, 주로 侍從官, 職事官, 武階의 관등이었다. 『통전』 권29 및 권37에 따르면, 劉宋에서의 품계는 제6품이었고, 梁의 駙馬, 騎, 奉事 등 三都尉에는 정원이 없었으며, 梁·陳의 부마도위는 모두 공주를 처로 한 자가 되었다고 한다.

73 關中侯는 漢末에 曹操가 창설한 爵 중 1階이다. 爵17급이자 虛封이었다. 魏晉 시기에는 존속하였지

자 및 그들에게서 태어난 자녀로서 사죄(死罪)나 제명(除名)의 죄를 범하지 않은 자, 2천 석 이상[75]으로 함거(檻車)로서 징환(徵喚)되지 않은 자, 이들은 모두 형구를 채우지 않고 구금한다.[76](『수서』「형법지」)

【세주 원문】 按隋志此段, 係雜引梁律原文. 漢律, 大逆不道父母妻子同産皆棄市, 見漢書景帝紀注. 罪人妻子沒爲奴婢黥面, 見魏志毛玠傳引漢律. 梁蓋就漢律而增損之. 劫身斬刑, 見南史何尙之傳. 劫制同籍期親補兵, 見宋書何承天傳. 此云劫身皆斬, 妻子補兵, 則沿襲晉宋舊制也. 漢書光武紀詔男子八十已上, 十歲已下, 及婦人從坐者, 皆不得繫; 當驗問者, 卽就驗, 此則採漢制以入律. 黥面之刑, 至四十年始廢, 知梁初定律, 原有此條. 西陽雜俎引梁雜律一條, 文亦略同. 故知隋志所引, 均梁律原文也.

【세주 역문】 『수서』「형법지」의 이 단락은 『양률』의 원문을 뒤섞어 인용한 것이다. 『한율』에 대역부도(大逆不道)의 경우 부모, 처자, 동산(同産) 형제를 모두 기시형에 처한다고 하였는데, 이는 『한서』「경제본기」의 주에 보인다.[77] [또한] 죄인의 처자는 [관에서] 노비로 몰수하여 얼굴에 묵형을 가한다고 하였는데, 이는 『위지』「모개전」에서 『한율』을 인용한 부분에 보인다.[78] [이처럼] 양(梁)[의 율]은 대체로 『한율』을 바탕으로 증손(增損)한 것이다. 인신(人身)을 강제로 약취(略取)한 경우 참수형에 처한다는 내용은 『남사』「하상지전」[79]에 보인다. 겁제(劫制)의 경우 호적이 같거나 기

만, 이후 폐지되었다. 다시 梁·陳 때 부활되었으며 封爵 9등 가운데 關外侯와 함께 제9품으로서 6백 석에 비견되었다.

74 亭侯는 後漢에서 시작하는 爵名이고, 列侯 가운데 亭에 食邑하는 자이다. 魏晉 시기에 존속하였다가 일시 폐지된 뒤에 梁·陳 때 복치되었다. 封爵 9등 가운데 제8품에 위치하며 천 석에 비견되었다.

75 2천 석 이상은 만 석, 중2천 석 및 2천 석을 말한다. 『수서』「백관지」에 기술되어 있는 梁의 秩祿制에 따르면, 2천석 이상 내외의 문무관은 자못 많았다. 지금 그 몇 가지를 예로서 들어보면, 大將軍, 太衛, 司徒, 司空 등이 만 석이었고, 尙書令, 尙書左·右僕射, 侍中, 산기상시, 이부상서, 정위, 丹陽尹 등이 중2천 석이었으며, 어사중승, 通直 혹은 원위의 散騎常侍, 黃門侍郎, 會稽太守 등은 2천 석이었다. 陳도 대부분 梁의 제도를 답습하였다.

76 『隋書』 권25, 「刑法志」, '梁', 699–700쪽.

77 『漢書』 권5, 「景帝本紀」, 如淳 注, 142쪽.

78 『三國志(魏書)』 권12, 「毛玠傳」, 376쪽.

79 『南史』 권30, 「何尙之傳」, 781쪽, "凡劫身斬刑, 家人棄市."

친(朞親)에 해당하는 이들을 병사로 충당한다는 내용이 『송서』「하승천전」에 보인다.[80] 여기서 "인신(人身)을 강제로 약취(略取)한 경우 참수형에 처하며, 처자는 병사로 충당한다."고 한 것은 곧 진(晉)과 송(宋)의 옛 제도를 계승한 것이다. 『후한서』[81] 「광무제본기」에 따르면, 남자 80세 이상 10세 이하 및 그 부인으로 연좌된 경우에는 모두 형구를 채워서는 안 되며, 마땅히 사실 여부를 대조하여 조사해야 할 경우에는 즉시 조사하도록 하라는 조(詔)가 내려졌는데,[82] 이는 한(漢)의 제도를 채용하여 율로 입안한 것이었다. [얼굴에 묵형을 가하는] 잠면형(黥面刑)은 40년에 이르러 비로소 폐지가 되는데, 양(梁) 초기에 율을 정할 때는 본래 이 조(條)가 있었음을 알 수 있다. 『서양잡조』에는 양의「잡률」중 1개 조문을 인용하였는데, 그 내용 역시 대체로 이와 같다. 그러므로 『수서』「형법지」에서 인용한 내용은 모두 『양률』의 원문인 것이다.

【원문】 凡囚未斷, 先刻面作劫字.(西陽雜俎卷八, 引梁律)

【역문】 무릇 수감되었으나 아직 판결이 나지 않은 경우에는 먼저 얼굴에 "겁(劫)"자를 새겨 넣는다.[83](『서양잡조』 권8에서 『양률』을 인용)

◉ **梁刑名** 양의 형명

【원문】 梟首.

【역문】 효수.

【원문】 棄市.

【역문】 기시.

---

80 『宋書』권64,「何承天傳」, 1704쪽, "承天議曰:「尋劫制, 同籍朞親補兵, 大功不在此例. …」"
81 원문에는 『漢書』라고 하였지만, 이는 『後漢書』의 誤記이다.
82 『後漢書』권1상,「光武帝本紀」, 35쪽, "[建武三年, 秋七月] 庚辰, 詔曰:「吏不滿六百石, 下至墨綬長、相, 有罪先請. 男子八十以上, 十歲以下, 及婦人從坐者, 自非不道, 詔所名捕, 皆不得繫. 當驗問者即就驗. 女徒雇山歸家.」
83 [唐]段成式撰, 『西陽雜俎』권8,「黥」, "梁朝雜律, 凡囚未斷, 先刻面作劫字."

【원문】 以上爲死刑.

【역문】 이상은 사형이다.

【세주 원문】 按唐六典注, 晉律死刑凡三, 曰梟, 曰斬, 曰棄. 隋志於梁律止云大罪梟其首, 其次棄市, 而無晉氏之斬刑. 考梁書, 大同元年三月擒劉敬躬, 送京師, 斬於建康市. 似梁仍有斬刑. 隋志又云, 大逆已上皆斬, 父子同産男, 無少長, 皆棄市, 則明分斬與棄市爲二, 蓋斬者腰斬, 晉志引漢賊律, 大逆無道腰斬, 可證. 北齊北周均有斬刑, 隋志釋爲殊身首. 今考晉宋南齊各書所載, 無處腰斬之刑者, 是其廢已久, 故梁初修律, 因而刪之, 而律文猶因而不改, 致斬與棄市, 律文時有互見. 梁律之繁蕪, 亦可於此窺見一斑云.

【세주 역문】 『당육전』 주에는 『진율(晉律)』의 사형을 모두 세 가지로 들어 각각 효(梟), 참(斬), 기(棄)라고 하였다.[84] 『수서』 「형법지」는 『양률』에 대하여 다만 "대죄(大罪)는 그 머리를 잘라 효시(梟示)하고, 그 이하는 기시(棄市)에 처한다."[85]고만 하였을 뿐, 진(晉)의 참형(斬刑)에 대해서는 언급하지 않았다. 『양서』를 살펴보면, 대동 8년(542)[86] 3월에 유경궁(劉敬躬)을 사로잡아 경사(京師)로 압송한 후 건강(建康)의 저자에서 참(斬)하였다는 기록[87]이 있다. [이를 통해 볼 때] 양에도 여전히 참형(斬刑)이 존재하였던 듯하다. 『수서』 「형법지」에 다시 이르기를, "대역(大逆) 이상일 경우에는 모두 참(斬)하고, 부자(父子)와 동산(同産) 형제의 경우 나이의 많고 적음에 관계없이 모두 기시(棄市)한다."[88]고 하였으니, 참(斬)과 기시(棄市)는 분명 둘로 구분되어 있었다. 아마도 참이란 요참(腰斬)이었던 것으로 보이는데, 『진서』 「형법지」에서 한(漢)의 「적률(賊律)」을 인용하여 "대역무도(大逆無道)의 경우 요참에 처한

---

84 『唐六典』 권6, 「尙書刑部」, 181쪽.
85 『隋書』 권25, 「刑法志」, '梁', 698쪽.
86 본문에서는 "大同元年"이라고 하였으나, 이는 誤記이다. 『梁書』 「武帝本紀」에 따르면, 劉敬躬을 京師로 보내어 斬한 것은 大同 8년(542) 3월의 일이었다. 아래의 注 참고.
87 『梁書』 권3, 「武帝本紀」, 87쪽. "[大同]八年春正月, 安成郡民劉敬躬挾左道以反, 內史蕭說委郡東奔, 敬躬據郡, 進攻盧陵, 取豫章, 妖黨遂至數萬, 前逼新淦, 柴桑. 二月戊戌, 江州刺史湘東王繹遣中兵曹子郢討之. 三月戊辰, 大破之, 擒敬躬送京師, 斬於建康市."
88 『隋書』 권25, 「刑法志」, '梁', 699쪽.

다."[89]고 한 것은 그 증거가 될 만하다. 북제(北齊)와 북주(北周)도 모두 참형(斬刑)을 두었는데, 『수서』「형법지」는 이를 "몸체와 머리를 절단한다[殊身首]."[90]고 해석하였다. 지금 『진서』, 『송서』, 『남제서』에 각각 기재된 바를 살펴보면 요참형에 처한 내용이 나타나지 않는데, 이는 그것이 이미 폐지된 지 오래되었기 때문이며, 양 초기에 율을 정비할 때도 이로 인하여 삭제하게 되었던 것이다. 그러나 율의 조문에서는 오히려 이를 고치지 않아 참과 기시가 율의 조문 상에서 수시로 보이기에 이르렀다. 『양률』의 번잡함은 이와 같은 부분에서 다시 그 일부를 엿볼 수 있다고 하겠다.

【원문】 髠鉗五歲刑, 笞二百.(收贖絹, 男子六十疋, 女子半之.)

【역문】 곤겸오세형, 태 200.[91](속견[92]을 징수하는 경우 남자는 60필이고, 여자는 그 반이다.)

【원문】 四歲刑.(收贖絹, 男子四十八疋, 女子半之.)

【역문】 사세형.(속견을 징수하는 경우 남자는 48필이고, 여자는 그 반이다.)

【원문】 三歲刑.(收贖絹, 男子三十六疋, 女子半之.)

【역문】 삼세형.(속견을 징수하는 경우 남자는 36필이고, 여자는 그 반이다.)

【원문】 二歲刑.(收贖絹, 男子二十四疋, 女子半之.)

【역문】 이세형.(속견을 징수하는 경우 남자는 24필이고, 여자는 그 반이다.)

【원문】 以上爲耐罪.(耐, 謂各隨伎能而任使之.)

---

89 『晉書』 권30, 「刑法志」, 925쪽.
90 『隋書』 권25, 「刑法志」, '齊', 705쪽, "刑名五: 一曰死, 重者轘之. 其次梟首, 並陳屍三日; 無市者, 列於鄉亭顯處. 其次斬刑, 殊身首. 其次絞刑, 死而不殊. 凡四等."
91 "髠鉗"은 髠鉗城旦舂의 의미로서 5년의 勞役刑을 말한다. 이 경우 형기가 중요하고 '笞二百'은 부가형의 의미로 해석할 수 있다.
92 "贖絹"에서 "贖"은 각 刑에 상당하는 絹(中級을 기준으로 한다)을 바침으로써 그 實刑을 면제받는 것을 의미한다.

【역문】 이상은 내죄(耐罪)이다.("내"는 각자의 기능에 따라 그에 합당한 일을 사역시키는 것을 말한다.)

【원문】 贖死金二斤.(男子十六疋, 女子半之.)
【역문】 속사의 경우는 금[93] 2근이다.(남자는 견 16필,[94] 여자는 그 반을 낸다.)

【원문】 贖髡鉗五歲刑, 笞二百, 金一斤十二兩.(男子十四疋, 女子半之.)
【역문】 속곤겸오세형, 태 200의 경우는 금 1근 12냥이다.(남자는 견 14필, 여자는 그 반을 낸다.)

【원문】 贖四歲刑, 金一斤八兩.(男子十二疋, 女子半之.)
【역문】 속사세형의 경우 금 1근 8냥이다.(남자는 견 12필, 여자는 그 반을 낸다.)

【원문】 贖三歲刑, 金一斤四兩.(男子十疋, 女子半之.)
【역문】 속삼세형의 경우 금 1근 4냥이다.(남자는 견 10필, 여자는 그 반을 낸다.)

【원문】 贖二歲刑, 金一斤.(男子八疋, 女子半之.)
【역문】 속이세형의 경우 금 1근이다.(남자는 견 8필, 여자는 그 반을 낸다.)

【원문】 罰金十二兩.(男子六疋, 女子半之.)
【역문】 벌금 12냥.(남자는 견 6필, 여자는 그 반을 낸다.)

【원문】 罰金八兩.(男子四疋, 女子半之.)
【역문】 벌금 8냥.(남자는 견 4필, 여자는 그 반을 낸다.)

---

93 여기의 "金"은 黃銅을 가리킨다.
94 이것은 金 2斤을 絹 16疋로 환산하는 것을 의미한다.

【원문】 罰金四兩.(男子二疋, 女子半之.)

【역문】 벌금 4량.(남자는 견 2필, 여자는 그 반을 낸다.)

【원문】 罰金二兩.(男子一疋, 女子半之.)

【역문】 벌금 2량.(남자는 견 1필, 여자는 그 반을 낸다.)

【원문】 罰金一兩.(男子二丈, 女子半之.)

【역문】 벌금 1량.(남자는 견 2장, 여자는 그 반을 낸다.)

【원문】 以上爲贖罪.

【역문】 이상은 속죄[95]이다.

【원문】 凡十五等.(按死罪二爲一等, 故爲十五等.)

【역문】 모두 15등급이다.(사죄의 효수와 기시를 한 등급으로 계산하기 때문에 15등급이 된다.)[96]

【원문】 一歲刑.

【역문】 일세형.

【원문】 半歲刑.

【역문】 반세형.

---

95 여기서 말하는 "贖罪"는 두 종류의 科罪를 포함하고 있다. 하나는 과실 이외의 죄인 경우 금을 납부함으로써 實刑을 면제받는 것이고, 다른 하나는 범한 죄가 가볍기 때문에 벌금으로 이를 대체하는 것이 허락되는 것을 의미한다.

96 실제로는 死罪 2등급, 耐罪 4등급, 贖罪 10등급으로 총 16등급이지만, 『尙書』「呂刑」에 보이는 5刑·5罰·5過의 15등급에 견주어 계산한 것으로 보인다.

【원문】 百日刑.

【역문】 백일형.

【원문】 鞭杖二百.

【역문】 편장 200.

【원문】 鞭杖一百.

【역문】 편장 100.

【원문】 鞭杖五十.

【역문】 편장 50.

【원문】 鞭杖三十.

【역문】 편장 30.

【원문】 鞭杖二十.

【역문】 편장 20.

【원문】 鞭杖一十.

【역문】 편장 10.

【원문】 凡九等.

【역문】 모두 9등급이다. [97]

---

97 본문의 9등급은 『隋書』 권25, 「刑法志」의 내용을 인용한 것이다. 『通典』 권164, 「刑法2」, '刑制中·梁'에서는 본문과 동일하게 총 9등급으로 기술하고는 있기는 하지만, "鞭杖 200" 대신 "鞭杖 40"을 포함하고 있다는 점에서 차이를 보인다. 또한 『唐六典』 권6, 「尙書刑部」의 경우 이와 달리 "鞭杖 20"을 제외한 채 총 8등급으로 설명하고 있다는 점이 본문과 다르다.

【원문】 免官, 加杖督一百.

【역문】 면관, 가장독[98] 100.

【원문】 免官.

【역문】 면관.

【원문】 奪勞百日, 杖督一百.

【역문】 탈노백일, 장독 100.[99]

【원문】 杖督一百.

【역문】 장독 100.

【원문】 杖督五十.

【역문】 장독 50.

【원문】 杖督三十.

【역문】 장독 30.

【원문】 杖督二十.

---

[98] 杖督은 杖刑의 일종으로 보이지만, 그 내용은 자세하지 않다. 일반적으로 漢·魏 시기에는 笞督, 鞭督이 있었고, 西晉 이후에는 杖督이 있었다고 알려져 있다. 『晉書』「刑法志」에는 "부인에게 笞를 가하는 것은 鞭督의 法例에 따른다."고 하였고, 본문과 동일한 『隋書』「刑法志」의 아래 문장에는 "督罰"이라는 용례가 보이며, 『太平御覽』 권649에 인용된 "晉令"에 따르면 "督罪"를 위한 鞭은 과오, 과실 등의 大小에 의해 그 수를 달리하고 있다. 大過 또한 鞭 50대에 불과하였던 것으로 보이기 때문에 杖督, 督罰이라고 한 경우 단순한 장형, 鞭刑과는 달리 敎誡를 목적으로 하는 장형, 편형이었을 것으로 이해된다. 그러므로 杖, 鞭의 수 또한 일반적인 장형, 편형보다 적었을 것으로 생각된다.

[99] "奪勞百日"은 관원의 在職日數에서 100일을 삭제하는 것을 말한다. 이것은 승진이 아닌 경우 그만큼 손해가 되는 것이다.

【역문】 장독 20.

【원문】 杖督一十.

【역문】 장독 10.

【원문】 凡八等.

【역문】 모두 8등급이다.[100]

【세주 원문】 按梁刑名, 贖罪以上十五等, 殆全依晉制. 自一歲刑以下十七等, 則梁律所增.

【세주 역문】 양(梁)의 형명 중 속죄(贖罪) 이상 15등급은 전적으로 진(晉)의 제도에 의거한 것으로 생각된다. 일세형(一歲刑)부터 이하 17등급은 『양률』에서 증치(增置)한 것이다.

◉ 贖刑存廢 속형의 존폐

【원문】 天監元年夏四月己巳, 詔曰: 金作贖刑, 有聞自昔, 入縑以免, 施於中代, 民悅法行, 莫尙乎此. 永言叔世, 偷薄成風, 嬰譽入罪, 厥塗匪一. 斷弊之書, 日纏於聽覽, 鉗鈦之刑, 歲積於牢犴. 死者不可復生, 生者無因自返, 由此而望滋實, 庸可致乎? 朕夕惕思治, 念崇政術, 斟酌前王, 擇其令典, 有可以憲章邦國, 罔不由之. 釋愧心於四海, 昭情素於萬物. 俗僞日久, 禁網彌繁. 漢文四百, 邈焉已遠. 雖省事淸心, 無忘日用, 而委銜廢策, 事未獲從. 可依周漢舊典, 有罪入贖, 外詳爲條格, 以時奏聞.(武帝紀)

【역문】 천감 원년(502) 여름 4월 기사일에 조(詔)를 내려 말하기를, "금전으

---

100 이는 관원에 대한 징계의 단계적인 차이를 가리키는 것이다.

로 형(刑)을 면[贖]하여 주는 것은 예로부터 비단[縑]을 납부하게 함으로써 [그 죄를] 면하여 주는 것으로 [이미] 중고(中古) 시기에 이를 널리 베풀었으니, 백성들이 이 법의 시행에 대해 기뻐하기를 이보다 숭상한 바가 없었다고 들었다. [그러나 지금은] 시절이 한탄스러워 투박(偸薄)함이 풍속을 이룬지라 허물을 범하고 죄를 입게 되니, 그러한 부류가 한둘이 아니다. [죄를] 판결하는 문서는 날마다 정무를 처리[聽覽]하는 가운데 뒤얽혀 버리고, 겸체(鉗釱)[101]를 형구로 사용해야 하는 안건들은 해마다 뇌옥(牢獄) 안에 누적되고 있다. 죽은 자는 다시 살릴 수 없고 형을 받은 자는 스스로 되돌릴 수가 없으니,[102] 이로부터 번성하고 부유하기를 바란들 어찌 이를 수가 있겠는가? 짐(朕)이 늦은 시간까지 근심 속에 치세(治世)를 갈망하고 [또] 올바른 정치 방법을 드높일 수 있기를 염원하여, 전대(前代) 군왕[의 치적들]을 헤아려 살핀 후 그 법령(令典)들 가운데 나라의 전장제도(典章制度)로서 삼을 수 있는 것들을 가려 뽑았으니, 이를 준수하지 않음이 없도록 하라. 부끄러운 마음을 온 천하[四海]에 상세히 해명하고 진실한 마음[情素]을 뭇사람들[萬物]에게 분명히 밝히노라. 삿된 풍속이 지속된 지 오래인지라 그물처럼 펼쳐 놓은 금령(禁令)이 더욱더 조밀해졌다. 한(漢) 문제(文帝) 때 정비된 400조의 율령은 이제 아득히 멀어진 지 이미 오래이다. 비록 정무를 살핌에 마음을 청정히 하고 일상으로 응용하기를 잊지 않는다고 하더라도 분명히 현실과 부합하지 않는 정책(廢策)을 포함하고 있다면, 이 일은 여전히 믿고 따를 만한 가치를 얻지 못한 것이라 하겠다. 주(周)와 한(漢)의 옛 전적[舊典]들은 믿고 의지할 만한 가치가 있으므로 죄를 범하였을 경우 재물을 납부하게 함으로써 그 죄를 면하여 주는 사안에 대해 외정(外廷) 신료들은 상세하게 조격(條

---

101 鉗과 釱. 즉 古代의 두 가지 刑具를 말한다. 이와 관련하여 『漢書』 권66, 「陳萬年傳」, 2901쪽에 "或私解脫鉗釱, 衣服不如法, 輒加罪笞."라고 하였는데, 顔師古의 注에 따르면 鉗과 釱은 각각 목과 발에 차는 형구로서 모두 철을 이용해 만든다고 하였다.

102 이는 漢 文帝 13년(기원전 167)에 太倉令 淳于意의 여식 緹縈이 스스로 官婢가 되어 아버지의 刑을 贖免케 하고자 상서한 내용 중에 등장하는 말이기도 하다. 『漢書』 권23, 「刑法志」에 따르면, "死者不可復生, 刑者不可復屬."이라고 하였다.

格)을 제정하여 즉시 보고하도록 하라."고 하였다.103(『양서』「무제본기」)

【원문】 梁武帝承齊昏虐之餘, 刑政多僻, 旣卽位, 乃制權典, 依周漢舊事, 有罪者贖. 其科, 凡在官身犯, 罰金, 鞭杖杖督之罪, 悉入贖停罰. 其臺省令史士卒欲贖者, 聽之.(隋書刑法志)

【역문】 양(梁)나라 무제104는 제(齊)나라의 어리석고 포학한 뒤를 이어받아 형벌 행정 중에 사악함에 치우친 경우가 많았다.105 제위에 오르고 나서 임시로 법전을 제정하여 주(周)·한(漢)의 옛 사례106에 의거하여 죄가 있는 자에게 벌금으로 그 형벌을 속(贖)하게 하였다. 그 조목[科]은 무릇 관직에 있으면서 죄를 범한 경우 벌금형에 처하고, 편장(鞭杖)·장독(杖督)의 죄는 모두 속금(贖金)을 거두어 형벌을 그치게 하였다. 그중 대성(臺省)107의 영사(令史)108나 사졸(士卒)로서 금전으로 속(贖)하고자 하는 경우 이를 허락하였다.109(『수서』「형법지」)

【원문】 三年冬十一月甲子, 詔曰: 設敎因時, 淳薄異政, 刑以世革, 輕重殊風. 昔商俗未移, 民散久矣, 嬰網陷辟, 日夜相尋. 若悉加正法, 則赭衣

---

103 『梁書』권2, 「武帝本紀」, 36～37쪽.
104 梁武帝(502~549)는 南蘭陵人으로 성은 蕭이고, 이름은 衍이며, 字는 叔達이다. 齊의 大司馬가 되어 梁王에 분봉되었으며, 中興 2년(502)에 선양을 받아 梁王朝를 개창하였다. 처음에는 너그럽고 조화로운 정치로 번영을 가져왔지만, 政刑이 너무 관대한데다 불교를 지나치게 신봉함에 따라 국정에 대한 열정을 잃고 나라의 쇠망을 초래하였다. 결국 侯景의 난을 만나 근심 속에 유명을 달리하였다.
105 이에 대해 內田智雄이 "형벌이나 정치에 사악함에 치우친 것이 많았다."고 하여 "刑政多僻"을 형벌이나 정치로 해석하고 있는 데 비해 梅原郁은 刑罰行政, 즉 司法行政으로 해석하고 있다(內田智雄編, 梅原郁補, 『譯注續中國歷代刑法志(補)』, 東京: 創文社, 2005, 316쪽).
106 "周漢故事"는 『梁書』「武帝紀」에 "周漢舊典"으로 기재되어 있다. 그러나 『資治通鑑』권145에는 본 「刑法志」의 내용과 동일하게 "周漢故事"로 기재하고 있다.
107 臺省은 漢代에 尙書를 中臺라고 한 데서 유래한다. 曹魏에서는 尙書省을 臺省이라 하였으며, 唐代에는 尙書, 中書, 門下를 합하여 臺省이라 불렀지만, 梁의 臺省이 어느 省을 가리키는지는 명확하지 않다.
108 令史는 尙書令史를 가리키는 것으로 보인다. 尙書令史는 尙書郎 밑에서 문서와 관련한 사무를 관장하는 직책이었을 것으로 생각된다.
109 『隋書』권25, 「刑法志」, '梁', 697쪽.

塞路, 並申弘宥, 則難用爲國, 故使有罪入贖, 以全元元之命. 今遐邇知禁, 囹圄稍虛, 率斯以往, 庶幾刑措. 金作權典, 宜在鐲息, 可除贖罪之科.(武帝紀)

【역문】[천감] 3년(504) 겨울 11월 갑자일에 조(詔)를 내려 말하기를, "교화(敎化)를 베푸는 일은 시의(時宜)에 적절해야 하고, 정치상의 순후(淳厚)함과 요박(澆薄)함은 서로 달라야 하며, 형벌은 세상의 변화에 따라 변혁되어야 하고, 풍속의 경중(輕重)에는 구분이 있어야 한다. 그 옛날 상(商)나라의 풍속은 여태 변함이 없어 백성들이 흩어진 지 오래되었으니, 그물에 걸려들어 죄를 범하게 되는 경우가 낮과 밤을 가리지 않고 계속되고 있다. 만약 이들 모두에게 정법(正法)을 적용한다면 죄수[赭衣][110]들이 길거리에 넘쳐날 것이며, 또한 [만약 이들을] 너그러이 용서하여 준다면 나라를 다스리는 데 어려움이 따를 것이다. 그러므로 죄를 범한 자로 하여금 재물을 납부하게 하여 그 죄를 속(贖)하여 줌으로써 백성들의 생명을 온전하게 하려는 것이었다. [그러나] 이제는 멀고 가까움에 관계없이 금령(禁令)을 이해하여 뇌옥(牢獄)이 점차 비어가니, 지금 이후로는 형법을 두어도 쓰이지 않게 되기를 바라노라. 금전으로 형벌을 대신하는 것은 임시 법령[權典]으로서 마땅히 폐지해야 하니, 속죄(贖罪)에 대한 과(科)를 폐지할 수 있도록 하라."고 하였다.[111](『양서』「무제본기」)

【원문】十月甲子, 詔以金作權典, 宜在鐲息. 於是除贖罪之科.(隋書刑法志)

【역문】10월 갑자일[112]에 조(詔)를 내려 "금전으로 형벌을 대신하는 것은 임시 법령[權典]으로서 마땅히 폐지해야 한다."고 하였다. 이리하여 속죄(贖罪)에 대한 과(科)를 폐지[113]하게 되었다.[114](『수서』「형법지」)

---

110 "赭衣"란 古代의 죄수복으로서 적토(赤土)를 赭色으로 염색하였기 때문에 붙여진 이름이다. 많은 경우에 죄수 그 자체를 가리키기도 한다.(『荀子』「正論篇」, "殺, 赭衣而不純.〈楊倞注: 以赤土染衣, 故曰赭衣.〉)
111 『梁書』권2,「武帝本紀」, 41쪽.
112 이는 天監 3년(504)의 일이다. 다만 앞 조문에서 살펴 본 『梁書』권2,「武帝本紀」에서는 이를 "冬 11월"의 일로 기재하고 있다.

【원문】 大同十一年冬十月己未, 詔曰: 堯舜以來, 便開贖刑, 中年依古, 許
罪身入贖. 吏下因此, 不無姦猾, 所以一日復勅禁斷. 川流難壅, 人心惟
危, 旣乖內典慈悲之義, 又傷外敎好生之德. 書云: 與殺不辜, 寧失不
經. 可復開罪身, 皆聽入贖.(武帝紀)

【역문】 대동 11년(545) 겨울 10월 기미일에 조(詔)를 내려 말하기를, "요
(堯)·순(舜) 시기 이래 곧 속형(贖刑)의 제도가 시작되었고, 중세에도 고
대의 제도를 본받아 죄를 범한 자가 재물을 납부할 경우 죄를 면하여 주
는 것을 허락하였다. [그러나] 하급 관리가 기회를 틈타 이를 사적으로
이용하니 간교한 행위가 발생하지 않을 수가 없었다. 때문에 이전에 다
시 조칙을 내려 이를 금지하도록 하였던 것이다. 하천이 흘러가 버리면
막아서기 어려우니 인심은 다만 위태로울 뿐이며, 이미 불교 경전[內典]
속의 자비로움이라는 취지는 어긋나 버렸고 또한 유교[外敎]에서 말하는
생명의 소중함을 아끼고 사랑한다는 덕행도 손상을 입고 말았다. 『상서
(尙書)』에 이르기를, '죄가 없는 자를 죽이느니, 차라리 법을 지키지 않는
자를 놓아주는 것이 낫다.'고 하였으니, 다시 죄를 범한 자들에게 활로를
열어 주어 모두 재물을 납부하고 죄를 속(贖)하여 주는 것을 허락할 수
있도록 하라."고 하였다.[115](『양서』 「무제본기」)

【원문】 十一年十月, 復開贖罪之科.(隋書刑法志)

【역문】 [대동] 11년(545) 10월에 속죄(贖罪)에 대한 과(科)를 부활시켰다.[116]
(『수서』 「형법지」)

---

113 그러나 梁 武帝는 大同 11년(545) 무렵에 佛塔을 건립하면서 비용이 많이 들자 다시 贖罪律을 회
복시켜 金錢을 聚斂하였다.
114 『隋書』 권25, 「刑法志」, '梁', 700쪽.
115 『梁書』 권3, 「武帝本紀」, 89쪽.
116 『隋書』 권25, 「刑法志」, '梁', 702쪽.

◉ 除劓墨之刑 의형과 묵형의 폐지

【원문】 天監十四年春正月詔曰: 世輕世重, 隨時約法, 前以劓墨, 用代重辟, 猶念改悔, 其路已壅, 並可省除.(武帝紀)

【역문】 천감 14년(515) 봄 정월에 조(詔)를 내려 말하기를, "[형벌은] 시대에 따라 가볍기도 하고 무겁기도 한 것이니 시의(時宜)에 맞춰 형법을 간소화하여 이전의 의형(劓刑; 코를 베는 형벌)과 묵형(墨刑; 이마에 먹물을 새기는 형벌)은 극형[重辟]으로 대체하여 사용하도록 하고, 다만 회개할 것을 고려하여 그 출로가 이미 막혀 버렸다면 모두 면제해 줄 수 있도록 하라."고 하였다.[117](『양서』「무제본기」)

【원문】 十四年, 又除黥面之刑.(隋書刑法志)

【역문】 [천감] 14년(515)에는 또한 얼굴에 먹물을 새기는 형벌을 폐지하였다.[118](『수서』「형법지」)

◉ 流刑 유형

【원문】 中大通三年冬十月, 前樂山縣侯蕭正則有罪流徙.(武帝紀)

【역문】 중대통 3년(531) 겨울 10월에 전악산현후(前樂山縣侯) 소정칙(蕭正則)이 죄를 범하여 유배되었다.[119](『양서』「무제본기」)

◉ 鞭杖之刑 편장형

【원문】 其鞭有制鞭、法鞭、常鞭, 凡三等之差. 制鞭, 生革廉成; 法鞭, 生

---

117 『梁書』 권2, 「武帝本紀」, 55쪽.
118 『隋書』 권25, 「刑法志」, '梁', 701쪽.
119 『梁書』 권3, 「武帝本紀」, 75쪽.

革去廉; 常鞭, 熟靼不去廉. 皆作鶴頭紐, 長一尺一寸. 梢長二尺七寸,
廣三分. 靶長二尺五寸. 杖皆用生荊, 長六尺. 有大杖、法杖、小杖三
等之差. 大杖, 大頭圍一寸三分, 小頭圍八分半. 法杖, 圍一寸三分, 小
頭五分. 小杖, 圍一寸一分, 小頭極杪.(隋書刑法志)

【역문】 편(鞭)에는 제편(制鞭), 법편(法鞭), 상편(常鞭) 등 모두 3등급의 차이
가 있다. 제편은 무두질하지 않은 가죽으로 모서리가 있는 것이고, 법편
은 무두질하지 않은 가죽으로 모서리를 제거한 것이며, 상편은 무두질
한 부드러운 가죽으로 모서리를 제거하지 않은 것이다. 모두 학 머리 모
양[120]의 끈이 달려있는데, 길이는 1척 1촌이다. 끝 부분은 길이가 2척 7
촌이고 너비는 3푼[121]이다. 손잡이[122]의 길이는 2척 5촌이다.[123] 장(杖)은
모두 산 가시나무[124]를 사용하는데, 길이는 6척이다. 장에는 대장(大杖),
법장(法杖), 소장(小杖) 등 3등급의 차이가 있다. 대장은 대두(大頭)의 둘
레가 1촌 3푼이고, 소두(小頭)의 둘레가 8푼 반이다. 법장은 대두의 둘레
가 1촌 3푼[125]이고, 소두의 둘레는 5푼이다. 소장은 대두의 둘레가 1촌 1
푼이고, 소두의 둘레는 매우 가늘다.[126](『수서』「형법지」)

【원문】 諸督罰, 大罪無過五十、三十, 小者二十. 當笞二百以上者, 笞半,
餘半後決, 中分鞭杖. 老小於律令當得鞭杖罰者, 皆半之. 其應得法
鞭、杖者, 以熟靼鞭、小杖. 過五十者, 稍行之. 將吏已上及女人應有
罰者, 以罰金代之. 其以職員應罰, 及律令指名制罰者, 不用此令. 其問
事諸罰, 皆用熟靼鞭、小杖. 其制鞭制杖, 法鞭法杖, 自非特詔, 皆不

---

120 "鶴頭"라는 명칭이 어디에서 유래하는지는 명확하지 않지만, 鞭의 손잡이와 그 손잡이에 붙은 끈
이 밑으로 흘러내린 형상이 학의 머리 부분과 닮았기 때문에 이 명칭이 붙여진 것은 아닐까 생각
된다. 『太平御覽』 권649에 인용된 晉令에는 "鵠頭"로 기재되어 있다.
121 『太平御覽』 권649에 인용된 晉令에는 "廣三分", 『通典』 권164에는 "廉三寸"으로 기재되어 있다.
122 『太平御覽』 권649에 인용된 晉令에는 "靶"가 "柄"으로 기재되어 있다.
123 『通典』 권164에는 "長二尺五寸"이 "長尺五寸"으로 기재되어 있다.
124 『北堂書鈔』 권45에 인용된 晉令에는 "生荊" 중 "生" 字가 없다.
125 『通典』 권164에는 "法杖圍寸三分"으로 기재되어 있다.
126 『隋書』 권25, 「刑法志」, '梁', 699쪽.

得用. 詔鞭杖在京師者, 皆於雲龍門行. 女子懷孕者, 勿得決罰.(隋書刑
法志)

【역문】 무릇 독벌(督罰)은 큰 죄의 경우 50대·30대[127]를 넘어서는 안 되고,
작은 죄의 경우 20대를 넘어서는 안 된다. 200대 이상 태(笞)를 쳐야 하
는 경우 먼저 반을 치고 난 후 나머지 반은 나중에 집행하도록 하며, 편
(鞭)과 장(杖)을 반씩 나눈다.[128] 노인이나 연소자[129]가 율령에 의거하여
편·장의 형벌을 받아야 할 경우에는 모두 편·장의 수를 반으로 한다.
노인이나 연소자가 법편·법장을 받아야 할 경우 숙단편(熟靻鞭)[130]·소
장(小杖)을 사용하고, 50대를 초과할 경우에는 속도를 느리게 해서 친
다. 장리(將吏)[131] 이상 및 부녀자가 편·장의 형벌을 받아야 할 경우에
는 벌금으로 이를 대신한다. 그러나 하급직원이 형벌을 받아야 할 경우
및 율령에서 죄명을 지정하여 형벌을 정하고 있는 경우에는 이 조(條)의
법령을 적용하지 않는다. 신문(訊問) 때의 여러 형벌에는 모두 숙단편(熟
靻鞭)·소장(小杖)을 사용한다. 그러나 제법(制法)·제장(制杖)[132]과 법
편·법장은 특별한 조령(詔令)이 없는 한 모두 사용해서는 안 된다. 조령
(詔令)에 의해 편이나 장의 형벌을 경사(京師)에서 시행하는 경우에는 모
두 운룡문(雲龍門)[133]에서 실시한다. 여자가 임신하고 있는 경우에는 편

---

127 "30대"는 큰 죄 중에서도 비교적 가벼운 죄에 대한 罰일 것으로 생각된다.
128 여기서는 "鞭과 杖을 반씩 나눈다."는 것이 단지 200대 이상의 笞를 칠 경우에만 한정되는 것처럼
    기술되어 있지만, 100대 이하의 鞭杖 역시 이와 마찬가지였을 것으로 생각된다.
129 梁代에 "老小"를 정확히 몇 세로 규정하고 있었는지에 대해서는 명확하지 않다. 다만 본문과 이어
    지는 『隋書』 「刑法志」의 내용에 따르면, 耐罪의 죄수 가운데 "80세 이상, 10세 이하"는 姙娠婦, 盲
    者, 侏儒 등과 함께 刑의 특별한 경감 조치를 취하고 있다. 그러므로 여기서 언급된 "老小" 역시
    "80세 이상, 10세 이하"와 무관하지 않을 가능성이 있다. 이와 관련하여 『晉書』 「食貨志」에는 "66
    세 이상, 10세 이하"를 "老小"라고 하였다.
130 熟靻鞭은 무두질한 부드러운 가죽으로 모서리를 제거하지 않은 것(熟靻不去廉), 곧 常鞭을 말한
    다.
131 將吏는 文武官을 말한다. 아래 문장에 보이는 職員, 곧 하급직원과 대비되어 그것보다 상위에 있
    는 자를 가리키는 것으로 보인다.
132 制杖은 大杖을 가리킨다.
133 雲龍門의 위치는 명확하지 않다. 다만 天監 연간(502-519) 초에 齊나라 東昏侯의 餘黨인 孫文明
    이 말을 타고 雲龍門에 도달하는 꿈을 꾸었고, 마음속으로 그 꿈에 미혹되어 마침내 반란을 일으
    켜 병사 수백 명을 거느리고 남북의 掖門으로 침입하였으며, 이 때문에 神獸門, 總章觀, 尚書省 및

장의 형벌을 집행하는 것을 허락하지 않는다.[134](『수서』「형법지」)

【세주 원문】 按此二段疑雜引梁鞭杖令文.

【세주 역문】 위의 두 단락은 양(梁) 편장령(鞭杖令)의 내용을 뒤섞어 인용한 것으로 의심된다.

◉ 削爵 작위의 삭탈

【원문】 普通六年十二月戊子, 邵陵王綸有罪免官, 削爵土.(武帝紀)

【역문】 보통 6년(525) 12월 무자일에 소릉왕(邵陵王) 윤(綸)이 죄를 받아 면관 (免官)되었고, 작위와 봉토(封土)를 삭탈 당하였다.[135](『양서』「무제본기」)

【원문】 爲長城令, 有罪削爵.(江淹傳)

【역문】 [강위(江蒍)[136]는] 장성현(長城縣)의 현령이 된 후에 죄를 받아 작위를 삭탈 당하였다.[137](『양서』「강엄전」)

閣道, 雲龍門 등이 燒失되었다는 내용이 『南史』 권56, 「張弘策傳」에 보인다. 또한 『梁書』 권6에 는 敬帝 太平 원년(556)에 "冬11월 乙卯에 雲龍·神獸門을 세웠다."고 기재되어 있다. 이는 孫文明 의 반란에 의해 소실되었던 雲龍門과 神獸門을 이때 재건하였다는 것을 의미하는 것으로 보인다 (內田智雄 編, 梅原郁 補, 『譯注續中國歷代刑法志(補)』 東京, 創文社, 2005, 26쪽). 建康城의 동쪽 에는 東晉 때부터 二門이 있었고, 그중 하나를 "雲龍門"이라 하였다. 다른 하나는 神虎門이다(內田 智雄 編, 梅原郁 補, 『譯注續中國歷代刑法志(補)』 東京, 創文社, 2005, 317.).

134 『隋書』 권25, 「刑法志」, '梁', 699쪽.

135 『梁書』 권3, 「武帝本紀」, 70쪽.

136 江蒍는 父親인 江淹의 爵位를 계승하였으나 丹陽尹丞에서 長城縣令으로 부임한 이후에 죄를 받 아 작위를 삭탈당하였다. 이후 普通 4년(523)에 高祖가 淹功의 공로를 追念하여 江蒍를 다시 吳昌 伯으로 封하고 이전과 동일한 食邑을 지급하였다. 자세한 내용은 『梁書』 권14, 「江淹傳」 참고.

137 『梁書』 권14, 「江淹傳」, 251쪽.

◉ **禁錮** 금고[138]

【원문】淸議禁錮, 並皆有釋.(武帝紀)

【역문】 청의(淸議)에 대한 금고(禁錮) 또한 모두 사면하도록 하라.[139](『양서』「무제본기」)

【원문】及建康城平, 蒨坐禁錮, 俄被原.(江蒨傳)

【역문】 건강성(建康城)이 평정되자 강천(江蒨)은 금고(禁錮)에 죄좌(罪坐)되었지만, 곧바로 사면되었다.[140](『양서』「강천전」)

◉ **除名** 제명

【원문】以私藏禁仗, 除名.(伏暅傳)

【역문】 사사로이 금장(禁仗)을 보관하였다는 이유로 제명(除名)되었다.[141](『양서』「하원전」[142])

【원문】遭母憂, 起攝職, 坐事除名.(「丘仲孚傳」)

【역문】 모친상을 당하여 관직을 대리[攝職]시켰다가 일이 발각되어 제명(除名)되었다.[143](『양서』「구중부전」)

---

138 罪를 범하였거나 신분상의 문제 등으로 인하여 官職에 나아가거나 정치 활동에 참여하는 등 일련의 행위가 금지된 상태를 禁錮라고 한다.

139 이는 梁 武帝 太淸 원년(547)에 내려진 詔令의 내용 중 일부이다. 『梁書』권3, 「武帝本紀」, 91쪽, "辛酉, 輿駕親祠南郊, 詔曰: 天行彌綸, 覆燾之功博; 乾道變化, 資始之德成. 朕沐浴齋宮, 虔恭上帝, 祗事燔燎. 高禖太一, 大禮克遂, 感慶兼懷. 思與億兆, 同其福惠. 可大赦天下, 尤窮者無出即年租調; 淸議禁錮, 並皆有釋; 所討逋叛, 巧籍隱年, 闔丁匿口, 開恩百日, 各令自首, 不問往罪; 流移他鄉, 聽復宅業, 蠲課五年; 孝悌力田賜爵一級; 居局治事賞勞二年. 可班下遠近, 博採英異, 或德茂州閭, 道行鄉邑, 或獨行特立, 不求聞達, 咸使言上, 以時招聘."

140 『梁書』권21, 「江蒨傳」, 334쪽, "及建康城平, 蒨坐禁錮, 俄被原, 起爲後軍臨川王外兵參軍."

141 『梁書』권53, 「何遠傳」, 778쪽, "當時士大夫坐法, 皆不受立, 遠度己無贓, 就立三七日不款, 猶以私藏禁仗除名."

142 원문에서는 출처를 「伏暅傳」이라고 하였지만, 이 내용은 「伏暅傳」이 아닌 「何遠傳」에 보인다.

◉ 刑具　형구

【원문】 囚有械、杻、斗械及鉗, 並立輕重大小之差, 而爲定制.(隋書刑法志)

【역문】 죄수의 계(械)·뉴(杻)·두계(斗械)¹⁴⁴ 및 겸(鉗)은 모두 무게[輕重]와 크기[大小]에 차등을 두어 정해진 제도[定制]로 삼았다.¹⁴⁵(『수서』「형법지」)

【원문】 僧辯旣入, 背(鮑)泉而坐, 曰: 鮑郎, 卿有罪, 令旨使我鏁卿, 勿以故意見待. 因語重歡出令, 泉卽下地, 鏁于牀側.(王僧辯傳)

【역문】 왕승변(王僧辯)이 [포천(鮑泉)의 막사에] 들어간 후 포천을 등지고 앉아서 말하기를, "포랑(鮑郎)이여! 그대가 죄를 범하여 나에게 그대를 붙잡아 오라는 명령이 내려졌으니, 그대는 예전처럼 나를 벗으로 대하여서는 아니 되네."라고 하였다. 나중환(羅重歡)이 명령이 적힌 문서를 꺼내 보이자, 포천이 [탁상] 아래로 내려왔고 [금군(禁軍)이] 탁상 옆에서 쇄(鏁)를 채워 포박하였다.¹⁴⁶(『양서』「왕승변전」)

◉ 大不敬棄市　대불경기시

【원문】 元日朝會萬國, 亮辭疾不登殿, 設饌別省, 而語笑自若. 數日, 詔公卿問訊, 亮無疾色. 御史中丞樂藹奏大不敬, 論棄市刑.(王亮傳)

【역문】 정월 초하루[元日]에 조정에서 각국의 빈객(賓客)을 회견하였는데, 왕량(王亮)은 병을 핑계로 전(殿)에 오르지도 않고 별성(別省)에 연회 자

---

143 『梁書』 권53, 「丘仲孚傳」, 771쪽, "雲麾長史、江夏太守, 行郢州州府事, 遭母憂, 起攝職. 坐事除名, 復起爲司空參軍."

144 "杻"는 양손을 묶는 木制 형구이다. 唐 이후 械具의 범칭이었다가 明淸 시기에는 단지 手銬만을 杻斗械라고 하였다. "斗械"는 木制의 枷鏁를 말한다. 『晉書』「刑法志」에 따르면, 魏 武帝(155–220)가 "甲子의 科"를 제정하여 종래 좌우의 발에 채우고 있던 鈦(금속성의 枷鏁)를 木械로 바꾸었다고 한다.

145 『隋書』 권25, 「刑法志」, '梁', 699쪽.

146 『梁書』 권45, 「王僧辯傳」, 625쪽. 이와 유사한 내용이 『梁書』 권30, 「鮑泉傳」에도 보인다.

리를 마련하고는 태연스럽게 웃으며 이야기를 나누었다. 며칠 뒤 황제가 공경들을 불러들여 여러 일을 순문(詢問)하였는데, 이때 왕량의 얼굴에는 병색이 없었다. 어사중승 악애(樂藹)가 이를 대불경에 해당하는 죄라며 상주하였고, [왕량은 결국] 기시형으로 논죄되었다.[147](『양서』「왕량전」)

【원문】 請以暅大不敬論. 以事詳法, 應棄市刑.(伏暅傳)

【역문】 청컨대 복환(伏暅)을 대불경으로 논죄하여 주십시오. 상정(詳定)된 법률 규정에 근거하여 마땅히 기시형에 처해야만 합니다.[148](『양서』「복환전」)

◉ **放散官物** 관물의 방산

【원문】 中大同元年三月乙巳, 大赦天下: 凡主守割盜、放散官物, 及以軍糧器甲, 凡是赦所不原者, 皆悉從恩.(武帝紀)

【역문】 중대동 원년(546) 3월 을사일, 천하에 다음과 같은 대사면령을 내렸다. "무릇 주수관(主守官)으로서 관물(官物)을 도둑질하였거나 산실(散失)한 경우 및 군량이나 기갑(器甲)을 가지고 이와 같이 한 경우 중에서 아직 사면령으로 용서받지 못한 자들은 모두 은혜를 베풀어 사면할 수 있도록 하라."[149](『양서』「무제본기」)

【원문】 大通元年正月, 詔曰: 凡散失官物, 不問多少, 並從原宥. 惟事涉軍儲, 取公私見物, 不在此例.(同上)

【역문】 대통 원년(527) 정월에 조(詔)를 내려 말하기를, "무릇 관물(官物)을

---

147 『梁書』 권16, 「王亮傳」, 268쪽.

148 『梁書』 권53, 「伏暅傳」, 776쪽.

149 『梁書』 권3, 「武帝本紀」, 90쪽. "三月乙巳, 大赦天下: 凡主守割盜、放散官物, 及以軍糧器甲, 凡是赦所不原者, 起十一年正月以前, 皆悉從恩, 十一年正月已後, 悉原加責. …"

산실(散失)하였다면, 그 많고 적음을 가리지 말고 모두 용서하여 죄를 면하여 주도록 하라. 다만 군수물자[軍儲]와 관련하여 공적으로나 사적으로 현물을 취한 경우는 이 사면(赦免)의 범위에 해당하지 않는다."라고 하였다.[150](『양서』「무제본기」)

【세주 원문】 按放散官物, 漢律及魏律均有此條, 見漢書韓廷壽傳、魏志夏候尙傳, 唐律, 放散官物坐贓論, 在廐庫.

【세주 역문】 관물의 방산에 관해서는 한율(漢律) 및 위율(魏律)에도 모두 이 조(條)를 두었으며,『한서』「한정수전」[151]과 『삼국지·위지』「하후상전」[152]에 보인다. 당률(唐律)에서는 관물의 방산을 좌장(坐贓)으로 논[153]하였는데, 이는 구고율(廐庫律)에 보인다.

◉ 私載禁物　금물의 사사로운 소지

【원문】 峻兄孝慶, 時爲靑州刺史, 峻請假省之, 坐私載禁物, 爲有司所奏, 免官.(劉峻傳)

【역문】 유준(劉峻)의 형인 유효경(劉孝慶)이 청주자사가 되었을 때 유준이 휴가를 청하여 그를 방문하였는데, 금물을 사사로이 소지한 일로 죄를 받아 유사(有司)의 상주(上奏)로 면관(免官)을 당하였다.[154](『양서』「유준전」)

◉ 誘口坐死　사람을 유괴한 일로 죄를 받아 사형을 당함

【원문】 虞僧虬爲法官. 高祖天監三年八月, 建康女人任提女坐誘口當死.

---

150 『梁書』 권3, 「武帝本紀」, 71쪽.
151 『漢書』 권76, 「韓廷壽傳」, 3214쪽, "侍謁者福爲望之道延壽在東郡時放散官錢千餘萬. … 延壽聞知, 卽部吏案校望之在馮翊時廩犧官錢放散百餘萬."
152 『三國志(魏書)』 권9, 「夏候尙傳」, 303쪽, "未發, 以放散官物, 收付廷尉, 徒樂浪. 道死."
153 『唐律疏議』 권15, 「廐庫」, '放散官物', 292쪽, "諸放散官物者, 坐贓論."
154 『梁書』 권50, 「劉峻傳」, 702쪽.

(冊府元龜六百十五)

【역문】 우승규(虞僧虬)는 법관이 되었다. 고조 천감 3년(504) 8월에 건강(建
康) 지역의 여인 임제녀(任提女)가 사람을 유괴한 일로 죄를 받아 사형을
당하였다.[155](『책부원구』권615)

【원문】 鮑邈坐誘掠人, 罪不至死, 太子綱追思昭明之冤, 揮淚誅之.(資治通
鑑一百五十五)

【역문】 포막(鮑邈)이 사람을 유괴한 일로 죄를 받았는데 그 죄가 사형까지
이르지 않자, 태자 강(綱)이 소명(昭明)의 원통함을 추모하기 위해 눈물
을 훔치며 그를 죽였다.[156](『자치통감』권155)

◉ 劫掠幷造作過制處死
재물의 강제 취득 및 고의로 죄를 만들어 사형에 처함

【원문】 梁武帝欲爲文皇帝陵上起寺, 未有佳材, 宣意有司, 使加探訪. 先
有曲阿人姓弘, 家甚富厚, 乃共親族, 多齎財貨, 往湘州治生, 經年營得
一㭋, 可長千步, 材木壯麗, 世所稀有. 還至南津, 南津校尉孟少卿希朝
廷旨, 乃加繩墨, 弘氏所賣衣裳繒綵, 猶有殘餘, 誣以涉道劫掠所得, 幷
造作過制, 非商賈所宜, 結正處死, 沒入其財充寺用.(太平廣記一百二十
引還寃記, 又見法苑珠林)

【역문】 양(梁)나라 무제(武帝)는 문황제(文皇帝)의 능(陵) 가에 절을 세우고
자 하였으나 아직 좋은 목재를 마련하지 못하였다. 유사(有司)에 이와 같
은 뜻을 전달하여 방도를 알아보도록 명하였다. 이보다 앞서 곡아(曲阿)
출신으로 홍(弘)씨 성을 가진 이가 있었는데 집안이 매우 부유하였다.

---

155 『冊府元龜』권615, 「刑法部7」, '議讞2'. 『隋書』권25, 「刑法志」, '梁', 700쪽에도 동일한 내용이 전
한다.
156 『資治通鑑』권155, 「梁紀11」, 4811쪽.

이에 친족들과 함께 많은 재물을 한데 모아 상주(湘州)로 가서 생업을 시작하였고, 몇 해만에 큰 배 하나를 장만할 수 있었다. 그 길이는 천 걸음이나 되었으며 재목이 웅장하고 화려하여 세간에서는 보기 드문 것이었다. 남진(南津)으로 돌아왔을 때 남진의 교위(校尉) 맹소경(孟少卿)은 조정의 뜻에 아첨하여 그 배에 먹줄을 긋는 한편, 홍씨가 판매하던 비단옷이 아직 남아 있었는데, 이를 길을 오가며 강제로 빼앗아 얻은 것이라 무고하여 저지르지 않은 죄를 고의로 만들어냈다. 곧 이는 상인으로서 마땅히 해야 할 일들이 아니므로 죄를 판결하여 사형에 처한 후 그 재목을 몰수하여 절을 짓는 데 충당해야 한다고 주장하였던 것이다.[157](『태평광기』 권120에서 「환원기」를 인용. 또한 『법원주림』에도 보인다.)

◉ **非所宜言** 마땅히 해야 할 바가 아닌 언사

【원문】 謹案, 奉朝請臺御史臣孔翬, 海斥無聞, 謬列華省, 假攝去來, 士子常務. 況東皐賤品, 非藉豐資; 旬日暫勞, 豈云卑辱, 而肆此醜言. 題勒禁省, 比物連類, 非所宜稱. 黜之流伍, 實允朝憲.(初學記二十四, 引梁沈約奏彈御史孔翬)

【역문】 삼가 살펴보건대, 봉조청대(奉朝請臺)의 [시(侍)]어사(御史) 신(臣) 공탁(孔翬)은 천열(淺劣)하여 널리 명성을 얻음이 없는데도 과분하게 화성(華省)의 반열(班列)에 있으면서 임시로 직권을 대행해 왔으니, 사인(士人)이라면 마땅히 힘써 일해야 할 바입니다. 하물며 동고(東皐)의 비천한 출신으로서 그릇된 방법으로 재물을 축적하고 열흘에 한 번씩 잠시 동안 직무를 돌보면서 어찌 비천하고 굴욕적이라 하며, 멋대로 이와 같은 추악한 언사를 할 수가 있겠습니까. 조정과 관련한 일을 끌어다 글을 짓고 이를 다른 일에 비유하여 동일한 부류로 연결시키는 것은 마땅히 해야 할 언사가 아닙니다. 그러므로 공탁을 폄출(貶黜)하여 유배를 보내야

---

157 『太平廣記』 권120, 「報應19」, ‘冤報2 · 弘氏’; 『法苑珠林』 권78.

만, 진실로 국가의 법규에 합당할 것입니다.[158](『초학기』 권24에서 심약의 「어사 공탁을 탄핵하는 상주」를 인용)

【세주 원문】 按非所宜言, 本漢律.

【세주 역문】 "마땅히 해야 할 바가 아닌 언사[非所宜言]"는 한율에 근본을 두고 있다.

◉ 不憂軍事 군대의 일을 그르치는 경우

【원문】 元起頗營還裝, 糧儲器械, 略無遺者. (蕭)淵藻入城, 甚怨望之. 因表其逗留不憂軍事, 收付州獄, 於獄自縊, 有司追劾, 削爵土.(鄧元起傳)

【역문】 등원기(鄧元起)는 자기 멋대로 돌아가기 위한 행장(行裝)을 꾸렸는데, 비축되어 있는 군량과 무기 등 각종 장비를 거의 남김없이 모두 챙기었다. 소연조(蕭淵藻)는 성으로 들어온 후 그를 심하게 원망하였다. 때문에 그가 현 상황에 머물러 나아가지 않고 군대의 일을 그르치려 한다며 조정에 상표(上表)한 후 그를 체포하여 주(州)의 옥(獄)으로 송부하였다. [등원기는 결국] 옥에서 스스로 목을 매어 자살하였고, 유사(有司)가 이 일을 소급하여 조사한 후에는 작위와 봉토까지 삭탈당하였다.[159](『양서』「등원기전」)

【세주 원문】 按晉律目有不憂軍事, 已詳晉律考, 梁律多沿晉之舊, 此其一證.

【세주 역문】 진(晉)의 율목(律目)에 불우군사(不憂軍事)가 있다는 것은 이미 진율고(晉律考)에서 상세히 다루었다. 양률(梁律)은 진(晉)나라의 옛 율을 따른 경우가 많은데, 이는 그 증거 중 하나이다.

---

158 『初學記』 권24, 「奏彈御史孔稾題省壁悖慢事」.
159 『梁書』 권10, 「鄧元起傳」, 200쪽.

◉ 逗留不進　머물며 나아가지 않는 경우

【원문】 蕭諮啓(盧)子雄及(孫)岡與賊交通, 逗留不進, 梁武帝勅於廣州賜
死.(陳書杜僧明傳)

【역문】 소자(蕭諮)는 노자웅(盧子雄)과 손경(孫岡)이 적과 내통한 후 현 상황
에 머물며 앞으로 나아가지 않는다고 조정에 상계(上啓)하였고, 양(梁)
무제는 이들을 광주(廣州)에서 사형에 처하라고 명하였다.[160](『진서』「두
승명전」)

【세주 원문】 按逗留不進, 本漢律.

【세주 역문】 두류부진(逗留不進)은 한율에 근본을 두고 있다.

◉ 自首　지수

【원문】 所討逋叛, 巧籍隱年, 閹丁匿口, 開恩百日, 各令自首, 不問往罪.
(武帝紀)

【역문】 이미 토벌한 도망친 무리들 중 장부를 교묘히 꾸며 연령을 숨기고
정남(丁男)의 인구를 은닉한 경우 백 일 동안 은혜를 베풀 터이니, 각각
자수토록 하되 [자수하였다면] 이전의 죄는 묻지 말도록 하라.[161](『양서』
「무제본기」)

◉ 造意　고의로 일을 꾸미는 경우

【원문】 玢撾登聞鼓, 乞代父命. 高祖異之, 勅廷尉卿蔡法度曰: 吉玢請死
贖父, 義誠可嘉, 但其幼童, 未必自能造意, 卿可嚴加脅誘, 取其款實.

---

160 『陳書』 권8, 「杜僧明傳」, 135쪽.
161 『梁書』 권3, 「武帝本紀」, 91쪽.

(吉玢傳)

【역문】 길분(吉玢)은 등문고(登聞鼓)를 울려 스스로 부친의 목숨을 대신할 수 있기를 청하였다. 고조가 그를 남달리 여겨 정위경(廷尉卿) 채법도(蔡法度)에게 명하여 말하기를, "길분이 자신의 죽음으로써 아버지의 죄를 대신하고자 하니 그 뜻이 진실로 어여쁘다 할 만하도다. 그러나 그 어린 아이가 스스로 이와 같은 일을 꾸몄다고 볼 수만은 없다. 그대가 엄히 혼내기도 하고 구슬려도 좋으니, 그 진상을 밝혀내도록 하라."고 하였다.[162](『양서』 「길분전」)

◉ 父有罪逮妻子, 子有罪逮父母
부친에게 죄가 있을 경우 [그 죄가] 아내와 아들에게 미치고, 아들에게 죄가 있을 경우 [그 죄가] 부모에게 미침

【원문】 舊獄法, 夫有罪, 逮妻子; 子有罪, 逮父母. 十一年正月壬辰, 乃下詔曰: 自今捕謫之家及罪應質作, 若年有老小者, 可停將送.(隋書刑法志)

【역문】 옛날의 형벌제도에서는 남편에게 죄가 있으면 그 죄가 처자까지 미쳤고, 자식에게 죄가 있으면 그 죄가 부모까지 미쳤다. 11년[163] 정월 임신일에 조(詔)를 내려 말하기를, "지금부터 체포된 후 먼 곳으로 유배를 가서 수자리를 하는 자의 자손 및 연좌에 의해 인질로 노역에 복역하는 죄인[164]에 해당하는 자들 가운데 만약 노인이나 어린아이가 있을 경우 노역에 보내는 것을 정지토록 하라."고 하였다.[165](『수서』 「형법지」)

---

162 『梁書』 권47, 「吉玢傳」, 651–652쪽.
163 11년은 梁 武帝 天監 11년(512)이다.
164 『資治通鑑』 권159, 武帝 中大同원년(546)條에 "남자는 謫運하고 여자는 質作하는데 모두 3년이다."라고 하였다. 이에 따르면, 남자의 謫運에 대응하여 여자는 質作하는 것처럼 보이지만, 호삼성 주에는 "謫運은 謫發의 轉運이고, 質作은 그 몸을 맡겨 居作하는 것이며, 노역은 모두 3년이다. 이것은 예전의 이른바 3세형이다."라고 하였다. 또한 『資治通鑑』 권159, 武帝 中大同 10년(511)條의 호삼성 주에는 "質作은 그 家屬을 저당하여 이것을 罰作하는 것이다."라고 하여, 質作은 반드시 여자에게만 한정된 것은 아니고 그 가족도 포함하여 이것을 저당해서 노역에 종사시키는 것을 말하는 듯하다.

【원문】 十一年春正月壬辰, 詔曰: 夫刑法悼耄, 罪不收孥, 禮著明文, 史彰前事, 蓋所以申其哀矜, 故罰有弗及. 近代相因, 厥網彌峻, 髫年華髮, 同坐入叟. 雖懲惡勸善, 宜窮其制, 而老幼流離, 良亦可愍. 自今逋謫之家及罪應質作, 若年有老小, 可停將送.(武帝紀)

【역문】 [천감] 11년(512) 봄 정월 임진일에 조(詔)를 내려 말하기를, "무릇 형법은 어린이와 노인에게는 적용되지 않아 죄를 다스릴 때도 그 처와 자식을 관노비로 몰수하지 않는다. 이는 예서(禮書)에 명문(明文)으로 기재되어 있고 사서(史書)에도 각종 사례로 밝혀져 있는데, 대체로 이와 같이 함으로써 그 측은한 마음을 나타내는 것이다. 그러므로 형벌이 미치지 않는 바가 있게 되는 것이다. 지금으로부터 멀지 않은 시기에도 이를 계승하였으나 그 법망은 더욱 엄밀해져 어린이와 노인도 동일하게 연루되어 죄를 입고 있다. 비록 악행을 징벌하고 선행을 장려하여 마땅히 그 [죄에 대한] 제재(制裁)를 끝까지 다해야 하나, 노인과 어린이를 유리(流離)시킨다면 진실로 이 또한 가련(可憐)하다고 하겠다. 지금부터 체포된 후 먼 곳으로 유배를 가서 수자리를 하는 자의 자손 및 연좌에 의해 인질로 노역에 복역하는 죄인에 해당하는 자들 가운데 만약 노인이나 어린아이가 있을 경우 노역에 보내는 것을 정지토록 하라."고 하였다.[166] (『양서』「무제본기」)

【세주 원문】 按晉志, 魏展上書, 有子孫犯事, 將考祖父逃亡, 傷順破教, 如此者衆云云, 是晉志已如是. 隋志云陳氏制律, 復父母緣坐之刑. 則至陳時, 又復晉氏之舊也.

【세주 역문】 『진서』「형법지」에 위전(魏展)이 상서(上書)하여 말하기를, "아들이나 손자가 [도망]죄를 범하였다고 해서 그 조부나 부친을 도망죄로 다스린다면, 이는 효순(順)의 도리를 손상하고 교화(敎)를 깨뜨리는 일로서 이와 같은 사례는 매우 많습니다."[167]라고 하였는데, 『진서』「형법지」의 내용도 이미 이와 같았던 것이다. 『수서』

---

165 『隋書』권25, 「刑法志」, '梁', 701쪽.
166 『梁書』권2, 「武帝本紀」, 51–52쪽.

「형법지」에 진(陳)나라가 율을 정비할 때 "부모가 자식의 죄에 연좌되는 형법을 복구하였다."[168]고 하였으므로 진(陳)나라 때 이르러 다시 진(晉)나라의 옛 율이 복구된 것이다.

◉ 測罰 측벌

【원문】 凡繫獄者, 不卽荅款, 應加測罰, 不得以人士爲隔. 若人士犯罰, 違扞不款, 宜測罰者, 先參議牒啓, 然後科行. 斷食三日, 聽家人進粥二升. 女及老小, 一百五十刻乃與粥, 滿千刻而止.(隋書刑法志)

【역문】 무릇 옥사(獄事)에 연루된 자가 즉시 자백하지 않을 때는 측벌(測罰)[169]을 가해야 하는데, 그 경우 서민(庶民)과 사인(士人) 간에 차별을 두어서는 안 된다. 만약 서민이나 사인이 죄를 범하였는데도 자백하지 않아 측벌을 가해야 할 경우에는 우선 협의하여 문서로 상주하고 그 뒤에 시행한다. 측벌을 가할 때는 음식을 3일 동안 끊되 가인(家人)이 죽 2승(升)[170]을 주는 것은 허락한다. 여자 및 노인 · 어린이의 경우 150각(刻)[171]이 되면 죽을 주고, 1천각[172]이 되면 측벌을 그친다.[173](『수서』「형법지」)

---

167 『晉書』 권30, 「刑法志」, 939쪽. "設子孫犯事, 將考祖父逃亡, 逃亡是子孫, 而父祖罣其酷, 傷順破教, 如此者衆."

168 『隋書』 권25, 「刑法志」, '陳', 702쪽. "陳氏承梁季喪亂, 刑典疎闊, … 又存贖罪之律, 復父母緣坐之刑."

169 『梁書』 권33, 「沈洙傳」에서 인용한 梁 舊律의 測囚法에 따르면, 범죄 용의자를 매일 哺鼓, 곧 申刻(오후 4시)에서 2更(계절에 따라 다르지만 대체로 밤 10시경에 해당된다)까지 무거운 械를 몸에 차고 곧 무너질 듯 쌓아 올린 흙담 위에 세우고 자백을 강요하는 것으로 도저히 사람으로서는 견딜 수 없는 가혹한 것이다. 그 때문에 있지도 않은 無實罪를 자백하는 경우가 많았다. 이에 尙書比附郎 范泉이 율령을 刪定하여 그 測法을 고쳐서 시간을 짧게 나누고 매일 두 번씩 測立시키고자 하였지만, 廷尉는 이것이 너무 가볍다며 반대하였다. 이것에 대하여 都官尙書 周弘正이 범천의 의견에 동조한 내용이 보인다. 여기서 말하는 測罰은 이 測立의 형벌을 가리키는 것으로 보인다.

170 2升은 지금의 2홉 2勺 정도이다.

171 1刻은 15분, 1일은 100각이기 때문에 150刻은 거의 1일 반이 된다.

172 즉 10일에 해당한다.

173 『隋書』 권25, 「刑法志」, '梁', 699쪽.

【원문】 當時士大夫坐法, 皆不受測. 遠度己無贓, 就測立三七日不款, 猶
以私藏禁仗除名.(南史何遠傳)

【역문】 당시 사대부는 죄를 범하여도 모두 측벌을 받지 않았다. 하원(何遠)
은 스스로에게 장물이 없다는 것을 잘 알았기 때문에 21일 동안 측립(測
立)하고도 죄를 인정하지 않았지만, 오히려 금장(禁仗)을 사사로이 소유
하였다는 명목으로 제명을 당하였다.[174](『남사』「하원전」)

● **滴血法**
  핏방울을 [죽은 이의 뼈 위에] 떨어뜨려 부자 관계를 증명하는 법

【원문】 豫章王綜, 其母吳淑媛, 自齊東昏宮, 得幸於高祖, 七月而生綜. 恒
於別室祠齊氏七廟. 又微服至曲阿, 拜齊明帝陵. 然猶無以自信, 聞俗
說以生者血瀝死者骨, 滲卽爲父子. 綜乃私發齊東昏墓, 出骨, 瀝臂血
試之. 幷殺一男, 取其骨試之, 皆有驗, 自此常懷異志.(豫章王綜傳)

【역문】 예장왕(豫章王) 소종(蕭綜)의 모친 오숙원(吳淑媛)은 본래 제(齊)나라
동혼후(東昏候)의 궁비(宮妃)였으며, 고조(高祖)의 은총을 입어 7개월 만
에 소종을 낳았다.[175] [소종은] 별실에 제나라의 일곱 위패를 모셔두고
항상 제사지내었으며, 미복차림으로 곡아(曲阿)에 가서 제나라 명제(明
帝)의 능에 참배하기도 하였다. 그럼에도 여전히 스스로가 [제나라 동혼
후의 아들이라는 데] 확신이 없던 중 속설에 '살아 있는 자의 핏방울을
죽은 자의 뼈 위에 떨어뜨렸을 때, 그 피가 스며들 경우 부자 관계가 증
명된다'는 이야기를 들었다. 소종은 이에 몰래 제나라 동혼후의 묘를 열
어 그 뼈를 꺼낸 후, 팔에서 피를 짜내어 시험을 해 보았다. 동시에 자신
의 아들 한 명을 죽여 그 뼈를 취한 뒤에 역시 시험을 해 보았더니, 두 가

---

174 『南史』 권70, 「何遠傳」, 1718쪽.
175 『梁書』 권55, 「豫章王綜傳」에 따르면, 이로 인해 豫章王 蕭綜이 高祖의 친아들이 아닐 것이라는
  소문이 무성하였다고 한다.

지 모두 증험이 나타났다. 이때부터 [소종은] 항상 다른 마음을 품게 되었다.[176](『양서』「예장왕종전」)

【세주 원문】 按元王與無寃錄辨親生血屬條云, 洗寃錄驗滴骨親法, 謂如某甲稱有父母骸骨, 認是親生男女, 試令就身刺一兩點, 血滴骸骨上. 是親生, 則血沁入骨, 否則不入. 每以無所取證爲疑. 讀史至豫章王綜云云, 則洗寃之說, 有自來矣. 然滴血之法, 幷不始於梁. 南史孝義傳, 孫法宗入海尋求父屍, 聞世間論, 是至親, 以血瀝骨當悉凝浸. 乃操刀沿海, 見枯骨, 則刻肉灌血, 如此十餘年, 臂脛無完膚. 事在東晉之末. 又據太平廣記一百六十二引會稽先賢傳云, 陳業字文理, 業兄渡海傾命, 時同依止者五十六人, 骨肉消爛而不可辨別. 業仰皇天誓后土曰, 聞親子必有異焉, 因割臂流血, 以灌骨上, 應時飮血, 餘皆流去. 是漢時已有此說. 又考珊玉集引同賢記云, 杞良, 秦始皇時北築長城, 主典怒其逃走, 乃打殺之. 其妻仲姿向城啼哭, 一時崩倒, 死人白骨交橫, 莫知孰是. 仲姿乃刺指血以滴白骨, 云若是杞良骨者, 血可流入. 卽瀝血果至良骸, 血徑流入, 便得歸葬之. 據此則滴血之法, 其源甚古, 亦不始於漢也.

【세주 역문】 원(元)나라 왕여(王與)의 『무원록(無寃錄)』 중 '직접 낳은 혈속(血屬)의 분별'이라는 조목에 "『세원록(洗寃錄)』 중 '뼈 위에 핏방울을 떨어뜨려 친자식을 증험하는 방법'이라는 내용 중에 이르기를, '예컨대 어떤 사람이 부모의 유골을 가지고 있다고 하였을 때 친자식인지를 확인하려면, 신체를 한두 군데 찌른 후 핏방울을 뼈 위에 떨어뜨려 보게 해야 한다. 친자식이 맞다면 핏방울이 뼛속으로 스며들 것이고, 그렇지 않다면 스며들지 않을 것이다. 매번 이렇게 하여도 증험을 얻지 못한다면 의심해야 한다. 사서(史書)를 읽어보면, 예장왕(豫章王) 종(綜)에 관한 부분에 …'라고 하였다."고 하였으므로 『세원록』의 설은 전해 내려오는 바가 있는 것이다. 그러나 핏방울을 떨어뜨리는 방법은 결코 양(梁)나라 때부터 비롯된 것이 아니다. 『남사』「효의전(孝義傳)」에 따르면, 손법종(孫法宗)이 "바다에 들어가 부친의 시신을 찾던 중 세간의 속설 중에 '부자 관계가 맞다면 핏방울을 뼈에 떨어뜨렸을 때 마땅히 모든 피가 엉겨서 스며들어야 한다.'는 이야기를 들었다. 이에 칼을 가지고 바닷가를 돌아다

176 『梁書』 권55, 「豫章王綜傳」, 823-824쪽.

니면서 마른 뼈를 발견하게 되면, 살갗을 벗겨 핏방울을 떨어뜨렸다. 이와 같이 하기를 10여 년이 지속되자 팔과 정강이의 피부가 남아나지를 않았다.”[177]고 하였는데, 이는 동진(東晉) 말엽에 있었던 일이다. 또한『태평광기』권162에서『회계선현전(會稽先賢傳)』을 인용한 내용에 따르면, “진업(陳業)의 자(字)는 문리(文理)인데, 그의 형이 바다를 건너던 중 목숨을 잃게 되었다. 당시 그의 형과 함께 의탁하고 있던 사람들은 모두 56명가량이었고, 이들은 골육이 타버리거나 문드러져서 누가 누구인지를 분별할 수가 없는 상태였다. 진업은 하늘의 신[皇天]에게 우러러 바라고 또한 땅의 신[后土]에게 간절히 빌며 말하기를, ‘친자식은 반드시 남다름이 있다고 들었습니다.’라고 하고는 팔을 베어 피가 흐르도록 한 후 이 핏방울을 뼈 위에 떨어뜨렸더니 때맞추어 뼈가 핏물을 머금었기 때문에 나머지 시신들의 유해들은 모두 흘려보내게 되었다.”고 하였으니, 한(漢)나라 때 이미 이와 같은 설이 있었던 것이다. 또한『조옥집(琱玉集)』중에『동현기(同賢記)』를 인용한 내용에 따르면, “기량(杞良)은 진시황 때 북방의 장성(長城)을 축조하는 데 동원되었는데, 이 사역의 담당자는 기량이 도망을 쳤다는 데 노하여 끝내 그를 때려죽이고 말았다. 기량의 아내인 중자(仲姿)가 [남편이 축조하던] 장성을 바라보며 울부짖고 있었는데, [이때] 갑자기 [장성이] 무너져 내리면서 죽은 이들의 백골이 이리저리 뒤섞여 버려 누가 누구인지를 분간할 수가 없게 되었다. [이에 중자가] ‘만약 기량의 유골이 맞다면 핏방울이 스며들어갈 수 있을 것이다.’라고 하고는 즉시 핏방울을 떨어뜨렸는데, 과연 기량의 유골에 이르러 핏방울이 스며들어감에 따라 곧장 고향으로 돌아가 그의 장례를 치를 수 있었다.”고 하였는데, 이에 따르면 핏방울을 떨어뜨리는 방법은 그 기원이 매우 오래되었으며 또한 한(漢)나라 때부터 비롯된 것도 아님을 알 수 있다.

◉ 禁復讎 복수의 금지

【원문】 太淸元年八月詔曰: 緣邊初附諸州部內百姓, 先有負罪流亡, 逃叛入北, 一皆曠蕩, 不問往譽, 幷不得挾以私讎而相報復. 若有犯者, 嚴加

177『南史』권73,「孫法宗傳」, 1808쪽.

裁問.(武帝紀)

【역문】 태청 원년(547) 8월에 조(詔)를 내려 말하기를, "변경에 처음으로 정착한 각 지역[州部]의 백성들 중 앞서 죄를 범하고 유망하였다가 북방으로 도망하여 들어간 이들은 일률적으로 죄를 면제하여 이전의 과실을 묻지 않도록 하라. 아울러 개인적인 원한을 품고서 서로 보복을 하게 하여서도 안 된다. 만약 이를 어기는 자가 있다면, 엄히 제재를 가하여 추궁토록 하라."고 하였다.[178](『양서』「무제본기」)

◉ 禁豪富不得占取公田　권세 있는 부호의 공전 점유 금지

【원문】 大同七年十一月丁丑, 詔曰: 頃者豪家富室, 多占取公田, 貴價僦税, 以與貧民, 傷時害政, 爲蠹已甚. 自今公田悉不得假與豪家, 已假者特聽不追. 其若富室給貧民種糧共營作者, 不在禁例.(武帝紀)

【역문】 대동 7년(541) 11월 정축일에 조(詔)를 내려 말하기를, "근래에 권세 있는 집안들이 공전(公田)을 다방면으로 점유하여 조세(租稅)를 매우 높이 책정한 후 이를 가난한 백성들에게 경작시킴으로써 시정(時政)을 파탄낸다고 하니, 그 폐해가 매우 심각하도다. 지금부터 모든 공전은 권세가들에게 [수조권(收租權)을] 대여할 수 없도록 하되, 이미 대여한 경우에 한해서만 반환하지 않는 것을 허락토록 하라. 그러나 만약 권세가에서 가난한 백성들에게 종자를 지급하여 공동으로 경작하는 경우에는 이 금지 사례를 적용하지 않도록 하라."고 하였다.[179](『양서』「무제본기」)

◉ 禁減陌錢　감맥전에 대한 금지

【원문】 中大同元年七月丙寅, 詔曰: 頃聞外間多用九陌錢, 陌減則物貴,

---

178 『梁書』권3, 「武帝本紀」, 92쪽.
179 『梁書』권3, 「武帝本紀」, 86쪽.

陌足則物賤, 非物有貴賤, 是心有顚倒. 至於遠方, 日更滋甚, 豈直國有異政, 乃至家有殊俗, 徒亂王制, 無益民財. 自今可通用足陌錢. 令書行後, 百日爲期, 若猶有犯, 男子謫運, 女子質作, 並同三年.(武帝紀)

【역문】 중대동 원년(546) 7월 병인일에 조(詔)를 내려 말하기를, "근래에 듣자하니 민간에서 구맥전(九陌錢)을 사용하는 경우가 많아 맥(陌)이 감소하면 물가가 오르고 맥(陌)이 충족되면 물가가 하락한다고 하니, 이는 물가에 높고 낮음이 있는 것이 아니라 사람의 마음속에 전도(顚倒)됨이 있는 것이라 하겠다. 먼 지역에 이르기까지 날이 갈수록 더욱 심해진다고 하는데, 어찌 줄곧 나라 안에 정책이 다르고 더 나아가 집집마다 풍속이 각기 달라 헛되이 제도를 어지럽히고 백성들이 부유해지는 데 아무런 이익이 될 수 없게 한단 말인가. 지금부터 족맥전(足陌錢)의 통용을 허가토록 하라. 법령이 시행된 이후 백일을 기한으로 하여 만약 계속해서 이를 위반할 경우 남자는 조세를 운반하는 일에 사역하고 여자는 노역을 시키되, 모두 3년을 기한으로 삼도록 하라."고 하였다.[180](『양서』「무제본기」)

● **禁食牛** 소를 도축하는 일에 대한 금지

【원문】 子婦嘗得家餉牛肉以進, 昭召其子曰: 食之則犯法, 告之則不可, 取而埋之.(傅昭傳)

【역문】 며느리가 일찍이 집에서 키우던 소의 고기를 얻어 이를 밥상에 올리자 부소(傅昭)가 그 아들을 불러 말하기를, "[이 소고기를] 먹는다면 법을 위반하는 것이 되고 그렇다고 [며느리를 관아에] 고발할 수도 없는 노릇이니, [그 고기를] 가져다가 묻어 버리도록 해라."라고 하였다.[181](『양서』「부소전」)

---

180 『梁書』 권3, 「武帝本紀」, 90-91쪽.
181 『梁書』 권26, 「傅昭傳」, 394쪽.

【세주 원문】 按南齊書王玄載傳, 永明元年, 坐於宅殺牛免官. 蓋殺牛之禁, 自漢始, 歷秦魏晉六朝不改.

【세주 역문】 『남제서』「왕현재전」에 따르면, 영명 원년(483)에 "집에서 소를 잡은 일로 죄를 받아 면관(免官)을 당하였다."[182]고 하였다. 대체로 소를 잡는 것에 대한 금지 법령은 한(漢)나라 때부터 비롯되었으며, 진(秦)·위(魏)·진(晉) 등 여섯 개 조대(朝代)를 거치도록 개정되지 않았다.

◉ 梁武之姑息失刑　양 무제의 고식실형[183]

【원문】 天監元年夏四月癸酉, 詔曰: 商俗甫移, 遺風尙熾, 下不上達, 由來遠矣. 升中馭索, 增其懍然. 可於公車府謗木肺石傍各置一函. 若肉食莫言, 山阿欲有橫議, 投謗木函. 若從我江、漢, 功在可策, 犀兕徒弊, 龍蛇方縣. 次身才高妙, 擯壓莫通, 懷傅、呂之術, 抱屈、賈之歎. 其理有皦然, 受困包匭. 夫大政侵小, 豪門陵賤, 四民已窮, 九重莫達. 若欲自申, 幷可投肺石函.(武帝紀)

【역문】 천감 원년(502) 여름 4월 계유일에 조(詔)를 내려 말하기를, "상(商)나라의 [좋지 못한] 습속이 이제 막 변화되었으나 남아 있는 풍속도 여전히 성하여 백성들의 상황이 황제까지 이르지 못하고 있는 것은 그 유래가 이미 오래되었다. 하늘에 제사를 지내 백성들을 다스리게 됨을 고하는 일이 썩은 고삐를 잡고 말을 모는 것과 같을 진데, 그 위태로움은 더욱 늘어만 간다.[184] 공거부(公車府)의 방목(謗木)[185]과 폐석(肺石)[186] 바로

---

182 『南齊書』 권27, 「王玄載傳」, 510쪽.

183 "姑息失刑" 중 '姑息'은 寬容을 베푸는 것을 말하며, '失刑'은 응당 刑罰을 가해야 하는데도 그렇게 하지 않는 것을 말한다. 즉 寬容을 베풀어 刑罰을 면하여 주는 것이다.

184 "升中馭索"은 제왕이 되어 만백성 위에 군림하게 되었으나 나라를 다스리는 일이야말로 그 무엇보다 대단히 어려운 일임을 비유할 때 쓰는 말이다.(『禮記』「禮器」, "是故因天事天, 因地事地, 因名山升中於天〈鄭玄注: 升, 上也. 中, 猶成也. 謂巡守至於方獄, 燔柴, 祭天, 告以諸侯之成功也.〉";『書經』「五子之歌」, "予臨兆民, 懍乎若朽索之馭六馬.〈孔穎達疏: 我臨兆民之上, 常畏人怨, 懍懍乎危懼, 若腐索之馭六馬, 索絶則馬逸, 言危懼之甚.〉")

185 堯·舜 시절에 길 한가운데 나무판을 세워 두고 지나는 사람들이 스스로 하고 싶은 諫言을 적을

옆에 각각 하나씩 함(函)을 설치토록 하라. 만약 관원[肉食]¹⁸⁷이 [제대로] 진언하지 않아 백성[山野]들이 이를 비난[橫議]하고자 한다면, 방목함(謗木函)을 통해 투서할 수 있게 하라. 만약 짐을 따라 장강[江]과 한수[漢]의 정벌 전쟁에 참여하여 전공[功]이 가히 표창하여 상을 내릴 만한데도 무소의 가죽으로 만든 갑옷과 방패[犀兕]는 이미 낡아 버렸을 뿐이고 창이나 극과 같은 예리한 무기[龍蛇]는 그저 한 모퉁이 걸려있을 뿐이라면, 그리고 가진 재능이 높고 신묘한데도 배척당하고 억압당하며, 부열(傅說)과 여상(呂尙)의 술책을 품고 있어도 굴원(屈原)과 가의(賈誼)의 통탄을 안고 살아가며, 그 이유가 매우 명백한데도 꽁꽁 싸매어 놓은 상자 속에 갇혀 고통을 받고 있다면, 그리고 높은 관원이 낮은 관원을 침탈하고 권세 있는 자들이 가난한 이들을 능멸하며, 사농공상[四民]으로 이미 곤궁한데도 구중궁궐의 황제에게 알릴 방법이 없다면, 그리하여 스스로 짐에게 고하기를 바란다면 이와 같은 이들은 모두 폐석함(肺石函)을 통해 투서할 수 있게 하라."고 하였다.¹⁸⁸(『양서』 「무제본기」)

【원문】 二年春正月, 詔曰: 朕屬當期運, 君臨兆億, 雖復齋居宣室, 留心聽斷. 而九牧遐荒, 無因臨覽. 深懼懷寃就鞠, 匪惟一方. 可申敕諸州, 月一臨訊, 博詢擇善, 務在確實.(武帝紀)

【역문】 [천감] 2년(503) 봄 정월에 조(詔)를 내려 말하기를, "짐이 마침 시운(時運)을 잘 만나 군왕으로서 만백성을 다스리게 되어 비록 선실(宣室)¹⁸⁹에서 재계(齋戒)하며 송사(訟事)를 듣고 안건(案件)을 판결하는 데 온 마음을 기울일지라도 여전히 구주(九州)의 아득히 먼 지역들은 몸소 나서

수 있도록 조치하였다고 전하는데, 이를 "誹木"이라고 한다.

186 古代에 朝廷의 문 밖에 붉은색의 큰 돌을 설치한 후 만약 백성들 중 불평이 있는 자가 있다면 여기에 다른 돌을 부딪쳐 소리를 내게 함으로써 자신의 원통함을 표현할 수 있도록 조치하였는데, 그 돌의 모양이 肺와 같다고 하여 붙여진 이름이 "肺石"이다.

187 "肉食"은 봉록이 높은 고위 관원을 가리키며, 일반적으로는 관직에 있는 모든 사람을 일컫는다. (『左傳』, 莊公十年, "肉食者鄙, 未能遠謀.(杜預注: 肉食, 在位者.)")

188 『梁書』 권2, 「武帝本紀」, 37쪽.

189 "宣室"은 帝王이 거처하는 正室을 가리킨다.

시찰할 방법이 없도다. 심히 염려되는 것은 억울함을 품고서 국문에 나아가는 이들이 단지 한둘이 아니라는 것이다. 달마다 한 번씩 짐이 몸소 임행(臨幸)하여 신문(訊問)하되 널리 자문을 구하여 최선의 방도를 택함으로써 그 실상을 명확히 하는 데 힘쓸 것이니, 이를 전국 각지에 널리 알릴 수 있도록 하라."고 하였다.190(『양서』「무제본기」)

【원문】 三年六月詔曰: 總總九州, 遠近民庶, 或川路幽遐, 或貧羸老疾, 懷冤抱理, 莫由自申, 念此于懷, 中夜太息. 可分將命巡行州部, 其有深冤鉅害, 抑鬱無歸, 聽詣使者, 依源自列.(武帝紀)

【역문】 [천감] 3년(504) 6월에 조(詔)를 내려 말하기를, "구주(九州)를 통틀어 가깝고 먼 지역의 백성들, 혹은 물길이 아득히 먼 지역의 사람들, 혹은 가난하여 여위거나 늙고 병든 이들 가운데 억울함을 품을 만한 이유가 있지만 스스로 신고(申告)할 방법이 없는 경우가 있으니, 짐은 마음속으로 이와 같은 문제들을 괘념하면서 한밤중에도 크게 탄식하고 있도다. [그러므로] 각각 명을 받들어 전국 각 지역[州部]을 순행하되, 만약 원통함이 매우 심하여 그 폐해가 상당히 큰데다 답답하고 분하여 의지할 곳조차 없는 이가 있다면, 그 지역에 순행하여 온 관원에게 이 사실을 알리고 근본적인 정황에 의거하여 스스로 진술토록 할 수 있게 하라."고 하였다.191(『양서』「무제본기」)

【원문】 五年四月詔曰: 朕昧旦齋居, 惟刑是恤, 而明慎未洽, 囹圄尚壅. 凡犴獄之所, 可遣法官近侍, 遞錄囚徒, 如有枉滯, 以時奏聞.(武帝紀)

【역문】 [천감] 5년(506) 4월에 조(詔)를 내려 말하기를, "짐은 동이 틀 무렵 거처에서 재계(齋戒)를 하면서도 형벌에 대한 너그러운 관용만을 생각한다. 그러나 신중하게 살펴 명확히 밝혀내는 일에 미흡하여 뇌옥(牢獄)에

---

190 『梁書』 권2, 「武帝本紀」, 39쪽.
191 『梁書』 권2, 「武帝本紀」, 40쪽.

는 여전히 범인(犯人)들이 넘쳐나고 있다. 무릇 뇌옥(牢獄)이 있는 곳으로 사법 관원과 그들을 수행할 시종들을 파견하여 죄수들을 순서에 따라 등록하고, 만약 억울함을 씻어낼 수 없는 원안(寃案)이 있다면 즉시 보고할 수 있도록 하라."고 하였다.[192](『양서』「무제본기」)

【원문】 十六年正月詔曰: 諸州郡縣, 時理獄訟, 勿使寃滯, 幷若親覽.(武帝紀)

【역문】 [천감] 16년(517) 정월에 조(詔)를 내려 말하기를, "전국 각지에서는 때맞추어 옥송(獄訟)을 심리하되, 원안(寃案)을 체류시키지 말[고 보고하]라. 모두 다 짐이 직접 살필 것이다."고 하였다.[193](『양서』「무제본기」)

【원문】 十七年八月, 詔以兵驕奴婢, 男年登六十, 女年登五十, 免爲平民.(武帝紀)

【역문】 [천감] 17년(518) 8월에 "병추노비(兵驕奴婢)[194] 중 남자의 연령이 60세에 달하였거나 여성의 연령이 50세에 달한 경우 면하여 평민으로 삼도록 하라."[195]는 조(詔)를 내렸다.[196](『양서』「무제본기」)

【원문】 中大同元年七月, 詔自今有犯罪者, 父母祖父母勿坐. 唯大逆不預今恩.(武帝紀)

【역문】 중대동 원년(546) 7월에 "지금부터 죄를 범하는 자가 있다면, 그 부모와 조부모는 연좌하지 말라. 오직 대역죄만이 오늘의 사은(謝恩)에 포함되지 않는다."는 조(詔)를 내렸다.(『양서』「무제본기」)

---

192 『梁書』 권2, 「武帝本紀」, 43쪽.
193 『梁書』 권2, 「武帝本紀」, 57쪽.
194 "兵驕奴婢"는 전투에 쓰일 말의 양성과 수레의 관리 등을 담당하던 侍從을 가리키는 것으로 보인다.
195 『南史』 권6, 「梁武帝本紀」, 196쪽에는 본문과 달리 남성의 경우 66세, 여성의 경우 60세를 기준으로 기록하고 있다.(秋八月壬寅, 詔: 兵驕奴婢, 男年六十六, 女年六十, 免爲編戶.)
196 『梁書』 권2, 「武帝本紀」, 58쪽.

【원문】 武帝敦睦九族, 優借朝士, 有犯罪者, 皆諷群下, 屈法申之. 百姓有罪, 皆案之以法. 其緣坐則老幼不免, 一人亡逃, 則擧家質作. 人旣窮急, 姦宄益深. 後帝親謁南郊, 秣陵老人遮帝曰: 陛下爲法, 急於黎庶, 緩於權貴, 非長久之術. 誠能反是, 天下幸甚.(隋書刑法志)

【역문】 무제는 구족(九族)[197]에게 애정이 두텁고 화목하였으며 조정의 신하에게는 너그러운 태도로 임하여, 죄를 범하는 자가 있으면 언제나 신하들에게 자신의 뜻을 나타내어 법을 굽혀 이것을 용서하고자 하였다. 그러나 백성들이 죄를 지으면 모두 법에 따라 판결을 내렸다. 만약 연좌(緣坐)되면 노소자도 용서받지 못하였고, 한 사람이 도망치면 가족 모두를 인질로 삼아 노역에 종사시켰다. 이에 백성들은 궁색해지고 조급해져서 간악한 행위는 점점 더 심해지게 되었다. 그 뒤 황제는 친히 남교(南郊)에서 하늘에 제사[198]지낼 때, 말릉(秣陵)[199]의 노인이 황제의 거가(車駕)를 막고 말하기를, "폐하께서 시행하는 법률은 아래의 백성에게는 매우 엄격하면서도 권세 있고 지위가 높은 사람들에게는 매우 너그러우신데 이는 국가를 장구(長久)하게 하는 방책이 아닙니다. 만약 이를 반대로 하신다면 천하가 크게 다행할 것입니다."라고 하였다.[200](『수서』「형법지」)

【원문】 帝銳意儒雅, 疏簡刑法, 自公卿大臣, 咸不以鞫獄留意. 姦吏招權, 巧文弄法, 貨賄成市, 多致枉濫. 大率二歲刑已上, 歲至五千人.(隋書刑法志)

【역문】 황제는 유교에 기초한 문아(文雅)함에 마음을 기울이고 형법을 간소하게 하였기 때문에 공경대신들부터 이미 국옥(鞫獄)에 마음을 두지 않았다. 이에 간악한 관리들이 권력을 휘둘러 조문을 조작하고 법을 농락

---

197 九族은 同姓의 친족으로서 본인을 기준으로 위로는 高祖까지 4世, 아래로는 玄孫까지 4世를 가리킨다. 一說에는 父族 4, 母族 3, 妻族 2를 합하여 九族이라고도 한다.

198 天子는 冬至에 南郊에서 하늘에 제사지내고, 夏至에 北郊에서 땅에 제사지낸다고 되어 있다. 『梁書』「武帝紀」에 따르면, 天子가 南郊에서 郊祀하였을 때는 대부분 천하에 大赦가 행하여졌다.

199 秣陵은 建康의 남쪽 지명으로 지금의 南京이다.

200 『隋書』 권25, 「刑法志」, '梁', 700-701쪽.

하였으며, 뇌물을 주고받는 것이 저자에서 거래하듯 이루어졌고, 죄가 없는데도 억울하게 피해를 받는 이들이 많았다. 그리하여 대개 2세형 이상의 형벌을 받는 이들이 매년 5천명에 이르렀다.[201](『수서』「형법지」)

【원문】 是時王侯子弟, 皆長而驕蹇不法. 武帝年老, 厭於萬機, 又專精佛戒, 每斷重罪, 則終日弗懌. 嘗遊南苑, 臨川王宏伏人於橋下, 將欲爲逆. 事覺, 有司請誅之. 帝但泣, 頃之, 還復本職. 由是王侯驕橫轉甚, 或白日殺人於都街, 劫賊亡命, 咸於王家自匿. 薄暮塵起, 則剝掠行路, 謂之打稽. 武帝深知其弊, 而難於誅討.(「隋書刑法志」)

【역문】 당시 왕후의 자제는 모두 장성하였으나 교만하여 법령을 준수하지 않는 경우가 많았다. 무제는 이미 연로하여 번잡한 국사를 돌보는 데 소홀한 채 오직 불교의 계율을 지키는 데만 정진하여 중죄(重罪)를 판결할 때마다 하루 종일 마음이 즐겁지가 않았다. 일찍이 남원(南苑)을 순유(巡遊)하였을 때, 임천왕(臨川王) 소굉(蕭宏)[202]이 몰래 수하를 다리 밑에 매복시키고 장차 반역을 도모하고자 하였다. 일이 발각되자 유사는 주살을 청하였다. 황제는 다만 눈물을 흘렸을 뿐 오래지 않아 다시 본래의 관직으로 되돌렸다. 이 때문에 왕후가 교만하게 전횡하는 일이 점점 심하게 되어 어떤 때는 한낮에 도성 거리에서 사람을 살해하는 일도 있었다. 강도와 망명의 무리들은 모두 왕후가에 몸을 숨겼다. 땅거미가 깔리고 먼지가 일어날 즈음이 되면 길가는 사람들을 쫓아 강도짓을 하였는데, 이를 타계(打稽)라고 하였다. 무제는 그 폐해를 충분히 알고 있었지만, 토벌하여 주살하는 것을 꺼렸다.[203](『수서』「형법지」)

---

201 『隋書』 권25, 「刑法志」, '梁', 701쪽.
202 臨川王 蕭宏(473–526)의 字는 宜達으로 梁 武帝의 아우이다. 天監원년(502)에 臨川郡王에 봉해지고 3년에 侍中과 中軍將軍이 되었다. 이후 司徒, 司空, 太尉 등을 역임하였으며, 普通 7년(526)에 54세의 일기로 생을 마감하였다.
203 『隋書』 권25, 「刑法志」, '梁', 701–702쪽. "是時王侯子弟皆長, 而驕蹇不法. 武帝年老, 厭於萬機, 又專精佛戒, 每斷重罪, 則終日弗懌. 嘗遊南苑, 臨川王宏, 伏人於橋下, 將欲爲逆. 事覺, 有司請誅之. 帝但泣而讓曰: 我人才十倍於爾, 處此恒懷戰懼. 爾何爲者? 我豈不能行周公之事, 念汝愚故也. 免所居

◉ 梁令　양령

【원문】 梁令三十卷, 錄一卷.(隋書經籍志. 舊唐書經籍志, 梁令三十卷, 蔡法度撰, 新唐書藝文志同)

【역문】 『양령』은 30권이고, 『[양]록』은 1권이다.[204](『수서』「경적지」, 『구당서』「경적지」에는 "『양령』은 30권으로 채법도가 편찬하였다."고 하였으며, 『신당서』「예문지」의 내용도 이와 동일하다.)

【원문】 梁初, 命蔡法度等撰梁令三十篇, 一戶, 二學, 三貢士贈官, 四官品, 五吏員, 六服制, 七祠, 八戶調, 九公田公用儀迎, 十醫藥疾病, 十一復除, 十二關市, 十三劫賊水火, 十四捕亡, 十五獄官, 十六鞭杖, 十七喪葬, 十八雜上, 十九雜中, 二十雜下, 二十一宮衛, 二十二門下散騎中書, 二十三尙書, 二十四三臺秘書, 二十五王公侯, 二十六選吏, 二十七選將, 二十八選雜士, 二十九軍吏, 三十軍賞.(唐六典注)

【역문】 양(梁)나라 초에 채법도 등에게 『양령』 30편을 편찬케 하였는데, 1. 호령, 2. 학령, 3. 공사증관령, 4. 관품령, 5. 이원령, 6. 복제령, 7. 사령, 8. 호조령, 9. 공전공용의영령, 10. 의약질병령, 11. 복제령, 12. 관시령, 13. 겁적수화령, 14. 포망령, 15. 옥관령, 16. 편장령, 17. 상장령, 18. 잡령상, 19. 잡령중, 20. 잡령하, 21. 궁위령, 22. 문하산기중서령, 23. 상서령, 24. 삼대비서령, 25. 왕공후령, 26. 선리령, 27. 선장령, 28. 선잡사령, 29. 군리령, 30. 군상령이다.[205](『당육전』주)

【세주 원문】 按梁令大抵因晉令而增損之, 唐六典注尙引其官品令數條(詳見唐六典

官. 頃之, 還復本職. 由是王侯驕橫轉甚. 或白日殺人於都街, 劫賊亡命, 咸於王家自匿, 薄暮塵起, 則剽掠行路, 謂之打稽. 武帝深知其弊, 而難於誅討."
204 『隋書』권33, 「經籍志」, 972쪽; 『舊唐書』권46, 「經籍志」, 2010쪽; 『新唐書』권58, 「藝文志」, 1494쪽.
205 『唐六典』권6, 「尙書刑部」注, 184쪽.

注卷五), 隋書禮義志亦引梁令一條(天子爲朝臣等擧哀, 服白袷), 然官品令全目, 已見通典及百官志, 其服制令則全載於禮義志, 此皆梁令佚文之尙可考者. 以文繁, 故不錄.

【세주 역문】 양령은 대체로 진령(晉令)을 계승한 가운데 가감을 한 것으로『당육전』주에 여전히「관품령」의 몇 개 조문이 인용되어 있으며(『당육전』권5의 주[206]에 상세히 보인다),『수서』「예의지」에도 양령의 1개 조문이 인용되어 있다(天子는 朝臣등을 위하여 擧哀할 때 白袷을 입는다).[207] 그리고「관품령」의 전체 조목은 이미『통전』및「백관지」에 나타나며,「복제령」의 경우에는「예의지」에 전체가 실려 있다. 이 모두는 산일된 양령의 조문들 중에서 현재까지도 상고할 수 있는 것들이다. 글이 번잡해질 것을 염려하여 여기에 옮겨 싣지는 않는다.

◉ 梁科 양과

【원문】 梁易故事爲梁科三十卷, 蔡法度所刪定.(唐六典注)

【역문】 양나라는 고사(故事)를 바꾸어『양과』30권을 만들었는데, 이는 채법도가 산정(刪定)한 것이다.[208](『당육전』주)

【원문】 梁時, 又取故事之宜於時者爲梁科.(隋書經籍志)

【역문】 양나라 때 다시 고사(故事) 중에 시기에 적적한 것들을 취하여『양과』를 만들었다.[209](『수서』「경적지」)

【원문】 梁科三十卷.(同上)

【역문】『양과』는 30권이다.[210](『수서』「경적지」)

206『唐六典』권5,「尙書兵部」, 152쪽.
207『隋書』권12,「禮義志」, '隋', 267쪽.
208『唐六典』권6,「尙書刑部」注, 185쪽.
209『隋書』권33,「經籍志」, 974쪽.
210『隋書』권33,「經籍志」, 972쪽.

【세주 원문】 按梁科卷數, 武帝紀作四十卷, 隋書刑法志、經籍志、唐六典注均作三十卷, 舊唐書經籍志、新唐書藝文志均作二卷. 蓋至五代時, 已殘闕不完矣. 初學記二十引梁武帝詔云, 刑乖政失, 其源已久. 罰罪之奏, 日聞於蚤朝, 弊獄之書, 亟勞於晏寢, 免黜相係, 補代紛紜, 一離刕囚, 乃永歲月, 非所以弃瑕錄用, 隨分盡才者也. 是故減秩居官, 前代通則, 貶職左遷, 往朝繼軌. 自今內外羣司有事者, 可開左降之科. 據此, 知梁科本無左降之條, 後始增入也.

【세주 역문】『양과』의 권수에 대해「무제본기」는 40권,[211]『수서』「형법지」[212]와「경적지」, 그리고『당육전』[213]은 모두 30권이라 기재하고 있고,『구당서』「경적지」[214]와『신당서』「예문지」[215]는 모두 2권이라 기재하고 있다. 아마도 오대(五代) 때에 이르러 이미 일부가 산일되어 온전치 못하였을 것이다.『초학기』권20에서 양 무제의 조령(詔令)을 인용하여 이르기를, "형벌제도가 어그러지고 정치가 어긋난 것은 그 기원이 이미 오래되었다. 죄를 처벌해야 한다는 상주문은 날마다 이른 아침부터 받아 보아야 하고, 죄를 판결해 달라는 상서문은 늦은 시간 침소에 들 때까지 촉박하게 처리해야 한다. 파면(罷免)과 출척(黜陟)이 끊임없이 이어지니, 빈자리를 메우기 위한 인사 임명도 분주하기 그지없다. 한 번 죄를 물어 떠나보내면 이에 평생을 다하고 마니, 이는 허물을 고쳐 새롭게 쓰고자 하려는 것이 아니라 함부로 인재를 다 써버리는 것일 따름이다. 이런 까닭으로 봉록이나 품계를 줄이되 관직에 그대로 머물러 있게 하는 것이 전대(前代)의 통칙이었던 것이니, 직위를 강등하여 좌천시키는 것이야말로 전조(前朝)의 궤적을 계승하는 길이라 하겠다. 지금부터 내외 백관(百官) 중에 죄를 범하는 자가 있다면, 좌강(左降)의 과(科)를 시행할 수 있도록 하라."고 하였다. 이에 따르면,『양과』에는 본래 좌강(左降)의 조목이 없었다가 이후에 비로소 덧붙여진 것이었음을 알 수 있다.

---

211 『梁書』 권2,「武帝本紀」, 39쪽. "夏四月癸卯. 尙書刪定郞蔡法度上梁律二十卷、令三十卷、科四十卷."
212 『隋書』 권25,「刑法志」, '梁', 700쪽, "二年四月癸卯, 法度表上新律, 又上令三十卷, 科三十卷."
213 『唐六典』 권6,「尙書刑部」注, 185쪽, "梁易故事爲梁科三十卷, 蔡法度所刪定."
214 『舊唐書』 권46,「經籍志上」, '乙部史錄·刑法類', 2010쪽, "梁科二卷, 蔡法度撰."
215 『新唐書』 권58,「藝文志2」, '乙部史錄·刑法類', 1494쪽, "梁科二卷."

陳律考一

진율고

◉ 陳律較梁律多十卷 『양률』보다 10권이 더 많은『진율』

【원문】 永定元年冬十月癸未, 詔立刪定郞, 治定律令.(武帝紀)

【역문】 영정 원년(557) 겨울 10월 계미일에, 조(詔)를 내려[216] 산정랑(刪定郞)을 설치하고 율령을 정비토록 하였다.[217](『진서』「고조본기」)

【원문】 陳氏承梁季喪亂, 刑典疏闊. 及武帝卽位, 思革其弊, 乃下詔曰: 朕聞唐虞道盛, 設畫象而不犯, 夏商德衰, 雖孥戮其未備. 洎乎末代, 綱目滋繁, 刬屬亂離, 憲章遺紊. 朕始膺寶曆, 思廣政樞, 外可搜擧良才, 刪改科令, 群僚博議, 務存平簡. 於是稍求得梁時明法吏, 令與尙書刪定郞范泉, 參定律令. 又敕尙書僕射沈欽、吏部尙書徐陵、兼尙書左丞宗元饒、兼尙書左丞賀朗參知其事, 制律三十卷, 令律四十卷. 採酌前代, 條流冗雜, 綱目雖多, 博而非要.(隋書刑法志)

---

216 『陳書』권2, 「高祖本紀」, 34쪽의 원문에는 "詔"라는 글자가 없다.
217 『陳書』권2, 「高祖本紀」, 34쪽.

【역문】 진(陳)은 양(梁) 말 상란(喪亂)의 뒤를 계승하여 형벌제도가 조잡하고 간략하였다. 진(陳) 무제[218]는 즉위 후 그 폐단을 개혁하고자 하였다. 이에 조(詔)를 내려 말하기를, "짐이 들건대, 요·순 시기에는 덕(德)이 융성하여 상형(象刑)을 두는 것만으로도 백성들이 죄를 범하지 않았지만, 하(夏)·상(商) 시기에는 덕이 쇠퇴하여 죄를 범한 자의 가족들까지 주살하여도 온전치 못하였다. 후세에 이르러서는 법의 조목(條目)이 점차 번잡해졌고, 더욱이 전란에 직면하여 전장제도(典章制度)는 유실되고 문란해져 버렸다. 짐은 마침내 천자의 자리를 이어받았으니 정치제도에 대한 개선을 염두에 두고 있다. 그리하여 외부에서 우수한 인재를 찾아 기용하고, 법령을 개정하고자 하니 백관들은 이를 널리 논의하여 형법을 공평하고 간략하게 하는 데 힘쓰도록 하라."고 하였다. 이에 양(梁)나라 때의 법률에 밝은 관리들을 조금씩 등용하여 그들이 상서산정랑(尙書刪定郎) 범천(范泉)[219]과 함께 율령을 의논하여 개정토록 하였다. 또 상서복야(尙書僕射) 심흠(沈欽),[220] 이부상서(吏部尙書) 서릉(徐陵),[221] 겸상서좌승(兼尙書左丞) 종원요(宗元饒),[222] 겸상서좌승(兼尙書左丞) 하랑(賀郞)[223]에

---

218 武帝(557-559) 陳霸先의 字는 興國으로 廟號는 高祖이며, 吳興 長城人이다. 梁 태평 2년(557) 10월에 景帝로부터 受禪하여 즉위한 후 永定으로 改元하였지만, 재위 3년 만에 붕어하였다.

219 范泉에 대한 사적은 자세하지 않다. 다만 『陳書』 권33, 「沈洗傳」, 437쪽에는 "比部郎 范泉"이라 하였다. 『舊唐書』 권46, 「經籍志」, 2010쪽 및 『新唐書』 권58, 「藝文志」, 1494쪽에 따르면, 范泉이 『陳令』 30권을 撰하였다고 하였고, 『隋書』 권33, 「經籍志」, 973쪽에는 『陳科』 30권 또한 范泉이 撰한 것이라 하였다.

220 沈欽(503-569)은 陳 世祖(文帝) 황후 沈氏의 오라버니로 吳興 武康人이다. 世祖를 따라 정벌에 공을 세워 회계 태수, 시중, 衛尉卿 등을 역임하였고, 廢帝 光大년간(567-568) 중에 상서우복야가 되었으며, 오래지 않아 좌복야로 옮겼다. 高宗 즉위(569) 후에 雲麾將軍, 義興 太守가 되었고, 太建 원년에 67세를 일기로 생을 마감하였다.

221 徐陵(507-569)의 字는 孝穆으로 東海郯人이다. 문장에 뛰어났으며 莊子의 학문에 통달하였다. 梁에서 仕進하였다. 齊에 사신으로 갔다가 구류되었으며, 江陵이 함락된 이후에는 齊의 蕭淵明을 따라 南歸하였다. 이때 王僧弁의 눈에 띄어 상서이부랑으로서 詔誥를 관장하였다. 陳 高祖는 왕승변을 주살한 뒤에도 서릉을 상서좌승으로 삼았고, 高祖가 受禪한 뒤에는 太府卿, 五兵尙書, 산기상시, 어사중승 등을 역임하였다. 天康 원년(569)에 상서우복야가 되었다가 2년에는 좌복야가 되었다. 뒤에 公事로써 시중, 복야에서 면직되었지만, 오래지 않아 右光祿大夫, 丹陽尹, 中書監 등을 역임하였고, 後主가 (582-589) 즉위한 뒤에는 광록대부, 太子少府로 옮겼다가 至德 원년(569)에 77세를 일기로 생을 마감하였다.

222 宗元饒(518-581)는 南郡 江陵人으로 성품이 올곧고 故事를 널리 깨우쳤으며, 정치에도 능하였다.

게 조(詔)를 내려 그 작업에 참여하여 이를 책임지도록 함으로써 『율』 30권과 『영과(令科)』 40권을 제정[224]하게 하였다. 그것은 전대의 율령을 채용하여 참작한 것이었기 때문에 조문의 체계는 뒤섞여 번잡하였으며, 강목은 비록 많았을지라도 그 내용이 광범위할 뿐 요체가 없었다.[225](『수서』「형법지」)

【세주 원문】 按范泉, 通考作范杲, 梁書無傳. 志稱條流冗雜, 似陳律條文, 必增於梁, 故有三十卷之多也.

【세주 역문】 범천은 『문헌통고』에 범고(范杲)라고 기재[226]되어 있으며, 『양서』에 입전(立傳)되어 있지 않다. 위의 『수서』「형법지」에서 "조문의 체계가 뒤섞여 번잡하다."고 한 것은 진율(陳律)의 조문이 틀림없이 양률(梁律)보다 증가하였기 때문인 듯하며, 이로 인해 30여 권이 되었을 것이다.

【원문】 尋又本官領丹陽尹, 參撰律令.(王沖傳)

【역문】 오래지 않아 본관(本官)으로 단양윤(丹陽尹)을 맡게 하여 율령을 찬정(撰定)하는 데 참여토록 하였다.[227](『진서』「왕충전」)

【원문】 陳令范泉徐陵等參定律令, 律三十卷, 令三十卷, 科三十卷.(唐六典注)

王僧弁의 幕府가 처음 세워졌을 때, 主簿가 되었다. 高祖가 受禪한 뒤에는 晉陵令이 되었으며, 尙書功論郎, 廷尉正, 太僕卿, 廷尉卿 등을 역임하였다. 高宗이 즉위한 뒤에는 어사중승으로 옮겼으며, 후에 南庚內史가 되어 善政을 펼쳤다. 그 밖에 상서좌승, 어사중승, 左民尙書 등을 거쳐 吏部尙書가 되었다가 大建 13년(581)에 64세를 일기로 생을 마감하였다.

223 賀朗의 사적은 명확하지 않다.

224 이와 관련하여 『唐六典』 권6, 182쪽에는 『律』 30권, 『令』 30권, 『科』 30권으로 기재되어 있다. 그런데 『冊府元龜』 권611, 「刑法部」 '定律令3'에는 "律當作科"라 하였고, 『通典』 권164, 「刑2」, '刑制中'에는 "制律三十卷, 科三十卷"으로 기재되어 있으므로 『唐六典』의 기사가 올바른 것으로 보인다.

225 『隋書』 권25, 「刑法志」, '陳', 702쪽.

226 『文獻通考』 권165, 「刑考4」, '刑制 · 陳', "陳武帝令尙書刪定郎范杲, 參定律令."

227 『陳書』 권17, 「王沖傳」, 236쪽.

【역문】 진(陳)에서는 범천과 서릉 등에게 명하여 율령을 참정(參定)하게 하였으니, 『율』 30권, 『영』 30권, 『과』 30권이다.[228](『당육전』 주)

【세주 원문】 按隋書經籍志, 陳律九卷, 新唐書藝文志同. 是唐初已殘缺不全.

【세주 역문】 『수서』 「경적지」에 "『진율』은 9권이다."[229]라고 하였고, 『신당서』 「예문지」의 기재[230]도 이와 같다. 당(唐) 초에 이미 일부가 산일되어 온전하지 못하였던 것이다.

◉ 篇目條綱一用梁法
일률적으로 양의 법률을 답습한 편목과 조문의 체계

【원문】 又存贖罪之律, 復父母緣坐之刑. 自餘篇目條綱, 輕重簡繁, 一用梁法.(隋書刑法志)

【역문】 또한 속죄(贖罪)에 관한 율을 보류(保留)하였고, 부모가 자식의 죄에 연좌되는 형법을 복구하였다.[231] 그 밖에 편목이나 조문 체계의 경우, 그 경중과 간략·번잡함은 일률적으로 양(梁)의 법률을 답습하였다.[232](『수서』 「형법지」)

【세주 원문】 按據此, 知陳律篇目律目刑名, 全與梁同. 梁律源出齊王植張杜律舊本, 陳時張杜律本尚存. 修律諸人, 多非律家, 不過撫拾舊注, 恣其粉飾. 故條文雖增於梁, 而綱領則毫無出入, 史稱博而非要, 蓋確論也.(梁律二十卷, 凡二千五百二十九條; 陳律三十卷, 蓋約增三之一.)

---

228 『唐六典』 권6, 「尙書刑部」 注, 182쪽.
229 『隋書』 권33, 「經籍志」, '刑法篇', 972쪽.
230 『新唐書』 권58, 「藝文志」, '刑法類', 1494쪽.
231 梁 武帝는 중대동 원년(546) 7월 갑자일에 詔를 내려 "지금부터 이후 죄를 범해도 대역죄가 아니면 부모나 조부모를 연좌시켜서는 안 된다."고 하였다. 곧 梁에서는 대역의 경우에만 연좌했던 것이지만, 陳에서는 전면적으로(대역보다 가벼운 죄의 경우도) 부모가 자식의 죄에 연좌되었던 것이다.
232 『隋書』 권25, 「刑法志」, '陳', 702쪽.

【세주 역문】 이에 따르면,『진율』의 편목과 율목 및 형명은 모두 양(梁)과 동일하다. 『양률』은 본래 제(齊)나라 왕식의『장두율』구본(舊本)에서 나온 것으로 진(陳)나라 때만 하더라도『장두율』본이 여전히 존재하였던 것이다. 율의 정비에 참여한 여러 인물들은 대부분 법률가가 아니었으며, 옛 주석을 수습하여 임의로 첨삭을 가한 것에 불과하였다. 그러므로 조문의 수가 비록 양(梁)보다 늘어났을지라도 강령(綱領)의 경우에는 조금도 차이가 없었으니, 사서(史書)에서 "광범위할 뿐 요체(要體)가 없다."[233]고 하였던 것은 명확한 평가라 하겠다.(『양률』20권은 총 2,529조이고,『진율』30권은 대략 그 3분의 1을 늘린 것이다.)

◉ 陳律傳重淸議 청의의 전승을 중시한 진율

【원문】 其制唯重淸議禁錮之科. 若縉紳之族, 犯虧名敎, 不孝及內亂者, 發詔棄之, 終身不齒.(隋書刑法志)

【역문】 그 규정은 오직 청의에 대한 금고의 과(科)를 중시하였다. 만약 사대부 가문으로서 명교(名敎)[234]를 손상시켰거나 불효 및 내란(內亂)[235]을 범한 경우에는 조서를 반포하여 그를 면관(免官)[236]시키고 종신토록 사대부의 반열에 들어가지 못하게 하였다.[237](『수서』「형법지」)

【세주 원문】 按南朝諸律, 率重淸議, 不自陳始. 隋志梁制士人有禁錮之科, 其犯淸議, 卽終身不齒, 是梁律已如是. 日知錄, 宋武帝纂位, 詔有犯鄕論淸議, 贓汙淫盜, 一皆蕩滌洗除, 與之更始. 自後凡遇非常之恩, 赦文並有此語. 是宋齊以來, 雖未明著律條, 而犯淸議者, 非亦赦書, 皆終身禁錮, 久已著爲成例. 晉書卞壹傳, 小中正王式付淸議, 廢棄終身. 陳壽傳, 居父喪有疾, 使婢丸藥, 客往見之, 鄕黨以爲貶議,

---

233 『隋書』권25,「刑法志」, '陳', 702쪽, "採酌前代, 條流冗雜, 綱目雖多, 博而非要."
234 "名敎"는 대의명분의 가르침이라는 의미로서 유교 도덕을 가리킨다.
235 "內亂者"는 唐律의 十惡 중 제10에 위치한다. 唐律의 注에는 "小功 이상의 부모, 父祖의 첩을 姦하거나 함께 和姦하는 자를 말한다."고 하였다.
236 구체적으로는 士人의 名籍에서 제외하는 것을 의미한다.
237 『隋書』권25,「刑法志」, '陳', 702쪽.

坐是沈滯者累年. 知此例實始於晉, 亦不自劉宋始也. 北朝諸律, 都無此科. 明洪武
十五年, 禮部議凡十惡, 姦盜詐僞, 干名犯義, 有傷風俗及犯贓至徒者, 書其名於申
明亭, 以示懲戒. 有私毀亭舍, 塗抹姓名者, 罪如律, 蓋猶有南朝重淸議之遺意也.

【세주 역문】 남조의 여러 율은 대체로 청의를 중시하였는데, 이것이 진(陳)에서 비롯
된 것은 아니었다. 『수서』 「형법지」에 따르면, 양(梁)의 제도에 "사인(士人)에게는
금고(禁錮)의 과(科)가 적용되며, 만약 청의를 범한 경우 곧 종신토록 서용될 수 없
다."[238]고 하였는데, 양률(梁律)이 이미 이와 같았던 것이다. 『일지록』에 "송[劉宋] 무
제가 제위를 찬탈한 후 조(詔)를 내리기를, '향론의 청의를 범하였거나 공정치 못한
재물을 탐하고 음란하게 도적질을 한 경우에는 일률적으로 모두 그 죄명을 씻어주어
그들로 하여금 새롭게 시작할 수 있는 기회를 주도록 하라.'고 하였으니, 이후 매우
특별한 은사(恩赦)가 있을 때면, 사면(赦免) 문고(文告)에 모두 이 어구를 첨가하게
되었다."[239]고 하였다. 이는 송(宋)·제(齊) 이래 비록 율의 조문 속에 분명하게 기술
되어 있지는 않았지만, 청의를 범한 경우 역시 사면(赦免) 문고(文告)가 아닌 이상 모
두 종신토록 금고(禁錮)에 처해졌다는 것은 이미 오래전부터 성례(成例)로서 명시되
어 있었다. 『진서(晉書)』 「변곤전」에 따르면, "소중정(小中正) 왕식(王式)이 청의에
회부되어 종신토록 폐기(廢棄)되었다."[240]고 하였고, 「진수전」에서는 "[진수가] 부친
상을 당하였으나 몸에 병이 생겨 노비로 하여금 환약(丸藥)을 짓게 하였는데, 손님이
와서 그것을 목격한 후 향당(鄕黨)의 여론이 그를 비난하게 됨으로써 이후 수년 동안
승천(升遷)을 할 수가 없었다."[241]고 하였으니, 이와 같은 사례들은 사실상 진(晉)나
라 때부터 비롯된 것이지 유송(劉宋) 때부터 시작된 것은 아님을 알 수 있다. 북조의
여러 율은 모두 이와 같은 과(科)가 없었다. 명(明)나라 홍무 15년(1382)에 예부에서
십악(十惡)을 위반하였거나, 음란하게 도둑질을 하고 다른 사람을 속여 이득을 챙겼
거나, 명분을 거스르고 의리를 저버렸거나, 풍속을 저해하고 공정치 못한 재물을 탐
한 무리들에 관하여 논의한 결과, 그들의 성명을 신명정(申明亭)에 써넣음으로써 징

---

238 『隋書』 권25, 「刑法志」, '梁', 700쪽.
239 『日知錄』 권17, 「淸議」, 383쪽.
240 『晉書』 권70, 「卞壺傳」, 1869~1870쪽.
241 『晉書』 권82, 「陳壽傳」, 2137쪽.

계(懲戒)의 의미를 보일 수 있도록 하게 되었다. 또한 만약 개인적으로 정사(亭舍)를 훼손하거나 성명이 드러나지 않도록 칠을 하는 경우가 있다면, 그 죄를 율에 명시된 대로 다스릴 수 있도록 하였다.[242] [이와 같은 상황은] 아마도 남조 때 청의를 중시하였던 습관이 여전히 남아 있었기 때문일 것이다.

● 梟首 효수

【원문】 斬周迪, 傳首京師, 梟於朱雀航.(世祖紀, 周迪傳作朱雀觀)

【역문】 주적(周迪)을 참(斬)한 후 경사로 그 수급(首級)을 보내어 주작항(朱雀桁)에 효수하였다.[243](『진서』「세조본기」, 같은 책 권35, 「주적전」에는 ["주작항"을] "주작관"이라고 하였다.)

【원문】 斬王琳, 傳首京師, 梟于朱雀航.(宣帝紀)

【역문】 왕림(王琳)을 참한 후 경사로 그 수급을 보내어 주작항에 효수하였다.[244](『진서』「선제본기」)

【원문】 太建五年十二月壬辰朔, 詔曰: 古者反噬叛逆, 盡族誅夷, 所以藏其首級, 誡之後世. 比者所戮, 止在一身, 子胤或存, 梟懸自足, 不容久歸武庫, 長比月支. 惻隱之懷, 有仁不忍. 維熊曇朗、留異、陳寶應、周迪、鄧緒等及今者王琳首, 竝還親屬, 以弘廣宥.(同上)

【역문】 태건 5년(573) 12월 임진일 초하루에 조(詔)를 내려 말하기를, "옛날에 모반이나 반역을 일으킨 경우 그 일족을 남김없이 주살한 까닭은 그수급을 보존하여 후세의 경계로 삼기 위한 것이었다. 근래의 경우 주살하는 대상을 모반자 단 한 사람에 그치게 하는 것은 그 자식으로 하여금

---

242 이 明나라 洪武 15년(1382)의 사례는 『日知錄』 권17, 「淸議」, 384쪽에 동일하게 전한다.
243 『陳書』 권3, 「世祖本紀」, 59쪽; 『陳書』 권35, 「周迪傳」, 478쪽.
244 『陳書』 권5, 「宣帝本紀」, 85쪽.

대를 이을 수 있도록 관용을 베풀어 주는 것이며, 수급을 매달아 민중들에게 효시(梟示)하는 것으로 충분하니 [수급을] 오랫동안 무기 창고에 넣어둘 필요 없이 장시간 과녁 같은 무기들과 함께 놓아두는 것이다. [다만 짐은 현재] 측은히 여기는 마음으로 인(仁)을 염두에 두며 차마 그렇게 하지 못하는 심정이니라. 그러하니 웅담랑(熊曇朗), 류이(留異), 진보응(陳寶應), 주적(周迪), 등서(鄧緒) 등의 수급과 오늘 참(斬)한 왕림(王琳)의 수급을 모두 친속(親屬)들에게 돌려보내 주어 널리 큰 은혜를 베풀어 줄 수 있도록 하라."고 하였다.245(『진서』「선제본기」)

【원문】 曇朗走入村中, 村民斬之, 傳首京師, 懸於朱雀觀. 於是盡收其宗族, 無少長皆棄市.(熊曇朗)

【역문】 웅담랑(熊曇朗)은 마을 안으로 도망쳤지만 마을 사람들에 의해 죽임을 당하였고, 그 수급은 경사로 보내어져 주작관에 매달렸다. 이리하여 그 종족(宗族)들을 남김없이 잡아들이게 되었고, 어린 아이와 노인을 가릴 것 없이 모두 기시형에 처해졌다.246(『진서』「웅담랑전」)

【원문】 梟於朱雀航, 夷三族.(章昭達傳)

【역문】 주작항에 효수되었고, 삼족이 주살을 당하였다.247(『진서』「장소달전」)

【세주 원문】 按梁律, 謀反降叛大逆已上皆斬, 父子同産男, 無小長皆棄市. 又云, 大罪梟其首, 陳蓋沿梁制.

【세주 역문】 양률(梁律)에 "모반, 항반, 대역 이상은 모두 참수형에 처한다. 부자(父子)와 친형제의 경우 나이에 관계없이 모두 기시한다."248고 하였고, 또한 "대죄(大罪)는 그 수급을 효시한다."249고 하였으니, 진(陳)은 대체로 양의 제도를 답습한 것이다.

---

245 『陳書』 권5, 「宣帝本紀」, 86쪽.
246 『陳書』 권35, 「熊曇朗傳」, 478쪽.
247 『陳書』 권11, 「章昭達傳」, 184쪽.
248 『隋書』 권25, 「刑法志」, '梁', 699쪽.

⊙ 訊囚用測立法 죄수를 신문하는 데 사용하는 측립법

【원문】 其有贓驗顯然而不款, 則上測立. 立測者, 以土爲埭, 高一尺, 上圓, 劣容囚兩足立. 鞭二十, 笞三十訖, 著兩械及杻, 上埭. 一上測七刻, 日再上. 三七日上測, 七日一行鞭. 凡經杖, 合一百五十, 得度不承者, 免死.(隋書刑法志)

【역문】 그 장물(贓物)의 증거가 분명한데도 자백하지 않는다면, 측(測)에 올려 세운다.[250] 측(測)에 세우는 경우에는 흙으로 살받이[251]를 만드는데, 높이는 1척(尺)으로 상부는 둥글게 하여 겨우 죄수가 두발로 설 수 있을 정도로 한다. 편(鞭) 20대, 태(笞) 30대를 가한 후 손과 발에 형구를 착용하여 살받이에 올라가게 한다. 1회의 상측(上測) 시간은 7각(刻)이고, 하루에 두 번 올라가게 한다. 그리고 21일 동안 측(測)에 올라가게 하되, 7일마다 한 번씩 편(鞭)을 가한다.[252] 무릇 장(杖)[253]을 가하는 것은 합계 150대가 되지만, 이를 견뎌내고 승복하지 않을 경우에는 사형을 면하여 준다.[254](『수서』「형법지」)

【원문】 梁代舊律, 測囚之法, 日一上, 起自晡鼓, 盡于二更. 及比部郎范泉刪定律令, 以舊法測立時久, 非人所堪, 分其刻數, 日再上. 廷尉以爲新制過輕, 請集八座丞郎幷祭酒孔奐、行事沈洙五舍人會尙書省詳議. 時高宗錄尙書, 集衆議之, 都官尙書周弘正曰: 未知獄所測人, 有幾人款, 幾人不款? 須前責取人名及數幷其罪目, 然後更集. 得廷尉監沈仲由列稱, 別制已後, 有壽羽兒一人坐殺壽慧, 劉磊渴等八人坐偸馬仗家口渡北, 依法測之, 限訖不款. 劉道朔坐犯七改偸, 依法測立, 首尾二日而

---

249 『隋書』 권25, 「刑法志」, '梁', 698쪽.
250 測罰을 가리킨다.
251 "埭"은 흙으로 쌓아 올린 살받이를 말한다.
252 鞭만 기록하고 있지만, 편 20대와 笞 30대이다. 따라서 이 경우는 鞭笞를 합하여 50대를 가한다.
253 여기서 杖이라는 것은 鞭과 笞를 가리킨다.
254 『隋書』 권25, 「刑法志」, '陳', 702-703쪽.

款. 陳法滿坐被使封藏、阿法受錢, 未及上而款. 弘正議曰: 凡小大之獄, 必應以情, 正言依準五聽, 驗其虛實, 豈可全恣考掠, 以判刑罪. 且測人時節, 本非古制, 近代已來, 方有此法. 起自晡鼓, 迄於二更, 豈是常人所能堪忍? 所以重械之下, 危墮之上, 無人不服, 誣枉者多. 朝晚二時, 同等刻數, 進退而求, 於事爲衷. 若謂小促前期, 致實罪不伏, 如復時節延長, 則無慾妄款. 且人之所堪, 既有彊弱, 人之立意, 固亦多途. 至於貫高榜笞刺爇, 身無完膚, 戴就熏針並極, 困篤不移, 豈關時刻長短, 掠測優劣? 夫與殺不辜, 寧失不經, 罪疑惟輕, 功疑惟重, 斯則古之聖王, 垂此明法. 愚謂依范泉著制, 於事爲允. 舍人盛權議曰: 比部范泉新制, 尚書周弘正明議, 咸允虞書惟輕之旨, 殷頌敷正之言. 竊尋廷尉監沈仲由等列新制以後, 凡有獄十一人, 其所測者十人, 款者唯一. 愚謂染罪之囚, 獄官宜明加辯析, 窮考事理. 若罪有可疑, 自宜啓審分判, 幸無濫測; 若罪有實驗, 乃可啓審測立. 此則枉直有分, 刑有斯理. 范泉今牒述漢律, 云死罪及除名, 罪證明白, 考掠已至, 而抵隱不服者, 處當列上. 杜預注云, 處當, 證驗明白之狀, 列其抵隱之意. 竊尋舊制深峻, 百中不款者一, 新制寬優, 十中不款者九, 參會兩文, 寬猛寔異, 處當列上, 未見釐革. 愚謂宜付典法, 更詳處當列上之文. 洙議曰: 夜中測立, 緩急易欺, 兼用晝漏, 於事爲允. 但漏刻賒促, 今古不同, 漢書律曆, 何承天、祖沖之、晅之父子漏經, 並自關鼓至下鼓, 自晡鼓至關鼓, 皆十三刻, 冬夏四時不異. 若其日有長短, 分在中時前後. 今用梁末改漏, 下鼓之後, 分其短長, 夏至之日, 各十七刻, 冬至之日, 各十二刻. 伏承命旨, 刻同勒令, 檢一日之刻乃同, 而四時之用不等, 廷尉今牒, 以時刻短促, 致罪人不款. 愚意願去夜測之昧, 從晝漏之明, 斟酌今古之間, 參會二漏之義, 捨秋冬之少刻, 從夏日之長晷, 不問寒暑, 並依今之夏至, 朝夕上測, 各十七刻. 比之古漏, 則上多昔四刻, 卽用今漏, 則冬至多五刻. 雖冬至之時, 數刻侵夜, 正是少日, 於事非疑. 庶罪人不以漏短而爲捍, 獄囚無以在夜而致誣, 求之鄙意, 竊謂允合. 衆議以爲宜依范泉前

制. 高宗曰: 沈長史議得中, 宜更博議. 左丞宗元饒議曰: 竊尋沈議, 非
頓異范, 正是欲使四時均其刻數, 兼斟酌其佳, 以會優劇. 卽同牒請寫
還刪定曹詳改前制. 高宗依事施行.(沈洙傳)

【역문】 양대(梁代)의 구율(舊律)에 따르면, 측수법(測囚法)은 [죄수를] 하루에
한 차례 [측에] 올리되 오후 3-5시[255]부터 시작하여 밤 9-11시[256]에 마치
는 형벌이었다. 비부랑(比部郞) 범천(范泉)은 율령을 산정할 때에 이르러
옛 법에 규정된 측립(測立) 시간이 너무 길어 도저히 사람이 견더낼 수
없다는 이유로 그 각수(刻數)를 분할하여 하루에 두 차례씩 올리는 것으
로 변경하게 되었다. [그러나] 정위(廷尉)는 새로운 규정이 지나치게 가
볍다고 생각하여 팔좌승랑(八座丞郞) 및 제주(祭酒) 공환(孔奐), 행사(行
事) 심수(沈洙), 오사인(五舍人)을 소집한 후 상서성(尙書省)에 모여 상세
히 논의할 것을 요청하였다. 당시 고종은 녹상서(錄尙書)[257]로서 여러 사
람들의 의견을 수렴하고 있었는데, 도관상서(都官尙書) 주홍정(周弘正)이
말하기를, "옥(獄) 중에서 측벌(測罰)을 받은 이들 가운데 몇 명이 자백을
하였고, 또 몇 명이 자백을 하지 않았는지를 아직 모르십니까? 모름지기
우선 성명과 인원수 및 그 죄목(罪目)을 알고 난 연후에 다시 모여야 할
것입니다."라고 하였다. 이에 정위감(廷尉監) 심중유(沈仲由)가 다음과
같이 일일이 설명하였다. "새로 제정된 규정이 시행된 이후 수우아(壽羽
兒)라는 자가 수혜(壽慧), 유뢰갈(劉磊渴) 등 여덟 명을 죽이고 거마(車馬)
장구(裝具)를 훔친 후 가족들을 데리고 북방으로 도망친 죄를 저질러, 법
에 따라 측벌을 가하였으나 기간이 다 되도록 자백을 하지 않았습니다.
또 유도삭(劉道朔)이라는 자는 연거푸 일곱 차례나 도둑질을 한 죄로 법
에 따라 측 위에 세웠더니, 단 이틀 만에 자백을 하였습니다. 또한 진법

---

255 "哺鼓"란 "哺時에 울리는 鼓"를 의미한다. "哺時"는 申時, 즉 오후 3-5시 무렵이다.
256 "二更"은 "二鼓"라고도 하며, 일몰부터 일출까지의 야간 시각을 다섯 등분하였을 때 그 두 번째에
   해당하는 시각이다. 이는 일몰과 일출 시각에 따라 상대적으로 달라지기 때문에 정확한 시간을 산
   출하기는 어렵지만, 대체로 亥時인 밤 9-11시 무렵이다.
257 高宗(宣帝)은 臨海王(廢帝) 天康 원년(566)에 錄尙書로 임명되었다. 錄尙書는 尙書省의 업무를 통
   괄하는 직책으로서 사실상 막강한 권한을 가지고 있는 고위직이었다.

만(陳法滿)이라는 자는 봉인된 관물(官物)을 훼손하고 법을 왜곡하여 돈을 받은 죄를 범하였는데, [측 위에] 올라가기도 전에 자백을 하였습니다." 이를 듣고 다시 주홍정이 자신의 의견을 말하기를, "무릇 옥사(獄事)란 크든 작든 간에 반드시 그에 상응하는 사정(事情)이 있게 마련이니, 올바른 방법이라면 오청(五聽)258에 의거하여 그 거짓과 진실을 조사하여 밝히면 그만인데, 어찌 전적으로 고문(拷問)에만 의지하여 죄형(罪刑)을 판단할 수 있단 말입니까. 게다가 사람에게 측벌을 가하는 데 적합한 시간의 구분을 두는 것은 본래 옛날의 제도가 아니며, 근래에 들어서 비로소 이와 같은 규정이 생긴 것입니다. 오후 3-5시부터 시작하여 밤 9-11시가 되어야 끝나는데 어찌 보통 사람이 이를 견뎌낼 수 있단 말입니까? 때문에 무거운 형구(形具) 밑에서 또는 위태로운 형틀 위에서 [차마] 자백하지 않을 수 있는 사람이 없으니, 무고하게 억울한 이들이 더욱 많아지는 것입니다. 이른 새벽과 늦은 저녁, 이 두 시각에 동등하게 각 수(刻數)를 분배하여 앞으로 나아가게도 하고 뒤로 물러서게도 하면서 신문(訊問)한다면 이 사안에 절충이 될 수 있을 것입니다. 만약 정해진 시간을 적게나마 단축한다면 실제로 죄를 범하였을지라도 자복하지 않는 일이 발생할 수 있고, 만약 다시 시간을 연장한다고 한다면 허물이 없는데도 거짓으로 자백하는 경우가 발생할 수 있습니다. 게다가 사람이 견뎌낼 수 있는 정도에는 본래 강약이 있고, 사람이 뜻을 정하게 되는 데는 진실로 수많은 방법이 있습니다. 관고(貫高)라는 자의 경우 태(笞)를 치고 칼로 찌른 후 그 부위를 다시 불로 지져 몸에 온전한 살갗이 남아 있지 않은데도, 또 대취(戴就)라는 자는 불에 그슬린 침으로 찌르기를 매우 엄혹히 하여 그 고통이 말할 수 없음에도 여전히 변함이 없으니, 어찌 시각의 길고 짧음을 안배하는 일과 고문을 한 후 측벌을 세우는 일에 우열을 바라겠습니까? '죄가 없는 자를 죽이느니 차라리 법을

---

258 "五聽"이란 案件을 심의하는 다섯 가지 방법을 말한다. 『周禮』「秋官」, '小司寇'에 "以五聲聽獄訟, 求民情. 一曰辭聽, 二曰色聽, 三曰氣聽, 四曰耳聽, 五曰目聽〈鄭玄注: 觀其出言, 不直則煩; 觀其顔色, 不直則赧然; 觀其氣息, 不直則喘; 觀其聽聆, 不直則惑; 觀其眸子, 視不直則眊然.〉"라고 하였다.

위반하는 것이 낫고, 의심스러운 죄는 가볍게 처벌하고 의심스러운 공로는 무겁게 상을 내리라.'하였으니, 이는 그 옛날 성왕(聖王)께서 이와 같은 명법(明法)을 베푸신 내용입니다. 삼가 생각건대, 범천(范泉)이 명시한 규율에 의거한다면 이 사안에 합당할 것입니다."라고 하였다. 사인(舍人) 성권(盛權)이 의견을 말하기를, "비부(比部) 범천(范泉)의 새로운 규정과 상서(尚書) 주홍정(周弘正)의 명확한 주장은 모두 「우서」259의 '가벼움을 도모한다[惟輕]'는 취지와 「은송」260의 '올바름을 널리 펼친다[敷正]'는 말에 잘 부합합니다. 삼가 정위감(廷尉監) 심중유(沈仲由) 등이 설명한 새로운 규정의 시행 이후를 살펴보니, 옥수(獄囚)가 모두 11명이고, 그중 측벌을 받은 사람이 10명이며, 자백을 한 자는 단 한 명뿐이었습니다. 삼가 생각건대, 무고한 죄수는 옥관(獄官)이 마땅히 변별하여 가려내야 하고 철저하게 사건의 정황을 조사해야만 합니다. 만약 죄가 의심할 만하다면, 마땅히 스스로 심문을 시작하여 판별해 내되 함부로 측벌을 가함이 없도록 해야 합니다. 만약 죄에 확실한 증거가 있다면, 비로소 심문을 시작하면서 [죄수를] 측 위에 세울 수 있도록 해야 합니다. 이렇게 한다면, 왜곡됨과 올바름의 구분이 있게 되고 형벌과 관대함이 모두 다스려질 수 있을 것입니다. 범천(范泉)이 현재 한율(漢律)을 옮겨 서술한 내용에 따르면, '사죄(死罪) 및 제명(除名)에 해당하는 범인으로 죄의 증거가 명백하여 고문을 이미 가하고 난 뒤인데도 저항하고 숨기며 자백하지 않을 경우 그 판결은 위의 죄261까지 포함시켜야 한다.'고 하였고, 두예(杜預)의 주에 여기서 '죄를 포함시켜야 한다는 것[處當]'은 증거가 명백한 상황 하에서 범인이 저항하고 숨기려 한 죄까지 포함해야 한다는 의미라고 하였습니다. 삼가 살펴보건대 옛 규정은 매우 엄혹하여

---

259 『書經』의 편명으로 堯典과 舜典을 말한다.
260 『詩經』의 일부이다. 『詩經』은 총 305편으로 風·雅·頌 세 부분으로 나뉘며, 그중에서 頌은 宗廟의 祭祀에 쓰이던 樂歌이다. 頌은 다시 周頌·魯頌·商頌으로 나뉘며, 이 중의 "商頌"을 "殷頌"이라고도 한다.
261 곧 저항하여 숨기고 자백하지 않은 죄를 말한다.

100명 중 자백을 하지 않은 자가 1명이었고, 새로운 규정은 관대하고 넉넉하여 10명 중 자백을 하지 않은 자가 9명이었습니다. 두 문서를 참작하여 종합해 보면 너그러움과 엄혹함이 이렇듯 다르지만, '위의 죄까지 포함시켜야 한다[處當列上]'는 부분은 여전히 개정되지 않고 있습니다. 삼가 생각건대, 마땅히 법전에 응부하여 '위의 죄까지 포함시켜야 한다[處當列上]'는 문장에 대해 더욱 상세히 논의해야 할 것입니다."라고 하였다. 이번에는 심수(沈洙)가 의견을 말하기를, "야간에 측벌을 세우면 [시각의] 완급(緩急)을 속이기가 쉬우니, 대낮과 누각(漏刻)[262]을 함께 활용하는 것이 이 사안에 합당할 것입니다. 그러나 누각이 나타내는 시각의 길고 짧음은 현재와 옛날이 같지 않습니다. 『한서』「율력」에 기재된 하승천(何承天)과 조충지(祖沖之), 조환지(祖暅之) 부자(父子)의 『누경』에 따르면, 모두 관고(關鼓)[263] 때부터 하고(下鼓) 때까지 그리고 포고(晡鼓) 때부터 관고(關鼓) 때까지 모두 13각(刻)이며, 겨울철과 여름철, 사시(四時)는 다르지 않습니다. 만약 하루에 길고 짧음이 있다고 한다면, 중오(中午) 때를 전후하여 구분합니다. 현재는 양(梁)나라 말에 개정된 누각을 사용하고 있으며, 하고(下鼓) 이후 그 길고 짧음을 구분하여 하짓날에는 각각 17각이 되고 동짓날에는 각각 12각이 됩니다. 삼가 명을 받들어 각수를 동일하게 맞추게 하여 하루 동안의 각수는 동일하게 규제되었지만 사시(四時)[에 따른 각수]의 쓰임이 고르지 못하니, 정위(廷尉)가 현재 첩문(牒文)을 올려 시각(時刻)이 짧아 죄인들이 자백을 하지 않기에 이르렀다고 호소하게 된 것입니다. 삼가 생각건대, 밤에 측벌을 시행하는 우매함을 버리고 낮에 누각을 활용하는 명석함을 좇아 오늘날과 옛날의 차이를 미루어 헤아리고 이루(二漏)의 뜻을 참작하여 종합해야 하며, 가을철과 겨울철의 소각(少刻)을 버리고 여름철의 긴 그림자에 의거하여 찬 계절과 더운 계절에 관계없이 모두 지금의 하지(夏至)를 기준으로 아침

---

262 물방울이 떨어지는 양으로 시간을 계산하던 기구로 '漏壺'라고도 한다.
263 "關鼓"란 늦은 밤의 시작을 알리는 북소리이다.

과 저녁에 측벌을 세우되 각각 17각으로 해야 합니다. 옛날의 누각에 비교하면 옛 4각보다 많고, 지금의 누각을 사용한다면 동지(冬至)에는 5각이 많습니다. 비록 동지 때 몇 각(刻)이 밤 시간을 침범하게 되지만 다만 며칠에 불과하니 이 사안에는 의심의 여지가 없을 것입니다. 죄인이 [측벌하는] 시간이 짧다는 이유로 죄를 부인하지 못하게 하고, 옥수(獄囚)가 야간에 [측벌을 받게] 함으로써 무고에 이르는 일이 없도록 하기 위하여 저의 고루한 의견을 구하신 것이라면 삼가 합당하다고 생각합니다."라고 하였다. 여러 사람들의 일치된 의견은 마땅히 범천(范泉)의 이전 제도를 따라야 한다는 것이었다. 고종이 말하기를, "심장사(沈長史)[264]의 의견이 타당하니, 마땅히 [이에 대해] 더욱 세밀히 논의해 보도록 하라."고 하였다. 좌승(左丞) 종원요(宗元饒)가 의견을 말하기를, "삼가 심수(沈洙)의 의견을 살펴보건대, 범천(范泉)[이 제정한 규정]과 완전히 다른 것이 아니라 바로 사시(四時)의 각수(刻數)를 고르게 하고자 함이니, [양자를] 겸하여 그 장점을 헤아려 살핌으로써 각각 유익한 점을 하나로 모아야 합니다. 즉시 동일한 문서에 베껴 쓰도록 청하고 또한 오래된 내용을 산정(刪定)하게 하여 이전의 제도를 상세히 개정해야 합니다."라고 하였다. 고종은 이에 의거하여 시행토록 하였다.[265](『진서』「심수전」)

● **孟春至首夏不決死罪** 초봄부터 초여름까지는 사죄를 처결하지 않음

【원문】 天嘉元年十二月, 詔曰: 古者春夏二氣, 不決重罪. 蓋以陽和布澤, 天秩是弘, 寬網育刑, 義符含育, 前王所以則天象地, 立法垂訓者也. 自今孟春訖於夏首, 罪人大辟, 事已款者, 宜且申停.(世祖紀)

【역문】 천가 원년(560) 12월에 조(詔)를 내려 말하기를, "옛날에는 봄과 여름에 해당하는 두 절기(節氣)에 사형[重罪]을 집행하지 않았다. 대체로 따

---

264 바로 앞서 의견을 제시한 沈洙를 말한다.
265 『陳書』 권33, 「沈洙傳」 438–439쪽.

사롭게 은택을 베풀고 하늘이 정한 이치를 널리 드높임으로써 법망을
너그럽게 하여 형벌의 시행을 삼갔는데, 그 뜻은 만물을 품어서 양육한
다는 데 부합한다. 전왕(前王)께서 하늘을 본받고 땅을 모범으로 삼은 까
닭은 법을 제정하여 후세에 교훈으로 전하고자 함이니라. 지금부터 초
봄[孟春]에서 초여름[夏首]에 이르는 시기에는 사형[大辟]에 해당하는 죄인
으로서 이미 판결이 되어 있는 경우 마땅히 잠시 집행을 중단토록 하
라."고 하였다.[266](『진서』「세조본기」)

● 行刑之日　형의 집행일

【원문】　當刑於市者, 夜須明, 雨須晴. 晦朔、八節、六齊、月在張心日,
並不得行刑.(隋書刑法志)

【역문】　저자에서 형을 집행해야 할 경우 밤이면 날이 밝기를 기다려야 하
고, 비가 오면 날이 개기를 기다려야 한다. 월말과 월초, 팔절(八節),[267]
육제(六齊)[268] 및 달이 장수(張宿) 및 심수(心宿)[269]에 위치한 날에는 모두
형을 집행해서는 안 된다.[270](『수서』「형법지」)

● 刑具用鎖　형구로 쇄를 사용함

【원문】　其髡鞭五歲刑, 降死一等, 鎖二重. 其五歲刑已下, 並鎖一重.(隋書

---

266 『陳書』 권3, 「世祖本紀」, 52쪽. "十二月乙未, 詔曰: 古者春夏二氣, 不決重罪. 蓋以陽和布澤, 天秩
　　是弘, 寬網育刑, 義符含育. 前王所以則天象地, 立法垂訓者也. 朕屬當澆季, 思求民瘼, 哀矜惻隱, 念
　　甚納隍, 常欲式遵舊軌, 用長風化. 自今孟春訖于夏首, 罪人大辟事已款者, 宜且申停."
267 八節은 立春, 春分, 立夏, 夏至, 立秋, 秋分, 立冬, 冬至를 말한다.
268 六齊는 『摩詞般若經』, 『四天王經』, 『智度論』 등 불교 관련 경전 중에 보이는 용어로 매월 8일, 14
　　일, 15일, 23일, 29일, 30일의 6일을 말한다. 이 6일은 四天王이 사람의 선악을 살피는 날, 또는 악
　　귀가 사람을 살피는 날로서 모든 일을 삼가야 한다고 알려져 있다.
269 張宿는 28宿 중 하나로 朱鳥 7宿 가운데 第5宿이다. 心宿 역시 28宿 중 하나로 蒼龍 7宿 가운데
　　第5宿이다.
270 『隋書』 권25, 「刑法志」, '陳', 703쪽.

刑法志)

【역문】 그중 곤편오세형(髡鞭五歲刑)은 사죄를 1등 감하는 것[271]이므로 쇄(鎖)를 두 겹으로 한다. 그리고 오세형 이하는 모두 쇄(鎖)를 한 겹으로 한다.[272](『수서』「형법지」)

【원문】 囚並著械, 徒並著鎖, 不計階品.(同上)

【역문】 죄수는 모두 계(械)를 차고 도형수는 모두 쇄(鎖)를 차되, 관계나 품급은 고려하지 않는다.[273](『수서』「형법지」)

【원문】 (褚)玠鎖(張)次的等, 具狀啓臺.(南史褚裕之傳)

【역문】 저개(褚玠)는 장차적(張次的) 등에게 쇄(鎖)를 채운 후 정황을 갖추어 상서대(尙書臺)에 보고하였다.[274](『남사』「저유지전」)

【원문】 文阿輒弃官還武康, 高祖大怒, 發使往誅之. 時文阿宗人沈恪爲郡, 請使者寬其死, 卽面縛鎖頸, 致於高祖.(沈文阿傳)

【역문】 심문아(沈文阿)가 관직을 버리고 무강(武康)으로 돌아가자, 고조는 크게 노하여 사자(使者)를 보내 그를 주살토록 하였다. 당시 심문아와 동족[宗人]인 심락(沈洛)이 그 지역의 군수(郡守)로 있었는데, 그는 사자에게 심문아의 목숨을 살려 줄 것을 부탁하였다. [그러나 사자는] 즉시 그 자리에서 심락을 포박하여 목에 쇄(鎖)를 채운 후 고조에게 송치(送致)하였다.[275](『진서』「심문아전」)

---

271 "其髡鞭五歲刑, 降死一等"의 경우 그 의미하는 바를 명확히 파악할 수 없기 때문에 본문과 같이 해석하였다. 이와 같이 해석할 경우 이어지는 "그 5세형 이하"라는 문장은 5세형을 제외한 4세형 이하의 형을 가리키는 것이 된다. 또 다른 해석으로 "髡鞭5歲刑 가운데 死 1등을 내린 결과"라는 이해도 가능하다. 이 경우 이어지는 "5세형 이하"는 降死一等 이외의 5세형을 말하는 것이 된다.

272 『隋書』 권25, 「刑法志」, '陳', 703쪽.

273 『隋書』 권25, 「刑法志」, '陳', 703쪽.

274 『南史』 권28, 「褚裕之傳」, 758쪽. "玠鎖次的等, 具狀啓臺. 宣帝手敕慰勞, 并遣使助玠搜括, 所出軍人八百餘戶."; 『陳書』 권34, 「褚玠傳」, 460쪽.

【세주 원문】 按據此, 知鎖用於頸.

【세주 역문】 이에 따르면, 쇄(鎖)는 목에 채우는 것임을 알 수 있다.

◉ 免官例應禁錮　면관에 해당하는 죄를 범한 경우 응당 금고에 처함

【원문】 時合州刺史陳裒贓汙狼藉, 遣使就渚歛魚, 又於六郡乞米. 元饒劾奏, 請依旨免裒所應復除官, 其應禁錮及後選左降本資, 悉依免官之法. 遂可其奏.(宗元饒傳)

【역문】 당시 합주자사(合州刺史) 진부(陳裒)는 공정치 못하게 재물을 탐하는 악행을 저질러 사람을 보내 강가에서 물고기를 [강제로] 거두어들이게 하고, 또한 각 지역에서 쌀을 징발하였다. 이에 종원요(宗元饒)가 진부를 탄핵하여 상주하기를, "바라옵건대 성지(聖旨)에 의거하여 진부를 파면하여 마땅히 그 관직을 취소해야 하는바, 그를 응당 금고(禁錮)에 처하는 일과 이후의 전선(銓選)에서 본자(本資)를 강등[左降]시키는 일 등은 모두 면관법(免官法)에 따를 수 있도록 하여 주십시오."276(『진서』「종원요전」)

【원문】 止免所居官禁錮.(張宗傳)

【역문】 다만 현재 담당하고 있는 관직을 면(免)하여 금고(禁錮)에 처한다.277 (『진서』「왕고전」)278

---

275 『陳書』 권33, 「沈文阿傳」, 434–435쪽, "及高祖受禪, 文阿輒弃官還武康, 高祖大怒, 發使往誅之. 時文阿宗人沈恪爲郡, 請使寬其死, 卽面縛鎖頸, 致於高祖, 高祖視而笑曰: 腐儒復何爲者? 遂赦之."

276 『陳書』 권29, 「宗元饒傳」, 385–386쪽, "時合州刺史陳裒贓汙狼藉, 遣使就渚歛魚, 又於六郡乞米, 百姓甚苦之. 元饒劾奏曰: 臣聞建旟求瘼, 實寄廉平, 褰帷恤隱, 本資仁恕. 如或貪汙是肆, 徵賦無猒, 天網雖疎, 玆焉弗漏. 謹案鍾陵縣開國侯·合州刺史臣裒, 因藉多幸, 預逢抽擢, 爵由恩被, 官以私加, 無德無功, 坐尸榮貴. 譙·肥之地, 久淪非所, 皇威剋復, 物仰仁風, 新邦用輕, 彌俟寬惠, 應斯作牧, 其寄尤重. 爰降曲恩, 祖行宣室, 親承規誨, 事等言提. 雖廉潔之懷, 誠無素蓄, 而稟玆嚴訓, 可以厲精. 遂乃擅行賦斂, 專肆取, 求粟不猒, 愧王沉之出賑, 徵魚無限, 異羊續之懸枯, 實以嚴科, 實惟明憲. 臣等參議, 請依旨免裒所應復除官, 其應禁錮及後選左降本資, 悉依免官之法."

277 『陳書』 권21, 「王固傳」, 282쪽.

278 원문에서 출처로 밝힌 「張種傳」에는 이 내용이 없다. 다만 『陳書』 권21, 「王固傳」에 이와 동일한 내용이 보이므로 그 출처를 수정하여 밝혀둔다.

【세주 원문】 按晉律, 免官比三歲刑; 又曰, 犯免官禁錮三年. 陳蓋沿晉制.

【세주 역문】 진율(晉律)에 따르면, "면관(免官)은 삼세형을 따른다."[279]고 하였고, 또한 "면관에 해당하는 죄를 범한 경우 3년간 금고(禁錮)에 처한다."[280]고 하였다. 진(陳)은 대체로 진(晉)의 제도를 계승하였다.

◉ 官當 관당

【원문】 五歲四歲刑, 若有官, 准當二年, 餘並居作. 其三歲刑, 若有官, 准當二年, 餘一年贖. 若公坐過誤, 罰金. 其二歲刑, 有官者, 贖論. 一歲刑, 無官亦贖論.(隋書刑法志)

【역문】 오세형과 사세형의 경우 만약 [죄인에게] 관직이 있다면 2년형으로 관당(官當)[281]하고, 남은 연한은 모두 노역에 복역시킨다. 삼세형의 경우 만약 관직이 있다면 2년형으로 관당하고 남은 1년은 속형(贖刑)하게 한다. 만약 이것이 공사(公事)의 과실범죄(過失犯罪)[282]나 과오에 의한 죄일 경우에는 벌금으로 한다. 이세형은 관직이 있을 경우 속(贖)으로 논죄한다. 일세형은 관직이 없어도 속(贖)으로 논죄한다.[283](『수서』「형법지」)

【세주 원문】 按唐律以官當徒, 分別私罪公罪. 五品以上官, 一官當徒二年; 九品以上, 一官當徒一年, 公罪各加一年, 較陳律爲密. 蓋唐律源出北朝, 故不同耳.

【세주 역문】 당률(唐律) 중 "이관당도(以官當徒)"[284]의 조문에 따르면, 사죄(私罪)와 공죄(公罪)를 분별한다. 5품 이상의 관(官)은 1관(官)으로 도(徒) 2년형을 당(當)하게 하고, 9품 이상은 1관에 도(徒) 1년형을 당하게 하며, 공죄를 범한 경우에는 각각 1년

---

279 『太平御覽』 권651, 「刑法部」, '免官', "晉律曰: 免官比三歲刑. 其無眞官而應免者, 正刑召還也."
280 『太平御覽』 권651, 「刑法部」, '禁錮', "晉令曰: 犯免官, 禁錮三年."
281 자신이 가지고 있는 官階로 지은 죄와 맞비기는 것을 官當이라고 한다. 이 官當의 명칭은 陳律에 처음 나타난다.
282 "公坐"는 公事에서 執務上의 과오에 따른 죄를 말한다.
283 『隋書』 권25, 「刑法志」, '陳', 703쪽.
284 『唐律疏議』 권2, 「名例2」, '官當', 44쪽.

을 더한다고 하였으니, 진율(陳律)보다 더욱 세밀하다. 대체로 당률이 북조로부터 비롯되었기 때문에 동일하지 않을 뿐이다.

◉ 公罪 공죄

【원문】 坐公事免官.(王質傳)

【역문】 공사(公事)에서 죄를 범하여 면관되었다.[285](『진서』「왕질전」)

【원문】 以公事免侍中僕射.(徐陵傳)

【역문】 공사(公事)로 인해 시중(侍中)과 복야(僕射)에서 면관되었다.[286](『진서』「서릉전」)

【원문】 遷左民郎, 以公事免.(司馬申傳)

【역문】 민랑(民郎)으로 자리를 옮긴 후 공사(公事)로 인해 면관되었다.[287](『진서』「사마신전」)

【세주 원문】 按據此知梁陳二律, 均有公罪私罪之別, 與隋唐律同.

【세주 역문】 이에 따르면, 양(梁)과 진(陳)의 율은 모두 공죄와 사죄의 구별이 있었음을 알 수 있으며, 수(隋)·당(唐)의 율과 동일하였다.

◉ 自首 자수

【원문】 其賊主帥節相, 竝許開恩出首, 一同曠蕩.(華皎傳)

【역문】 만약 반적(叛賊)의 대장(大將)들과 그 휘하의 여러 소장(小將) 및 참

---

285 『陳書』권18,「王質傳」, 248쪽.
286 『陳書』권26,「徐陵傳」, 334쪽.
287 『陳書』권29,「司馬申傳」, 387쪽.

모들이 은혜를 베푸는 기간 동안 자수를 한다면, 모두 죄를 면하여 줄 수 있도록 하라.288(『진서』「화교전」)

◉ 軍人犯法依常科 군인이 법을 위반하면, 상과에 따른다

【원문】 太建六年春正月壬戌詔, 將帥職司, 軍人犯法, 自依常科.(宣帝紀)

【역문】 태건 6년(574) 봄 정월 임술일에 조(詔)를 내리기를, "장수의 직책을 맡고 있는 군인으로서 법을 범하였다면, 상과(常科)에 따르도록 하라."고 하였다.289(『진서』「선제본기」)

◉ 抗拒禁司 금사에 대한 항거

【원문】 微服往民間, 淫人妻, 爲州所錄. 又率人仗抗拒, 傷禁司, 爲有司所奏. 上大怒, 下方泰獄. 方泰初但承行淫, 不承拒格禁司. 上曰: 不承則上測, 方泰乃投列承引.(南康王方泰傳)

【역문】 [남강왕(南康王) 진방태(陳方泰)는] 미복 차림으로 민간 마을로 들어가 남의 처를 간음한 일로 관아에 체포되었다. 또한 사람들과 무기를 거느리고 항거하면서 금사(禁司)의 관원들을 다치게 하였는데, 이 일이 유사(有司)에 의해 조정으로 보고되었다. 이에 황제가 크게 노하여 진방태를 하옥하게 하였다. 진방태는 애초에 단지 간음 행위에 대해서만 승복하였을 뿐, 금사에 저항한 행위에 대해서는 승복하지 않았다. 이에 황제가 "승복하지 않는다면, 측벌을 가하도록 하라."고 하자, 진방태는 결국 스스로 진술하여 죄를 인정하였다.290(『진서』「남강왕방태전」)

---

288 『陳書』 권20, 「華皎傳」, 272쪽.
289 『陳書』 권5, 「宣帝本紀」, 86쪽.
290 『陳書』 권14, 「南康王方泰傳」, 212쪽.

【세주 원문】 按竊執官仗拒戰邏司, 見宋書明帝紀, 晉律本有此條, 據此, 知此律至陳未改也.

【세주 역문】 관청의 무기를 탈취하여 나사(邏司)[291]에 항거하였다는 사례가 『송서』 「명제기」[292]에 보이는데, 진율(晉律)에도 본래 이 조문이 있었다. 이에 따르면, 이 율은 진(陳)나라 때까지 여전히 개정되지 않았음을 알 수 있다.

◉ **矯詔** 조서의 허위 작성

【원문】 光大元年, 師知與仲擧等遣舍人殷不佞矯詔令高宗還東府, 事覺, 於北獄賜死.(劉師知傳. 殷不佞傳云, 素以名節自立, 又受委東宮, 乃謀矯詔出高宗. 及事發, 高宗雅重不佞, 特赦之, 免其官而已.)

【역문】 광대 원년(567)에 유사지(劉師知)와 도중거(到仲擧) 등이 사인(舍人) 은불영(殷不佞)을 보내 조(詔)를 허위로 꾸미게 하여, 고종을 동부(東府)로 돌아오게 하였다. 일이 발각된 후 북옥(北獄)에서 사형을 받았다.[293] (『진서』 「유사지전」. 같은 책 권32, 「은불영전」에는 "[은불영은] 평소 명예와 절개로써 자신을 단속하여 다시 동궁에 임명을 받게 되었고, 이에 허위로 조서를 작성하여 고종을 내보내고자 도모하였다. 결국 일이 발각되었지만 고종은 은불영의 재능을 아껴 특별히 그를 사면한 후 관직만을 박탈하였을 뿐이었다."[294]라고 하였다.)

【세주 원문】 按漢晉律, 均有矯詔之條, 梁陳律因之. 唐律詐僞, 有詐爲官文書增減, 無矯詔之文, 此亦與南朝不同者.

---

291 "邏司"는 각 지역을 巡行하며 여러 사안에 대한 정보를 조사하던 관청이다.
292 『宋書』 권8, 「明帝本紀」, 163쪽, "自今凡竊執官仗, 拒戰邏司, 或攻剽亭寺, 及害吏民者, 凡此諸條, 悉依舊制."
293 『陳書』 권16, 「劉師知傳」, 232쪽.
294 『陳書』 권32, 「殷不佞傳」, 425–426쪽, "及世祖崩, 廢帝嗣立, 高宗爲太傅, 錄尙書輔政, 甚爲朝望所歸. 不佞素以名節自立, 又受委東宮, 乃與僕射到仲擧·中書舍人劉師知·尙書右丞王暹等, 謀矯詔出高宗. 衆人猶豫, 未敢先發, 不佞乃馳詣相府, 面宣勅, 令相王還第. 及事發, 仲擧等皆伏誅, 高宗雅重不佞, 特赦之, 免其官而已."

98 구조율고 권4

【세주 역문】 한(漢)과 진(晉)의 율에는 모두 조서의 허위 작성[矯詔]에 대한 조문이 있으며, 양(梁)과 진(陳)의 율은 그것을 답습하였다. 당률(唐律) 중 사위율(詐僞律)[295]에는 "관문서를 위조(僞造)하거나 증감한 경우"에 대하여 언급하고 있으나 조서의 허위 작성[矯詔]에 대한 조문은 없는데, 이 역시 남조와는 다른 부분이다.

● 不擧奏 사안을 적발하여 보고하지 않음

【원문】 私召左右妻女, 與之姦合, 所作尤不軌, 侵淫上聞. 高宗譴責御史中丞王政, 以不擧奏免政官.(始興王叔陵傳)

【역문】 몰래 주변으로 처녀(妻女)를 불러들여 함께 간합(姦合)하였으니, 일삼는 바가 특히나 정도에 어긋났으며, 점차 황제에게도 이 소식이 전해졌다. 고종이 어사중승(御史中丞) 왕정(王政)을 크게 문책하는 한편, 이 일을 적발하여 보고하지 않았다는 이유로 그의 관직을 박탈하였다.[296] (『진서』「시흥왕숙릉전」)

【세주 원문】 按唐律, 職制有事應奏而不奏.

【세주 역문】 당률(唐律) 중 직제율(職制律)[297]에 "일을 마땅히 보고해야 하는데도 보고하지 않은 경우"에 대한 내용이 있다.

● 祝詛 저주

【원문】 叔堅不自安, 稍怨望, 乃爲左道厭魅, 以求福助. 刻木爲偶人, 衣以道士之服, 施機關, 能拜跪, 晝夜於日月下醮之, 祝詛於上. 其年冬, 有人上書告其事, 案驗竝實. 後主召叔堅囚於西省, 將殺之. 其夜, 令近侍

---

295 『唐律疏議』 권25, 「詐僞」, '詐僞官文書及增減', 460쪽.
296 『陳書』 권36, 「始興王叔陵傳」, 495쪽.
297 『唐律疏議』 권10, 「職制2」, '事應奏而不奏', 202쪽.

宣勅, 數之以罪.(長沙王叔堅傳)

【역문】 진숙견(陳叔堅)은 마음이 불안해지자 점차 [황제를] 원망하기 시작
하였다. 이에 귀신을 통해 다른 사람을 해하는 주술로써 자신의 안위를
빌어야겠다고 생각하였다.[298] 우선 나무를 깎아 인형을 만들어 도사복
(道士服)을 입히고, [인형에] 관절[機關]을 만들어 무릎을 꿇고 엎드려 절
을 할 수 있게 하였다. 그리고는 밤낮으로 태양과 달 아래 제사를 모시
면서 황제를 저주하였다. 그해 겨울 누군가 이 일을 상서(上書)하여 고발
하였고, [조정에서는] 이를 조사하여 구체적인 증거를 확보하였다. 이에
후주(後主)[299]는 진숙견을 불러들여 서성(西省)에 가두고 장차 그를 죽이
고자 하였다. 그날 밤 후주는 가까운 시종에게 명하여 조칙(詔勅)으로 진
숙견의 죄를 하나하나 상세히 밝혀 선포하도록 하였다.[300](『진서』「장사
왕숙견전」)

【세주 원문】 按祝詛本漢律.

【세주 역문】 저주[祝詛]에 관한 규정은 한율에 근본을 두고 있다.

◉ **漏洩禁中語** 궁정 내 사안의 누설

【원문】 琛性頗疎, 坐漏洩禁中語, 賜死.(陸琛傳)

【역문】 육침(陸琛)은 성격이 자못 조심스럽지 못하여 궁정 내 사안을 외부
로 누설한 죄로 사형을 받았다.[301](『진서』「육침전」)

---

298 "左道"는 비정상적인 방법의 巫蠱이나 方術 등을 가리키고, "厭魅"는 다른 사람에게 해를 끼치기
위해 귀신에게 비는 행위이다.(『禮記』「王制」, "執左道以亂政, 殺〈鄭玄注: 左道, 若巫蠱及俗禁.〉
〈孔穎達疏: 盧云左道謂邪道, 地道尊右, 右爲貴, … 故正道爲右, 不正道爲左.")
299 陳의 마지막 황제 陳叔寶(553~604)를 말한다. 재위 기간은 582~589년이다.
300 『陳書』 권29, 「長沙王叔堅傳」, 367쪽.
301 『陳書』 권34, 「陸琛傳」, 465쪽. "琛性頗疎, 坐漏洩禁中語, 詔賜死, 時年四十二."

【원문】 往來禁中, 頗宣密旨, 事洩, 將伏誅.(王固傳)

【역문】 궁중으로 왕래하면서 자주 황제의 밀지(密旨)를 접하였는데, 사안이 외부로 누설되어 사형을 받게 되었다.[302](『진서』「왕고전」)

【세주 원문】 按漏洩省中語, 本漢律.

【세주 역문】 궁정 내 사안의 누설에 대한 규정은 한율에 근본을 두고 있다.

◉ **受餉遺** 음식(또는 물품)을 제공받은 경우

【원문】 坐妻兄劉洽依倚景歷權勢, 受歐陽武威餉絹百匹, 免官.(蔡景歷傳)

【역문】 처형인 유흡(劉洽)은 경력(景歷)의 권세에 의지하여 구양무위(歐陽武威)가 보낸 비단 100필을 수수(收受)한 일로 죄를 받아 면관되었다.[303](『진서』「채경력전」)

【원문】 封崇德縣子, 拜封之日, 請令史爲客, 受其餉遺, 因坐免.(庾持傳)

【역문】 [유지(庾持)는] 숭덕현(崇德縣)의 자작(子爵)에 봉해졌다. 작위의 수여가 있던 날에 영사(令史)를 손님으로 청하였는데, 그가 보낸 음식(또는 물품)을 수수(收受)한 일로 죄를 받아 면관되었다.[304](『진서』「유지전」)

【세주 원문】 按唐律有監臨受供饋.

【세주 역문】 당률(唐律)에는 "감림하는 관인이 음식(또는 물품)을 제공받은 경우[監臨受供饋]"[305]에 대한 조문이 있다.

---

302 『陳書』권21,「王固傳」, 282쪽, "時高宗輔政, 固以廢帝外戚, 妹媼恆往來禁中, 頗宣密旨, 事洩, 比將伏誅, 高宗以固本無兵權, 且居處淸潔, 止免所居官, 禁錮."

303 『陳書』권16,「蔡景歷傳」, 227쪽, "六年, 坐妻兄劉洽依倚景歷權勢, 前後姦訛, 并受歐陽武威餉絹百匹, 免官."

304 『陳書』권34,「庾持傳」, 458쪽, "以預長城之功, 封崇德縣子, 邑三百戶. 拜封之日, 請令史爲客, 受其餉遺, 世祖怒之, 因坐免."

305 『唐律疏議』권11,「職制3」, '監臨受供饋', 226쪽.

◉ 阿法受錢 법을 왜곡하여 금전을 받은 경우

【원문】 陳法滿坐被使封藏、阿法受錢, 未及上而款.(沈洙傳)

【역문】 진법만(陳法滿)은 봉인된 관물(官物)을 훼손하고 법을 왜곡하여 돈을 받은 죄를 범하였는데, [측(測) 위에] 올라가기도 전에 자백을 하였다.306(『진서』「심수전」)

【세주 원문】 按此卽唐律之枉法贓也.

【세주 역문】 이는 곧 당률(唐律)에서 말하는 "법을 왜곡하여 장물을 수수한 경우[枉法贓]"이다.

◉ 不枉法受財科同正盜
법을 왜곡하지 않았더라도 뇌물을 수수한 경우 그 과(科)는 도죄를 범한 것과 동일하게 적용함

【원문】 太建十一年夏五月甲寅, 詔曰: 舊律以枉法受財, 爲坐雖重, 直法容賄, 其制甚輕, 豈不長彼貪殘, 生其舞弄? 事涉貨財, 寧不尤切? 今可改不枉法受財者, 科同正盜.(宣帝紀)

【역문】 태건 11년(579) 여름 5월 갑인일에 조(詔)를 내려 말하기를, "구율(舊律)에 법을 왜곡하여 뇌물을 수수하는 행위를 처벌함이 비록 엄중하다 할지라도 법을 왜곡하지 않으면서 뇌물을 수수한 행위에 대해서는 그 처벌이 매우 경미하니, 어찌 저 탐욕스런 풍기를 조장하지 않는다 하겠으며, 어찌 법을 농락하는 일이 발생하지 않는다 하겠는가? 사안이 재화와 관련되어 있다면 오히려 더욱 바로잡아야 하지 않겠는가? 이제부터 법을 왜곡하지 않았더라도 뇌물을 수수한 경우 그 과(科)는 도죄(盜罪)를

---

306 『陳書』 권33, 「沈洙傳」, 438쪽.

범한 것과 동일하게 적용할 수 있도록 하라."고 하였다.[307](『진서』「선제 본기」)

【세주 원문】 按六朝多贓吏, 尤以北齊爲最, 高歡姑息, 不敢懲也. 宣帝深知治本, 加重贓罪, 其後隋文帝亦定盜一錢棄市之律, 法可謂重. 然陳宣隋文, 皆非令主, 故此風卒莫能戢. 五代贓吏尤多, 藝祖受命, 凡犯贓皆棄市. 元季賄賂公行, 明祖峻刑而民風不變, 或曰是特刑亂國用重典, 恐非常法. 然古今言吏治者, 首推兩漢, 文帝禁坐贓者不得爲吏, 安帝以後, 贓吏子孫, 三歲禁錮, 是重懲贓吏, 不特漢制如是, 固歷代不易之成規也.

【세주 역문】 육조(六朝) 때는 장리(贓吏)가 많았는데, 특히 북제가 가장 심하여 고환(高歡)[308]은 이들을 부득이 용서해야만 했을 뿐 징벌을 가할 수가 없었다. 선제(宣帝)는 치국의 근본을 잘 이해하여 장죄(贓罪)를 더욱 무겁게 하였고, 그 후 수(隋)의 문제(文帝) 역시 1전(錢)이라도 도둑질을 하면 기시(棄市)에 처한다는 율을 제정[309]하였으니, 법이 매우 엄중해졌다고 이를 만하다. 그러나 진(陳)의 선제와 수(隋)의 문제는 모두 어질고 덕망 있는 군주[令主]는 아니었기 때문에 이와 같은 풍조를 끝내 모두 없앨 수는 없었다. 오대(五代) 때 장리(贓吏)들이 더욱 많아지자, 송(宋) 태조[藝祖][310]가 개국한 후에는 장죄(贓罪)를 범한 경우 모두 기시에 처하도록 하였다. 원(元)나라 때는 뇌물의 수수가 공공연히 이루어졌으며, 명(明) 태조[明祖][311] 때도 형벌을 엄혹히 하였지만, 민간의 풍조에는 변함이 없었다. 혹은 "특별히 나라가 혼란스러울 때의 형벌은 무거운 규정을 적용한다."[312]고 말하지만, 아마도 일상적인 법규는 아니었을 것이다. 그러나 고금을 통틀어 관리(官吏)를 잘 다스린 경우로 말하자면, 양한(兩漢)을 첫 번째로 꼽을 수 있는데, 문제(文帝)는 뇌물 수수의 죄를 범한 자를 징계하여 관

---

307 『陳書』 권5, 「宣帝本紀」, 94쪽.
308 北齊의 창업자인 高祖(496~547)이다.
309 『隋書』 권25, 「刑法志」, '隋', 714쪽, "帝知之, 乃命盜一錢已上皆棄市."
310 宋 太祖 趙匡胤(927~976). 五代十國으로 분열된 중국을 다시 통일시켰다. 재위 기간은 960~976년이다.
311 明 太祖 朱元璋(1328~1398). 재위 기간은 1368~1398년이다.
312 『周禮』 「秋官」, '大司寇', "刑新國, 用輕典; 刑平國, 用中典; 刑亂國, 用重典.〈鄭玄注: 用重典者, 以其化惡伐滅之.〉"

리가 될 수 없도록 하였고, 안제(安帝) 이후에는 장리(贓吏)의 자손까지 3년 동안 금고에 처하도록 하여 장리(贓吏)를 무겁게 징벌하였다. 그러나 단지 한(漢)나라의 제도만이 이와 같았던 것은 아니었으니, 이는 진실로 대대로 이어져 내려오면서 바뀌지 않는 성규(成規)였다고 하겠다.

◉ 詐財　속여서 재물을 취함

【원문】 永定二年, 坐妻弟劉淹詐受周寶安餉馬, 爲御史中丞沈炯所劾.(蔡景歷傳)

【역문】 영정 2년(558)에 처의 아우 유엄(劉淹)이 주보안(周寶安)을 속여 그가 제공한 말을 수수(收受)한 일로 죄를 받았는데, 이는 어사중승(御史中丞) 심형(沈炯)이 탄핵한 것이었다.[313](『진서』「채경력전」)

【세주 원문】 按唐律有詐欺官私取財.

【세주 역문】 당률(唐律)에 "관(官)이나 개인을 속여 재물을 취득한 경우"[314]에 대한 규정이 있다.

◉ 恐脅侵掠以劫論
공갈·협박하여 침탈하는 경우 창겁(搶劫)으로 논함

【원문】 永定二年三月詔, 所在及軍人, 有恐脅侵掠者, 皆以劫論.(武帝紀)

【역문】 영정 2년(558) 3월에 조(詔)를 내리기를, "관원 및 군인이 공갈·협박하여 침탈하는 경우에는 모두 창겁(搶劫)으로 논하도록 하라."고 하였다.[315](『진서』「무제본기」)

---

313 『陳書』 권16, 「蔡景歷傳」, 226쪽. "永定二年, 坐妻弟劉淹詐受周寶安餉馬, 爲御史中丞沈炯所劾, 降爲中書侍郎, 舍人如故."
314 『唐律疏議』 권25, 「詐僞」, '詐欺官私取財物', 465쪽.
315 『陳書』 권2, 「武帝本紀」, 36쪽. "三月甲午, 詔曰: 罰不及嗣, 自古通典, … 其部曲妻兒各令復業, 所

◉ 脫戶　탈호

【원문】 縣民張次的、王休達等, 與諸猾吏賄賂通姦, 全丁大戶, 類多隱沒. 玠乃鎖次的等, 具狀啓臺, 高宗手勅慰勞, 並遣使助玠搜括, 所出軍民八百餘戶.(褚玠傳)

【역문】 산음현(山陰縣)의 백성 장차적(張次的)과 왕휴달(王休達) 등은 여러 교활한 관리들에게 뇌물을 주고 사사로이 내통하여 전정(全丁)³¹⁶에 대한 호구 조사 때 은닉되는 전정의 수가 매우 많았다. 이에 저개(褚玠)가 장차적 등을 체포한 후 정황을 갖추어 조정에 보고하였고, 고종은 친필로 명을 내려 그 공로를 치하하였다. 아울러 사자를 파견하여 저개를 도와 [탈호(脫戶)를] 단속하게 하니, 군민 800여 호(戶)가 색출되었다.³¹⁷ (『진서』「저개전」)

【세주 원문】 按唐律戶婚有脫戶.

【세주 역문】 당률(唐律) 중 호혼율(戶婚律)에 "탈호(脫戶)"³¹⁸에 대한 내용이 있다.

◉ 陳令　진령

【원문】 陳令三十卷, 范泉撰.(隋書經籍志. 舊唐書經籍志、新唐書藝文志作范泉等撰. 隋書刑法志作令科四十卷)

【역문】 『진령』은 30권으로 범천(范泉)이 편찬하였다.³¹⁹(『수서』「경적지」. 『구당서』「경적지」와 『신당서』「예문지」에는 "범천 등이 편찬하였다."고 하였다. 『수

　在及軍人若有恐脅侵掠者, 皆以劫論. 若有男女口爲人所藏, 竝許詣臺申訴. 若樂隨臨川王及節將立效者, 悉皆聽許."

316 "全丁"은 국가에 세금을 납부하고 요역을 제공해야 할 의무가 있는 성년 남성을 말한다.

317 『陳書』 권34, 「褚玠傳」, 460쪽.

318 『唐律疏議』 권12, 「戶婚1」, '脫漏戶口增減年狀', 231쪽.

319 『隋書』 권33, 「經籍志」, '刑法篇', 973쪽; 『舊唐書』 권46, 「經籍志」, '刑法類', 2010쪽; 『新唐書』 권58, 「藝文志」, '刑法類', 1494쪽.

서』「형법지」에는 "『영과』 40권."[320]이라고 하였다.)

【세주 원문】 按梁律篇目, 一依梁法令三十卷, 疑其篇目亦仍梁三十篇之舊. 通典有陳官品目錄一篇, 唐六典注亦間引陳官品令, 其服制令則詳於隋書禮儀志, 以文繁, 故不錄.

【세주 역문】 양률(梁律)의 편목은 일률적으로 양(梁)의 법령 30권을 따랐으므로 그 편목 역시 여전히 양(梁) 30편의 옛 형식일 것으로 의심된다. 『통전』에 「진관품목록」 1편이 남아 있고, 『당육전』 주에도 간간히 진의 「관품령」을 인용하였으며, 「복제령」의 경우 『수서』「예문지」에 상세히 남아 있으나, 글이 번잡해질 것을 염려하여 여기에 옮겨 싣지는 않는다.

◉ 陳科 진과

【원문】 陳科三十卷, 范泉撰.(隋書經籍志)

【역문】 『진과』는 30권으로 범천(泉撰)이 편찬하였다.[321](『수서』「경적지」)

◉ 陳律家 진의 법률가

【원문】 王沖. 王沖字長深, 弘玄孫也. 累遷侍中南郡太守, 習於法令, 政在平理.(南史本傳)

【역문】 왕충(王沖). 왕충의 자(字)는 장심(長深)으로 왕홍(王弘)의 현손(玄孫)이다. 연이어 시중(侍中)·남군태수(南郡太守) 등을 경력하였으며, 법령을 공부하여 정무를 돌보는 동안 공평하게 일을 처리하였다.[322](『진서』「왕충전」)[323]

---

320 원문에서는 "令律四十卷."이라 하였으나, 『隋書』 권25, 「刑法志」, '陳', 702쪽에는 "令律四十卷."이라 기재되어 있다.
321 『隋書』 권33, 「經籍志」, '刑法篇', 973쪽.
322 『陳書』 권17, 「王沖傳」, 235-236쪽.

【원문】 宗元饒. 性公平, 善持法, 諳曉故事.(本傳)

【역문】 종원요(宗元饒). 성품이 어느 한쪽으로 기울지 않고 공정하며, 법률을
집행하는 데 능하였고, 각종 고사(故事)를 훤히 꿰뚫었다.[324](『진서』「종원
요전」)

【원문】 殷不害. 陳殷不害, 年十七, 仕梁尉廷尉評. 不害長於故事, 兼飾以
儒術, 名法有輕重不便者, 輒上書言之, 多見納用.(冊府元龜六百十八)

【역문】 은불해(殷不害). 진(陳)나라 출신 은불해는 17세 때 양(梁)나라에 입
사(入仕)하여 정위평(廷尉評)이 되었다. 은불해는 각종 고사(故事)를 이해
하는 데 뛰어났으며, 겸하여 유학(儒學) 방면에서도 재능을 보였다. 명법
(名法)에 경중의 차이가 있을 경우 번번이 상서(上書)하여 이를 논하였는
데, 그의 의견은 대부분 채용되었다.[325](『책부원구』권618)

---

323 원문에서는 그 출처를 『南史』의 本傳이라 하였으나, 『南史』에는 「王沖傳」이 없다.

324 『陳書』 권29, 「宗元饒傳」, 386쪽.

325 『冊府元龜』 권618, 「刑法部」, '平允'.

後魏律考

【원문】 今之言舊律者, 率溯源於唐律. 顧唐本於隋, (唐會要卷三十九, 武德
元年詔劉文靜與當朝通識之士, 因隋開皇律令而損益之, 至七年三月二十九日成,
詔頒於天下, 大以開皇爲准正, 凡律五百條.) 隋本於北齊, (隋書刑法志云, 多採
後齊之制, 而頗有損益.) 此徵之律目之相同, 而可知也. 蓋自晉氏失馭, 天
下分爲南北, 江左相承, 沿用晉律, (南齊書孔稚珪傳) 梁陳雖各定新律,
而享國日淺, 禍亂相仍; 又當時習尚重黃老, 輕名法, 漢代綜核名實之
風, 於斯盡矣. 拓拔氏乘五胡之擾, 跨據中原, 太祖世祖高宗高祖世宗
凡五次改定律令. 孝文用夏變俗, 其於律令, 至躬自下筆, 凡有疑義, 親
臨決之, 後世稱焉. 是故自晉氏而後, 律令南北二支: 南朝之律, 至陳倂
於隋, 而其祀遽斬; 北朝則自魏及唐, 統系相承, 迄於明淸, 遵守舊制.
如流徒之列刑名, 死罪之分斬絞、及十惡入律, 此皆與南朝異者. 然則
唐宋以來相沿之律, 皆屬北系, 而尋流溯源, 又當以元魏之律爲北系諸
律之嚆矢. 考元魏大率承用漢律, 不盡襲魏晉之制, 嚴不道之誅, 重誣
罔之辟, 斷獄報重, 常竟季冬, 則李彪以爲言, 諸有疑獄, 以經義量決,
略如漢之春秋決獄, 江左無是也. 是曷以故? 蓋世祖定律, 實出於崔浩
高允之手. 崔浩長於漢律, 常爲漢律作序(史記索隱引), 高允史稱其尤好
春秋公羊, 蓋治漢董仲舒應召公羊決獄之學者. 而其後律學, 又代有名
家. 太和中改定律令, 君臣聚議一堂, 考訂之勤, 古今無與倫此, 較之南
朝沈約范雲徐陵諸人, 假淸談詞藻, 以潤色鴻業者, 其優劣爲何知也.
隋書經籍志有後魏律二十卷, 李林甫註唐六典, 於後魏律已不能擧其
篇目, 則至唐已佚. 顧魏世著述, 傳世者稀, 今可考者, 惟魏收一書, 而
收書於刑罰志, 又不列魏諸律篇目, 沿革增損, 遂無可考. 今仍以收書

爲主, 分別考證, 釐爲上下二卷, 以備一朝掌故. 魏初承喪亂之道, 立制
頗爲嚴峻, 然自高祖改律, 死刑止於三等, 永絶門誅, 慈詳愷惻, 有逾文
景. 中葉以後, 至禁止屠殺含孕, 以爲永制, 仁及禽獸, 又敻焉遠矣.

一九二一年辛酉春三月 閩縣 程樹德 序

【역문】 오늘날 구율(舊律)이라고 일컬을 경우 대체로 당률(唐律)까지 거슬
러 올라간다. 다만 당률은 수율(隋律)에 근본을 두고 있고, (『당회요』권39
에 따르면, "무덕 원년(618)에 유문정과 당시 조정 내 박식한 인사들에게 조를 내려
수나라 개황 연간(581-600)의 율령을 바탕으로 삼아 그 내용을 첨삭하게 하였다.
[무덕] 7년(624) 3월 29일에 작업이 모두 완성되어 마침내 천하에 반포되었고, 그 내
용은 대체로 개황율령을 기준으로 정비되어 총 500개의 조문으로 이루어졌다."[1]고
하였다.) 수율은 북제율(北齊律)에 근본을 두고 있으니, (『수서』「형법지」에
"후주의 제도를 많이 채용하였지만, 덧붙이거나 줄인 부분도 적지 않다."[2]고 하였
다.) 여기서 율목(律目)이 서로 동일하다는 사실이 증명될 수 있음을 충
분히 알 수 있다. 대체로 진(晉)이 통치 권력을 상실한 이후 천하가 남과
북으로 나뉘었는데, 남쪽[江左]에 도읍한 국가들은 서로 계승됨이 있어
진율(陳律)을 답습하였다(『남제서』「공치규전」).[3] 그중에서 양(梁)과 진(陳)
은 비록 각각 신율(新律)을 정비하기는 하였지만 국가가 존속한 기간이
매우 짧아 분란이 끊이지 않았다. 또한 당시에는 줄곧 황로사상을 숭상
하고 명법(名法)을 경시하여, 한대(漢代)에 치밀하게 밝혀놓은 명실(名實)
의 풍기가 이때 모두 사라지고 말았다. 후위(後魏)가 오호(五胡)의 분란
시기를 틈타 중원을 점거한 이후, 태조·세조·고종·고조·세종을 거
치면서 다섯 차례의 율령 개정이 이루어졌다. 효문제는 중원의 문화를
받아들여 자신들의 풍속을 변화시켰다. 그중 율령에 관해서는 직접 찬

---

1 『唐會要』권39, 「定格令」, 701쪽.
2 『隋書』권25, 「刑法志」, '隋', 711쪽, "又置十惡之條, 多採後齊之制, 而頗有損益."
3 『南齊書』권48, 「孔稚珪傳」, 835쪽, "江左相承用晉世張杜律二十卷, 世祖留心法令, 數訊囚徒, 詔獄
官詳正舊注."

정(撰定) 작업에 참여하여 의견이 엇갈리는 내용이 있을 경우 친히 나서 이를 결정하였으니, 후세 사람들이 그를 칭송하게 된 것이다. 이런 까닭으로 진(晉)나라 이후 율령은 남조와 북조의 두 갈래로 나뉘게 되었다. 남조의 율은 진(陳)이 수(隋)에 병합되면서 그 명맥이 홀연히 끊어져 버렸고, 북조의 경우 후위(後魏)부터 당(唐)에 이르기까지 그 계통이 서로 계승되어 명(明)과 청(淸)까지도 옛 제도가 준수되었다. 예컨대 유도(流徒)에 관한 형명(刑名)이 분할된 것과 사죄(死罪)에서 참형(斬刑)과 교형(絞刑)이 나뉘고 십악(十惡)이 율에 포함된 것 등은 모두 남조와 다른 부분들이다. 그러므로 당(唐)·송(宋) 이래 줄곧 계승된 율은 모두 북조 계열에 속하는 것이며, 그 기원을 찾아 거슬러 올라간다면 또한 마땅히 후위[北魏]의 율을 북조 계열의 여러 율 중에서 효시(嚆矢)로 삼아야 한다. 살펴보건대 후위는 대부분 한율(漢律)을 계승한 것이지 위[曹魏]와 진(晉)의 제도까지 모두 승습(承襲)한 것은 아니었다. 도리에 어긋나는 행위에 대한 처벌을 엄격히 하였고 남을 무고하거나 속이는 행위에 대한 처벌을 엄중히 하였다. 또한 옥안(獄案)을 결단할 때는 사형(死刑)의 경우 황제의 은덕(恩德)에 보답하여 항상 늦겨울이 지나기 전에 모두 마치도록 하였는데, [이는 당시에] 이표(李彪)라는 자가 상언(上言)한 내용이기도 하다.4 그리고 무릇 옥안(獄案)에 의혹이 있을 경우 경의(經義)로써 헤아려 판결토록 하였는데,5 이는 대체로 한(漢)의 춘추결옥(春秋決獄)과 유사한 것으로 남조에는 이러한 것들이 없었다. 이는 무엇 때문이겠는가? 아마도 세조 때 제정된 율이 사실상 최호(崔浩)와 고윤(高允)의 손에서 나온 것이기 때문일 것이다. 최호는 한율에 능통하여 일찍이 한율에 대한 서문을 작성한 적이 있었고(『사기색은』에 인용됨), 고윤은 사서(史書)에서 일컬어지기를, 『춘추공양전』을 특히 선호하여 한나라 동중서(董仲舒)와 응소(應召)의 공양결옥학(公羊決獄學)을 배운 자라고 하였다. 그 후

---

4 『魏書』권62, 「李彪傳」, 1386쪽, "漢制, 舊斷獄報重, 常盡季冬, 至孝章時改盡十月, 以育三微."
5 『魏書』권4하, 「世祖本紀」, 98쪽, "[太平眞君六年] 詔諸有疑獄, 皆付中書, 以經義量決."

율학 방면에서 다시 대대로 명성 있는 전문가들이 배출되었다. 태화 연간(477-499) 중에 율령을 개정하기 위해 황제와 신하가 같은 회당(會堂)에 모여 논의를 하였는데, 율령을 고정(考訂)하기 위한 노력이 고금(古今)을 통틀어 이와 같은 적이 없었다. 남조와 비교하자면, 심약(沈約)·범운(范雲)·서릉(徐陵) 등 [율령의 편찬 작업에 참여한] 여러 인물들은 청담(淸談)의 사조(詞藻)에 기대어 이를 크나큰 업적으로 과장되게 꾸몄으니, 그 우열을 어찌 알았다고 하겠는가. 『수서』「경적지」에 "『후위율』은 20권이다."[6]라는 기록이 있지만, 이임보(李林甫)가 『당육전』에 주를 달 때는 『후위율』에 대하여 이미 그 편목을 거론할 수가 없었으니, 당나라 때 이르러 이미 산일(散逸)되었던 것이다. 살펴보건대 후위 때의 저술 중 세상에 전하는 것이 매우 드물어 현재 상고할 수 있는 것은 다만 위수(魏收)가 편찬한 책[7] 하나일 뿐인데, 위수는 「형벌지」를 작성할 때 또한 후위에서 제정한 여러 율의 편목을 열거해 놓지 않아 그 연혁이나 증감된 바를 끝내 상고할 수 있는 것이 없다. 그러므로 지금도 역시 『위서』를 위주로 [후위율을] 각각 나누어 고증하여 상·하 2권으로 정리함으로써 후위 일대(一代)의 장고(掌故)를 갖추고자 한다. 후위 초에는 어지러운 시절을 계승하여 제도를 세움이 매우 엄준하였다. 그러나 고조 때부터 율을 개정하여 사형은 3등급으로 제한하고 멸족을 영구히 금지하였으니, 그 자상함과 자애로움, 화평함과 측은히 여기는 마음은 한나라 때 문제와 경제의 치세를 뛰어넘는 것이었다. 중엽 이후에는 새끼를 밴 짐승을 도살하는 일까지 금지하여 영구한 제도로서 삼았으니, 그 인자함이 금수(禽獸)는 물론 아득히 먼 곳까지 미쳤다고 하겠다.

1921년 신유 봄 3월 민현에서 정수덕 서(序)

---

6 『隋書』 권33, 「經籍志2」, '刑法篇', 972쪽.

7 곧 『魏書』를 말한다. 25史 중 하나인 『魏書』는 北魏의 역사를 紀傳體 방식으로 서술하였으며, 『北魏書』 또는 『後魏書』라고도 불린다. 天保 2년(551)에 文宣帝의 명으로 편찬되기 시작하여 天保 10년(559)에 모두 완성되었다.

● **魏數次改定律令**　후위의 수차례 율령 개정

【원문】魏初, 禮俗純朴, 刑禁疏簡. 宣帝南遷, 復置四部大人, 坐王庭決辭
訟, 以言語約束, 刻契記事, 無囹圄考訊之法, 諸犯罪者, 皆臨時決遣.
神元因循, 亡所革易. 穆帝時, 劉聰、石勒傾覆晉室. 帝將平其亂, 乃峻
刑法, 每以軍令從事. 民乘寬政, 多以違命得罪, 死者以萬計, 於是國落
騷駭. 平文承業, 綏集離散. 昭成建國二年: 當死者, 聽其家獻金馬以
贖; 犯大逆者, 親族男女無少長皆斬; 男女不以禮交皆死; 民相殺者, 聽
與死家馬牛四十九頭, 及送葬器物以平之; 無繫訊連逮之坐; 盜官物,
一備五, 私則備十. 法令明白, 百姓晏然.(刑罰志)

【역문】후위 초 의례와 풍속은 순박하였고, 형벌과 금령은 소략하고 간단

하였다. 선제(宣帝)[8]가 남천(南遷)[9]한 이래 다시 사부대인(四部大人)[10]을 두어 왕정(王庭)에서 소송 안건을 심판하게 하였지만, 말로 규칙을 정하고 나무를 깎아서 사건을 기록하였을 뿐 죄수를 가두거나 신문하는 법도는 없었다. 무릇 죄를 범한 경우 모두 임시로 판결과 처분을 받았다. 신원제(神元帝)[11]도 이를 그대로 답습하여 아무것도 개정한 바가 없었다. 목제(穆帝)[12] 때 유총(劉聰)[13]과 석륵(石勒)[14]이 서진(西晉) 왕실(王室)을 멸망시켰다. 목제(穆帝)는 그들의 반란을 평정하고자 마침내 형법을 엄격히 하고 항상 군법을 기준으로 일을 처리하였다. 그러나 백성들은 이미 이전의 너그러운 정사에 익숙하였기 때문에 명령을 어기고 죄를 얻는 경우가 많았으며, 사형에 처해진 자의 수도 만(萬)을 헤아릴 만큼 많았다. 이리하여 국가의 위신이 떨어지고 혼란스러워졌다. 평문제(平文帝)[15]가 제위를 계승하고부터 흩어진 백성을 모아 안무(按撫)하였다. 소성제(昭成帝)[16] 건국 2년(339)에 사죄(死罪)에 해당하는 자는 그 가족이 금

---

8 太祖 道武帝가 나라를 세운 뒤, 그 선조 拓拔推寅에게 宣帝라는 시호를 추증하였다.

9 宣帝 拓拔推寅의 南遷에 대해 『魏書』 권1, 「序記」, 2쪽에 "宣皇帝諱推寅立, 南遷大澤, 方千餘里, 厥土昏冥沮洳"라고 하였다.

10 拓拔氏가 국가를 세우고 稱帝하기 이전 大酋長 아래 네 개 부족의 족장을 가리킨다. 四部는 네 개의 부족, 大人은 그 부족의 장을 말한다.

11 北魏의 시조인 拓跋力微를 가리킨다. 太祖 道武帝 때 시호를 붙여 神元帝라고 하였다. 『魏書』 권1, 「序記」, 3~4쪽에 따르면, 神元帝의 재위 기간은 220~277년이었고 三國 魏나라와 교류한 일도 기재되어 있다.

12 神元帝의 손자인 拓跋猗盧의 시호가 穆帝이다. 재위 기간은 295~316년이다. 3部로 분열되어 있던 내부를 통일하였고, 310년에는 西晉을 도와 匈奴를 격파하였다. 그 功으로 西晉에게 산서 북부의 땅을 받은 후 代公에 봉해졌으며, 이후 代王이 되었다.

13 匈奴의 單于 劉淵의 넷째 아들로 劉淵이 세운 5호 16국 중 하나인 漢國의 제2대 군주이다. 西晉 永嘉 4년(310)에 형 劉和를 살해하고 帝位에 올랐으며, 洛陽을 공략하여 西晉 懷帝(306~311)를 사로잡은 후 살해하였다. 그 뒤에 劉曜 등을 보내 長安을 공격하여 愍帝(313~321)를 항복시킴으로써 西晉을 완전히 멸망시켰다. 東晉 太興 원년(318)에 사망하였다.

14 匈奴의 별종인 羯族 출신으로 5호 16국 중 하나인 後趙의 高祖이다. 어린 나이에 掠賣되어 노예가 되었다가 장성하여서는 群盜가 되었다. 劉淵이 세운 漢國에 歸附하여 군대를 거느리고 많은 州郡을 함락시켰다. 東晉 太興 연간(318~321)에 유연의 일족인 劉曜가 세운 前趙와 대립하여 後趙王이라 일컬었다가(319), 劉曜를 살해한 후 그 지역을 아울러 황제를 칭하였다(330). 東晉 咸和 7년(332)에 60세의 나이로 사망하였다.

15 穆帝의 아우인 思帝의 아들로 이름은 拓跋鬱律이다. 재위 기간은 317~321년이다.

16 平文帝의 둘째 아들로 16국 시기 代國의 군주인 拓跋什翼犍이다. 재위 기간은 338~376년이다. 처

전이나 말을 바쳐 속죄(贖罪)하는 것을 허용하였다. 또한 대역죄(大逆罪)[17]를 범한 경우 그 친족 남녀는 노소를 가리지 않고 모두 참수형에 처하고, 남녀지간에 예로써 교통하지 않은 경우 모두 사형에 처하며, 백성지간에 서로 살해한 경우 살해된 자의 집에 말과 소 49마리 및 장례 때 사용하는 물품을 지급하여 화해하는 것을 허용하였다. 그러나 죄수를 구금·심문하거나 연좌하는 제도는 없었다. 관물(官物)을 훔친 경우 5배를 배상토록 하고, 개인의 재물인 경우에는 10배를 배상토록 하였다. 법령이 분명하였기 때문에 백성들은 이를 편안히 여겼다.[18](『위서』「형벌지」)

【원문】 太祖旣定中原, 患前代刑網峻密, 乃命三公郞王德除其法之酷切 於民者, 約定科令, 大崇簡易.(同上. 通典一百六十四, 道武旣平定中原, 患舊 制太峻, 命三公郞王德, 除其酷法, 約定科令.)

【역문】 태조는 중원을 평정한 뒤 전대(前代)의 형벌제도가 지나치게 엄격하고 세밀한 것을 근심하였다. 이에 삼공랑(三公郞)[19] 왕덕(王德)[20]에게 명

음에는 東晉의 質子가 되어 漢族 문화의 영향을 많이 받았으나, 19세 때 東晉에 대한 복속 관계를 청산하고 처음으로 연호를 제정하여 建國 원년(338)이라 하였다. 代王에 즉위하여 백관을 두고 법률을 제정하였으며, 建國 3년(340)에 雲中의 盛樂에 도읍을 정하였다. 建國 39년(376)에 代國이 前秦에 의해 멸망하자 陰山의 북쪽으로 달아난 뒤 57세의 나이로 병사하였다.

17 昭成帝 당시 대역죄의 범주를 명확히 상정하기는 어렵다. 참고로 『唐律疏議』「名例律」에는 十惡 중 하나인 謀大逆을 "宗廟와 山陵 및 궁궐을 훼손하고자 도모한 것"으로 규정하고 있다. 곧 唐律에서 규정하고 있는 謀大逆이란 황제의 권위를 상징하는 종묘와 산릉 및 궁궐과 같은 중요한 營造物을 파괴함으로써 황제의 권위에 심대한 모욕을 가한 행위를 의미한다. 唐代 謀大逆에 대한 刑은 絞首刑이지만, 大逆에 대해서는 『魏書』「刑罰志」의 규정과 마찬가지로 공범자를 斬首刑에 처하고 그 친족에게도 연좌제가 적용되었다.

18 『魏書』 권111, 「刑罰志」, 2873쪽.

19 "三公郞"은 三公郞中이라고도 하며 尙書省의 郞官 중 하나이다. 북제에서는 尙書左丞에 속하였고 규찰과 탄핵의 일을 관장하였다. 北魏에서도 이와 동일한 직장을 가지고 있었을 것으로 생각된다. 『唐六典』 권6, 「尙書刑部」, 180쪽에 "郞中二人, 從五品上"이라 기재되어 있고, 그 주에 "魏、晉、宋、齊並以三公郞曹掌刑獄, 置郞中各一人. … 後魏, 北齊三公郞中各置二人."이라 기재되어 있다.

20 王德의 사적은 자세히 전하지 않는다. 다만 『魏書』 권2, 「太祖本紀」, 33쪽에 "十有一月辛亥, … 三公郞中王德定律令, 申科禁"라 하였으므로 이는 天興 원년(398) 11월 辛亥의 일이었음을 알 수 있다.

하여 법률 가운데 백성들에게 지나치게 잔혹하고 엄격한 부분을 없애고 형벌을 간략하게 제정하도록 하니, 간소하고 쉬운 것이 크게 숭상되었다.[21](『위서』「형벌지」. 『통전』 권164에 "도무제는 중원을 평정한 뒤 옛 형벌제도가 지나치게 엄격한 것을 근심하였다. 이에 삼공랑 왕덕에게 명하여 그중에 잔혹한 법을 없애고 형벌을 간략하게 제정하도록 하였다."[22]고 하였다.)

【원문】 天興元年十有一月, 詔三公郎中王德定律令, 申科禁, 吏部尙書崔玄伯總而裁之.(太祖紀)

【역문】 천흥 원년(398) 11월에 삼공낭중(三公郎中) 왕덕에게 조(詔)를 내려 형벌제도를 정비하게 하고, 이부상서(吏部尙書) 최현백(崔玄伯)에게 이를 총괄하여 결재하게 하였다.[23](『위서』「태조본기」)

【원문】 命有司制官爵, 撰朝儀, 協音樂, 定律令, 申科禁, 玄伯總而裁之, 以爲永式.(崔玄伯傳)

【역문】 유사(有司)에 명하여 관작을 제정하고, 조정의례를 편찬하며, 궁중음악을 조율하고, 형벌제도를 정비하게 하였으며, 최현백이 이를 총괄하여 결재하게 함으로써 영원한 법식으로 삼았다.[24](『위서』「최현백전」)

【원문】 淵明解制度, 多識舊事, 與尙書崔玄伯參定朝儀律令.(鄧淵傳)

【역문】 등연(鄧淵)은 각종 제도를 잘 이해하고 옛 고사에도 해박하여 상서(尙書) 최현백과 함께 조정의례 및 율령을 참정(參定)하였다.[25](『위서』「등연전」)

---

21 『魏書』 권111, 「刑罰志」, 2873쪽.
22 『通典』 권164, 「刑法2」, '後魏', 4225쪽.
23 『魏書』 권2, 「太祖本紀」, 33쪽.
24 『魏書』 권24, 「崔玄伯傳」, 621쪽.
25 『魏書』 권24, 「鄧淵傳」, 635쪽. "淵明解制度, 多識舊事, 與尙書崔玄伯參定朝儀、律令、音樂, 及軍國文記詔策, 多淵所爲."

【원문】 世祖卽位, 以刑禁重, 神䴥中, 詔司徒崔浩定律令. 除五歲四歲刑, 增一年刑. 分大辟爲二科死, 斬死, 入絞. 大逆不道腰斬, 誅其同籍, 年十四已下腐刑, 女子沒縣官. 害其親者轘之. 爲蠱毒者, 男女皆斬, 而焚其家. 巫蠱者, 負殺羊抱犬沉諸淵. 當刑者贖, 貧則加鞭二百. 畿內民富者燒炭於山, 貧者役於圜溷, 女子入舂槁; 其固疾不逮于人, 守苑囿. 王官階九品, 得以官爵除刑. 婦人當刑而孕, 産後百日乃決. 年十四已下, 降刑之半, 八十及九歲, 非殺人不坐. 拷訊不踰四十九. 論刑者, 部主具狀, 公車鞫辭, 而三都決之. 當死者, 部案奏聞. 以死不可復生, 懼監官不能平, 獄成皆呈, 帝親臨問, 無異辭怨言乃絶之. 諸州國之大辟, 皆先讞報乃施行.(刑罰志)

【역문】 세조(世祖)[26]는 즉위한 후 형벌과 금령이 무겁다고 여겼다. 이에 신가연간(428-431)[27]에 조(詔)를 내려 사도(司徒) 최호(崔浩)[28]로 하여금 율령을 제정하게 하였다. 5세형과 4세형을 없애고 1년의 도형(徒刑)을 늘렸으며,[29] 대벽(大辟)을 나누어 두 종류로 하였으니, 참수형(斬首刑)과 교사형(絞死刑)이 그것이다. 대역부도(大逆不道)[30]는 요참(腰斬)에 처하고, 같은 호적에 있는 이들은 주살한다. 14세 이하는 궁형(宮刑)에 처하고, 여

---

26 世祖 太武帝의 이름은 拓拔燾으로 太宗 明元帝의 장남이다. 재위 기간은 424-452년이다. 漢族 士人을 임용하여 內政을 정비하는 한편, 국력을 증강하여 북쪽으로는 柔然을 격파하고 서쪽으로는 大夏와 北涼, 동쪽으로는 北燕을 멸망시켜 太延 5년(439)에 북방을 통일하였다. 그러나 正平 2년(452)에 宦官에 의해 살해되었다.

27 『魏書』권4상, 「世祖本紀」, 79쪽에 "[神䴥四年.] 冬十月戊寅. 詔司徒崔浩改定律令."라 하였으므로 이는 神䴥 4년(431)의 일이다.

28 崔浩의 字는 伯淵으로 淸河 東武城 출신이다. 白馬公 崔宏의 장남이다. 太宗 明元帝 초에 博士祭酒가 되어 황제에게 경서를 강론하였다. 世祖 太武帝는 즉위 후에 그의 재능을 아껴 국정에 이론이 있을 때마다 자문을 구하였다. 神䴥 4년(431)에 司徒가 되어 국정 운영의 실권을 장악하였고, 아울러 조서를 받아 율령을 개정하기도 하였다. 그러나 太平眞君 11년(450)에 그 유명한 國事筆禍 事件으로 일족이 모두 주멸되었다.

29 『魏書』「刑罰志」와 『通典』권164, 「刑法2」, '刑制中', 4225쪽에는 "增一年刑"이라 기재되어 있지만, 『唐六典』권6, 「尙書刑部」, 182쪽의 注에는 "增二年刑"으로 기재되어 있다.

30 본문의 大逆不道를 唐代와 같이 大逆과 不道라는 두 개의 죄명으로 볼 수도 있지만, 不道의 경우 唐代 이전에는 명확한 법적 개념을 수반한 용어는 아니었고 어떤 특정한 죄명의 뒤나 罪狀의 말미에 첨가하여 견책하는 의미로서 사용되었다. 그렇다면 본문의 "대역부도" 또한 "대역과 같이 부도한 죄"라는 의미일 가능성이 크지만, 명확한 것은 아니므로 원문 그대로 둔다.

자는 관청에 노예로 몰입한다. 자신의 부모를 살해한 자는 환형(轘刑)[31]
에 처하고, 고독(蠱毒)[32]을 제조한 자는 남녀 모두 참수형에 처한 후 그
집을 불사른다. 무고(巫蠱)[33]를 제조한 자는 검은 양을 등에 지고 개를 안
게 한 후 깊은 못에 빠뜨린다. 형벌을 받아야 하는 자는 전(錢)을 내어 속
(贖)을 할 수 있게 하고, 가난하여 속죄금을 낼 수 없는 자는 편(鞭) 2백
대를 가하도록 한다.[34] 기내(畿內)의 백성[35] 가운데 부유한 자는 산에서
숯(炭)을 만들게 하고, 가난한 자는 부엌에서 노역에 종사시키며, 여자는
곡물을 찧고 땔감을 줍는 노역에 종사시킨다. 그리고 고질병이 있어 일
반 사람이 하는 일에 미치지 못하는 자는 원유(苑囿)를 지키게 한다. 조
정의 관계(官階) 9품 이내에 있는 자는 관(官)·작(爵)으로서 형벌을 면제
받을 수가 있다. 부인으로서 형벌을 받게 되었으나 임신하고 있을 때는
출산 후 백 일이 지나 형을 집행한다. 14세 이하인 경우 형의 반을 감하
고 80세 이상이나 9세 이하인 경우 살인죄가 아니면 처벌하지 않는다.
고신(拷訊)[36]을 할 경우 곤장은 49대를 초과할 수 없다. 형벌을 판결할
경우에는 관할 관청의 형부(刑部)에서 초안을 기초하여 상신하고, 공거

---

31 車裂刑을 말한다.
32 『二年律令』에도 毒物의 不法所持나 密造에 관한 규정이 있다. 곧 독화살이나 堇毒을 소지하거나
   堇毒을 조합한 경우 모두 棄市에 處하고, 詔에 의해서 명을 받은 縣官이 이를 만들거나 소지한 경
   우에는 이 律을 적용하지 않는 것으로 되어 있다.(『二年律令』18簡, "有挾毒矢若謹(堇)毒·糵, 及
   和爲謹(堇)毒者, 皆棄市, 或命糵謂颾毒, 詔所令縣官爲狹之, 不用此律.", 『史記』, 「蘇秦列傳」注, 正
   義, "廣雅云, 蔏奚, 毒附子也. 一歲爲烏啄, 三歲爲附子, 四歲爲烏頭, 五歲爲天雄.")『唐律疏議』「賊
   盜」15에는 "諸造畜蠱毒(謂造合成蠱, 堪以害人者)及教令者, 絞. …"로 되어 있고, 『唐律疏議』「賊
   盜」18에는 "諸以毒藥藥人及賣者, 絞."로 되어 있다.
33 巫術로 사람을 저주하거나 危害를 가하는 일.
34 이보다 앞서 "형벌을 받아야 하는 자(當刑者)"라는 표현은 사형에서 도형까지 모든 형벌을 포함하
   는 것으로도 해석할 수 있지만, 바로 이어지는 문장의 "기내의 백성" 운운하는 부분과 마찬가지로
   도형의 경우에 대하여 언급하고 있는 것으로 보인다. 더욱이 형벌을 받아야 하는 자들에게 모두
   贖刑이 허락되었던 것은 아니었다. 즉 신분과 연령 혹은 不具, 過失 등의 사정에 따른다고 이해해
   야 할 것이다. 또 형벌의 내용에 따라 자연스럽게 속죄금의 다소가 정해질 뿐이기 때문에 속형을
   대신할 편의 수에도 다소가 있으므로 "편 2백대를 가한다"는 것은 그 최고치를 규정한 것이라 생
   각된다.
35 畿內는 王城의 주변 지역이기 때문에 그 특수한 사정에 의해 徒刑者에게 아래와 같은 노역을 부과
   하였을 것으로 생각된다.
36 拷訊은 보통 拷問과 같은 의미로 쓰인다.

(公車)37가 그 서류를 심리하며,38 삼도(三都)39가 이를 결재한다. 사형에 해당하는 안건의 경우 형부(刑部)에서 작성하여 상주한다. 한번 사형을 당하면 다시 살아날 수 없으므로 담당관이 공평을 잃는 것을 염려하여 판결안이 완성되면 이를 모두 상부에 보고하도록 하고, 황제가 몸소 임하여 신문하되 다른 말이나 원망의 말이 없다면 곧 사형을 집행한다. 무릇 전국 각지에서 집행되는 사형은 모두 먼저 천자에게 보고하여 그 답신을 얻은 뒤에 시행토록 한다.40(『위서』「형벌지」)

【원문】 神䴥四年冬十月戊寅, 詔司徒崔浩改定律令.(世祖紀)

【역문】 신가 4년(431) 겨울 10월 무인일에 사도(司徒) 최호(崔浩)에게 조(詔)를 내려 율령을 개정하게 하였다.41(『위서』「세조본기」)

【원문】 太武帝始命崔浩定刑名, 於漢、魏以來律, 除髡鉗五歲、四歲刑, 增二歲刑, 大辟有轘、腰斬、殊死、棄市四等, 凡三百九十條, 門房誅四條, 大辟一百四十條, 五刑二百三十一條, 始置枷拘罪人.(唐六典注)

【역문】 태무제가 비로소 최호(崔浩)에게 명하여 형명(刑名)을 정하게 하였는데, 한(漢) · 위(魏) 이래의 율에서 곤겸오세(髡鉗五歲) · 사세형(四歲刑)을 제외하고 이세형(二歲刑)을 더하였으며, 대벽(大辟)에는 환(轘) · 요참(腰斬) · 수사(殊死) · 기시(棄市)의 4등급을 두었다. 모두 390조였는데,

---

37 "公車"는 官署의 명칭으로 천하의 上書나 徵召의 일을 관장하였다. 『後漢書』 권1하, 「光武帝本紀」, 52쪽에 "擧賢郞方正各一人, 遣詣公車."라 하였고, 李賢의 注에 인용된 『漢官儀』에는 "公車掌殿司馬門, 天下上事及微召, 皆總領之."라고 하였다.

38 혹은 公車가 직접 죄인에게 죄상을 심리하는 것이라고도 생각된다.

39 『資治通鑑』 권111, 「晉紀33」, 安帝 隆安 3년 8월조 중 "都坐大官"에 대한 호삼성의 주에 "魏官有三都大官: 都坐大官、外都大官、內都大官."이라 하였고, 같은 책, 권124, 「宋紀6」, 太祖 元嘉 21년 2월조 중 "都坐大官"에 대한 호삼성의 주에 "魏置中都大官、外都大官、都坐大官, 皆掌折獄, 謂之三都"라고 한 것에 따르면, 北魏에는 中都大官(內都大官), 外都大官, 都坐大官의 三都大官이 있었고, 모두 재판과 관련한 일을 관장하고 있었음을 알 수 있다.

40 『魏書』 권111, 「刑罰志」, 2874쪽.

41 『魏書』 권4상, 「世祖本紀」, 79쪽.

문방주(門房誅)[42]가 4조, 대벽이 140조, 오형(五刑)이 231조였으며, 처음으로 죄인에게 칼[枷]을 씌워 구금(拘禁)하기 시작하였다.[43](『당육전』 주)

【원문】 初盜律, 贓四十匹致大辟, 民多慢政, 峻其法, 贓三匹皆死. 正平元年, 詔曰: 刑網大密, 犯者更衆, 朕甚愍之. 其詳案律令, 務求厥中, 有不便於民者增損之. 於是游雅與中書侍郎胡方回等改定律制. 盜律復舊, 加故縱, 通情, 止舍之法及他罪, 凡三百九十一條. 門誅四, 大辟一百四十五, 刑二百二十一條. (刑罰志)

【역문】 당초 「도율」에 "장물이 40필인 경우 사형에 처한다."고 규정하였지만 많은 백성들이 이를 가볍게 여겼기 때문에 그 법을 엄격히 하여 장물 3필이면 모두 사형에 처하도록 하였다. 정평 원년(451)에 조(詔)를 내려 말하기를, "형벌의 조목이 지나치게 세밀하여 이를 범하는 자가 더욱 많아지니, 짐은 이것이 매우 근심스럽다. 그러므로 율령을 상세히 검토하여 그 중정(中正)을 구하기 위해 힘쓰되, 백성들에게 불편한 부분이 있을 경우 첨삭토록 하라."고 하였다. 이리하여 유아(游雅)는 중서시랑(中書侍郎)[44] 호방회(胡方回)[45] 등과 함께 율의 규정을 개정하였다. 도율은 예전의 규정을 회복하여, 감독의 책임이 있는 상사나 직무상 이것을 관할하는 담당 관리가 자신의 부하나 관할 안에 있는 사람이 불법 행위를 범한 경우, 그것을 보았거나 알면서도 고의로 놓아주는 것을 처벌하는 법[46]과 정황을 알고도 범죄자를 지사(止舍)시키는 것을 처벌하는 법[47] 및 여타

---

42 同宗의 各房分支를 주멸하는 刑罰.
43 『唐六典』 권6, 「尙書刑部」 注, 182쪽.
44 삼국 魏나라 초, 中書에 監과 令을 두었고 그 副職으로 通事郎을 두어 詔草를 관장하게 하였다. 西晋 때 通事郎을 中書侍郎으로 개명하였다. 北魏는 4명의 定員을 두었다.
45 胡方回는 安定 臨涇 사람이다. 처음 大夏의 赫連氏를 섬겨 中書侍郎이 되었지만, 世祖 太武帝가 赫連昌(재위 425-428)을 격파하자 北魏로 넘어와 中書博士가 되었고, 이후 中書侍郎으로 옮겼다.
46 "監臨部主見知故縱"을 말한다. 곧 자신의 부하나 관할 안에 있는 자가 불법 행위를 범한 경우, 그 감독의 책임이 있는 상사나 직무상 이것을 관할하는 담당 관리가 그것을 보았거나 알면서도 고의로 놓아주는 것을 처벌하는 형벌이다. 『漢書』 권23 「刑法志」, 1101쪽의 "條定法令, 作見知故縱, 監臨部主之法." 중 "故縱"에 대한 顔師古 注에 "見知人犯法不擧告爲故縱, 而所監臨部主有罪并連坐也"라고 하였다.

죄에 대한 규정을 덧붙여 모두 3백 91조[48]로 하였다. 문주(門誅)[49]에 관한 것이 4조, 대벽(大辟)에 관한 것이 1백 45조, 도형(徒刑)에 관한 것이 2백 21조[50]였다.[51](『위서』「형벌지」)

【원문】 正平元年六月, 詔曰: 夫刑網太密, 犯者更衆, 朕甚愍之. 有司其案 律令, 務求厥中. 自餘有不便於民者, 依比增損. 詔太子少傅游雅、中

---

47 內田智雄은 "通睛、止舍"를 "通睛止舍"(실정을 알고도 범죄자를 머물게 하는 것)와 "通睛"(죄인에 게 체포와 관련한 정보를 전하는 것)과 "止舍"(죄인을 머물게 하는 것)의 두 가지 설을 제시하고 있 다. 또한 冨谷至는 이를 "故縱. 通睛. 止舍의 법", 즉 故縱과 通睛 및 止舍를 각각 독립시키는 것이 문장을 해석하는 데 더욱 안정적인 것처럼 보이지만, 오히려 "故縱. 通睛止舍의 법"으로 해석하는 편이 더욱 타당하다는 견해를 제시하였다. 관련 사료로 『魏書』 권21상, 「獻文六王傳」, 539쪽, "竊 入河內. 太守陸琇初與通情, 旣聞禧敗, 乃殺之."; 『魏書』 권40, 「陸俟傳」, 905쪽, "琇聞禧敗, 斬曇和 首. 時以琇不先送曇和, 禧敗始斬首, 責其通情, 徵詣廷尉." 등을 들 수 있는데, 여기서 "通情"은 "情 을 通해서 합한다." 또는 "정황을 알고 중개한다."는 의미로 사용되고 있다. 漢律에 "知情"이라는 법률 용어가 있는데, 이 "知情"과 "通情"은 같은 의미를 가지고 있는 것으로 보인다. 결론적으로 "止舍"라는 행위가 "정황을 알고서"라는 조건하에 행하여졌다는 것이다.

48 『唐六典』 권6, 「尙書刑部」 注, 182쪽에는 "凡三百九十條"라 기재되어 있고, 『通典』 권164, 「刑法2」, '刑制中·後魏', 4226쪽에는 "凡三百七十條"로 기재되어 있지만, 『資治通鑑』 권126, 「宋8」, 太祖 元嘉 28년 6월, 3970쪽에는 『魏書』「刑罰志」와 동일하게 "凡三百九十一條"라 기재되어 있다. 또 한 "門誅" 이하의 조문 수에 대해서도 『唐六典』에서는 "門房誅四條, 大辟一百四十條, 五刑二百三 十一條"라고 기재하였지만, 『通典』의 내용은 『魏書』「刑罰志」와 동일하다. 아울러 『魏書』「刑罰 志」에 기재되어 있는 "門誅" 이하 각 조문 수의 합계는 앞서 언급된 "凡三百九十一條"의 수와 일 치하지 않는다. 게다가 본문과 이어지는 「刑罰志」의 뒷부분, 즉 高宗과 관련한 내용을 설명하는 부분에 "增律七十九章"이라 되어 있고, 高祖가 율을 개정하였다는 부분에도 "凡八百三十二章"이라 하였다. 각각 그 아래 문장에 "增律" 내지 개정한 律名과 그 條章의 수를 들고 있지만, 이들 조문 수의 합계가 "七十九章" 또는 "八百三十二章"과 합치하지 않는 것은 여기에 "모두 391조"라 하고 있는 경우와 동일하다. 또한 앞서 언급하였듯이 원문 중 "刑二百二十一條"의 "刑"을 『唐六典』에서 는 "五刑"이라 쓰고 있는데, 이와 같을 경우 "大辟一百四十條, 五刑二百三十一條"가 되므로 "刑" 字의 의의에 따라 그 조문 수도 바뀌어 버린다. 한편 『資治通鑑』 권135, 「齊紀1」, 太祖 建元 3년 9 월, 4247쪽에는 "刑"을 "雜刑"이라 하였다.

49 「刑罰志」의 아래 문장에는 "門房之誅"라 되어 있다. 『魏書』 권7상, 「高祖本紀」, 150쪽, 太和 5년의 조(詔)에 "그중 5족의 경우 강등하여 同祖父에 그치게 하고, 3족은 1門에 그치게 하며, 門誅는 본인 에 그치게 하라."(其五族者, 降止同祖; 三族, 止一門; 門誅, 止身.)고 하였다. 이처럼 高祖는 大逆 등 의 大罪인 경우, 정해진 연좌의 범위(5족, 3족, 문주)를 특히 1등씩 감하여 처형하도록 명령하고 있 는데, 이에 따르면 北魏의 형법에서 본래 '3족형'은 同祖父를 연좌의 범위에 포함하고, '문주형'은 1 門에 속하는 부모, 처자, 형제 등을 연좌의 범위에 포함하되 그 祖父에게는 형벌이 미치지 않게 하 였던 것이라 생각된다.

50 『唐六典』 권6 「尙書刑部」 注, 182쪽에는 "門房誅 4條, 大辟 140條, 五刑 231條"로 기재되어 있다.

51 『魏書』 권111, 「刑罰志」, 2875쪽.

書侍郎胡方回等改定律制.(世祖紀)

【역문】 정평 원년(451) 6월에 조(詔)를 내려 말하기를, "무릇 형벌의 조목이 지나치게 세밀하여 이를 범하는 자가 더욱 많아지니, 짐은 이것이 매우 근심스럽다. 유사(有司)는 그 율령을 상세히 검토하여 그 중정(中正)을 구하는 데 힘쓰도록 하라. 그 밖에도 백성에게 불편한 부분이 있을 경우 사례에 따라 첨삭토록 하라."고 하였다. 또한 태자소부(太子少傅) 유아(游雅)와 중서시랑(中書侍郎) 호방회(胡方回) 등에게 조(詔)를 내려 율령제도를 개정토록 하였다.[52](『위서』「세조본기」)

【원문】 正平初, 又令胡方回、游雅改定律制, 凡三百七十條, 門房之誅四, 大辟百四十五, 刑二百二十一.(通典一百六十七)

【역문】 정평 원년(451) 초에 다시 호방회와 유아에게 명하여 율령제도를 개정하게 하였다. 모두 370조였는데, 그중 문방주(門房誅)가 4조, 대벽(大辟)이 145조, 도형(徒刑)이 221조였다.[53](『통전』권164[54])

【원문】 受詔與中書侍郎胡方回等, 改定律制.(游雅傳)

【역문】 조(詔)를 받들어 중서시랑 호방회 등과 함께 율령제도를 개정하였다.[55](『위서』「유아전」)

【원문】 又詔允與侍郎公孫質、李虛、胡方回共定律令.(高允傳)

【역문】 다시 고윤(高允)과 시랑(侍郎) 공손질(公孫質), 이허(李虛), 호방회에게 조(詔)를 내려 함께 율령을 개정하게 하였다.[56](『위서』「고윤전」)

---

52 『魏書』 권4하 「世祖本紀」, 105쪽.
53 『通典』 권164, 「刑法2」, '後魏', 4226쪽.
54 원문에서는 그 출처를 『通典』 "권167"이라 하였지만, 이는 "권164"의 誤記이다.
55 『魏書』 권54 「游雅傳」, 1195쪽.
56 『魏書』 권48 「高允傳」, 1069쪽.

【원문】 文成時, 又增律條章.(唐六典注)

【역문】 문성제(文成帝) 때 다시 조장(條章)을 늘렸다.[57](『당육전』 주)

【원문】 高祖馭宇, 留心刑法. 先是以律令不具, 姦吏用法, 致有輕重. 詔中書令高閭集中祕官等修改舊文, 隨例增減. 又勅群官, 參議厥衷, 經御刊定. 五年冬訖, 凡八百三十二章, 門房之誅十有六, 大辟之罪二百三十五, 刑三百七十七; 除群行剽劫首謀門誅, 律重者止梟首.(刑罰志. 又見通典一百六十四, 唐六典作八百三十三章, 與魏書異.)

【역문】 고조(高祖)는 집권한 후 형법에 관해 마음을 두었다. 이전에는 율령이 완비되어 있지 않았기 때문에 간악한 관리들이 법을 적용함에 죄를 가볍게 하기도 하고 무겁게 하기도 하였다. 이에 중서령(中書令) 고려(高閭)[58]에게 조(詔)를 내려 중서비서성(中書祕書省)[59]의 관원들을 모아 예전의 율문을 수정하게 하여 사례에 따라 증감토록 하였다. 또 백관에게 명하여 그 법률이 적절한지를 논의시킨 연후에 천자의 간정(刊定)을 거치게 하였다. [태화] 5년(481) 겨울에 사업이 모두 완료되었으니, 총 832장(章)이었고, 그 가운데 멸문주살[門房之誅]이 16장(章), 대벽(大辟)이 235장(章), 도형(徒刑)[60]이 377장(章)이었다.[61] 무리를 지어 돌아다니며 강도

---

57 『唐六典』 권6 「尙書刑部」 注, 182쪽.

58 高閭의 字는 閭士로 漁陽 雍奴 사람이다. 본래 이름은 '驢'였지만, 司徒 崔浩가 그의 奇才를 알고 '閭'로 개명하였다. 태평진군 9년(448)에 中書博士가 되었고, 화평 연간(460~465) 말에 中書侍郞으로 옮겼다. 승명(476) 초에 中書令이 되었고 給事中의 직책을 더하여 국가의 기밀 업무에 참여하였다. 당시 많은 공문서들이 그의 손에 의해 작성되었다. 그 뒤 太常卿이 되었다가 경명 3년(502)에 생을 마감하였다.

59 "中祕"에 대해서는 『資治通鑑』 권136, 「齊紀2」, 武帝 永明 4년 2월, 4271쪽의 "內祕書令"에 대한 胡三省 注에 "祕書省在禁中, 故謂之內祕書令, 亦謂之中祕."라고 하여, 祕書省만을 언급하고 있다. 그러나 中書省과 祕書省을 모두 가리키는 경우도 있는데, 祕書省은 宮中의 典籍과 圖書, 記錄 등을 관장하던 官署다.

60 원문에는 단지 "刑"으로만 되어 있다. 『資治通鑑』 권135, 「齊紀1」, 太祖 建元 3년 9월, 4247쪽에는 "刑"을 "雜刑"이라 하였다.

61 『唐六典』 권6, 「尙書刑部」 注, 182쪽에는 "孝文帝 때에 이르러 律을 정하였는데, 모두 833章이었으며, 門房之誅가 16章, 大辟之罪가 230章, 五刑이 377章이었다."고 하여 조문 수가 일치하지 않는다.

짓을 한 경우[62] 그 주모자는 멸문주살[門誅]의 형벌에 처하는 것을 제외하고, 율 가운데 그 죄가 아무리 무거워도 효수(梟首)에 그쳤다.[63](『위서』「형벌지」. 또한 『통전』 권164에도 동일한 내용이 보인다.[64] 『당육전』에는 "833장"[65]이라 하여, 『위서』의 내용과 차이를 보인다.)

【원문】 太和元年九月乙酉, 詔羣臣定律令於太華殿.(高祖紀)

【역문】 태화 원년(477) 9월 을유일에 군신(群臣)들에게 조(詔)를 내려 태화전(太華殿)에서 율령을 개정하게 하였다.[66](『위서』「고조본기」)

【원문】 十一年(太和)春, 詔曰: 三千之罪, 莫大於不孝, 而律不遜父母, 罪止髡刑. 於理未衷. 可更詳改. 又詔曰: 前命公卿論定刑典, 而門房之誅猶在律策, 違失周書父子異罪. 推自求情, 意甚無取. 可更議之, 刪除繁酷. 秋八月詔曰: 律文刑限三年, 便入極默. 坐無太半之校, 罪有死生之殊. 可詳案律條, 諸有此類, 更一刊定. 冬十月, 復詔公卿令參議之.(刑罰志)

【역문】 태화 11년(487) 봄에 조(詔)를 내려 말하기를, "3천 가지 죄 가운데 불효보다 큰 죄는 없다.[67] 그런데 율에 의하면 부모에게 순종하지 않는 경우 그 최고형은 단지 곤형(髡刑)에 그치고 있다. 이는 도리에 맞지 않는다. 다시 상세히 개정할 수 있도록 하라."고 하였다. 다시 조(詔)를 내려 말하기를, "이전에 공경(公卿)들에게 명하여 형벌전제(刑罰典制)를 논의하여 정하게 하였지만, 멸문주살[門誅]이 여전히 율서에 남아 있다. 이는 『주서(周書)』에 '아버지와 자식은 죄를 달리한다.'[68]고 한 취지에 어긋

---

62 "群行劫劫"은 집단을 이루어 돌아다니면서 강도하는 것을 말한다.
63 『魏書』 권111 「刑罰志」, 2877쪽.
64 『通典』 권164 「刑法2」, '後魏', 4226쪽.
65 『唐六典』 권6 「尚書刑部」 注, 182쪽.
66 『魏書』 권7상 「高祖本紀」, 144쪽.
67 『孝經』, 「五刑章」에 "孔子가 말하기를, '5형의 종류는 3천 가지이지만, 그 죄는 불효보다 큰 것이 없다.'고 하였다."라는 문장에 의거한 말이다.

난다. 옛 전제(典制)의 정신에 근거하여 인정의 상규를 찾아보아도 그 뜻을 취하기가 매우 어려운 바이다. 재차 이를 논의하여 번잡하고 가혹한 형벌을 없애도록 하라."고 하였다. 같은 해 가을 8월에 조(詔)를 내려 말하기를, "율문에 도형은 최고 3년, 그 이상의 죄는 바로 사형이다.[69] 범한 죄에 큰 차이가 없는데도 형벌에는 생사(生死)의 구별이 있다. 율의 조문을 자세히 조사하여 무릇 이와 같은 부류가 있다면, 다시 일일이 개정토록 하라."고 하였다. 같은 해 겨울 10월에 다시 공경(公卿)들에게 조(詔)를 내려 이를 참의(參議)하게 하였다.[70](『위서』「형벌지」)

【원문】 太和十五年五月己亥, 議改律令, 於東明觀. 秋八月丁巳, 議律令事.(高祖紀)

【역문】 태화 15년(491) 5월 기해일에 동명관(東明觀)에서 율령을 논의하여 개정하게 하였다. 같은 해 가을 8월 정사일에 율령에 관한 일을 논의하였다.[71](『위서』「고조본기」)

【원문】 太和十六年四月丁亥, 班新律令, 大赦天下. 五月癸未, 詔羣臣於皇信堂更定律條, 流徒限制, 帝親臨決之.(同上)

【역문】 태화 16년(492) 4월 정해일에 새로 정한 율령을 반행하고 천하에 대사면령을 내렸다. 같은 해 5월 계미일에 군신(群臣)들에게 조(詔)를 내려 황신당(皇信堂)에서 율령의 조문을 개정하게 하였는데, 유형과 도형에 관한 규정의 범위는 황제가 직접 나서서 결정하였다.[72](『위서』「고조본기」)

---

68 "父子異罪"라는 말은 현재 『書經』의 「周書」에는 보이지 않는다. 다만 『春秋左氏傳』昭公 20년條에 "康誥에서 말하기를, '부자, 형제는 죄가 서로 미치지 않는다.'고 하였다."고 기재되어 있다. 이를 통해 볼 때, 아버지와 자식은 그 죄가 서로 미치지 않는다, 곧 서로 연좌되지 않는다는 의미이다.

69 "便入極黙"에서 "黙"은 "墨"으로 써야 한다. "墨"은 본래 5형 중 하나이지만 여기서는 일반적인 刑法을 가리키고 있다. "極墨"은 "極刑" 또는 "極法"과 같다. 다만 당시에는 "墨"을 "黙"으로 쓰는 경우도 많았던 것으로 보이는데, "墨曹"의 경우 종종 "黙曹"로 쓰는 것이 그러한 예이다.

70 『魏書』권111, 「刑罰志」, 2878쪽.

71 『魏書』권7하, 「高祖本紀」, 168쪽.

【원문】 太和十七年二月乙酉, 詔賜議律令之官各有差. (同上)

【역문】 태화 17년(493) 2월 을유일에 율령을 논의하는 관원들에게 각각 차
등을 두어 상(賞)을 내렸다.[73](『위서』「고조본기」)

【원문】 及議禮儀律令, 潤飾辭旨, 刊定輕重, 高祖雖自下筆, 無不訪決焉.
(李沖傳)

【역문】 [이충(李沖)은] 예의 및 율령제도를 논의할 당시 황제께서 말씀하신
내용을 윤색(潤色)하여 그 경중(輕重)의 정도를 정정(訂正)하는 일을 담당
하였는데, 비록 고조(高祖)께서 직접 작성한 내용이었을지라도 그에게
자문을 구하지 않는 경우가 없었다.[74](『위서』「이충전」)

【세주 원문】 按魏律係孝文自下筆, 此前古未有之例.

【세주 역문】 후위의 율은 효문제가 직접 작성하기도 하였는데, 이는 이전에는 없었던
사례이다.

【원문】 封琳, 字彦寶, 高祖初, 拜中書侍郎, 與侍中、南平王馮誕等議定
律令. (封懿傳)

【역문】 봉림(封琳)의 자(字)는 언보(彦寶)이다. 고조(高祖) 집권 초에 중서시
랑(中書侍郎)으로 임명되어 시중(侍中) · 남평왕(南平王) 풍탄(馮誕) 등과
함께 율령을 논의하여 개정하였다.[75](『위서』「봉의전」)

【원문】 源賀弟思禮, 後賜名懷, 遷尚書令, 參議律令. (源賀傳)

【역문】 원하(源賀)의 아우 사례(思禮)는 이후 '회(懷)'라는 이름을 하사받았

---

72 『魏書』 권7하, 「高祖本紀」, 169쪽.
73 『魏書』 권7하, 「高祖本紀」, 171쪽.
74 『魏書』 권53, 「李沖傳」, 1181쪽.
75 『魏書』 권32, 「封懿傳」, 763쪽.

고, 상서령(尙書令)으로 직책을 옮겨 율령을 참의(參議)하였다.[76](『위서』 「원하전」)

【원문】 高綽, 太和十五年拜奉朝請, 又詔參議律令.(高允傳)

【역문】 고작(高綽)은 태화 15년(491)에 봉조청(奉朝請)으로 임명되었고, 다시 율령을 참의(參議)하라는 명을 받았다.[77](『위서』 「고윤전」)

【원문】 又參定律令, 屢進讜言.(游明根傳)

【역문】 다시 율령을 개정하는 데 참여하여 수차례 옳은 의견을 개진하였다.[78](『위서』 「유명근전」)

【원문】 由是高祖識待之, 後與游明根、高閭、李沖入議律令.(高遵傳)

【역문】 이리하여 고조(高祖)가 그를 알아보고 대우하게 되어, 후에 유명근(游明根), 고려(高閭), 이충(李沖)과 함께 율령을 참의(參議)하게 하였다.[79](『위서』 「고준전」)

【원문】 臣學陋全經, 識蔽篆素, 然往年刪定律令, 謬預議筵.(鄭懿傳)

【역문】 신(臣)은 학문이 고루(固陋)하여 여러 경전에 두루 통달하지 못하고 지식이 일천하여 전서(篆書)조차 제대로 이해하지 못합니다만, 이전에 율령을 산정(刪定)할 때 외람되게도 논의하는 자리에 참여한 적이 있습니다.[80](『위서』 「정의전」)

【원문】 以昔參定律令之勤, 賜帛五百匹、粟五百石、馬一匹.(高祐傳)

---

76 『魏書』 권41, 「源賀傳」, 923쪽.
77 『魏書』 권48, 「高允傳」, 1090-1091쪽.
78 『魏書』 권55, 「游明根傳」, 1214쪽.
79 『魏書』 권89, 「高遵傳」, 1921쪽.
80 『魏書』 권56, 「鄭懿傳」, 1242쪽.

【역문】 이전에 율령을 논의하여 개정하는 데 힘썼다는 공로로 비단 500필과 곡식 500석, 그리고 말 한 필을 하사받았다.[81](『위서』「고우전」)

【원문】 以參議律令之勤, 賜帛五百匹、馬一匹、牛二頭.(李彪傳)

【역문】 율령을 논의하여 개정하는 데 힘썼다는 공로로 비단 500, 그리고 말한 필과 소 두 마리를 하사받았다.[82](『위서』「이표전」)

【원문】 以參議律令, 賜布帛八百匹、穀八百石、馬牛各二, 尙書李沖甚重之.(崔挺傳)

【역문】 율령을 논의하여 개정한 공로로 포백(布帛) 800필과 곡식 800석, 그리고 말과 소를 각각 두 마리씩 하사받았으며, 상서(尙書) 이충(李沖)이 그의 재능을 매우 아꼈다.[83](『위서』「최정전」)

【원문】 世宗卽位, 意在寬政. 正始元年冬, 詔曰: 議獄定律, 有國攸愼, 輕重損益, 世或不同. 先朝垂心典憲, 刊革令軌, 但時屬征役, 未之詳究, 施於時用, 猶致疑舛. 尙書門下可於中書外省論律令. 諸有疑事, 斟酌新舊, 更加思理, 增減上下, 必令周備, 隨有所立, 別以申聞. 庶於循變協時, 永作通制.(刑罰志)

【역문】 세종[84]은 즉위한 이후 너그럽고 어진 정치를 하는 데 뜻을 두었다. 정시 원년(504) 겨울에 조(詔)를 내려 말하기를, "옥사(獄事)를 논의하여 율을 개정하는 것은 나라를 통치하는 데 신중히 해야 할 바이다. [형벌을] 가볍게도 하고 무겁게도 하며, [율문을] 늘이기도 하고 줄이기도 하는 것은 시대에 따라 반드시 동일하지는 않다. 선제(先帝)는 법전에 마음

---

81 『魏書』 권57, 「高祐傳」, 1261쪽.
82 『魏書』 권62, 「李彪傳」, 1389쪽.
83 『魏書』 권57, 「崔挺傳」, 1264쪽.
84 宣武帝(재위 499–515)는 高祖 孝文帝의 둘째 아들로 이름은 恪이다. 태화 21년(497)에 황태자가 되었고 2년 뒤에 즉위하였다. 延昌 4년에 사망하였다.

을 기울이고 법령을 개정하였지만 자주 전쟁이 행해지고 있던 때였던지라 아직 이를 상세히 구명하는 데 이르지 못하여 실제의 용무에 시행해 보아도 여전히 의혹이나 잘못이 발생하고 있다. 상서성과 문하성의 관원들은 중서의 외성(外省)에서 율령을 심의할 수 있도록 하라. 무릇 의혹이 있을 경우에는 신구(新舊) 율령을 참작하되, 더욱더 조사하고 궁구하여 [율문을] 늘이기도 하고 줄이기도 하며, 가볍게도 하고 무겁게도 하여 반드시 주도면밀하게 완비된 것으로 만드는 데 힘쓰고, 입안하는 대로 하나하나 별도로 보고하도록 하라. 바라건대 변화에 따르고 시세에 맞게 하여 영원히 대대로 통하는 제도가 되도록 힘쓰도록 하라."고 하였다.[85](『위서』「형벌지」)

【원문】 正始元年十二月己卯, 詔羣臣議定律令.(世宗紀)

【역문】 정시 원년(504) 12월 을묘일에 군신(群臣)들에게 조(詔)를 내려, 율령을 논의하여 개정토록 하였다.[86](『위서』「세종본기」)

【원문】 宣武正始元年十二月己卯, 詔群臣議定律令. 時尙書殿中郎袁翻、門下錄事常景孫紹、廷尉監張彪、律博士侯堅固、治書侍御史高綽、前軍將軍邢苗、奉車都尉程靈虯、羽林監王元龜、尙書郎祖瑩宋世景、員外郎李琰之、太樂令公孫崇等, 並在議限.(冊府元龜)

【역문】 선무제(宣武帝) 정시 원년(504) 12월 을묘일에 군신(群臣)들에게 조(詔)를 내려, 율령을 논의하여 개정토록 하였다. 당시 상서전중랑(尙書殿中郎) 원번(袁翻), 문하녹사(門下錄事) 상경(常景)과 손소(孫紹), 정위감(廷尉監) 장표(張彪), 율박사(律博士) 후견고(侯堅固), 치서시어사(治書侍御史) 고작(高綽), 전군장군(前軍將軍) 형묘(邢苗), 봉거도위(奉車都尉) 정령규(程靈虯), 우림감(羽林監) 왕원귀(王元龜), 상서랑(尙書郎) 조영(祖瑩)과 송세

---

85 『魏書』 권111, 「刑罰志」, 2878쪽.
86 『魏書』 권8, 「世宗本紀」, 198쪽.

경(宋世景), 원외랑(員外郞) 이염지(李琰之), 태악령(太樂令) 공손숭(公孫崇) 등은 모두 논의할 수 있는 인원에 포함되었다.[87](『책부원구』권611)

【원문】 又詔太師彭城王勰、司州牧高陽王雍、中書監京兆王愉、靑州刺史劉芳、左衞將軍元麗、兼將作大匠李韶、國子祭酒鄭道昭、廷尉少卿王顯等, 入豫其事.(北史袁翻傳)

【역문】 다시 조(詔)를 내려 태사(太師) 팽성왕(彭城王) 협(勰), 사주목(司州牧) 고양왕(高陽王) 옹(雍), 중서감(中書監) 경조왕(京兆王) 유(愉), 청주자사(靑州刺史) 유방(劉芳), 좌위장군(左衞將軍) 원려(元麗), 겸장작대장(兼將作大匠) 이소(李韶), 국자좨주(國子祭酒) 정도소(鄭道昭), 정위소경(廷尉少卿) 왕현(王顯) 등으로 하여금 율령을 논의하여 개정하는 일에 참가토록 하였다.[88](『북사』「원번전」)

【원문】 景, 永昌河內人也. 繁學博通, 知名海內. 太和十九年, 爲高祖所器, 拔爲律學博士, 刑法疑獄, 多訪於景. 正始初, 詔刊律令, 永作通式, 敕景共治書侍御史高僧裕、羽林監王元龜、尙書郞祖瑩、員外散騎侍郞李琰之等, 撰集其事. 又詔太師彭城王勰、靑州刺史劉芳, 入預其議. 景討正科條, 商搉古今, 甚有倫序, 見行於世, 今律二十篇是也.(洛陽伽藍記)

【역문】 상경(常景)은 영창(永昌) 하내(河內) 출신이다. 박학다식하여 전국에 명성을 두루 떨치었다. 태화 19년(495)에 고조(高祖)의 신임을 받아 율학박사(律學博士)로 발탁되었으며, 각종 형법과 의혹이 있는 안건이 있을 경우 대부분 그에게 자문을 구하였다. 정시연간(504-507) 초에 율령을 간정(刊定)하여 영구히 통용될 수 있는 법식을 만들라는 조(詔)가 내려졌다. 이에 상경에게 명하여 치서시어사(治書侍御史) 고승유(高僧裕), 우림

---

87 『冊府元龜』 권611 「刑法部3」, '定律令3'.
88 『北史』 권47 「袁翻傳」, 1711-1712쪽.

감(羽林監) 왕원귀(王元龜), 상서랑(尙書郞) 조영(祖瑩), 원외산기시랑(員外
散騎侍郞) 이엽지(李琰之) 등과 함께 이 일을 찬집(撰集)하게 하였다. 다시
태사(太師) 팽성왕(彭城王) 협(勰)과 청주자사(靑州刺史) 유방(劉芳) 등에
게 조(詔)를 내려 율령의 개정 작업에 참여토록 하였다. 상경은 율령의
조문[科條]을 바로잡으면서 과거 법률과 현재 법률의 내용을 참작하였는
데, 그 순차가 매우 일목요연하여 세상에 반행되기에 이르렀다. 현재 남
아 있는 율 20편(篇)이 바로 이것이다.[89](『낙양가람기』권1)

【원문】 正始初, 詔尙書、門下於金墉中書外省考論律令, 敕景參議.(常景傳)

【역문】 정시 연간(504-507년) 초에 상서성과 문하성에 조(詔)를 내려 금용(金
墉)에 있는 중서(中書)의 외성(外省)에서 율령을 심의하도록 하였고, 상경
(常景)에게 명하여 이들과 함께 논의하게 하였다.[90](『위서』「상경전」)

【원문】 與常景等共修律令.(孫紹傳)

【역문】 상경(景等) 등과 함께 율령을 수찬(修撰)하였다.[91](『위서』「손소전」)

【원문】 議定律令, 勰與高陽王雍、八座、朝士有才學者, 五日一集, 參論
軌制應否之宜.(彭城王勰傳)

【역문】 율령을 논의하여 개정할 당시, 협(勰)은 고양왕(高陽王) 옹(雍)과 팔
좌(八座) 및 조정 내 재능과 학식을 갖추고 있는 이들과 5일마다 한 차례
씩 모여 제도의 범위에 부합하는지의 여부를 논의하였다.[92](『위서』「팽성
왕협전」)

【원문】 久之, 起兼將作大匠, 敕參定朝儀、律令.(李韶傳)

89 『洛陽伽藍記』권1「城內」, '永寧寺'.
90 『魏書』권82「常景傳」, 1801쪽.
91 『魏書』권78「孫紹傳」, 1723쪽.
92 『魏書』권21하,「彭城王勰傳」, 581쪽.

【역문】 얼마 후 겸장작대장(兼將作大匠)으로 발탁되었고, 명을 받들어 조정 의례와 율령을 논의하여 개정하는 데 참여하였다.[93](『위서』「이소전」)

【원문】 還朝, 議定律令. 芳斟酌古今, 爲大議之主, 其中損益, 多芳意也.
(劉芳傳)

【역문】 조정으로 돌아와 율령을 논의하여 개정하는 데 참여하였다. 유방(劉芳)은 과거 법률과 현재 법률의 내용을 참작하되 대의(大議)를 위주로 하였으며, 그중에서 [율문을] 늘리거나 줄인 것들은 대부분 유방의 의견에 따른 것이었다.[94](『위서』「유방전」)

【원문】 時議定新令, 詔祚與侍中、黃門參議.(郭祚傳)

【역문】 새로운 율령을 논의하여 정할 당시, 곽조(郭祚)에게 명하여 시중(侍中), 황문(黃門) 등과 함께 논의에 참여하게 하였다.[95](『북사』「곽조전」)

【원문】 先是, 太常劉芳與景等撰朝令, 未及班行. 別典儀注, 多所草創, 未成, 芳卒, 景纂成其事. 及世宗崩, 召景赴京, 還修儀注. 又敕撰太和之後朝儀已施行者, 凡五十餘卷.(常景傳)

【역문】 이보다 앞서 태상(太常) 유방(劉芳)은 상경(常景) 등과 함께 조령(朝令)을 수찬(修撰)하였지만, 미처 반행(班行)을 하지는 못하였다. 또한 별도로 의례(儀禮)에 대한 주석 작업을 진행하여 이미 상당 부분을 초안해 내었지만, 아직 모두 완성되지는 않은 상황에서 유방이 사망하였고, 상경이 이 일을 마무리하여 완성하였다. 세종(世宗)이 붕어하였을 때 상경은 조정으로 불려가 다시 의례의 주석을 정리하였다. 다시 명을 받들어 태화연간(477-499) 이후의 조정의례(朝廷儀禮) 중 이미 시행되고 있는 것

---

93 『魏書』 권39, 「李韶傳」, 887쪽.
94 『魏書』 권55, 「劉芳傳」, 1235쪽.
95 『北史』 권43, 「郭祚傳」, 1571쪽.

들을 편찬하였으니, 모두 50여 권이었다.[96](『위서』「상경전」)

【원문】 先帝時, 律令並議, 律尋施行, 令獨不出, 十餘年矣. 然修令之人, 亦皆博古, 依古撰置, 大體可觀, 比之前令, 精粗有在. 但主議之家, 太用古制. 若全依古, 高祖之法, 復須昇降, 誰敢措意有是非哉? 以是爭故, 久廢不理. 然律令相須, 不可偏用, 今律班令止, 於事甚滯. 若令不班, 是無典法, 臣下執事, 何依而行?(孫紹傳)

【역문】 선제(先帝) 때 율과 영(令)을 함께 논의시킨 결과, 그중 율은 오래지 않아 곧 시행되었지만 영(令)만 유독 제정되지 못한 채 10여 년이 지났습니다. 그러나 영(令)을 수찬(修撰)한 인물들 역시 모두 옛 제도에 두루 통달하였고, 옛 제도에 의거하여 영문(令文)을 정비하였으니 [그 내용은] 대체로 우수하다 이를 만하지만, 이전의 영(令)과 비교할 때는 장점도 있고 단점도 있다고 하겠습니다. 다만 논의를 주관한 전문가들이 지나치게 옛 제도를 많이 활용하였습니다. 만약 전부 옛 제도만을 따른다면, 고조(高祖)의 법령조차 재차 수정되어야만 하는데, 누가 감히 의견을 내어 그 옳고 그름을 논할 수 있겠습니까? 이러한 쟁점들 때문에 오랫동안 폐치되어 처리되지 못하였던 것입니다. 그렇지만 율과 영(令)은 서로가 보완되면서 시행되어야만 하는 것이지 어느 한쪽으로 편중되어 사용되어서는 아니 되니, 지금처럼 율만 반행(班行)하고 영(令)을 폐치해 둔다면 사안을 처리하는 데 매우 불리할 것입니다. 만약 영(令)을 반행하지 않는다면, 곧 전장법도(典章法度)가 없는 것이니 신하들이 정무를 볼 때 무엇에 의거하여 사안을 처리할 수 있겠습니까?[97](『위서』「손소전」)

【원문】 延昌二年春, 尚書邢巒奏: 竊詳王公已下, 或析體宸極, 或著勳當時, 咸胙土授民, 維城王室. 至於五等之爵, 亦以功錫, 雖爵秩有異, 而

96 『魏書』 권82, 「常景傳」, 1802–1803쪽.
97 『魏書』 권78, 「孫紹傳」, 1724–1725쪽.

號擬河山, 得之至難, 失之永墜. 刑典既同, 名復殊絶, 請議所宜, 附爲永制. 詔議律之制, 與八坐門下參論. 皆以爲: 官人若罪本除名, 以職當刑, 猶有餘資, 復降階而敍. 至於五等封爵, 除刑若盡, 永卽甄削, 便同之除名, 於例實爽. 愚謂自王公以下, 有封邑, 罪除名, 三年之後, 宜各降本爵一等, 王及郡公降爲縣公, 公爲侯, 侯爲伯, 伯爲子, 子爲男, 至于縣男, 則降爲鄕男. 五等爵者, 亦依此而降, 至於散男. 其鄕男無可降授者, 三年之後, 聽依其本品之資出身. 詔從之.(刑罰志)

【역문】 연창 2년(513) 봄에 상서(尙書) 형만(邢巒)이 상주하여 말하기를, "삼가 생각건대, 왕공(王公) 이하의 경우 혹은 천자와 혈육 관계에 있고 혹은 훈공을 당시에 드러낸 이들로서 모두 봉토를 받고 백성을 얻어 왕실의 울타리가 된 자들입니다. 5등 작위의 경우에도 역시 훈공에 의해 주어진 것이므로 비록 작의 등급에는 차이가 있을지라도 그 작호(爵號)의 의의는 매우 중대한 것이니,[98] 이를 얻기는 매우 어렵지만 이를 잃게 되면 영원히 실추해 버립니다. 형법전의 규정에는 동일하더라도 그것에 의해 명분은 현격히 달라집니다.[99] 청컨대 마땅한 바를 논의하여 영원한 제도로 부칠 수 있도록 하여 주시기 바랍니다."라고 하였다. 이에 조(詔)를 내려 율의 제정을 논의시키되 팔좌상서(八座尙書)[100]나 문하(門下)의 관원들과 함께 논의토록 하였다. 모두 다음과 같이 말하였다. "관인으로 만약 그 죄가 본래 제명(除名)[101]에 상당할 경우 그 관직을 가지고 도형에 상당하게 하는데, 그럼에도 여전히 관계(官階)가 남는다면, 다시 관계를 강등하여 관직에 서용하고 있습니다. 그런데 5등 봉작의 경우 그 작을 가지고 형벌을 면제하여 작이 없어지게 되면 그 신분은 영구히 삭제되어 결국 제명과 같은 결과가 됩니다. 이것은 법례 면에서 확실히 모순입

---

98 이는 『漢書』 권16, 「高惠高后文功臣表」, 527쪽에 "封爵之誓曰: 使黃河如帶, 泰山若厲, 國以永存, 爰及苗裔."라고 한 것에 의거한다.

99 免官者와 封爵을 소유한 자의 처단이 매우 달랐음을 말한다.

100 尙書令, 左·右僕射와 吏部, 左民, 客曹, 五兵, 度支의 五曹尙書를 총칭하여 "八座尙書"라고 한다. 이들은 중앙정부의 행정을 관장하였다.

101 '除名'은 『唐律疏議』 「名例律」에 官과 爵이 모두 박탈되는 것으로 규정되어 있다.

니다. 삼가 생각건대, 왕·공 이하로 봉읍을 가진 경우 그 죄가 제명이되면 3년 뒤에 각각 원래의 작위에서 1등을 감하여 작위를 회복시키는것이 마땅합니다. 왕과 군공(郡公)은 감하여 현공(縣公)으로 하고, 현공은 감하여 현후(縣候)로 하며, 현후는 현백(縣伯)으로 하고, 현백은 현자(縣子)로 하며, 현자는 현남(縣男)으로 하고, 현남에 이르면 감하여 향남(鄕男)으로 해야 합니다.[102] 그리고 봉읍을 가지지 않은 5등작의 경우에도 역시 이와 같은 방법으로 작을 감하여 산남(散男)까지 이르게 합니다.만약 향남으로 1등을 감하여 작위를 받을 수 없는 경우에는 3년 뒤에 그원래의 품계[103]에 의거하여 서용(敍用)할 수 있도록 하여 주십시오."라고하였다. 조(詔)를 내려 이를 따르도록 하였다.[104](『위서』「형벌지」)

◉ **魏律篇目**　위율의 편목

【원문】刑名律

【역문】형명률

【원문】法例律(刑罰志引. 通典一百六十七引)

【역문】법례율[105](『위서』「형벌지」 및 『통전』 권167에 인용[106]됨.)

---

102 太和 23년(499)에 高祖가 사망한 뒤 世宗의 명에 의해 영구한 제도로서 규정토록 한 내용에 의거하면, 5등작과 그 品秩은 다음과 같다. 開國郡公(제1품), 散公(종제1품), 開國縣侯(제2품), 散侯(종제2품), 開國縣伯(제3품), 開國縣子(제4품), 散子(종제4품), 開國縣男(제5품), 散男(종제5품). 이 5등작가운데 '散' 字가 붙는 爵은 封邑을 가지지 않음을 의미한다.

103 여기서 말하는 品階는 鄕男爵의 官品을 가리키는 것이지만, 鄕男의 명칭은 『魏書』「官氏志」에보이지 않기 때문에 그 品階는 명확하지가 않다.

104 『魏書』권111,「刑罰志」, 2879~2880쪽.

105 『魏書』권111,「刑罰志」, 2884~2885쪽. "法例律: 諸逃亡, 赦書斷限之後, 不自歸首者, 復罪如初. … 又案法例律: 八十已上, 八歲已下, 殺傷論坐者上請. … 案法例律: 諸犯死罪, 若祖父母, 父母年七十已上, 無成人子孫, 旁無期親者, 具狀上請. 流者鞭笞, 留養其親, 終則從流, 不在原赦之例."

106 『通典』권167,「刑法5」,'雜議下·後魏', 4317쪽에 인용된 法例律은 『魏書』「刑罰志」의 내용과 동일하다. 그 밖에 『通典』권164,「刑法2」,'刑制中·後魏', 4227쪽에도 "法例律: 五等爵及在官品令從第五以上, 皆當刑二歲. 免官者, 三載之後聽仕, 降先階一等."이라 하여, 法例律이 인용되어 있다.

【세주 원문】 按唐律疏義云, 晉於魏刑名律中, 分爲法例律, 宋齊梁及後魏, 因而不改. 是後魏仍分刑名、法例爲二也.

【세주 역문】 『당률소의』에 따르면, "진(晉)은 위[曹魏]의 형명률 중에서 법례율을 분리하였고, 송(宋)·제(齊)·양(梁) 및 후위(後魏)는 이를 계승하여 개정하지 않았다."[107]고 하였다. 이는 후위(後魏)에서 여전히 형명률과 법례율을 둘로 구분하였음을 의미한다.

【원문】 宮衛律

【역문】 궁위율

【세주 원문】 按唐律疏義云, 衛禁律者, 秦漢及魏未有此篇. 晉太宰賈充等, 酌漢魏之律, 隨事增損, 創制此篇, 名爲宮衛律. 自宋干後周, 此名並無所改, 是後魏亦有此篇目也.

【세주 역문】 『당률소의』에 따르면, "위금률(衛禁律)은 진(秦)·한(漢) 및 위[曹魏] 때까지만 하더라도 이 편(篇)이 없었다. 진(晉)의 태재(太宰) 가충(賈充) 등이 한(漢)과 위[曹魏]의 율을 참작하고 사안에 따라 첨삭하여 이 편(篇)을 창제하였으니, 그 명칭을 궁위율이라 하였다. 송[劉宋]에서 후주[北周]에 이르기까지 이 명칭은 모두 고쳐진 바가 없었다."[108]고 하였으니, 후위에도 역시 이 편목이 있었던 것이다.

【원문】 違制律(禮志引. 通典一百引)

【역문】 위제율[109](『위서』「예지」 및 『통전』 권100에 인용[110]됨)

---

107 『唐律疏議』 권1, 「名例1」, 1쪽.
108 『唐律疏議』 권7, 「衛禁1」, '闌入廟社及山陵兆域門', 149쪽.
109 『魏書』 권184, 「禮志」, '喪服下', 2796쪽, "案違制律, 居三年之喪而冒哀求仕, 五歲刑. 龍虎未盡二十七月而請宿衛, 依律結刑五歲."
110 『通典』 권100, 「禮60」, '凶禮22·後魏', 2659쪽에 인용된 違制律은 『魏書』「禮志」의 내용과 동일하다.

【세주 원문】 按唐律疏義云, 職制律者, 起自於晉, 名爲違制律. 爰至高齊, 此名不改.

【세주 역문】 『당률소의』에 따르면, "직제율(職制律)은 진(晉)에서 처음으로 시작되었으며, 그 명칭은 위제율이라 하였다. 이후 고제[北齊] 때에 이르기까지 이 명칭은 바뀌지 않았다."[111]고 하였다.

【원문】 戶律

【역문】 호율

【세주 원문】 按唐律疏義云, 迄至後周, 皆名戶律, 是後魏亦名戶律也.

【세주 역문】 『당률소의』에 따르면, "후주에 이르기까지 모두 그 명칭을 호율이라 하였다."[112]고 하였으니, 후위 또한 그 명칭을 호율이라 하였던 것이다.

【원문】 廐牧律

【역문】 구목률

【세주 원문】 按唐律疏義云, 後魏太和年名牧産律, 至正始年復名廐牧律.

【세주 역문】 『당률소의』에 따르면, "후위 태화 연간(477-499)에 그 명칭을 목산율(牧産律)이라 하였다가 정시 연간(504-508)에 이르러 다시 그 명칭을 구목률이라 하였다."[113]고 하였다.

【원문】 擅興律

【역문】 천흥률

【세주 원문】 按唐律疏義云, 魏以擅事附之, 名爲擅興律. 晉復去擅爲興. 又至高齊,

---

111 『唐律疏議』 권9, 「職制1」, ‘置官過限及不應置而置’, 182쪽.
112 『唐律疏議』 권12, 「戶婚1」, ‘漏戶口增減年狀’, 231쪽.
113 『唐律疏議』 권15, 「廐庫」, ‘牧畜産死失及課不充’, 275쪽.

改爲興擅律. 據此, 是後魏原有此篇目. 考唐六典注引晉律十三擅興, 不曰興律, 與疏義異. 隋志引北齊律, 四曰擅興; 後周律, 八曰興繕; 不曰興擅, 與疏義亦異. 然魏宋北齊均作擅興, 則後魏當仍擅興之名也.

【세주 역문】『당률소의』에 따르면, "위[曹魏]나라 때 천사(擅事)를 덧붙여 그 명칭을 천흥률이라 하였다. 진(晉)나라 때 다시 '천(擅)'자를 없애고 흥률(興律)이라 하였다. 다시 북제 때에 이르러 홍천률(興擅律)이라 고쳤다."[114]고 하였다. 이에 근거하면, 후위에는 본래 이 편목이 있었던 것이다. 『당육전』주에 인용된 진율(晉律)을 살펴보면, "13. 천흥률"[115]이라 하였을 뿐 "홍률(興律)"이라 하지 않았으므로 『당률소의』의 설명과는 다르다. 『수서』「형법지」에 인용된 북제율에는 "4. 천흥률"[116]이라 하였고, 후주율에는 "8. 홍선율(興繕律)"[117]이라 하였을 뿐 "홍천율(興擅律)"이라 하지 않았으므로 역시 『당률소의』의 설명과는 다르다. 그러나 위[曹魏]·송[劉宋]·북제(北齊)에서 모두 "천흥률"이라고 하였으니, 후위에서는 당연히 계속해서 천흥률이라는 명칭을 사용한 것이다.

【원문】 賊律(刑罰志引. 通典一百六十七引)

【역문】 적률[118](『위서』「형벌지」 및 『통전』 권167에 인용[119]됨)

【원문】 盜律(刑罰志引. 通典一百六十四引)

【역문】 도율[120](『위서』「형벌지」 및 『통전』 권164에 인용[121]됨)

【세주 원문】 按唐律疏義云, 自秦漢逮至後魏, 皆名賊律、盜律.

114 『唐律疏議』 권16, 「擅興」, '擅發兵', 298쪽.
115 『唐六典』 권6, 「尙書刑部」注, 181쪽.
116 『隋書』 권25, 「刑法志」, '齊', 705쪽.
117 『隋書』 권25, 「刑法志」, '周', 707쪽.
118 『魏書』 권111, 「刑罰志」, 2882쪽. "案賊律云: 謀殺人而發覺者流, 從者五歲刑; 已傷及殺而還蘇者死, 從者流; 已殺者斬, 從而加功者死, 不加者流."
119 『通典』 권167, 「刑法5」, '雜議下·後魏', 4316쪽. "賊律殺人有首從之科, 盜人、賣買無唱和差等."
120 『魏書』 권111, 「刑罰志」, 2880쪽. "案盜律掠人、掠賣人、和賣人爲奴婢者, 死."
121 『通典』 권164, 「刑法2」, '刑制中·後魏', 4226쪽. "盜律贓四十疋致大辟, 人多慢政, 乃減至三疋."

【세주 역문】『당률소의』에 따르면, "진·한 때부터 후위 때까지 모두 그 명칭을 적률·도율이라 하였다."[122]고 하였다.

【원문】 鬪律(刑罰志引. 通典一百六十七引)

【역문】 투율[123](『위서』「형벌지」 및 『통전』 권167에 인용[124]됨)

【세주 원문】 按唐律疏義云, 後魏太和年, 分繫訊律爲鬪律, 是魏初尙無此篇目也.

【세주 역문】『당률소의』에 따르면, "후위 태화 연간(477-499)에 계신율(繫訊律)을 분할하여 투율을 만들었다."[125]고 하였으니, 후위 초기에는 아직 이 편목이 없었던 것이다.

【원문】 繫訊律(詳見上條)

【역문】 계신율(위의 조에 자세히 보인다.)

【원문】 詐僞律(裵植傳引)

【역문】 사위율[126](『위서』「배식전」에 인용됨.)

【세주 원문】 按唐律疏義云, 詐僞律者, 魏分賊律爲之. 歷代相因, 迄今不改.

【세주 역문】『당률소의』에 따르면, "사위율은 위[曹魏] 때 적률에서 분할하여 만든 것이다. 역대 국가들이 이를 계승하여 지금[唐代]까지 고쳐지지 않았다."[127]고 하였다.

---

122 『唐律疏議』 권17, 「賊盜1」, '謀反大逆', 321쪽.
123 『魏書』 권111, 「刑罰志」, 2886쪽, "案鬪律: 祖父母·父母忿怒, 以兵刃殺子孫者五歲刑, 毆殺者四歲刑, 若心有愛憎而故殺者, 各加一等."
124 『通典』 권167, 「刑法5」, '雜議下·後魏', 4318쪽에 인용된 鬪律은 『魏書』「刑罰志」의 내용과 동일하다.
125 『唐律疏議』 권21, 「鬪訟1」, '鬪毆以手足他物傷', 383쪽.
126 『魏書』 권71, 「裵植傳」, 1571쪽, "按詐僞律: 詐稱制者死."
127 『唐律疏議』 권25, 「詐僞」, '僞造御寶', 452쪽.

【원문】 雜律

【역문】 잡률

> **【세주 원문】** 按唐律疏義云, 李悝首制法經, 而有雜法之目. 遞相祖習, 多歷年所. 然
> 至後周, 更名雜犯律. 是後周以前, 均名雜律也.
>
> **【세주 역문】** 『당률소의』에 따르면, "이회(李悝)는 처음『법경』을 지었을 때 「잡법(雜
> 法)」이라는 편목을 두었다. 대대로 이를 계승하면서 많은 세월이 흘렀다. 그러나 후
> 주(後周) 때에 이르러 그 명칭을 잡범률(雜犯律)로 고쳤다."[128]고 하였다. 후주 이전
> 에는 모두 그 명칭을 잡률이라 하였던 것이다.

【원문】 捕亡律

【역문】 포망률

> **【세주 원문】** 按唐律疏義云, 至後魏, 名捕亡律, 蓋合晉律之捕律毁亡爲一篇.
>
> **【세주 역문】** 『당률소의』에 따르면, "후위 때에 이르러 그 명칭을 포망률이라 하였
> 다."[129]고 하였으니, 진율(晉律) 중의 포율(捕律)과 훼망률(毁亡律)을 합하여 하나의
> 편(篇)으로 만든 것으로 보인다.

【원문】 斷獄律

【역문】 단옥률

> **【세주 원문】** 按唐律疏義云, 魏分李悝囚法而出此篇. 至北齊, 與捕律相合, 更名捕斷
> 律. 是後魏仍沿斷獄之名也.
>
> **【세주 역문】** 『당률소의』에 따르면, "위[曹魏]나라 때 이회(李悝)의 [『법경』중] 수법

---

128 『唐律疏議』 권26, 「雜律1」, '坐臟致罪', 479쪽.
129 『唐律疏議』 권28, 「捕亡」, '將吏捕罪人逗留不行', 525쪽.

(囚法)을 분할하여 이 편(篇)을 만들었다. 북제 때에 이르러 포율(捕律)과 서로 합한 후 그 명칭을 단옥률로 바꾸었다."[130]고 하였다. 후위는 여전히 단옥률이라는 명칭을 계승하였던 것이다.

【세주 원문】 按斷律凡數更改, 史失篇目. 考隋志後魏律二十卷, 則當有二十篇.(隋志, 北齊律十二卷, 周律二十五卷, 均以篇目爲卷, 故知後魏律應有二十篇.) 玆從魏書及通典考得者凡六篇; 從唐律疏義考得者, 凡九篇, 僅得十五篇. 考晉律、後周律、梁律均有請賕、告劾、關市、水火篇目, (梁律請賕作受賕, 後周律作請求, 告劾作告言, 關市作關津) 似亦魏律所應有. 南朝諸律, 不立婚姻篇目, 後周戶律之外, 別有婚姻律, 北齊作戶婚, 似後魏律原有婚姻一篇, 周仍其舊, 齊則合爲戶婚也. 姑列之以存疑.

【세주 역문】 단옥률의 총수(總數)는 누차 바뀌었지만, 사서(史書)에는 그 편목이 전하지 않는다. 『수서』「경적지」에 따르면, "『후위율』은 20권"[131]이라 하였으니, 이는 곧 20편(篇)에 해당한다.(『수서』「경적지」는 "『북제율』12권, 『북주율』25권"[132]이라 하여 모두 편목을 권으로 삼았으므로『후위율』은 응당 20편이 있었음을 알 수 있다.) 이 중에『위서』및 『통전』에서 살펴볼 수 있는 것이 총 6편이고,『당률소의』에서 살펴볼 수 있는 것이 총 9편이니, 모두 합쳐 단지 15편만을 얻을 수 있을 뿐이다. 진율(晉律)과 후주율(後周律), 그리고 양률(梁律)은 모두「청구」·「고핵」·「관시」·「수화」의 편목을 두었으니, (양률은「청구(請賕)」를「수구」라 하였고, 후주율은「청구(請求)」라 하였으며,「고핵」을「고언」이라 하였고,「관시」를「관진」이라 하였다.) 후위율에도 마땅히 이러한 편목들이 있었을 것이다. 남조의 여러 율들은「혼인」이라는 편목을 두지 않았는데, 후주는「호율」이외에 별도로「혼인율」을 두었으며, 북제는 이를「호혼율」이라 하였다. 그러므로 후위율에도 본래「혼인」이라는 하나의 편목이 있었을 것으로 생각되며, 후주는 이전에 쓰이던 명칭을 계승하였던 것이고, 북제의 경우 이를 하나로 합하여「호혼율」이라 하였던 것으로 보인다. 이는 다만 존의(存疑)로써 밝혀둘 뿐이다.

---

130 『唐律疏議』권29,「斷獄1」, '囚應禁不禁', 545쪽.
131 『隋書』권33,「經籍志2」, '刑法篇', 972쪽.
132 『隋書』권33,「經籍志2」, '刑法篇', 972쪽.

【세주 원문】 又按刑罰志有赦律何以取信於天下, 天下焉得不疑於赦律乎!二語. 沈氏律令考因謂魏律應有赦律篇目. 細繹魏志語意, 係指名例律中赦書條項, 且自漢及唐, 亦未聞有以赦爲篇目者. 晉書屢稱禮律, 然晉律篇目現存, 幷無所謂禮律也. 姑存其說而糾正其謬誤於右.

【세주 역문】 또한 『위서』 「형벌지」에 따르면, "은사(恩赦)에 대한 규정[赦律]이 어찌 천하의 백성들로부터 신임을 얻을 수 있으며, 천하의 백성들은 어찌 은사에 대한 규정[赦律]에 의심을 품지 않을 수가 있겠습니까!"[133]라는 두 구절이 있다. 심가본(沈家本)의 『율령고』는 이로 인해 후위율에 분명 「사율(赦律)」이라는 편목이 있었을 것이라고 설명한다. [그러나] 『위서』 「형벌지」의 어의(語意)를 자세히 살펴보면, 「명례율」 중의 사서(赦書) 조항을 가리키는 것일 뿐이다. 게다가 한(漢)나라 때부터 당(唐)나라 때까지 "은사[赦]"를 가지고 율의 편목으로 삼은 경우는 단 한 번도 본 적이 없다. 『진서(晉書)』에 누차 "예율(禮律)"이라는 표현이 나타나지만, 현재까지 남아 있는 진율(晉律)의 편목에는 이른바 "예율"이라는 것이 결코 없다. 이에 잠시 심씨의 주장[說]을 살피어 여기에 그 오류를 바로잡아 둔다.

◉ 魏律佚文 위율의 산일된 조문

【원문】 居三年之喪而冒哀求仕, 五歲刑.(禮志四之四, 引違制律.)

【역문】 3년 동안 거상(居喪)하는 중인데도 애통함을 무릅쓰고 관직을 구할 경우에는 5세형에 처한다.[134](『위서』 「예지4-4」에서 위제율을 인용)

【원문】 延昌二年春, 偏將軍乙龍虎喪父, 給假二十七月, 而虎幷數閏月, 詣府求上領軍. 元珍上言: 案違制律, 居三年之喪而冒哀求仕, 五歲刑. 龍虎未盡二十七月而請宿衞, 依律結刑五歲.(禮志)

【역문】 연창 2년(513) 봄에 편장군(偏將軍) 을용호(乙龍虎)가 부친상을 당하

---

133 『魏書』 권111, 「刑罰志」, 2885쪽.
134 『魏書』 권184, 「禮志4-4」, '喪服下', 2796쪽.

여 휴가 27개월을 지급하였는데, 을용호는 윤달까지 모두 휴가 기간으로 계산한 후 관청으로 가서 영군(領軍)에 복직할 것을 청하였다. 이에 원진(元珍)이 상언(上言)하기를, "위제율에 따르면, '3년 동안 거상(居喪)하는 중인데도 애통함을 무릅쓰고 관직을 구할 경우에는 5세형에 처한다.'고 하였습니다. 그런데 을용호는 아직 27개월이 다 되지 않았는데도 숙위(宿衛)를 청하였으니, 율에 의거하여 5세형에 처해야 합니다."라고 하였다.[135](『위서』「예지」)

【원문】 贓四十匹, 致大辟.(刑罰志引盜律. 又見通典一百六十四)

【역문】 장물이 40필(匹)인 경우 사형[大辟]에 처한다.[136](『위서』「형벌지」에서 도율을 인용. 또한 『통전』권164[137]에도 보인다.)

【원문】 初盜律, 贓四十匹致大辟, 民多慢政, 峻其法, 贓三匹皆死.(刑罰志)

【역문】 당초 「도율」에는 "장물이 40필인 경우 사형에 처한다."고 규정하였지만, 많은 백성들이 이를 가볍게 여겼기 때문에 그 법을 엄격히 하여 장물이 3필이면 모두 사형에 처하도록 하였다.[138](『위서』「형벌지」)

【원문】 枉法十四, 義贓二百(通典作二十, 志疑誤)匹大辟.(刑罰志引律, 又見通典卷一百六十四)

【역문】 관리가 뇌물을 받고 법을 왜곡한 경우에는 10필, 사사로운 정을 가지고 재물을 주고받은 것이 200(『통전』에는 '20'이라 하였다. 「형벌지」의 내용이 오류인 것으로 의심된다)필이면 사형[大辟]에 처한다.[139](『위서』「형벌지」에서 율을 인용. 또한 『통전』권164[140]에도 보인다.)

---

135 『魏書』권184, 「禮志4-4」, '喪服下', 2796쪽.
136 『魏書』권111, 「刑罰志」, 2875쪽.
137 『通典』권164, 「刑法2」, '刑制中·後魏', 4226쪽.
138 『魏書』권111, 「刑罰志」, 2875쪽.
139 『魏書』권111, 「刑罰志」, 2877쪽.

【원문】 律, 枉法十匹, 義贓二百(當作十)匹大辟. 至(太和)八年, 始班祿制, 更定義贓一匹, 枉法無多少皆死.(刑罰志)

【역문】 율에 "관리가 뇌물을 받고 법을 왜곡한 경우에는 10필, 사사로운 정을 가지고 재물을 주고받은 것이 200('백'은 마땅히 '십'이 되어야 한다)필이면 사형[大辟]에 처한다."고 하였다. [태화] 8년(484)에 이르러 처음으로 녹제(祿制)[141]를 반포하고, 다시 "사사로운 정을 가지고 재물을 주고받은 경우 1필, 관리가 뇌물을 받고 법을 왜곡한 경우에는 많고 적음에 관계없이 모두 사형에 처한다."고 개정하였다.[142](『위서』「형벌지」)

【세주 원문】 按高祖紀, 太和八年六月詔曰: 周禮有食祿之典, 二漢著受俸之秩. 自中原喪亂, 茲制中絶, 先朝因循, 未遑釐改. 朕憲章舊典, 始班俸祿, 祿行之後, 贓滿一匹者死. 是此律至太和時已改也.

【세주 역문】 『위서』「고조본기」에 따르면, 태화 8년(484)에 조(詔)를 내려 말하기를,

---

140 『通典』 권164, 「刑法2」, '刑制中·後魏', 4226쪽.
141 "祿制"와 관련하여 『魏書』 권7상, 「高祖本紀」, 153–154쪽. 태화 8년(484) 6월에 내린 조(詔)에 "置官班祿, 行之尚矣. 周禮有食祿之典, 二漢著受俸之秩. 逮于魏晉, 莫不聿稽往憲, 以經綸治道. 自中原喪亂, 茲制中絶, 先朝因循, 未遑釐改. 朕永鑒四方, 求民之瘼, 夙興昧旦, 至於憂勤. 故憲章舊典, 始班俸祿, 罷諸商人, 以簡民事, 戶增調三匹, 穀二斛九斗, 以爲官司之祿. 均預調爲二氏之賦, 即兼商用. 雖有一時之煩, 終克永逸之益. 祿行之後, 贓滿一匹者死."라고 하였고, 『通典』 권5, 「食貨5」, '賦稅中·後魏', 92쪽에는 "魏令: 每調一夫一婦帛一匹, 粟二石. 人年十五以上未娶者, 四人出一夫一婦之調; 奴任耕·婢任績者, 八口當未娶者四; 耕牛二十頭當奴婢八. 其麻布之鄕, 一夫一婦布一匹, 下至牛, 以此爲降. 大率十伍中五匹爲公調, 二匹爲調外費, 三匹爲內外百官俸."이라 하였다. 調로 징수되는 帛의 10분의 3이 관리의 봉급으로 충당되었다. 봉급은 絹布의 길이를 기준으로 하였지만, 실제로는 錢으로 환산하여 지급하였다. 관리의 봉급제는 이미 漢代부터 시행된 것이었지만, 이민족 국가인 北魏에서는 당초 확고한 관료제가 확립되어 있지 않았기 때문에 이와 같은 봉급 개념은 없었고, 다만 백성으로부터 얻은 贈物에 의해 수입을 얻을 수 있었다. 관리가 私的으로 보수를 얻는 행위는 비난받을 대상이 아니었고 범죄를 구성하는 행위도 아니었다. 앞 문장에서 언급된 "義贓"의 경우 봉록제 시행 이전의 보수를 의미한다. 하지만 그것이 한도를 넘을 경우, 즉 「刑罰志」에서 말하는 "義贓二百匹"에 해당할 경우 범죄가 성립되었던 것이다. 더욱이 봉록제가 시행된 이후에는 "義贓一匹"조차 사형에 처한다고 규정하였다. 이와 관련하여 「刑罰志」에는 "義贓一匹"이라 하였지만, 『魏書』「高祖本紀」 및 『北史』「魏本紀」에는 "贓一匹"로 기재되어 있다. "義贓"이라는 단어에서 "義"가 뜻하는 바와 같이 당초 이것은 정당한 재화의 취득을 의미하였지만, 봉록제가 시행된 이후 "義" 자의 뜻은 이미 퇴색하였고 "贓"의 의미만이 부각되어 뇌물을 뜻하는 용어로 변모하게 되었다(內田智雄編, 冨谷至補, 『譯注中國歷代刑法志(補)』東京, 創文社, 2005, 285쪽).
142 『魏書』 권111 「刑罰志」, 2877쪽.

"『주례』에는 식록(食祿)에 대한 법이 있고, 양한(兩漢) 때는 수봉(受俸)에 대한 규정을 명시하였다. 중원이 혼란해진 이래 이러한 제도들이 중단되어 선제(先帝)께서는 이를 계승하셨으나, 아직까지 다듬고 수정할 겨를이 없었다. 짐은 국가의 법규와 제도를 봉록(俸祿)에 대한 규정의 반포로 시작하려고 하니, 녹제(祿制)가 시행된 이후 장물이 1필 이상이면 사형에 처하도록 하라."[143]고 하였다. 곧 이 율은 태화연간(477-499년)에 이미 개정되었던 것이다.

【원문】 不遜父母, 罪止髡刑.(刑罰志引律)

【역문】 부모에게 순종하지 않는 경우 그 최고형은 곤형(髡刑)이다.[144](『위서』「형벌지」에서 율을 인용)

【원문】 五等列爵及在官品令從第五, 以階當刑二歲; 免官者, 三載之後聽仕, 降先階一等.(刑罰志引法例律)

【역문】 5등 작위[145]가 있는 자 및 「관품령」[146]에서 종5품 이상인 자[147]는 관계(官階)를 가지고 도형 2년에 당한다.[148] 면관자(免官者)는 3년 뒤에 사환(仕宦)하는 것을 허락하되, 이전의 품계에서 1등을 내린다.[149](『위서』「형벌지」에서 법례율을 인용)

【원문】 掠人、掠賣人、和賣人爲奴婢者, 死.(刑罰志引盜律)

---

143 『魏書』 권7상 「高祖本紀」, 153–154쪽.
144 『魏書』 권111 「刑罰志」, 2878쪽.
145 公, 侯, 伯, 子, 男의 5등 작위를 말하지만, 5등작에도 封邑을 가진 것과 가지지 않은 것이 있다.
146 여기서 말하는 「관품령」은 高祖 孝文帝 太和 19년(495)에 選次된 品令인 것으로 보인다. 『資治通鑑』 권140 「齊紀6」, 明帝 建武 2년 12월 乙未朔, 4391쪽에 "魏主見群臣于光極堂, 宣下品令, 爲大選之始"라고 하였고, 胡三省의 注에는 "品令, 九品之令也, 大選者, 謂將大選群臣也"라고 하였다. 곧 "品令"은 곧 "관품령"을 말한다. 관품이 9품으로 나뉜 것은 삼국 魏나라 때부터이며, 北魏 때가 되면 각 품은 다시 正 · 從 2등으로 나뉜다.
147 5등작에서는 散男 이상인 자를 말한다.
148 자신이 가지고 있는 官階로 지은 죄와 맞비기는 것을 官當이라고 한다. 이처럼 北魏律에 이미 官當에 대한 규정이 명시되어 있지만, 官當의 명칭은 南朝 말 陳律에서 처음 보인다.
149 『魏書』 권111 「刑罰志」, 2879쪽.

【역문】 사람을 약탈하거나 사람을 약매(掠賣)하거나 사람을 화매(和賣)[150]하여 노비로 삼은 경우 사형에 처한다.[151](『위서』「형벌지」에서 도율을 인용)

【원문】 謀殺人而發覺者流, 從者五歲刑; 已傷及殺而還蘇者死, 從者流; 已殺者斬, 從而加功者死, 不加者流.(刑罰志引賊律)

【역문】 살인을 도모하다가 사전에 발각된 경우 유형(流刑)에 처하고 종범자는 5세형에 처한다. 이미 다른 사람을 살상(殺傷)하였지만 [그 사람이] 다시 소생한 경우 사형에 처하고 종범자는 유형에 처한다. 이미 다른 사람을 살해한 경우 참수형에 처하고 종범자로서 이를 도운 자는 사형에 처하고, 돕지 않은 자는 유형에 처한다.[152](『위서』「형벌지」에서 적률을 인용)

【원문】 知人掠盜之物, 而故買者, 以隨從論.(刑罰志引律)

【역문】 다른 사람이 약탈하거나 도둑질한 물품임을 알고도 고의로 사들인 경우 종범(從犯)으로 그 죄를 논한다.[153](『위서』「형벌지」에서 율을 인용)

【원문】 諸共犯罪, 皆以發意爲首.(刑罰志引律)

【역문】 무릇 공동으로 죄를 범한 경우 모두 발의한 자를 주범으로 한다.[154] (『위서』「형벌지」에서 율을 인용)

【원문】 賣子一歲刑, 五服內親屬在尊長者死, 賣周親及妻與子婦者流.(通典一百六十七引律)

【역문】 자식을 판 경우 1세형에 처하고, 오복 이내의 친족으로서 존장(尊長)

---

150 서로 간의 합의하에 양민이나 그 자녀를 노비로 삼아 제3자에게 팔고, 제3자 또한 그러한 사정을 알고 있는 경우를 "和買"라고 한다.
151 『魏書』 권111 「刑罰志」, 2880쪽.
152 『魏書』 권111, 「刑罰志」, 2882쪽.
153 『魏書』 권111, 「刑罰志」, 2882쪽.
154 『魏書』 권111, 「刑罰志」, 2883쪽.

에 해당하는 자를 판[155] 경우에는 사형에 처하며, 주친(周親)[156] 및 첩(妾)
과 며느리를 판 경우에는 유형에 처한다.[157](『통전』 권167에서 율을 인용)

【원문】 三年, 尙書李平奏: 冀州阜城民費羊皮母亡, 家貧無以葬, 賣七歲
子與同城人張回爲婢. 回轉賣於鄅縣民梁定之, 而不言良狀. 案盜律,
掠人、掠賣人、和賣人爲奴婢者, 死. 回故買羊皮女, 謀以轉賣. 依律
處絞刑. 詔曰: 律稱和賣人者, 謂兩人詐取他財. 今羊皮賣女, 告回稱
良, 張回利賤, 知良公買. 誠於律俱乖, 而兩各非詐. 此女雖父賣爲婢,
體本是良. 回轉賣之日, 應有遲疑; 而決從眞賣. 於情不可. 更推例以
爲永式. 三公郞中崔鴻議曰: 案律, 賣子有一歲刑; 賣五服內親屬, 在尊
長者死, 期親及妾與子婦流. 唯買者無罪文. 然賣者旣以有罪, 買者不
得不坐. 但賣者以天性難奪, 支屬易遣, 尊卑不同, 故罪有異. 買者知良
故買, 又於彼無親. 若買同賣者, 卽理不可. 何者? 賣五服內親屬, 在尊
長者死, 此亦非掠, 從其眞買, 曁於致罪, 刑死大殊. 明知買者之坐, 自
應一例, 不得全如鈞議, 云買者之罪, 不過賣者之咎也. 且買者於彼無
天性支屬之義, 何故得有差等之理? 又案別條: 知人掠盜之物而故買
者, 以隨從論. 依此律文, 知人掠良, 從其宜買, 罪止於流. 然其親屬相
賣, 坐殊凡掠. 至於買者, 亦宜不等. 若處同流坐, 於法爲深. 準律斟降,
合刑五歲. 至如買者, 知是良人, 決便眞賣, 不語前人得之由緖. 前人謂
眞奴婢, 更或轉賣, 因此流漂, 罔知所在, 家人追贖, 求訪無處, 永沉賤
隸, 無復良期. 案其罪狀, 與掠無異. 且法嚴而姦易息, 政寬而民多犯,
水火之諭, 先典明文. 今謂買人親屬而復決賣, 不告前人良狀由緖, 處
同掠罪. 太保高陽王雍議曰: 州處張回, 專引盜律, 檢回所犯, 本非和
掠, 保證明然, 去盜遠矣. 今引以盜律之條, 處以和掠之罪, 原情究律,

---

155 『魏書』 권111, 「刑罰志」, 2890쪽에는 "賣五服內親屬, 在尊長者死"라고 하여, 앞부분에 "賣" 자가 있
다.
156 『魏書』 권111, 「刑罰志」, 2890쪽에는 "期親"이라 하였다.
157 『通典』 권167, 「刑法5」, '雜議下 · 後魏', 4316쪽.

實爲乖當. 如臣鈞之議, 知買掠良人者, 本無罪文. 何以言之? 羣盜强盜, 無首從皆同, 和掠之罪, 故應不異. 明此自無正條, 引類以結罪. 臣鴻以轉賣流漂, 罪與掠等, 可謂罪人斯得. 案賊律云: 謀殺人而發覺者流, 從者五歲刑; 已傷及殺而還蘇者死, 從者流; 已殺者斬, 從而加功者死, 不加者流. 詳沉賤之與身死, 流漂之與腐骨, 一存一亡, 爲害孰甚? 然賊律殺人, 有首從之科, 盜人賣買, 無唱和差等. 謀殺之與和掠, 同是良人, 應爲準例. 所以不引殺人減之, 降從强盜之一科. 縱令謀殺之與强盜, 俱得爲例, 而似從輕. 其義安在? 又云: 知人掠盜之物而故買者, 以隨從論. 此明禁暴掠之原, 遏姦盜之本, 非謂市之於親尊之手, 而同之於盜掠之刑. 竊謂五服相賣, 俱是良人, 所以容有差等之罪者, 明去掠盜理遠, 故從親疏爲差級, 尊卑爲輕重. 依律: 諸共犯罪, 皆以發意爲首. 明賣買之元有由, 魁末之坐宜定. 若羊皮不云賣, 則回無買心, 則羊皮爲元首, 張回爲從坐. 首有沾刑之科, 從有極默之戾, 推之憲律, 法刑無據. 買者之罪, 宜各從賣者之坐. 又詳臣鴻之議, 有從他親屬買得良人, 而復眞賣, 不語後人由狀者, 處同掠罪. 旣一爲婢, 賣與不賣, 俱非良人. 何必以不賣爲可原, 轉賣爲難恕. 張回之愆, 宜鞭一百. 賣子葬親, 孝誠可美, 而表賞之議未聞, 刑罰之科已降. 恐非敦風厲俗, 以德導民之謂. 請免羊皮之罪, 公酬賣直. 詔曰: 羊皮賣女葬母, 孝誠可嘉, 便可特原. 張回雖買之於父, 不應轉賣, 可刑五歲. (刑罰志. 通典一百六十七. 後魏宣武帝景明中, 冀州人費羊皮母亡, 家貧無以葬, 賣七歲女子與張迴爲婢, 迴轉賣與梁定之而不言狀. 案律, 掠人、和賣爲奴婢者, 死. 迴故買羊皮女, 謀以轉賣, 依律處絞刑. 詔曰: 律稱和賣人者死, 謂兩人詐取他財也. 羊皮賣女, 告迴稱良, 張迴利賤, 知良公買. 誠於律俱乖, 而兩各非詐. 然迴轉賣之日, 應有遲疑; 而決從眞賣. 於情固不可處絞刑. 三公郎中崔鴻議曰: 案律, 賣子一歲刑; 五服內親屬, 在尊長者死, 周親及妾與子婦流. 蓋天性難奪, 支屬易遣, 又尊卑不同, 故殊以死刑. 且買者於彼無天性支屬, 罪應一例, 明知是良, 決便眞賣, 因此流漂, 家人不知, 追贖無跡, 永沈賤隸, 案其罪狀, 與掠無異. 太保高陽王雍議曰: 檢迴所買, 保證明然,

處以和掠, 實爲乖當. 律云: 謀殺人而發覺者流, 已殺者斬, 從而加功者死, 不加者
流. 詳沉賤之與身死, 流漂之與腐骨, 一存一亡, 爲害孰甚? 然賊律殺人, 有首從之
分, 盜人賣買, 無唱和差等. 謀殺之與和掠, 同是良人, 應爲準例. 所以不引殺人減
之, 降從强盜之一科. 縱令謀殺之與强盜, 俱得爲例, 而似從輕. 其義安在? 又云,
知人掠盜之物而故買者, 以隨從論. 此明禁暴掠之源, 遏姦盜之本, 非謂買之於親
尊之手, 而同之於盜掠之儕. 竊謂五服相賣, 俱是良人, 所以容有差等之罪者, 明去
掠盜理遠, 故從親疏爲差級, 尊卑爲輕重. 依律, 諸共犯罪者, 皆以發意爲首. 明買
賣之先有由, 魁末之坐宜定. 若羊皮不云賣, 則廻無買心, 則羊皮爲元首, 廻爲從
坐. 且旣一爲婢, 賣與不賣, 俱非良人. 何必以不賣爲可原, 轉賣爲難恕. 張廻之儕,
宜鞭一百. 賣子葬親, 孝誠可美, 而表賞之議未加, 刑罰之科已及, 恐非敦風化之
謂. 詔曰, 羊皮賣女葬母, 孝誠可嘉, 便可特原. 張廻雖買之於父母, 不應轉賣, 可
刑五歲.)

【역문】 3년[158]에 상서(尙書) 이평(李平)[159]이 상주[160]하기를, "기주(冀州)[161] 부
성(阜城)[162]의 백성 비양피(費羊皮)는 어머니가 돌아가셨지만 집이 가난
하여 장례를 치를 수가 없었기 때문에 7세 된 여식을 같은 부성(阜城) 사
람인 장회(張回)에게 팔아서 비(婢)가 되게 하였습니다. 장회는 그를 유
현(鄃縣)[163]의 백성 양정지(梁定之)에게 전매(轉賣)[164]하였으나 그 여식이

---

158 『通典』권167, 「刑法5」, '雜議下·後魏', 4315쪽에는 "後魏宣武帝景明中"(500-503)이라 하였지만,
   전후 맥락을 통해 볼 때 延昌 3년(514)으로 보는 것이 옳다.
159 『北史』권43, 「李平傳」, 1600-1603쪽에 따르면, 定州와 冀州에서 刺史를 역임한 적이 있었기 때
   문에 冀州에서 일어난 이 사건에 특히 관심을 가졌던 듯하다.
160 이 「형벌지」에는 특정 사건의 처리나 판결을 둘러싸고 당시 궁정에서 관료나 법술 관료들 사이에
   벌어졌던 법률적 논의를 자세히 전해주는 흥미 있는 두 가지 사건을 싣고 있는데, 그 가운데 하나
   가 바로 이하 전개되는 모친의 장례 비용을 마련하기 위해 자신의 여식을 노비로 판 아버지와 그
   여식을 다시 다른 사람에게 판 사람의 죄상에 대한 논의이다. 이 불법적인 인신매매를 둘러싸고
   조정에서 네 사람의 관료가 이 죄에 연루된 두 사람의 죄상에 대해 격렬한 논쟁을 벌이고 있다. 이
   논의의 의미 및 그 배경이 되는 魏晉南北朝 시기 인신매매의 전반에 대해서는 辛聖坤, 「魏晉南北
   朝時期 部曲의 再考察」(『東洋史學硏究』 40, 1992); 林炳德, 「魏晉南北朝의 良賤制」(『歷史學報』
   142, 1994); 全永燮, 「北朝時期 部曲·客女 身分의 출현과 신분질서의 변화」(『中國史硏究』 5,
   1999) 참조.
161 北魏 때 冀州의 治所는 信都로 河北省 冀縣의 동북쪽에 있었다.
162 武邑郡에 속하는 縣名으로 현재 河北省 河間府에 속한다. 그리고 '阜城', '表城' 또는 '袁城'으로 기
   재된 판본도 있다.

양민임을 말하지 않았습니다. 「도율」에 따르면, '사람을 약탈하거나 사람을 약매(掠賣)하거나 사람을 화매(和賣)하여 노비로 삼은 경우 사형에 처한다.'고 하였습니다. 장회는 비양피의 여식을 고의로 사서 다시 다른 사람에게 전매하고자 하였습니다. 율의 규정에 따라 교수형에 처해야 합니다."라고 하였다. 이에 조(詔)를 내려 말하기를, "율에서 언급하고 있는 '사람을 화매(和賣)한 경우'라는 것은 매매한 당사자 두 사람이 합모(合謀)하여 다른 사람의 재물을 사취(詐取)하려는 것을 말한다. 지금 비양피는 그의 여식을 팔 때 장회에게 여식이 양민임을 알렸으나 장회는 그 여식을 천민으로 하는 것이 이롭다고 여겨 양민임을 알고도 거리낌 없이 샀다. 진실로 형법 조문에 위배되지만, 두 사람이 각각 서로를 속인 것은 아니다. 이 여식은 아버지가 팔아 비(婢)가 되었을지라도 신분은 본래 양민이다. 그러므로 장회는 전매할 때 당연히 주저하고 의심했어야 할 터인데 망설임 없이 진매(眞賣)[165]하였다. 이는 사정상 허용되어서는 안 된다.[166] 다시 여러 사례들을 추찰한 후 판결을 내려 영원히 후세의 모범으로 삼도록 하라."고 하였다. 삼공랑중(三公郞中)[167] 최홍(崔鴻)이[168] 의견을 말하기를, "율에 따르면, '자식을 판 경우 1세형에 처하고, 오복 이내의 친족으로서 존장(尊長)에 해당하는 자를 판 경우에는 사

---

163 지금의 山東省 平原縣 경계에 있는 지명이다.

164 "轉賣"는 샀던 물건을 다시 다른 사람에게 파는 행위를 말한다.

165 "眞賣"는 되사는 조건을 붙이지 않고 완전히 팔아버리는 것을 말한다. 그 반대가 아래에 나오는 "買買"이다.

166 『通典』 권167, 「刑法5」, '雜議下·後魏', 4316쪽에는 이 문장 아래에 "固可處絞刑"라는 다섯 글자가 덧붙여져 있다.

167 『冊府元龜』(明板) 권615에는 "三" 자가 누락되어 있지만, 『通典』 권167, 「刑法志」, '雜議下·後魏', 4316쪽에는 "三" 자가 있다. 『魏書』 권67, 「崔鴻傳」, 1501쪽에는 永平 초에 "三公郞中으로 옮겼다."고 하였다. 『資治通鑑』 권167, 「陳紀1」, 武帝 永定 2년 11월, 5180쪽, "三公郞中"에 대한 胡三省의 注에 따르면, 魏晉 이래의 관직으로 殿中尙書에 속하며 5시에 時令을 읽고, 여러 曹의 囚帳, 斷罪, 赦日에 金鷄를 세우는 등의 일을 관장하였다고 한다.

168 太和 21년(497)에 彭城王 國左常侍가 되었고, 景命 3년(502)에 員外郞兼虞曹郞中으로 옮겼으며, 叔父 崔光과 함께 太師 彭城王 勰 등이 주관한 율령의 개정 작업에 참여하였다. 후에 三公郞中, 中散大夫를 역임하였고, 효창(525~527년) 初에 給事黃門侍郞이 되었다가 사망하였다. 孝文帝와 宣武帝의 『起居注』를 편수하였고, 『十六國春秋』 100권을 편찬하였다고 알려져 있지만 이 책은 北宋 때에 산일되었다.

형에 처하며, 기친(期親) 및 첩(妾)과 며느리를 판 경우 유형에 처한다.'
고 하였습니다만, 유독 매입한 자에 대한 죄의 규정이 없습니다. 그러나
판 자가 이미 유죄인 이상 사들인 자도 죄가 되지 않을 수 없습니다. 다
만 판 자의 경우 천성에 의거한 부모 자식 간의 관계는 박탈될 수 없는
것이지만, 부모 자식 이외의 지족(支族) 관계는 쉽게 유기(遺棄)될 수 있
고, 존비의 관계에 차이가 있기 때문에 그 죄에도 차이가 있습니다. 그
런데 산 자의 경우에는 양민임을 알고도 고의로 샀을 뿐이고 달리 그 사
람에 대하여 친속 관계가 있는 것은 아닙니다. 만약 그 죄가 판 자와 동
일하다면 이치상 옳지 않습니다. 왜냐하면 율에 '오복 이내의 친족으로
서 존장에 해당하는 자를 판 경우에는 사형'이라고 하지만, 이 경우도 그
것을 산 자는 약인(掠人)이 아니라 그것을 사서 취한 것에 지나지 않는
데, 죄를 적용하는 단계가 되면 1세형과 사형이라는 식으로 큰 차이가
있습니다. 그러므로 산 자의 죄는 그 자체로써 하나의 사례로 취급해야
하는 것이 명확하고, 사들인 자의 죄를 판 자의 죄보다 무겁게 해서는
안 된다고 하는 양균(楊鈞)의 견해에는 전면적으로 따르기가 어렵습니
다. 또한 산 자는 팔린 자와 친소의 친족 관계가 없는데 어찌 그 죄에 차
등을 둘 이유가 있겠습니까? 또 율의 다른 조문을 살펴보면, '사람을 약
탈하거나 도둑질한 것을 알고도 그것을 고의로 산 자는 종범죄로 논한
다.'고 하였습니다. 이 율문에 따르면, 다른 사람이 양민을 약탈한 것을
알고도 그것을 샀다면 그 죄는 유형(流刑)에 그칩니다. 그러나 친족의 자
식을 판 경우 그 죄는 일반 약매의 경우와는 다릅니다. 그러므로 산 자
에 대해서도 그 죄는 약인(掠人)을 산 경우와는 달리해야 하는 것입니다.
만약 그 처벌을 일반적인 약인(掠人)을 산 경우의 죄와 같이 유죄(流罪)
로 한다면 법의 적용이 너무 가혹합니다. 율에 비추어 그 죄를 참작하여
낮추어 5세형으로 해야 합니다. 그런데 산 자가 양민인 것을 알고도 주
저함이 없이 타인에게 진매(眞賣)하면서 상대방에게 그것을 입수한 연유
를 말하지 않았다면, 다시 사들인 상대방은 진짜 노비라 생각하고 더욱

전매(轉賣)하게 될 것이고, 그 때문에 흘러 다니면서 그 소재를 알 수 없게 되고 그 가족이 다시 되사고자 하여도 찾을 방도가 없게 되어 영원히 천민의 신분으로 떨어져 양민으로 돌아올 기회가 없게 되는 것입니다. 이러한 경우 그 죄상을 생각해보면 약인(掠人)과 다를 바가 없습니다. 또 법률이 준엄하면 간사한 일을 그치게 하기 쉽고, 정치가 너그러우면 백성들이 죄를 범하는 경우가 많기 때문에 법률이나 정치의 관용과 엄격함을 물과 불에 비유하는 것은 선대의 법전에 명문이 있는 바입니다.[169] 지금 생각건대, 장회는 친속인 사람을 사고 그것을 또 다른 자에게 팔 때 상대방에게 그가 양민인 점이나 내력을 알리지 않았습니다. 그러므로 그 처벌은 약인죄(掠人罪)와 동일하게 해야 합니다."라고 하였다. 태보(太保)[170] 고양왕(高陽王) 옹(雍)[171]이 다음과 같이 의견을 말하였다. "기주(冀州)의 관청은 장회를 처리하는 데 오직 「도율」만을 인용하고 있지만, 장회가 범한 죄를 조사해보면 그것은 본래 사람을 화매(和賣)하거나 약매(掠賣)한 것이 아닙니다. 그것은 증거가 명확하듯이 도죄(盜罪)와는 거리가 멉니다. 지금 「도율」의 조문을 인용하여 화매(和賣)나 약매죄(掠賣罪)로 이것을 처단하려 하지만, 실정을 조사하여 율문을 검토해보면 분명히 부당하다고 해야 할 것입니다. 양균(楊鈞)의 견해에 따르면 약탈된 양민을 산 자에 대해서는 원래 율에 죄의 규정이 없음을 알 수 있습니다. 왜냐하면 그는 '군도(群盜)나 강도는 주범과 종범을 가리지 않고 모두 같은 죄이고 사람을 화매(和賣)하거나 약매(掠賣)한 죄도 본래 이와 다르지 않을 뿐이다.'라고 하였지만,[172] 이 자체는 율에 확실한 조문이

---

169 『春秋左氏傳』昭公 20년에 나오는 孔子의 말을 요약한 것이다.

170 『魏書』권113, 「官氏志」, '職官・第一品', 2993쪽에 따르면, 太師, 太傅와 함께 三師上公이다.

171 高陽王 雍의 字는 思穆으로 헌문제(465~471)의 6왕 중 한 명이다. 효문제(471~499) 때 고양왕에 봉해졌고, 선무제(499~515) 때 司空이 되어 율령을 議定하였으며, 侍中, 太尉, 太保 등을 역임하였다. 효명제(515~528) 때 侍中, 太師가 되었고, 太尉, 太保를 겸하였으며, 丞相에 나아갔지만 효장제(528~530) 초에 모반죄로 尒朱榮에게 살해되었다.

172 이는 楊鈞이 앞서 인용한 「盜律」중 "掠人掠賣人爲奴婢者, 皆死."라는 조문에 의거한 주장을 가리킨다. 그런데 앞서 언급한 李平의 상주문에 인용된 「盜律」에는 "掠人, 掠賣人, 和賣人爲奴婢者, 死."라고 하였다.

없고 다른 유사한 사례를 끌어와서 죄를 정하고자 한 것이 분명합니다. 최홍(崔鴻)은 사람을 전매(轉賣)하여 이들이 떠돌게 하는 것은 그 죄가 약매(掠賣)와 같다고 합니다만, 이는 '죄인은 반드시 체포한다.'[173]는 경우라 할 수 있습니다. 그런데 「적률」을 살펴보면, '살인을 도모하여 사전에 발각된 경우 유형에 처하고 종범자는 5세형에 처한다. 이미 다른 사람을 살상(殺傷)하였지만, [그 사람이] 다시 소생한 경우 사형에 처하고 종범자는 유형에 처한다. 이미 사람을 살해한 경우에는 참수형에 처하고 종범자로서 이를 도운 자는 사형에 처하며, 돕지 않은 자는 유형에 처한다.'고 하였습니다. 생각해보면 사람을 천민의 신분에 빠뜨려 죽음에 이르게 한 것과 사람을 떠돌게 하여 죽게 만듦으로써 뼈를 썩게 하는 것과 관련하여 하나는 살게 하고 하나는 죽게 한다면, 그 해악됨이 어느 쪽이 심하다 하겠습니까? 그러나 「적률」의 살인에는 주범과 종범의 규정이 있는데도 사람을 약도(掠盜)하여 이것을 팔거나 산 경우[174]에는 그것을 주창한 자도 그것에 동조한 자도 그 죄에 차등이 없다는 것이 됩니다. 모살(謀殺)과 화략(和掠)이 모두 양민에 대한 범죄라면 마땅히 똑같은 사례로 대해야만 합니다. 그런데도 양균(楊鈞)은 살인의 사례를 끌어 종범으로 그 죄를 감하지 않고, 형을 감하여 강도의 경우처럼 주범과 종범을 가리지 않은 채 일률적으로 규정을 적용하였습니다.[175] 가령 이 경우 모살과 강도가 모두 준거할 만한 사례일 수는 있어도 대체로 가벼운 쪽에 따른 것이라 사료됩니다.[176] 그 이유는 어디에 있겠습니까? 또 율에 이르기를, '사람이 약탈하거나 도적질한 물건임을 알고도 그것을 고의로 산 경우 종범의 죄로 논한다.'고 하였습니다만, 이것은 명확하게 흉

---

173 원문의 "罪人斯得"은 『書經』, 「金縢篇」에 있는 구절로서 "罪人은 한 사람도 도망치지 못하게 한다."는 뜻이다.

174 이는 앞의 「盜律」 중 "掠人掠賣人爲奴婢者, 皆死."라는 조문에 입각한 말이다.

175 楊鈞이 앞서 인용한 "군도나 강도는 주범도 종범도 모두 같은 죄이다."라고 한 「盜律」의 조문을 가리킨다.

176 원문에 "而似從輕"이라고 한 것과 관련하여 『冊府元龜』 권615, 「刑法部7」, 「議讞2」 및 『通典』 권167, 「刑法5」, 「雜議下·後魏」, 4316쪽에는 "似"가 "以"로 기재되어 있다. 그런데 해당 注에서 인용한 강도 조문은 "從輕"이므로 이를 "以"로 보는 것이 옳은 듯하다. 그러나 "似" 역시 의미가 통한다.

포한 약탈 행위의 근원을 금단하고 악질적인 절도 행위의 근본을 방지하려는 것이지, 존장의 친속으로부터 샀음에도 이를 물건을 훔치거나 약탈한 경우의 형벌과 동일하게 적용하는 것을 말하는 것은 아닙니다. 삼가 생각건대, 오복 이내의 친족을 판 경우는 모두 양민을 판 것이지만, 그럼에도 죄에 차등이 있는 것은 분명히 그것이 약탈이나 도적질과는 도리상 현격하게 차이가 나기 때문이고, 그러므로 친족 관계의 친소에 따라서 죄에 차등을 두고 그 존비에 따라서 죄의 경중을 둔 것입니다. 율에 따르면, '무릇 공동으로 죄를 범한 경우 모두 발의한 자를 주범으로 한다.'고 하였습니다. 이에 따르면, 매매의 발생에는 연유가 있고, 따라서 주범과 종범의 죄를 정해야 하는 것이 명확합니다. 만약 비양피가 그의 여식을 판다고 말하지 않았다면 장회는 그것을 살 마음이 없었을 것이고, 따라서 비양피가 주범이 되고 장회는 종범의 죄가 되는 것입니다. 그런데 주범인 비양피에게는 은혜로운 형벌이 부과되고 종범인 장회가 극형의 죄를 받는다는 것[177]이니, 법률에 비추어보면 이러한 형벌에는 근거가 없습니다. 그러므로 산 자의 죄는 마땅히 각각 사들인 자의 죄에 따라 정해야 하는 것입니다. 또 최홍(崔鴻)의 의견을 살펴보면, 양민을 그 양민의 친속에게서 매입하고 다시 다른 사람에게 팔 때, 뒤의 매수인에게 그 연유나 양민임을 말하지 않은 경우 그 처단은 약인죄(掠人罪)와 같이 해야 한다는 것입니다만, 이미 한 번 팔려 비(婢)가 된 뒤에는 그것을 팔았든 팔지 않았든 모두 양민이 아닌 것입니다. 어찌 팔지 않았다고 하여 용서하고 다른 사람에게 전매했다고 하여 용서하기 어렵다는 것입니까. 장회의 죄는 마땅히 편(鞭) 100대로 해야 합니다. 비양피가 그 자식을 팔아 어머니의 장례를 치렀으니, 그 효심은 진실로 상찬해야 합니다. 그럼에도 이것을 포상하자는 의견은 아직 들리지 않는데

---

177 원문에 "首有沽刑之科, 從有極黜之戾"라고 한 것과 관련하여 『冊府元龜』 권615, 「刑法部7」, '議讞 2'에는 "活刑之科", "殛黜之戾"라 기재되어 있다. "沽刑"은 "霑刑"과 같이 "형벌에 은혜가 더해진다."는 의미이다. 또한 "極黜"의 경우 "極刑"의 의미로 파악하여 본문과 같이 번역하였다. 이와 같이 해석할 경우, 앞에서 崔鴻이 張回를 略人罪에 적용시키고자 한 주장에 대해 논박한 것으로 볼 수 있다.

도 이것에 형벌을 가하려는 일은 이미 행해지려 하고 있습니다. 이는 아마도 세상의 풍속을 돈후하게 하고 장려하며 덕으로 백성을 이끄는 방법은 아닐 것입니다. 청컨대 비양피의 죄를 면제하여 주시고 여식을 팔아 받은 돈은 국가에서 지불하여 주십시오." 이에 조(詔)를 내려 말하기를, "비양피는 여식을 팔아 어머니의 장례를 치렀으니, 그 효심이 참으로 가상하다. 따라서 특별히 그의 죄를 사면한다. 장회는 비록 비녀(婢女)의 아버지에게서 사람을 샀다고는 하나, 다른 사람에게 전매해서는 안 되므로 5세형에 처한다."고 하였다.[178](『위서』「형벌지」.『통전』권167[179]에 "후위 선무제 경명 연간(500-503)에 기주 지역의 백성 비양피는 어머니가 돌아가셨지만 집이 가난하여 장례를 치를 수가 없었기 때문에 7세 된 여식을 장회에게 팔아서 비가 되게 하였다. 장회는 다시 양정지에게 전매하였으나 그 여식이 양민이라는 정황을 말하지 않았다. 율에 따르면, '사람을 약탈하거나 화매하여 노비로 삼은 자는 사형에 처한다.'고 하였다. 장회는 비양피의 여식을 고의로 사서 다시 다른 사람에게 전매하고자 하였으니, 율의 규정에 따라 교수형에 처해야만 했다. 이에 조(詔)를 내려 말하기를, '율에서 사람을 화매한 경우 사형에 처한다고 한 것은 매매한 당사자 두 사람이 [공동으로 모의하여] 다른 사람의 재물을 사취하려는 것을 말한다. 비양피는 그의 여식을 팔 때 장회에게 그 여식이 양민임을 알렸으나 장회는 그 여식을 천민으로 하는 것이 이롭다고 여겨 양민임을 알고도 거리낌 없이 샀다. 진실로 형법 조문에 위배되지만, 두 사람이 각각 서로를 속인 것은 아니다. 그러나 장회는 진매하던 날에 당연히 주저하고 의심했어야 할 터인데 망설임 없이 진매하였다. 이것은 사정상 진실로 교형에 처해져서는 안 된다.'고 하였다. 삼공낭중 최홍이 의견을 말하기를, '율에 따르면, 자식을 판 경우 1세형에 처하고, 오복 이내의 친족으로 존장에 해당하는 자를 판 경우에는 사형에 처하며, 주친 및 첩과 며느리를 판 경우에는 유형에 처한다고 하였습니다. 대체로 천성에 의거한 부모 자식 간의 관계는 박탈될 수 없는 것이지만, 부모 자식 이외의 지족 관계는 쉽게 유기될 수 있고, 또한

---

178 『魏書』권111,「刑罰志」, 2880–2883쪽.
179 『通典』권167,「刑法5」, '雜議下‧後魏', 4315–4317쪽.

존비의 관계가 다르기 때문에 사형에 처하는 것과는 달리해야 합니다. 또한 산 자는 팔린 자와 천성의 지족 관계가 없으므로 그 죄는 마땅히 하나의 사례로 적용해야 하지만, 산 자가 양민인 것을 알고도 주저함이 없이 타인에게 진매하게 되면, 이 때문에 흘러 다니게 되어 가족들이 그 소재를 알 수 없게 되고 다시 되사고자 하여도 찾을 방도가 없게 되어 영원히 천민의 신분으로 떨어지게 되는 것입니다. 이러한 경우 그 죄상을 헤아려 본다면 약인과 다를 바가 없습니다.'라고 하였다. 태보 고양왕 옹이 다음과 같이 의견을 말하였다. '장회가 매매한 바를 조사해보면, 증거가 매우 명확하므로 화매나 약매로써 이를 처단하는 것은 실로 부당합니다. 율에 살인을 도모하다가 사전에 발각된 경우 유형에 처하고 이미 사람을 살해한 경우에는 참수형에 처하며 종범자로서 이를 도운 자는 사형에 처하고, 돕지 않은 자는 유형에 처한다고 하였습니다. 생각해보면 사람을 천민의 신분에 빠뜨려 죽음에 이르게 한 것과 사람을 떠돌게 하여 죽게 만듦으로써 장례조차 제대로 치러주지 못하게 한 것에 대하여 하나는 살 수 있도록 하고 다른 하나는 죽게 한다면, 그 해악됨은 어느 쪽이 심하다 하겠습니까? 그러나 「적률」의 살인에는 주범과 종범의 구분이 있는데도 사람을 약도하여 팔거나 산 경우에는 그것을 주창한 자도 그것에 동조한자도 그 죄에 차등이 없다는 것이 됩니다. 모살과 화략이 모두 양민에 대한 범죄라면 마땅히 똑같은 사례로 대해야만 합니다. 그러므로 살인의 사례를 끌어 종범으로 그 죄를 감하지 않고, 형을 감하여 강도의 경우처럼 일률적으로 규정을 적용하였습니다. 모살과 강도가 모두 준거할 만한 사례일 수는 있어도 대체로 가벼운 쪽에 따른 것이라 사료됩니다. 그 이유는 어디에 있겠습니까? 또 율에 이르기를, 사람이 약탈하거나 도적질한 물건임을 알고도 고의로 산 자는 종범의 죄로 논한다고 하였습니다만, 이는 명확하게 흉포한 약탈 행위의 근원을 금단하고 악질적인 절도 행위의 근본을 방지하려는 것이지, 친부모의 손에서 샀음에도 이를 물건을 훔치거나 약탈한 경우의 형벌과 동일하게 적용하는 것을 말하는 것은 아닙니다. 삼가 생각건대, 오복 이내의 친속을 판 경우는 모두 양민을 판 것이지만, 그럼에도 죄에 차등이 있는 것은 분명 그것이 약탈이나 도적질과는 이치상 현격하게 차이가 나기 때문이고, 그러므로 친족 관계의 친소에 따라서 죄에 차등을 두고 그 존비에 따라서 죄의 경중을 둔 것입니다. 율에 따르면, 무릇 공동으로 죄를 범한 경우 모두 발의한 자를 주범으로 한다고 하였습니다. 이에 따르면, 매매의 발생에는 연유가 있고, 따라서 주범과 종범의 죄를 정해야 하는 것이 마땅합니다. 만약 비양피가 그의 여식을 판다고 말하지 않았다면 장회는 이를 살 마음이 없었을 것이니, 비양피가 주범이 되고 장회는 종범의 죄가 되는 것입니다. 게다가 이미 한 번 팔려 비가 된 뒤에는 그것을 팔았든 팔지 않았든 모두 양민이 아닌 것입니다. 어찌 팔지 않았다고 하여 용서하고 다른 사람에게 전매했다고 하여 용서하기 어렵다는 것입니까. 장회의 죄는 마땅히 편 100대로 해야 합니다. 비양피가 그 자식을 팔아 어머니의 장례를 치렀으니, 그 효심은 진실로 칭찬할 만합니다. 그럼에도 포상에 대한 논의는 시작되지도 않았는데 형벌에 대한 논의는 이미 시작되었습니다. 이는 아마도 풍속을 돈후하게 하려는 취지는 아닐 것입니다.' 이에 다음과 같은 조(詔)가 내려졌다. '비양피는 여식을 팔아 어머니의 장례를 치렀으니, 그 효심이 참으로 가상하다. 따라서 특별히 그의 죄를 사면한다. 장회는 비록 그 부모에게서 사람을 샀다고는 하나, 다른 사람에게 전매해서는 안 되므로 5세형에 처한다.'고 하였다.)

【원문】 獄已成及決竟, 經所縮, 而疑有姦欺, 不直於法, 及訴冤枉者, 得攝訊覆治之.(刑罰志引律)

【역문】 판결안이 이미 작성되고 결정되었다고 하더라도 소속 관청을 경과하면서 그때까지의 취조가 바르지 않아 법에 충실하지 않은 점이 있다는 의문이 제기된 경우, 혹은 사실과 다르다고 소송을 제기한 경우에는 다른 사람을 파견하여 다시 심리(審理)할 수 있다.[180](『위서』「형벌지」에서 율을 인용)

【원문】 其年六月, 兼廷尉卿元志、監王靖等上言: 檢除名之例, 依律文, 獄成, 謂處罪案成者. 寺謂犯罪逤彈後, 使覆檢鞫證定刑, 罪狀彰露, 案署分晒, 獄理是成. 若使案雖成, 雖已申省, 事下廷尉, 或寺以情狀未盡,

---

180 『魏書』 권111, 「刑罰志」, 2884쪽.

或邀駕撾鼓, 或門下立疑, 更付別使者, 可從未成之條. 其家人陳訴, 信其專辭, 而阻成斷, 便是曲遂於私, 有乖公體. 何者? 五詐既窮, 六備已立, 僥倖之輩, 更起異端, 進求延罪於漏刻, 退希不測之恩宥, 辯以惑正, 曲以亂直, 長民姦於下, 隳國法於上, 竊所未安. 大理正崔纂、評楊機、丞甲休、律博士劉安元以爲: 律文, 獄已成及決竟, 經所縮, 而疑有姦欺, 不直於法, 及訴冤枉者, 得攝訊覆治之. 檢使處罪者, 雖已案成, 御史風彈, 以痛誣伏; 或拷不承引, 依證而科; 或有私嫌, 强逼成罪; 家人訴枉, 辭案相背. 刑憲不輕, 理須訊鞫. 既爲公正, 豈疑於私. 如謂規不測之澤, 抑絶訟端, 則枉滯之徒, 終無申理. 若從其案成, 便乖覆治之律. 然未判經赦, 及覆治理狀, 眞僞未分, 承前以來, 如此例皆得復職. 愚謂經奏遇赦, 及已覆治, 得爲獄成. 尙書李韶奏: 使雖結案, 處上廷尉, 解送至省, 及家人訴枉, 尙書納辭, 連解下鞫, 未檢遇宥者, 不得爲案成之獄. 推之情理, 謂崔纂等議爲允. 詔從之.(刑罰志)

【역문】 그해 6월[181]에 겸정위경(兼廷尉卿)[182] 원지(元志),[183] 정위감(廷尉監)[184] 왕정(王靖)[185] 등이 상언(上言)하기를, "제명(除名)[186]의 사례를 살펴보건

---

181 『刑罰志』의 내용에 따르면, 宣武帝 延昌 3년(514) 6월의 일로 파악되지만, 『冊府元龜』 권611, 「刑法部3」, '定律令3'에는 "孝明熙平二年五月, 重申天文之禁, 犯者以大辟論, 是時廷尉卿元志, 監王靖等上言"이라 하였다.

182 九卿 중 하나로 司法을 관장하였다. 廷尉寺의 長官이며, 北魏 때의 官品은 제3품이다. 그 屬官에는 뒤이어 보이는 廷尉監 이외에 廷尉正, 廷尉評이 있다.

183 烈帝의 玄孫으로 孝文帝(471~499) 때 洛陽令을 역임하였다. 宣武帝(499~515) 때 冀州刺史로 임직하면서 良民을 抑買하여 婢로 삼은 죄로 탄핵되었지만, 뒤에 사면되었다. 孝明帝(515~528) 初에兼廷尉卿이 되었다. 이후 다시 揚州와 雍州에서 刺史를 역임하였고, 만년에 征西都督이 되었지만 叛徒에 의해 살해당하였다.

184 『魏書』 권113, 「官氏志」, '職官・第六品', 2999쪽에 따르면, 廷尉監은 이 『刑罰志』의 내용 중에 뒤이어 보이는 大理正(廷尉正), 廷尉評과 함께 제6품으로 동격이었으며, 廷尉(大理)卿의 屬官이었다.

185 王靖(470~526)의 字는 元安으로 太原 晉陽 사람이라 알려져 있다. 襲爵하여 伯이 되었고, 員外郎 羽林監에 제수되었다. 法律에 정통하여 廷尉評이 되었고, 후에 廷尉少卿을 거쳐 효창원년(525)에는 兼廷尉卿, 行定州事 등을 역임하였다가 57세를 일기로 생을 마감하였다.

186 官吏의 官과 爵이 모두 면제되는 것이다. 官吏가 罪를 犯하면 律에 규정된 刑 이외(다만 官吏의 身分에 따라 은혜적 조치가 있다.)의 특정한 罪에 대해서는 除名 처분이 시행된다. 황제에 의한 사면조치가 시행되면 판결 여하에 관계없이 원칙적으로 면제되지만, 제명은 판결안의 작성 이전이면 면제되고 이후이면 면제되지 않는다. "판결안의 작성"이라는 것은 恩赦의 효력이 제명까지 미치는지의 여부에 크게 관계되기 때문에 이하의 문장은 "판결안의 작성"이라는 소송 절차상의 단계

대, 율문에 '판결안의 작성[獄成]'이라고 한 것은 죄를 처리하는 안건이 완결된 경우를 말합니다. 정위시(廷尉寺)에서 범죄에 대한 탄핵을 거친 뒤, 사자(使者)[187]가 재차 신문하여 그 증거를 조사한 후에 형을 정하였으며, 그 죄상이 명확하게 밝혀져 판결 문안과 서명이 확실히 갖추어짐으로써 옥안(獄案)에 대한 심리가 완료되었다는 의미입니다. 가령 안건(案件)이 비록 이미 심리를 거쳐 완결되었다고 해도 이미 상서성(尚書省)에 상신(上申)[188]되어 그 사건이 정위에게 내려진 단계, 또는 정위시에서 사건의 실태를 충분히 파악하지 못하였다고 판단되는 경우, 또는 백성이 천자의 행렬을 멈추게 하거나 북을 때려 억울함을 호소한 경우,[189] 또는 문하성에서 의문을 제기함으로써 다시금 별도의 사자를 파견[하여 조사토록] 한 경우에는 아직 안건이 완결되지 않은 경우에 대한 법률 조항에 따르도록 해야 합니다. 그런데 죄인의 가속(家屬)이 소송을 제기한 경우 그들의 일방적인 진술만을 믿고 이미 이루어진 판결을 거부한다면, 곧 왜곡된 일이 사적으로 이루어지게 되는 것이니 공적인 일에 어그러짐이 있게 됩니다. 이는 무엇 때문이겠습니까? 오사(五詐)[190]가 이미 구명되었고 육비(六備)[191]가 이미 성립되었는데도 요행을 바라는 무리들이 다시

가 어디에서 성립하는가에 관한 논의를 싣고 있다.

187 『唐六典』 권6, 「尚書刑部」, 191쪽에 따르면, 매년 正月에 중앙에서 淸勤하고 法理를 잘 숙지하고 있는 자를 선발한 후 전국에 파견하여 申覆해야 할 사건들을 심리시킨다고 하였다.("凡天下諸州斷罪應申覆者, 每年正月與吏部擇使, 取歷任淸勤、明識法理者, 仍過中書門下定訖以聞, 乃令分道巡覆.")

188 "雖已申省"과 관련하여 『冊府元龜』 권611, 「刑法部3」, '定律令3'에는 "雖" 자가 "解" 자로 기재되어 있다. 아래 문장 중 李韶의 上奏에 "解送至省"、"連解下鞫" 등과 같은 구절이 있는 것으로 보아, "解"는 일종의 公文 형식인 듯하다. 그러므로 이를 "解" 자로 보는 것이 더욱 옳은 듯하지만, "雖" 자 역시 의미가 통하므로 그대로 둔다.

189 天子의 행렬을 멈추게 하는 행위는 御駕가 지날 때 그 길을 막고 억울함을 호소하는 상황을 말한다. 登聞鼓는 반란 등과 같은 비상사태나 긴급히 상주해야 할 사건 등이 발생한 경우, 또는 억울하게 누명을 쓴 경우 궁문 밖에 있는 큰 북을 울리게 하여 그 긴급을 알리게 함으로써 그 내용이 天子까지 이르도록 한 것이다. 참고로 『唐律疏議』 「鬪訟58」, '越訴'에는 "만약 車駕를 기다렸다가 登聞鼓를 쳤거나 表를 올려 소송하였는데 주관하는 관원이 즉시 접수하지 않은 경우 1등의 죄를 더한다. 그러나 車駕를 기다려 訴願하다가 部伍 안으로 들어온 경우에는 장형 60대에 처한다."고 하였다.

190 內田智雄은 "五聽에 의해 죄인의 진술에 거짓이 있는 가를 관찰하고 판단하는 일"로 풀이하였다. (內田智雄編, 冨谷至補, 『譯注中國歷代刑法志(補)』 東京, 創文社, 2005. 참조)

다른 의견을 개진하여 나아가서는 죄의 처단을 잠시 연기하기를 요청하고, 물러나서는 뜻밖의 은사를 기대하며, 궤변으로 바른 일을 미혹시키고, 사실을 왜곡하여 바른 일을 어지럽힘으로써 아래로는 백성들의 간악함을 조장하고 위로는 국법을 깨뜨리게 되니, 신들은 삼가 이와 같은 일을 근심하는 바입니다."라고 하였다. 대리정(大理正)[192] 최찬(崔纂),[193] 대리평(大理評)[194] 양기(楊機),[195] 대리승(大理丞)[196] 갑휴(甲休), 율박사(律博士)[197] 유안원(劉安元)이 다음과 같이 말하였다. "율문에 따르면, '판결안이 이미 작성되고 결정되었다고 하더라도 소속 관청을 경과하면서 그때까지의 취조가 바르지 않아 법에 충실하지 않은 점이 있다는 의문이 제기된 경우, 혹은 사실과 다르다고 소송을 제기한 경우에는 다른 사람을 파견하여 다시 심리(審理)할 수 있다.'고 하였습니다. 사자(使者)가 죄의 처단을 다시 조사하는 까닭은 이미 판결안이 완결되었어도 그 과정에서 어사(御史)[198]가 강력하게 탄핵하여 그 때문에 애통하게 있지도 않

---

191 內田智雄은 "六備의 구체적인 내용을 명확하게 설명하기 어렵지만, 범죄를 입증하는 여섯 가지 요소를 말하는 것으로 보인다."고 추측하였다.(『譯注中國歷代刑法志(補)』 참조)

192 곧 廷尉正을 말한다.

193 崔纂의 字는 叔則으로 博陵 安平 사람이다. 경명 연간(500~503)에 太學博士가 되었다가 員外散騎侍郎으로 옮겼으며, 후에 給事中에 임명되었다. 희평 연간(516~518) 初에 廷尉正이 되어 큰 재판이 있을 때마다 판관으로서 명성을 얻었다. 이후 左中郎將, 尙書三公郎中이 되었으나 公事로 인해 면직당하였다가 다시 洛陽令에 임명되었다. 정광 연간(520~525)에 45세의 나이로 생을 마감하였다.

194 곧 廷尉評을 말한다.

195 楊機의 字는 顯略으로 天水冀 사람이다. 李平, 元暉 등에 의해 등용되어 功曹가 되었고, 후에 給事中, 廷尉評, 行河南縣事를 담당하였다. 판관으로서 仁慈하기로 명성이 자자하였다. 희평연간(516~518)에 河陰令, 洛陽令 등을 역임하였고, 후에 高陽王 雍의 신임을 받아 河北 太守가 되었다. 건의(528) 初에 光祿大夫로 옮긴 후 廷尉卿을 兼하였다가, 다시 차례로 河南尹, 廷尉卿, 衛尉卿, 華州刺史 등을 역임하였다. 영희 연간(532~534)에는 度支尙書가 되었으나, 오래지 않아 59세 때 주살되었다.

196 곧 廷尉卿의 屬官인 廷尉丞을 말한다.

197 "律博士"는 律學博士라고도 하며, 법률 지식의 교육과 각종 법률 전적을 보관하는 일을 주관하였다. 三國 魏나라는 明帝 즉위 이후에 秦·漢의 박사관 제도를 모방하여 율박사를 설립한 후, 大理寺에 예속시켰다. 西晉 이후의 율박사는 廷尉에 속하면서 율령을 관장하였는데, 北魏 역시 이와 동일하였다.

198 御史臺를 말한다. 後漢 이래 中丞을 長官으로 삼아 주로 百官에 대한 탄핵을 담당하게 하였다. 『魏書』 권113, 「官氏志」, '職官', 2978쪽에 따르면, 北魏의 경우 御史中尉가 이전의 中丞에 해당하는

은 죄를 승복시키거나, 고문을 가하여도 승복하지 않는다 하여 증거에 따라 죄를 부과하거나, 사적인 감정을 가지고 강압적으로 죄를 만들어 내기도 하기 때문입니다. 또한 범죄자의 가속(家屬)이 억울함을 호소한 경우 그 진술과 판결문이 서로 어긋나는 일이 발생하기 때문입니다. 형벌은 신중해야 하므로 이치상 다시 심문하는 것이 당연합니다. 그렇게 해서 공정하게 되었다면 어찌 사사로이 왜곡하였다는 의심이 있겠습니까?[199] 만약 바라서는 안 되는 은사를 기대한다고 하여 그 가속(家屬)이 소송하는 길마저 차단해 버린다면, 무고하게 죄를 뒤집어쓴 무리들은 끝내 죄가 없음을 밝힐 수가 없을 것입니다. 만약 그 안건이 이루어진 것이라고 결정해 버린다면, 곧 재심을 허락한다는 율의 규정에 위배되는 것입니다. 그러나 아직 판결이 내려지지 않은 가운데 은사를 만나거나 재심을 통해 죄상을 조사하였으나 여전히 진위가 명백하지 않은 경우, 예전부터 이와 같은 사례들은 모두 본래의 직책으로 되돌리는 것이 허락되어 왔습니다. 삼가 생각건대, 판결에 대한 상주(上奏)를 거친 후에 은사를 만난 경우와 이미 재심이 진행되어 죄가 결정된 경우에는 '판결안이 작성된 것'으로 보아야 합니다." 상서(尙書) 이소(李韶)[200]가 상주하기를, "사자(使者)가 비록 안을 완성하였더라도 그 죄의 처리가 정위에게 상정되어 판결 사유가 상서성에 보내진 경우 및 죄인의 가속(家屬)이 사실과 다름을 호소하여 상서가 그 진술을 접수한 후 판결 사유에 첨부하여 재심리를 진행토록 하였으나, 아직 조사가 이루어지지 않은 가운데 은사를 만난 경우에는 '판결안이 완결된 사건'으로 간주해서는 안 됩니다. 정리(情理)로 미루어 보았을 때, 최찬(崔纂) 등의 의견이 타당하다고

것으로 보인다.

199 이는 앞에서 元志와 王靖이 "죄인의 가족이 소송을 제기하였을 때, … 왜곡된 일[曲事]이 사적으로 이루어져서 공적인 일을 어그러뜨리게 된다."고 상주한 내용에 대한 반론이다.

200 李韶의 字는 元伯으로 隴西 狄道 사람이다. 孝文帝 연흥 연간(471~476년)에 부친 李寶의 작위를 계승한 후 給事黃門侍郎이 되었다. 宣武帝 初에 侍中에 임명되었다가 幷州刺史로 옮겼지만, 從弟 등의 반역 사건에 연좌되어 관작을 박탈당하였다. 후에 다시 사면되어 조정의례 및 율령 개정에 참여하였다. 孝明帝 때 殿中尙書, 吏部尙書, 冀州刺史를 역임하였고, 마지막으로 定州刺史에 임명되었지만 정광 5년(524)에 72세를 일기로 생을 마감하였다.

생각합니다."라고 하였다. 이에 조(詔)를 내려 이 의견에 따르도록 하였다.[201](『위서』「형벌지」)

【원문】 諸逃亡, 赦書斷限之後, 不自歸首者, 復罪如初.(刑罰志引法例律)

【역문】 무릇 도망한 자 가운데 은사를 내리는 조서에서 규정한 기한이 지난 후에도 돌아와 자수하지 않는 경우, 그 죄에 대한 처벌을 원래대로 한다.[202](『위서』「형벌지」에서 법례율을 인용)

【원문】 熙平中, 有冀州妖賊延陵王買, 負罪逃亡, 赦書斷限之後, 不自歸首. 廷尉卿裴延儁上言: 法例律, 諸逃亡, 赦書斷限之後, 不自歸首者, 復罪如初. 依賊律, 謀反大逆, 處買梟首. 其延陵法攉等所謂月光童子劉景暉者, 妖言惑衆, 事在赦後, 亦合死坐. 正崔纂以爲: 景暉云能變爲蛇雉, 此乃傍人之言. 雖殺暉爲無理, 恐赦暉復惑衆. 是以依違, 不敢專執. 當今不諱之朝, 不應行無罪之戮. 景暉九歲小兒, 口尙乳臭, 擧動云爲, 並不關己, 月光之稱, 不出其口. 皆姦吏無端, 橫生粉墨, 所謂爲之者巧, 殺之者能. 若以妖言惑衆, 據律應死, 然更不破□惑衆. 赦令之後方顯其事; 律令之外, 更求其罪. 赦律何以取信於天下, 天下焉得不疑於赦律乎! 書曰: 與殺無辜, 寧失有罪. 又案法例律: 八十已上, 八歲已下, 殺傷論坐者上請. 議者謂悼耄之罪, 不用此律. 愚以老智如尙父, 少惠如甘羅, 此非常之士, 可如其議, 景暉愚小, 自依凡律. 靈太后令曰: 景暉旣經恩宥, 何得議加橫罪, 可謫略陽民. 餘如奏.(刑罰志)

【역문】 희평 연간(516-518)에 기주(冀州) 지역 요적(妖賊)[203]인 연릉(延陵)[204]

---

201 『魏書』 권111, 「刑罰志」, 2883-2884쪽.
202 『魏書』 권111, 「刑罰志」, 2884쪽.
203 종교적 결사에 의거하여 반란을 일으킨 것을 말한다.
204 延陵은 冀州 지역의 郡 또는 縣의 명칭일 가능성이 높지만, 현재 『魏書』 권106상, 「地形志」, '冀州', 2464쪽에는 이 지명이 보이지 않는다. 단순한 誤記일 가능성과 廢置되었을 가능성 또는 「地形志」에 누락되었을 가능성 등 그 원인을 여러 가지로 상정해 볼 수는 있으나, 명확히 파악하기가 곤란하다. 다만 현재 陝西省에 이 지명이 존재한다는 점과 山西省 天鎭縣의 동북 지역에도 이 지

출신 왕매(王買)가 죄를 짓고 도망하였으나, 은사(恩赦)²⁰⁵를 내린 조서 (詔書)에서 정한 기한(期限)²⁰⁶이 지난 뒤에도 돌아와 자수(自首)하지 않 았다. 정위경(廷尉卿) 배연준(裴延儁)²⁰⁷이 상언(上言)하기를, "「법례율」 에 '무릇 도망한 자 가운데 은사를 내리는 조서에서 규정한 기한이 지난 후에도 돌아와 자수하지 않는 경우, 그 죄에 대한 처벌을 원래대로 한 다.'고 하였습니다. 「적률」에 따르면, 모반(謀反)과 대역(大逆)은 효수형 에 처한다고 하였습니다.²⁰⁸ 연릉(延陵) 지역에서 법권(法攑)²⁰⁹ 등에 따르 면, 월광동자(月光童子)²¹⁰라 불리는 유경휘(劉景暉)가 요사스런 말로 민 중들을 현혹시켰다고 하는데, 이는 사령(赦令)이 내려진 이후에 벌어진 일이므로 마땅히 사형에 처해야 합니다."라고 하였다. 대리정(大理正) 최 찬(崔纂)이 말하기를, "유경휘(劉景暉)는 자신이 뱀이나 꿩으로 변할 수 있다고 하였다지만, 이는 그 주변에 있는 사람들이 말한 것입니다. 비록

명이 있었다는 기록이 『水經注』를 통해 확인된다는 점 등을 감안할 필요가 있다.

205 『魏書』 권9, 「肅宗本紀」, 223쪽 및 225쪽에 따르면, 희평 원년(516) 정월과 그 이듬해 정월에 두 차례 大赦免令이 내려졌다. 다만 본문의 恩赦가 이 가운데 어느 것인지는 명확하지 않다.

206 『唐律疏議』 「名例律」에 따르면, 唐代 恩赦의 期限은 詔書가 반포된 날부터 100일 이내로 규정되 어 있고, 그 期限이 지나도 自首하지 않을 경우 본래의 범죄 조항에 의거하여 처단토록 하였다.

207 裴延儁의 字는 平子로 河東 聞喜 사람이다. 肅宗 孝明帝(515~528) 初에 散騎常侍, 廷尉卿, 幽州刺 史를 역임하였다. 이후 御史中尉가 되어 吏部尙書를 겸하였지만, 敬宗 孝莊帝(528~530) 초에 河 陰 지역에서 살해되었다.

208 處買梟首와 관련하여 대부분의 판본들이 "買"를 "置"로 기재하였으나, 오직 百衲本에만 "買"로 기 재되어 있다. 『冊府元龜』 권615 또한 "買"로 기재하였는데, 이는 "王買"를 가리키는 것으로 보인다. 이와 같이 생각할 경우 「적률」에 따르면, 모반과 대역죄를 범한 왕매는 효수형에 처해진다."(依賊 律, 謀反大逆, 處買梟首.)고 해석되지만, 이는 문장 구조나 그 내용상 다소 부자연스럽다. 그러므로 본문과 같이 "置"로 해석하는 편이 더욱 타당하다고 생각된다.

209 "延陵法攑"과 관련하여 『魏書』의 판본 대부분 및 『冊府元龜』 권615에는 "攑"을 "權"으로 기재하였 으나, 百衲本에만 "攑"으로 기재되어 있다. 그러나 法攑 또는 法權 모두 "法掾"의 誤記일 가능성도 배제할 수 없다. 다만 여기서는 人名으로 간주하여 해석하였다.

210 "月光童子"는 佛敎의 前生 설화 중에 등장하는 인물로 月光兒라고도 한다. 이와 관련한 설화는 『佛 說申日經』(또는 『月光童子經』이라고도 하며, 1권이다.), 『德護長子經』, 『法苑珠林』 등에 보인다. 月光童子의 父親 德護는 摩揭陀國 王舍城의 長者였지만, 六師의 말을 듣고 불구덩이를 만들어 부 처를 살해하고자 하였다. 月光童子가 그만두기를 간청하였지만, 소용이 없었다. 마침내 부처가 그 땅에 이르니, 불구덩이는 서늘한 곳으로 변하였다. 이로 인해 德護는 크게 깨달은 바가 있어 佛門 에 귀의한 후 須陀恒의 과실을 얻었다. 부처는 月光童子에게 成佛에 관한 기록을 전해주며, 佛滅 後 중국에 태어나 왕이 되어 三寶를 떨쳐 일으킬 것을 설파하였다고 전한다.

유경휘(劉景暉)를 사형에 처하는 것이 이치에 어긋난다 할지라도 만약 그를 사면한다면 또 다시 민중들을 현혹시킬까 염려됩니다. 사실 어느 쪽을 따른다고 해도 도리에 어긋나기 때문에 감히 제 의견을 주장하지는 않고 있었습니다. 그러나 오늘날은 거리낌 없이 의견을 개진할 수 있는 치세이므로 말씀드리자면, 죄가 없는 자에 대한 주살을 행하여서는 안 되는 줄 아옵니다. 유경휘(劉景暉)는 9세의 어린아이로서 그 입에 아직도 젖비린내가 나기 때문에 그의 거동과 언행은 모두 자기가 마음대로 통제하는 것이 아닙니다. '월광동자'라는 호칭도 그의 입에서 나온 것은 아닙니다. 이는 모두 간사한 관리들이 아무런 근거 없이 멋대로 꾸며 만들어낸 것이니, 이른바 죄인을 만들어내는 자야말로 기교가 있고, 죄인을 사형에 처하는 자야말로 능력이 있다고 하는 식입니다. 만약 요사스런 말로 민중들을 현혹시켰다면 율에 따라 사형에 처하는 것이 마땅합니다. 그러나 다시 □[211]를 파괴하거나 민중들을 현혹시킨 일이 없고 사령(赦令)이 나온 뒤에서야 비로소 그 사건이 드러난 것일 뿐인데, 율령의 규정 밖에서 다시 그 죄를 찾는다면, 은사에 대한 규정이 어찌 천하의 백성들로부터 신임을 얻을 수가 있겠으며, 천하의 백성들은 어찌 은사에 대한 규정에 의심을 품지 않을 수 있겠습니까! 『서경』에는 '죄 없는 이를 죽이기보다는 차라리 죄 있는 자를 놓아주는 쪽이 낫다.'고 하였습니다. 또한 「법례율」에 따르면, '80세 이상이거나 8세 이하인 자로서 살상의 이유로 논죄되는 경우 천자에게 상청(上請)한다.'고 하였습니다. 그런데도 논자[212]는 도모(悼耄)의 죄[213]에 대하여 이 율을 적용하지 않으려 하고 있습니다. 삼가 생각건대, 여상(呂尙)[214]과 같이 늙고 현명

---

211 □에는 탈자가 있다.
212 劉景暉를 사형에 처해야 한다고 주장한 裴延儁을 가리키는 것으로 보인다.
213 『禮記』, 「曲禮上」에 "80, 90세를 '耄'라고 하고, 7세를 '悼'라고 한다. 耄와 悼는 죄가 있더라도 형벌을 가하지 않는다."고 하였다. 그런데 劉景暉가 진실로 9세라면 「法例律」에 "8세 이하"에 대해 규정된 바나 『禮記』에서 말하는 "7세를 悼라고 한다."는 내용 중 어느 쪽에도 해당되지 않는다. 崔纂은 법 규정을 넓게 해석하여 일반적으로 나이가 어린 경우를 가리키는 것으로 보아 이를 劉景暉에게도 적용해야 한다는 것이었다.
214 "尙父"는 太公望 呂尙을 말한다. 周 武王이 그를 높여 "尙父"라고 불렀다.

한 사람이나 감라(甘羅)[215]처럼 어리고 지혜 있는 이들은 비범한 인물들이기 때문에 이 법률을 적용할 수 없겠지만, 유경휘(劉景暉)는 사려분별이 없는 어린아이이기 때문에 일반적인 율의 규정에 따라야 할 것입니다."라고 하였다. 영태후(靈太后)[216]가 명하여 말하기를, "유경휘(劉景暉)에게는 이미 은사가 내려졌는데 어찌 이를 논하여 부당한 죄를 가할 수가 있겠는가. 유경휘(劉景暉)를 유배 보내어 약양(略陽)[217]의 백성으로 삼고, 나머지는 상주한 대로 시행토록 하라."고 하였다.[218](『위서』「형벌지」)

【원문】 諸犯死罪, 若祖父母、父母年七十已上, 無成人子孫, 旁無期親者, 具狀上請. 流者鞭笞, 留養其親, 終則從流. 不在原赦之例.(刑罰志引法例律)

【역문】 무릇 사죄를 범한 자로서 만약 조부모나 부모가 70세 이상인데도 성년이 된 자손이 없고 주변[219]에 기친(期親)도 없는 경우에는 정황을 갖추어 상청한다. 유죄(流罪)를 범한 자로서 동일한 사정에 있는 자는 편태(鞭笞)를 가하여 계속해서 머물면서 그 부모를 봉양토록 하되, 부모가 사망한 이후에는 유죄에 처한다. 이와 같은 경우에는 은사를 만나더라도 죄를 면제받는 사례에 포함되지 않는다.[220](『위서』「형벌지」에서 법례율을 인용)

【원문】 時司州表: 河東郡民李憐生行毒藥, 案以死坐. 其母訴稱: 一身年

---

215 甘羅은 戰國 시기 말엽 甘茂의 孫子이다. 12세 때 秦의 使者로서 趙王에게 遊說하여 다섯 城을 秦에 할양시킨 功을 인정받아 上卿에 봉해졌다.

216 靈太后의 姓은 胡氏로 安定 臨涇 사람이다. 司徒 胡國珍의 女息으로 세종 선문제의 皇后가 되었다. 곧 肅宗 孝明帝(515~528)의 母親이다. 나이 어린 孝明帝가 帝位에 오르자 皇太后로서 朝廷의 실권을 장악한 후 權勢를 떨쳤지만, 무태 원년(528)에 尒朱榮에게 살해되었다.

217 지금의 甘肅省 泰安縣 지역이다.

218 『魏書』 권111, 「刑罰志」, 2884~2885쪽.

219 "旁無期親"의 "旁" 자는 傍系親을 의미하는 것이 아니라 "旁若無人"(『史記』 권86, 「刺客列傳」, 2528쪽)의 "旁"과 같이 '주변' 정도의 의미를 가진 것으로 해석된다.

220 『魏書』 권111, 「刑罰志」, 2885쪽.

老, 更無期親, 例合上請. 檢籍不謬, 未及判申, 憐母身喪. 州斷三年服
終後乃行決. 司徒法曹參軍許琰謂州判爲允. 主簿李瑒駁曰: 案法例
律, 諸犯死罪, 若祖父母、父母年七十已上, 無成人子孫, 旁無期親者,
具狀上請. 流者鞭笞, 留養其親, 終則從流. 不在原赦之例. 檢上請之
言, 非應府州所決. 毒殺人者斬, 妻子流, 計其所犯, 實重餘憲. 準之情
律, 所麗不淺. 且憐既懷酖毒之心, 謂不可參鄰人伍. 計其母在, 猶宜闔
門投畀, 況今死也, 引以三年之禮乎? 且給假殯葬, 足示仁寬, 今已卒
哭, 不合更延. 可依法處斬, 流其妻子. 實足誡彼氓庶, 肅是刑章. 尙書
蕭寶夤奏從瑒執, 詔從之.(刑罰志)

【역문】 당시 사주(司州)[221] 지역 관아에서 다음과 같이 표문(表文)을 올렸다.
"하동군(河童郡)[222] 백성 이연(李憐)이 독약을 사용하여 죄가 된바,[223] 그
판결로 사형이 내려졌습니다. 그런데 그 모친이 호소하여 말하기를, '이
몸이 연로한 데다 달리 기친(期親)도 없으니, 예에 따라 마땅히 상청(上
請)해 주십시오.'라고 하였습니다. 그리하여 호적을 조사해 보았더니 틀
린 말이 아니었는데, 아직 상신(上申)되지 않은 가운데 이연(李憐)의 모
친이 사망하였습니다. 주(州)의 관아에서는 3년의 복상(服喪)이 끝난 뒤
에 형을 집행하는 것으로 결정하였습니다." 사도부(司徒府) 법조참군(法
曹參軍)[224] 허염(許琰)[225]은 주(州)의 판결이 합당하다고 말하였다. 주부
(主簿)[226] 이창(李瑒)이 반박하여 말하기를, "「법례율」에 따르면, '무릇 사

---

221 北魏는 太和 17년에 平城에서 洛陽으로 遷都한 뒤에 종래 洛陽을 중심으로 하는 畿內의 지역을
司州라고 하였다. 司州에는 12郡과 65개 縣이 예속되었으며, 그 장관을 司州牧이라 하였다.

222 山東省의 서남부 지역으로 郡治는 平陽府 부근이다.

223 『冊府元龜』 권615 및 『通典』 권167에는 "李憐生行毒藥" 중 "生" 자가 "坐" 자로 기재되어 있다. 또
한 아래 문장에 "憐母身喪"이라 하였으므로 죄를 범한 자의 이름은 李憐生이 아닌 李憐이다. 그러
므로 원문의 "生" 자를 "坐" 자로 보는 것이 더욱 타당하다고 생각된다.

224 司徒府에는 法曹를 위시하여 諮議, 記室, 錄事 등의 여러 曹가 있었다. 參軍은 後漢 末부터 두었
고, 본래는 군사참모였지만 西晉 이래 軍府와 王國 등에도 관원으로 두게 되었다.

225 許琰은 高陽 新城人이다. 처음으로 관직에 진출하여 太學博士가 되었고, 이후 尙書南主客郎, 瀛州
中正 등을 역임하다가 효창연간(525-528)에 47세를 일기로 생을 마감하였다.

226 文書와 帳簿 등에 관한 사무를 담당하였던 보좌관이다. 여기서는 司徒府의 主簿를 가리키는 것으
로 보인다.

죄를 범한 자로서 만약 조부모나 부모가 70세 이상인데도 성년이 된 자손이 없고, 주변에 기친(期親)도 없는 경우 그 정황을 갖추어 상청(上請)한다. 유죄(流罪)를 범한 자로서 동일한 사정에 있는 경우에는 편태(鞭笞)를 가하여 계속해서 머물며 그 부모를 봉양토록 하고, 부모가 사망하고 난 뒤 유죄(流罪)에 처한다. 이와 같은 경우에는 은사를 만나더라도 죄를 면제받는 사례에 포함되지 않는다.'고 하였습니다.[227] 상청(上請)한 내용을 검토해보면, 주부(州府)에서 내린 결정은 마땅하지 않습니다. 사람을 독살한 자는 참형(斬刑)에 처하고 그 처자는 유형(流刑)에 처하므로 그 범죄에 대한 형벌을 헤아려 보면 여타 죄에 대한 형벌보다 확실히 무겁습니다. 이는 인정이나 법률 규정을 기준으로 하였을 때 어긋나는 바가 적지 않습니다. 게다가 이연(李憐)은 본래 사람을 독살할 마음을 품고 있었기 때문에 세간의 사람들과 섞이게 해서는 안 된다고 생각합니다. 그 모친이 살아 있다고 하더라도 오히려 한 집안을 모두 변방으로 추방해야 할 정도이니, 하물며 지금 이미 그 모친이 사망하였는데 복상 3년의 예를 적용할 필요가 있겠습니까? 잠시 겨를을 주어 장례를 치르게 하는 것만으로도 폐하의 인자하고 관대함을 보이기에 충분합니다. 지금 이미 졸곡(卒哭)[228]의 예가 끝났으니, 형의 집행을 더 이상 연기해서는 안 됩니다. 법의 규정대로 그를 참수형에 처하고, 처자를 유형(流刑)에 처해야 합니다. 이와 같이 한다면, 실로 저 백성들을 경계하고 국가 형법의

---

227 『唐律疏議』「名例律」에 "무릇 死罪로서 十惡이 아닌 罪를 범하고, 祖父母·父母가 늙고 병들어 마땅히 모셔야 하는데도 집에 期親의 成丁이 없는 경우 上請한다. 流罪를 범하면 임시로 머물러 父母를 봉양하게 하지만, 사면의 범위에는 포함되지 않는다."라고 하여, 유사한 내용이 실려 있다. 이는 곧 罪人의 祖父母나 父母가 늙고 병들어 이들을 부양해야 하는데, 그 罪人 이외에 달리 期親에 해당하는 成丁이 없을 경우 死刑이나 流刑의 집행을 연기한다는 규정이다. 『唐律疏議』에 따르면, 死刑의 경우 上請하여 勅裁를 바라지 않으면 안 되지만, 流罪의 경우는 그럴 필요가 없이 관계 관청의 결재만으로도 충분하게 되어 있다. 또 "사면의 범위에는 포함되지 않는다."라고 한 것은 형의 집행이 연기된 중에 恩赦를 만난 경우에 대한 규정으로 流罪는 恩赦를 입을 수 없음을 의미하고 있다. 流罪보다도 무거운 死罪가 恩赦를 입을 수 있는 것은 그 집행의 연기가 勅裁라는 특별 절차를 이미 거쳤기 때문이라고 생각된다.

228 "哭"이란 죽은 자를 애도하여 소리 내어 우는 의례이다. "卒"은 정해진 기한이 지나 의례로서 곡이 끝났다는 것을 의미한다.

엄정함을 지킬 수가 있을 것입니다."라고 하였습니다. 상서(尚書) 소보인(蕭寶寅)[229]이 이창(李瑒)의 의견에 따라야 한다고 상주하였고, 황제가 조(詔)를 내려 그대로 따르도록 하였다.[230](『위서』「형벌지」)

【원문】 祖父母、父母忿怒, 以兵刃殺子孫者, 五歲刑; 毆殺者, 四歲刑. 若心有愛憎而故殺者, 各加一等.(刑罰志引鬪律)

【역문】 조부모·부모가 분노하여 흉기로 자손을 살해한 경우 5세형에 처하고, 구타하여 살해한 경우에는 4세형에 처한다. 만약 마음에 애증을 품고 고의로 살해한 경우에는 각각 1등을 더한다.[231](『위서』「형벌지」에서 투율을 인용)

【원문】 神龜中, 蘭陵公主駙馬都尉劉輝, 坐與河陰縣民張智壽妹容妃、陳慶和妹慧猛, 姦亂耽惑, 毆主傷胎. 輝懼罪逃亡. 門下處奏: 各入死刑, 智壽、慶和並以知情不加防限, 處以流坐. 詔曰: 容妃、慧猛恕死, 髡鞭付宮, 餘如奏. 尚書三公郎中崔纂執曰: 伏見旨募若獲劉輝者, 職人賞二階, 白民聽出身進一階, 家役免役, 奴婢爲良. 案輝無叛逆之罪, 賞同反人劉宣明之格. 又尋門下處奏, 以容妃、慧猛與輝私姦, 兩情耽惑, 令輝挾忿, 毆主傷胎. 雖律無正條, 罪合極法, 並處入死. 其智壽等二家, 配敦煌爲兵. 天慈廣被, 不卽依決, 雖恕其命, 竊謂未可. 夫律令, 高皇帝所以治天下, 不爲喜怒增減, 不由親疏改易. 案鬪律: 祖父母、父母忿怒, 以兵刃殺子孫者五歲刑, 毆殺者四歲刑, 若心有愛憎而故殺者, 各加一等. 雖王姬下降, 貴殊常妻, 然人婦之孕, 不得非子. 又依永平四

---

229 蕭寶寅(486-530)의 字는 智亮으로 南齊의 天子인 東昏侯의 동생이다. 南齊가 멸망한 뒤 北魏로 망명하였다. 경명 3년(502)에 世宗 宣武帝에게 발탁되어 門下省에 들어갔고, 후에 상서령. 사공이 되었다. 효창 3년(527)에 寇賊이 자주 발생하고 자신도 조정으로부터 의심을 받게 되자, 마침내 자립하여 황제를 칭하였으나 전쟁에서 패한 후 萬俟醜奴에게 달아났다. 하지만 연안 3년(530)에 체포되어 처형되고 말았다. 여기서 "尚書 蕭寶寅"이라 한 것은 그가 희평 연간(516-518)에 殿中尚書를 역임하였기 때문이다.
230 『魏書』 권111, 「刑罰志」, 2885쪽.
231 『魏書』 권111, 「刑罰志」, 2886쪽.

年先朝舊格: 諸刑流及死, 皆首罪判定, 後決從者. 事必因本以求支, 獄若以輝逃避, 便應懸處, 未有捨其首罪而成其末愆. 流死參差, 或時未允. 門下中禁大臣, 職在敷奏. 昔邴吉爲相, 不存鬭斃, 而問牛喘, 豈不以司別故也. 案容妃等, 罪止於姦私. 若擒之穢席, 衆證分明, 卽律科處, 不越刑坐. 何得同宮掖之罪, 齊奚官之役. 案智壽口訴, 妹適司士曹參軍羅顯貴, 已生二女於其夫, 則他家之母. 禮云婦人不二夫, 猶曰不二天. 若私門失度, 罪在於夫, 釁非兄弟. 昔魏晉未除五族之刑, 有免子戮母之坐. 何曾諍之, 謂: 在室之女, 從父母之刑; 已醮之婦, 從夫家之刑. 斯乃不刊之令軌, 古今之通議. 律, 期親相隱之謂凡罪. 況姦私之醜, 豈得以同氣相證. 論刑過其所犯, 語情又乖律憲. 案律, 姦罪無相緣之坐. 不可借輝之愆, 加兄弟之刑. 夫刑人於市, 與衆棄之, 爵人於朝, 與衆共之, 明不私於天下, 無欺於耳目. 何得以非正刑書, 施行四海. 刑名一失, 駟馬不追. 旣有詔旨, 依卽行下, 非律之案, 理宜更請. 尙書元脩義以爲: 昔哀姜悖禮於魯, 齊侯取而殺之, 春秋所譏. 又夏姬罪濫於陳國, 但責徵舒, 而不非父母. 明婦人外成, 犯禮之愆, 無關本屬. 況出適之妹, 釁及兄弟乎? 右僕射游肇奏言: 臣等謬參樞轄, 獻替是司, 門下出納, 謨明常則. 至於無良犯法, 職有司存, 劾罪結案, 本非其事. 容妃等姦狀, 罪止於刑, 並處極法, 準律未當. 出適之女, 坐及其兄, 推據典憲, 理實爲猛. 又輝雖逃刑, 罪非孥戮, 募同大逆, 亦謂加重. 乖律之案, 理宜陳請. 乞付有司, 重更詳議. 詔曰: 輝悖法亂理, 罪不可縱. 厚賞懸募, 必望擒獲. 容妃、慧猛與輝私亂, 因此耽惑, 主致非常. 此而不誅, 將何懲肅! 且已醮之女, 不應坐及昆弟, 但智壽、慶和知妹姦情, 初不防禦, 招引劉輝, 共成淫醜, 敗風穢化, 理深其罰, 特敕門下結獄, 不拘恒司, 豈得一同常例, 以爲通準. 且古有詔獄, 寧復一歸大理. 而尙書治本, 納言所屬. 弗究悖理之淺深, 不詳損化之多少, 違彼義途, 苟存執憲, 殊乖任寄, 深合罪責. 崔纂可免郎, 都坐尙書, 悉奪祿一時.(刑罰志)

【역문】 신귀 연간(518-520)[232]에 난릉공주(蘭陵公主)[233]의 부마도위(駙馬都

尉)[234] 유휘(劉輝)[235]는 하음현(河陰縣)[236]의 백성 장지수(張智壽)의 누이 용비(容妃) 및 진경화(陣慶和)의 누이 혜맹(慧猛)과 어지럽게 간통한 후 공주(公主)를 구타하여 태아를 다치게 한 일로 죄를 받았다. 유휘(劉輝)는 죄가 두려워 도망하였다.[237] 문하성에서 그 죄의 처리에 대해 상주하기를, "[유휘(劉輝) 및 장용비(張容妃), 진혜맹(陣慧猛)을] 각각 사형에 처하고, 장지수(張智壽)와 진경화(陣慶和)는 모두 사정을 알면서도 간통을 방지하지 않았으므로 유죄(流罪)로 처벌해야 합니다."라고 하였다. 이에 조(詔)를 내려 말하기를, "장용비(張容妃) 및 진혜맹(陣慧猛)은 사죄를 용서하되 머리를 깎고 편(鞭)을 가한 후 노예로 삼아 궁중의 천역에 종사토록 하고, 다른 자들에 대해서는 상주한 바와 같이 하라."고 하였다. 상서삼공낭중(尙書三公郎中) 최찬(崔纂)이 의견을 내어 말하기를, "삼가 성지(聖旨)를 살펴보건대, 유휘(劉輝)를 현상모집(懸賞募集)하여, '만약 유휘(劉輝)를 체포한 자가 직인(職人)[238]일 경우 2계급 승진을 포상으로 내리

---

232 『魏書』 권59, 「劉輝傳」, 1312쪽에는 "正光 연간(520-525) 初"라고 하였다.

233 蘭陵은 山東省 嶧縣 동쪽에 있는 지명이다. 공주는 천자의 딸에 대한 호칭으로 蘭陵은 그 湯沐邑이다. 蘭陵公主는 世宗 宣武帝의 둘째 누이에 해당한다.

234 駙馬都尉는 前漢 武帝 때 설치되었으며, 본래 天子의 수레인 副車의 말을 관장하는 직책이었다. 魏·晉 이후에는 公主에게 장가든 자들이 모두 이 官名을 받았다.

235 『北史』에는 "劉暉"로 기재되어 있다. 南朝 宋 文帝(424-452)의 손자로 字는 重昌이다. 父親의 封爵을 계승하여 丹陽王이 되었고, 正始 연간(504-508) 初에 蘭陵公主에게 장가들어 員外常侍가 되었다. 公主가 본래 시기심이 많았던데다 劉輝의 소행 또한 좋지 못하였기 때문에 불화가 잦았다. 결국 파혼 후 관작을 박탈당하였지만 1년 뒤 다시 공주와 재혼하였다. 正光 연간(520-525) 初에 「刑罰志」의 기록과 같이 劉輝가 張氏와 陳氏 두 집안의 여성과 私通하였기 때문에 公主와 다투게 되었고, 임신 중이던 公主를 침상에서 떨어뜨린 후 구타를 가하였기 때문에 문제가 발생하였다. 劉輝는 도망하였지만 곧 체포되었다. 이후 사형을 받았지만 恩赦를 입어 곧 면제되었고, 正光 3년(522)에는 官爵도 회복되어 征虜將軍, 中散大夫가 되었다가 正光 4년(523)에 사망하였다.

236 현재 河南省 孟津縣의 동쪽 지역이다.

237 본 「刑罰志」는 특정 사건의 처리나 판결 과정을 둘러싸고 당시 궁정에서 벌어졌던 법률적 논의를 자세히 전해주는 흥미 있는 두 가지 사례를 싣고 있다(하나는 이미 앞서 나온 인신매매에 대한 논의이다). 그중 하나가 이하 전개되는 두 여성과 간통한 뒤에 그것을 시기한 아내를 구타하여 뱃속에 있는 태아를 다치게 한 뒤 처벌이 두려워 달아난 남성의 사례인데, 여기서는 간통한 두 여성 및 이들의 형제 등 모두 5명에 대한 죄를 둘러싸고 논의를 진행하고 있다는 점에서 주목할 만하다. 특히 구타당한 아내가 공주라는 특수한 신분이었기 때문에 이 사건의 처리를 둘러싸고 전개된 관료들의 논의 속에는 당시의 황제 권력과 관료제도 등에 대한 쟁점들이 내포되어 있다.

238 여기서 "職人"이 관직에 있는 모든 자를 가리키는 것인지, 아니면 庶民으로 관직에 나아간 자를 의

고, 백민(白民)[239]일 경우에는 임관하는 것을 허락하여 1계급을 승진시키며, 시역(廝役)[240]일 경우에는 그 역을 면제시키고, 노비일 경우에는 양민으로 삼는다.'고 하였습니다. 생각건대, 유휘(劉輝)는 반역(叛逆)의 죄가 없는데도 체포한 자에 대한 포상은 반역자 유선명(劉宣明)[241]의 경우와 동일합니다. 또한 문하성에서 그 죄의 처리에 대해 상주한 내용을 검토해 보면, '장용비(張容妃) 및 진혜맹(陳慧猛)은 유휘(劉輝)와 사통(私通)하면서 서로 지나치게 탐닉하여 정신을 미혹되게 한 결과 유휘가 분노를 품고 공주(公主)를 구타하여 태아를 다치게 하였습니다. 비록 율에 정식 조문은 없지만 그 죄는 극형에 처해야 마땅하니, 모두 사죄로 처단해야 합니다. 장지수(張智壽)와 진경화(陳慶和) 두 집안은 돈황(敦煌)으로 유배시켜 병사로 삼아야 합니다.'라는 것이었습니다. 폐하께서는 인자함을 널리 펼치시어 문하성의 판결에 따르지 않으셨습니다.[242] 비록 폐하께서 그 목숨을 용서하였다고는 하나, 삼가 그것으로는 충분치 않다고 생각합니다. 무릇 율령은 고조 효문제께서 천하를 다스리기 위해 제정하신 것이므로 희노(喜怒)의 정에 의해 증감되거나 친소의 관계에 의해 바뀌어서는 안 됩니다. 「투율」에 따르면, '조부모·부모가 분노하여 흉기로 자손을 살해한 경우 5세형에 처하고, 구타하여 살해한 경우에는 4세형에 처한다. 만약 마음에 애증을 품고 고의로 살해한 경우에는 각각 1등을 더한다.'고 하였습니다. 비록 왕희(王姬)[243]가 신하에게 시집을 갔을지

미하는 것인지는 명확하지 않다.

239 官位가 없는 일반 編戶民을 가리킨다.

240 "廝役"은 신분적으로 白民과 奴婢의 중간에 위치하며, 국가에 직속하여 다양한 직역에 驅使되는 자들을 말한다.

241 神龜 2년(519) 9월. 瀛州 백성 劉宣明이 일으킨 모반 사건의 전말은 『魏書』권9, 「肅宗本紀」, 229쪽과 『魏書』권58, 「楊昱傳」, 1292쪽 등에 보인다.

242 "不卽依決"과 관련하여 百衲本에는 "依決"이라는 두 글자가 누락되어 있지만, 그 밖의 대부분 판본에는 "施行"으로 기재되어 있다. 또한 『冊府元龜』권615에는 "依決"로 기재되어 있다. 그중 "不卽依決"이라 할 경우 [문하성의] 판결에 따르지 않는다는 의미가 되고, "不卽施行"이라 할 경우 곧장 시행하지 않는다는 의미가 된다. 위의 문장에 따르면, 문하성에서 張容妃와 陳慧猛을 각각 사형에 처하도록 요청하였다. 그러나 詔書에는 "사죄를 용서하되 笞를 가한 후 노예로 삼아 궁중의 천역에 종사토록 하라."고 하였으므로 문하성의 판결에 따르지 않은 것일 뿐, 시행하지 않았던 것은 아니다.

라도 그 신분의 존귀함은 세간의 일반적인 처(妻)와는 다른 것이지만, 남의 처(妻)가 된 뒤에 잉태한 태아는 그 아버지의 자식이 되지 않을 수가 없습니다.[244] 또한 영평 4년(511)에 제정된 선제(先帝)의 구 법령에 따르면,[245] '무릇 도형 · 유형 · 사형은 모두 수범(首犯)의 죄가 판정된 후[246]에 종범(從犯)의 죄를 결정한다.'고 하였습니다. 사정(事情)은 반드시 근본에 의거하여 그 지엽을 구해야 하는 것입니다. 이 사건의 처리는 만약 유휘(劉輝)가 도망 중이라는 사실을 고려한다면 되도록 보류해야 하며, 수범의 죄를 버려두고 종범의 죄를 결정한다고 하는 이치는 없습니다. 그렇게 되면 유형(流刑) · 사형(死刑)의 적용이 어그러지게 되어 때로는 그 타당성을 잃게 될까 염려스럽습니다. 문하성 중금대신(中禁大臣)의 직무는 천자에게 상주하여 의견을 개진하는 데 있습니다. 그 옛날 한대(漢代)의 병길(邴吉)이 승상이었을 때, 다투다가 길에서 사망에 이르게 된 자를 보고도 아무 것도 묻지 않았으나 소가 숨을 몰아쉬며 걷고 있는 것을 보고 그 연유를 물었던 일이 있습니다.[247] 이는 관원들이 맡은 바

---

243 周의 族姓은 姬였으므로 周王의 女息들은 모두 姬姓을 칭하였다. 후대에는 이에 따라 帝王의 딸을 "王姬"라 부르기도 한다.

244 이는 劉輝가 公主의 태아를 상살한 죄와 관련하여 부모가 자식을 살해한 경우에 해당하는 율을 적용해야 한다는 의미이다.

245 "然人婦之孕, 不得非子. 又依永平四年先朝舊格."과 관련하여 이 가운데 「子又依」세 자는 다른 판본에는 "一夕生"으로 기재되어 있으나, 『冊府元龜』권615에는 "子又依"로 기재되어 있다. "不得非一夕生"은 문맥상 순통치 못하다. 위의 문장에서는 「鬪律」의 祖父母 · 父母殺子孫條를 인용하였고, 여기서는 公主가 비록 귀하더라도 회임한 태아는 "非子"라고 할 수 없으므로 劉輝가 公主를 구타하고 태아를 다치게 한 것도 단지 아버지가 자식을 살해한 경우로 보아야 한다는 것이다. 아래 문장에서는 永平의 舊格에 의거하여 죄를 정할 때는 主犯을 먼저하고 從犯을 뒤에 해야 한다고 하였는데, 이는 위의 문장과는 다른 또 하나의 규정이다. 그러므로 "又依"라고 한 것이다. 따라서 『冊府元龜』와 『通典』의 기재가 더욱 타당한 듯하다. 다만 『通典』에는 "永平"이 "初平"으로 잘못되어 있다.

246 "皆首罪判定"과 관련하여 다른 판본에는 "定"이 "官"으로 되어 있으나 의미가 통하지 않는다.

247 "邴吉"은 『漢書』에 "丙吉"로 기재되어 있다. 字는 小卿으로 魯나라 출신이다. 前漢 宣帝 때 丞相이 되었다. 『漢書』권74, 「丙吉傳」, 3147쪽에 따르면, 그가 어느 날 외출하였을 때 싸움으로 死傷한 자가 길에 다수 쓰러져 있는 것을 보았지만 아무것도 묻지 않았다. 그러나 그 뒤 길에서 소가 가쁜 숨을 몰아쉬고 있는 것을 보고는 그 소가 몇 리나 걸어 왔는지를 물었다. 從者가 의아해 하자 그가 대답하기를, "백성이 싸움으로 상살한 것은 長安令이나 京兆尹이 관장하는 바이다. 이 봄에 그다지 멀리 걷지 않은 소가 더위에 헐떡거리는 것은 계절이 불순한 증거이고 재해나 變異가 발생할 우려가 있다. 승상인 자는 음양을 조화시키는 것이 임무이기 때문에 물은 것이다."라고 하였다고

직책에 구별이 있기 때문이 아니겠습니까?[248] 장용비(張容妃) 등의 죄를
살펴보면, 사통(私通)에 지나지 않습니다. 만약 이들을 사통의 현장에서
체포한 후 여러 증거들이 명백하다 할지라도 율문에 비추어 죄를 부과
하면 도형(徒刑) 이상의 죄가 될 수 없습니다. 이를 어찌 궁중에 배속하
는 죄나 해관(奚官)[249]에 복역시키는 죄와 동일시할 수 있겠습니까.[250] 장
지수(張智壽)가 진술한 내용에 따르면, 그의 누이는 사사조참군(司士曹參
軍)[251] 나현귀(羅賢貴)에게 시집가서 그 남편과의 사이에 이미 두 딸을 두
고 있다고 하니, 다른 집의 어머니인 것입니다. 『예기』에 '부인에게 남
편이 둘이 아닌 것은 하늘이 둘이 아닌 것과 같다.'고[252] 하였습니다. 만
약 집안에 분란이 있으면 그 죄는 남편에게 있는 것이지 그 허물이 형제
에게 있는 것은 아닙니다. 옛날 위(魏)·진(晉) 시기에는 5족 연좌의 형
이 아직 없어지지 않아 자식을 면제시키고 어머니를 주륙하는 형벌이 있
었습니다.[253] 하증(何曾)은 이에 반대[254]하여 '미혼인 딸은 부모가 받는 형

한다.
248 門下省은 劉輝의 사건 등에 개입해서 안 된다는 것을 의미한다.
249 奚官은 漢·晉 이래 宮中에 설치된 관청이다. 罪로 의해 官에 沒入된 奴婢가 여기에 배속되었다.
주로 奴婢들의 奴役을 管掌하고, 宮人의 질병이나 送葬 등의 일을 돌보는 것을 임무로 하였다.
250 "齊奚官之役"과 관련하여 百衲本에는 "役" 자가 누락되어 있고, 南監本에는 "奚官之律"로 기재되
어 있다. 하지만 『冊府元龜』 권615 및 『通典』 권167에 의거하여 "役" 자가 있는 것으로 해석한다.
251 "司" 자 아래 "徒" 혹은 "空" 자가 누락된 듯하다. 그렇지 않다면 士曹參軍 또는 司士參軍을 가리키는
것일 가능성도 있다. 다만 『唐六典』 권29에 따르면, 北魏의 親王府에 "司曹行參軍"이 보이는데 後代
의 例를 가지고 미루어 살펴본다면, 州의 屬僚 중에도 이와 동일한 관직이 있었을 것으로 생각된다.
그 職掌과 관련하여 『唐六典』 권30, 「三府督護州縣官吏」, 749쪽에 "土曹、司士參軍掌津梁、舟
車、舍宅、百工衆藝之事. 啟塞必從其時, 役使不奪其力, 通 山澤之利以贍貧人"고 하였다.
252 『儀禮』, 「喪服」의 傳에 "夫者妻之天也. 婦人不貳斬者, 猶曰不貳天也. 婦人不能貳尊也."라고 한 것
에 의거한다.
253 漢代 3族刑이 미쳤던 범위는 父母와 妻子 및 同産(형제)이었다. 그런데 『晉書』 권30, 「刑法志」,
925쪽에 따르면, 三國 魏나라 때 "大逆無道"와 "謀反大逆"을 구별하여 前者의 연좌는 祖父母·孫
에 미치지 않고,(大逆無道, 要斬, 家屬從坐, 不及祖父母、孫.) 後者는 "그 3族을 誅滅한다."(謀反大
逆, 臨時捕之, 或汙瀦, 或梟菹, 夷其三族.)고 하였다. 이 경우 前者의 연좌가 父母, 妻子, 同産에 한
정되어 있는 데 비하여 後者에서 언급된 "3族"은 당연히 祖父母와 孫을 포함한다고 생각되므로 실
질적으로는 5세대, 즉 "5族"까지 미치는 형벌이었다고도 할 수 있다. 그런데 여기서 "자식을 면제
시키고 어머니를 주륙하는 형벌이 있었다."고 한 것은 구체적으로 『晉書』 권30, 「刑法志」, 926쪽
에 기재된 바와 같이 毋丘儉이 대역죄로 주멸되었을 때 시집가서 자식을 잉태하고 있던 그의 孫
女 芝를 연좌시키고자 한 사건이 있었지만, 何曾의 반대에 의해 어렵게 면죄되었다. 이를 종합하

벌에 따르고, 기혼인 아내는 남편의 집안이 받는 형벌에 따라야 한다.'²⁵⁵ 고 하였는데, 이것이야말로 불멸의 법칙이고, 고금에 관통하는 바른 논의입니다. 율에 '기친(期親) 사이에는 그 죄를 서로 숨겨 줄 수 있다.'²⁵⁶ 고 한 것은 일반적인 범죄에 관해서 말한 것입니다.²⁵⁷ 하물며 사통(私通)과 같은 추행 등을 어찌 형제의 몸으로 서로 증언할 수가 있겠습니까? 형벌로 논하자면 그들이 범한 것보다 지나치고, 정황을 통해 말하여도 죄의 적용이 법에 어긋납니다. 율문에 따르면, 간통죄에는 연좌의 규정이 없습니다. 유휘(劉輝)에 대한 분노 때문에 장용비(張容妃) 및 진혜맹(陣慧猛) 등의 형제에게까지 형벌을 가해서는 안 됩니다. 무릇 저자에서 죄인을 형살하여 뭇 사람과 함께 그 시신을 버리는 것과 조정에서 작위를 봉하는 것은 천하에 공정하고 백성의 이목을 속이지 않음을 명확히 하는 것입니다. 어찌 형법에 부합하지 않는 것을 법으로 하여²⁵⁸ 천하

면, 원문에서 "五族之刑"이라 한 것은 祖父母, 父母, 妻 및 同産, 子, 孫의 5族까지 미치는 형벌을 의미한다고 볼 수 있을 것이다. 그러나 이와 달리 이해하는 방법도 있을 수 있다. 원문에 "魏·晉 시기에는 5族 연좌의 형벌이 아직 없어지지 않았다."고 되어 있는데, 이는 何曾이 제기한 주장이 나오기 이전의 형벌을 서술한 것으로 볼 수 있다. 그렇다면 何曾 이전과 이후 형벌 내용에는 어떠한 변화가 있었던 것일까. 그 이전에는 출가한 孫女까지도 연좌시키고 있었던 데 반하여 이후에는 이를 면제하였던 것으로 보인다. 그런데 何曾의 논의 속에는 孫의 연좌에 대한 언급이 없을 뿐더러, 何曾 이후 謀反大逆에 대한 孫의 연좌를 제외하였다는 증거도 없다. 다만 이를 문제 삼지만 않는다면, 문제는 출가한 자의 연좌 여부라는 하나의 사실로 귀착한다. 그러므로 何曾 이후의 "3族刑"에 비하면 그 이전의 연좌는 출가자에게도 미쳤기 때문에 그 범위가 더욱 넓었다고 할 수 있다. 지금 崔纂은 何曾 이후의 "3族刑"으로 보아 그 이전의 연좌가 "3族刑"을 넘으므로 "5族刑"이라 하였을 것이다. 이 경우 5族이라는 용어는 반드시 '5'라는 숫자에 구애되지는 않는다. 『後漢書』 권8, 「靈制本紀」, 330쪽이나 같은 책 권67, 「黨錮傳」, 2189쪽에 '5族', '5屬'이라는 말이 있고, 그 注에 "5服 이내의 親"으로 해석하고 있는 것 등을 감안한다면, 崔纂이 언급한 "5族의 刑"은 출가하였을지라도 服喪 관계가 있는 한 연좌된다는 의미로도 해석된다.

254 何曾(199~278)은 陳國 陽夏 사람이다. 曹魏 嘉平 6년(254)에 司隷校尉가 되었고, 西晉 武帝 즉위 (265) 뒤 태위가 되었다. 咸寧 4년(278)에 80세를 일기로 생을 마감하였다. 何曾의 반대론은 『晉書』 권30, 「刑法志」에 보인다.

255 "從夫家之刑"과 관련하여 『冊府元龜』 권615 및 『通典』 권167에는 "刑" 자가 "戮" 자로 기재되어 있다. "刑" 자는 앞 구절과 중복되므로 "戮" 자가 옳은 듯하다. 다만 "刑"으로 해석해도 문제가 없다.

256 『論語』, 「子路篇」.

257 "期親相隱之謂凡罪"와 관련하여 『冊府元龜』 권615에는 "之" 자가 "指" 자로 기재되어 있다.

258 "何得以非正刑書"와 관련하여 百衲本에는 "非" 자가 비어 있지만, 대부분 판본에는 "非" 자로 기재되어 있다. 『冊府元龜』 권615에는 "非" 자가 없으면서 칸이 비어있지도 않다. 여기에 글자 하나가 비어 있어야 하는 것은 틀림없는데, 『冊府元龜』에 비어 있지 않은 것은 刊本의 오류로 판단된다.

에 시행할 수 있겠습니까. 형의 적용이 한 번 실추되면, 그로 인한 여파가 삽시간에 퍼져나감을 막지 못하게 될 것입니다. 이미 폐하의 조령(詔令)이 내려진 이상[259] 그대로 바로 시행해야 합니다만, 율의 규정에 위배되는 처분 내용에 대해서는 이치상 거듭 심의를 요청하는 것이 마땅하다고 생각합니다."라고 하였다. 상서(尙書) 원수의(元修義)[260]가 의견을 내어 말하기를, "옛날 애강(哀姜)이 노나라에서 예에 어긋난 짓을 저지르자 제후(齊侯)는 그녀를 붙잡아 살해하였습니다. 이는 『춘추』에서도 비난하는 바입니다.[261] 또 하희(夏姬)는 진(陳)나라에서 도에 벗어난 죄를 범하였는데, 『춘추』에서는 그 자식인 하징서(夏徵舒)만을 견책하되 하희의 부모는 비난하지 않았습니다.[262] 부인이 시집을 간 뒤에 비로소 한 사람 앞의 여자로서 완성되었기 때문에 예를 범한 죄는 그 본속(本屬)과 무관함이 명백합니다. 하물며 출가한 누이의 허물이 그 형제에게까지 미칠 수 있겠습니까."라고 하였다. 상서우복야(尙書右僕射)[263] 유조(游肇)가[264] 상주하여 말하기를, "신들은 아둔한 몸으로 추기(樞機)에 참여하여

259 앞서 天子가 "張容妃와 陣慧猛은 사죄를 용서하되 머리를 깎고 笞를 가하여 奴婢로 삼은 뒤 궁중의 천역에 종사토록 하고, 다른 자들에 대해서는 상주한 대로 시행하라."고 한 詔書를 가리킨다.

260 원문에는 "元脩議"라고 하였지만, 『魏書』 19상, 「景穆十二王傳」에 「元脩義傳」이 있기 때문에 "議"는 "義"로 보아야 한다. 元脩義는 景穆帝의 孫子로 字는 壽安이다. 高祖 孝文帝 때 齊州刺史가 되었고, 후에 吏部尙書가 되었다. 正光 5년(524)에는 秦州에 반란이 일어나자 兼尙書右僕射, 西道行臺, 行秦州事가 되어 토벌에 나섰다가 병을 얻어 돌아왔고, 다시 雍州刺史가 된 후 任地에서 사망하였다. 여기서 "尙書"는 吏部尙書를 말한다.

261 『春秋左氏傳』 閔公 2년 및 僖公원년 등의 기사에 의거한다. 哀姜은 齊桓公의 女息으로 魯莊公의 妻가 되었지만 莊公의 庶兄인 共仲(公子慶父)과 私通하였고, 莊公이 죽고 그 아들 閔公이 즉위하자 그를 시해한 후 共仲을 즉위시키는 계획에 가담하였다. 이로 인해 齊桓公은 哀姜을 사로잡아 살해하였지만, 『春秋左氏傳』에서는 이를 비난하여 "齊나라 사람이 哀姜을 죽인 것은 도가 지나친 행위이다. 여자가 출가하면 남편을 따라야 하는 것이다."라고 하였다.

262 『春秋左氏傳』 宣公 9년, 10년, 11년 등의 기사에 의거한다. 夏姬는 鄭穆公의 女息으로 陳 大夫 夏御叔에게 시집갔지만, 陳의 靈公, 大夫 孔寧, 儀行父 세 사람과 姦通하였다. 이 세 사람의 관계를 알아차린 夏徵舒(夏姬의 아들)는 깊이 원망하여 靈公을 射殺하였다. 이에 대해 『春秋』는 "陳의 夏徵舒가 그 君을 시해하다."라고 기재함으로써 군주를 시해한 죄인으로서 譴責하고 있다. 그러나 夏姬의 불륜에도 불구하고 그 본속 부모에 대하여 『春秋』는 아무런 비난의 말도 덧붙이지 않았다.

263 尙書省의 長官을 尙書令이라 한다. 그 次官으로 左·右僕射를 두었다.

264 游肇(452~520)의 字는 伯始로 廣平 任縣 사람이다. "肇"라는 이름은 高祖 孝文帝로부터 하사받았다. 散騎侍郞, 魏郡太守를 거쳐 경명 연간(500~503) 말에 黃門侍郞, 散騎常侍가 되었고, 侍中을 겸하였다. 肅宗 孝明帝가 즉위(515)한 뒤 中書令에서 尙書右僕射가 되었다. 宣武, 孝明 두 황제를

폐하를 보필하는 일을 직무로 하고 있습니다. 문하성은 왕명의 출납을 담당하고 변하지 않는 법칙을 밝히는 일을 담당합니다. 올바르지 못한 무리들이 범법행위를 하는 일에 관해서는 전문으로 그것을 담당하는 사법기관이 따로 있으니, 죄를 취조하여 판결을 정하는 일은 본래 문하성의 직책이 아닙니다. 장용비(張容妃) 등의 간통죄는 도형(徒刑) 이상을 넘지 않습니다. 이를 문하성에서 모두 극형에 처하라고 하는 것은 율에 비추어 볼 때 적절하지 않습니다. 또 출가한 여자의 경우 죄가 그 형제에까지 미치는 것은 법전에 준거할 때 실로 지나치게 가혹하다고 말하지 않을 수가 없습니다. 또 유휘(劉輝)가 도망하여 형벌을 회피하고는 있지만, 그 죄는 사형에 해당할 정도가 아닌데도 그를 체포하는 자를 모집하여 대역(大逆)과 동일하게 다루는 것은 역시 지나치다 이를 만합니다. 율의 규정에 위배된 처분 내용은 이치상으로도 재심을 상청해야 합니다. 바라옵건대 유사(有司)에 내려 보내어 거듭 상세히 심의토록 하십시오."라고 하였다. 이에 조(詔)를 내려 말하기를, "유휘(劉輝)는 법을 어그러뜨리고 도리를 어지럽혔기 때문에 그 죄를 용서할 수는 없다.[265] 그러므로 포상을 두터이 하여 유휘(劉輝)를 체포하는 자를 모집한 것은 반드시 체포되기를 바랐기 때문이다. 장용비(張容妃) 및 진혜맹(陣慧猛)은 유휘(劉輝)와 사통(私通)하였고, 그 때문에 정욕에 사로잡혀 공주(公主)를 구타하여 상처를 입히는 해괴한 사건을 일으켰다. 이러한 짓을 한 자들을 주륙하지 않으면 도대체 어떻게 사회 질서를 바로잡을 수 있겠는가? 또 기혼 여성에 대해서는 그 죄가 형제에까지 미쳐서는 안 되지만 장지수(張智壽)와 진경화(陣慶和)의 경우 누이들이 저지른 불륜의 실정을 알면서도 애초에 이를 방지하지 않고 유휘(劉輝)를 끌어들여 음란한 짓을 하도록 도왔다. 이처럼 풍속을 어지럽히고 교화를 더럽히는 행위는 이치상 그 벌을 무겁게 해야 한다. 그러므로 특별히 문하성에 명하여 처단

섬기면서 直言諫止하여 꺼리는 바가 없었다. 정광 원년(520)에 69세를 일기로 생을 마감하였다.

265 "輝悖法亂理, 罪不可縱"과 관련하여 "亂理"를 "者之"로 기재한 판본도 있다.

하게 하고 종래대로 해당 관청에 맡기지 않은 것이다. 어찌 이 사건을
통상의 재판 사례와 완전히 동일시하여 일반의 준칙에 따라야 하겠는
가? 게다가 예전에는 조옥(詔獄)²⁶⁶이라는 것도 있었는데, 어찌 재판을
모두 대리시(大理寺)에게 돌릴 필요가 있단 말인가? 또 상서성은 정치의
근본을 관장하고 납언(納言)하는 것이 그 직무이다. 그런데 상서성은 이
치에 어그러진 바의 얕고 깊음을 구명하지 않고 교화를 해치는 바의 다
소를 자세히 살피지 않으며, 인의도덕(仁義道德)을 위배하고, 다만 안이
하게 법을 고집하는 데 관심을 두며 심히 짐의 의중에 기대고 있으니,
깊이 그 죄를 문책하는 것이 마땅하다. 최찬(崔纂)은 면직하고, 도좌상서
(都坐尙書)²⁶⁷는 모두 봉록 3개월 치를 박탈하라."고 하였다.²⁶⁸(『위서』「형
벌지」)

【원문】 謀反之家, 其子孫雖養他族, 追還就戮. 其爲劫賊應誅者, 兄弟子
姪在遠, 道隔關津, 皆不坐.(源賀傳引律)

【역문】 모반(謀反)한 집안은 그 자손이 비록 다른 친족에게 부양되고 있다
할지라도 모두 추포(追捕)하여 사형에 처하도록 한다. 만약 강제로 도적
질을 자행하여 응당 사형에 처해야 하는 경우 그 죄인의 형제와 아들 및
조카가 관(關) · 진(津)을 넘어야만 도달할 수 있는 먼 지역에 살고 있다
면, 모두 그 죄를 연좌하지 않는다.²⁶⁹(『위서』「원하전」에서 율을 인용)

【원문】 諸告事不實, 以其罪罪之.(韓熙傳引律)

【역문】 무릇 사정을 진술할 때 실제와 부합하지 않을 경우 그 죄로써 죄를
준다.²⁷⁰(『위서』「한희전」에서 율을 인용)

---

266 天子의 詔書를 받들어 행하는 특별한 재판을 말한다.
267 이 都坐尙書가 어떠한 존재인지는 명확하지가 않다. 다만 都坐는 北魏의 大臣이 政事를 논의하던
　　곳을 가리킨다. 그렇다면 都坐尙書는 하나의 官名이 아니라 都坐에 出入하는 尙書令, 左 · 右僕射
　　등을 총칭하는 八坐尙書를 말하는 듯하다.
268 『魏書』 권111, 「刑罰志」, 2886-2888쪽.
269 『魏書』 권41, 「源賀傳」, 920쪽.

【원문】 臨軍征討而故留不赴者, 死. 軍還先歸者, 流.(崔亮傳引律)

【역문】 군대가 출정하는데 고의로 머물며 나아가려 하지 않는 경우에는 사형에 처한다. 군대가 철수할 때 앞 다투어 물러나는 경우에는 유형에 처한다.271(『위서』「최량전」에서 율을 인용)

【원문】 李平部分諸軍, 將水陸兼進. 亮違平節度, 以疾請還, 隨表而發. 平表曰: 按律, 臨軍征討而故留不赴者死, 又云, 軍還先歸者流. 軍罷先還, 尙有流坐, 況亮被符令停, 委棄而反, 失乘勝之機, 闕水陸之會? 緣情據理, 咎深故留. 今處亮死.(崔亮傳)

【역문】 이평(李平)은 각 부대를 배치하여 수륙(水陸) 양방향으로 진공(進攻)하고자 하였다. 당시 최량(崔亮)은 이평의 작전 지휘에 저항하여 병을 핑계로 돌아갈 것을 청하고는 조정에 보고하기 위해 떠나는 행렬을 따라 군영을 이탈하였다. 이에 이평이 상표(上表)하여 말하기를, "율에 따르면, '군대가 출정하는데 고의로 머물며 나아가려 하지 않는 경우에는 사형에 처한다.'고 하였고, 또한 '군대가 철수할 때 앞 다투어 물러나는 경우에는 유형에 처한다.'고 하였습니다. 군대가 철수하는 마당에 앞 다투어 돌아가는 경우조차 유형의 처벌을 받게 되는데, 하물며 최량이 명령을 받고도 머물러 있다가 끝내 군대를 버려두고 되돌아감으로써 승세를 탈 수 있는 기회를 실추하고 수륙 양방향으로 진공할 계획을 어그르뜨린 일에 대해서야 말할 필요가 있겠습니까? 정황에 의거하여도, 이치에 근거하여도 그 죄과는 '고의로 머물러 나아가지 않은 죄[故留]'를 넘어섭니다. 지금 최량을 사형에 처해야 합니다."라고 하였다.272(『위서』「최량전」)

【원문】 在邊合率部衆不滿百人以下斬.(裴植傳引律)

---

270 『魏書』 권60, 「韓熙傳」, 1334쪽.
271 『魏書』 권66, 「崔亮傳」, 1479쪽.
272 『魏書』 권66, 「崔亮傳」, 1478-1479쪽.

【역문】 변경 지역에서 규합하여 거느린 병사의 수가 100명이 되지 못하는 경우에는 참수(斬首)한다.[273](『위서』「배식전」에서 율을 인용)

【원문】 詐稱制者死.(裴植傳引詐僞律)

【역문】 황제의 명령을 사칭한 경우에는 사형에 처한다.[274](『위서』「배식전」에서 사위율을 인용)

【원문】 造謗書者, 皆及孥戮.(陳奇傳引律)

·【역문】 시정을 비방하는 글을 작성한 경우에는 처와 자식에 이르기까지 모두 사형에 처한다.[275](『위서』「진기전」에서 율을 인용)

【원문】 子孫告父母、祖父母者死.(竇瑗傳引律)

【역문】 자(子)·손(孫)이 부모나 조부모를 고발한 경우에는 사형에 처한다.[276](『위서』「두원전」에서 율을 인용)

【원문】 邂逅不坐.(侯剛傳引律)

【역문】 뜻하지 않게 죽음에 이르게 된 경우 죄를 주지 않는다.[277](『위서』「후강전」에서 율을 인용)

【원문】 後剛坐掠殺試射羽林, 爲御史中尉元匡所彈, 廷尉處剛大辟. 尙書令、任城王澄爲之言於靈太后, 侯剛歷仕前朝, 事有可取, 纖芥之疵, 未宜便致於法. 靈太后乃引見廷尉卿裴延、少卿袁翻於宣光殿, 問曰: 剛因公事掠人, 邂逅致死, 律文不坐. 卿處其大辟, 竟何所依? 翻對曰: 案

---

273 『魏書』 권71 「裴植傳」, 1571쪽.
274 『魏書』 권71 「裴植傳」, 1571쪽.
275 『魏書』 권92 「陳奇傳」, 1847쪽.
276 『魏書』 권88 「竇瑗傳」, 1909쪽.
277 『魏書』 권93 「侯剛傳」, 2005쪽.

律邂逅不坐者, 謂情理已露, 而隱避不引, 必須筆撻, 取其款言, 謂撾撻
以理之類. 至於此人, 問則具首, 正宜依犯結案, 不應橫加筆扑. 兼剛口
唱打殺, 撾築非理, 本有殺心, 事非邂逅. 處之大辟, 未乖憲典.(侯剛傳)

【역문】 이후 후강(侯剛)은 한 명의 우림군(羽林軍)을 매질하여 죽인 일로 죄
를 받아 어사중위(御史中尉) 원광(元匡)에게 탄핵되었는데, 정위(廷尉)는
그런 후강에게 사형[大辟]을 선고하였다. 상서령(尚書令) 임성왕(任城王)
원징(元澄)이 그를 위해 영태후(靈太后)에게 사정을 설명하여 말하기를,
"후강은 선황(先皇) 때부터 중요한 직무를 역임하면서 일을 처리하는 데
탁월한 능력을 선보였습니다. 지금 자질구레한 과실이 있다고는 하나,
이와 같은 중벌(重罰)을 내리기에는 마땅치가 않습니다."라고 하였다.
영태후가 이에 정위경(廷尉卿) 배연(裴延)과 소경(少卿) 원번(袁翻)을 선광
전(宣光殿)으로 불러들여 하문하기를, "후강이 공사(公事)로 인하여 사람
을 매질하기는 하였으나 뜻하지 않게[邂逅] 죽음에 이르게 되었으니, 법
률 조문에 따르면 죄를 주지 않는 것이 옳다. 그런데 경(卿)들은 그에게
사형을 선고하였으니, 이는 대관절 무엇에 근거한 것인가?"라고 하였다.
원번이 대답하여 말하기를, "율에 '뜻하지 않게 죽음에 이르게 된 경우
죄를 주지 않는다.'고 한 규정에 따르면, 매질을 당한 자의 죄행이 매우
명확하게 드러나 있는데도 사실을 숨기고 자백하지 않으려 할 때, 반드
시 장형(杖刑)으로 편(鞭)을 가하여 그 자백을 얻어내려 한 경우를 가리
키며, 정리(情理)에 의거하여 매질을 가한 상황을 말합니다. 이번에 매질
을 당하여 죽은 사람의 경우 죄를 물은 즉시 조목조목 자백을 하였으니,
마땅히 그가 범한 과실에 의거하여 판결을 해야만 하는 것이지, 멋대로
매질을 더욱 가하는 행위는 온당치가 않습니다. 아울러 후강은 당시 자
신의 입으로 그를 때려죽이겠다고 말하면서 정당한 이유도 없이 매질을
가하였으니, 본래부터 죽이려는 마음을 가지고 있었던 것이지, 뜻하지
않게 죽이게 된 것은 결코 아니라는 것입니다. 그러므로 그를 사형에 처
하는 것은 조금도 법률 규정에 어긋나는 일이 아닙니다."라고 하였다.[278]

(『위서』「후강전」)

【원문】 惑衆.(淸河王懌引律. 懌表諫曰: 臣聞律深惑衆之科.)

【역문】 [요사스러운 말과 행위로] 민중을 현혹하는 행위.[279](『위서』「청하왕역전」에서 율을 인용. 원석(元懌)이 표문(表文)을 올려 간언하기를, "신이 듣건대, 율은 민중을 현혹하는 행위에 대한 처벌을 매우 엄중히 한다고 하였습니다."[280]라고 하였다.)

【원문】 對捍詔使, 無人臣之禮, 大不敬者死.(北史宋繇傳引律)

【역문】 조칙(詔勅)을 받든 사신(使臣)에 대항하여 인신(人臣)의 예를 갖추지 않고 대불경죄를 범한 경우 사형에 처한다.[281](『북사』「송요전」에서 율을 인용)

【원문】 緣坐配沒爲工樂雜戶者, 皆用赤紙爲籍, 其卷以鉛爲軸.(左傳襄二十三年疏, 引魏律. 又見攬莒微言)

【역문】 연좌(緣坐)로 관(官)에 몰입(沒入)되어 각각 공호(工戶)·악호(樂戶)·잡호(雜戶)로 배속된 경우 모두 붉은 종이[赤紙]를 사용하여 장부를 작성하며, 그 문서들은 연(鉛)으로 축(軸)을 만들어 묶어 둔다.[282](『좌전』, 양공 23년의 소에서 위율을 인용. 또한 『남신미언』에도 같은 내용이 보인다.)

◉ 魏刑名 위의 형명

【세주 원문】 按後魏刑名, 魏書刑罰志不載, 惟志於世祖高祖定律, 屢稱五刑若干, 是

---

278 『魏書』 권93 「侯剛傳」, 2005쪽.
279 『魏書』 권22 「淸河王懌傳」, 592쪽.
280 『魏書』 권22 「淸河王懌傳」, 592쪽.
281 『北史』 권34 「宋繇傳」, 1273쪽.
282 『左傳』, 襄公 23년 疏.

後魏刑名, 原分五等. 據世宗紀正始元年六月, 錄京師見囚, 殊死已下皆減一等, 鞭
杖之坐悉皆原之. 孝莊紀建義二年四月, 曲赦畿內, 死罪至流人減一等, 徒刑以下悉
免. 高閭傳, 自鞭杖已上至於死罪, 皆謂之刑. 是後魏刑名, 以流徒次死刑之下, 又
以鞭杖次流徒之下. 考隋志, 北齊刑名有五, 一曰死, 二曰流刑, 三曰刑罪, 卽耐罪,
四曰鞭, 五曰杖. 後周刑名, 一曰杖刑五, 二曰鞭刑五, 三曰徒刑五, 四曰流刑五, 五
曰死刑五. 周齊刑制, 大抵本後魏之制而增損之, 則後魏刑名爲死流徒鞭杖之五, 益
無可疑云.

【세주 역문】 후위(後魏)의 형명에 대하여 살펴보면, 『위서』 「형벌지」에는 이에 대한
기재가 없다. 다만 「형벌지」는 세조와 고조 때 율을 개정한 내용 중에서 누차 오형
에 대해 조금씩 언급하고 있을 뿐인데, 이를 통해서 후위의 형명이 본래 다섯 등급으
로 나뉘어 있었음을 알 수 있다. 「세종본기」에 따르면, 정시 원년(504) 6월에 "경사
(京師)에 구류되어 있는 죄수들을 조사하여 사형[殊死] 이하는 모두 1등을 감하여 주
고, 편형과 장형의 처벌을 받아야 하는 경우에는 모두 다 사면해 주도록 하였다."[283]
고 하였고, 「경종본기」에는 건의 2년(529) 4월에 "기내(畿內)의 죄수들을 특별히 사
면[曲赦]하여 사형에서 유형까지는 1등을 감하여 주고, 도형 이하는 모두 그 죄를 면
제해 주도록 하였다."[284]고 하였으며, 「고려전」에서는 "편형과 장형 이상부터 사죄
(死罪)에 이르기까지를 모두 형(刑)이라 부른다."[285]고 하였다. 이를 통해 후위의 형
명 중에서 유형과 도형은 사형의 아래에 위치하고, 다시 편형과 장형이 유형과 도형
의 아래에 위치한다는 것을 알 수 있다. 『수서』 「형법지」에 따르면, 북제의 형명에
는 다섯 가지가 있다. 첫째는 사형이고, 둘째는 유형이며, 셋째는 형죄, 즉 내죄이며,
넷째는 편형이고, 다섯째는 장형이다. 후주의 형명은 첫째가 장형으로 다섯 등급이
고, 둘째는 편형으로 다섯 등급이며, 셋째는 도형으로 다섯 등급이고, 넷째는 유형으
로 다섯 등급이며, 다섯째는 사형으로 다섯 등급이다. 북주와 북제의 형벌 제도는 대
체로 후위의 제도를 근본으로 하면서 여기에 첨삭을 가한 것이니, 후위의 형명도 사
형·유형·도형·편형·장형의 오형으로 이루어져 있었을 것이라는 데는 더 이상

---

283 『魏書』 권8 「世宗本紀」, 197쪽.
284 『魏書』 권10 「敬宗本紀」, 261쪽.
285 『魏書』 권54 「高閭傳」, 1204쪽.

의심의 여지가 없다고 하겠다.

◉ 死刑 사형

【세주 원문】 按魏書刑罰志, 神廳中, 崔浩定律, 分大辟爲二科死, 斬死, 入絞. 大逆不道腰斬, 害其親者轘之. 是死刑原分四等. (唐六典注, 崔浩定刑名, 大辟有轘、腰斬、殊死、棄市四等.) 高祖太和三年, 改律重者止梟首. 據高宗紀, 太和元年秋七月, 定三等死刑. 所謂三等者, 蓋卽梟首斬絞. 隋志載北齊死刑, 重者轘之, 其次梟首, 次斬刑, 殊身首, 次絞刑, 死而不殊. 北周死刑亦有絞斬梟首, 皆沿魏制. 蓋後魏死刑, 世祖時分四等, 高祖時分三等, 世宗改律, 於死刑史無明文. 然據劉凱傳, 天平中, 凱遂遣奴害公主. 乃轘凱於東市, 妻梟首, 事在世宗定律以後, 是轘刑仍未盡廢. 惟腰斬之刑, 傳不經見, 意者自高祖改律而後, 遂不再用此制歟. (刑罰志, 太和元年司徒元丕等奏, 大逆及賊各棄市祖斬, 此卽大逆不用腰斬之明證.)

【세주 역문】 『위서』「형법지」에 따르면, "신가 연간(428-431)[286]에 최호(崔浩)로 하여금 율령을 개정하게 하였다. 이때 사형[大辟]을 나누어 두 종류로 하였으니, 참수형(斬首刑)과 교사형(絞死刑)이 그것이다. 대역부도(大逆不道)는 요참형(腰斬刑)에 처하고, 자신의 부모를 살해한 경우에는 환형(轘刑)에 처한다."[287]고 하였으니, 이를 통해 사형은 본래 4등급으로 나뉘어 있었음을 알 수 있다. (『당육전』 주에 "최호에게 형명을 개정하게 하여, 사형에 환형·요참·주사·기시의 4등급을 두었다."[288]고 하였다.) 고조 태화 3년(479)에 율을 개정하여 사형의 경우 [그 최고형은] 다만 효수(梟首)에 그치도록 하였다.[289] 「고조본기」에 따르면, 태화 원년(477) 가을 7월에 "3등급의 사형을 정하였다."[290]고 하였는데, 이른바 "3등급"이라는 것은 대체로 효수와 참수, 그리고 교사를 가리킨다. 『수서』「형법지」는 북제의 사형에 대해 "가장 무거운 형벌은 환형이

---

286 『魏書』 권4상 「世祖本紀」, 79쪽에 따르면, 이는 神廳 4년(431)의 일이다.

287 『魏書』 권111 「刑罰志」, 2874쪽.

288 『唐六典』 권6 「尙書刑部」 注, 182쪽.

289 『魏書』 권111 「刑罰志」, 2877쪽에는 "[太和]五年冬訖, 凡八百三十二章. … 除蟊行剽劫首謀門誅, 律重者止梟首."라고 하여, 太和 5년(481)에 율령의 개정 작업이 완료되었다고 한다.

290 『魏書』 권7상, 「高祖本紀」, 144쪽.

고, 그 다음은 효수이며, 그 다음은 참형으로 몸에서 머리를 절단하는 것이고, 그 다음은 교형으로 죽이지만 머리를 절단하지는 않는다."[291]고 기재하였다. 북주의 사형에도 교형과 참형, 그리고 효수가 있었는데, 이는 모두 후위의 제도를 계승한 것이었다. 후위의 사형은 세조 때 4등급으로 나뉘었다가 고조 때 3등급으로 바뀌었고 재차 세종 때 율령의 개정이 있었던 것으로 생각되는데, 사서(史書)에는 사형에 대한 명문(明文)이 실려 있지가 않다. 하지만 「소보인전(蕭寶夤傳)」[292]에 따르면, "천평 연간(534-537)에 소개(蕭凱)가 마침내 부리던 종을 보내어 공주를 살해하게 하였다. 이에 유개를 동시(東市)에서 환형에 처하였고, 그의 아내는 효수형에 처하였다."[293]고 하였는데, 이는 세종이 율을 개정한 이후의 일이었다. 그러므로 여전히 환형이 완전히 폐지되었던 것은 아니었음을 알 수 있다. 그런데 오직 요참형만 그와 관련하여 전해지는 내용을 찾아볼 수가 없는데, 이는 고조 때 율령을 개정한 이후 결국 다시는 이 제도를 사용하지 않았기 때문일 것이라고 생각된다. (「형벌지」에 따르면, 태화 원년(477)에 사도(司徒) 원비(元丕) 등이 상주하기를, "대역 및 살인을 범한 경우에는 각각 기시에 처하되, 웃옷만을 벗겨 참수하게 하여 주십시오."[294]라고 하였으니, 이는 곧 대역죄에 요참형을 가하지 않았다는 명확한 증거이다.)

● **轘** 거열(車裂)

【원문】 肥率三千騎討之, 破准於九門, 斬仇儒, 生擒准. 詔以儒肉食, 准傳送京師, 轘之於市, 夷其族.(長孫肥傳)

【역문】 장손비(長孫肥)가 삼천 명의 기병을 거느리고 토벌에 나섰다. 구문(九門)에서 조준(趙准)의 군대를 격파한 후 구유(仇儒)를 참수하였으며 조준을 생포하였다. 이에 조(詔)를 내려 구유의 고기를 씹어 먹고, 조준은

---

291 『隋書』 권25, 「刑法志」, 705쪽.
292 본문에서는 「劉凱傳」이라고 하였으나, 『魏書』에는 「劉凱傳」이 없다. 다만 「蕭寶夤傳」에 동일한 내용이 보이는데, 여기에 등장하는 '凱'라는 인물 역시 '劉凱'가 아니라 蕭寶夤의 차남인 蕭權의 막내아들이므로 '蕭凱'라고 해야 옳다.
293 『魏書』 권59, 「蕭寶夤傳」, 1324쪽.
294 『魏書』 권111, 「刑罰志」, 2877쪽.

경사(京師)로 압송한 후 저자에서 환형에 처하며 그 일족도 주살토록 하였다.[295](『위서』「장손비전」)

【세주 원문】 按據此, 知太祖已用轘刑, 蓋襲慕容垂之制.

【세주 역문】 이에 따르면, 태조가 이미 환형을 활용하였음을 알 수 있는데, 이는 대체로 후연(後燕) 모용수(慕容垂) 때의 제도를 계승한 것이다.

【원문】 時雁門人有害母者, 八座奏轘之而瀦其室.(邢虬傳)

【역문】 당시 안문(雁門) 지역에 어머니를 살해한 자가 있었는데, 팔좌(八座)에서 그를 환형에 처하고 그 가실(家室)을 주살해야 한다고 상주하였다.[296](『위서』「형규전」)

◉ **梟首** 효수

【원문】 又疏凡不達律令, 見律有梟首之罪, 乃生斷兵手, 以水澆之, 然後斬決.(宋弁傳)

【역문】 또한 우활(迂闊)하여 율령을 제대로 이해치 못하였다. 이에 율령 조문 중에 효수의 규정이 있는 것을 보고는 병사의 손을 산 채로 절단하여 그 위에 물을 뿌리고 난 뒤에야 참수를 시행하였다.[297](『위서』「송변전」)

【원문】 梟斬首惡, 餘從疑赦.(王叡傳)

【역문】 마땅히 수악(首惡)을 효참(梟斬)해야 할 뿐, 나머지 추종자나 혐의가 있는 자들은 모두 사면하십시오.[298](『위서』「왕예전」)

---

295 『魏書』 권26, 「長孫肥傳」, 652쪽.
296 『魏書』 권65, 「邢虬傳」, 1450쪽, "時雁門人有害母者, 八座奏轘之而瀦其室, 宥其二子."
297 『魏書』 권63, 「宋弁傳」, 1418쪽.
298 『魏書』 권93, 「王叡傳」, 1988쪽, "與其殺不辜, 寧赦有罪. 宜梟斬首惡, 餘從疑赦, 不亦善乎?"

【원문】 祉便斬隊副楊明達, 梟首路側.(羊祉傳)

【역문】 양지(羊祉)는 즉시 대부(隊副) 양명달(楊明達)을 참(斬)하여 길가에 효수하였다.[299](『위서』「양지전」)

◉ 斬 참

【원문】 州表斬盜馬人, 於律過重.(趙郡王幹傳)

【역문】 주(州)에서 말을 훔친 사람에게 참형(斬刑)을 내리는 것은 율에 의거하였을 때 지나치게 무거운 처벌이라고 상표(上表)하였다.[300](『위서』「조군왕간전」)

【원문】 世祖知爲斤(建子)所誣, 遣宜陽公伏樹覆按虛實, 得數十事. 遂斬斤以徇.(王建傳)

【역문】 세조는 왕근[왕건(王建)의 아들]이 다른 사람을 무고(誣告)한 것이라는 사실을 깨달은 후 의양공(宜陽公) 복수(伏樹)를 파견하여 다시 그 진상을 조사하게 하였더니, 수십 가지의 사정(事情)이 밝혀졌다. 마침내 왕근을 참수(斬首)함으로써 만천하에 드러내 보이도록 하였다.[301](『위서』「왕건전」)

◉ 絞 교

【원문】 以不道處死, 絞刑.(安定王休傳)

【역문】 부도(不道)로써 사형에 처해져 교형을 받았다.[302](『위서』「안정왕휴전」)

---

299 『魏書』 권89, 「羊祉傳」, 1923쪽.
300 『魏書』 권21상, 「趙郡王幹傳」, 542쪽. "州表斬盜馬人, 於律過重, 而尙書以幹初臨, 縱而不劾."
301 『魏書』 권30, 「王建傳」, 711쪽.
302 『魏書』 권19하, 「安定王休傳」, 519쪽. "御史中丞侯剛案以不道, 處死, 絞刑, 會赦免, 黜爲員外常侍."

【원문】 就市絞刑.(奚康生傳)

【역문】 저자로 나아가 교형에 처하였다.303(『위서』「해강생전」)

【원문】 處康生斬刑, 難處絞刑.(奚康生傳)

【역문】 해강생(奚康生)을 참형(斬刑)에 처할 수 있을 뿐, 교형에 처하기는 어려웠다.304(『위서』「해강생전」)

【원문】 高祖馭宇, 留心刑法. 故事, 斬者皆裸形伏質, (按此本漢制, 詳漢律考) 入死者絞, 雖有律, 未之行也. 太和元年, 詔曰: 刑法所以禁暴息姦, 絶其命不在裸形. 其參詳舊典, 務從寬仁. 司徒元丕等奏言: 聖心垂仁恕之惠, 使受戮者免裸骸之恥. 普天感德, 莫不幸甚. 臣等謹議, 大逆及賊各棄市祖斬, 盜及吏受賕各絞刑, 踦諸甸師. 又詔曰: 民由化穆, 非嚴刑所制. 防之雖峻, 陷者彌甚. 今犯法至死, 同入斬刑, 去衣裸體, 男女媟見. 豈齊之以法, 示之以禮者也. 今具爲之制.(刑罰志)

【역문】 고조(高祖)는 집권한 후 형법에 관해 마음을 두었다. 이전에는 참수형의 경우 모두 나체로 사형대 위에 엎드리게 하고, (이는 본래 한나라의 제도이다. 앞서 「한율고」에서 상세히 밝혀 두었다.) 사형의 경우에는 교수형에 처한다는 내용이 비록 율문에 규정되어 있었을지라도 좀처럼 시행되지 못하였다.305 태화 원년(477)에 조(詔)를 내려 말하기를, "형법은 포악한 행위를 금지하고 간악한 행위를 그치게 하기 위한 것이므로 그 생명을 끊는 데 나체로 둘 필요는 없다. 모름지기 예전의 법전을 잘 살펴서 너그럽고 어진 쪽을 따르는 데 힘쓰도록 하라."고 하였다. 사도(司徒) 원비

---

303 『魏書』 권73, 「奚康生傳」, 1633쪽.

304 『魏書』 권73, 「奚康生傳」, 1632쪽, "肅宗既上殿, 康生時有酒勢, 將出處分, 遂爲叉所執, 鎖於門下. 至曉, 叉不出, 令侍中·黃門·僕射·尙書等十餘人就康生所訊其事, 處康生斬刑, 難處絞刑."

305 앞서 世祖 太武帝는 大辟를 死刑과 斬首刑의 두 종류로 나누고, 死刑의 경우 교수형으로 처단할 것을 정하였다. 그런데 그 뒤 실제로는 사형, 곧 교수형은 시행되지 않았고 오직 참수형만이 시행되었다. 즉 大辟을 받은 자는 모두 예외 없이 나체로 처형되었음을 의미한다.

(元丕) 등이 상주하여 말하기를, "폐하께서는 인서(仁恕)의 은혜를 베푸시어 형륙을 받는 자로 하여금 나체가 되는 수치를 면하도록 하셨습니다. 온 천하는 폐하의 높은 덕에 감명받아 큰 다행으로 여기지 않음이 없습니다. 신(臣)들이 삼가 논의한 바를 말씀드리건대, 대역부도와 살인을 범한 자는 각각 기시(棄市)에 처하되 웃옷만을 벗겨 참수하고, 도둑질한 자나 관리로서 뇌물을 받은 자는 각각 교수형에 처하되 전사(甸師)[306]에서 사형에 처할 수 있도록 해주십시오."라고 하였다. 이에 다시 조(詔)를 내려 말하기를, "백성은 덕 있는 교화에 따르는 것이지 엄격한 형벌로 통제할 수 있는 바가 아니다. 범죄를 방지하는 것이 준엄하더라도 죄에 빠지는 이들은 더욱 많다. 지금 법을 어겨서 사형에 이르는 자는 모두 참수형에 처할 때 의복을 벗겨서 나체로 한 결과, 남녀가 부끄럼 없이 이것을 보고 있다. 이것이 어찌 '백성을 가지런히 하는 데 법으로써 하고 백성에게 보이는 데 예로써 한다.'[307]는 데 부합하는 것이겠는가. 지금 낱낱이 이[308]를 구체적인 규정으로 제정토록 하라."고 하였다.[309]
(『위서』「형벌지」)

● 流刑 유형

【원문】有司以孚事下廷尉, 處孚流罪.(臨淮王譚傳)

【역문】 유사(有司)에서 탁발부(拓拔孚)와 관련된 사안을 정위(廷尉)에게 하달하였고, 정위는 탁발부를 유죄(流罪)에 처하였다.[310](『위서』「임회왕담전」)

---

306 "甸師"는 『周禮』에 보이는 관직명으로 郊野에 관한 일을 관장하였다. 다만 여기서는 田野 등 사람의 이목이 집중되지 않는 곳에서 사형에 처하는 것을 말하는 듯하다.
307 이는 『論語』「爲政篇」에 "백성을 이끄는 데 정치로 하고 가지런히 하는 데 형벌로 하면 백성들은 면하고도 부끄러워하지 않는다. 백성을 이끄는 데 德으로 하고 백성을 가지런히 하는 데 禮로 하면 부끄러워하고 또 바르게 된다."는 구절에 의거한다.
308 바로 위에 있는 元丕의 上奏를 가리킨다.
309 『魏書』 권111, 「刑罰志」, 2876-2877쪽.
310 『魏書』 권18, 「臨淮王譚傳」, 426쪽, "有司以孚事下廷尉, 丞高謙之云孚辱命, 處孚流罪."

【원문】 自今已後, 犯罪不問輕重, 而藏竄者悉遠流.(源賀傳)

【역문】 지금부터 죄를 범한 정도의 경중(輕重)에 관계없이 [이를 회피하고] 도망하여 숨은 경우에는 모두 멀리 유배토록 하라.[311](『위서』「원하전」)

【원문】 高祖詔特恕其父死罪, 以從遠流.(長孫慮傳)

【역문】 고조는 조(詔)를 내려, "특별히 그 부친의 사죄(死罪)를 용서하는 바이니, 멀리 유배 보내는 것에 따르도록 하라."고 하였다.[312](『위서』「장손려전」)

【원문】 恕死從流.(奚康生傳)

【역문】 사죄(死罪)를 용서하여 유죄에 따르도록 하였다.[313](『위서』「해강생전」)

【세주 원문】 按隋志, 北齊流刑鞭笞各一百, 髡之投於邊裔. 後周流刑五亦各鞭笞. 後魏流刑, 有無附加鞭笞, 史無明文. 據劉輝傳, 兄弟皆從鞭刑, 徒配敦煌爲兵. 趙脩傳, 脩雖小人, 承侍在昔, 極辟之奏, 欲加未忍. 可鞭之一百, 徒敦煌爲兵. 薛野睹傳, 攀及子僧保鞭一百, 配敦煌. 是流徒例應加鞭. 刑罰志引法例律, 諸犯死罪, 若祖父母, 父母年七十以上, 無成人子孫, 旁無期親者, 具狀上請. 流者鞭笞, 留養其親云云, 是處流者例加鞭笞, 惟留養其親者, 免其遠流, 故僅與鞭笞也. 李崇傳, 定州流人解慶賓兄弟, 坐事俱徒揚州. 弟思安背役亡歸, 慶賓懼後役追責, 規絶名貫, 乃認城外死尸, 詐稱其弟爲人所殺; 又有女巫陽氏自云見鬼, 說思安被害之苦, 數日之間, 思安亦爲人縛送. 崇召女巫視之, 鞭笞一百. 疑後魏流刑未有道理之差, 加鞭笞各一百, 與北齊同.

【세주 역문】 『수서』「형법지」에 따르면, 북제의 유형은 "편과 태를 각각 100대씩 가한 후 두발을 잘라 변경으로 보낸다."[314]고 하였다. 후주의 유형 5등급 역시 각각 편

---

311 『魏書』 권41, 「源賀傳」, 923쪽.
312 『魏書』 권86, 「長孫慮傳」, 1882쪽.
313 『魏書』 권73, 「奚康生傳」, 1632쪽, "康生如奏, 難恕死從流."
314 『隋書』 권25, 「刑法志」, '齊', 705쪽.

과 태를 가하였다.[315] 후위의 유형에서도 편과 태를 부가하였는지에 대해서는 사서(史書)에 명문(明文)이 남아 있지를 않다. 「유휘전」에 따르면, "형제에게 모두 편형을 가한 후 돈황(敦煌)으로 도배(徒配)하여 병사로 삼았다."[316]고 하였고, 「조수전」에는 "조수(趙脩)가 비록 미천한 신분이기는 하나 이전에 곁에서 짐(朕)을 시봉(侍奉)한 일이 있으니, 그를 극형(極刑)에 처해달라는 주청(奏請)에 짐(朕) 또한 극형을 가하고자 해도 차마 그렇게 하지는 못하겠노라. 편형 100대를 가한 후 돈황으로 도배(徒配)하여 병사로 삼을 수 있도록 하라."[317]고 하였으며, 「설야도전」에는 "장반(張攀) 및 그의 아들 장승보(張僧保)는 편형 100대를 가한 후 돈황으로 도배(徒配)토록 하라."고 하였는데, 이를 통해 유배를 보낼 때는 대부분 응당 편형을 가하였음을 알 수 있다. 「형벌지」에서 법례율을 인용하여 "무릇 사죄를 범한 자로서 만약 조부모나 부모가 70세 이상인데도 성년이 된 자손이 없거나 주변에 기친(期親)이 없는 경우에는 정황을 갖추어 보고한다. 유죄(流罪)를 범한 자로서 동일한 사정에 있는 자는 편태(鞭笞)를 가하여 계속해서 머물며 그 부모를 봉양토록 한다."[318]고 하였는데, 이는 유형에 처해진 경우 모두 편형과 태형을 가해야 하는 것으로 다만 그 부모를 곁에서 봉양해야 하는 경우에만 멀리 유배 보내는 것을 면제하여 주는 것이기 때문에 이 경우에는 편형과 태형만을 가할 뿐이라는 것을 의미한다. 「이숭전」에는 "정주(定州)의 유민(流民) 해경빈(解慶賓) 형제는 죄를 짓고 함께 양주(揚州)로 유배되었다. 그러던 중 아우인 해사안(解思安)이 노역 장소에서 이탈하여 고향으로 도망가자, 해경빈은 이후 진행될 노역에서 추가 징벌이 가해질 것을 두려워하여 아우의 이름을 호적에서 제거하고자 하였다. 이에 성 밖에서 시신(屍身) 한 구를 찾아내어 그의 아우가 누군가에 의해 살해되었다고 거짓으로 진술하였다. 또한 스스로 귀신을 볼 수 있다고 하는 양씨(陽氏)라는 여성 무당이 있었는데, 그녀는 죽은 해사안이 살해를 당한 후 몹시 괴로워하고 있다고 말하였다. 그러나 며칠 뒤에 해사안 역시 포박된 후 압송되어 왔다. 이숭(李崇)은 여자 무당을 불러 그를 보게 하고는 편과 태를 각각 100대씩 가하였

---

315 『隋書』 권25, 「刑法志」, '周', 707쪽, "四曰流刑五, 流衞服, 去皇畿二千五百里者, 鞭一百, 笞六十."
316 『魏書』 권59, 「劉輝傳」, 1312쪽.
317 『魏書』 권93, 「趙脩傳」, 1999쪽.
318 『魏書』 권111, 「刑罰志」, 2885쪽.

다."[319]고 하였으니, 후위의 유형에도 여전히 도리(道理)에 따른 형벌의 차이는 없었던 것으로 보이며, 편과 태를 100대씩 가하였던 것은 북제의 경우와 동일하였다.

◉ 徒刑　도형

【세주 원문】 按徒刑亦稱年刑, 刑罰志引獄官令諸犯年刑以上是也. 魏凡數次改定律令, 其刑名亦必時有更改, 今不可考.

【세주 역문】 도형은 또한 연형(年刑)이라고도 불린다. 「형벌지」에서 옥관령을 인용하여 "무릇 연형 이상의 죄를 범한 경우"[320]라고 한 것이 바로 이것이다. 후위는 수차례 율령을 개정하였으므로 그 형명에도 반드시 시기에 따른 변화가 있었을 것이나 지금은 살펴볼 수가 없다.

【원문】 天賜元年五月, 置山東諸冶, 發州郡徒謫, 造兵甲.(太祖紀)

【역문】 천사 원년(404) 5월, 산동(山東) 지역에 여러 곳의 대장간을 설치하여 각 지역에서 도죄(徒罪)를 지은 이들을 유배 보내어 무기와 갑옷을 만들게 하였다.[321](『위서』「태조본기」)

【세주 원문】 按據此, 知高祖改律, 其刑名仍沿流徒之稱也.

【세주 역문】 이에 따르면, 고조가 율령을 개정할 때 그 형명은 여전히 유형과 도형이라는 명칭을 계승하고 있었음을 알 수 있다.

【원문】 不實不忠, 實合貶黜, 謹依律科徒.(甄琛傳)

【역문】 성실하지도 않고 충성스럽지도 않으니, 실로 관직을 박탈해야 마땅합니다. 삼가 법률에 의거하여 도형에 처하도록 해주십시오.[322](『위서』

319 『魏書』 권66, 「李崇傳」, 1468쪽.
320 『魏書』 권111, 「刑罰志」, 2879쪽, "諸犯□年刑已上枷鎖, 流徒已上, 增以杻械."
321 『魏書』 권2, 「太祖本紀」, 41쪽.

「견침전」)

【세주 원문】 按隋志, 北齊耐罪有五歲、四歲、三歲、二歲、一歲之差, 凡五等, 各加鞭一百, 其五歲以下, 又加笞. 惟一歲無笞, 皆不髡. 後周徒刑五, 自一年至五年, 亦各加鞭笞. 後魏徒刑有無加髡與鞭笞, 無考據. 李訢傳, 應死, 以糾李敷兄弟, 故得降免, 百鞭髡刑, 配爲厮役. 是魏徒刑匹加髡, 如晉律髡鉗五歲刑笞二百之例, 且又例應加鞭也. 劉輝傳, 初輝又私淫張陳二氏女. 公主遂與輝復致忿爭. 輝推主墮床, 主遂傷胎. 靈太后召淸河王懌決其事, 二家女髡笞付宮, 是髡刑又得加笞也. 然其鞭與笞之數, 則皆不可考.

【세주 역문】 『수서』「형법지」에 따르면, 북제의 "내죄(耐罪)에는 5세·4세·3세·2세·1세의 차이가 있고, 모두 5등급이다. 각각 편을 100대씩 가한다. 그중 5세형 이하는 다시 태를 가한다. 오직 1세형만 태를 가하지 않으며, 모두 두발을 자르지는 않는다."323고 하였고, 후주의 도형 5등급도 1년부터 5년까지 마찬가지로 각각 편과 태를 가한다.324 후위의 도형에서도 두발을 깎거나 편과 태를 가하였는지에 대해서는 근거할 만한 자료가 없다. 「이혼전」에 "마땅히 사형에 처해야 하지만, 그가 이부(李敷) 형제의 죄행을 고발하였으므로 특별히 사형만큼은 면할 수 있도록 하니, 편을 100대 가하고 두발을 자른 후 유배 보내어 노비로 삼도록 하라."325고 하였는데, 이를 통해 후위의 도형에는 반드시 두발을 깎는 형벌[髡]이 가해졌으며, 진율(晉律)의 곤겸오세형태이백(髡鉗五歲刑笞二百)326의 사례와 같이 또한 대부분 편이 가하여졌음을 알 수 있다. 「유휘전」에 "당초 유휘(劉輝)는 재차 장씨(張氏)와 진씨(陳氏)인 두 여자를 몰래 간음하였다. 이 일로 공주(公主)는 결국 유휘와 다시금 다툼을 벌이게 되었다. 이때 유휘가 공주를 침상으로 밀쳐 넘어뜨렸고, 공주는 끝내 뱃속의 태아에

---

322 『魏書』 권68, 「甄琛傳」, 1513쪽.
323 『隋書』 권25, 「刑法志」, '齊', 705쪽.
324 『隋書』 권25, 「刑法志」, '周', 707쪽, "三曰徒刑五, 徒一年者, 鞭六十, 笞十. 徒二年者, 鞭七十, 笞二十. 徒三年者, 鞭八十, 笞三十. 徒四年者, 鞭九十, 笞四十. 徒五年者, 鞭一百, 笞五十."
325 『魏書』 권46, 「李訢傳」, 1041쪽.
326 "髡鉗"은 髡鉗城旦春의 의미로서 5년의 勞役刑을 말한다. 이 경우 형기가 중요하고 "笞二百"은 부가형의 의미로 해석할 수 있다.

상처를 입히고 말았다. 영태후(靈太后)가 청하왕(淸河王) 원역(元懌)을 불러들여 그 일을 처리하게 하였고, 장씨와 진씨 두 집안의 여자들은 두발을 깎이고 태를 맞은 후 궁중의 시녀로 넘겨졌다."327고 하였는데, 이는 두발을 깎는 형벌에 다시 태형을 부가한 것이었다. 그러나 그 편형과 태형을 가한 구체적인 횟수는 모두 살펴볼 방법이 없다.

【세주 원문】 又案刑罰志, 神䴥中, 除五歲、四歲刑, 增一年刑. 是世祖定律, 徒刑僅三等. 然據楊椿傳, 有依律處刑五歲之文, 事在世宗改律以後, 是徒刑仍用五等之制也.

【세주 역문】 또한 「형벌지」에 따르면, "신가 연간(428-431)에 5세형과 4세형을 없애고, 1년의 도형을 늘렸다."328고 하였는데, 이를 통해 세조가 율령을 개정할 때는 도형에 다만 3등급만이 있었음을 알 수 있다. 그러나 「양춘전」을 살펴보면, "율에 의거하여 5세형에 처한다."329는 내용이 있는데, 이는 세종이 율을 개정한 이후의 일이므로 도형에서 여전히 5등급의 제도를 활용하고 있었음을 알 수 있다.

【원문】 五歲刑.

【역문】 오세형.

【원문】 在州, 爲廷尉奏椿前爲太僕卿日, 招引細人, 盜種牧田三百四十頃, 依律處刑五歲. 尙書邢巒, 據正始別格奏椿罪應除名爲庶人, 注籍盜門, 同籍合門不仕. 世宗以新律旣班, 不宜雜用舊制, 詔依寺斷, 聽以贖論.(楊椿傳)

【역문】 [양춘(楊椿)은] 주자사(州刺史)로 있었을 때, 정위(廷尉)에 의해 그가 이전에 태복경(太僕卿)으로 임직할 당시, 빈민들을 끌어다가 관목전(官牧田) 340경(頃)을 몰래 경작시켰다는 이유로 고발되어 율에 따라 5세형

---

327 『魏書』 권59, 「劉輝傳」, 1312쪽.
328 『魏書』 권111, 「刑罰志」, 2874쪽.
329 『魏書』 권58, 「楊椿傳」, 1287쪽.

에 처해졌다. 상서(尙書) 형만(邢巒)이 『정시별격』에 근거하여 상주하기를, "양춘의 죄는 응당 제명(除名)하여 서인(庶人)으로 삼고 문적(門籍)을 도문(盜門)으로 기입하여 그와 적(籍)을 같이 하는 가문(家門) 전체가 모두 관직에 임용될 수 없도록 해야만 합니다."라고 하였다. 세종은 신율(新律)을 이미 반행(班行)하고 난 뒤임에도 옛 제도를 혼용하는 것은 마땅치가 않다고 여겼다. 이에 조(詔)를 내려, "정위의 판결에 따라 금전으로 속죄하는 것을 허락한다."고 하였다.[330](『위서』「양춘전」)

【세주 원문】 按據此, 知後魏徒刑許贖. 刑罰志, 世祖定律, 當刑者贖. 考北齊後周五刑, 均許贖罪, 魏制當同, 不獨徒刑也. 隋志, 贖罪舊以金, 北齊代以中絹, 是魏贖罪仍用金, 惟斤兩之數, 則不可考. (孔穎達尙書正義, 漢及後魏贖罪皆用黃金, 後魏以金難得, 合金一兩, 收絹十匹.)

【세주 역문】 이에 따르면, 후위의 도형은 금전으로 속죄하는 것이 허락되었음을 알 수 있다. 「형벌지」에 따르면, 세조가 율을 개정하여 형(刑)을 받아야 하는 경우 금전으로 속죄할 수 있도록 하였다.[331] 북제와 후주의 오형을 살펴보면, 모두 속죄를 허락하였다. 후위의 제도 또한 응당 이와 같았던 것이며, 단지 도형에만 국한되어 적용되었던 것은 아니다. 『수서』「형법지」에 따르면, "속죄를 할 경우 이전에는 금을 사용하였지만, 북제에서는 중등 품질의 비단[中絹]으로 이를 대신하였다."[332]고 하였으니, 후위의 속죄는 여전히 금을 사용하였음을 알 수 있다. 다만 그 중량[斤兩]의 수치는 살펴볼 방법이 없다. (공영달의 『상서정의』 소(疏)에 따르면, "한나라 때부터 후위 때까지 속죄를 하는 데 모두 황금을 사용하였다. 그러나 후위 때는 금을 구하기가 어려웠기 때문에 금 1냥 당 비단[絹] 10필씩을 거두었다."[333]고 한다.)

【원문】 四歲刑.

---

330 『魏書』 권58, 「楊椿傳」, 1286–1287쪽.
331 『魏書』 권111, 「刑罰志」, 2874쪽, "世祖卽位, … 詔司徒崔浩定律令, … 當刑者贖. 貧則加鞭二百."
332 『隋書』 권25, 「刑法志」, '齊', 705쪽.
333 『尙書注疏』「虞書」, '舜典第二'.

【역문】 사세형.

【원문】 三歲刑.

【역문】 삼세형.

【원문】 尙書僕射李沖, 奏祐散逸淮徐, 無事稽命, 處刑三歲, 以贖論.(高祐傳)

【역문】 상서복야(尙書僕射) 이충(李沖)은 고우(高祐)가 회서(淮徐) 지역에 한 가롭게 은거하면서 아무런 이유도 없이 시간을 지체하며 왕명에 따르지 않았으니, 3세형에 처하되 속형으로 논죄할 수 있도록 해야 한다고 상주 하였다.[334](『위서』「고우전」)

【원문】 二歲刑.

【역문】 이세형.

【원문】 一歲刑.

【역문】 일세형.

◉ **鞭刑** 편형

【원문】 龍虎罪亦不合刑, 忽忽之失, 宜科鞭五十.(禮志)

【역문】 용호(龍虎)의 죄 또한 그 형벌이 합당치 않습니다. 창졸지간(倉卒之 間)에 발생한 과실이므로 마땅히 편(鞭) 50대를 부과해야 합니다.[335](『위 서』「예지」)

【원문】 時有南方沙門惠度, 以事被責, 未幾暴亡, 芳因緣關知, 文明太后

---

[334]『魏書』 권57,「高祐傳」, 1262쪽.
[335]『魏書』 권108-4,「禮志」, '喪服下', 2799쪽.

召入禁中, 鞭之一百.(劉芳傳)

【역문】 당시 남방의 승려 혜도(惠度)가 어떠한 일로 책벌(責罰)을 받았는데, 오래지 않아 갑자기 사망을 하는 일이 발생하였다. 유방(劉芳)이 그와 교우 관계가 있었다는 사실이 알려지자 문명태후(文明太后)는 그를 궁중으로 불러들여 편(鞭) 100대를 가하였다.[336](『위서』「유방전」)

【원문】 雍表請: 王公以下賤妾, 悉不聽用織成錦繡、金玉珠璣, 違者以違旨論; 奴婢悉不得衣綾綺縑, 止於縵繒而已, 奴則布服, 並不得以金銀爲釵帶, 犯者鞭一百. 太后從之, 而不能久行也.(高陽王雍傳)

【역문】 원옹(元雍)이 표문(表文)을 올려 청하기를, "왕공 이하의 천첩은 화려하게 수놓인 견직(絹織) 복장이나 금·옥·진주와 같은 보석을 착용할 수 없게 하시고, 이를 위반하는 경우에는 성지(聖旨)를 어긴 것과 동일하게 논죄할 수 있도록 하여 주십시오. 노비는 모두 문양이 새겨진 사직(絲織) 복장을 착용할 수 없게 하고, 다만 문양이 없는 사직(絲織) 복장만을 착용할 수 있게 하여 주십시오. 그중 노(奴)는 포(布)로 만든 복장만을 착용할 수 있게 하시고 노(奴)와 비(婢) 모두 금이나 은을 사용하여 비녀나 허리띠를 만들지 못하게 하시되, 이를 어길 경우 편(鞭) 100대를 가할 수 있도록 하여 주십시오."라고 하였다. 태후는 그의 의견을 따랐으나, 오랫동안 시행할 수는 없었다.[337](『위서』「고양왕옹전」)

【원문】 沛郡太守邵安、下邳太守張攀, 咸以貪惏獲罪, 各遺子弟詣闕, 告刺史虎子縱民通賊, 妄稱無端. 安宜賜死, 攀及子僧保鞭一百, 配敦煌. 安息他生鞭一百. 可集州官兵民等, 宣告行決.(薛野䐗傳)

【역문】 패군(沛郡) 태수(太守) 소안(邵安)과 하비(下邳) 태수 장반(張攀)은 모두 재물을 탐하여 뇌물을 받은 죄를 범한 후, 각각 그 자제들을 궁궐로

---

336 『魏書』 권55 「劉芳傳」, 1219-1220쪽.
337 『魏書』 권21상 「高陽王雍傳」, 556쪽.

보내어 자사(刺史) 설호(薛虎)의 아들이 백성들을 저버리고 적과 사통(私通)하였다고 고발하게 하여, 거짓으로 있지도 않은 일을 진술하게 하였다. 소안에게는 마땅히 사형을 내리고, 장반 및 그의 아들 장승보(張僧保)는 각각 편(鞭)을 100대씩 가한 후 돈황(敦煌)으로 유배토록 하라. 소안의 아들 소타생(邵他生)에게는 편을 100대 가하도록 하라. 해당 주(州)의 관원 및 병사, 백성들을 불러 모아 이들의 죄행을 선포하여 알리도록 한 뒤 판결을 집행토록 하라.[338](『위서』「설야도전」)

【세주 원문】 按隋志, 載北齊鞭有一百、八十、六十、五十、四十等, 後周鞭刑五自六十至於百, 魏鞭刑等無考. 據高陽王雍、薛野睹、劉芳諸傳及禮志可考者, 僅一百五十兩種, 疑制當與北齊同. 神䴥中, 詔當刑者贖, 貧則加鞭二百, 此因貧不能贖乃加鞭, 非常例.

【세주 역문】 『수서』「형법지」에 따르면, 북제의 편형에는 100대, 80대, 60대, 50대, 40대 등이 있고,[339] 후주의 편형 5등급은 60대부터 100대까지 이른다[340]고 기재되어 있다. 그러나 후위의 편형 등에 대해서는 사서(史書)에 기재가 보이지 않는다. 「고양왕옹전」, 「설야도전」, 「유방전」 등 여러 인물들의 전기 및 「예지」를 통해서 살펴볼 수 있는 것들은 다만 152종에 불과하다. 그렇지만 그 제도는 응당 북제와 동일하였을 것으로 추측된다. 신가 연간(428-431)에 "형(刑)을 받아야 하는 경우 금전으로 속죄할 수 있도록 하되, 가난하여 속죄금을 낼 수 없는 경우에는 편을 200대 가하도록 하라."는 조(詔)가 내려졌는데, 이는 가난으로 인하여 속죄금을 낼 수 없는 경우에 한하여 편형을 가하였던 것이므로 일상적인 사례는 아니었다.

【세주 원문】 又按鞭者鞭背. 甄琛傳, 趙脩小人, 背如土牛, 殊耐鞭杖, 是也. 魏時刑罰濫酷, 鞭杖之數, 雖有定律, 而科處者率意爲輕重. 趙脩傳, 是日脩詣領軍, 旨決百鞭, 其實三百. 脩素肥壯, 腰背博碩, 堪忍楚毒, 了不轉動. 鞭訖, 卽召驛馬, 促之

---

338 『魏書』권44 「薛野睹傳」, 998쪽.
339 『隋書』권25 「刑法志」, '齊', 705쪽, "四曰鞭, 有一百、八十、六十、五十、四十之差, 凡五等."
340 『隋書』권25 「刑法志」, '周', 707쪽, "二曰鞭刑五, 自六十至於百."

令發. 出城西門, 不自勝擧, 縛置鞍中, 急驅馳之. 其母妻追隨, 不得與語. 行八十里乃死. 名決百鞭, 而實三百, 其酷如此.

【세주 역문】 또한 편형은 등[背]에 가하였던 것으로 보인다. 「견침전」에 "조수(趙脩)는 미천한 신분으로 그 등이 흙으로 만든 소처럼 생겼으니, 남달리 편장(鞭杖)을 더잘 견뎌낼 수 있을 것이다."라고 한 데서 그와 같은 사실을 알 수 있다. 후위 때의 형벌은 지나치게 엄혹하여 편장의 수가 비록 율에 정해져 있을지라도 형을 집행하는자가 뜻하는 대로 그 경중(輕重)을 조절할 수 있었다. 「조수전」에 "당일, 조수가 영군(領軍)에 이르렀을 때 성지(聖旨)는 편형 100대로 결정하였지만, 실제로는 300대가 집행되었다. 조수는 본디 신체가 건장하여 허리와 등이 넓으면서도 단단하였으므로 매질을 온전히 받아내면서도 몸을 뒤틀거나 하지 않았다. 이에 형을 집행하던 이들은 편형을 모두 마치자마자 즉시 역마를 불러들여 서둘러 출발하게 하였다. 서문밖을 나섰을 때 조수는 이미 몸을 똑바로 가눌 수가 없었으므로 그를 말의 안장 쪽에단단히 동여맨 후 다시 급하게 말을 몰아 달려갔다. 그의 어머니와 아내가 뒤에서 따랐지만, 이들과 더불어 대화를 할 수가 없을 정도였다. 그렇게 80리(里)를 달려갔지만, 조수는 끝내 죽고 말았다."고 하였다. 명목상으로는 편형 100대였지만, 실제로는300대였다고 하니, 그 엄혹함이 이와 같았던 것이다.

● 杖刑 장형

【원문】 魏初法嚴, 朝士多見杖罰.(高允傳)

【역문】 위나라 초에는 법률이 매우 엄정하여 조정의 인사들도 대부분 장벌(杖罰)을 목격하였다.[341](『위서』「고윤전」)

【원문】 而幹悠然不以爲意, 彪乃表彈之. 高祖省之忿惋, 乃親數其過, 杖之一百, 免所居官, 以王還第.(趙郡王幹傳)

---

341 『魏書』 권48 「高允傳」, 1089쪽.

【역문】 그럼에도 원간(元幹)이 태연자약하게 신경을 쓰지 않자, 이표(李彪)는 이내 표문을 올려 그를 탄핵하였다. 고조는 이표의 상소를 살펴본 후 몹시 분노하였고, 이내 친히 그 죄과를 일일이 열거한 후 그에게 장(杖) 100대를 가하였다. 결국 원간이 담당하고 있던 관직을 박탈한 후 단지 왕의 신분만을 유지시켜 사택(私宅)으로 돌아가게 하였다.[342](『위서』「조군왕간전」)

【원문】 高宗以建貪暴懦弱, 遣使就州罰杖五十.(陳建傳)

【역문】 고종은 진건(陳建)이 탐욕이 많고 포학하면서도 의지가 굳세지 못하다고 생각하였다. 이에 사신(使臣)을 유주(幽州)로 보내어 그에 대한 벌(罰)로 장(杖) 50대를 가하도록 하였다.[343](『위서』「진건전」)

【원문】 初, 壽興爲中庶子時, 王顯在東官, 賤, 因公事壽興杖之三十.(常山王遵傳)

【역문】 당초 원수홍(元壽興)이 중서자(中庶子)가 되었을 때, 왕현(王顯)은 동궁(東宮)에 있었지만 그 지위가 매우 낮았다. 공사(公事)로 인하여 원수홍이 왕현에게 장(杖) 30대를 가하였다.[344](『위서』「상산왕준전」)

【원문】 彝敷政隴右, 多所制立, 諸有罪咎者, 隨其輕重, 謫爲土木之功, 無復鞭杖之罰.(張彝傳)

【역문】 장이(張彝)는 농우(隴右) 지역에서 정사를 펼치면서 많은 제도를 세운 바 있다. 무릇 지은 죄가 있는 경우에는 그 경중(輕重)에 따라 토목 공사에 투입시키되, 더 이상 편장(鞭杖)의 형벌을 가함이 없었다.[345](『위서』

---

342 『魏書』권21상, 「趙郡王幹傳」, 543쪽, "而幹悠然不以爲意. 彪乃表彈之. 高祖省之忿惋. 詔幹與北海王詳, 俱隨太子詣行在所. 旣至, 詳獨得朝見. 幹不蒙引接. 密令左右察其意色, 知無憂悔, 乃親數其過. 杖之一百. 免所居官. 以王還第."
343 『魏書』권34, 「陳建傳」, 803쪽.
344 『魏書』권15, 「常山王遵傳」, 377쪽.

「장이전」)

【원문】 縣令有罪, 遂自杖三十.(長孫儉傳)

【역문】 현령이 죄를 범하여, 결국 스스로 장(杖) 30대를 가하였다.346(『위서』
「장손검전」)

【세주 원문】 按隋志, 載北齊杖有三十、二十、十三等. 後周杖刑五, 自十至五十. 今
以魏書考之, 杖有之五十或一百者, 如陳建及趙郡王幹傳, 然皆出於特旨, 殆非常
例. 據任城王雲傳, 請取諸職人及司州郡縣犯十杖已上百鞭已下收贖之物, 絹一匹,
輸磚二百, 以漸修造. 詔從之. 太傅、淸河王懌表奏其事, 遂寢不行. 所云十杖已上
百鞭已下, 其制殆與北齊同. 刑罰志載理官鞫囚, 杖限五十, 此則訊囚之杖, 限於五
十, 又不在杖刑之數也.

【세주 역문】 『수서』「형법지」에 따르면, 북제의 장형에는 30대, 20대, 13대 등이 있
었고,347 후주의 장형 5등급은 10대부터 50대에 이르렀다348고 기재되어 있다. 현재
『위서』를 통하여 이를 살펴보면, 장형으로 50대 혹은 100대를 가한 경우가 있었으
며,「진건전」및「조군왕간전」등의 내용이 이와 같았다. 그러나 이는 모두 특별한
성지(聖旨)에 의해 나온 것으로 대부분 일상적인 사례는 아니었다.「임성왕운전」에
따르면, "각종 직위(職位)가 있는 이들을 징집하고, 사주(司州) 지역 군현(郡縣)에서
10장(杖) 이상 100편(鞭) 이하의 죄를 범한 이들로부터 속죄 물품을 거둘 경우에는
비단[絹] 1필을 납부하게 하고 아울러 벽돌 200장을 수송하게 하여 점차적으로 군사
시설을 중수(重修)하는 데 쓰일 수 있도록 할 것을 청하였다. 황제가 조(詔)를 내려
그 의견에 따르도록 하였다. 그러나 태부(太傅) 청하왕(淸河王) 원역(元懌)이 위 의견
에 반대하는 표문을 상주한 이후 점차 시행되지 않게 되었다."349고 하였는데, 여기

---

345 『魏書』권64,「張彝傳」, 1428쪽, "彝數政隴右, 多所制立, 宣布新風, 革其舊俗, 民庶愛仰之, 爲國造
佛寺名曰興皇, 諸有罪笞者, 隨其輕重, 謫爲土木之功, 無復鞭杖之罰."
346 『魏書』권22,「長孫儉傳」, 808쪽, "周文又與儉書曰: 近聞公部內縣令有罪, 遂自杖三十, 用肅羣下,
聞之嘉歎良久不可言."
347 『隋書』권25,「刑法志」, '齊', 705쪽, "五曰杖. 有三十、二十、十之差. 凡三等."
348 『隋書』권25,「刑法志」, '周', 707쪽, "一曰杖刑五, 自十至五十."

서 언급하고 있는 "10장 이상 100편 이하"의 제도는 대부분 북제와 유사하다. 「형벌지」에 "취조를 맡은 관리가 죄수를 국문(鞫問)하는 경우 장(杖)을 가할 수 있는 횟수는 50대로 제한한다."[350]고 하였는데, 이는 죄수를 신문할 때 가할 수 있는 장(杖)의 횟수를 50대로 제한한다는 의미이므로 또한 장형의 횟수에는 포함되지 않는다.

⦿ 魏五族三族門誅之制 후위의 오족과 삼족에 대한 멸문 제도

【원문】 太平眞君五年正月詔曰: 今制自王公已下至於卿士, 其子息皆詣太學, 其百工伎巧、騶卒子息, 當習其父兄所業, 不聽私立學校. 違者師身死, 主人門誅.(世祖紀)

【역문】 태평진군 5년(444) 정월에 조(詔)를 내려 말하기를, "이제부터 왕공이하에서 경사(卿士)에 이르기까지 그 자식들은 모두 태학에 보낼 수 있도록 하라. 그 밖에 갖가지 기술을 가진 공인(工人) 및 각종 노역에 종사하는 이들의 자식들은 응당 그들의 부형(父兄)이 생업으로 삼는 바를 배우고 익히게 하되, 개인적으로 학교를 설립하는 것을 허락하지 않는다. 이를 위반하고 학교를 설립할 경우 스승은 사형에 처하고 설립자는 전 가족을 주멸토록 하라."고 하였다.[351](『위서』「세조본기」)

【원문】 延興四年六月詔曰: 朕應歷數開一之期, 屬千載光熙之運, 雖仰嚴誨, 猶懼德化不寬, 至有門房之誅. 然下民兇戾, 不顧親戚, 一人爲惡, 殃及合門. 朕爲民父母, 深所愍悼. 自今已後, 非謀反、大逆、干紀、外奔, 罪止其身而已.(高祖紀)

【역문】 연흥 4년(474) 6월에 조(詔)를 내려 말하기를, "짐(朕)이 시기를 잘 개척하여 천명(天命)을 이어받았으니, 이는 천년을 지나도 맞이하기 어려

---

349 『魏書』 권19중 「任城王雲傳」, 476쪽.
350 『魏書』 권111 「刑罰志」, 2876쪽.
351 『魏書』 권4하 「世祖本紀」, 97쪽.

운 영광스러운 시운(時運)이라고 하겠다. 짐이 비록 엄격한 가르침을 받았다고는 하나, 여전히 덕(德)으로써 교화(敎化)하는 데 너그럽지 못하여 전 가족을 주살(誅殺)하는 일이 발생하지는 않을까 염려스럽도다. 그러나 아래의 백성들 중에는 흉악하고 어그러져 친척에게 끼치는 해를 생각지도 않고 홀로 악행을 범하는 이들이 있으니, 그 재앙이 결국 전 가족에게 미치게 된다. 짐은 만백성의 부모로서 이에 대해 심히 근심하는 바이다. 그러므로 이제부터 모반(謀反), 대역(大逆), 간기(干紀), 외분(外奔)을 범한 것이 아니라면, 그 죄에 대한 처벌은 단지 당사자 한 사람에게만 내릴 수 있도록 하라."고 하였다.[352](『위서』「고조본기」)

【원문】 延興四年, 詔自非大逆干紀者, 皆止其身, 罷門房之誅. 自獄付中書覆案, 後頗上下法, 遂罷之.(刑罰志)

【역문】 연흥 4년(474)에 조(詔)를 내려, 대역(大逆) 및 간기(干紀)를 범한 경우가 아니라면 모두 그 죄를 당사자 한 사람에게 그치게 하고 전 가족에 대한 주살은 폐지토록 하였다. 옥안(獄案)이 중서(中書)에 회부되어 재심의를 거치게 된 이후 종종 법을 마음대로 적용하는 경향이 있었기 때문에 마침내 이를 폐지한 것이다.[353](『위서』「형벌지」)

【원문】 太和五年詔曰, 法秀妖詐亂常, 妄說符瑞, 蘭臺御史張求等一百餘人, 招結奴隸, 謀爲大逆, 有司科以族誅, 誠合刑憲. 且矜愚重命, 猶所弗忍. 其五族者, 降止同祖; 三族, 止一門; 門誅, 止身.(高祖紀)

【역문】 태화 5년(481)에 조(詔)를 내려 말하기를, "법수(法秀)가 요사스러운 말과 속임수로 법도를 어지럽히며 허황되게 제왕이 될 상서로운 조짐을 운운하자 난대어사(蘭臺御史) 장구(張求) 등 100여 명이 노예들을 결집시켜 함께 대역을 모의하였다. 이에 유사(有司)에서 일족의 멸문으로 이들

---

352 『魏書』 권7상 「高祖本紀」, 140쪽.
353 『魏書』 권111 「刑罰志」, 2876쪽.

을 처벌해야 한다고 결정하였으니, 이는 진실로 형벌 법규에 합당한 것이라 하겠다. 그럼에도 다른 사람을 불쌍히 여길 줄 아는 사람은 무엇보다도 그 목숨을 가장 중히 여기는 바이니, 짐(朕) 역시 오히려 차마 그렇게 하지는 못할 마음이니라. 그중 5족을 주살해야 하는 경우에는 범위를 좁혀 다만 조부(祖父)가 동일한 이들로 제한하고, 3족을 주살해야 하는 경우에는 한 가족으로 제한하며, 한 가족을 주살하야 하는 경우에는 당사자 한 사람으로 제한하도록 하라."고 하였다.[354](『위서』「고조본기」)

【원문】 太祖平中山, 收議害觚者高霸、程同等, 皆夷五族, 以大刃剉殺之.
(秦明王翰傳)

【역문】 태조는 중산(中山)을 평정한 후, 원고(元觚)를 살해하려고 모의한 고패(高霸)와 정동(程同) 등을 잡아들였다. 이들에게 모두 5족의 주멸(誅滅)을 명하여 대인(大刃)으로 그 일가족을 몰살케 하였다.[355](『위서』「진명왕한전」)

【세주 원문】 按據此知五族之制, 始於太祖也.

【세주 역문】 이에 따르면, 5족을 주멸하는 제도는 태조 때부터 비롯되었음을 알 수 있다.

【원문】 敕允爲詔, 自浩已下、僮吏已上百二十八人皆夷五族.(高允傳)

【역문】 고윤(高允)에게 명하여 '최호(崔浩) 이하 동리(僮吏) 이상의 128명에 대하여 모두 5족을 주멸하라'는 내용의 조서(詔書)를 작성토록 하였다.[356](『위서』「고윤전」)

---

354 『魏書』 권7상 「高祖本紀」, 150쪽.
355 『魏書』 권15 「秦明王翰傳」, 374쪽. "及平中山, 發普驎柩, 斬其尸, 收議害觚者高霸、程同等, 皆夷五族, 以大刃剉殺之."
356 『魏書』 권48, 「高允傳」, 1071쪽. "時世祖怒甚, 敕允爲詔, 自浩已下、僮吏已上百二十八人皆夷五族."

【원문】 以臣赤心悸悸之見, 宜梟諸兩觀, 汚其舍廬. 騰合斲棺斬骸, 沉其
五族. (韓熙傳)

【역문】 신하로서의 진실된 마음으로 묵묵히 바라볼 수 있도록 마땅히 궁문
밖 양편의 망루에 효수되었고, 그 주택을 헐어버렸다. 유등(劉騰)은 마땅
히 부관참시(剖棺斬屍)를 당한 후 그 5족을 주멸당하였다.[357](『위서』「한희
전」)

【원문】 共爲飛書, 誣謗朝政. 事發, 有司執憲, 刑及五族. 高祖以昭太后
故, 罪止一門. (閭毗傳)

【역문】 공동으로 익명의 서신(書信)을 작성하여 허황된 말로 조정을 비방하
였다. 일이 발각되어 유사(有司)에서 법규를 집행하니, 그 형벌이 5족의
주멸까지 이르렀다. 그러나 고조가 소태후(昭太后)의 사정을 감안하였기
때문에 그 죄에 대한 형벌은 다만 한 가족의 주멸에 그칠 수 있었다.[358]
(『위서』「여비전」)

【원문】 高宗立, 誅愛、周等, 皆具五刑, 夷三族. (宗愛傳)

【역문】 고종이 즉위한 후 종애(宗愛)와 가주(賈周) 등을 주살토록 하였으니,
모두 오형을 적용 받았으며 3족을 주멸당하였다.[359](『위서』「종애전」)

【원문】 隆、超與元業等兄弟, 並以謀逆伏誅. 有司奏處孥戮, 詔以不應連
坐, 但以先許不死之詔, 聽免死, 仍爲太原百姓. (武衛將軍謂傳)

【역문】 원륭(元隆)과 원초(元超) 및 원업(元業) 등의 형제는 모두 모반죄로
사형에 처해졌다. 유사(有司)에서 그들의 처와 자식들까지 모두 사형에

---

357 『魏書』 권60, 「韓熙傳」, 1336쪽.
358 『魏書』 권83상, 「閭毗傳」, 1818쪽, "後員與伯夫子禽可共爲飛書, 誣謗朝政. 事發, 有司執憲, 刑及五
族. 高祖以昭太后故, 罪止一門."
359 『魏書』 권94, 「宗愛傳」, 2013쪽.

처해야 한다고 상주하자, 조(詔)를 내려 명하기를, "원비(元丕)는 응당 연좌되어야 한다. 그러나 이전에 이미 사형에 처하지 않겠다고 윤허한 조령(詔令)이 있으므로 그에게 사형만큼은 면하여 줄 것이니, 계속해서 태원(太原)의 백성으로 삼을 수 있도록 하라."고 하였다.360(『위서』「무위장군위전」)

【원문】 搜嵩家, 果得讖書. 潔與南康公狄隣及嵩等, 皆夷三族.(劉崇傳)

【역문】 장숭(張嵩)의 집안을 수색하였더니, 과연 참언(讖言)을 기록한 책을 찾을 수 있었다. 유결(劉潔)과 남강공(南康公) 적린(狄隣) 및 장숭 등은 모두 3족을 주멸당하였다.361(『위서』「유숭전」)

◉ 魏宮刑 후위의 궁형

【원문】 霸年幼見執, 因被宮刑.(段霸傳)

【역문】 단패(段霸)는 어렸을 적에 군대에 붙잡혀 궁형을 당하였다.362(『위서』「단패전」)

【원문】 二家女髡笞付宮.(劉輝傳)

【역문】 두 집안의 여자들은 두발을 깎이고 태를 맞은 후 궁중의 시녀로 넘겨졌다.363(『위서』「유휘전」)

【원문】 父雅, 州秀才, 與沙門法秀謀反, 伏誅. 季坐腐刑.(平季傳)

---

360 『魏書』 권14, 「武衛將軍謂傳」, 361쪽, "隆、超與元業等兄弟, 並以謀逆伏誅. 有司奏處孥戮, 詔以丕應連坐, 但以先許不死之詔, 躬非染逆之身, 聽免死, 仍爲太原百姓, 其後妻二子聽隨."

361 『魏書』 권28, 「劉崇傳」, 689쪽, "窮治款引. 搜嵩家, 果得讖書. 潔與南康公狄隣及嵩等, 皆夷三族, 死者百餘人."

362 『魏書』 권94, 「段霸傳」, 2014쪽, "太祖初遣騎略地至雁門, 霸年幼見執, 因被宮刑."

363 『魏書』 권59, 「劉輝傳」, 1312쪽, "靈太后召淸河王懌決其事, 二家女髡笞付宮, 兄弟皆坐鞭刑, 徙配敦煌爲兵."

【역문】 부친인 평아(平雅)는 주(州)의 수재(秀才)였는데, 승려 법수(法秀)와 함께 모반하여 사형을 받았다. 평이(平李)는 이 사건에 연좌되어 부형(腐刑)을 당하였다.[364](『위서』「평리전」)

【원문】 宗之被執入京, 充腐刑.(張宗之傳)

【역문】 장종지(張宗之)는 군대에 붙잡혀 경사(京師)로 끌려간 뒤 부형(腐刑)을 당하였다.[365](『위서』「장종지전」)

【원문】 太和中, 坐事腐刑.(賈粲傳)

【역문】 태화 연간(477-499)에 죄를 범하여 부형(腐刑)을 당하였다.[366](『위서』「가찬전」)

【원문】 其家坐事, 幼下蠶室.(王質傳)

【역문】 그 집안이 사건에 연루되어 어렸을 적에 잠실(蠶室)[367]에 하옥되었다.[368](『위서』「왕질전」)

【세주 원문】 按魏宮刑, 多用於謀反大逆之子孫, 蓋絶其後裔, 較門誅爲減等.

【세주 역문】 후위의 궁형은 대부분 모반이나 대역죄를 범한 이들의 자손에게 적용되었다. 대체로 그 후사(後嗣)를 끊어버리고자 하였던 것으로 전 가족을 주멸하는 것보다는 가벼운 형벌이었다.

【원문】 西魏文帝大統十三年二月, 詔自今應宮刑者, 直沒官, 勿刑.(冊府元龜)

---

364 『魏書』 권94, 「平李傳」, 2032쪽. "父雅, 州秀才, 與沙門法秀謀反, 伏誅. 季坐腐刑, 入事宮掖."
365 『魏書』 권94, 「張宗之傳」, 2018쪽. "文邕敗, 孟舒走免, 宗之被執入京, 充腐刑."
366 『魏書』 권94, 「賈粲傳」, 2029쪽.
367 "蠶室"은 宮刑을 執行하거나 宮刑을 받는 자가 거처하던 獄室을 말한다.
368 『魏書』 권94, 「王質傳」, 2025쪽.

【역문】 서위 문제 대통 13년(547) 2월에 조(詔)를 내리기를, "지금부터 응당 궁형을 받아야 하는 경우, 다만 그 관직만을 몰수하고 궁형은 가하지 말라."고 하였다.[369](『책부원구』 권611)

● 魏恕死徒邊之制
후위의 사죄(死罪)를 용서하여 변경으로 유배를 보내던 제도

【원문】 眞君五年, 命恭宗總百揆監國. 少傅游雅上疏曰: 帝王之於罪人, 非怒而誅之, 欲其徙善而懲惡. 謫徙之苦, 其懲亦深. 自非大逆正刑, 皆可從徙, 雖舉家投遠, 忻喜赴路, 力役終身, 不敢言苦. 且遠流分離, 心或思善. 如此, 姦邪可息, 邊垂足備. 恭宗善其言, 然未之行.(刑罰志)

【역문】 태평진군 5년(440), 공종(恭宗)[370]으로 하여금 모든 정무를 총령(總領)하여 국정을 돌보게 하였다.[371] 소부(少傅)[372] 유아(遊雅)[373]가 상소하여 말하기를, "제왕은 죄인에 대해 화가 난다고 하여 죽이는 것이 아니라 그들이 개과천선하게 하고자 하는 것입니다. 벌을 주어 먼 지방으로 이주시키는 고통만큼 그 죄를 징계하는 효과 역시 큽니다. 그러므로 대역 죄처럼 규정대로 형을 시행하지 않으면 안 되는 경우를 제외하고는 모두 유죄(流罪)를 적용할 만합니다. 그렇게 하면 비록 온 가족이 먼 지방에 내던져지더라도 그들은 흔쾌히 그 길로 달려갈 것이고, 남은 생을 노역에 시달리더라도 감히 괴로움을 말하지 않을 것입니다. 또한 멀리 유배되어 원래 살던 곳과 떨어지면 마음속에 간혹 선행을 생각할지도 모

---

369 『冊府元龜』 권611, 「刑法部3」, '定律令3'.
370 恭宗은 世祖 太武帝의 長男으로 이름은 晃이다. 延和 원년(432)에 5세의 나이로 황태자가 되었고, 太平眞君 5년(440)에 世祖가 涼州 정벌을 단행하자 監國이 되었다. 正平 원년(451)에 24세로 사망하였다. 훗날 그의 장남인 高宗이 즉위하여 恭宗 景穆帝로 추존하였다.
371 "監國"은 군주가 출타하였을 경우 太子가 京師에 머물면서 국정을 대신 처리하는 것을 말한다.
372 "少傅"는 곧 太子少傅를 말한다. 太子少傅는 皇太子를 補導하는 직책이다.
373 遊雅의 字는 伯度로 廣平 사람이다. 世祖 太武帝 때 徵召되어 中書博士가 되었고, 후에는 太子少傅가 되어 禁兵을 통솔하였다. 또한 詔書를 받들어 胡方回 등과 함께 율령제도를 정비하였다. 和平 2년(461)에 사망하였다.

르는 것입니다. 이렇게 하면 간사한 일이 사라질 것이고, 변경에서는 방비가 충실하게 될 것입니다."[374]라고 하였다. 공종은 유아의 견해가 훌륭하다고 여겼지만, 끝내 시행하지는 않았다.[375](『위서』「형벌지」)

【원문】 高宗和平末, 冀州刺史源賀上言: 自非大逆手殺人者, 請原其命, 謫守邊戍. 詔從之.(同上)

【역문】 고종 화평 연간(460-465) 말에 기주자사(冀州刺史) 원하(源賀)[376]가 상언(上言)하기를, "대역죄나 자신의 손으로 사람을 살해한 경우가 아니라면, 청컨대 그 목숨을 살리시어 변경의 수비로 보낼 수 있도록 하여 주십시오."라고 하였다. 황제가 조(詔)를 내려, 이 의견에 따르도록 하였다.[377](『위서』「형벌지」)

【원문】 臣愚以爲自非大逆、赤手殺人之罪, 其坐贓及盜與過誤之愆應入死者, 皆可原命, 謫守邊境. 高宗納之. 已後入死者, 皆恕死徙邊.(源賀傳)

【역문】 "신(臣)은 삼가 대역죄나 자신의 손으로 사람을 살해한 죄를 제외하고, 다만 도죄(盜罪)·적죄(賊罪) 및 과실죄(過失罪) 등을 범하여 사형을 받아야 하는 경우에는 모두 그 목숨을 살리시어 변경의 수비로 보낼 수 있도록 해야 한다고 생각합니다." 고종은 이 의견을 받아들였다. 이후 사형을 선고받은 경우, 모두 사형을 대신하여 변경으로 옮겨지게 되었다.[378](『위서』「원하전」)

---

374 벌을 받아 유배된 자들에 의해 변경은 충실하게 되고, 그것에 의해 외적의 습격을 막는 방비를 튼튼히 할 수 있다는 의미이다.

375 『魏書』권111, 「刑罰志」, 2874-2875쪽.

376 源賀(407-479)는 鮮卑 출신으로 世祖 太武帝(424-452) 때 등용되어 西平將軍이 되었다. 高宗 文成帝가 즉위한 후에 西平王에 봉해졌으며, 征南將軍, 冀州刺史 등을 역임하였다. 이후 隴西王에 봉해지고 太尉가 되었으며, 太和 3년(479)에 73세의 나이로 사망하였다.

377 『魏書』권111, 「刑罰志」, 2875쪽.

378 『魏書』권41, 「源賀傳」, 920쪽.

按自源賀上書而後, 非大逆手殺人之罪, 多恕徙邊, 垂爲定制, 終魏世不易.

【세주 역문】 원하(源賀)가 상서(上書)한 이후 대역죄나 자신의 손으로 사람을 살해한 경우가 아니라면, 대체로 사형을 면하여 변경으로 유배 보내는 경우가 많았다. 이는 거의 일상적인 제도로서 활용되었고, 후위가 멸망할 때까지 바뀌지 않았다.

【원문】 帝(高祖)哀矜庶獄, 至於奏讞, 率從降恕, 全命徙邊, 歲以千計.(刑罰志)

【역문】 황제[고조]는 뭇 옥안(獄案)을 불쌍히 여겼으므로 해당 관원이 상주하여 의견을 물었을 때, 대부분 그 죄를 감면하거나 용서하는 쪽을 따랐다. 때문에 목숨을 보전하여 변경으로 옮겨진 이들이 매년 천 명을 헤아릴 정도였다.[379](『위서』「형벌지」)

【원문】 延興二年三月庚午, 連川敕勒謀叛, 徙配靑、徐、齊、兗四州爲營戶. 秋九月己酉, 詔流迸之民, 皆令還本, 違者配徙邊鎭. 十有二月庚戌, 詔以代郡事同豐沛, 代民先配邊戍者, 皆免之.(高祖紀)

【역문】 연흥 2년(472) 3월 경오일에 연천(連川)과 칙륵(敕勒)이 모반(謀叛)하자 이들을 청주(靑州)·서주(徐州)·제주(齊州)·연주(兗州) 등 네 개 주(州)로 유배하여 영호(營戶)로 삼았다. 9월 기유일에는 "유망한 백성들을 모두 본래의 지역으로 되돌아가게 하라. 이를 위반할 경우 변경으로 보내어 배치토록 하라"는 조(詔)를 내렸다. 12월 경술일에는 "대군(代郡)의 일을 풍패(豐沛)의 사례와 동일하게 처리하여 대군의 백성 중 앞서 변경의 수비로 배치된 경우에는 모두 방면토록 하라."는 조(詔)를 내렸다.[380](『위서』「고조본기」)

---

379 『魏書』 권111, 「刑罰志」, 2877쪽.
380 『魏書』 권7상, 「高祖本紀」, 136~138쪽, "[延興]二年春正月庚午, … 連川敕勒謀叛, 徙配靑、徐、齊、兗四州爲營戶. … 秋九月己酉, … 又詔流迸之民, 皆令還本, 違者配徙邊鎭 … 十有二月庚戌, … 詔以代郡事同豐沛, 代民先配邊戍者皆免之."

【원문】 太和二十一年十二月丁卯, 詔流徒之囚, 皆勿決遣, 有登城之際, 令其先鋒自效.(同上)

【역문】 태화 21년(497) 12월 정묘일에, "유배시킨 죄수들은 모두 다른 지역으로 풀어주는 결정을 내리지 말라. 변경 지역의 성을 공략할 때, 그들로 하여금 선봉에 나서 자신들의 역량을 발휘할 수 있게 하라."는 조(詔)를 내렸다.381(『위서』「고조본기」)

【원문】 太后從子都統僧敬謀殺叉, 復奉太后臨朝, 事不克, 僧敬坐徒邊.(皇后列傳)

【역문】 태후의 조카 도통(都統) 승경(僧敬)이 원차(元叉)의 살해를 도모하여 재차 태후의 임조(臨朝)를 추대하였다. 그러나 일은 성공되지 못하였고, 승경은 죄를 받아 변경으로 유배되었다.382(『위서』「선무령황후호씨전」)

【원문】 其後妻二子聽隨. 隆、超母弟及餘庶兄弟, 皆徒敦煌.(神元平文諸帝子孫列傳)

【역문】 그 후 아내가 낳은 두 아들이 곁에서 수행(隨行)하는 것을 허락하였다. 원융(元隆)과 원초(元超)의 동모(同母) 형제 및 그 밖의 서출(庶出) 형제는 모두 돈황(敦煌)으로 유배하였다.383(『위서』「무위장군위전」)

【원문】 後以罪徒邊.(奚斤傳)

【역문】 이후 죄를 범하여 변경으로 유배되었다.384(『위서』「해근전」)

---

381 『魏書』 권7하, 「高祖本紀」, 183쪽.
382 『魏書』 권13, 宣武靈皇后胡氏傳, 339쪽, "其後太后從子都統僧敬與備身左右張車渠等數十人, 謀殺叉, 復奉太后臨朝, 事不克, 僧敬坐徒邊, 車渠等死, 胡氏多免黜."
383 『魏書』 권14, 武衛將軍謂傳, 361쪽, "有司奏處孚戮, 詔以丕應連坐, 但以先許不死之詔, 躬非染逆之身, 聽免死, 仍爲太原百姓, 其後妻二子聽隨. 隆、超母弟及餘庶兄弟, 皆徒敦煌."
384 『魏書』 권29, 奚斤傳, 701쪽.

【원문】 詔案驗, 咸獲贓罪, 洛侯、目辰等皆致大辟, 提坐徙邊.(于栗磾傳)

【역문】 "증거를 조사해 보니, 모두 장죄(贓罪)를 범하였으므로 낙후(洛侯)와 목진(目辰) 등은 모두 사형에 처하고, 진제(陳提)는 변경으로 유배를 보내는 것으로 처벌토록 하라."는 조(詔)를 내렸다.[385](『위서』「우율제전」)

【원문】 時以犯罪配邊者多有逃越, 遂立重制, 一人犯罪逋亡, 合門充役. 挺上書, 以爲周書父子罪不相及. 天下善人少, 惡人多, 以一人犯罪, 延及合門. 司馬牛受桓魋之罰, 柳下惠嬰盜跖之誅, 豈不哀哉! 高祖納之.(崔挺傳)

【역문】 당시 죄를 범하여 변경으로 유배된 이들 중에 도망하는 사람들이 매우 많았으므로 마침내 엄격한 법규를 수립하여, 한 사람이 죄를 범한 후 도망치면 그의 전 가족을 노역에 충당시키도록 하였다. 최정(崔挺)이 상서(上書)하여 말하기를, "『주서』에 '부자지간에는 죄를 범하였더라도 서로 연루되지 않는다.'고 하였습니다. 천하에 선한 사람이 드물고 악한 사람이 많은 것은 한 사람이 죄를 범하였다면 그 처벌이 전 가족에게 미치기 때문입니다. 사마우(司馬牛)는 환퇴(桓魋)가 받아야 할 벌을 받고, 유하혜(柳下惠)에게 도척(盜跖)이 받아야 할 사형이 가해지니, 어찌 애통하지 아니하겠습니까!"라고 하자, 고조가 그의 의견을 받아들였다.[386] (『위서』「최정전」)

◉ **禁錮** 금고

【원문】 諸有虛增官號, 爲人發糾, 罪從軍法. 若入格檢覈無名者, 退爲平民, 終身禁錮.(後廢帝紀)

---

385 『魏書』 권31, 「于栗磾傳」, 737쪽. "太和初, 秦州刺史尉洛侯、雍州刺史、宜都王目辰, 長安鎭將陳提等, 貪殘不法. 烈受詔案驗, 咸獲贓罪, 洛侯、目辰等皆致大辟, 提坐徙邊."
386 『魏書』 권57, 「崔挺傳」, 1265쪽.

【역문】 무릇 허위로 관호(官號)를 늘렸다가 다른 사람에게 발각되어 고발되었을 경우 그 처벌은 군법(軍法)에 따르도록 하라. 만약 규정에 따라 검사를 하였을 때 성명이 없는 경우에는 관직을 박탈하여 평민으로 삼은 후 종신토록 금고에 처하도록 하라.[387](『위서』「후폐제본기」)

【원문】 削除封爵, 以庶人歸第, 禁錮終身.(南安王楨傳)

【역문】 봉작(封爵)을 삭제(削除)하여 서인(庶人)으로 삼아 사택(私宅)으로 돌려보낸 뒤 종신토록 금고에 처하도록 하라.[388](『위서』「남안왕정전」)

【원문】 詔曰: 願平志行輕疏, 每乖憲典, 可還於別館, 依前禁錮. 久之, 解禁還家.(安定王休傳)

【역문】 조(詔)를 내려 말하기를, "원평(願平)의 품행이 경박하고 거칠어 항상 법규를 위반하므로 별관(別館)으로 돌려보내어 이전처럼 금고에 처할 수 있도록 하라."고 하였다. 오랜 시간이 지난 후에야 금령이 해제되어 집으로 돌아갔다.[389](『위서』「안정왕휴전」)

【원문】 正光中, 普釋禁錮, 敞復爵.(崔玄伯傳)

【역문】 정광 연간(520-524)에 널리 금고가 해제되어 최경(崔敞)은 작위(爵位)를 회복하였다.[390](『위서』「최현백전」)

【원문】 承祖坐贓應死, 高祖原之, 削職禁錮在家.(苻承祖傳)

【역문】 부승조(苻承祖)는 장죄(贓罪)를 범하였으므로 응당 사형에 처해져야 했으나, 고조가 그를 용서하였다. 이에 관직을 삭탈한 후 금고에 처하여

387 『魏書』 권11, 「後廢帝本紀」, 279쪽.
388 『魏書』 권10하, 「南安王楨傳」, 494쪽, "皇太后天慈寬篤, 恩矜國屬, 每一尋惟高宗孔懷之近, 發言哽塞, 悲慟于懷; 且以南安王孝養之名, 聞於內外; 特一原恕, 削除封爵, 以庶人歸第, 禁錮終身."
389 『魏書』 권19하, 「安定王休傳」, 519쪽.
390 『魏書』 권24, 「崔玄伯傳」, 626쪽, "正光中, 普釋禁錮, 敞復爵齊郡侯, 拜龍驤將軍、中散大夫."

집에 머물도록 하였다.[391](『위서』「부승조전」)

● 除名　제명

【원문】 政始四年八月, 中山王英、齊王蕭寶夤坐鍾離敗退, 並除名爲民.
(世宗紀)

【역문】 정시 4년(507) 8월에 중산왕(中山王) 원영(元英)과 제왕(齊王) 소보인
(蕭寶夤)은 종리(鍾離)에게 패배한 일로 죄를 받아, 모두 제명을 당한 뒤
일반 백성이 되었다.[392](『위서』「세종본기」)

【원문】 永平三年, 江陽王繼, 坐事除名.(世宗紀)

【역문】 영평 3년(510)에 강양왕(江陽王) 원계(元繼)가 죄를 범하여 제명되었
다.[393](『위서』「세종본기」)

【원문】 翻、世景除名.(宋翻傳)

【역문】 송번(宋翻)과 [그의 아우] 송세경(宋世景)은 제명되었다.[394](『위서』「송
번전」)

【원문】　其年秋, 符璽郎中高□賢、弟員外散騎侍郎仲賢、叔司徒府主簿
六珍等, 坐弟季賢同元愉逆, 除名爲民, 會赦之後, 被旨勿論. 尙書邢巒
奏: 案季賢旣受逆官, 爲其傳檄, 規扇幽瀛, 遘茲禍亂, 據律準犯, 罪當
孥戮, 兄叔坐法, 法有明典. 賴蒙大宥, 身命獲全, 除名還民, 於其爲幸.
然反逆坐重, 故支屬相及. 體旣相及, 事同一科, 豈有赦前皆從流斬之

---

391 『魏書』권94,「符承祖傳」, 2025쪽. "後承祖坐贓應死, 高祖原之, 削職禁錮在家, 授悖義將軍、伝濁
子, 月餘遂死."
392 『魏書』권8「世宗本紀」, 204쪽.
393 『魏書』권8「世宗本紀」, 210쪽.
394 『魏書』권77「宋翻傳」, 1689쪽. "道璵後棄愉歸罪京師, 猶坐身死, 翻、世景除名."

罪, 赦後獨除反者之身. 又緣坐之罪, 不得以職除流. 且貨賕小愆, 寇盜
微戾, 贓狀露驗者, 會赦猶除其名. 何有罪極裂冠, 釁均毁冕, 父子齊
刑, 兄弟共罰, 赦前同斬從流, 赦後有復官之理. 依律則罪合孥戮, 準赦
則例皆除名. 古人議無將之罪者, 毁其室, 洿其宮, 絶其蹤, 滅其類. 其
宅猶棄, 而況人乎? 請依律處, 除名爲民. 詔曰: 死者旣在赦前, 又員外
非在正侍之限, 便可悉聽復仕.(刑罰志)

【역문】 그해 가을[395]에 부새낭중(符璽郎中)[396] 고□현(高□賢)[397]과 그 아우 원
외산기시랑(員外散騎侍郎) 중현(仲賢) 및 그 숙부 사도부(司徒府) 주부(主
簿) 육진(六珍) 등은 아우 계현(季賢)이 원유(元愉)[398]의 반역에 동참한 일
로 죄를 받아 제명된 이후 서민(庶民)이 되었지만,[399] 사면령이 나온[400]
뒤에 다시 성지(聖旨)를 입어 논죄되지 않았다. 상서(尙書) 형만(邢巒)이
상주하기를, "살펴보건대, 계현(季賢)은 역당의 수괴로부터 관직을 받고
난 뒤, 격문을 만들어 유주(幽州)와 영주(瀛州) 지역을 선동함으로써 이
화란을 조장하였습니다. 율에 준거하여 범한 죄를 헤아린다면, 그 죄는
가족까지 주륙해야 마땅하니, 형이나 숙부가 법에 의해 연좌되어야 함
은 법률에 명확히 규정되어 있습니다. 폐하의 크나큰 은혜를 입어 신체
와 목숨을 보전한 채 제명되어 서민이 된 것은 그들에게 다행이라 하겠

---

395 연창 2년(513) 가을을 말한다.
396 "符璽郎中"은 天子의 符印을 관장하는 관원이다.
397 □에는 글자가 누락되어 있다.
398 元愉(488~508년)의 字는 宣德으로 高祖 孝文帝의 다섯 王 중 한 명이다. 太和 21년(497)에 都督徐
州刺史가 되었으나 사치와 탐욕을 일삼아 불법 행위를 많이 저질렀다. 冀州刺史가 된 이후 信都를
거점으로 황제를 칭하였다. 世宗 宣武帝가 尙書 李平으로 하여금 그를 토벌케 하니, 永平 원년
(508)에 21세의 나이로 생을 마감하였다.
399 아래 문장에 보이듯이 율의 규정에 의하면, 斬首刑이나 流刑에 처해질 자가 天子의 特旨에 따라
除名되어 庶民이 된 것을 의미한다.
400 元愉의 난이 평정된 것은 영평 원년(508)의 일이다. 한편 延昌 2년(513) 가을부터 3년(514)까지 世
宗 宣武帝는 한 차례의 赦免令을 단행하였다. 곧 『魏書』 권8 「世宗本紀」, 211~212쪽에 따르면 延
昌 2년 여름, 홍수에 따른 기근으로 사망자가 무수히 발생하고, 법을 위반하여 죄를 범한 이들이
적지 않았기 때문에 그해 가을에 특정 범죄자 이외의 모든 사형을 용서하고, 도형과 유형 이하는
각각 그 형을 감면해 주었다. 그러므로 여기서 말하는 사면령은 바로 이처럼 水투에 의해 나온 것
을 말하는 것으로 보인다.

습니다. 그러나 반역은 무겁게 처벌해야 하는 까닭에 그 죄가 친족까지 미치는 것입니다. 그들은 서로 혈육 관계에 있으면서 동일한 범죄 사건에 연루되어 있는데, 어찌 사면 전에는 모두 유형이나 참수형의 죄에 따른다고 하였다가 사면 후라고 하여 오히려 반역자들을 면죄할 수가 있단 말입니까. 또한 연좌(緣坐)의 죄는 관직으로 유형을 면제할 수는 없습니다. 게다가 이에 비하면 뇌물을 수수한 것은 작은 죄에 불과하고 강도 역시 미미한 죄에 불과하지만, 장물의 죄상에 명백한 증거가 있는 경우 사면을 만났을지라도 여전히 제명하게 되어 있습니다. 조정에 반역할 정도의 큰 죄를 범하였으니[401] 부자가 똑같이 형을 받고 형제가 함께 벌을 받아야 하는데, 사면 전에는 모두 참수형이나 유형에 처한다고 하였다가 사면 후라고 하여 관직에 복귀시킨다는 이와 같은 이치가 어디에 있단 말입니까. 율에 따르면 그 죄는 가족까지 주류해야 마땅하고, 사면령에 따르면 예에 따라 모두 제명하게 되어 있습니다. 옛 사람이 반역의 죄[402]를 논단하는 경우 그 집을 무너뜨리고 그 주거지를 파서 물에 잠기게 하였으며, 그 자취를 없애 버림은 물론 그와 관련 있는 모든 물류들을 절멸시켰습니다. 심지어 그 주거조차 폐기시키는데 하물며 사람이야 말할 나위가 있겠습니까. 청컨대 율에 따라 처리하시어 제명한 후 일반 백성으로 삼게 하십시오."라고 하였다. 이에 조(詔)를 내려 말하기를, "사형을 내린 것은 이미 사면령이 나오기 전의 일이었고, 게다가 원외관(員外官)은 정원(定員) 안에 있는 관직도 아니니, 즉시 모두 본래의 관직을 회복할 수 있도록 허락하라."고 하였다.[403](『위서』「형벌지」)

---

401 이는 『春秋左氏傳』 昭公 9년의 "裂冠毁冕."이라는 구절에 의거한 것이다.
402 "無將之罪"는 『春秋公羊傳』 장공 32년의 "君親無將, 將而誅焉."이라는 구절에 의거한 것이다. 그 의미는 군주나 부모에 대해 반역의 마음을 품는 것만으로도 주살되어야 한다는 것이다. 참고로 『史記』「叔孫通傳」에는 "人臣無將, 將卽反, 罪死無赦."라고 하였고, 그 集解에 "將, 謂逆亂也."라고 하였다.
403 『魏書』 권111, 「刑罰志」, 2880쪽.

◉ 籍沒 적몰

【원문】 天平元年八月甲寅, 齊神武帝入洛陽, 收元士弼殺之, 籍沒家口.
(北齊書神武帝本紀)

【역문】 천평 원년(534) 8월 갑인일에 북제 신무제(神武帝)가 낙양에 입성하
였다.[404] 원사필(元士弼)을 잡아들여 사형에 처한 후 그 집안의 재산을 몰
수하고 가족들은 노비로 삼았다.[405](『북제서』「신무제본기」)

◉ 魏用大枷 후위는 형벌에 큰 칼[大枷]을 활용함

【원문】 時法官及州郡縣不能以情折獄. 乃爲重枷, 大幾圍; 復以縋石懸於
囚頸, 傷內至骨; 更使壯卒迭搏之. 囚率不堪, 因以誣服. 吏持此以爲
能. 帝聞而傷之, 乃制非大逆有明證而不款辟者, 不得大枷.(刑罰志)

【역문】 당시 법관(法官)이나 주(州)·군(郡)·현(縣)의 관리들은 정상(情狀)
에 의거하여 옥안(獄案)을 판결할 수 없었다. 이에 크기가 거의 한 아름
이나 되는 무거운 칼을 만들어 죄수에게 씌우고, 다시 밧줄에 돌을 매달
아 죄수의 목에 걸었다. 그 때문에 상처가 파고들어서 뼈까지 이를 정도
였고, 더욱이 건장한 이졸들에게 번갈아 때리게 하였다. 죄수들은 대개
그 고통을 견뎌내지 못하였기 때문에 있지도 않은 죄를 인정하였다. 관
리들은 이러한 방법으로 스스로 유능하다고 생각하였다. 황제는 이 소
식을 듣고 안타깝게 생각하여 마침내 조(詔)를 내려 대역죄로서 명백한
증거가 있는데도 그 죄에 복종하지 않는 자가 아닌 한 큰 칼[大枷]을 사용
할 수 없게 하였다.[406](『위서』「형벌지」)

---

404 『北齊書』 권2, 「神武帝本紀」, 17쪽에 따르면, 神武帝가 낙양에 입성한 시점은 8월 갑인일이 아닌
7월 己酉일이다.

405 『北齊書』 권2, 「神武帝本紀」, 17쪽, "七月己酉, 神武入洛陽, 停於永寧寺. … 八月甲寅. … 遂收開府
儀同三司叱列延慶、兼尙書左僕射辛雄、兼吏部尙書崔孝芬、都官尙書劉廞、兼度支尙書楊機、
散騎常侍元士弼並殺之, 誅其貳也. 士弼籍沒家口."

406 『魏書』 권111, 「刑罰志」, 2877쪽.

【원문】 永平元年秋七月, 詔尙書檢枷杖大小違制之由, 科其罪失. 尙書令
高肇等奏曰: 檢杖之小大, 鞭之長短, 令有定式, 但枷之輕重, 先無成
制. 臣等參量, 造大枷長一丈三尺, 喉下長一丈, 通頰木各方五寸, 以擬
大逆外叛; 杻械以掌流刑已上. 諸臺、寺、州、郡大枷, 請悉焚之. 枷
本掌囚, 非拷訊所用. 從今斷獄, 皆依令盡聽訊之理, 量人强弱, 加之拷
掠, 不聽非法拷人, 兼以拷石. 自是枷杖之制, 頗有定準. 未幾, 獄官肆
虐, 稍復重大.(同上)

【역문】 영평 원년(508) 가을 7월, 상서(尙書)에 조(詔)를 내려 가(枷)와 장(杖)
의 크기가 규정과 어긋나는 원인에 대해 조사케 하고, 그 위반 사항에
대하여 처벌토록 하였다. 상서령(尙書令) 고조(高肇)[407] 등이 상주하여 말
하기를, "장(杖)의 크기와 편(鞭)의 길이에 대해 조사해 보니,[408] 법령에
이미 정해진 규정이 있습니다. 그러나 칼[枷]의 무게에 대해서는 이전에
만들어진 규정이 없습니다. 신(臣) 등이 함께 상의한 바 큰 칼[大枷]의 길
이는 1장 3척, 목 아래의 길이는 1장, 통협목(通頰木)은 각각 둘레를 5촌
으로 하여[409] 대역죄나 외반죄(外叛罪)에 적용토록 하십시오. 수갑[杻]과
차꼬[械]는 유형 이상의 죄인을 다루는 경우에 적용토록 하십시오. 중앙

---

407 高肇의 字는 首文으로 본래 高句麗 사람이다. 世宗 宣武帝의 母親 文昭皇太后의 형이다. 景明 연
간(500–503) 初에 錄尙書事가 되었고, 尙書左僕射를 거쳐 정시 4년(507)에는 尙書令이 되었다.
延昌 연간(512–515) 初에 司徒가 되었지만, 世宗이 죽은 뒤 太尉 高陽王 雍 등에 의해 살해되었다.
408 『通典』 권164에는 "檢杖之小大, 鞭之長短." 중 "檢" 자가 없다.
409 『唐六典』 권6이나 『通典』 권168 등에 인용된 唐의 「獄官令」에 따르면, 枷의 길이는 5척 이상 6척
이하이고, 頰의 길이는 2척 5촌 이상 2척 6촌 이하이며, 이 둘의 너비는 1척 4촌 이상 1척 6촌 이하
이고 직경은 3촌 이상 4촌 이하이다. 杻의 길이는 1척 6촌 이상 2척 6촌 이하이고, 너비는 3촌이
며, 두께는 1촌이다. 鉗의 무게는 8량 이상 1근 이하이고, 길이는 1척 이상 1척 5촌 이하이며, 鏁의
길이는 8척 이상 1장 2척 이하라는 규정이 있다. 이를 통해 枷, 頰, 杻, 鉗, 鏁(鎖와 동일) 등 다섯
종류의 형구가 있었음을 알 수 있다. 그러나 본문에서 말하는 "通頰木"이 唐代의 頰에 해당하는 것
인지에 대해서는 명확하지가 않다. 『唐六典』 권6, 「尙書刑部」에 "凡枷、杖、杻、鎖之制各有差
等,〈枷長五尺已上、六尺已下, 頰長二尺五寸已上、六寸已下, 共闊一尺四寸已上、六寸已下, 徑頭
三寸已上、四寸已下, 杻長一尺六寸已上、二尺已下, 廣三寸. 厚一寸. 鉗重八兩已上、一斤已下,
長一尺已上、二尺五寸已下, 鏁長八尺已上、一丈二尺已下. 杖皆削去節目. 長三尺五寸. 訊囚杖大
頭徑三分二釐. 小頭二分二釐, 常行杖大頭二分七釐, 小頭一分七釐, 笞杖大頭二分, 小頭一分半. 其
決笞者腿、臀分受. 杖者背、腿、臀分受. 須數等, 拷訊者亦同. 願背、腿均受者, 聽. 殿庭決杖者,
皆背受.〉"라고 하였다.

과 지방의 관청에 있는 큰 칼[大枷]은 청컨대 모두 분소(焚燒)하여 주십시오. 칼은 원래 죄수를 가둘 때 사용하는 것이지 신문을 위해 사용하는 것은 아닙니다. 지금부터 옥안(獄案)의 판결은 모두 영(令)에 규정된 바에 의거하여 오청(五聽)·삼신(三訊)의 정신을 다하고, 신체의 강약을 잘 헤아린 뒤 고문을 가해야 하며, 위법한 고문을 행하거나 돌을 사용하여 고문하는 등의 행위를 허락해서는 안 됩니다."라고 하였다. 이로부터 칼[枷]과 장(杖)에 관한 제도에는 자못 정해진 기준이 있게 되었다. 오래지 않아 옥관(獄官)이 멋대로 가혹히 하여 점차 무겁고 큰 형구가 회복되었다.[410](『위서』「형벌지」)

【원문】 永平元年七月, 詔曰: 察獄以情, 審之五聽, 枷杖小大, 各宜定準. 然比廷尉、司州、河南、洛陽、河陰及諸獄官, 鞫訊之理, 未盡矜恕, 掠拷之苦, 每多切酷, 非所以祗憲量衷、愼刑重命者也. 推濫究枉, 良軫於懷. 可付尙書精檢枷杖違制之由, 斷罪聞奏.(世宗紀)

【역문】 영평 원년(508) 7월에 조(詔)를 내려 말하기를, "옥안(獄案)을 조사할 때는 실정(實情)에 따르고, 심문을 할 때는 오청(五聽)에 따르며, 칼[枷]과 장(杖)의 규격에는 각각 마땅히 그에 합당한 기준이 정해져 있어야 한다. 그러나 근래 정위(廷尉)와 사주(司州)·하남(河南)·낙양(洛陽)·하음(河陰) 지역 및 여러 옥관(獄官)들은 죄수를 국문하여 안건을 처리할 때 여전히 죄수를 불쌍히 여겨 관용을 베푸는 데 최선을 다하지 않으니, 가해지는 고문의 고통이 매우 잔혹한 경우가 대단히 많다. 이는 법률에 정해진 적합한 양형(量刑)을 존중하려는 태도가 아니고, 신중히 형벌을 가하여 생명을 중시하려는 태도도 아닌 것이다. 지나치게 무거운 형벌로

---

[410] 『魏書』 권111, 「刑罰志」, 2878~2879쪽, "永平元年秋七月, 詔尙書檢枷杖大小違制之由, 科其罪失. 尙書令高肇, … 而法官州郡, 因緣增加, 遂爲恒法. 進乖五聽, 退違令文, 誠宜案劾, 依旨科處, 但踵行已久, 計不推坐. 檢杖之小大, 鞭之長短, 令有定式, 但枷之輕重, 先無成制, 臣等量度, 造大枷長一丈三尺, 喉下長一丈, 通頰木方五寸, 以擬大逆外叛; 杻械以掌流刑以上. 諸臺、寺、州、郡大枷, 請悉焚之. 枷本掌囚, 非拷訊所用. 從今斷獄, 皆依令盡聽訊之理, 量人强弱, 加之拷掠, 不聽非法拷人, 兼以拷石. 自是枷杖之制, 頗有定準, 未幾, 獄官肆虐, 稍復重大."

추궁하여 억울하게 죄를 뒤집어쓰는 경우가 발생하니, 짐의 마음이 실로 비통하도다. 이 일을 상서(尙書)에 교부하여 칼[枷]과 장(杖)에 관련된 일련의 위법 행위가 발생하게 되는 원인을 세밀히 조사하게 하고, 그 죄를 판결하여 보고할 수 있도록 하라."고 하였다.411(『위서』「세종본기」)

【원문】 縣舊有大枷, 時人號曰彌尾靑, 及翻爲縣主, 吏請焚之. 翻曰: 且置南牆下, 以待豪家. 未幾, 有內監楊小駒詣縣請事, 辭色不遜, 命取尾靑以鎭之. 旣免, 入訴於世宗. 世宗大怒, 敕河南尹推治其罪.(宋翻傳)

【역문】 현(縣)의 관청에 본래 큰 칼[大枷]이 있었는데, 당시 사람들은 이것을 미미청(彌尾靑)이라고 불렀다. 송번(宋翻)이 현령이 되었을 때 현리(縣吏)가 그것을 불태워 버릴 것을 요청하였다. 송번이 말하기를, "일단 그것을 남쪽 담장 아래 놓아두었다가 호가(豪家)에서 찾아왔을 때를 기다렸다가 다시 사용합시다."라고 하였다. 오래지 않아 내감(內監) 양소구(楊小駒)가 현청(縣廳)에 와서 어떤 사건의 처리를 요청하였는데, 그 말과 행동이 대단히 불손하였다. 이에 송번은 미청(尾靑)을 가져다 그 자에게 씌우도록 명하였다. 오래지 않아 형틀에서 풀려난 양소구는 이 일의 억울함을 세종에게 호소하였다. 세종이 이를 듣고 크게 노하여 하남윤(河南尹)에게 송번의 죄를 추궁하여 처벌을 내릴 것을 명하였다.412(『위서』「송번전」)

【원문】 繇子游道被禁, 獄吏欲爲脫枷, 遊道不肯曰: 此令公命所著, 不可輒脫. 文襄聞而免之.(北史宋繇傳)

【역문】 송요(宋繇)의 아들 송유도(宋游道)가 구금되었을 때, 옥리(獄吏)가 그에게 씌워진 칼[枷]을 벗겨주려고 하였으나 송유도가 이를 만류하며 말하기를, "이 형틀은 공명(公命)에 명시된 바로서 나에게 가하여진 것이니, 함부로 벗겨낼 수 없습니다."라고 하였다. 문양이 그 말을 듣고 나

---

411 『魏書』 권8 「世宗本紀」, 206쪽.
412 『魏書』 권77 「宋翻傳」, 1689-1690쪽.

서, 그를 석방하였다.[413](『북사』「송요전」)

◉ **魏刑罰濫酷** 후위 형벌이 지나치게 잔혹함

【원문】 史臣曰: 魏氏之有天下, 百餘年中, 任刑爲治, 蹉跌之間, 便至夷
滅.(魏書卷四十六)

【역문】 사신(史臣)이 생각건대, 후위는 천하를 다스린 100여 년 동안 줄곧
형벌로써 통치를 하면서 차질(蹉跌)을 빚는 사이에 곧 멸망까지 이르게
되었다.[414](『위서』권46)

【원문】 太祖不豫, 綱紀褫頓, 刑罰頗爲濫酷.(刑罰志)

【역문】 태조가 정사에 참여하지 못하게 되자, 기강이 점차 해이해지고 형
벌은 몹시 넘치고 가혹하게 되었다.[415](『위서』「형벌지」)

【원문】 後魏起自北方, 屬晉室之亂, 部落漸盛, 其主乃峻刑法, 每以軍令
從事. 人乘寬政, 多以違令得罪, 死者以萬計.(通典一百六十四)

【역문】 후위는 북방에서 비롯되어 진(晉)나라 황실의 혼란한 틈에 부락이
점차 흥성하였다. 그 군주는 이에 형법을 엄격히 정하고 모든 일을 군령
(君令)에 따르도록 하였다. 그러나 백성들이 너그러운 정치에 편승하여
법령을 어기고 죄를 범하는 경우가 많이 발생하였기 때문에 사형에 이
른 자들이 만 명을 헤아렸다.[416](『통전』권164)

【원문】 正平元年詔曰, 刑網大密, 犯者更衆, 朕甚愍之.(刑罰志)

---

413 『北史』권34 「宋繇傳」, 1275쪽.
414 『魏書』권46 「李訢傳」, 1043쪽.
415 『魏書』권111 「刑罰志」, 2874쪽, "季年災異屢見, 太祖不豫, 綱紀褫頓, 刑罰頗爲濫酷."
416 『通典』권164 「刑法2」, '刑制中‧後魏', 4225쪽.

【역문】 정평 원년(451)에 조(詔)를 내려 말하기를, "형벌의 조목이 매우 세
　　밀하여 이를 위반하는 자들이 더욱 많아지니, 짐은 이것이 심히 염려스
　　럽다."고 하였다.[417](『위서』「형벌지」)

【원문】 高宗增置內外候官, 伺察諸曹外部州鎭, 至有微服雜亂於府寺間,
　　以求百官疵失. 其所窮治, 有司苦加訊惻, 而多相誣逮, 輒劾以不敬. 諸
　　司官贓二丈皆斬.(同上)

【역문】 고종은 중앙과 지방에 후관(候官)을 증치(增置)하여 중앙의 여러 관
　　청이나 지방의 주진(州鎭)을 사찰시켰다. 심지어 복장을 바꾸어 관청 안
　　에 몰래 들어가 관원들의 과실(過失)을 탐문하게 하기도 하였다. 그중 금
　　령을 위반한 관원에 대하여 유사(有司)는 매우 가혹한 신문을 행하였다.
　　그 때문에 금령을 위반한 관원들은 서로가 서로를 무고하여 끌어들이게
　　되었고, 그들은 그때마다 불경죄(不敬罪)로 탄핵되었다. 모든 관청의 관
　　원으로 장물이 견(絹) 2장(丈)이면 모두 참수형에 처하였다.[418](『위서』「형
　　벌지」)

【원문】 高宗卽位, 是時, 斷獄多濫.(源賀傳)

【역문】 고종이 즉위하였을 당시에는 옥안(獄案)을 판결함에 지나친 형벌을
　　가하는 경우가 많았다.[419](『위서』「원하전」)

【원문】 孝昌已後, 天下淆亂, 法令不恒, 或寬或猛. 及尒朱擅權, 輕重肆
　　意, 在官者, 多以深酷爲能. 至遷鄴, 京畿群盜頗起. 有司奏立嚴制: 諸
　　强盜殺人者, 首從皆斬, 妻子同籍, 配爲樂戶; 其不殺人, 及贓不滿五
　　匹, 魁首斬, 從者死, 妻子亦爲樂戶; 小盜贓滿十匹已上, 魁首死, 妻子

---

417 『魏書』 권111 「刑罰志」, 2875쪽.
418 『魏書』 권111 「刑罰志」, 2875쪽.
419 『魏書』 권41. 「源賀傳」, 920쪽.

配驛, 從者流. 侍中孫騰上言: 謹詳, 法若畫一, 理尙不二, 不可喜怒由
情, 而致輕重. 案律, 公私劫盜, 罪止流刑. 而比執事苦違, 好爲穿鑿,
律令之外, 更立餘條, 通相糾之路, 班捉獲之賞. 斯乃刑書徒設, 獄訟更
煩, 法令滋彰, 盜賊多有. 非所謂不嚴而治, 遵守典故者矣. 臣以爲升平
之美, 義在省刑; 陵遲之弊, 必由峻法. 是以漢約三章, 天下歸德; 秦酷
五刑, 率土瓦解. 禮訓君子, 律禁小人, 擧罪定名, 國有常辟. 至如眚災
肆赦, 怙終賊刑, 經典垂言, 國朝成範. 隨時所用, 各有司存. 不宜巨細
滋煩, 令民豫備. 恐防之彌堅, 攻之彌甚. 請諸犯盜之人, 悉准律令, 以
明恒憲. 庶使刑殺折衷, 不得棄本從末. 詔從之.(刑罰志)

【역문】 효창 연간(525-528) 이후 천하가 분란하자 법령은 일정함을 잃어 너
그럽기도 하고 엄격하기도 하였다. 이주씨(尒朱氏)[420]가 권력을 농단함
에 이르러 형벌의 경중을 마음대로 하였고, 관리들 가운데 형벌을 가혹
하게 시행하는 것을 유능하게 여기는 자가 많았다. 업(鄴)으로 천도한
뒤[421] 경기 지역에 도적떼가 크게 일어나자 담당 관리는 엄격한 법제(法
制)를 세울 것을 다음과 같이 상주하였다. "무릇 강도하다 사람을 살해
한 경우는 수범(首犯)과 종범(從犯)을 모두 참수형에 처하고, 그 처자나
같은 호적에 있는 자는 배예(配隷)하여 악호(樂戶)로 삼으십시오. 그중
사람을 살해하는 데까지 이르지 않은 자 및 강도하여 사람을 살해하였
지만 그 장물이 5필 미만인 경우, 주범은 참수형, 종범은 사형에 처하고
그 처자 또한 악호로 삼으십시오. 절도하여 장물이 10필 이상인 경우,
주범은 사형, 처자는 역참(驛站)에 배예(配隷)시키고,[422] 종범(從犯)은 유

---

420 尒朱氏는 본래 羯種에 속하는 한 부족의 추장 가문이었지만, 그 선조는 北魏 太祖 道武帝
(386-409)의 정벌 사업에 從軍하여 功을 세움으로써 지금의 山西省 서쪽 지역인 谷地를 하사받았
다. 이주영(493-530) 때 영태후와 그 주변의 간신들을 제거한다는 명목으로 거병하여 이른바 '河
陰의 變'을 일으켰지만. 영이 살해된 뒤 일족은 점차 분열되었다. 孝武帝(532-534) 때인 영흥 2년
(533)에 이주씨를 완전히 족멸하였다.

421 이는 北魏의 권력자인 高歡이 孝武帝의 洛陽 탈출 뒤 孝靜帝(534-550)를 옹립하여 鄴으로 천도
한 후 東魏를 세운 사건을 가리킨다. 또한 孝武帝가 의지하고 있던 宇文泰는 오히려 孝武帝를 살
해하고 文帝를 세워 長安에 도읍한 후 西魏를 건국하였다. 이리하여 북위는 동과 서로 분열되었
다.

형(流刑)에 처하십시오." 시중(侍中) 손등(孫騰)[423]이 상주하기를, "삼가 살펴보건대 법은 한 일[一] 자를 긋는 것[424]과 같아야 하며, 법리(法理)는 두 가지의 해석을 허락하지 않습니다. 따라서 희노(喜怒)의 감정으로 말미암아 죄의 경중을 임의로 적용해서는 안 됩니다. 율문(律文)에 따르면, 공(公)과 사(私)를 불문하고 모든 강도의 경우 그 죄는 유형을 최고형으로 규정하고 있습니다. 그런데 근래의 사법(司法) 관리(官吏)들은 진실로 이를 위반하고 천착하기를 좋아하여 율령 이외에 다시 임시 조례를 마련하여 규찰의 길을 넓힘으로써 범인 체포에 대한 포상을 시행하려 하고 있습니다. 이처럼 형벌 규정이 헛되이 제정되면 옥송(獄訟)은 더욱 번거롭게 마련이고, 법령이 점점 더 많아질수록 도적들이 늘어난다는 것입니다. 이는 이른바 엄하지 않아도 세상을 다스리고 전고(典故)를 준수하다는 취지에 어긋납니다. 신(臣)은 생각건대, 잘 다스려진 세상의 아름다움은 그 형벌을 간략하게 하는 데 있습니다. 세상의 도리나 인심이 점점 무너져 가는 폐해는 반드시 법령이 엄격한 데서 말미암습니다. 그런 까닭에 한(漢)나라가 백성들에게 법 3장을 약속하니 천하가 그 덕에 귀순하였던 것이고, 진(秦)나라가 오형을 가혹하게 시행하니, 온 나라가 와해되어 버린 것입니다. 예(禮)는 군자(君子)를 훈계하는 것이고 법률(法律)은 소인(小人)을 금하는 것입니다. 그러므로 죄를 적발하여 형명을 정하는 일은 나라에 정해진 법이 있는 것만으로도 충분합니다. '사람에게 해를 끼쳤더라도 그것이 과실이면 용서하고 간사함을 좋아하여 끝내 잘못을 뉘우치지 않는 자는 형벌에 처한다.'[425]고 한 것은 경전의 명언

---

422 罪人의 가족이 驛에서 使役되는 경우가 많았는데, 이들을 "驛戶"라 한다. 곧 관청에 예속된 雜戶의 일종이다.

423 孫騰의 字는 龍雀으로 咸陽 石安 사람이다. 北魏 정광연간(520–525)에 북방이 소란한 틈을 타 이주영에게 귀순하였다. 후에 北齊 高歡의 都督長史가 되었다가 侍中, 尙書左僕射, 司徒 등을 역임하였지만, 專橫과 聚斂을 일삼았다. 東魏 孝靜帝(534–550) 때인 무정 6년(548)에 사망하였다.

424 "畫一"은 『漢書』 권39, 「曹參傳」, 2021쪽에 "參爲相國三年, 薨, 諡曰懿侯. 百姓歌之曰: 蕭何爲法, 講若畫一〈師古曰: 講, 和也. 畫一, 言整齊也.〉; 曹參代之, 守而勿失. 載其淸靖, 民以寧壹."라고 한 것과 무관하지 않을 것이다.

425 이는 『書經』「舜典」에 보이는 구절이다.

(名言)이고, 우리 조정에서도 준칙으로 삼고 있는 바입니다. 시세(時勢)에 따른 적용은 각각 담당 관리에게 맡기면 됩니다. 그러므로 세세한 점까지 법을 번쇄하게 하여 백성들에게 미리 법망에서 벗어날 채비를 시키는 일이 있어서는 안 될 것입니다. 방어가 극도로 견고하면 그에 대한 공격 또한 극도로 심해질 것입니다. 청컨대 무릇 도죄(盜罪)를 범한 자는 모두 율령을 기준으로 처분함으로써 항상 변함없는 법 적용을 백성들에게 표명하여 주십시오. 형벌과 살육을 절충시키시되, 그 근본을 버리고 지엽에 따르는 일이 있어서는 아니 될 것입니다." 조(詔)를 내려, 이에 따르도록 하였다.[426](『위서』「형벌지」)

【원문】 自太和以來, 未多坐盜棄市, 而遠近肅淸. 由此言之, 止姦在於防檢, 不在麗刑也. 今州郡牧守, 邀當時之名, 行一切之法; 臺閣百官, 亦咸以深酷爲無私, 以仁恕爲容盜. 迭相敦厲, 遂成風俗.(韓顯宗傳)

【역문】 태화 연간(477-499) 이래 여전히 도죄(盜罪)를 범하였다고 하여 기시(棄市)에 처한 경우가 많지는 않았지만, 모든 지역이 안정되고 깨끗하였습니다. 이로부터 말씀드리자면, 간사한 행위를 그치게 하는 방법은 미리 단속하고 방비하는 데 있는 것이지 형벌을 가하는 데 있는 것이 아닙니다. 현재 각 지역의 장관들은 당시대에 명성을 얻기를 바라 한결같이 엄격한 법률을 시행하며, 중앙의 백관들 또한 엄혹하게 형벌을 적용해야만 사심이 없는 것이라 여기고 너그럽게 관용을 베푸는 것은 범죄를 포용하는 것일 뿐이라 여깁니다. 이와 같이 하기를 번갈아가며 서로 재촉하고 독려하니, 마침내 하나의 풍속이 되어 버리고 말았습니다.[427](『위서』「한현종전」)

---

426 『魏書』 권111 「刑罰志」, 2888쪽.
427 『魏書』 권60 「韓顯宗傳」, 1340쪽.

● 八議 팔의

【원문】 先是, 皇族有譴, 皆不持訊. 時有宗士元顯富, 犯罪須鞫, 宗正約以
舊制. 尙書李平奏: 以帝宗磐固, 周布於天下, 其屬籍疏遠, 蔭官卑末,
無良犯憲, 理須推究. 請立限斷, 以爲定式. 詔曰: 雲來綿遠, 繁衍世滋,
植籍宗氏, 而爲不善, 量亦多矣. 先朝旣無不訊之格, 而空相矯忤, 以長
違暴. 諸在議請之外, 可悉依常法.(刑罰志)

【역문】 이보다 앞서 황족(皇族)에게 죄가 있어도 모두 억지로는 신문하지는
않았다.[428] 당시 종사(宗士)[429] 원현부(元顯富)가 죄를 범하여 국문을 받아

---

428 "皆不持訊" 중 "持訊"은 그 의미가 명확하지 않지만, 몸을 구속하여 취조하는 정도일 것이다.
429 『資治通鑑』 권149, 「梁紀5」, 武帝 普通원년 7월, 4657쪽의 "宗士"에 대한 胡三省 주에 "魏置宗師,
宗士其屬也."라고 하였다. 宗師는 宗室 子弟의 訓導와 糾察을 담당한 관직이다.

야 했지만, 종정관(宗正官)[430]은 옛 제도로 처리하고자 하였다. 이에 상서(尚書) 이평(李平)이 상주하기를, "천자(天子)의 종실(宗室)은 반석처럼 견고하며 널리 천하에 포진하고 있지만, 종실(宗室)에 적(籍)을 두고 있을지라도 그 관계가 소원하여 음(蔭)에 의해 말단 관직에 나아간 자가 소행이 좋지 못하여 법을 어긴 경우 이치상 그 죄를 추구하는 것이 마땅합니다. 청컨대 종실의 한계를 세워 이로써 일정한 법식으로 삼으십시오."라고 하였다. 이에 조(詔)를 내려 말하기를, "종실의 자손이 운손(雲孫)·내손(來孫)[431]으로 면면히 이어지며 번성하고 대대로 증가하여 점차 그 관계가 소원해지고 있다. 그런데 종실에 적(籍)을 두고 있으면서 불선(不善)한 행위를 하는 자 또한 그 수량이 많아지고 있다. 선제(先帝) 때부터 이미 종실에 적(籍)을 두고 있는 자가 죄를 범하여도 신문하지 않는다는 법령은 없었는데도 종실의 호적에 올라있다는 것을 헛되이 믿고는 위법 행위를 함부로 저지르고 있다. 이후 무릇 의(議)와 청(請)[432]의 범위에 들어가는 자 이외에는 모두 통상의 법규에 따라 처단할 수 있도록 하라."고 하였다.[433](『위서』「형벌지」)

【원문】 國家議親之律, 指取天子之玄孫.(禮志四之二)

【역문】 국가에서 제정한 의친(議親) 관련 율은 천자(天子)의 현손(玄孫)들을 대상으로 한다.[434](『위서』「예지4-2」)

---

430 宗室에 族籍을 두고 있는 이들에 대한 사무를 관장하였다. 주로 그 嫡庶와 遠近의 차례를 매기는 일을 담당하였으며, 원칙적으로는 宗室 인물 중에서 선출하였다.

431 『爾雅』, 「釋親」에 "子之子爲孫, 孫之子爲曾孫, 曾孫之子爲玄孫, 玄孫之子爲來孫, 來孫之子爲昆孫, 昆孫之子爲仍孫 仍孫之子爲雲孫"이라 하여, 子孫의 호칭이 세세하게 구별되어 있다.

432 "議"와 "請"은 형벌을 결정할 때 특정 신분에 있는 자에 대해 취해진 특별 조치이다. "議"는 八議, 곧 議親, 議故, 議賢, 議能, 議功, 議貴, 議勤, 議賓을 말한다. "請"은 『唐律疏議』「名例律」의 규정에 따르면, 皇太子妃의 大功 이상 친족, 八議의 경우 期 이상의 친족과 孫, 또는 관작 5품 이상의 자로서 死罪를 범한 경우 특별히 奏請하는 것을 말한다. 다만 八議에 속하는 자라도 十惡을 범한 경우에는 이를 적용하지 않고, "請"에서도 流罪 이하의 죄를 범한 자는 죄 1등을 감하는 데 그치며, 十惡, 반역죄, 살인, 監守 내의 姦盜나 略人, 受財枉法의 죄에 대해서는 이 율을 적용하지 않는 등 예외 규정이 있다.

433 『魏書』 권111 「刑罰志」, 2883쪽.

【원문】 律云議親者, 非唯當世之屬親, 歷謂先帝之五世.(景穆十二王列傳)

【역문】 율에서 "의친(議親)"이라 함은 당세(當世)의 친속만을 가리키는 것이 아니라 대대로 선제(先帝)의 5세(世)를 말하는 것입니다.[435](『위서』「경조왕자추전」)

【원문】 丕子超生, 車駕親幸其第, 特加賞賜. 以執心不二, 詔賜丕入八議, 傳示子孫.(神元平文諸帝子孫列傳)

【역문】 원비(元丕)의 아들 원초(元超)가 태어나자 황제께서 친히 그의 저택(邸宅)에 왕림하시어 특별히 상을 더하여 내리셨다. 한 번 먹은 마음을 고치지 않으시고 조(詔)를 내려 원비를 팔의(八議)의 범위에 들게 함으로써 대대로 그의 자손들에게 물려줄 수 있게 하였다.[436](『위서』「무위장군위전」)

【원문】 三年春, 詔叡與東陽王丕同入八議, 永受復除.(王叡傳)

【역문】 [태화] 3년(479) 봄에 조(詔)를 내려, 왕예(王叡)와 동양왕(東陽王) 원비(元丕)를 함께 팔의(八議)의 범위에 들게 함으로써 영원히 부역을 면제받을 수 있게 하였다.[437](『위서』「왕예전」)

【원문】 處植死刑. 又植親率城衆, 附從王化, 依律上議, 唯恩裁處. 詔曰: 凶謀旣爾, 罪不合恕. 雖有歸化之誠, 無容上議, 亦不須待秋分也.(裴植傳)

【역문】 배식(裴植)은 사형에 처해야 합니다. 다만 배식은 친히 성 내의 민중들을 거느리고 폐하의 교화를 좇아 귀순한 자이므로 율에 의거하여 폐하께 의중을 여쭙고자 하니, 다만 은혜로움으로 이에 대한 처분을 내려

434 『魏書』 권108-2 「禮志4-2」, '祭祀下', 2764쪽. "且國家議親之律, 指取天子之玄孫, 乃不旁準於時后."
435 『魏書』 권19상 「京兆王子推傳」, 446쪽.
436 『魏書』 권14 「武衛將軍謂傳」, 357쪽.
437 『魏書』 권93 「王叡傳」, 1988쪽.

주시기를 바랄 뿐입니다. 이에 조(詔)를 내려 말하기를, "흉악한 일을 모의한 바가 이미 이와 같으니, 그 죄를 용서하는 것은 마땅치가 않다. 비록 귀화하는 마음이 진심에서 우러나온 것이라 할지라도 더 이상 논의를 진행할 가치가 없다. 또한 반드시 가을철까지 기다릴 필요도 없이 곧바로 사형을 시행토록 하라."고 하였다.[438](『위서』「배식전」)

【세주 원문】 案此條爲八議中之議功, 不須待秋分者, 疑當時死刑, 亦有立決與秋後處決之別也.

【세주 역문】 이 조문은 팔의(八議) 가운데 의공(議功)에 관한 것이다. "반드시 가을철까지 기다릴 것도 없다."고 한 것은 당시의 사형제도에도 범죄에 대한 판결과 가을 이후의 시행 사이에 구별이 존재하였음을 의미하는 것으로 보인다.

【원문】 廷尉處以死刑. 詔付八議, 特加原宥, 削爵除官.(北史景穆十二王列傳)

【역문】 정위(廷尉)가 사형을 선고하였다. 이에 조(詔)를 내리기를, 팔의(八議)에 의거하여 특별히 그 사형만은 용서하여 주되 작위를 삭탈하고 관직 또한 박탈하게 하였다.[439](『북사』「광평왕락후전」)

【원문】 與弟並爲上賓, 入八議.(閭大肥傳)

【역문】 아우와 함께 모두 국빈(國賓)이 되어 팔의(八議)의 범주에 들어갔다.[440](『북사』「여대비전」)

【원문】 旣剋中山, 聽入八議.(北史張袞傳)

【역문】 중산(中山)을 평정하고 난 뒤, 팔의(八議)의 범주에 들이는 것을 허

---

438 『魏書』 권71 「裴植傳」, 1571쪽.
439 『北史』 권17 「廣平王洛侯傳」, 648쪽. "澄因是奏匡罪狀三十餘條. 廷尉處以死刑. 詔付八議, 特加原宥, 削爵除官."
440 『北史』 권20 「閭大肥傳」, 757쪽.

락하였다.441(『북사』「장곤전」)

◉ 老小廢疾 노소폐질

【원문】 太和十二年正月, 詔曰: 鎭戍流徙之人, 年滿七十, 孤單窮獨, 雖有妻妾而無子孫, 諸如此等, 聽解名還本. 諸犯死刑者, 父母、祖父母年老, 更無成人子孫, 旁無期親者, 具狀以聞.(高祖紀)

【역문】 태화 12년(488) 정월에 조(詔)를 내려 말하기를, "변경의 군진(軍鎭)으로 천사(遷徙)시킨 이들 가운데 70세 이상이나 단신(單身)으로 의지할 데가 없거나 비록 처와 첩이 있을지라도 자손이 없는 경우, 이와 같은 부류의 사람들은 모두 명적(名籍)에서 제외하여 본향으로 돌려보내는 것을 허락한다. 무릇 사형에 처해야 하는 자로서 그 부모나 조부모가 연로하고 게다가 성년이 된 자손이 없으며 주변에 돌봐줄 기친(期親)도 없는 경우에는 상황을 갖추어 보고토록 하라."고 하였다.442(『위서』「고조본기」)

【원문】 十二年詔: 犯死罪, 若父母、祖父母年老, 更無成人子孫, 又無期親者, 仰案後列奏以待報, 著之令格.(刑罰志)

【역문】 [태화] 12년(488)에 조(詔)를 내리기를, "사죄를 범한 자로서 만약 부모나 조부모가 연로하고 게다가 성년이 된 자손이 없으며 기친(期親)도 없는 경우에는 판결안의 후면에 그 내용을 열거하여 상주한 후 답변을 기다리도록 하라. 또한 이를 영격(令格)443에 명기토록 하라."고 하였다.444(『위서』「형벌지」)

---

441 『北史』 권21 「張袞傳」, 795쪽, "旣剋中山, 聽入八議, 拜幽州刺史, 賜爵臨渭侯, 百姓安之."

442 『魏書』 권7하 「高祖本紀」, 163쪽.

443 「刑罰志」에는 그 밖에도 "賞同劉宣明之格", "先朝舊格" 등에 "格"자가 사용되어 있고, 이와 같은 의미의 "格"자가 이후 正史 등에 자주 보인다. 이처럼 『魏書』 「刑罰志」 이후 "格" 字가 법률용어로서 사용되고 있다는 것은 주목할 만하다. 이 "格"은 漢代의 "科"에 연원하며, 東魏 때 비로소 科를 대신하게 된 것으로 알려져 있다.

444 『魏書』 권111 「刑罰志」, 2878쪽.

【원문】 太和十八年八月, 詔諸北城人, 年滿七十以上及廢疾之徒, 校其元犯, 以準新律, 事當從坐者, 聽一身還鄉, 又令一子扶養, 終命之後, 乃遣歸邊; 自餘之處, 如此之犯, 年八十以上, 皆聽還.(高祖紀)

【역문】 태화 18년(494) 8월에 조(詔)를 내려, "무릇 북방의 성진(城鎭)에 배치된 죄수들로 나이가 70세 이상이거나 신체에 장애가 있는 경우, 그중 수범(首犯)을 제외하고 새로운 율을 기준 삼아 사건에 연루되어 죄를 받은 이들에 한하여 그 사람만 본향으로 돌려보내는 것을 허락한다. 또한 아들로서 그 부모를 부양하게 한 경우 부모가 사망한 후에는 다시 변방으로 돌려보내도록 하며, 그 밖의 지역에 이와 같은 죄수들이 있을 경우 80세 이상이면 모두 본향으로 돌려보내는 것을 허락한다."고 하였다.[445] (『위서』「고조본기」)

【원문】 若年十三已下, 家人首惡, 計謀所不及, 愚以爲可原其命, 沒入縣官. 高宗納之.(源賀傳)

【역문】 "만약 연령이 13세 이하이고 비록 그 가족 중에 수범(首犯)이 있을지라도 실질적으로 모의에 관련이 되지 않은 경우라면, 삼가 생각건대 그 목숨만은 살려주어 현관(縣官)에서 몰입(沒入)할 수 있도록 해야 합니다."라고 하자, 고종이 이 의견을 받아들였다.[446](『위서』「원하전」)

【원문】 源賀奏: 謀反之家, 男子十三以下本不預謀者, 宜免死沒官. 從之.(通鑑綱目)

【역문】 원하(源賀)가 상주하기를, "모반한 집안의 사람들 중 남자 13세 이하로서 본디 모의에 가담하지 않은 경우에는 마땅히 사형을 면하여 관으로 몰입(沒入)해야 합니다."라고 하자, [고종이] 그의 견해를 따랐다.[447](『통감강목』)

---

445 『魏書』 권7하 「高祖本紀」, 174–175쪽.
446 『魏書』 권41 「源賀傳」, 920쪽.

◉ 公罪 공죄

【원문】 太宗以同雖專命, 而本在爲公, 意無不善, 釋之.(安同傳)

【역문】 태종은 안동(安同)이 비록 명을 받지 않은 채 자의(自意)로 일을 행하였지만, 본래 공사(公事)를 위하여 집행한 것으로 그 의도에 불순함은 없었다고 여겨 그를 용서하였다.[448](『위서』「안동전」)

◉ 出入人罪 출입인죄

【원문】 忠等徵罪, 唯以厥身, 不至孥戮, 又出罪人, 窮治不盡. 案律準憲, 事在不輕.(于栗磾傳)

【역문】 우충(于忠) 등의 죄를 징벌할 때 다만 당사자 본인에게만 처벌을 내렸을 뿐 그들의 아내와 자식은 처벌하지 않았습니다. 또한 죄인이 과실을 회피할 수 있도록 하기 위해 조사를 할 때도 철저히 하지 않았습니다. 법률에 비추어 보았을 때 이러한 행위는 결코 가볍게 다룰 문제가 아닙니다.[449](『위서』「우율제전」)

◉ 不道 부도

【원문】 太和七年十有二月, 詔曰: 淳風行於上古, 禮化用乎近葉. 是以夏殷不嫌一族之婚, 周世始絶同姓之娶. 皇運初基, 未遑釐改, 自今悉禁絶之, 有犯以不道論.(高祖紀)

【역문】 태화 7년(483) 12월에 조(詔)를 내려 말하기를, "순후(淳厚)한 풍속은 상고(上古) 시기에 행하여졌고, 예악의 교화는 근세(近世)에 베풀어졌다.

---

447 『資治通鑑』 권126 「宋紀8」, 太祖 元嘉 29년, 3984쪽.
448 『魏書』 권30 「安同傳」, 713쪽.
449 『魏書』 권31 「于栗磾傳」, 744쪽.

이런 까닭으로 하(夏)나라와 은(殷)나라 때는 일족(一族)지간의 혼인이 기피되지 않았다가 주(周)의 치세에 이르러서야 비로소 동성지간의 결혼이 끊어질 수 있었던 것이다. 황운(皇運)의 기초가 막 닦였을 때는 미처 [좋지 못한 풍속의 잔여를] 변화시킬 여력이 없었으나, 지금부터는 일절 [동성지간의 혼인을] 금지하니 이를 어기는 자가 있을 경우 부도(不道)로써 논죄토록 하라."고 하였다.450(『위서』「고조본기」)

【원문】 坐裸其妻王氏於其男女之前, 又强姦妻妹於妻母之側. 御史中丞侯剛案以不道, 處死.(安定王休)

【역문】 다른 남녀 앞에서 그의 아내 왕씨(王氏)를 발가벗기고, 또한 장모 옆에서 처제를 강제로 간음한 일로 죄를 받았다. 어사중승(御史中丞) 후강(侯剛)이 부도(不道)로써 판결하여 사형에 처하였다.451(『위서』「안정왕휴전」)

【원문】 不忠不道, 深暴民聽.(侯剛傳)

【역문】 불충(不忠)하고 부도(不道)하니, 백성들의 여론도 매우 사납도다.452 (『위서』「후강전」)

【원문】 事下有司, 司空伊馛等以宗之腹心近臣, 出居方伯, 不能宣揚本朝, 盡心綏導, 而侵損齊民, 枉殺良善, 妄列無辜, 上塵朝廷, 誣詐不道, 理合極刑. 太安二年冬, 遂斬於都南.(許彦傳)

【역문】 사안을 유사(有司)에 하달하여 조사토록 하였는데, 사공(司空) 이발

---

450 『魏書』 권7상「高祖本紀」, 153쪽, "十有二月癸丑, 詔曰: 淳風行於上古, 禮化用乎近葉. 是以夏殷不嫌一族之婚. 周世始絶同姓之娶. …, 日不暇給, 古風遺樸, 未遑釐改, 後遂因循. 迄玆莫變. 朕屬百年之期, 當後仁之政, 思易質舊, 式昭惟新. 自今悉禁絶之, 有犯以不道論."

451 『魏書』 권19하「安定王休傳」, 519쪽, "坐裸其妻王氏於其男女之前, 又强姦妻妹於妻母之側. 御史中丞侯剛案以不道, 處死, 絞刑, 會赦免, 黜爲員外常侍."

452 『魏書』 권93「侯剛傳」, 2006쪽, "剛行在道, 詔曰: … 不忠不道, 深暴民聽; 附下罔上, 事彰幽顯."

(伊馛) 등은 허종지(許宗之)를 조정의 심복(心腹)이자 근신(近臣)이라 생각
하였다. [그러나 허종지는] 지방장관으로 부임한 이후 현 조정을 선양(宣
揚)하고 마음을 다하여 백성들을 안무하기는커녕 백성들의 재산을 침탈
하고, 선량한 자를 왜곡하여 죽였으며, 허물이 없는 자를 거짓으로 모함
하였다. 게다가 조정을 기만하고 거짓으로 무고하여 부도(不道)를 범하
였으니,[453] 원칙대로라면 극형에 처해야 마땅하였다. 태안 2년(456) 겨
울, 마침내 도성 남쪽에서 허종지를 참수하였다.[454](『위서』「허언전」)

【세주 원문】 按漢律, 不道無正法, 最易比附, 以不道伏誅者, 無慮數十百人, 俱見漢
書各紀傳. 魏晉以來, 漸革此弊, 元魏定律, 多沿漢制, 此亦其一端也.

【세주 역문】 한율에는 부도(不道)와 관련한 정법(正法)이 없었다. 비교하기에 가장 용
이한 사례는 부도(不道)로써 사형을 당한 경우로 무려 수십·수백 명에 달하였으며,
모두 각각 『한서』의 본기와 열전에서 찾아볼 수 있다. 위진(魏晉) 이래로 이러한 폐
단은 점차 개혁되어 갔다. 후위의 정률(定律)은 대부분 한나라의 제도를 계승한 것으
로 이 또한 그러한 사례 중 하나이다.

◉ 不孝 불효

【원문】 其妻無子而不娶妾, 斯則自絶, 無以血食祖父, 請科不孝之罪.(太武
五王列傳)

【역문】 그 아내가 아들을 낳지 못하는데도 별도로 첩(妾)을 취하지 않는다
면, 이는 곧 스스로 후사(後嗣)를 끊어 버리는 셈이며, 이로써 조부(祖父)
께서 누리실 제사 음식이 없게 되는 것이니, 청컨대 불효(不孝)죄로서 처

---

453 이에 앞서 許宗之는 자신의 죄행을 타일렀다는 이유로 馬超라는 인물을 때려 죽였다. 그리고 이
   사건이 발각될까 두려웠던 그는 馬超가 朝廷을 비방하였다는 내용의 거짓 상소문을 황제에게 올
   렸다. 상소문을 접한 황제는 許宗之의 말에 의심을 품게 되었고, 이로부터 有司에 사건의 진상을
   자세히 조사해 보라는 명을 내리게 되었던 것이다. 곧 "조정을 기만하고 거짓으로 무고하여 不道
   를 범하였다"고 평한 데는 이와 같은 사정이 있었던 것이다.
454 『魏書』 권46 「許彦傳」, 1036–1037쪽.

벌하여 주십시오.455(『위서』「임회왕담전」)

【원문】 貝丘民列子不孝, 吏欲案之.(列女崔氏傳)

【역문】 패구(貝丘)의 백성 중에 아들로서 불효(不孝)한 자가 있다는 진술이 있어, 현리(縣吏)가 이를 심리하고자 하였다.456(『위서』「방애친처최씨전」)

◉ 大不敬 不敬 대불경 불경

【원문】 不以實聞者, 以大不敬論.(顯祖紀)

【역문】 실제로 보거나 들은 것으로 진술하지 않는 경우에는 대불경으로 논죄하도록 하라.457(『위서』「현조본기」)

【원문】 普泰元年, 詔天下有德孝仁賢忠義志信者, 可以禮召赴闕, 不應召者, 以不敬論.(前廢帝紀)

【역문】 보태 원년(531)에 조(詔)를 내려, "천하에 덕효(德孝)하고 인현(仁賢)하며 충의(忠義)롭고 지신(志信)한 자들을 예로써 대우하여 궁궐로 불러 들이도록 하라. 만약 부름에 응하지 않을 경우 불경(不敬)으로 논죄토록 하라."고 하였다.458(『위서』「전폐제본기」)

【원문】 元匡復欲興棺諫諍, 尙書令、任城王澄劾匡大不敬, 詔恕死爲民.(辛雄傳)

【역문】 원광(元匡)이 재차 죽음을 각오하고 간언하고자 하였다. 이에 상서령(尙書令) 임성왕(任城王) 원징(元澄)이 그를 대불경죄로 탄핵하였으나,

---

455 『魏書』 권18 「臨淮王譚傳」, 423쪽, "其妻無子而不娶妾, 斯則自絶, 無以血食祖父, 請科不孝之罪, 離遣其妻."
456 『魏書』 권92 「房愛親妻崔氏傳」, 1980쪽.
457 『魏書』 권6 「顯祖本紀」, 126쪽.
458 『魏書』 권11 「前廢帝本紀」, 276쪽.

조(詔)를 내려 사형만은 면하게 한 후 일반 백성으로 삼도록 하였다.[459] (『위서』「신웅전」)

【세주 원문】 按此亦沿用漢律.

【세주 역문】 이 또한 한율을 계승한 것이다.

● 誣罔 무망

【원문】 白蘭王吐谷渾翼世, 以誣罔伏誅.(高祖紀)

【역문】 백난왕(白蘭王) 토욕혼(吐谷渾) 익세(翼世)는 무망(誣罔)죄로 사형을 당하였다.[460](『위서』「고조본기」)

【원문】 和平六年九月詔曰: 先朝以州牧親民, 宜置良佐, 故敕有司, 班九條之制, 使前政選吏, 以待俊乂, 必謂銓衡允衷, 朝綱應敍. 然牧司寬惰, 不祗憲旨, 擧非其人, 怠于典度. 今制: 刺史守宰到官之日, 仰自擧民望忠信, 以爲選官, 不聽前政共相干冒. 若簡任失所, 以罔上論.(顯祖紀)

【역문】 화평 6년(465) 9월에 조(詔)를 내려 말하기를, "선조(先朝)는 주목(州牧)으로 하여금 백성들을 가까이서 다스리게 하면서 응당 그 곁에 우수한 보좌를 두게 하였다. 때문에 유사(有司)에 명하여 구조(九條)제도를 반행토록 하고 전임 관원이 보좌 관리를 선발하게 함으로써 어질고 덕망 있는 인재를 갖출 수 있도록 하였던 것이다. 반드시 그에 합당한 관원을 가려 뽑아야만 조정의 기강도 응당 정연(整然)해 질 수 있는 것이다. 그러나 지금의 목사(牧司) 관원들은 그 기강이 해이해지고 게을러져 조정의 명령을 제대로 준수하지 않으며 뽑아서는 안 될 인재들을 선발하여 국가의 법도를 어그러뜨리고 있다. 그러므로 지금부터 다음과 같

---

459 『魏書』 권77 「辛雄傳」, 1691쪽.
460 『魏書』 권7상 「高祖本紀」, 151쪽.

이 규정한다. 자사(刺史)·군수(郡守)·현령(縣令) 등 지방장관으로 부임할 때는 백성 중에 덕망 있고 충신(忠信)한 자를 직접 천거함으로써 관원을 선발할 수 있도록 하되, 전임 관원이 이에 대해 관여하는 것을 허락하지 않는다. 만약 선임(選任)이 합당하지 않을 경우 기망(欺罔)으로 논죄할 것이다."라고 하였다.461(『위서』「현조본기」)

【원문】 具問守宰苛虐之狀於州郡使者、秀孝、計掾, 而對多不實, 甚乖朕虛求之意. 宜案以大辟, 明罔上必誅.(高祖紀)

【역문】 각 지역의 사자(使者), 수재효렴(秀才孝廉), 상계연(上計掾) 등에게 군수(郡守)나 현령(縣令)이 정사를 펴는 데 가혹하고 포학한 정황이 있다면 상세히 갖추어 보고하도록 하였는데, 그들이 보고한 내용 중에는 실제와 부합하지 않는 것들이 상당히 많으니, 짐이 허심탄회하게 요구한 의도와 심히 어긋난다고 하겠다. 그러므로 마땅히 이들을 사형으로 처벌하여 조정을 기망(欺罔)할 경우 반드시 주살을 면치 못하리라는 것을 분명히 밝힐 수 있도록 하라.462(『위서』「고조본기」)

【원문】 附下罔上, 事彰幽顯. 莫大之罪.(侯剛傳)

【역문】 하속(下屬)을 비호하고 조정을 기망(欺罔)한 일이 명명백백하게 드러났으니, 이보다 더 큰 죄가 없다.463(『위서』「후강전」)

【세주 원문】 按誣罔, 附下罔上, 均本漢律, 詳見漢律考.

【세주 역문】 무망(誣罔) 중 "하속을 비호하고 조정을 기망한다[附下罔上]"는 내용은 모두 한율에 근본을 두는 것으로 한율고(漢律考)에서 자세히 밝혀 두었다.

---

461 『魏書』 권6 「顯祖本紀」, 126쪽.
462 『魏書』 권7상 「高祖本紀」, 152쪽.
463 『魏書』 권93 「侯剛傳」, 2006쪽, "不忠不道, 深暴民聽; 附下罔上, 事彰幽顯, 莫大之罪, 難從宥原, 封爵之科, 理宜貶奪."

● 誣告反坐　무고반좌

【원문】 肇、匡並禁, 尚書推窮其原, 付廷尉定罪. 詔曰: 可. 有司奏匡誣肇, 處匡死刑. (景穆十二王列傳)

【역문】 고조(高肇)와 원광(元匡)을 모두 구금하였다. 상서(尚書)에서 그 사안의 발단을 조사한 후 정위(廷尉)에게 넘겨주어 죄명을 결정토록 하였다. 황제 또한 이들의 처벌을 허락하였다. 유사(有司)는 원광이 고조를 무고(誣告)하였으므로 원광을 사형에 처해야 한다고 상주하였다.[464] (『위서』「광평왕락후전」)

【원문】 維見乂寵勢日隆, 乃告司染都尉韓文殊父子, 欲謀逆立懌. 懌坐被錄禁中. 文殊父子懼而逃遁. 鞫無反狀. 以文殊亡走, 懸處大辟. 置懌於宮西別館, 禁兵守之. 維應反坐, 乂言於太后, 欲開將來告者之路, 乃黜爲燕州昌平郡守. 靈太后反政, 尋追其前誣告淸河王事, 於鄴賜死. (宋維傳)

【역문】 송유(宋維)가 보기에 원차(元乂)는 날로 그 권세가 막강해져 갔다. 이에 사염도위(司染都尉) 한문수(韓文殊) 부자(父子)가 원역(元懌)을 옹립하여 반역을 도모하려 한다고 고발하였다.[465] 원역은 이 일로 죄를 받아 궁중에 구금되었고, 한문수 부자는 그 처벌을 두려워하여 도망하였다. 이 사건에 대하여 국문이 이루어졌지만, 반역을 도모하였다는 증거는 찾아내지 못하였다. 그러나 한문수는 도망하였다는 이유로 미리 사형에 처하였다. 또한 원역을 궁의 서쪽 별관에 가둔 후 금군(禁軍) 병사들로 하여금 감시하게 하였다. 송유(宋維)는 응당 [무고한 죄로서] 반좌(反坐)되었는데, 원차가 그를 비호하여 태후에게 상언하기를, "앞으로 계속해

---

464 『魏書』권19상「廣平王洛侯傳」, 456쪽. "阻惑朝聽. 不敬至甚. 請以肇、匡並禁尙書. 推窮其原. 付廷尉定罪. 詔曰可. 有司奏匡誣肇, 處匡死刑."
465 당시 元懌과 대립하고 있던 元乂의 권유를 받아 거짓으로 모함을 하였던 것이다.

서 밀고(密告)하는 자들이 나올 수 있도록 하기 위해서는 다만 송유의 관직을 강등시켜 연주(燕州)의 창평군수(昌平郡守)로 내보내는 것이 좋겠습니다."라고 하였다. 이후 영태후(靈太后)가 다시 수렴청정을 하게 되자, 이전에 청하왕(淸河王) 원역을 무고한 일을 소급하여 추궁하게 되었고, 업성(鄴城)에서 송유에게 사형을 내렸다.[466](『위서』「송유전」)

◉ **漏泄** 누설

【원문】 天平三年, 坐漏泄, 賜死於家.(韋閬傳)

【역문】 천평 3년(536)에 [궁중의 기밀을] 누설한 죄로 가택(家宅)에서 사형을 내렸다.[467](『위서』「위랑전」)

◉ **誹謗呪詛** 조정을 비방하고 저주하는 경우

【원문】 有誹謗呪詛之言, 與彌陀同誅.(竇瑾傳)

【역문】 조정을 비방하고 저주하는 말을 하여 사마미타(司馬彌陀)와 함께 사형을 당하였다.[468](『위서』「두근전」)

◉ **口誤** 구오[469]

【원문】 顯祖卽位, 除口誤.(刑罰志)

【역문】 현조(顯祖)는 즉위하여 구오(口誤)율을 없앴다.[470](『위서』「형벌지」)

---

466 『魏書』 권63 「宋維傳」, 1416쪽.
467 『魏書』 권45 「韋閬傳」, 1016쪽, "天平三年, 坐漏泄, 賜死於家. 時年三十二."
468 『魏書』 권46 「竇瑾傳」, 1036쪽.
469 구두로 상주하여 사실을 말한 것에 잘못이 있거나 宗廟의 諱를 범하는 경우 등에 대한 처벌 규정이다. 『唐律疏議』 「職制律」에 따르면, 口誤는 문서상의 잘못보다 가볍게 처벌하도록 규정되어 있다.
470 『魏書』 권111 「刑罰志」, 2876쪽, "顯祖卽位, 除口誤, 開酒禁."

【원문】 獻文以和平六年五月卽位, 除口誤律.（冊府元龜）

【역문】 헌문제(獻文帝)는 화평 6년(465)에 즉위하여 구오율(口誤律)을 없앴다.471(『책부원구』권611)

【세주 원문】 按唐律職制, 口誤減二等.

【세주 역문】 당률 중 직제율(職制律)에 따르면, 구오죄(口誤罪)를 범한 경우 2등을 감한다.472

◉ 違制 위제

【원문】 延興二年二月詔曰: 尼父稟達聖之姿, 體生知之量, 窮理盡性, 道光四海. 頃者淮徐未賓, 廟隔非所, 致令祠典寢頓, 禮章殄滅, 遂使女巫妖覡, 淫進非禮, 殺生鼓舞, 倡優媟狎, 豈所以尊明神敬聖道者也. 自今已後, 有祭孔子廟, 制用酒脯而已, 不聽婦女合雜, 以祈非望之福. 犯者以違制論. 牧司之官, 明糾不法, 使禁令必行.（高祖紀）

【역문】 연흥 2년(472) 2월에 조(詔)를 내려 말하기를, "이보(尼父)473께서는 가장 큰 성인(聖人)의 자질을 품부 받으시고 생이지지(生而知之)의 역량을 갖추시어 사물의 이치와 인간의 본성을 궁구(窮究)하셨으니, 그 도(道)가 온 천하에 밝게 비추어졌다. 근자에는 회하(淮河)와 서주(徐州) 지역을 귀순(歸順)시키지 못하여 제사를 모실 장소가 마땅치 않으니, 제사를 모시는 전례(典禮)가 행하여지지 않아 예의규범이 모두 단절되기에 이르렀다. 이에 마침내 여자와 남자 무당들이 함부로 제사를 받들게 하니, 예의규범과 크게 어긋나게 되었다. 살아 있는 생명을 죽여 북을 치고 춤을 추게 하며, 광대[倡優]474들이 거리낌 없이 노래하고 춤을 추며

---

471 『冊府元龜』권611「刑法部3」, '定律令3'.
472 『唐律疏議』권10「職制2」, '上書奏事誤', 201쪽, "諸上書若奏事而誤, 杖六十. 口誤, 減二等."
473 孔子(기원전 591~479년)를 높여 부르는 명칭이다. 孔子의 字인 "仲尼"에서 따온 말이다.
474 音樂과 歌舞 또는 雜技와 戱謔으로 사람들을 즐겁게 하는 광대를 말한다.

소란을 피우게 하니, 이렇게 하여 어찌 신명(神明)을 존중하고 성인(聖人)의 도(道)를 공경할 수가 있단 말인가. 지금부터 공자묘(孔子廟)에 제사를 지낼 경우 술과 말린 고기만을 사용하도록 규정하되, 부녀자(婦女者)가 함께 뒤섞여 바라서는 안 될 복을 기원하는 것을 허락하지 않는다. 이를 어길 경우 위제(違制)로써 논죄토록 할 것이다. 각 지방의 관원들은 불법 사항을 분명하게 규찰(糾察)하여 금령(禁令)이 반드시 시행될 수 있도록 하라."고 하였다.[475](『위서』「고조본기」)

【원문】 太和二年五月詔曰: 婚娉過禮, 則嫁娶有失時之弊; 厚葬送終, 則生者有糜費之苦. 聖王知其如此, 故申之以禮數, 約之以法禁. 酒者, 民漸奢尚, 婚葬越軌, 致貧富相高, 貴賤無別. 又皇族貴戚及士民之家, 不惟氏族, 下與非類婚偶. 先帝親發明詔, 爲之科禁, (高宗紀, 和平四年十有二月辛丑, 詔曰: 名位不同, 禮亦異數, 所以殊等級, 示軌儀. 今喪葬嫁娶, 大禮未備, 貴勢豪富, 越度奢靡, 非所謂式昭典憲者也. 有司可爲之條格, 使貴賤有章, 上下咸序, 著之於令. 壬寅, 詔曰: 夫婚姻者, 人道之始. 是以夫婦之義, 三綱之首, 禮之重者, 莫過於斯. 尊卑高下, 宜令區別. 然中代以來, 貴族之門多不率法, 或貪利財賄, 或因緣私好, 在於苟合, 無所選擇, 令貴賤不分, 巨細同貫, 塵穢淸化, 虧損人倫, 將何以宣示典謨, 垂之來裔. 今制皇族、師傅、王公侯伯及士民之家, 不得與百工、伎巧、卑姓爲婚, 犯者加罪.) 而百姓習常, 仍不肅改. 朕今憲章舊典, 祗案先制, 著之律令, 永爲定準. 犯者以違制論.(同上)

【역문】 태화 2년(478) 5월에 조(詔)를 내려 말하기를, "혼빙례(婚娉禮)가 예제(禮制)를 초과하여 시집가고 장가드는 데 그 시기를 놓치고 마는 폐단이 발생하고 있다. 또한 장례(葬禮)를 성대하게 치러 죽은 이를 전송하니, 살아 있는 자에게는 그 비용을 고스란히 부담해야 하는 고통이 뒤따른다. 현명한 군주는 능히 이와 같은 사정을 이해하였기 때문에 예의(禮儀)의 등급을 신명(申明)하고 법률로써 금지하여 이를 단속하였던 것이

475 『魏書』 권7상 「高祖本紀」, 136쪽.

다. 근래에는 백성들이 점차 사치스러움을 숭상하여 혼례와 장례가 정해진 법도보다 초월하게 되어 가난한 집안과 부유한 집안이 서로가 더 높다며 경쟁하니, 귀함과 천함의 구별이 없는 지경에 이르렀다. 게다가 황족(皇族) 귀척(貴戚) 및 관인(官人) 집안은 가문을 고려하지 않은 채 부류가 다른 하층민들과도 혼인 관계를 맺고 있다. 선제(先帝)께서 친히 반포하여 밝히신 조서(詔書)를 금령(禁令)으로 제정하였으나 [『위서』 「고종본기」에 "화평 4년(463) 12월 신축일에 조(詔)를 내려 말하기를, '신분과 지위[名位]가 다르듯이 예의(禮儀) 또한 그 구분을 달리하므로 등급의 차이를 규정하여 예의규범을 명시한 것이다. 현재의 상장례(喪葬禮) 및 가취례(嫁娶禮)는 예제(禮制)의 대강(大綱)이 온전히 갖추어지지 못하여 권세 있고 부유한 가문은 법도를 초월하여 사치하고 낭비하니, 이는 이른바 전장제도를 받들어 빛내는 행위라고 할 수 없다. 유사(有司)는 이를 조격(條格)으로 제정하되, 귀함과 천함에 정연(整然)함이 있게 하고 상하 간에 모두 질서가 있도록 하여, 영문(令文)에 명시할 수 있도록 하라.'[476] 고 하였다. 또 임인일에 조(詔)를 내려 말하기를, '무릇 혼인(婚姻)은 사람 사이의 도리(道理) 중 첫 번째이다. 그런 까닭으로 부부지간의 의리(義理)가 곧 삼강(三綱)의 첫머리에 위치하는 것이다. 예의 중에서 그 중요함이 이보다 더한 것은 없다. 존귀함과 비천함 및 지위의 높고 낮음에는 마땅히 분별이 있도록 해야 한다. 그러나 중대(中代) 이래 귀족 가문에서 법을 준수하지 않는 경우가 많아 어떤 경우에는 이익을 탐하여 재물을 축적하기 위하여, 또 어떤 경우에는 개인적으로 선호하는 바에 의거하기 위하여 구차하게 결합할 뿐 가려서 택하는 바가 없으니, 귀함과 천함 사이에 분별이 없게 되고, 높은 집안과 낮은 집안이 함께 뒤얽혀 깨끗한 교화(敎化)를 더럽히며 인륜(人倫)을 어그러뜨리게 되니, 장차 어떻게 전장제도를 선양(宣揚)할 수 있을 것이며 또한 어떻게 후손들에게 이를 전수하여 줄 수 있겠는가. 지금부터 황족(皇族)과 사부(師傅), 그리

---

476 『魏書』 권5 「高宗本紀」, 122쪽.

고 왕공후백(王公侯伯) 및 관원(官員) 집안은 각종 공인[百工]과 기예인[伎巧] 및 비천한 성씨(姓氏)와 혼인할 수 없도록 규정한다. 만약 이를 위반할 경우 죄로써 다스릴 것이다.'477라고 하였다.] 백성들은 세간의 일상적인 관습에 익숙해져 버려 여전히 그 폐단이 바로잡히지 않고 있다. 짐은 이제 이전의 전장제도 중에서 선조(先朝)의 제도를 공경스럽게 조사하여 그것을 율령으로 명시함으로써 영원한 준칙(準則)으로 삼고자 한다. 이를 위반할 경우에는 위제(違制)로써 논죄할 것이다."라고 하였다.478(『위서』「고조본기」)

◉ **枉法** 왕법

【원문】 和平四年詔曰: 今內外諸司、州鎭守宰, 侵使兵民, 勞役非一. 自今擅有召役, 逼雇不程, 皆論同枉法.(高宗紀)

【역문】 화평 4년(463)에 조(詔)를 내려 말하기를, "현재 내외의 모든 관사(官司)와 각 지방의 장관들이 병사와 민중들을 함부로 징발하여 노역을 시키는 사례가 한 둘이 아니다. 이제부터 함부로 노동력을 징발하여 법도에 어긋나게 강제로 부리는 경우가 있다면, 모두 왕법(枉法)과 동일하게 적용하여 논죄토록 하라."고 하였다.479(『위서』「고종본기」)

【원문】 又以濟陰王鬱枉法賜死之事, 遣使告禧, 因而誠之.(咸陽王禧傳)

【역문】 또한 제음왕(濟陰王) 원울(元鬱)이 왕법(枉法)으로 사형을 받은 일이 있었는데, 원희(元禧)에게 사자(使者)를 보내어 이 일을 알려 줌으로써 경계로 삼을 수 있도록 하였다.480(『위서』「함양왕희전」)

---

477 『魏書』 권5 「高宗本紀」, 122쪽.
478 『魏書』 권7상 「高祖本紀」, 145쪽.
479 『魏書』 권5 「高宗本紀」, 121쪽.
480 『魏書』 권21상 「咸陽王禧傳」, 534쪽.

【원문】 自正光以後, 四方多事, 民避賦役, 多爲僧尼, 至二百萬人, 寺有三萬餘區. 至是, 始詔長吏, 擅立寺者, 計庸以枉法論.(通鑑綱目)

【역문】 정광 연간(520-524) 이후, 각지에서 민력(民力)을 징발해야 할 일들이 많았다. 백성들은 부역(賦役)을 회피하기 위해 많은 경우 승려가 되는 길을 택하였다. 이에 승려의 수가 200만 명에 이르게 되었고, 사찰은 각지에 3만여 곳이나 되었다. 이리하여 마침내 각 지방의 장관들에게 조(詔)를 내려, 함부로 사찰을 건립하는 경우 노동력을 징발한 것으로 간주하여 왕법(枉法)으로 논죄토록 하였다.[481](『통감강목』)

◉ 殺人 살인

【원문】 熙平二年, 汝南王悅坐殺人免官.(肅宗紀)

【역문】 희평 2년(517)에 여남왕(汝南王) 원열(元悅)이 사람을 살해한 일로 죄를 받아 면관(免官)되었다.[482](『위서』「숙종본기」)

◉ 掠人 약인

【원문】 和平四年八月詔曰: 前以民遭飢寒, 不自存濟, 有賣鬻男女者, 盡仰還其家. 或因緣勢力, 或私行請託, 共相通容, 不時檢校, 令良家子息, 仍爲奴婢. 今仰精究, 不聽取贖, 有犯加罪. 若仍不檢還, 聽其父兄上訴, 以掠人論.(高宗紀)

【역문】 화평 4년(463) 8월에 조(詔)를 내려 말하기를, "종전에 백성들이 기근과 혹한을 만나 스스로 살아갈 방도가 없어 자녀를 내다 판 경우가 있었으니, 그 자식들을 모두 본래의 집으로 되돌려 보내도록 하라. 만약 세력에 의지하거나 사적으로 몰래 청탁하여 서로 합의를 본 경우, 이들

---

481 『資治通鑑』 권158 「梁紀14」, 高祖 大同 4년. 4899쪽.
482 『魏書』 권9. 「肅宗本紀」, 226쪽. "乙亥, 中書監、儀同三司、汝南王悅坐殺人免官, 以王還第."

을 불시(不時)에 조사하여 양가(良家)의 자식일지라도 계속해서 노비로 삼을 수 있도록 하라. 지금부터 세밀하게 조사토록 하되, 금전을 내고 사람을 되돌려 받는 행위는 허락하지 않으니, 이를 어기는 자가 있다면 죄로써 처벌토록 하라. 만약 계속해서 조사를 거부하고 돌려보내지 않는 경우에는 그 부형(父兄)이 상소(上訴)하는 것을 허락하며, [돌려보내지 않는 자는] 약인(掠人)으로 논죄토록 하라."고 하였다.[483](『위서』「고종본기」)

【원문】 坐掠人爲奴婢, 爲御史中尉王顯所彈免.(羊祉傳)

【역문】 사람을 강제로 취하여 노비로 삼은 죄를 범하였는데, 어사중위(御史中尉) 왕현(王顯)에 의해 탄핵되어 면관(免官)되었다.[484](『위서』「양지전」)

◉ **抑買良人爲婢**　양인(良人)을 강제로 사들여 비(婢)로 삼음

【원문】 御史中尉王顯, 奏志在州日, 抑買良人爲婢, 會赦免.(神元平文諸帝子孫列傳)

【역문】 어사중위(御史中尉) 왕현(王顯)은 원지(元志)가 형주(荊州)에서 자사(刺史)로 임직하였을 때 강제로 양인(良人)을 사들여 비(婢)로 삼았던 일이 있다고 상주하였으나, 사면령을 만나 면죄되었다.[485](『위서』「하간공제전」)

【원문】 繼在靑州之日, 民飢餒, 爲家僮取民女爲婦妾, 又以良人爲婢, 爲御史所彈, 坐免官爵.(京兆王黎傳)

【역문】 원계(元繼)는 청주(靑州)에서 자사(刺史)로 임직하였을 때 백성들은

---

483 『魏書』 권5, 「高宗本紀」, 121쪽.
484 『魏書』 권89, 「羊祉傳」, 1923쪽.
485 『魏書』 권14, 「河間公齊傳」, 363-364쪽, "世宗時, 除荊州刺史, 還朝, 御史中尉王顯奏志在州日, 抑買良人爲婢, 兼剩請供. 會赦免."

기근(饑饉)으로 고통을 받고 있었는데, 집안의 노복을 위해 어떤 백성의 딸 한 명을 취하여 부첩(婦妾)으로 만들어 주었다. 또한 양인(良人)을 취하여 비(婢)로 삼기도 하였는데, 이와 같은 일들이 어사(御史)에 의해 탄핵되어 그 처벌로서 관직과 작위를 박탈당하였다.[486](『위서』「경조왕려전」)

【원문】 巒在漢中, 掠良人爲奴婢. 高肇助巒申釋, 故得不坐.(邢巒傳)

【역문】 형만(邢巒)은 한중(漢中)에 있었을 때 양인(良人)을 강제로 취하여 노비로 삼은 일이 있었다. 고조(高肇)가 형만을 도와 이 일을 해명해 주었기 때문에 처벌을 받지 않을 수 있었다.[487](『위서』「형만전」)

◉ 竊盜 절도

【원문】 有賈人持金二十斤, 詣京師交易, 寄人停止. 每欲出行, 常自執管鑰. 無何, 緘閉不異而失之. 謂主人所竊, 郡縣訊問, 主人遂自誣服. 慶乃召問賈人曰: 卿鑰恆置何處? 對曰: 恆自帶之. 慶曰: 頗與人同宿乎? 曰: 無. 與人同飲乎? 曰: 日者曾與一沙門再度酣宴, 醉而晝寢. 慶曰: 彼沙門乃眞盜耳. 後捕得, 盡獲所失之金.(周書柳慶傳)

【역문】 어떤 장사꾼이 금(金) 20근(斤)을 가지고 교역을 하러 경사(京師)에 와서 다른 사람의 집에 의탁하여 머물렀다. 그는 외출을 할 때마다 항상 직접 방문 열쇠를 몸에 지니고 다녔다. 그러나 얼마 지나지 않아 방문은 평소와 다름없이 굳게 닫혀 있었지만, 가져온 금이 온데간데없이 사라져버렸다. 그는 집주인이 훔쳐간 것이라 생각하여 관청에 신고하였고 관청에서 신문(訊問)이 진행되자 주인은 마침내 자신의 죄가 아님에도 불구하고 강요에 못 이겨 죄를 시인하게 되었다. 유경(柳慶)이 [이 소식

---

486 『魏書』 권16 「京兆王黎傳」, 402쪽.
487 『魏書』 권65 「邢巒傳」, 1446쪽, "亮於是奏劾巒在漢中掠良人爲奴婢. … 高肇以巒有克敵之效, 而爲昶等所排, 助巒申釋, 故得不坐."

을 듣고 장사꾼을 불러들여] "그대는 열쇠를 보통 어느 곳에 놓아두는
가?"라고 묻자, 장사꾼은 "보통 몸에 지니고 다닙니다."라고 대답하였
다. 유경이 다시 "일찍이 다른 사람과 동숙(同宿)한 적이 있는가?"라고
묻자, 장사꾼은 "없습니다."라고 대답하였다. 유경이 "그럼 다른 사람과
술을 마신 적이 있는가?"라고 묻자, 장사꾼은 "일전에 어떤 스님과 함께
두 차례 정도 실컷 마신 적이 있기는 합니다. 그때는 술에 흠뻑 취하고
대낮이 되어서야 잠자리에 들었습니다."라고 하였다. 이에 유경은 "그
스님이야말로 진짜 도둑일 것이오."라고 하였다. 이후 그 스님을 체포하
여 장사꾼이 잃어버린 금을 모두 되찾을 수 있었다.[488](『주서』「유경전」)

◉ 盜牛   도우

【원문】 廣陵王元欣, 其甥孟氏, 屢爲匈橫. 或有告其盜牛. 慶捕推得實, 令
答殺之.(周書柳慶傳)

【역문】 광릉왕(廣陵王) 원흔(元欣)의 생질(甥姪) 맹씨(孟氏)는 수차례 흉악한
횡포를 저질렀다. 그러던 중 어떤 사람이 그가 소를 훔쳐갔다고 고발하
였다. 유경(柳慶)은 맹씨를 잡아들여 그 실정을 조사한 후 태(笞)를 치게
하여 그를 죽였다.[489](『주서』「유경전」)

【세주 원문】 按唐律有盜官私牛馬殺. 據此知魏亦有此條.

【세주 역문】 당률에 "관사(官私)의 소나 말을 훔쳐서 죽인 경우"[490]에 대한 내용이 있
다. 본문에 따르면, 후위에도 이와 같은 조문이 있었음을 알 수 있다.

488 『周書』 권22 「柳慶傳」, 2283-2284쪽.
489 『周書』 권22 「柳慶傳」, 370쪽, "廣陵王元欣, 魏之懿親. 其甥孟氏, 屢爲匈橫. 或有告其盜牛. 慶捕推
得實, 趣令就禁. …, 侵虐之狀. 言畢, 便令笞殺之."
490 『唐律疏議』 권19 「賊盜」3, '盜官私馬牛而殺', 356쪽.

◉ 州鎮主將知容寇盜不糾

주와 진의 주장(主將)이 알면서도 도적을 용인하여 규찰(糾察)하지 않는 경우

【원문】 敕緣邊州鎮, 自今已後, 不聽境外寇盜, 犯者罪同境內. 若州鎮主將, 知容不糾, 坐之如律.(世宗紀)

【역문】 변경의 주(州)와 진(鎮)에 명을 내리기를, "지금 이후부터 국경 밖에서 도적이 일어나는 것을 허락하지 않는다. 이를 위반할 경우 국경 이내의 상황과 동일하게 치죄(治罪)할 것이다. 만약 주(州)와 진(鎮)의 주장(主將)이 알고 있으면서도 용인하여 규찰(糾察)하지 않는다면, 율에 의거하여 처벌할 것이다."라고 하였다.[491](『위서』「세종본기」)

◉ 自告 자고

【원문】 有胡家被劫, 郡縣按察, 莫知賊所, 慶乃作匿名書多牓官門曰: 我等共劫胡家, 今欲首, 懼不免誅. 若聽先首免罪, 便欲來告. 慶乃復施免罪之牓. 居二日, 廣陽王欣家奴面縛自告, 因此推窮, 盡獲黨與.(周書柳慶傳)

【역문】 어떤 호인(胡人) 집안이 도적질을 당하였는데, 군현(郡縣) 관원이 이 일을 조사해 보았으나 도적질한 사람의 흔적을 전혀 찾아낼 수가 없었다. 유경(柳慶)이 이에 익명의 글을 작성하여 각 관부의 여러 문 위에 방을 붙였다. 그 글의 내용은 "우리는 호가(胡家)를 함께 도적질한 사람들이다. 지금 자수하고 싶지만 사형을 면치 못할까 봐 두렵다. 만약 미리 자수하는 자에 한하여 그 죄를 면하여 주는 것을 허락한다면, 즉시 관청으로 와서 고발하고자 한다."는 것이었다. 유경은 이윽고 다시 죄를 면하여 준다는 내용의 방을 붙였다. 이틀 후 광릉왕(廣陵王)[492] 원흔(元欣)

---

491 『魏書』권8「世宗本紀」, 208쪽.
492 본문에는 "廣陽王"이라 하였으나, 이는 "廣陵王"의 誤記이다.

의 가노(家奴)가 두 손을 결박한 채로 자수를 해왔고, 그를 조사함으로써
나머지 죄인들을 모두 잡아들일 수 있었다.[493](『주서』「유경전」)

【원문】 襃乃取盜名簿藏之. 因大牓州門曰: 自知行盜者, 可急來首, 卽除
其罪. 盡今月不首者, 顯戮其身. 旬日之間, 諸盜咸悉首盡, 竝原其罪.
(周書韓襃傳)

【역문】 한포(韓襃)는 도적의 명부(名簿)를 가져다가 잘 숨겨두었다. 그리고
는 주(州)의 관청 문 위에 커다란 방을 붙였다. 그 내용은 "스스로 도적
질을 행하였다고 인식한 자는 신속히 관청으로 와서 자수할 수 있도록
하라. 그렇다면 즉시 그 죄를 면제하여 줄 것이다. 그러나 이 달이 다 가
도록 자수하지 않는 자는 공개적으로 사형에 처형할 것이다."라는 것이
었다. 열흘 동안 모든 도적들이 빠짐없이 자수해 왔고, 아울러 그들의
죄를 모두 용서해 주었다.[494](『주서』「한포전」)

【세주 원문】 按自告本漢律, 唐律有犯罪未發自首.

【세주 역문】 자고(自告)는 한율에 근본하며, 당률에는 "죄를 범하였지만 일이 발각되
기 전에 자수한 경우"[495]에 대한 내용이 있다.

◉ 吏民得擧告守令
하급관리와 백성들은 지방장관의 불법 행위를 적발하여 고발할 수 있음

【원문】 神瑞元年冬十一月壬午, 詔守宰不如法, 聽民詣闕告言之.(太宗紀)

【역문】 신서 원년(414) 겨울 11월 임오일에 조(詔)를 내려, "지방장관이 법

---

493 『周書』 권22 「柳慶傳」, 2284쪽.
494 『周書』 권37, 「韓襃傳」, 661쪽, "襃乃取盜名簿藏之. 因大牓州門曰: 自知行盜者, 可急來首, 卽除其
罪, 盡今月不首者, 顯戮其身, 籍沒妻子, 以賞前首者. 旬日之間, 諸盜咸悉首盡. 襃取名簿勘之, 一無
差異. 竝原其罪, 許以自新."
495 『唐律疏議』 권5, 「名例5」, '犯罪未發自首', 101쪽.

에 규정된 대로 정사를 행하지 않을 경우 백성들이 궁궐로 와서 고언(告言)하는 것을 허락한다."고 하였다.⁴⁹⁶(『위서』「태종본기」)

【원문】 太延三年夏五月己丑詔曰: 夫法之不用, 自上犯之, 其令天下吏民, 得擧告守令不如法者.(世祖紀)

【역문】 태연 3년(437) 여름 5월 기축일에 조(詔)를 내려 말하기를, "무릇 법을 준수하지 않는 허물은 대부분 위에서부터 범하게 되는 것이니, 천하의 하급관리와 백성들로 하여금 지방장관의 불법 행위를 적발하여 고발할 수 있게 하라."고 하였다.⁴⁹⁷(『위서』「세조본기」)

【원문】 是後民官瀆貨, 帝思有以肅之. 太延三年, 詔天下吏民, 得擧告牧守之不法. 於是凡庶之凶悖者, 專求牧宰之失, 迫脅在位, 取豪於閭閻. 而長吏咸降心以待之, 苟免而不恥, 貪暴猶自若也.(刑罰志)

【역문】 이후 목민관(牧民官)에게 재화와 관련된 오직(汚職) 행위가 많았기 때문에 황제는 이를 바로잡고자 생각하였다. 태연 3년(437)에 조(詔)를 내려, 천하의 하급관리와 백성들로 하여금 지방장관의 불법 행위를 적발하여 고발할 수 있게 하였다. 이리하여 서민들 가운데 흉악한 자는 지방장관의 과실을 찾는 데만 전념하고 관위(官位)에 있는 자를 협박하여 지역에서 위세를 떨치기도 하였다. 이에 각 지역의 장리(長吏)들은 모두 자신의 마음을 낮추어 그들을 대하면서 구차하게 모면하고도 수치심을 느끼지 않았으며, 탐욕과 횡포를 부리면서도 오히려 태연자약하였다.⁴⁹⁸ (『위서』「형벌지」)

【원문】 太安元年夏六月癸酉, 詔遣尙書穆伏眞等三十人, 巡行州郡, 觀察

---

496 『魏書』권3, 「太宗本紀」, 54쪽.
497 『魏書』권4상, 「世祖本紀」, 88쪽.
498 『魏書』권111, 「刑罰志」, 2874쪽.

風俗. 其有阿枉不能自申, 聽詣使告狀, 使者檢治. 若信淸能, 衆所稱美, 誣告以求直, 反其罪. 使者受財, 斷察不平, 聽詣公車上訴.(高宗紀)

【역문】 태안 원년(455) 여름 6월 계유일에 조(詔)를 내리기를, "상서(尙書) 목복진(穆伏眞) 등 30명을 파견하여 주군(州郡)을 순시(巡視)하며 풍속을 관찰하게 하라. 그중 억울함이 있으나 직접 상신(上申)할 수 없는 자가 있다면, 사자(使者)에게 가서 억울한 상황을 진술하고 사자(使者)가 그 일을 조사하여 처리하는 것을 허락한다. 만약 진실로 청렴하고 능력이 있으며 뭇사람들에게 칭찬을 받는 자인데도 누군가가 그를 무고(誣告)하여 심리할 것을 요청한다면, 그 죄를 반좌(反坐)토록 하라. 사자(使者)가 뇌물을 받거나 사안을 조사하고 결단하는 데 공정치 못함이 있다면, 관부로 와서 상소하는 것을 허락한다."고 하였다.[499](『위서』「고종본기」)

◉ 諸監臨受財　모든 감림 관원의 재물 수수

【원문】 顯祖詔諸監臨之官, 所監治受羊一口、酒一斛者, 罪至大辟, 與者以從坐論.(張袞傳)

【역문】 현조(顯祖)는 조(詔)를 내려, "무릇 감림(監臨)하는 관원이 직무를 수행하면서 양(羊) 한 마리와 술 1곡(斛)을 수수(收受)한 경우 그 죄는 사형에 이르게 하고, 여기에 함께한 자들은 종범(從犯)으로 연좌하여 논죄토록 하라."고 하였다.[500](『위서』「장곤전」)

【세주 원문】 按北史張袞傳, 白澤上表, 以爲此法若行之不已, 恐姦人窺望, 請依律令舊法. 是魏律原有監臨受財之條, 獻文特加重之耳.

---

[499] 『魏書』 권5 「高宗本紀」, 114–115쪽, "癸酉, 詔曰: 夫爲治者, 因宜以設官, 擧賢以任職, 故上下和平, 民無怨謗. 若官非其人, 姦邪在位, 則政教陵遲, 至於澗薄. 思明黜陟, 以隆治道. 今遣尙書穆伏眞等三十人, 巡行州郡, 觀察風俗, 入其境, …, 黜而戮之. 善於政者, 襃而賞之. 其有阿枉不能自申, 聽詣使告狀, 使者檢治. 若信淸能, 衆所稱美, 誣告以求直, 反其罪. 使者受財, 斷察不平, 聽詣公車上訴. 其不孝父母, 不順尊長, 爲吏姦暴, 及爲盜賊, 各具以名上. 其容隱者, 以所匿之罪罪之."
[500] 『魏書』 권24 「張袞傳」, 616쪽.

【세주 역문】 『북사』「장곤전」에 따르면, "백택(白澤)이 표문(表文)을 올려 말하기를, '만약 이 법의 시행을 그만두지 않는다면, 간사한 무리들이 기회를 엿볼까 두렵습니다. 청컨대 율령에 규정되어 있는 구법(舊法)을 따르십시오."[501]라고 하였다. 이를 통해서 후위율에는 본래 감림(監臨)하는 관원의 수재(受財)에 관한 조문이 있었음을 알 수 있다. 헌문제(獻文帝)는 특별히 그 형벌을 무겁게 하였을 뿐이다.

【원문】 在州坐受所部荊山戍主杜虞財貨, 又取官絹, 因染割易, 御史糾劾, 付廷尉.(王憲傳)

【역문】 연주(兗州)의 자사(刺史)로 있었을 때 자신의 관할 하에 있던 형산(荊山)의 수주(戍主) 두우(杜虞)로부터 재화를 받았고, 또한 관부의 비단[官絹]을 빼내어 개인적인 이득을 취한 일로 죄를 받았다. 어사(御史)가 이를 규찰하여 탄핵한 후 정위에게 넘겨주었다.[502](『위서』「왕헌전」)

【원문】 翟黑子奉使幷州, 受布千匹, 事尋發覺.(高允傳)

【역문】 적흑자(翟黑子)는 명을 받들고 병주(幷州)로 출사(出使)하였다. 그곳에서 포(布) 천 필(匹)을 받았는데, 오래지 않아 일이 발각되었다.[503](『위서』「고윤전」)

◉ 逼民假貸十匹以上死
백성을 핍박하여 임의로 물자를 대여시킨 것이 10필 이상이면 사형

【원문】 和平二年正月詔曰: 刺史牧民, 爲萬里之表. 自頃每因發調, 逼民假貸, 大商富賈, 要射時利, 旬日之間, 增贏十倍. 上下通同, 分以潤屋. 故編戶之家, 困於凍餒; 豪富之門, 日有兼積. 爲政之弊, 莫過於此. 其一切禁絶, 犯者十疋以上皆死. 布告天下, 咸令知禁.(高宗紀)

---

501 『北史』 권21 「張袞傳」, 795쪽.
502 『魏書』 권33 「王憲傳」, 776쪽.
503 『魏書』 권48 「高允傳」, 1069쪽. "遼東公翟黑子有寵於世祖. 奉使幷州, 受布千匹, 事尋發覺."

【역문】 화평 2년(509) 정월에 조(詔)를 내려 말하기를, "자사(刺史)는 목민관 (牧民官)으로서 만 리(里) 지역 내의 표상이라 하겠다. 그러나 근래에는 매번 물자의 징발을 빌미로 백성들을 핍박하여 강제로 물자를 대여시키 니, 부유한 상인들은 이때를 틈타 이익을 추구하여 열흘 만에 이식을 열 배로 늘린다. 상하가 한 통속이 되어 이득을 나누어 가짐으로써 자신들 의 생활만을 윤택하게 하고 있다. 때문에 호(戶)로 편성된 백성들은 추 위와 굶주림에 시달리고 있지만, 부유하고 권세 있는 가문은 하루하루 부의 축적을 배가(倍加)하고 있다. 위정의 폐단 중에 이보다 더한 것이 없다. 이제부터 이를 일절 금지하며, 위반한 것이 10필(疋) 이상이면 모 두 사형에 처할 것이다. 이와 같은 사항을 만천하에 포고하여 모두가 이 금령(禁令)을 알 수 있게 하라."고 하였다.504(『위서』「고종본기」)

● **隱匿戶口** 호구의 은닉

【원문】 延興三年秋九月, 詔遣使者十人循行州郡, 檢括戶口. 其有仍隱不 出者, 州、郡、縣、戶主並論如律.(高祖紀)

【역문】 연흥 3년(473) 가을 9월에 조(詔)를 내려, "사자(使者) 10명을 파견하 여 각 주군(州郡)을 순시(巡視)하면서 호구(戶口)를 조사하고 단속하게 하 라. 만약 계속해서 호구를 은닉하여 신고하지 않는 경우 해당 주(州)· 군(郡)·현(縣)의 담당 관원과 호주(戶主)를 모두 율에 따라 논죄토록 하 라."고 하였다.505(『위서』「고조본기」)

【원문】 太和十四年冬十有二月, 詔遣使與州郡宣行條制, 隱口漏丁, 卽聽 附實. 若朋附豪勢, 陵抑孤弱, 罪有常刑.(同上)

【역문】 태화 14년(490) 겨울 12월에 조(詔)를 내려, "사자(使者)를 파견하여

---

504 『魏書』 권7상 「高祖本紀」, 119쪽.
505 『魏書』 권7상 「高祖本紀」, 139쪽.

주군(州郡)에 조제(條制)를 선포하게 하고, 은닉된 호구(戶口)와 누락된 정남(丁男)이 있다면, 즉시 그 정황을 갖추어 보고하는 것을 허락한다. 만약 호강(豪强) 세력에 의지하여 고독하고 약소한 이들을 능멸하고 억압하는 자가 있다면, 그 죄를 규정되어 있는 형벌 법규로써 처벌토록 하라."고 하였다.506(『위서』「고조본기」)

◉ 擅興事役 함부로 토목공사를 일으켜 민중을 사역시키는 행위

【원문】 太宗以同擅徵發於外, 檻車徵還, 召羣官議其罪. 皆曰: 同擅興事役, 勞擾百姓, 宜應窮治, 以肅來犯.(安同傳)

【역문】 태종(太宗)은 안동(安同)이 지방에서 마음대로 인력을 징발하였다는 이유로 감거(檻車)507를 보내 소환시켰다. 그리고 백관(百官)을 소집하여 안동의 죄를 논의하게 하였다. 논의 중 일치된 의견의 내용은 다음과 같았다. "안동이 함부로 토목공사를 일으켜 인력을 징발함으로써 백성들을 수고롭게 하였으니, 마땅히 철저하게 조사함으로써 엄정하게 벌을 내려야 합니다."508(『위서』「안동전」)

◉ 詐取爵位 작위의 사취

【원문】 天安元年七月, 詔諸有詐取爵位, 罪特原之, 削其爵職. 其有祖、父假爵號貨賕以正名者, 不聽繼襲. 諸非勞進超遷者, 亦各還初.(顯祖紀)

【역문】 천안 원년(466) 7월에 조(詔)를 내리기를, "무릇 공로를 사칭하여 작위를 얻은 경우 그 죄는 특별히 용서하되, 작위는 삭탈한다. 그중 조부와 부친이 작호를 대여하여 뇌물로써 명칭을 갖춘 경우 계승하는 것을

---

506 『魏書』 권7하 「高祖本紀」, 167쪽. "十有二月壬午, 詔依準丘井之式, 遣使與州郡宣行條制, 隱口漏丁, 卽聽附實. 若朋附豪勢, 陵抑孤弱, 罪有常刑."
507 목책으로 울타리를 만들어 사방을 막은 수레이다. 주로 죄수나 맹수를 이송할 때 사용한다.
508 『魏書』 권30 「安同傳」, 713쪽.

허락하지 않는다. 무릇 공로에 따라 승천한 작위가 아닌 경우 역시 각각 당초의 작위로 되돌리도록 하라."고 하였다.[509](『위서』「현조본기」)

● 征戍逃亡 정벌에 참여하거나 변경을 수비하는 사람이 도망한 경우

【원문】 皇興五年三月詔曰: 天安以來, 軍國多務, 南定徐方, 北掃遺虜. 征戍之人, 亡竄非一, 雖罪合刑書, 每加哀宥. 然寬政猶水, 逋逃邃多. 宜申明典刑, 以肅姦僞. 自今諸有逃亡之兵及下代守宰浮游不赴者, 限六月三十日悉聽歸首, 不首者, 論如律.(顯祖紀)

【역문】 황흥 5년(471) 3월에 조(詔)를 내려 말하기를, "천안 연간(466) 이래 군국(軍國)과 관련한 일이 많았으니, 남쪽으로는 서주(徐州)를 평정하고 북쪽으로는 남아 있는 적들을 소탕하였다. 그러나 정벌에 참여하거나 변경을 수비하는 사람들 중에는 도망하여 숨어버린 이들이 한 둘이 아니다. 비록 그 죄는 형법의 조문을 적용해야 마땅하지만, 한 사람 한 사람을 모두 불쌍히 여겨 그 죄를 용서한다. 하지만 정책을 너그럽게 펼쳐 물과 같이 하면, 도망하는 사람들이 더욱 많아지게 마련이다. 마땅히 형벌제도를 신명(申明)함으로써 간사하고 거짓된 행위를 바로잡아야 한다. 지금부터 모든 도망한 병사 및 퇴임한 지방장관으로 하는 일이 없으면서도 전선으로 달려가지 않은 자들은 6월 30일을 기한으로 모두 자수하는 것을 허락한다. 만약 자수하지 않을 경우 율에 의거하여 논죄할 것이다."라고 하였다.[510](『위서』「현조본기」)

● 馬度關 말을 타고 관을 통과

【원문】 子如以馬度關, 爲有司所奏.(北史司馬子如傳)

---

509 『魏書』 권6 「顯祖本紀」, 126쪽.
510 『魏書』 권6 「顯祖本紀」, 131쪽.

【역문】 사마자여(司馬子如)는 말을 탄 채로 관(關)을 통과한 일로 유사(有司)
에 의해 탄핵되었다.511(『북사』「사마자여전」)

【세주 원문】 按此疑亦沿用漢律.

【세주 역문】 이 또한 한율을 계승한 것으로 보인다.

◉ 後期斬 정해진 기한을 지체한 경우 참수

【원문】 爲都將, 從駕北討, 以後期與中山王辰等斬於都南.(薛辯傳)

【역문】 도장(都將)이 된 후 어가(御駕)를 시종하여 북방으로 토벌을 떠날 예
정이었지만, 정해진 기한을 지체하였다는 이유로 중산왕(中山王) 원진
(元辰) 등과 함께 도성 남쪽에서 참수형에 처해졌다.512(『위서』「설변전」)

【원문】 車駕南征, 徵兵秦雍, 大期秋季閱集洛陽. 道悅以使者治書御史薛
聰、侍御主文中散元志等, 稽違期會, 奏擧其罪.(高道悅傳)

【역문】 어가(御駕)가 남쪽 지역으로 정벌을 떠나 진주(秦州)와 옹주(雍州)에
서 병사를 징발한 후 가을철에 다시 낙양(洛陽)에 모여 검열을 하기로 약
정하였다. 고도열(高道悅)은 사자(使者)인 치서어사(治書御史) 설총(薛聰)
과 시어주문중산(侍御主文中散) 원지(元志) 등이 시간을 지체하여 회기(會
期)를 위반하였다는 이유로 그들의 죄를 적발하여 보고하였다.513(『위서』
「고도열전」)

【원문】 歡乃諭之曰: 今直西向, 已當死, 後軍期, 又當死.(通鑑一百五十五)

【역문】 고환(高歡)이 이에 그들을 깨우쳐 말하기를, "오늘 곧장 서쪽으로 향

---

511 『北史』 권54 「司馬子如傳」, 1948쪽.
512 『魏書』 권42 「薛辯傳」, 942쪽. "五年. 爲都將, 從駕北討, 以後期與中山王辰等斬於都南, 時年四十
四."
513 『魏書』 권62 「高道悅傳」, 1399쪽.

하였다면 이미 죽임을 당하였을 것이고, 이제 군기(軍期)를 지체하였으니 또한 죽임을 당할 것이다."라고 하였다.[514](『자치통감』권155)

◉ 穿毁墳壠罪斬　분묘를 파내거나 훼손하는 죄는 참형

【원문】太安四年十月, 北巡. 至陰山, 有故塚毁廢, 詔曰: 昔姬文葬枯骨, 天下歸仁. 自今有穿毁墳壠者斬之.(高宗紀)

【역문】태안 4년 10월(458)에 북쪽으로 순행(巡行)하였다. 음산(陰山) 지역에 이르렀을 때 어떤 고분(古墳)이 훼손되어 있는 것을 보고 조(詔)를 내려 말하기를, "옛날에 주문왕(周文王)이 주인 없는 유골을 거두어 장사를 지내주니, 천하가 인의(仁義)로 귀부(歸附)하였다. 지금부터 분묘(墳墓)를 함부로 파내거나 훼손할 경우 참형에 처하도록 하라."고 하였다.[515](『위서』「고종본기」)

◉ 巫蠱　무고

【원문】有怨謗之言. 其家人告巫蠱, 俱伏法.(古弼傳)

【역문】원망을 품고 비방하는 여론이 있었다. 그때 가인(家人)이 관청에 무고(巫蠱)로 고발하였고, 모두 법에 의거하여 사형에 처하였다.[516](『위서』「고필전」)

---

514 『資治通鑑』권155 「梁紀11」, 高祖 中大通 3년, 4811쪽, "歡乃諭之曰: 與爾俱爲失鄕客, 義同一家, 不意在上徵發乃爾! 今直西向, 已當死, 後軍期, 又當死, 配國人, 又當死, 奈何?"

515 『魏書』권5 「高宗本紀」, 117쪽.

516 『魏書』권28 「古弼傳」, 692–693쪽, "高宗卽位, 與張黎並坐議不合旨, 俱免, 有怨謗之言, 其家人告巫蠱, 俱伏法, 時人冤之."

◉ **居喪廳樂飮戲** 상을 치르는 중 음악을 듣고 술을 마시며 즐김

【원문】 謐在母喪, 聽音聲飮戲, 爲御史中尉李平所彈. 遇赦, 復封.(趙郡王幹傳)

【역문】 원밀(元謐)은 모친상을 치르는 중에 음악을 듣고 술을 마시면서 즐겼기 때문에 어사중위(御史中尉) 이평(李平)에게 탄핵을 당하였다. 이후 사면령을 만나 봉작(封爵)을 회복하였다.[517](『위서』 「조군왕간전」)

◉ **考功失衷** 공과(功過)를 평정하는 데 공정성을 잃은 경우

【원문】 孝昌元年二月詔曰: 勸善黜惡, 經國茂典. 其令每歲一終, 郡守列令長, 刺史列守相, 以定考課, 辯其能否. 若有濫謬, 以考功失衷論.(肅宗紀)

【역문】 효창 원년(525) 2월에 조(詔)를 내려 말하기를, "유능한 인물을 장려하고 무능한 인물을 징계하는 것은 국가 경영의 훌륭한 법도이다. 이제부터 연말마다 군수(郡守)는 현령(縣令)과 현장(縣長)을 검열하고 자사(刺史)는 군수(郡守)와 군상(郡相)을 검열하여 고과(考課)를 평정(評定)함으로써 그들에게 업무를 수행할 능력이 있는지 없는지를 판별토록 하라. 만약 함부로 평가하여 속이는 경우가 있다면, 공과(功過)를 평가하는 데 공정성을 잃은 것으로 논죄토록 하라."고 하였다.[518](『위서』 「숙종본기」)

◉ **姦吏逃刑不在赦限**
간사한 하급 관리에 대한 형벌은 사면(赦免)의 범주에 들지 않음

【원문】 時有詔, 以姦吏犯罪, 每多逃遁, 因眚乃出, 並皆釋然. 自今已後,

---

517 『魏書』 권21상 「趙郡王幹傳」, 543쪽.
518 『魏書』 권9 「肅宗本紀」, 239쪽.

犯罪不問輕重, 而藏竄者悉遠流. 若永避不出, 兄弟代徙. 懷乃奏曰: 謹
按條制, 逃吏不在赦限. 竊惟聖朝之恩, 事異前有, 諸流徙在路, 尙蒙旋
反, 況有未發而仍遣邊戍? 按守宰犯罪, 逃走者衆, 祿潤旣優, 尙有玆
失, 及蒙恩宥, 卒然得還. 今獨苦此等, 恐非均一之法. 如臣管執, 謂宜
免之. 書奏, 門下以成式旣班, 駁奏不許. 懷重奏曰: 臣以爲法貴經通,
治尙簡要, 刑憲之設, 所以網羅罪人. 苟理之所備, 不在繁典; 行之可
通, 豈容峻制. 此乃古今之達政, 救世之恒規. 伏尋條制, 勳品已下, 罪
發逃亡, 遇恩不宥, 仍流妻子. 雖欲抑絶姦途, 匪爲通式、謹按事條, 侵
官敗法, 專據流外, 豈九品已上, 人皆貞白也? 其諸州守宰, 職任清流,
至有貪濁, 事發逃竄, 而遇恩免罪. 勳品已下, 獨乖斯例. 如此, 則寬縱
上流, 法切下吏, 育物有差, 惠爵不等. 又謀逆滔天, 輕恩尙免, 吏犯微
罪, 獨不蒙赦, 使大宥之經不通, 開生之路致壅, 進違古典, 退乖今律,
輒率愚見, 以爲宜停. 書奏, 世宗納之.(源懷傳)

【역문】 당시 "간사한 하급관리가 죄를 범하고서도 도망을 하는 경우가 허
다하다. 잘못을 저질러 놓고도 이내 도망가 버린 다음 하나같이 모두 마
음을 놓는다. 지금부터 죄를 범한 정도의 경중(輕重)에 관계없이 [이를
회피하고] 도망하여 숨은 경우라면, 모두 멀리 유배토록 하라. 만약 영
원히 숨어버린 후 세상 밖으로 나오지 않는 경우에는 그들의 형제를 대
신 천사(遷徙)시키도록 하라."는 조(詔)가 내려졌다. 원회(源懷)가 이에
상주하여 말하기를, "삼가 법률 조문을 살펴보건대, 도망한 하급관리는
사면(赦免)의 범주에 들지 않는다고 하였습니다. 삼가 생각건대, 성상(聖
上) 폐하의 은덕은 그 이전의 너그러움과는 달리하시는 바여서 이미 유
배되어 생활하고 있는 무리들에게조차 오히려 은혜를 베푸시어 되돌아
올 수 있게 하셨는데, 하물며 아직 보내지도 않은 이들에 대해 계속해서
변경으로 보내려 하시는 것이겠습니까? 지방장관의 범죄를 조사해 보
니, 도망한 무리들이 대단히 많았음에도 그들에게는 이미 넉넉한 녹봉
을 내리셨습니다. 오히려 과실을 범한 하급관리들에게도 은혜롭게 관용

을 베풀어 주신다면 마침내 이들을 돌아오게 할 수 있을 것입니다. 지금 유독 이들에게만 가혹히 하신다면, 공평한 법 적용이 되지 못할까 염려스럽습니다. 만약 신(臣)에게 이 일을 담당하게 하신다면, 신은 마땅히 그들을 사면해 주어야 한다고 주장할 것입니다."라고 하였다. 이 서표(書表)가 상주되자, 문하성(門下省)에서는 법규가 성립되어 이미 반행된 상태이므로 이를 윤허해서는 안 된다는 반박 상소문을 올렸다. 원회가 거듭 상주하여 말하기를, "신(臣)은 생각건대, 법규는 의리(義理)에 상통(相通)하는 것을 고귀하게 여기고, 치리(治理)는 간명(簡明)하고 절요(切要)한 것을 고상(高尙)하게 여기며, 형벌 법규를 제정한 것은 죄인(罪人)들을 망라(網羅)하기 위해서입니다. 진실로 법리(法理)가 두루 갖추어지는 방법은 법령을 조밀(稠密)하게 하는 데 있지 않으며, 또한 법령을 시행하여 두루 통할 수 있게 하는 방법에 어찌 엄혹한 처벌만이 허용되겠습니까. 이는 고금(古今)에 두루 통용되는 정책으로 세상을 구원하는 기본 규칙입니다. 삼가 법률 규정을 살펴보건대, 훈품(勳品) 이하의 자가 죄를 짓고 그것이 발각되어 도망간 경우라면, 사면령을 만나도 용서를 받지 못하며 그 아내와 자식마저 유배를 당합니다. 이는 비록 간사한 행위가 나올 수 있는 통로를 막고자 함일지라도 통용될 수 있는 제도는 아닙니다. 삼가 법률 사례를 살펴보건대, 직무를 위반하고 법도를 어그러뜨린 경우 오로지 품관 이외에 있는 사람[流外]만을 처벌합니다. 그렇다면 9품 이상의 관원은 모두 다 올곧고 청렴결백한 사람들이라는 것입니까? 각 지방의 장관들은 청류직(淸流職)을 담당하고 있으면서도 법도를 어지럽히고 죄를 범하는 데 이릅니다. 그리고 죄행이 발각되면 도망하여 숨어버리는데도 사면령을 만나 그 죄를 면제받습니다. 그럼에도 훈품 이하의 자들만은 유독 이와 같은 사례를 적용받지 못하고 있습니다. 그렇다고 한다면 상급 관원에게만 관용이 베풀어지는 것이고 하급관리에게는 엄격한 법이 적용되는 것이므로 결국 이들을 훈육하는 데 차등을 두는 것이며 은혜와 징벌을 균등하게 적용하지 않는다는 것이 됩니다. 또한 모역(謀逆)과 같은 극에 달하는 죄행도 은혜가 베풀어지면 오히려 면죄가 되지만, 하급관리가 범한 자질구레한 죄행만은 유독 사면(赦免)의 혜택을 받지 못합니다. 이와 같은 상황은 대사면(大赦免)에 대한 법률 규정이 두루 통행될 수 없게 하고, 생명을 살릴 수 있는 길을 막아버리며, 나아가서는 고대(古代) 법전(法典)의 취지와 어긋나고 물러나서는 현재 법률의 취지를 어그러뜨리는 것입니다. 이에 저의 의견을 말씀드리자면, 마땅히 이와 같은 법령의 효력을 중지시켜야 한다고 생각합니다."라고 하였다. 이 서표(書表)가 상주되자, 세종(世宗)은 그의 의견을 채용하였다.[519](『위서』「원회전」)

【원문】 世宗詔以姦吏逃刑, 懸配遠戌, 若永避不出, 兄弟代之. 祚奏曰: 愼獄審刑, 道煥先古; 垂憲設禁, 義纂惟今. 是以先王沿物之情, 爲之軌法, 故八刑備於昔典, 姦律炳於來制, 皆所以謀其始迹, 訪厥成罪, 敦風厲俗, 永資世範者也. 伏惟旨義博遠, 理絶近情, 旣懷愚異, 不容不述. 誠以敗法之原, 起於姦吏, 姦吏雖微, 敗法實甚. 伏尋詔旨, 信亦斷其逋逃之路, 爲治之要, 實在於斯. 然法貴止姦, 不在過酷, 立制施禁, 爲可傳之於後. 若法猛而姦不息, 禁過不可永傳, 將何以載之刑書, 垂之百代? 若以姦吏逃竄, 徙其兄弟, 罪人妻子復應從之, 此則一人之罪, 禍傾二室. 愚謂罪人旣逃, 止徙妻子, 走者之身, 懸名永配, 於眚不免, 姦途自塞. 詔從之.(郭祚傳)

【역문】 세종(世宗)이 조(詔)를 내려, "간사한 하급관리가 형벌을 피해 도망한 경우 우선 멀리 변경으로 유배토록 하라. 만약 영원히 숨어버린 후 세상 밖으로 나오지 않는 경우에는 그들의 형제를 대신 유배토록 하라."고 하였다. 곽조(郭祚)가 상주하여 말하기를, "신중히 옥안(獄案)을 조사하여 그 처벌을 심의하는 방법은 이미 고대(古代)부터 분명히 밝혀져 있으며, 법령을 공포하여 금령을 설정하는 취지는 오늘날에 이르러 하나

519 『魏書』 권41 「源懷傳」, 923–924쪽.

로 찬집(纂集)되었습니다. 그런 까닭으로 선왕(先王)께서는 만물의 본성에 따르시어 법규를 제정하셨습니다. 때문에 이전의 법전에 팔형(八刑)이 갖추어질 수 있었던 것이고, 그중 간사한 행위를 막기 위한 율문은 이후 제정된 법규를 인도함으로써 모두 그 사안의 정황을 상세히 조사한 후 죄명을 판정할 수 있게 하였던바, 풍속을 도타이하고 단정하게 하여 영원한 일상규범의 바탕이 될 수 있게 하였던 것입니다. 삼가 생각건대, 폐하의 취지는 박대(博大)하고 심원(深遠)하시지만 그 치리(治理)는 오히려 인정(人情)에 가깝지 못하시어, 신(臣)은 이미 아둔한 이견(異見)을 품고 있었으나 차마 말씀을 올리지는 못하고 있었습니다. 진실로 법률이 어그러지게 된 원인은 간사한 하급관리들에게서 비롯된 것으로 간사한 하급관리들은 비록 그 지위가 미천하다고는 하나 법률을 위반하는 정도가 실로 매우 심하다고 하겠습니다. 삼가 폐하께서 내리신 조서(詔書)의 내용을 살펴보건대, 분명 죄를 짓고 도망하는 폐단을 차단하는 것이 그것을 다스리는 첫 번째 요강(要綱)이며 진실로 그러하다고 하겠습니다. 그러나 법률은 간사함을 그치게 하는 데서 고귀(高貴)한 것일 뿐, 그 처벌을 엄혹하게 하는 데 목표를 두지는 않으며, 법제를 제정하고 금령(禁令)을 반포하는 것은 후세에 전수할 수 있도록 하기 위함입니다. 만약 법률을 엄혹하게 적용하고도 간사한 행위가 끊이지 않는다면 그 금령은 영원히 전수될 수 없을 것이니, 장차 무슨 내용으로 형서(刑書)를 작성하여 백대(百代)까지 적용토록 할 수 있겠습니까? 만약 간사한 하급관리가 죄를 짓고 달아나 숨어버렸다고 하여 그 형제를 천사(遷徙)시키고 죄인의 아내와 자식마저 그에 상응하는 처벌을 내린다면, 이는 한 사람이 죄를 지음으로써 그 화(禍)가 두 집안에 미치는 것과 다름없습니다. 삼가 생각건대, 죄인이 이미 도망하였다면 다만 그 처와 자식만을 천사(遷徙)시키도록 하십시오. 아울러 도주한 당사자를 우선 영원히 유배자의 명단에 올려놓음으로써 그 죄과를 면치 못하게 하신다면, 간사한 행위가 발생하는 경로는 자연스럽게 막히게 될 것입니다."라고 하였다. 조(詔)를 내려 이에 따르도록 하였다.[520](『위서』「곽조전」)

◉ 赦前斷事引律乖錯
사면되기 이전에 판결을 내렸으나 대입한 율문에 착오가 발생한 경우

【원문】 雄議曰: 赦前斷事, 或引律乖錯, 使除復失衷, 雖案成經赦, 宜追從律.(辛雄傳)

【역문】 신웅(辛雄)이 말하기를, "사면되기 이전에 내린 판결 중 만약 대입한 율문에 착오가 발생하여 공정성을 잃어버린 채 판단을 내리게 된 경우라면, 비록 판결이 완료되어 사면령을 받았다 할지라도 마땅히 사안을 소급하여 율에 따라 처리토록 해야 합니다."라고 하였다.[521](『위서』「신웅전」)

◉ 律無正條 율에 정규 조문이 없는 경우

【원문】 律無正條, 須準傍以定罪.(禮志)

【역문】 율문에 명확히 일치하는 정규 조문이 없는 경우에는 마땅히 하위 조문을 기준으로 죄명을 정해야 합니다.[522](『위서』「예지」)

◉ 再犯 재범

【원문】 延昌二年八月詔曰: 其殺人、掠賣人、羣强盜首, 及雖非首而殺傷財主, 曾經再犯公斷道路劫奪行人者, 依法行決; 自餘恕死.(世宗紀)

【역문】 연창 2년(513) 8월에 조(詔)를 내려 말하기를, "그중 사람을 살해하

---

520 『魏書』 권64 「郭祚傳」, 1422~1423쪽.
521 『魏書』 권77 「辛雄傳」, 1693쪽.
522 『魏書』 권108-4 「禮志」, '喪服下', 2805쪽.

였거나, 사람을 강제로 팔았거나, 무리를 모아 도적질한 수범(首犯) 및 비록 수범은 아니더라도 재물을 가진 사람을 살해하거나 다치게 한 자로 일찍이 드러내 놓고 길가에서 행인을 겁탈(劫奪)한 죄를 두 차례 이상 범한 경우에는 법률에 의거하여 처결토록 하며, 그 이외의 경우에는 사형을 면하여 주도록 하라."고 하였다.[523](『위서』「세종본기」)

◉ 三人成證 세 사람의 증거 성립

【원문】 雄議曰: 若必須三人對見受財, 然後成證, 則於理太寬. 若傳聞卽爲證, 則於理太急. 今請以行賕後三人俱見, 物及證狀顯著, 準以爲驗. 詔從雄議.(辛雄傳)

【역문】 신웅(辛雄)이 말하기를, "만약 반드시 세 사람을 대질하여 재물의 수수(收受)가 증명된 연후에야 비로소 증거가 성립된다면, 치리(治理)하는 데 너무 느긋한 것이 되고, 만약 전해들은 이야기를 곧바로 증거로 삼는다면, 치리(治理)하는 데 너무 다급한 것이 됩니다. 그러므로 청컨대 이제부터는 뇌물을 주고받은 이후 세 사람이 함께 증명하게 하여 장물(臟物) 및 증거 상황이 분명하게 드러나게 함으로써 증험(證驗)으로 삼는 기준이 되게 하여 주십시오."라고 하였다. 조(詔)를 내려 신웅의 의견에 따르도록 하였다.[524](『위서』「신웅전」)

◉ 魏盜鑄錢及禁不行錢諸律
후위의 도주전(盜鑄錢) 및 유통이 금지된 전폐(錢幣)에 대한 여러 율

【원문】 延昌二年, 徐州民儉, 刺史啓奏求行土錢, 旨聽權依舊用. 謹尋不行之錢, 律有明式, 指謂雞眼、鐶鑿, 更無餘禁.(食貨志. 通典卷九引作鵝

---

523 『魏書』 권8 「世宗本紀」, 213쪽.
524 『魏書』 권77 「辛雄傳」, 1693쪽.

후위율고 하後魏律考 下 265

眼鐶鑿.)

【역문】 연창 2년(513)에 서주(徐州)의 백성들이 곤궁해지자, 이 지역의 자사(刺史)는 토전(土錢)을 사용할 수 있도록 해 줄 것을 조정에 요청하였고, 조정은 잠시 동안 이전처럼 구전(舊錢)을 사용할 수 있도록 허락하였다. 자사가 조사해보니, 유통이 금지된 전폐(錢幣)와 관련하여 이미 법률상에 명문(明文) 규정이 있었다. 규정에 따르면, 이는 곧 계안(雞眼)이나 환착(鐶鑿)과 같은 전폐(錢幣)를 말하는 것이었으며, 그 밖에 나머지 것들은 금지되어 있지 않았다.[525](『위서』「식화지」. 『통전』 권9[526]에는 이 내용을 인용하면서 "아안과 환착"이라고 하였다.)

【원문】 雞眼、鐶鑿, 依律而禁.(同上)

【역문】 계안전(雞眼錢)과 환착전(鐶鑿錢)은 율에 의거하여 유통이 금지되었다.[527](『위서』「식화지」)

【원문】 其不行之錢, 及盜鑄毀大爲小, 巧僞不如法者, 據律罪之.(同上)

【역문】 그중 사용이 금지된 전(錢)을 유통시키거나 불법으로 크기를 훼손하여 작은 전(錢)을 주조하는 등 교묘하게 속여 법률 규정을 위반한 경우에는 율에 근거하여 처벌토록 하십시오.[528](『위서』「식화지」)

【원문】 其聽依舊之處, 與太和錢及新造五銖並行, 若盜鑄者罪重常憲. 既欲均齊物品, 廛井斯和, 若不繩以嚴法, 無以肅茲違犯. 符旨一宣, 仍不遵用者, 刺史守令依律治罪.(同上)

【역문】 그중 이전처럼 구전(舊錢)을 사용할 수 있도록 허락한 지역에서는

---

525 『魏書』 권110 「食貨志」, 2864쪽.
526 『通典』 권9 「食貨9」, '錢幣下·後魏'. 192쪽.
527 『魏書』 권110 「食貨志」, 2865쪽.
528 『魏書』 권110 「食貨志」, 2864쪽.

태화전(太和錢) 및 새롭게 주조한 오수전(五銖錢)이 함께 통용될 수 있도록 하시되, 만약 불법으로 돈을 주조한 경우 그 죄는 일상 법규보다 1등(等)을 가중하여 처벌하십시오. 기왕 물품을 균등한 가격으로 유통시키고자 하신다면 시장(市場) 가격과 조화를 이루게 해야 하는데, 만약 엄격한 법률로써 이를 규제하지 않는다면, 이로 인해 위법 행위가 난무해지는 현상을 바로잡을 수 없게 될 것입니다. 조정의 명령을 일단 선포하고 난 후, 그때에도 여전히 규정을 준수하지 않을 경우에는 자사(刺史)와 수령(守令)을 율에 의거하여 치죄(治罪)토록 하십시오.[529](『위서』「식화지」)

● **魏以均田入律** 후위의 균전 규정 입률(入律)

【원문】 九年, 下詔均給天下民田: 諸男夫十五以上, 受露田四十畝, 婦人二十畝, 奴婢依良. 丁牛一頭受田三十畝, 限四牛. 所授之田率倍之, 三易之田再倍之, 以供耕作及還受之盈縮. 諸民年及課則受田, 老免及身沒則還田. 奴婢、牛隨有無以還受. 諸桑田不在還受之限, 但通入倍田分. 於分雖盈, 沒則還田, 不得以充露田之數. 不足者以露田充倍. 諸初受田者, 男夫一人給田二十畝, 課蒔餘, 種桑五十樹, 棗五株, 楡三根. 非桑之土, 夫給一畝, 依法課蒔楡、棗. 奴各依良. 限三年種畢, 不畢, 奪其不畢之地. 於桑楡地分雜蒔餘果及多種桑楡者不禁. 諸應還之田, 不得種桑楡棗果, 種者以違令論, 地入還分. 諸桑田皆爲世業, 身終不還, 恒從見口. 有盈者無受無還, 不足者受種如法. 盈者得賣其盈, 不足者得買所不足. 不得賣其分, 亦不得買過所足. 諸麻布之土, 男夫及課, 別給麻田十畝, 婦人五畝, 奴婢依良. 皆從還受之法. 諸有擧戶老小癃殘無授田者, 年十一已上及癃者各授以半夫田, 年踰七十者不還所受, 寡婦守志者雖免課亦授婦田. 諸還受民田, 恒以正月. 若始受田而身亡, 及賣買奴婢牛者, 皆至明年正月乃得還受. 諸土廣民稀之處, 隨

_____
529 『魏書』 권110 「食貨志」, 2865쪽.

力所及, 官借民種蒔. 役有土居者, 依法封授. 諸地狹之處, 有進丁受田
而不樂遷者, 則以其家桑田爲正田分, 又不足不給倍田, 又不足家內人
別減分. 無桑之鄉準此爲法. 樂遷者聽逐空荒, 不限異州他郡, 唯不聽
避勞就逸. 其地足之處, 不得無故而移. 諸民有新居者, 三口給地一畝,
以爲居室, 奴婢五口給一畝. 男女十五以上, 因其地分, 口課種菜五分
畝之一. 諸一人之分, 正從正, 倍從倍, 不得隔越他畔. 進丁受田者恒從
所近. 若同時俱受, 先貧後富. 再倍之田, 放此爲法. 諸遠流配讁、無
子孫、及戶絶者, 壚宅、桑楡盡爲公田, 以供授受. 授受之次, 給其所
親; 未給之間, 亦借其所親. 諸宰民之官, 各隨地給公田, 刺史十五頃,
太守十頃, 治中別駕各八頃, 縣令、郡丞六頃. 更代相付. 賣者坐如
律.(食貨志)

【역문】 [태화] 9년(485)에 조(詔)를 내려, 천하에 민전(民田)을 고르게 지급하
도록 하였다. 무릇 남부(男夫) 15세 이상이 되면, 노전(露田) 40무(畝)를
지급받고 부인(婦人)은 20무를 지급받으며, 노(奴)와 비(婢)는 양인(良人)
의 규정에 따른다. 정우(丁牛)는 1마리당 30무를 지급받되, 네 마리로 한
정한다. 주어지는 전지(田地)는 대개 그 규정액의 배(倍)를 주고[倍田], 삼
역지전(三易之田)의 경우에는 그 규정액에 다시 배[再倍田]를 주어 경작
(耕作)과 휴작(休作), 즉 윤작(輪作) 및 환수(還受) 때 넘치거나 모자라는
것에 보충하여 공급한다. 무릇 백성의 연령이 과년(課年)에 이르렀다면
전지(田地)를 지급받고, 노년이 되어 [과(課)가] 면제되었거나 사망하였
다면 그 전지를 반환(返還)한다. 노비(奴婢)와 소[牛]는 그 유무(有無)에 따
라 환수한다. 무릇 상전(桑田)은 환수(還受)하는 범위에 두지 않고, 다만
배전분(倍田分)에 통입(通入)한다. 분량(分量)이 비록 넘치더라도 사망하
였다면 전지를 반환해야 하며, 노전(露田)의 수에 충당할 수는 없다. 부
족한 경우에는 노전(露田)을 배전(倍田)에 충당할 수 있다. 무릇 처음으
로 수전(受田)하는 경우 남부(男夫) 한 사람당 전지 20무를 지급하고, 여
종(餘種)을 모종할 것을 부과한다. 상(桑)은 50수(樹), 조(棗)는 5주(株),

유(楡)는 3근(根)을 심는다. 상(桑)을 심을 수 없는 땅에는 남부(男夫) 한 사람당 1무를 지급하고 법에 따라 유(楡)와 조(棗)를 모종할 것을 부과한다. 노(奴)는 각각 양인의 기준에 따른다. 3년을 기한으로 모종하는 것을 마치도록 한다. 마치지 못하면, 그 마치지 못한 땅의 분량을 빼앗는다. 상(桑)과 유(楡)를 심어야 할 지분(地分)에 여과(餘果)를 섞어서 모종하거나, 상(桑)과 유(楡)를 [규정보다] 많이 심는 것은 금하지 않는다. 무릇 마땅히 반환해야 할 전지에는 상(桑), 유(楡), 조(棗), 과(果)를 심어서는 안 된다. 심을 경우에는 위령(違令)으로 논죄하여 땅을 환수의 분량에 넣는다. 무릇 상전(桑田)은 모두 세업전(世業田)으로 하고 사망하여도 환수하지 않으며 항상 현재의 구수(口數)에 따른다. 그 분량에 넘침이 있는 경우에는 더 받는 것도 없고 되돌려주는 것도 없다. 부족한 경우 모종하는 전지를 지급받는 것은 법에 따라야 한다. 넘치는 자는 그 넘치는 것을 팔수가 있다. 부족한 자는 부족한 양 만큼 살 수가 있다. [그러나] 그 [규정된] 분량은 팔수 없고, 또 규정된 바를 초과해서 살 수도 없다. 무릇 마포지토(麻布之土)에서 남부(男夫)가 과년(課年)에 이르게 되면, 별도로 마전(麻田) 10무를 지급하고, 부인(婦人)에게는 5무를 지급한다. 노비(奴婢)는 양인의 기준에 따른다. 모두 환수(還受)의 법을 따른다. 무릇 호(戶)를 통틀어 노인(老人)·소인(小人)·융인(癃人)·잔인(殘人)만 있고 수전(授田) 대상자가 없을 경우 11세 이상 및 융자(癃者)에게 각각 반부(半夫)의 전량(田量)으로 지급하고, 70세를 넘은 자도 받은 것을 반환하지 않으며, 과부(寡婦)로서 절개를 지키는 경우 비록 과(課)를 면제하였을지라도 또한 부전(婦田)을 수여한다. 무릇 민전(民田)의 지급과 반환은 항상 정월에 시행한다. 만약 전지를 지급받은 지 얼마 되지 않아서 사망하였거나 노비와 소를 매매한 경우에는 모두 이듬해 정월에 비로소 전지를 지급하거나 반환할 수 있다. 무릇 땅은 넓지만 백성이 드문 지역에서는 민력(民力)이 미치는 바에 의거하여 관부에서 백성들에게 전지를 빌려주어 경종(耕種)하게 한다. 후에 옮겨와 살게 된 백성의 경우 법에 따라 전지

를 수여한다. 무릇 땅이 좁고 인구가 조밀한 지역에서는 한 집안에 정부
(丁夫)의 수가 증가하여 전지를 지급받아야 하지만 다른 지역으로 옮겨
가려고 하지 않는 경우 그 집안의 상전(桑田)을 정전분(正田分)으로 삼게
하고, 그래도 부족한 경우 배전(倍田)을 지급하지 않으며, 그래도 부족한
경우에는 가내(家內) 다른 정부(丁夫)들의 몫에서 일부분을 떼어 내어 지
급한다. 상전(桑田)이 없는 지방에서도 이와 같은 방식을 기준으로 삼는
다. 다른 지역으로 옮겨가고자 하는 경우 비어 있는 땅으로 옮기는 것을
허락하며, 다른 지역의 주(州)나 군(郡)으로 옮겨가는 것도 제한하지 않
는다. 다만 노역을 피하여 도망가는 경우에는 허락하지 않는다. 지급할
전지가 충족되는 곳에서는 특별한 사유 없이 함부로 다른 지역으로 옮
겨갈 수 없다. 무릇 백성이 새롭게 이주하여 거주하는 경우에는 3구(口)
마다 전지 1무를 지급하여 거실(居室)을 만들도록 한다. 노비는 5구마다
1무를 지급한다. 남녀 15세 이상은 그 땅의 분량에 따라서 구(口)에 배정
된 무의 1/5에 소채[菜]를 심는 것을 부과한다. 무릇 한 사람의 수전분(受
田分) 중 정전(正田)은 정전에 따르고 배전(倍田)은 배전에 따르며,530 인
접한 다른 사람의 전지를 점유해서는 안 된다. 한 집안에 정부(丁夫)의
수가 증가하여 전지를 지급받아야 할 경우 변함없이 그 가족이 본래 지
급받았던 전지와 가까운 곳으로 지급한다. 만약 한 곳에서 동시에 여러
명에게 지급해야 할 경우, 가난한 자에게 먼저 지급한 후 부유한 자에게
지급한다. 재배전(再倍田)도 이와 같은 방식을 기준으로 한다. 무릇 [죄
를 범하여] 먼 지방으로 유배되었거나, 자손이 없거나, 후사(後嗣)가 끊
어진 경우 그 택지(宅地)와 상(桑)·유(楡)는 모두 공전(公田)으로 삼아 다
른 사람에게 지급하고 환수하는 데 충당한다. 전지를 지급하고 환수하
는 순서는 우선 그 친속에게 먼저 지급하고, 지급되기 이전까지의 시간
동안에는 역시 그 친속에게 대여해 주도록 한다. 무릇 지방의 관원들에
게는 각각 지방에 따라 공전(公田)을 지급하는데, 자사(刺史)에게는 15

---

530 정전을 배전으로 하거나 배전을 정전으로 할 수는 없다는 뜻이다.

경, 태수(太守)에게는 10경, 치중별가(治中別駕)에게는 각각 8경씩을 지급하며, 현령(縣令)과 군승(郡丞)에게는 6경을 지급한다. 이직(離職)을 할 때는 전임자가 후임자에게 넘겨준다. 지급한 공전을 팔 경우에는 율에 규정된 바와 같이 처벌한다.531(『위서』 「식화지」)

◉ 魏禁奪哀 후위의 탈애(奪哀) 금령

【원문】 神龜元年八月詔曰: 頃年以來, 戎車頻動, 服制未終, 奪哀從役. 罔極之痛弗申, 鞠育之恩靡報. 自今雖金革之事, 皆不得請起居喪.(肅宗紀)

【역문】 신귀 원년(518) 8월에 조(詔)를 내려 말하기를, "근자 이래 병차(兵車)가 빈번하게 출동하여 복상(服喪) 기한이 미처 끝나지 않았는데도 강제로 상복(喪服)을 벗겨내고 종군(從軍)하게 하고 있다. 그리하여 끝없는 애통함을 표현할 방법이 없게 하고, 길러주신 은혜에 보답할 기회조차 갖지 못하게 한다. 지금부터 비록 전쟁과 관련한 일일지라도 모두 거상(居喪) 중에 있는 이들은 기용할 수 없도록 하라."고 하였다.532(『위서』 「숙종기」)

◉ 魏禁報讎 후위의 보복(報復)과 복수(復讎) 금령

【원문】 太延元年詔曰: 民相殺害, 牧守依法平決, 不聽私輒報復, 敢有報者, 誅及宗族; 隣伍相助, 與同罪.(世祖紀)

【역문】 태연 원년(435)에 조(詔)를 내려 말하기를, "백성들이 서로 죽이거나 상해할 경우 지방관은 법에 의거하여 공평하게 처결토록 하되, 개인적인 원한으로 쉽게 보복하는 것을 허락하지 않는다. 감히 보복하는 자가 있다면 그의 종족(宗族)까지 사형에 처하도록 하고, 이웃이 그 보복을 도와준 경우에도 같은 죄로 처벌토록 하라."고 하였다.533(『위서』 「세조본기」)

---

531 『魏書』 권111 「食貨志」, 2853–2855쪽.
532 『魏書』 권9 「肅宗紀」, 228쪽.

【원문】 平原鄔縣女子孫氏男玉者, 夫爲靈縣民所殺. 追執讎人, 男玉欲自殺之, 其弟止而不聽. 男玉曰: 女人出適, 以夫爲天, 當親自復雪, 云何假人之手! 遂以杖毆殺之. 有司處死以聞.(列女孫氏傳)

【역문】 평원(平原) 지역 유현(鄔縣)의 여자 손남옥(孫男玉)의 남편이 영현(靈縣)의 백성에게 살해당하였다. 그녀는 남편의 원수를 붙잡아 자신이 직접 죽이고자 하였다. 이에 그녀의 동생이 만류하였음에도 듣지 않고 말하기를, "여인이 시집을 간 뒤에는 남편을 하늘처럼 여겨야 하는 것이니, 내가 직접 복수를 해야 마땅하다. 어찌 다른 사람의 손을 빌린다고 할 수 있겠는가!"라고 하였다. 그녀는 끝내 무기로 남편의 원수를 내리쳐서 살해하였다. 유사(有司)는 그녀에게 사형을 판결한 후 조정에 보고하였다.[534](『위서』「평원여자손씨전」)

◉ **魏禁圖讖** 후위의 도참에 대한 금령

【원문】 太平眞君五年正月, 詔曰: 愚民無識, 信惑妖邪, 私養師巫, 挾藏讖記、陰陽、圖緯、方伎之書; 又沙門之徒, 假西戎虛誕, 生致妖孽. 非所以壹齊政化, 布淳德於天下也. 自王公已下至於庶人, 有私養沙門、師巫及金銀工巧之人在其家者, 皆遣詣官曹, 不得容匿. 限今年二月十五日, 過期不出, 師巫、沙門身死, 主人門誅.(世祖紀)

【역문】 태평진군 5년(444) 정월에 조(詔)를 내려 말하기를, "어리석은 백성은 견식이 없어 요사스러운 말과 행동을 믿고 미혹된다. 그리하여 스스로 무당들을 먹여 살리며 참기(讖記), 음양(陰陽), 도위(圖緯), 방기(方伎) 등과 같은 책들을 수장(收藏)한다. 또한 승려의 무리들은 서융(西戎)의 허황된 학설에 빙자하여 일상적이지 못한 괴이한 현상들을 지어낸다. 이는 백성들을 하나로 정제(整齊)하는 정치(政治)와 교화(敎化)로써 천하

---

533 『魏書』 권4상 「世祖本紀」, 86쪽.
534 『魏書』 권92 「平原女子孫氏傳」, 1980쪽.

에 순후한 덕(德)을 베푸는 방법이라 할 수가 없다. 왕공 이하부터 서인에 이르기까지 개인적으로 승려나 무당 및 금은(金銀) 공예인을 그 집안에서 부양하는 경우 그들을 모두 관부로 보내도록 하되, 숨겨주어서는 안 된다. 금년 2월 15일을 한도로 하여 기한이 지나도록 보내지 않을 경우 무당과 승려는 사형에 처하고, 이들을 부양한 자는 전 가족을 주살토록 하라."고 하였다.[535](『위서』「세조본기」)

【원문】 太和九年正月, 詔曰: 圖讖之興, 起於三季. 旣非經國之典, 徒爲妖邪所憑. 自今圖讖、祕緯及名爲孔子閉房記者, 一皆焚之. 留者以大辟論.(高祖紀)

【역문】 태화 9년(485) 정월에 조(詔)를 내려 말하기를, "도참(圖讖)의 흥성은 삼대(三代) 때부터 비롯된 것이다. 예부터 이미 국가를 경영하는 방략이 아니었으며, 한갓 요사스러운 말에 의지하는 바일 뿐이었다. 지금부터 도참(圖讖)과 비위(祕緯) 및 『공자폐방기(孔子閉房記)』라 불리는 것들은 모두 불사르도록 하라. 남겨두는 자는 사형으로 논죄토록 하라."고 하였다.[536](『위서』「고조본기」)

【원문】 永平四年五月, 詔禁天文之學.(世宗紀)

【역문】 영평 4년(511) 5월에 조(詔)를 내려 천문에 관해 가르치고 배우는 것을 금지하였다.[537](『위서』「세종본기」)

【원문】 熙平二年五月, 重申天文之禁, 犯者以大辟論.(肅宗紀)

【역문】 희평 2년(517) 5월에 거듭 천문에 대한 금령을 표명하여, 이를 위반할 경우 사형으로 논죄토록 하였다.[538](『위서』「숙종본기」)

---

535 『魏書』 권4하 「世祖本紀」, 97쪽.
536 『魏書』 권7상 「高祖本紀」, 155쪽.
537 『魏書』 권8 「世宗本紀」, 210–211쪽.
538 『魏書』 권9 「肅宗本紀」, 225–226쪽.

【원문】 因酒醉誹謗, 妄說圖讖, 有司奏當死.(北史咸陽王禧傳)

【역문】 술에 취하여 조정을 비방하고 함부로 도참(圖讖)을 이야기하였기 때문에 유사(有司)에서 사형에 처해야 한다고 상주하였다.[539](『북사』「함양왕희전」)

【세주 원문】 按挾天文圖讖, 晉律止二世刑, 晉書載記咸康二年禁郡國不得私學星讖, 敢有犯者誅. 魏蓋沿石趙之制.

【세주 역문】 천문이나 도참 관련 서적을 소지한 경우 진율(晉律)에서는 2세형에 그쳤다. 『진서(晉書)』에 "함강 2년(336)에 전국에 금령을 내려 사사로이 성참(星讖)을 가르치거나 배울 수 없도록 하였고, 감히 이를 위반하는 자가 있다면 주살토록 하였다."[540]고 기재되어 있다. 후위는 대체로 후조(後趙)의 제도를 계승한 것으로 보인다.

◉ **魏禁殺牛** 후위의 살우(殺牛)에 대한 금령

【원문】 熙平元年七月, 重申殺牛之禁.(肅宗紀)

【역문】 희평 원년(516) 7월에 거듭 살우(殺牛)에 대한 금령을 표명하였다.[541] (『위서』「숙종본기」)

◉ **魏禁屠殺含孕**
후위의 새끼를 배고 있는 짐승을 도살할 수 없도록 한 금령

【원문】 永平二年冬十有一月甲申, 詔禁屠殺含孕, 以爲永制.(世宗紀)

【역문】 영평 2년(509) 겨울 11월 갑신일에 조(詔)를 내려 새끼를 배고 있는

---

539 『北史』 권19 「咸陽王禧傳」, 694쪽. "坐子世寶與通直散騎侍郎彭貴平因酒醉誹謗, 妄說圖讖, 有司奏當死."

540 『晉書』 권106 「石季龍傳」, 2765쪽.

541 『魏書』 권9 「肅宗本紀」, 224쪽.

짐승의 도살(屠殺)을 금지하고, 이를 영구한 제도로 삼게 하였다.[542](『위서』「세종본기」)

◉ **魏禁酒** 후위의 금주령

【원문】 太安四年正月, 初設酒禁.(高宗紀)

【역문】 태안 4년(458) 정월에 처음으로 금주령을 규정하였다.[543](『위서』「고종본기」)

【원문】 顯祖卽位, 開酒禁.(刑罰志)

【역문】 현조(顯祖)는 즉위 후 금주령을 해제하였다.[544](『위서』「형벌지」)

【원문】 天平四年閏九月, 禁京師酤酒.(孝靜紀)

【역문】 천평 4년(537) 윤 9월에 경사(京師)에서 술을 사고파는 것을 금지하였다.[545](『위서』「효정본기」)

【원문】 元象元年四月, 齊獻武王還晉陽, 請開酒禁.(同上)

【역문】 원상 원년(538) 4월에 제헌무왕(齊獻武王)이 진양(晉陽)으로 돌아와 금주령을 해제할 것을 청하였다.[546](『위서』「효정본기」)

【원문】 太安中, 京師禁酒, 張以姑老, 私爲醞之, 爲有司所糾.(列女胡長命妻張氏傳)

【역문】 태안 연간(455-459)에 경사(京師)에 금주령이 내려졌다. 장씨(張氏)는

---

542 『魏書』 권8 「世宗本紀」, 209쪽.
543 『魏書』 권5 「高宗本紀」, 116쪽.
544 『魏書』 권111 「刑罰志」, 2876쪽.
545 『魏書』 권20 「孝靜本紀」, 301쪽.
546 『魏書』 권20 「孝靜本紀」, 302쪽.

시어미니께서 연로하셨으므로 몰래 술을 빚었다가 유사(有司)에 단속되었다.[547](『위서』「호장명처장씨전」)

【원문】 太安中, 以庶士多因酒致酗訟, 制禁釀酒, 沽、飮皆斬, 吉凶賓親則開禁, 有日程.(通典一百六十四)

【역문】 태안 연간(455-459)에 여러 사인(士人)들이 술로 마시다가 취해서 다툼을 벌이는 경우가 많았으므로 법령으로 술을 빚는 것을 금지하였으며, 술을 사고팔거나 마실 경우 모두 참수형에 처하였다. 다만 길·흉례나 빈객을 맞이할 때에 한하여 일정 시간 동안 금령을 해제해 주었다.[548]
(『통전』권164)

【원문】 獻文帝開酒禁.(同上)

【역문】 헌문제(獻文帝)는 금주령을 해제하였다.[549](『통전』권164)

● **魏罷山澤之禁**　후위의 산택에 대한 금령 폐지

【원문】 皇興四年冬十有一月, 詔弛山澤之禁.(顯祖紀)

【역문】 황흥 4년(470) 겨울 11월에 산택(山澤)에 대한 금령을 폐지하였다.[550]
(『위서』「현조본기」)

【원문】 太和六年八月, 罷山澤之禁.(高祖紀)

【역문】 태화 6년(482) 8월에 산택(山澤)에 대한 금령을 폐지하였다.[551](『위서』「고조본기」)

---

547 『魏書』권92「胡長命妻張氏傳」, 1980쪽.
548 『通典』권164「刑法2」, '刑制中·後魏', 4422쪽.
549 『通典』권164「刑法2」, '刑制中·後魏', 4226쪽, "至獻文帝, 除口誤, 開酒禁."
550 『魏書』권6「顯祖本紀」, 130쪽.
551 『魏書』권7상「高祖本紀」, 152쪽.

【원문】 太和七年十有二月, 開林廬山禁, 與民共之.(同上)

【역문】 태화 7년(483) 12월에 임려산(林廬山)에 대한 금령을 해제하여 백성들과 더불어 함께하도록 하였다.[552](『위서』「고조본기」)

◉ 魏大臣犯罪多賜自盡

후위는 대신(大臣)이 죄를 범한 경우 대부분 자진(自盡)을 명함

【원문】 聖朝賓遇大臣, 禮同古典. 自太和以降, 有負罪當陷大辟者, 多得歸第自盡. 遣之日, 深垂隱愍, 言發悽淚, 百官莫不見, 四海莫不聞.(李彪傳)

【역문】 성상(聖上) 폐하[孝文帝]께서는 대신(大臣)들을 빈객(賓客)처럼 대하셨고, 그 예의(禮儀)는 고전(古典)과 동일하게 하셨습니다. 태화 연간(477-499) 이래 죄를 범하여 응당 사형을 받아야 할 경우 대부분 가택(家宅)으로 돌아가 자진(自盡)할 수 있도록 하셨습니다. 형이 집행되는 날에는 마음속에 연민하는 기색을 깊이 드리우시고, 말씀을 하실 때도 슬퍼하는 기색이 역력하셨습니다.[553](『위서』「이표전」)

【원문】 高祖親臨數之, 以其大臣, 聽在家自裁.(李洪之傳)

【역문】 고조[孝文帝]께서 친히 왕림하시어 그 죄목을 일일이 열거하신 후, 그가 대신(大臣)이라는 이유로 가택(家宅)에서 자진(自盡)하는 것을 허락하였다.[554](『위서』「이홍지전」)

---

552 『魏書』권7상 「高祖本紀」, 153쪽.
553 『魏書』권62 「李彪傳」, 1387쪽.
554 『魏書』권89 「李洪之傳」, 1920쪽.

◉ 魏斷獄報重常竟季冬

후위에서는 옥안을 판결하여 사형을 보고한 후 이를 집행하는 일이 늦겨울
[12월]에 이루어짐

【원문】 至若行刑犯時, 愚臣竊所未安. 漢制, 舊斷獄報重, 常盡季冬, 至
孝章時改盡十月, 以育三微. 後歲旱, 論者以十月斷獄, 陰氣微, 陽氣
泄, 以故致旱. 事下公卿, 尚書陳寵議: 冬至陽氣始萌, 故十一月有射
干、芸、荔之應, 周以爲春; 十二月陽氣上通, 雉雊雞乳, 殷以爲春; 十
三月陽氣已至, 蟄蟲皆震, 夏以爲春. 三微成著, 以通三統, 三統之月,
斷獄流血, 是不稽天意也. 月令: 仲冬之月, 身欲寧, 事欲靜. 以起隆怒,
不可謂寧; 以行大刑, 不可謂靜. 章帝善其言, 卒以十月斷. 今京都及四
方斷獄報重, 常竟季冬, 不推三正以育三微. 寬宥之情, 每過於昔; 遵時
之憲, 猶或闕然. 豈所謂助陽發生、垂奉微之仁也? 誠宜遠稽周典, 近
採漢制, 天下斷獄, 起自初秋, 盡於孟冬, 不於三統之春, 行斬絞之刑.
如此, 則道協幽顯, 仁垂後昆矣. (李彪傳)

【역문】 범죄자에게 형벌을 집행할 때 신(臣)은 삼가 마음이 편안치가 못합
니다. 한(漢)나라의 제도에 따르면, 이전에 옥안(獄案)을 판결하여 황제
께 사형을 보고한 후 이를 집행하는 일은 항상 늦겨울[12월]이 되어서야
이루어졌습니다. 이후 효장제(孝章帝) 때 10월 말로 변경함으로써 만물
을 양육하게 하였습니다. 그런데 이후 가뭄이 들자 어떤 논자(論者)가 진
언(進言)하기를 10월에 옥안(獄案)을 결단함으로써 음기(陰氣)가 미미해
지고 양기(陽氣)가 누출되어, 이 때문에 가뭄이 들게 된 것이라고 하였습
니다. 이에 이 일을 공경(公卿)들에게 상의토록 하니, 상서(尚書) 진총(陳
寵)이 자신의 의견을 다음과 같이 말하였습니다. "동지(冬至)에는 양기
(陽氣)가 싹트기 시작하기 때문에 11월에 사간(射干), 운(芸), 여(荔)가 상
응함이 있게 되는 것으로 주(周)나라는 이를 정월로 삼았습니다. 12월에
는 양기(陽氣)가 상통(上通)하므로 꿩이 울고 병아리가 부화하는 것이며,

은(殷)나라가 이를 정월로 삼았습니다. 13월에는 양기(陽氣)가 이미 도달하므로 겨울잠 자던 벌레들이 모두 깨어나는 것이며, 하(夏)나라가 이를 정월로 삼았습니다. 이렇게 삼정(三正)[555]이 분명하게 이루어져 이로써 천(天)·지(地)·인(人) 삼통(三統)[556]과 통(通)하게 되는 것이니, 삼통의 달에 옥안(獄案)을 판결하여 사형을 집행하는 것은 천의(天意)에 합당치 않습니다. 『월령』에 '중동(仲冬)의 달[11월]에 몸이 편안해지고 일이 안정된다.'고 하였으니, 큰 노여움을 일으키면 편안하다고 할 수 없고, 사형을 시행하면 안정된다고 말할 수 없습니다." 효장제는 진총의 의견에 일리가 있다고 생각하여 결국 계속해서 10월에 판결을 내리는 것으로 하였습니다. 현재 경성(京城) 및 전국에서 옥안(獄案)을 판결하여 황제께 사형을 보고한 후 이를 집행하는 일은 항상 늦겨울[12월]이 되어서야 이루어지니, 이는 삼정(三正)을 받들어 만물을 양육하는 도리가 아닙니다. 관용(寬容)에 대한 정리(情理)는 항상 이전 시대를 초월하지만, 천시(天時)의 규범을 준수하는 데는 오히려 여전히 결핍된 부분이 있다면, 어찌 이른바 양기(陽氣)가 발생하는 것을 도울 수 있고, 어찌 미약한 것을 봉양(奉養)하는 인자함을 드리울 수 있겠습니까? 진실로 마땅히 멀게는 주(周)나라의 전장제도를 고려하고 가깝게는 한(漢)나라의 제도를 채용하여 천하의 단옥(斷獄)을 초가을부터 시작하여 초겨울에 끝마치게 해야만 삼통(三統)의 정월에 어긋나지 않으면서 참수형과 교수형을 집행할 수 있습니다. 이렇게 한다면, 도덕(道德)이 천지(天地)와 조화를 이루어 그윽하게 드러날 것이며, 그 인자함을 후손들에게 드리울 수 있으실 것입니다.[557](『위서』「이표전」)

---

555 "三微"는 "三正"이라고도 한다. 三正이 시작될 때 만물이 모두 미미하기 때문에 三微라고 부르는 것이다.(『後漢書』권46「陳寵傳」, 1551쪽. "三微成著, 以通三統. 〈李賢注: 三禮義宗曰, 三微, 三正也. 言十一月陽氣始施, 萬物動於黃泉之下, 微而未著, 其色皆赤. 赤者陽氣. 故周以天正爲歲, 色尙赤, 夜半爲朔. 十二月萬物始牙, 色白. 白者陰氣. 故殷以地正爲歲, 色尙白, 鷄鳴爲朔. 十三月萬物始達, 其色皆黑, 人得加功以展其業. 夏以人正爲歲, 色尙黑, 平旦爲朔. 故曰三微.〉")

556 "三正"은 또한 "三統"과 서로 통한다. 『史記』권4「周本紀」, 122쪽에 "今殷王紂乃用其婦人之言, 自絶於天, 毀壞其三正. 〈張守節正義: 按, 三正, 三統也. 周以建子爲天統, 殷以建丑爲地統, 夏以建寅爲人統也.〉"라고 하였다.

◉ 魏孕婦行刑待分産後之例

후위의 임신부가 출산 할 때까지 기다렸다가 형을 집행하였던 사례

【원문】 永平元年秋, 將刑元愉妾李氏, 羣官無敢言者. 敕光爲詔, 光逡巡不作, 奏曰: 伏聞當刑元愉妾李, 加之屠割. 妖惑扇亂, 誠合此罪. 但外人竊云李今懷姙, 例待分産. 乞停李獄, 以俟育孕. 世宗納之.(崔光傳)

【역문】 영평 원년(508) 가을에 장차 원유(元愉)의 첩(妾) 이씨(李氏)를 사형에 처하고자 하였으나, 군신(群臣)들 중 어느 누구도 감히 간언(諫言)하는 자가 없었다. 이에 최광(崔光)에게 명하여 조서(詔書)의 초안을 작성토록 하였는데, 최광은 머뭇거리며 작성치 못하고 다음과 같이 상주(上奏)하여 말하였다. "삼가 원유의 첩 이씨를 사형에 처한 후 도륙(屠戮)을 가할 것이라는 이야기를 들었습니다. 요사스러운 말로 사람들을 미혹하여 반란을 선동하였으니, 진실로 이와 같은 처벌을 내림이 마땅합니다. 그러나 궁궐 밖에서 전하는 말에 이씨가 현재 회임(懷妊)을 하였다고 하니, 사례에 따라 분산(分産)할 때까지 기다려야 할 것으로 생각됩니다. 바라옵건대, 이씨에 대한 처벌을 잠시 미루시고, 출산할 때까지 기다릴 수 있도록 하여 주십시오." 세종은 그의 의견을 받아들였다.[558] (『위서』「최광전」)

【세주 원문】 按刑罰志, 世祖定律, 婦人當刑而孕, 産後百日乃決, 蓋本元魏舊制, 故光得據以上言也.

【세주 역문】 「형벌지」에 따르면, "세조 때 율을 개정하여, 부인(婦人)으로서 형벌을 받아야 하지만 임신을 하고 있는 경우에는 출산하고 100일이 지난 후에 비로소 형을 집행하도록 하였다."[559]고 하였다. 즉 이와 같은 사례는 대체로 후위의 옛 제도에 근

---

557 『魏書』 권62 「李彪傳」, 1386–1387쪽.

558 『魏書』 권67 「崔光傳」, 1490–1491쪽. "永平元年秋, 將刑元愉妾李氏, 羣官無敢言者. 敕光爲詔, 光逡巡不作. 奏曰: 伏聞當刑元愉妾李, 加之屠割. 妖惑扇亂, 誠合此罪. 但外人竊云李今懷姙, 例待分産. 且臣尋諸舊典, …. 知無不言, 乞停李獄, 以俟育孕. 世宗納之."

원을 두고 있는 것이었고, 이로 인해 최광(崔光)이 근거를 확보한 후 상언(上言)할 수 있었던 것이다.

◉ 魏疑獄以經義量決
후위는 의옥(疑獄)을 경의(經義)로써 헤아려 판결함

【원문】 太平眞君六年三月, 詔諸有疑獄, 皆付中書, 以經義量決.(世祖紀)

【역문】 태평진군 6년(445) 3월에 조(詔)를 내려, "무릇 의심되어 판결하기 어려운 옥안(獄案)이 있을 경우 모두 중서(中書)에 교부하여 경의(經義)로써 헤아려 판결하게 하라."고 하였다.[560](『위서』「세조본기」)

【원문】 六年春, 以有司斷法不平, 詔諸疑獄皆付中書, 依古經義論決之. (刑罰志)

【역문】 [태평진군] 6년(445) 봄에 유사(有司)의 판결 방법에 공평치 못함이 있다고 여겼기 때문에 조(詔)를 내려, "무릇 의심되어 판결이 어려운 옥안(獄案)은 모두 중서(中書)에 교부하여 옛 경전(經典)의 취지에 의거하여 판결하게 하라."고 하였다.[561](『위서』「형벌지」)

【원문】 初, 眞君中以獄訟留滯, 始令中書以經義斷諸疑事. 允據律評刑, 三十餘載, 內外稱平.(高允傳)

【역문】 당초 태평진군 연간(440-450)에는 옥송(獄訟)을 판결하는 데 지체되고 막힘이 발생하자, 마침내 중서(中書)에 명하여 모든 의심스러운 옥안(獄案)을 경의(經義)로써 판결토록 하였다. 고윤(高允)은 율에 따라 형(刑)을 판결하는 일에 30여 년간 종사하면서 안팎으로 그 판결이 매우 공평

---

559 『魏書』 권111 「刑罰志」, 2874쪽.
560 『魏書』 권4하 「世祖本紀」, 98쪽.
561 『魏書』 권111 「刑罰志」, 2875쪽.

하다고 칭송되었다.[562](『위서』「고윤전」)

【원문】 侃兄深, 時爲徐州行臺, 府州咸欲禁深. 昱曰: 昔叔向不以鮒也見
廢, 春秋貴之, 奈何以侃罪深也. 宜聽朝旨. 不許羣議.(楊昱傳)

【역문】 양간(羊侃)의 형 양심(羊深)은 당시 서주행대(徐州行臺)가 되었는데,
부주(府州)의 관청에서 모두 그를 잡아들이고자 하였다. 이에 양욱(楊昱)
이 말하기를, "옛날 춘추시대의 진(晉)나라 대부 양설힐(羊舌肸)은 양설
부(羊舌鮒)의 죄로 인해 파출(罷黜)되지 않았는데, 『춘추』 중에서 이 일
을 크게 칭송하였다. 그러하니 어찌 양간 때문에 그 형인 양심에게 죄를
줄 수 있겠는가. 마땅히 조정의 뜻을 받들어야 한다."고 하였다. 이에 군
신(群臣)들이 모여서 논의하는 것을 허락하지 않았다.[563](『위서』「양욱전」)

【원문】 時雁門人有害母者, 八座奏輚之而瀦其室, 宥其二子. 虬駁奏云:
君親無將, 將而必誅. 今謀逆者戮及期親, 害親者今不及子, 旣逆甚梟
鏡, 禽獸之不若, 而使禋祀不絶, 遺育永傳, 非所以勸忠孝之道, 存三綱
之義. 若聖敎含容, 不加孥戮, 使父子罪不相及, 惡止於其身, 不則宜投
之四裔, 敕所在不聽配匹. 盤庚言無令易種於新邑, 漢法五月食梟羹,
皆欲絶其類也. 奏入, 世宗從之.(邢虬傳)

【역문】 당시 안문(雁門) 지역 사람이 자신의 어머니를 살해하였는데, 상서
팔좌(尙書八座)는 그를 거열형[輚刑]에 처한 후 그 집을 헐어버리되, 두 아
들은 용서해야 한다고 상주(上奏)하였다. 이에 형규(邢虬)가 상주(上奏)하
여 말하기를, "군주와 부모에 대해서는 반역하여 시해하려는 마음이 없
어야 하고, 반역하여 시해한 경우에는 반드시 주살해야 합니다. 현재 반
역을 도모한 경우에는 그 기친(期親)까지 주륙하도록 규정되어 있지만,
오히려 부모를 살해한 경우에는 그 처벌이 자식까지 미치지 않습니다.

---

562 『魏書』 권48 「高允傳」, 1089쪽.
563 『魏書』 권58 「楊昱傳」, 1293쪽.

그러나 이미 역심(逆心)을 품은 것이 효경(梟獍)[564]보다도 심하여 금수(禽獸)보다도 못한 자인데도 그에 대한 제사를 끊이지 않게 하고, 그 후세를 남겨두어 대대손손 전할 수 있게 하는 것은 충효(忠孝)를 권면하고 삼강(三綱)의 취지를 보전하는 방법이 아닐 것입니다. 만약 성상(聖上)께서 악인(惡人)을 교화하는 데 관용(寬容)을 염두에 두시어 죄인의 아내와 자식을 처벌하지 않으신다면, 부자지간의 죄는 서로 연관되지 않게 될 것이며 그 죄악은 다만 죄를 지은 당사자에 한정될 것입니다. 그렇게 되지 않으려면 마땅히 죄인의 자식들을 멀리 변경으로 천사(遷徙)시키고, 해당 지역의 관청에 명하여 그들이 혼인을 할 수 없도록 해야만 합니다. 『반경』에 이르기를, '죄인이 새로운 지역에서 자식을 낳아 대를 이을 수 있도록 하지 말라.'고 한 것이나 한(漢)나라의 법률 중 5월에 효갱(梟羹)[565]을 먹도록 규정한 것은 모두 그러한 부류들을 단절시키기 위한 것이었습니다."라고 하였다. 상주문이 올라오자, 세종은 이 의견에 따를 것을 명하였다.[566](『위서』「형규전」)

【원문】 初, 廷尉少卿袁翻以犯罪之人, 經恩競訴, 枉直難明, 遂奏曾染風聞者, 不問曲直, 推爲獄成, 悉不斷理. 雄議曰: 春秋之義, 不幸而失, 寧僭不濫. 僭則失罪人, 濫乃害善人. 今議者不忍罪姦吏, 使出入縱情, 令君子小人薰蕕不別, 豈所謂賞善罰惡, 殷勤隱恤者也.(辛雄傳)

【역문】 당초 정위소경(廷尉少卿) 원번(袁翻)은 죄를 범한 사람들이 특별한 경로를 통하여 자신들의 억울함을 앞 다투어 호소함으로써 거짓과 진실을 판명하는 데 지장을 준다고 생각하였다. 이에 이미 사건에 연루되어 탄핵된 경우, 그 처벌이 정당하든 정당하지 않든 간에 조사를 이미 끝마

---

564 "梟獍"은 "梟鏡"이라고도 한다. "梟"는 惡鳥로서 태어나자마자 그 어미를 잡아먹고, "獍"은 惡獸로서 태어나자마자 그 아비를 잡아먹는다는 데서 은혜를 잊고 의로움을 저버린 이들을 비유할 때 쓰이는 말이다.

565 올빼미 고기로 만든 국을 말한다.

566 『魏書』 권65 「邢虬傳」, 1450쪽.

치고 옥안(獄案)이 판결된 상태라면, 어떠한 경우라도 더 이상 심리를 진행하지 않도록 해줄 것을 상주(上奏)하였다. 신웅(辛雄)이 이에 대한 자신의 의견을 말하기를, "『춘추』의 경의(經義)로 말씀드리자면, 『춘추』에 '불행히도 과실(過失)을 범하였다면, 차라리 어긋날지언정 함부로 지나치게 해서는 안 된다.'고 하였으니, 사리(事理)에 어긋날 경우 비록 죄인을 놓치게 되지만, 함부로 지나치게 형벌을 가할 경우 이내 선한 사람을 해치게 되는 것입니다. 현재 논의하는 자들 가운데 일부는 '차마 간사한 하급관리들에게 벌을 줄여서는 안 된다.'고 주장함으로써 그들이 멋대로 법률을 농락할 수 있게 하고, 또한 군자(君子)와 소인(小人) 사이의 선(善)과 악(惡)을 분별할 수 없게 만드니, 이것이 어찌 이른바 선한 자를 상찬하고 악한 자를 징벌하는 것이며, 불쌍히 여기는 마음을 도타이 하는 것이라 할 수 있겠습니까."라고 하였다.[567](『위서』「신웅전」)

【원문】臣伏讀至三公曹第六十六條, 母殺其父, 子不得告, 告者死. 再三返覆之, 未得其門. 何者? 案律, 子孫告父母、祖父母者死. 又漢宣云: 子匿父母, 孫匿大父母, 皆勿論. 蓋謂父母、祖父母, 小者攘羊, 甚者殺害之類, 恩須相隱, 律抑不言. 法理如是, 足見其直. 未必指母殺父止子不言也. 若父殺母, 乃是夫殺妻, 母卑於父, 此子不告是也. 而母殺父, 不聽子告, 臣誠下愚, 輒以爲惑. 昔楚康王欲殺令尹子南, 其子棄疾爲王御士而上告焉. 對曰: 泄命重刑, 臣不爲也. 王遂殺子南. 其徒曰: 行乎? 吾與殺吾父, 行將焉入! 曰: 臣乎? 曰: 殺父事讎, 吾不忍. 乃縊而死. 注云: 棄疾自謂不告父爲與殺, 謂王爲讎, 皆非禮, 春秋譏焉. 斯蓋門外之治, 以義斷恩, 知君殺父而子不告, 是也. 母之於父, 同在門內, 恩無可掩, 義無斷割. 知母將殺, 理應告父; 如其已殺, 宜聽告官. 今母殺父而子不告, 便是知母而不知父. 識比野人, 義近禽獸. 且母之於父, 作合移天, 既殺己之天, 復殺子之天, 二天頓毀, 豈容頓默! 此母之罪,

567 『魏書』 권77 「辛雄傳」, 1692쪽.

義在不赦. 下手之日, 母恩卽離, 仍以母道不告, 鄙臣所以致惑. 今聖化淳洽, 穆如韶夏, 食椹懷音, 梟鏡猶變, 況承風禀教, 識善知惡之民哉. 脫下愚不移, 事在言外, 如或有之, 可臨時議罪, 何用豫制斯條, 用爲訓誡. 誠恐千載之下, 談者諠譁, 以明明大朝, 有尊母卑父之論. 以臣管見, 實所不取. 如在淳風厚俗, 必欲行之. 且君·父一也. 父者子之天, 被殺事重, 宜附父謀反大逆子得告之條. 父一而已, 至情可見. 竊惟聖主有作, 明賢贊成, 光國寧民, 厥用爲大, 非下走頑蔽所能上測. 但受恩深重, 輒獻瞽言, 儻蒙收察, 乞付評議. 詔付尙書, 三公郎封君義立判云, 身體髮膚, 受之父母, 生我勞悴, 續莫大焉. 子於父母, 同氣異息, 終天靡報, 在情一也. 今忽欲論其尊卑, 辨其優劣, 推心未忍, 訪古無據. 母殺其父, 子復告母, 母由告死, 便是子殺. 天下未有無母之國, 不知此子將欲何之! 案春秋, 莊公元年, 不稱卽位, 文姜出故. 服虔注云: 文姜通兄齊襄, 與殺公而不反. 父殺母出, 隱痛深諱. 期而中練, 思慕少殺, 念至於母. 故經書: 三月夫人遜於齊. 旣有念母深諱之文, 明無讎疾告列之理. 且聖人設法, 所以防淫禁暴, 極言善惡, 使知而避之. 若臨事議刑, 則陷罪多矣. 惡之甚者, 殺父害君, 著之律令, 百王罔革. 此制何嫌, 獨求削去. 旣於法無違, 於事非害, 宣布有年, 謂不宜改. 瑗復難云: 尋局判云, 子於父母, 同氣異息, 終天靡報, 在情一也. 今欲論其尊卑, 辨其優劣, 推心未忍, 訪古無據. 瑗以爲易曰: 天尊地卑, 乾坤定矣. 又曰: 乾天也, 故稱父; 坤地也, 故稱母. 又曰: 乾爲天, 爲父; 坤爲地, 爲母. 禮喪服經曰: 爲父斬衰三年, 爲母齊衰期. 尊卑優劣, 顯在典章, 何言訪古無據? 局判云: 母殺其父, 子復告母, 母由告死, 便是子殺. 天下未有無母之國, 不知此子將欲何之! 瑗案典律, 未聞母殺其父而子有隱母之義. 旣不告母, 便是與殺父, 天下豈有無父之國, 此子獨得有所之乎! 局判又云: 案春秋, 莊公元年, 不稱卽位, 文姜出故. 服虔注云: 文姜通於兄齊襄, 與殺公而不反. 父殺母出, 隱痛深諱, 期而中練, 思慕少殺, 念至於母. 故經書: 三月夫人遜於齊. 旣有念母深諱之文, 明無讎疾

告列之理. 瑗尋注義, 隱痛深諱者, 以父爲齊所殺, 而母與之. 隱痛父
死, 深諱母出, 故不稱卽位. 非爲諱母與殺也. 是以下文以義絶, 其罪不
爲與殺明矣. 公羊傳曰: 君殺, 子不言卽位, 隱之也. 期而中練, 父憂少
衰, 始念於母, 略書夫人遜於齊. 是內諱出奔, 猶爲罪文. 傳曰: 不稱姜
氏, 絶不爲親, 禮也. 注云: 夫人有與殺桓之罪, 絶不爲親, 得尊父之義.
善莊公思大義, 絶有罪, 故曰禮也. 以大義絶有罪, 得禮之衷, 明有讎疾
告列之理. 但春秋桓、莊之際, 齊爲大國, 通於文姜, 魯公謫之. 文姜以
告齊襄, 使公子彭生殺之. 魯旣弱小而懼於齊. 是時天子衰微, 又無賢
霸, 故不敢讎之, 又不敢告列, 惟得告於齊曰: 無所歸咎, 惡於諸侯, 請
以公子彭生除之. 齊人殺公子彭生. 案郎此斷, 雖有援引, 卽以情推理,
尚未遣惑. 事遂停寢.(竇瑗傳)

【역문】 신(臣)은 삼가 [『신제(新制)』 중의] 삼공조(三公曹) 제66조를 읽은 적
이 있사온데, 그 내용은 "모친이 그 부친을 살해한 경우 아들은 고발할
수 없으며, 고발한 경우 사형에 처한다."는 것이었습니다. 신은 그 내용
을 두 번 세 번 반복하여 되새겨 보았지만, 여전히 그 뜻을 이해할 수가
없었습니다. 어째서이겠습니까? 율에 따르면, "아들이나 손자가 그 부모
나 조부모를 고발한 경우 사형에 처한다."고 하였고, 또한 한(漢)나라 선
제(宣帝)가 이르기를, "아들이 부모를 숨겨주거나 손자가 조부모를 숨겨
준 경우 모두 그 죄를 논하지 말라."고 하였습니다. 이는 부모나 조부모
가 작게는 양(羊)을 훔친 것과 같은 경우이거나 심하게는 다른 사람을
살해한 것과 같은 경우 은정(恩情)으로써 마땅히 서로를 숨겨주어야 하
며, 율은 오히려 이를 처벌하지 않는다는 것을 의미합니다. 법률의 이치
가 이와 같으므로 충분히 그 가치를 알 수 있습니다. 반드시 모친이 그
부친을 살해한 경우 자식이 고언(告言)할 수 없다는 것만을 가리키는 것
이 아니라는 것입니다. 만약 부친이 그 모친을 살해한 경우 내지는 남편
이 아내를 살해한 경우 모친은 부친보다 비천하므로 자식이 고발하지
못하게 하는 것은 옳습니다. 그러나 모친이 그 부친을 살해한 경우에도

자식이 고발하는 것을 허락하지 않는다고 하였으니, 신(臣)의 어리석고 짧은 식견으로는 문득 의혹스럽다고 여겼던 것입니다. 옛날에 초(楚)나라의 강왕(康王)이 영윤(令尹) 자남(子南)을 죽이고자 하였을 때, 그의 아들 기질(棄疾)이 왕의 어사(御士)로 있었는데 왕이 그에게 부친을 죽이려는 계획을 알려 주었습니다. 이에 기질이 대답하기를, "왕명(王命)의 누설(漏泄)은 중형(重刑)에 처해지는 대죄(大罪)이니, 신(臣)은 부친께 이 일을 말씀드리지 않겠습니다."라고 하였습니다. 왕은 끝내 자남을 죽였습니다. 기질의 동료 중 한 사람이 "떠날 것이오?"라고 묻자, 기질은 "내가 나의 부친을 죽이는 데 가담하였으니, 떠난다고 한들 장차 누가 나를 받아주겠는가!"라고 하였고, 동료가 다시 묻기를, "그렇다면 신하 노릇을 계속할 것인가?"라고 묻자, "부친을 죽인 원수를 섬기는 일은 내 차마 하지 못하겠소."라고 대답하고는 끝내 목을 매어 자살하였습니다. 그에 대한 주석에 "기질은 스스로 왕이 살해하려 한다는 사실을 알면서도 부친께 알려드리지 않았으니, 자신도 부친을 살해하는 데 동참한 셈이라고 생각하였고, 그렇게 부친을 살해한 왕을 또한 자신의 원수로 여기게 되었던 것"이라고 설명하였는데, 이는 모두 예(禮)가 아니라고 『춘추』에서 일찍이 비평을 한 적이 있습니다. 즉 "문 밖의 다스림은 의리(義理)로써 은혜(恩惠)를 단절하는 것"이라 하였는데, 군왕이 부친을 죽이려는 것을 알면서도 아들이 그 부친을 고발하지 않은 것이 그러한 상황에 속합니다. 모친을 부친과의 관계로 말하자면, 한 집안 내에서 같이 거주하므로 그 은정(恩情)을 덮어버릴 수 있는 방법이 없고, 그 의리(義理)를 끊어버릴 방법도 없습니다. 모친이 장차 살해하려는 것을 알았다면 이치상 부친에게 알려주는 것이 마땅하고, 만약 이미 살해하고 난 뒤라면 관부에 고발하는 것이 마땅합니다. 현재 모친이 그 부친을 살해하였으나 자식이 고발하지 못하도록 한 것은 곧 모친은 알고 있지만 부친은 모르고 있다는 것을 의미합니다. 이는 견식(見識)이 야인(野人)에 비견되고 의리(義理)가 금수에 가깝습니다. 게다가 모친은 부친을 대하기를 마땅히 자신의 하늘처럼 여겨야 하니, 이미 자신의 하늘을 죽인 것일 뿐만 아니라 다시 아들의 하늘까지 죽인 것이 되므로 두 개의 하늘이 갑작스레 무너져 버린 셈이니, 어찌 침묵으로 일관할 수가 있겠습니까! 이 모친의 죄는 의리상 용서받을 수가 없습니다. 죽이려고 손을 쓰던 날 모친으로서의 은정(恩情)마저 이미 달아나 버린 것인데도 여전히 모친에 대한 도리로써 고발을 하지 못하게 하니, 어리석은 신(臣)은 이로써 의혹을 품게 될 수밖에 없는 바입니다. 현재 성조(聖朝)의 교화가 두루 퍼져 천하가 하우(夏禹)의 시대와 같이 화목하니, 뽕나무 열매를 따먹고 아름다운 소리를 내며 효경(梟鏡)처럼 악(惡)한 이들도 변화되는 바가 있는데,[568] 하물며 교화를 받아 선함과 악함을 익히 알고 있는 백성들은 어떠하겠습니까. 만일 너무나 어리석어서 그 기질을 고치기 어려운 이들이라면 그 사정(事情)이 언급해야 하는 범위의 밖에 있겠지만, 혹시 이와 같은 경우가 있다면 임시로 정죄(定罪)를 논의할 수는 있어도 구태여 미리 이 조항을 제정함으로써 훈계로 삼을 필요까지 있겠습니까. 진실로 천년 이후 담론하는 자들이 이처럼 당당하고 위대한 조대(朝代)에 존모비부(尊母卑父)의 이론(理論)이 있었다고 떠들어 댈까 봐 염려스럽습니다. 신(臣)의 일천한 의견으로는 실로 채택하지 말아야 할 조문이라고 생각합니다. 만약 풍속을 도타이 하고자 하신다면, 반드시 이와 같이 처리하시기를 바랍니다. 게다가 군왕과 부친은 하나와 같습니다. 부친은 아들에게 하늘과 같은 존재이니, 그러한 부친이 살해된 일은 매우 엄중한 것이므로 "부친이 모반하여 대역죄를 범하였다면 자식은 고발할 수 있다."는 조문에 응부(應附)해야 합니다.[569] 부친은 단 한 분일 따름이니, 그 지극한 친

---

568 이는 『詩經』의 한 구절을 인용한 것으로 敎化를 통해 恩惠를 입어 惡한 사람이 改過遷善하게 됨을 비유한다. "梟鏡"은 "梟獍"이라고도 한다. '梟'는 惡鳥로서 태어나자마자 그 어미를 잡아먹고, '獍'은 惡獸로서 태어나자마자 그 아비를 잡아먹는다는 데서 은혜를 잊고 의로움을 저버린 이들을 비유할 때 쓰는 말이다.(『詩經』「魯頌」, '泮水', "翩彼飛鴞, 集於泮林, 食我桑黮, 懷我好音. 〈毛傳: 黮, 桑實也.〉〈鄭玄箋: 言鴞恒惡鳴, 今來止於泮水之木上, 食其桑黮, 爲此之故, 故改其鳴, 歸就我以善音. 喩人感於恩則化也.〉")

569 곧 모친이 그 부친을 살해하였다면, 마찬가지로 그 자식이 모친을 고발할 수 있도록 해야 한다는 뜻이다.

정(親情)이 분명히 드러날 것입니다. 삼가 생각건대, 성명(聖明)한 군주는 창조하여 만들어 내는 바가 있고 지혜로운 현인(賢人)은 이를 찬조(贊助)하여 완성해 냄으로써 국가를 빛내고 백성을 평안케 하는 것입니다. 그 작용은 매우 큰 것이되, 이는 아래의 어리석고 아둔한 무리들이 능히 헤아릴 수 있는 바가 아니라고 하겠습니다. 다만 신(臣)은 그간 성조(聖朝)로부터 받은 은혜가 막중하여 문득 이처럼 분별없는 의견을 헌상하는 바일 뿐이니, 만일 이 글이 폐하께 읽혀지는 은혜를 입게 된다면, 청하옵건대 신료들에게 교부하여 이 일을 평의(評議)토록 하여 주십시오. 이에 조(詔)를 내려 상서(尙書)에 교부토록 하였다. 삼공랑(三公郞) 봉군의(封君義)가 자신의 판단을 주장하여 말하기를, "신체발부(身體髮膚)는 수지부모(受之父母)라 하였습니다. 나를 낳아주신 고생스러움은 줄곧 이보다 큰 것이 없습니다. 자식은 부모에 대하여 혈기(血氣)는 동일하되 호흡을 달리하니, 종신토록 그 은혜에 보답하기 어려움은 정리상(情理上) 매한가지일 것입니다. 그런데 지금 갑자기 부모지간의 존비(尊卑)를 논하고 그 우열(優劣)을 판별하고자 하니, 마음에 미루어 차마 하지 못하겠는지라 고적(古籍)을 통해 방법을 구해보고자 하여도 근거할 만한 바가 없습니다. 모친이 그 부친을 살해한 경우 아들이 다시 그 모친을 고발하게 한다면, 모친은 그 고발에 의해 죽임을 당하는 것이므로 이는 곧 아들이 모친을 살해하는 것과 다를 바 없습니다. 천하에 아직까지 모친이 없는 국가는 없으니, 이와 같은 아들은 장차 어디로 가고자 하는 것인지를 모르겠습니다!『춘추』에 따르면, '장공원년에 즉위를 칭(稱)하지 않은 것은 문강(文姜)이 국외(國外)에 나가 있었기 때문이다.'라고 하였습니다. 복건(服虔)의 주(注)에 '문강은 남매지간인 제(齊)나라 양공(襄公)과 사통(私通)하여 함께 노(魯)나라 환공을 죽인 후 다시는 돌아오지 않았다. 부친은 살해당했고 모친은 국외로 나갔으니 마음속으로 몹시 괴로워하면서도 모친의 죄에 대해 매우 기피하는 바가 있게 되었다. 복상(服喪) 기간 중에 묵묵히 애도하면서 사무친 마음이 조금 가라앉았을 무렵 모친에 대해 염려하였다. 때문에 『경』에 3월에 부인이 제나라로 돌아왔다고 기록한 것이다.'라고 하였습니다. 이미 '모친을 염려하여 매우 기피하게 되었다'는 내용이 있으니, 모친에 대해 원한을 갖고 그 죄를 고발하려는 뜻이 없었음은 분명합니다. 게다가 성인(聖人)이 법률을 제정한 까닭은 음란한 행위를 방지하고 난폭한 행위를 금지하게 위한 것이기 때문에 지극히 선과 악을 강조하여 사람들이 그 이치를 깨닫게 함으로써 죄를 범하지 않도록 하는 것입니다. 만약 사건이 발생하여 형벌을 논의하게 된다면, 죄에 빠지는 사람들이 매우 많을 것입니다. 범죄 중 가장 사악한 것은 부친과 군주를 살해하는 경우로서 이는 율령에 명시되어 있으며, 백대(百代)의 군왕을 거치더라도 바뀌지 않을 이치입니다. 이 조문에 어떠한 의심스러운 부분이 있어 유독 삭제하기를 청한단 말입니까. 이미 법률상 위배되는 바가 없고 사리상(事理上) 해(害)가 되는 부분도 없으며 법령을 선포한 지도 이미 수년이 지났으니, 개정하는 것은 마땅치 않다고 생각합니다."라고 하였다. 두원(竇瑗)이 다시 반박하여 말하기를, "앞서 봉군의(封君義)의 판사(判詞)에 이르기를, '자식은 부모에 대하여 혈기(血氣)는 동일하되 호흡을 달리하니, 종신토록 그 은혜에 보답하기 어려움은 정리상(情理上) 매한가지일 것입니다. 그런데 지금 갑자기 부모지간의 존비(尊卑)를 논하고 그 우열(優劣)을 판별하고자 하니, 마음에 미루어 차마 하지 못하겠는지라 고적(古籍)을 통해 방법을 구해보고자 하여도 근거할 만한 바가 없습니다.'라고 하였습니다. 신(臣)이 생각건대, 『주역』에 '하늘이 높고 땅이 낮은 데서 건(乾)과 곤(坤)이 정해졌다.'고 하였고, 또한 '건(乾)은 하늘이니 곧 부친이 되고, 곤(坤)은 땅이니 곧 모친이 된다.'고 하였습니다. 『예기』 「상복」에 이르기를, '부친을 위하여 참최(斬衰) 3년, 모친을 위하여 자최(齊衰) 기년(期年)을 복상(服喪)한다.'고 하였습니다. 존비(尊卑)와 우열(優劣)이 전장(典章)에 명확히 밝혀져 있는데 어찌하여 고적(古籍)을 통해 방법을 구하려고 해도 근거할 만한 바가 없었다고 하는 것입니까? 판사(判詞)에 다시 이르길, '『춘추』에 따르면, 장공 원년에 즉위를 칭하지 않은 것은 문강이 국외에 나가 있었기 때문이라고 하였습니다. 복건의 주석에 문강은 남매지간인 제나라 양공과 사통하여 함께 노나라 환공을 죽인 후 다시는 돌아오지 않았다. 부친은 살해당했고 모친은 국외로 나갔으니 마음속으로 몹시 괴로워하면서도 모친의 죄에 대해 매우 기피하는 바가 있게 되었다. 복상 기간 중에 묵묵히 애도하면서 사무친 마음이 조금 가라앉았을 무렵 모친에 대해 염려하였다. 때문에『경』은 3월에 부인이 제나라로 돌아왔다고 기록한 것이라고 하였습니다. 이미 모친을 염려하여 매우 기피하게 되었다는 내용이 있으니, 모친에 대해 원한을 갖고 그 죄를 고발하려는 뜻이 없었음은 분명합니다.'라고 하였습니다.『공양전』에 '군주가 살해되면 아들은 즉위를 언급하지 않고 이를 숨긴다.'고 하였습니다. 곧 복상(服喪) 중에는 마음속으로 애도하다가 부친에 대한 복상 기간이 얼마 남지 않았을 때 비로소 모친에 대해 염려하기 시작한 것이므로 이를 대략적으로 종합하여 부인이 제나라로 돌아갔다고 기록한 것입니다. 이는 대내적으로 모친이 국외로 달아난 일을 숨기기 위한 것이었으니, 오히려 그 모친의 죄를 인정하고 있었다는 내용입니다.『전』에 이르기를, '강씨(姜氏)라 칭하지 않은 것은 연을 끊어 부모로 여기지 않았다는 것으로 예에 걸맞은 일이었다.'고 하였습니다. 그 주석에 '부인에게는 노나라 환공을 살해하는 데 가담한 죄가 있었으므로 그 연을 끊어 부모로 여기지 않았음으로써 부친을 존숭(尊崇)하는 대의(大義)를 얻었다. 노나라 장공은 대의를 잘 헤아려 죄를 지은 모친과의 관계를 끊어 버렸기 때문에 예에 걸맞은 행위라고 한 것이다.'라고 하였습니다. 대의로 죄가 있는 모친과의 관계를 끊어 버림으로써 예의 절충지점을 얻을 수 있었으니, 모친에 대해 원한을 갖고 그 죄를 고발하려는 뜻이 있었음은 분명합니다. 다만『춘추』중의 노나라 환공과 장공의 시기에는 제나라가 대국이었는데, 문강이 사통한 일이 발각되자 노나라 환공은 제나라를 비난하였습니다. 문강이 이를 제나라 양공에게 알려주었고, 양공은 공자(公子)

팽생(彭生)으로 하여금 노나라 환공을 살해하게 하였습니다. 노나라는
국력이 약소하였으므로 제나라를 두려워하였습니다. 당시에는 천자의
권력도 이미 쇠미해진 상태였으며 패공(霸公)이라 불릴 만한 유력한 제
후도 없었으므로 감히 제나라에 보복하지도 못하고 천자에게 고발하지
도 못하였습니다. 오직 제나라에 통보하여 말하기를, '귀국의 잘못으로
돌릴 만한 사유는 없으나 제후들이 이 일에 대해 좋지 않은 감정을 가지
고 있는 것 같으니, 공자 팽생을 제거할 것을 요청합니다.'라고 하였고,
제나라 사람들이 이에 공자 팽생을 살해하였습니다. 삼공랑의 이번 판
사(判詞)를 살펴보면, 비록 경전(經典)이나 전기(傳記)의 내용을 인용한
부분이 있으나, 정(情)으로 사안을 추리해 나감으로써 여전히 의혹을 해
소해 주지는 못하였습니다."라고 하였다. 이로써 이 사안에 대한 논의는
점차 중단되었다.[570](『위서』「두원전」)

【원문】 太和初, 懷州人伊祁苟初三十餘人謀反, 文明皇太后欲盡誅一城
人. 白澤諫, 以爲周書父子兄弟罪不相及, 不誅十室, 而況一州. 后從
之.(北史張袞傳)

【역문】 태화 연간(477-499) 초에 회주(懷州) 지역 백성인 이기(伊祁)·구초
(苟初) 등 30여 명이 반역을 도모하자, 문명황태후(文明皇太后)는 성 내의
모든 사람을 주살하고자 하였다. 백택(白澤)이 간언하기를, "『주서』에
부자지간과 형제지간의 죄는 서로 연관되지 않고, 열 가구에 불과한 작
은 마을조차 함부로 대하지 않는다고 하였는데, 하물며 한 주(州)에 대한
일이라면 어떠하겠습니까."라고 하였다. 황태후는 그의 의견을 따랐
다.[571](『북사』「장곤전」)

---

570 『魏書』 권88 「竇瑗傳」, 1909-1912쪽.
571 『北史』 권21 「張袞傳」, 795쪽.

◉ **魏格** 후위의 격(格)

【원문】 太昌元年夏五月丁未, 詔曰: 理有一準, 則民無覬覦; 法啓二門, 則
吏多威福. 前主爲律, 後主爲令, 歷世永久, 實用滋章. 非所以準的庶
品, 隄防萬物. 可令執事之官四品以上, 集於都省, 取諸條格, 議定一
途, 其不可施用者, 當局停記. 新定之格, 勿與舊制相連. 務在約通, 無
致冗滯.(出帝紀)

【역문】 태창 원년(532) 여름 5월 정미일에 조(詔)를 내려 말하기를, "치리(治
理)에 통일된 기준이 마련된다면, 백성들이 분수에 맞지 않게 도모하는
일이 없어질 것이다. 그러나 법령이 통일되지 않은 여러 경로를 통해 시
행된다면, 관리들이 이를 악용하여 자신들의 이득을 챙기는 경우가 많
아질 것이다. 전주(前主)가 율을 만들고 후주(後主)가 영을 제정하는 일
이 대를 이어 내려오며 오랫동안 지속되었으니, 율령의 조문도 그만큼
증가하였다. 이는 각종 행위 규범을 준칙(準則)으로 삼아 만물에 방비하
는 방편이 아니라고 하겠다. 일을 집행하는 관원으로 4품 이상인 자들
을 상서성에 모이게 하여 각종 조격(條格)을 조사한 후 통일된 기준을 의
정(議定)하게 하되, 그중 시행하기에 적합하지 않은 규정이 있을 경우 당
국(當局)으로 하여금 법령으로 등록하는 것을 중단하게 하라. 또한 새로
제정한 격(格)을 옛 규정과 서로 연결시키지 말라. 아울러 법률 규정이
간약(簡約)하면서도 두루 통할 수 있게 하는 데 힘쓰되, 쓸데없이 난해하
게 만들지는 말라."고 하였다.[572](『위서』「출제평양왕본기」)

◉ **魏故事** 후위의 고사

【원문】 祚達於政事, 凡所經履, 咸爲稱職, 每有斷決, 多爲故事.(郭祚傳)

【역문】 곽조(郭祚)는 정사(政事)에 매우 능숙하여 담당하였던 직무들은 모

---

[572] 『魏書』 권11 「出帝平陽王本紀」, 283쪽.

두 그의 재능과 걸맞은 것들이었다. 그가 직무를 수행하면서 내린 결단들은 대부분 고사(故事)가 되었다.[573](『위서』「곽조전」)

◉ 魏戶籍五條 후위의 호적 관련 5개 조문

【원문】 太和五年, 班乞養雜戶及戶籍之制五條.(高祖紀)

【역문】 태화 5년(481)에 걸양(乞養)해야 하는 잡호(雜戶) 및 호적(戶籍)에 관한 법률 규정 5개 조문을 반포하였다.[574](『위서』「고조본기」)

【세주 원문】 按仇洛齊傳, 魏初禁網疏闊, 民戶隱匿漏脫者多, 是高祖時始有定制也.

【세주 역문】 「구락제전」에 따르면, "후위 초에는 법망이 엉성하고 견고하지 못하여, 민호(民戶)들이 규제를 피하여 이탈하는 경우가 빈번하였다."[575]고 하였다. 즉 고조 때 처음으로 이에 관한 법률을 제정하게 되었던 것이다.

◉ 魏令 후위의 영

【세주 원문】 按魏令數次增訂, 已詳上卷改定律令條. 魏書官氏志, 舊令亡失, 無所依據. 高祖詔羣僚, 議定百官, 著於令. 唐六典注亦云, 後魏初命崔浩定令, 後命游雅等成之, 史失篇目, 是魏舊令至北齊已佚. 考高祖律令並議, 律尋施行, 令獨不出, 見孫紹傳. 世宗時, 太常劉芳撰朝令, 未及班行, 見常景傳. 是高祖以後所定諸令, 經葛榮爾朱之亂, 迄未行用也. 御覽時引後魏職品令及職令, 考魏書高祖紀, 太和十七年, 作職員令二十一卷, 付外施行. 又太和十九年, 引見羣臣 於光極堂, 宣示品令, 爲大選之始. 官氏志所據及唐六典注御覽所引者, 當卽指此. 蓋此本尙單行於世, 至南宋始佚也. 其餘魏書及通典尙引魏令數條, 此則或徵引當時書奏, 不能指爲

---

573 『魏書』권64「郭祚傳」, 1426쪽.
574 『魏書』권7상「高祖本紀」, 151쪽.
575 『魏書』권94「仇洛齊傳」, 2013쪽.

魏令尚存之證也. 玆據諸書所引魏令篇名條列於後, 不能復辨其次第, 其佚文則附於篇目之下. 要之, 魏令大都沿漢晉之舊而增損之, 其詳今不可得而言矣. (高祖所定品令職品令, 今尚可於官氏志得其彷彿, 文多不載)

【세주 역문】 후위의 영(令)이 수차례 증정(增訂)되었다는 사실은 이미 상권의 개정율령조(改定律令條)에서 상세히 밝혀 두었다. 『위서』「관씨지」에 "옛 영(令)이 망실(亡失)되어 의거할 바가 없었다. 고조(高祖)는 이에 군신(群臣)들에게 조(詔)를 내려 백관(百官)을 의정(議定)한 후 그 내용을 영문(令文)으로 명시토록 하라."[576]고 하였다. 『당육전』주에서도 "후위에서는 당초 최호(崔浩)에게 명하여 영(令)을 정하도록 하고, 이후 다시 유아(游雅) 등에게 명하여 이를 완성토록 하였으나, 사서(史書)에는 그 편목(篇目)이 남아 있지 않다."[577]고 하였으니, 후위의 옛 영(令)은 북제 때에 이르러 이미 산일(散佚)되었던 것이다. 살펴보건대, "고조(高祖) 때 율과 영(令)을 함께 논의시킨 결과, 그중 율은 오래지 않아 곧 시행되었지만 영(令)만 유독 제정되지 못하였다."[578]는 내용이 「손소전」에 보이고, "세종(世宗) 때 태상(太常) 유방(劉芳) 조령(朝令)을 편찬하였으나, 반행(班行)되지는 못하였다."[579]는 내용이 「상경전」에 보인다. 즉 고조 이후에 제정된 각종 영(令)은 갈영(葛榮)과 이주(爾朱)의 난을 겪으면서 끝내 시행되지 못하였던 것이다. 『태평어람』에서 때때로 후위의 직품령 및 직령을 인용하고 있는데, 『위서』「고조본기」에 따르면, "태화 17년(493)에 『직원령』 21권을 작성하여 외부에 시행토록 하였다."[580]고 하였고, 태화 19년(495)에는 "군신(群臣)을 광극당(光極堂)에서 인견(引見)할 때 품령을 선시(宣示)하여 이를 대선(大選)의 시초로 삼게 하였다."[581]고 하였다. 「관씨지」에서 근거로 삼은 영문(令文) 및 『당육전』주와 『태평어람』에서 인용한 영문들은 응당 모두 이것을 가리킨다. 이 영문 또한 세상에 단행(單行)되었지만, 남송 때에 이르러 마침내 일실(佚失)되었던 것으로 보인다. 그 밖에 『위서』 및 『통전』에서도 누차 후위의 영문(令文) 몇 개 조(條)를 인용하고 있는

---

576 『魏書』 권113 「官氏志」, 3016쪽.
577 『唐六典』 권6 「尙書刑部」 注, 184쪽.
578 『魏書』 권78 「孫紹傳」, 1725쪽.
579 『魏書』 권82 「常景傳」, 1802쪽.
580 『魏書』 권7하 「高祖本紀」, 172쪽.
581 『魏書』 권7하 「高祖本紀」, 178쪽.

데, 이 경우 더러는 당시 상주문의 내용 중에서 인용한 것이기도 하므로 이것을 가지고 후위의 영문이 여전히 존재한다는 증거로 삼기에는 부족하다. 이에 여러 서적에서 인용된 후위령(後魏令)의 편명에 근거하여, 이를 아래에 조목별로 열거하였다. 하지만 그 전후 순서는 여전히 판별할 수가 없으며, 그 일문(佚文)의 경우 각 편목 아래에 부기(附記)해 두었다. 요컨대 후위의 영(令)은 대부분 한(漢)과 진(晉)의 옛 규정을 계승하여 그 내용을 덧붙이거나 줄인 것이지만, 그 상세한 내용은 현재 파악할 수가 없으므로 언급하기가 곤란하다. (고조가 제정한 『품령』과 『직품령』은 지금도 여전히 「관씨지」의 내용을 통해 그 대강을 살펴볼 수 있으나, 문장의 양이 많으므로 여기에 기재하지는 않는다.)

◉ 品令(唐六典引作職品令)
품령(『당육전』에서는 "직품령"에서 인용하였다고 하였다)

【원문】 太和中改定百官, 都官尚書管左士郎.(唐六典注卷四引職品令)

【역문】 태화 연간(477-499)에 백관(百官)의 제도를 개정하여 도관상서(都官尚書)가 좌사랑(左士郎)을 관할하게 하였다.(『당육전』 권4 「상서예부」의 주에서 직품령을 인용)

【원문】 太和中, 吏部管南主客、北主客, 祠部管左主客、右主客.(同上引職品令)

【역문】 태화 연간(477-499)에 이부(吏部)가 남주객(南主客)과 북주객(北主客)을 관장하게 하였고, 사부(祠部)가 좌주객(左主客)과 우주객(右主客)을 관장하게 하였다.(『당육전』 권4 「상서예부」의 주에서 직품령을 인용)

【세주 원문】 按舊制, 直閤、直後、直齋, 武官隊主、隊副等, 以比視官, 至於犯譴, 不得除罪. 尚書令、任城王澄奏: 案諸州中正, 亦非品令所載, 又無祿恤, 先朝已來, 皆得當刑. 直閤等禁直上下, 有宿衛之勤, 理不應異. 靈太后令準中正, 見刑罰志.

【세주 역문】 "옛 제도에서는 직합(直閤)·직후(直後)·직재(直齋)나 무관인 대장(隊長)·부대장(副隊長) 등은 비시관(比視官)이었기 때문에 죄를 범한 경우 그가 가지고 있는 관직으로 그 죄를 면제받을 수가 없었다. 상서령(尙書令) 임성왕(任城王) 원징(元澄)이 상주(上奏)하기를, '살펴보건대, 각 주(州)의 중정(中正)은 「품령」에 실려 있지 않고, 녹휼(祿恤)도 받고 있지 않지만 선제(先帝) 이래 모두 관을 가지고 형을 감면받을 수 있었습니다. 직각(直閤) 등은 윤번으로 금중(禁中)에서 숙직을 합니다. 숙위를 하는 노고가 있으므로 이치상 각 지역의 중정과 그 처우를 달리해서는 안 될 것입니다.'라고 하였다. 이에 영태후(靈太后)는 영(令)을 내려 중정에 준하게 하였다."[582]는 내용이 「형벌지」에 보인다.

◉ 職令 직령

【원문】 光祿少卿第四品上第二淸, 用肅勤明敏、兼職古典者.(御覽二百二十九引後魏職令)

【역문】 광록소경(光祿少卿)의 품계는 제4품상 제2청[583]으로 성실하고 민첩하며 고전(古典)을 두루 익힌 자를 임용한다.[584](『태평어람』 권229에서 후위의 직령을 인용)

【원문】 宗正卿第四品上第二淸, 用懿淸和識粲敎典者, 先盡皇宗, 無則用庶姓.(御覽二百三十引)

【역문】 종정경(宗正卿)의 품계는 제4품상 제2청으로 성품이 맑고 화평하며 지식이 고전(古典)을 가르치는 데 적합한 자를 임용한다. 우선 황실의 종친 중에서 선발하되 그중에 적합한 자가 없을 경우 백성 중에서 가려 뽑는다.[585](『태평어람』 권230에서 인용)

---

footnotes
582 『魏書』 권111, 「刑罰志」, 2885~2886쪽.
583 後魏에서는 淸官과 濁官의 구분을 두었으며, 淸官은 다시 1淸, 2淸, 3淸의 3등급으로 나뉘었다. 즉 해당 관직의 淸望한 정도를 등급으로 나타낸 것이다.
584 『太平御覽』 권229 「職官部」, '光祿少卿'.

【원문】 廷尉少卿第四品上第二清, 用思理平斷、明刑識法者.(御覽二百三十一引)

【역문】 정위소경(廷尉少卿)의 품계는 제4품상 제2청으로 깊이 생각하여 시비를 가리는 데 공평무사(公平無私)하고, 형벌과 법규를 자세히 깨우치고 있는 자를 임용한다.[586](『태평어람』 권231에서 인용)

【원문】 鴻臚少卿第四品上第二清, 用雅學詳當, 明樞達理者.(御覽二百三十二引)

【역문】 홍려소경(鴻臚少卿)의 품계는 제4품상 제2청으로 정도(正道)의 학문을 상세히 익혀 이를 감당할 만하며, 그 핵심을 깨우쳐 이치에 도달한 자를 임용한다.[587](『태평어람』 권232에서 인용)

【원문】 司農少卿第三清, 用堪勤有幹能者.(同上)

【역문】 사농소경(司農少卿)은 제3청으로 일을 감당하는 데 재능이 있는 자를 임용한다.[588](『태평어람』 권232에서 인용)

【원문】 太府少卿第四品上, 士人官上用勤篤有幹, 細務無滯者.(同上)

【역문】 태부소경(太府少卿)의 품계는 제4품상으로 사인관(士人官) 중에서 근면하고 성실하여 재능이 있으며, 세무(細務)에 지체됨이 없는 자를 임용한다.[589](『태평어람』 권232에서 인용)

【원문】 朝會失時, 卽加彈糾. 又皇太子以下違犯憲制, 皆得糾察.(神元平文諸帝子孫列傳引職令)

---

585 『太平御覽』 권230 「職官部」, ‘宗正少卿’.
586 『太平御覽』 권231 「職官部」, ‘廷尉少卿’.
587 『太平御覽』 권232 「職官部」, ‘鴻臚少卿’.
588 『太平御覽』 권232 「職官部」, ‘司農少卿’.
589 『太平御覽』 권232 「職官部」, ‘太府少卿’.

【역문】 조회 때 시간을 어길 경우에는 즉시 탄핵하여 규찰한다. 또한 황태
　　 자 이하가 법률 규정을 위반한 경우에는 모두 규찰할 수 있다.⁵⁹⁰(『위서』
　　 「고양왕고전」)

◉ **獄官令** 옥관령

【원문】 諸察獄, 先備五聽之理, 盡求情之意, 又驗諸證信, 事多疑似, 猶不
　　 首實者, 然後加以拷掠.(刑罰志)

【역문】 무릇 옥송(獄訟)을 살필 때는 우선 오청(五聽)의 도리를 갖추고, 사
　　 정(事情)을 끝까지 잘 조사한 후 다시 물증을 증험하여 사안에 의심 가는
　　 부분이 많은데도 계속해서 진실을 자백하지 않는 경우에야 비로소 고문
　　 을 가한다.⁵⁹¹(『위서』「형벌지」)

【원문】 諸犯□年刑已上枷鎖, 流徒已上, 增以杻械.(同上)

【역문】 무릇 □년의 도형 이상에 해당하는 죄를 범한 경우 칼[枷鎖]를 채우
　　 고, 유형 이상인 경우에는 수갑[杻] 또는 차꼬[械]를 더한다.⁵⁹²(『위서』「형
　　 벌지」)

◉ **此外通典尙載魏令一條, 附錄於下**
　 이 밖에『통전』에도 후위령(後魏令) 조문 한 개가 실려 있으므로 아래에 덧붙
　 여 기록함

【원문】 每調一夫一婦帛一匹, 粟二石. 人年十五以上未娶者, 四人出一夫
　　 一婦之調; 奴任耕、婢任績者, 八口當未娶者四; 耕牛二十頭當奴婢

---

590 『魏書』 권14 「高涼王孤傳」, 354쪽.
591 『魏書』 권111 「刑罰志」, 2878–2879쪽.
592 『魏書』 권111 「刑罰志」, 2879쪽.

八. 其廐布之鄉, 一夫一婦布一匹, 下至牛, 以此爲降. 大率十匹中五匹爲公調, 二匹爲調外費, 三匹爲內外百官俸. 人年八十以上, 聽一子不從役. 孤獨病老篤貧不能自存者, 三長內迭養食之.(通典卷五)

【역문】 무릇 조(調)는 부부(夫婦) 한 사람당 백(帛) 1필(匹)과 속(粟) 2석(石)이다. 15세 이상의 남자로 아직 장가를 들지 않은 경우 네 사람이 부부한 사람당의 조(調)를 납부한다. 노(奴)가 경작에 종사하고 비(婢)가 길쌈에 종사하는 경우 8구(口)당 [15세 이상의 남자로] 아직 장가들지 않은 네 사람이 내는 조(調) 만큼씩을 납부한다. 경우(耕牛)에 대한 조(調)는 20마리당 노비 8구(口)가 납부하는 분량에 상당한다. 그중 마포(廐布)를 심는데 적합한 지역[廐田鄕]에서는 부부 한 사람당 포(布) 1필(匹)을 납부하고, 그 밖에 최하 경우(耕牛)에 이르기까지 모두 이와 같은 방식으로 분량을 감소한다. 대체로 10필(匹) 중 5필(匹)을 공조(公調)로 삼고, 2필(匹)을 조외비(調外費)로 삼으며, 3필(匹)은 내외 백관(百官)의 봉록으로 삼는다. 80세 이상인 경우에는 아들 중 한 명이 부역에 나가지 않는 것을 허락한다. 고독(孤獨)·병로(病老)·독빈(篤貧)하여 스스로 생계를 꾸려갈 수 없는 경우 삼장(三長) 내에서 교대로 음식을 제공하여 부양한다.593(『통전』권5)

◉ 魏律家 후위의 법률가

【원문】 羊祉. 羊靈引. 祉性剛愎, 好刑名. 祉弟靈引, 好法律.(北史羊祉傳)

【역문】 양지(羊祉). 양영인(羊靈引). 양지는 성품이 강직하고 굳건하여 형명(刑名)을 좋아하였다. 양지의 동생 양영인은 법률을 좋아하였다.594(『북사』「양지전」)

593 『通典』 권5 「食貨典」, '賦稅中·後魏', 92쪽.
594 『北史』 권39 「羊祉傳」, 1434쪽.

北齊律考

【원문】 南北朝諸律, 北優於南, 而北朝尤以齊律爲崔. 齊書崔昂傳謂部分科條, 校正今古, 所增損十有七八. 隋志亦云, 科條簡要, 仕門之子弟, 常講習之, 故齊人多曉法律. 推原其故, 蓋高氏爲渤海蓨人, 渤海封氏世長律學, 封隆之參定麟趾格, 封繪議定律令, 而齊律實出於封述之手, 俱見齊書及北史各本傳. 是祖宗家法, 俱有淵源. 神武文襄增損魏法爲麟趾格, 已不純用舊制. 文宣命造新律, 久而未成, 至武成河淸三年, 始頒齊律, 歷時最久. 史稱周律比於齊法, 煩而不要, 是周齊二律之優劣, 在當時已有定論. 隋氏代周, 其律獨採齊制而不沿周制, 抑有由也. 今齊律雖佚, 尙可於唐律得其仿彿. 蓋唐律與齊律, 篇目雖有分合, 而沿其十二篇之舊; 刑名雖有增損, 而沿其五等之舊; 十惡名稱, 雖有岐出, 而沿其重罪十條之舊. 他如祖珽傳受財枉法絞刑, 其輕重亦如唐律同, 故讀唐律者, 卽可因之推見齊律, 而齊律於是乎爲不亡矣. 舊唐書經籍志、新唐書藝文志均有北齊律十二卷, 宋志已不著錄, 蓋南渡以後, 士大夫馳騖於性理語錄之學, 束書不讀, 益以金元喪亂, 古籍多於是時淪佚, 固不獨一齊律也.

一九二三年癸亥冬 閩縣 程樹德 序

【역문】 남북조의 여러 율 중에서는 북조의 율이 남조보다 뛰어나고, 북조 중에서는 특히 북제의 율이 가장 우수하다. 『북제서』「최앙전」에는 "과조(科條)를 분류한 후 현재와 과거의 법규를 비교하여 바로잡아 덧붙이거나 덜어낸 것이 열 중 일곱, 여덟이었다."[1]고 하였다. 또한『수서』「형

법지」에 "과조(科條)가 간략하고 명료하였으며, 관인의 자제들이 항상 이를 학습하였기 때문에 북제에는 법률을 밝게 깨우치고 있는 사람들이 많았다."[2]고 하였다. 그 까닭을 미루어 살펴보자면, 대체로 고씨(高氏)는 발해(渤海)의 수(脩) 지역 출신이었고, 발해의 봉씨(封氏)는 집안 대대로 율학(律學)에 능하였다. 봉융지(封隆之)는 『인지격(麟趾格)』을 참정(參定)하였고 봉회(封繪)는 율령을 의정(議定)하였으며, 더욱이 북제율은 사실상 봉술(封述)의 손에서 나온 것으로서, 이와 같은 내용은 『북제서』 및 『북사』의 각 본전(本傳)에 모두 나타난다. 즉 조종가법(祖宗家法)이 모두 그 연원을 갖추고 있었던 것이다. 신무제(神武帝)와 문양제(文襄帝) 때 후위의 법을 늘리거나 축소하여 『인지격』을 만들었으니, 이때부터 이미 옛 제도를 그대로 적용하지 않았다. 문선제(文宣帝) 때 신율(新律)을 제정토록 명하였으나 오래도록 완성치 못하였다가 무성제(武成帝) 때인 하청 3년(564)에 이르러서야 비로소 북제율(北齊律)을 반포하였으니, 그 과정을 거쳐 온 시간은 역대로 가장 긴 것이었다고 하겠다. 사서(史書)에 일컫기를, "주율(周律)은 북제율과 비교하였을 때, 번잡하면서 요략하지 못하다."고 하였는데, 이는 후주율(後周律)과 북제율 양자지간의 우열(優劣)로서 당시에 이미 이와 같은 정론(定論)이 있었다. 수(隋)나라가 후주를 대체하면서 그 율은 유독 북제의 제도만을 취하였을 뿐 후주의 제도는 계승하지 않았는데, 여기에는 오히려 이유가 있었던 것이다. 현제 북제의 율은 비록 산일(散佚)되었을지라도 여전히 당률(唐律)을 통해서 그 대강을 살펴볼 수가 있다. 대체로 당률은 북제율과 비교하였을 때 비록 편목의 분리와 병합이 있을지라도 총 12편이라는 북제율의 옛 면모를 계승하였고, 형명(刑名)과 관련하여 비록 덧붙이고 삭제한 부분이 있을지라도 5등급 체계의 옛 면모를 계승하였으며, 십악(十惡)의 명칭과 관련하여 비록 엇갈림이 있을지라도 중죄(重罪)를 10개 조(條)로 분

---

1 『北齊書』 권30 「崔昂傳」, 411쪽.
2 『隋書』 권111 「刑法志」, 706쪽.

류하였던 옛 면모를 계승하였다. 예컨대 「조정전」에 재물을 수수한 후 법을 왜곡한 경우 사형에 처한다고 하였는데, 그 형벌의 경중(輕重) 또한 당률과 동일하다.[3] 그러므로 당률을 살펴보면 곧 이를 통해 북제율을 미루어 짐작할 수 있는 것이니, 북제율은 이러한 이유로 여전히 망실(亡失)되지 않은 것과 다름없는 것이라 하겠다. 『구당서』「경적지」 및 『신당서』「예문지」에는 모두 『북제율』이 12권이라고 기재[4]되어 있으나, 『송사』「예문지」에는 이미 그에 대한 기록이 남아 있지 않다. 송(宋) 조정이 남쪽으로 건너간 이후 사대부들은 성리(性理)와 어록(語錄)의 학문에만 전념하여, 북제율과 관련한 서적들은 한쪽으로 밀어놓은 채 읽으려 않았다. 게다가 금(金)과 원(元)의 상난(喪亂)이 일어남으로써 이 시기에 대부분의 고적(古籍)들이 점차 산일(散佚)되어 갔으니, 사실상 이 시기에 유독 북제율만이 망실(亡失)되었던 것은 아니었다고 하겠다.

1923년 계해 겨울 민현에서 정수덕 서(序)

---

3 『北齊書』 권39 「祖珽傳」, 514-516쪽.
4 본문에서는 12권이라 하였으나, 『舊唐書』와 『新唐書』에는 모두 20권이라 기재되어 있다.(『舊唐書』 권46 「經籍志上」, '乙部史錄 · 刑法類', 2010쪽, "北齊律二十卷. 趙郡王叡撰.";『新唐書』 권58, 「藝文志2」, '乙部史錄 · 刑法類', 1494쪽, "趙郡王叡北齊律二十卷.")

北齊律考一
북제율고

● **齊律原流(附東魏麟趾格)** 북제율의 원류(동위의 『인지격』을 덧붙임)

【원문】 齊神武、文襄, 並由魏相, 尙用舊法. 及文宣天保元年, 始命群官
刊定魏朝麟趾格. 是時軍國多事, 政刑不一, 決獄定罪, 罕依律文.(隋書
刑法志)

【역문】 북제 신무제(神武帝)와 문양제(文襄帝)는 모두 위(魏)나라 재상을 역
임하였기 때문에 여전히 위나라의 구법(舊法)을 사용하였다. 문선제(文
宣帝) 천보 원년(550)에 이르러 비로소 백관(百官)에 명하여 위조(魏朝)의
『인지격』을 개정시켰다.[5] 당시 군사와 민사 방면의 문제가 산적해 있었

---

5 『唐六典』 권6, 「尙書刑部」의 注, 185쪽에 "後魏는 格으로 科를 대신하여 麟趾殿에서 이를 刪定한
후 『인지격』이라 명명하였다."(後魏以格代科, 於麟趾殿刪定, 名爲麟趾格.)고 하였다. 곧 『唐六典』
은 北魏 때 漢代 이래의 科를 格으로 바꾸었다고 설명하고 있지만, 그 구체적인 시기가 언제였는
지에 대해서는 명확하지가 않다. 다만 高宗 文成帝(452-465) 이후 格의 용례가 매우 많아진다는
점에 주목할 필요가 있다. 곧 北魏 文成帝 이후에 '格으로 科를 대신'하였을 가능성이 가장 높다고
생각되지만, 여전히 확언할 수는 없다. 『麟趾格』의 명칭은 그 刪定 작업이 진행된 殿名에서 유래
하는 듯하지만, 殿名으로 格의 이름을 붙인 사례는 달리 보이지 않는다. 다만 연호를 붙여 『景明
之格』 또는 『正始之格』 등으로 일컫는 사례들만이 확인될 뿐이다.

지만, 정책과 형벌이 일정하지 않았기 때문에 옥안(獄案)을 판결하여 죄명을 확정할 때 율문에 의거하는 경우가 드물었다.[6](『수서』「형법지」)

【원문】 興和三年冬十月, 先是, 詔文襄王與羣臣於麟趾閣議定新制, 甲寅, 班於天下.(魏書孝靜帝紀)

【역문】 흥화 3년(541) 겨울 10월, 이보다 앞서 문양왕(文襄王)과 군신(群臣)들에게 조(詔)를 내려 인지각(麟趾閣)에서 신제(新制)를 의정(議定)토록 하였고, 갑인일에 천하에 반행하였다.[7](『위서』「효정제본기」)

【원문】 天平中, 爲三公郎中. 時增損舊事, 爲麟趾新格, 其名法科條皆述所刪定.(北史封述傳)

【역문】 천평 연간(534-537)에 삼공낭중(三公郎中)이 되었다. 이때 옛 일을 덧붙이거나 줄여서 『인지신격(麟趾新格)』을 제정하였는데, 그 명법(名法)과 과조(科條)는 모두 봉술(封述)이 산정(刪定)한 바였다.[8](『북사』「봉술전」)

【원문】 主議麟趾格.(崔暹傳)

【역문】 『인지격(麟趾格)』에 대한 논의를 주관하였다.[9](『북제서』「최섬전」)

【원문】 詔隆之參議麟趾閣, 以定新制.(封隆之傳)

【역문】 봉융지(封隆之)에게 조(詔)를 내려, 『인지격』을 논의하는 데 참여하여 신제(新制)를 제정하게 하였다.[10](『북제서』「봉융지전」)

【원문】 法吏疑獄, 簿領成山. 乃勅子才與散騎常侍溫子昇, 撰麟趾新制十

---

6 『隋書』 권111 「刑法志」, 704쪽.
7 『魏書』 권12 「孝靜帝本紀」, 305쪽.
8 『北史』 권24 「封述傳」, 900쪽.
9 『北齊書』 권30 「崔暹傳」, 403쪽.
10 『北齊書』 권21 「封隆之傳」, 302쪽.

五篇, 省府以之決疑, 州郡用爲治本. (洛陽伽藍記)

【역문】 법리(法吏)가 의옥(疑獄)을 처리하는 데 참고해야 하는 관련 문서가 산더미처럼 쌓여 있었다. 이에 형자재(邢子才)와 산기상시(散騎常侍) 온자승(溫子昇)에게 명하여 『인지신제(麟趾新制)』15편을 편찬하게 함으로써 조정에서 이를 바탕으로 의옥(疑獄)을 결단하게 하였고, 각 지방에서는 이를 치본(治本)으로 삼도록 하였다.[11] (『낙양가람기』 권3)

【원문】 又爲神武丞相府右長史. 上表曰: 臣伏讀麟趾新制至三公曹第六十六條, 母殺其父, 子不得告, 告者死. (北史竇瑗傳)

【역문】 다시 신무제(神武帝) 승상부(丞相府)의 우장사(右長史)가 되었다. 표문(表文)을 올려 말하기를, "신(臣)은 삼가 『인지신제』 중의 삼공조(三公曹) 제66조를 읽은 적이 있사온데, 그 내용은 '모친이 그 부친을 살해한 경우 아들은 고발할 수 없으며, 고발한 경우 사형에 처한다.'는 것이었습니다."라고 하였다.[12] (『북사』 「두원전」)

【세주 원문】 按麟趾格佚文僅見此條. 考隋書百官志, 後齊制官, 多循後魏, 其六尙書, 分統列曹, 凡二十八曹, 三公曹爲殿中四曹之一. 意者麟趾格卽以二十八曹爲篇目歟. (北齊令亦取尙書二十八曹爲篇名, 見唐六典注)

【세주 역문】 『인지격』의 일문(佚文)으로는 다만 이 조(條)만이 확인될 뿐이다. 『수서』 「백관지」에 따르면, 후제[北齊]의 관제(官制)는 대부분 후위의 제도를 계승하였으며, 그중 6상서(尙書)는 아래에 수많은 조(曹)를 거느렸다. 총 28조(曹)로서 삼공조(三公曹)는 전중(殿中)의 4조(曹) 중 하나였다.[13] 생각건대, 『인지격』은 곧 28조(曹)를 기준으로 편목(篇目)을 삼았을 것이다. (『북제령』 또한 상서 28조를 편명으로 취하였는데, 이와 관련한 내용은 『당육전』 주에서 확인[14]할 수 있다.)

---

11 『洛陽伽藍記』 권3 「城南」, '景明寺'.
12 『北史』 권86 「竇瑗傳」, 2871쪽.
13 『隋書』 권27 「百官志」, 751~752쪽.
14 『唐六典』 권6 「尙書刑部」 注, 184쪽, "北齊令, 趙郡王叡等撰令五十卷, 取尙書二十八曹爲其篇名."

【원문】 後魏以格代科, 於麟趾殿刪定, 名爲麟趾格.(唐六典注)

【역문】 후위는 격(格)으로 과(科)를 대신하여 인지전(麟趾殿)에서 이를 산정 (刪定)한 후『인지격』이라 명명하였다.[15](『당육전』주)

【원문】 後齊武成帝又於麟趾殿刪正刑典, 謂之麟趾格.(隋書經籍志)

【역문】 후제 무성제(武成帝) 때 다시 인지전(麟趾殿)에서 형전(刑典)을 산정 (刪正)하게 하였기 때문에 이를『인지격』이라 부른다.[16](『수서』「경적지」)

【원문】 麟趾格四卷, 文襄帝時撰.(新唐書藝文志)

【역문】 『인지격』은 4권으로 문양제(文襄帝) 때 편찬하였다.[17](『신당서』「예문지」)

【원문】 天保元年八月甲午, 詔曰: 魏世議定麟趾格, 遂爲通制, 官司施用, 猶未盡善. 可令羣官更加論究. 適治之方, 先盡要切, 引綱理目, 必使無遺.(文宣紀)

【역문】 천보 원년(550) 8월 갑오일에 조(詔)를 내려 말하기를, "후위 때『인지격』을 의정(議定)하게 하여 마침내 통용되는 제도로 만들었다. 이를 관사(官司)에서 시행하여 사용토록 하였으나, 여전히 부족한 면이 없지 않다. 그러하니 군관(群官)들에게 명하여 더욱 세밀하게 논의하고 연구할 수 있도록 하라. 그중 치리(治理)하는 데 적합한 방법이 있다면, 우선 모두 그 핵심을 취한 후 다시 그 줄기를 끌어다 세부 항목을 정비하여 반드시 누락되는 부분이 없게 하라."고 하였다.[18](『북제서』「문선제본기」)

---

15 『唐六典』 권6 「尙書刑部」 注. 185쪽.
16 『隋書』 권33 「經籍志」, '刑法篇', 974쪽.
17 『新唐書』 권588 「藝文志」, '乙部史錄 · 刑法類', 1494쪽.
18 『北齊書』 권4 「文宣帝本紀」, 53쪽.

【원문】 文宣以魏麟趾格未精, 詔渾與邢邵、魏收、王昕、李伯倫等修撰. (北史李渾傳)

【역문】 문선제(文宣帝)는 후위의 『인지격』이 아직 면밀하지 않다고 여겼다. 이에 조(詔)를 내려 이혼(李渾)과 형소(邢邵), 위수(魏收), 왕혼(王昕), 이백륜(李伯倫) 등으로 하여금 이를 정비하여 편찬하게 하였다.[19](『북사』「이혼전」)

【원문】 麟趾格, 李渾、邢邵等撰.(玉海六十五)

【역문】 『인지격』은 이혼과 형소 등이 편찬하였다.[20](『옥해』권65)

【원문】 司徒功曹張老上書, 稱大齊受命已來, 律令未改, 非所以創制垂法, 革人視聽. 於是始命群官, 議造齊律, 積年不成. 其決獄猶依魏舊.(隋書刑法志)

【역문】 사도공조(司徒功曹)[21] 장로(張老)가 상서(上書)하여 말하기를, "우리 북제(北齊)가 천명을 받은 이래 율령이 아직 개정되고 있지 않으니, 이는 제도를 새롭게 만들고 법률을 세상에 공포하여 사람의 이목을 일신(一新)하게 하는 바가 아닙니다."라고 하였다. 이리하여 비로소 백관(百官)에 명하여 『북제율』을 의논하여 제정토록 하였다. 그러나 여러 해가 지나도록 완성되지 못하였기 때문에 옥송(獄訟)의 판결은 여전히 후위(後魏)의 옛 율(律)에 의거하였다.[22](『수서』「형법지」)

【원문】 天保初, 詔鉉與殿中尚書邢邵, 中書令魏收等參議禮律.(北史李鉉傳)

【역문】 천보 연간(551-559) 초에 조(詔)를 내려, 이현(李鉉)과 전중상서(殿中

---

19 『北史』권33 「李渾傳」, 1206쪽.
20 『玉海』권65 「詔令」, '律令·元魏律令'.
21 『通典』권20에 따르면, "司徒功曹"는 北齊 司徒府의 功曹參軍事인 것으로 생각된다.
22 『隋書』권25 「刑法志」, '齊, 704쪽.

尙書) 형소(邢邵), 중서령(中書令) 위수(魏收) 등에게 예(禮)와 율(律)을 참
의토록 하였다.[23](『북사』「이현전」)

【원문】 天保八年參議律令.(魏收傳)

【역문】 천보 8년(558)에 율령을 논의하는 데 참여하였다.[24](『북제서』「위수전」)

【원문】 與太子少師邢邵議定國初禮. 又詔刪定律令, 損益禮樂, 令尙書右
僕射薛琡等四十三人在領軍府議定. 部分科條, 校正今古, 所增損十有
七八.(崔昻傳)

【역문】 태자소사(太子少師) 형소(邢邵)와 함께 국초(國初) 의례를 의정(議定)
하게 하였다. 다시 율령을 산정(刪定)하고 예악(禮樂)을 정비하도록 조
(詔)를 내려, 상서우복야(尙書右僕射) 설숙(薛琡) 등 43인으로 하여금 영
군부(領軍府)에서 의정토록 하였다. 과조(科條)를 분류한 후 현재와 과거
의 법규를 비교하여 바로잡아 덧붙이거나 덜어낸 것이 열 중 일곱, 여덟
이었다.[25](『북제서』「최앙전」)

【원문】 勅與羣官議定律令, 加儀同三司.(封繪傳)

【역문】 군관(羣官)과 더불어 율령을 의정(議定)하게 한 후, 의동삼사(儀同三
司)의 직함을 더하여 주었다.[26](『북제서』「봉회전」)

【원문】 與朝賢議定律令, 遷吏部尙書.(辛術傳)

【역문】 조정의 인사들과 더불어 율령을 의정(議定)하였고, 이부상서(吏部尙

---

23 『北史』 권81 「李鉉傳」, 2727쪽.
24 『北齊書』 권37 「魏收傳」, 489쪽. "八年夏, 除太子少傅、監國史, 復參議律令."
25 『北齊書』 권30 「崔昻傳」, 411쪽. "其年, 與太子少師邢邵議定國初禮, 仍封華陽男. 又詔刪定律令, 損
益禮樂, 令尙書右僕射薛琡等四十三人在領軍府議定. … 昻素勤愼, 奉勅之後, 彌自警勗, 部分科條,
校正今古所增損十有七八."
26 『北齊書』 권21 「封繪傳」, 306쪽.

書)로 승천(升遷)하였다.[27](『북제서』「신술전」)

【원문】 參議律令.(刁柔傳)

【역문】 율령을 논의하는 데 참여하였다.[28](『북제서』「조유전」)

【원문】 武成卽位, 思存輕典, 大寧元年, 以律令不成, 頻加催督. 河淸三年, 尙書令趙郡王叡等, 奏上齊律十二篇.(隋書刑法志)

【역문】 무성제(武成帝)는 즉위한 후 가볍고 너그러운 형벌을 염두에 두고 있었다. 대영 원년(561)에는 율령이 완성되지 않았다는 이유로 번번이 독촉을 가하였다. 하청 3년(564)에 상서령(尙書令) 조군왕(趙郡王) 고예(高叡) 등이 상주하여 『북제율』 20편을 올렸다.[29](『수서』「형법지」)

【원문】 河淸三年三月辛酉, 以律令班下, 大赦.(武帝紀)

【역문】 하청 3년(564) 3월 신유일에 율령이 천하에 반포됨으로써 대사면령이 내려졌다.[30](『북제서』「무성제본기」)

【원문】 河淸三年, 勅與錄尙書趙彦深、僕射魏收、尙書陽休之、國子祭酒馬敬德等議定律令.(封述傳)

【역문】 하청 3년(564)에 녹상서(錄尙書) 조언심(趙彦深), 복야(僕射) 위수(魏收), 상서(尙書) 양휴지(陽休之), 국자좨주(國子祭酒) 마경덕(馬敬德) 등과 함께 율령을 논의하여 제정토록 하였다.[31](『북제서』「봉술전」)

【원문】 武成時參定律令, 前後大事多委焉.(王松年傳)

---

27 『北齊書』 권38 「辛術傳」, 502쪽.
28 『北齊書』 권44 「刁柔傳」, 586쪽.
29 『隋書』 권25 「刑法志」, '齊', 705쪽.
30 『北齊書』 권7 「武成帝本紀」, 92쪽.
31 『北齊書』 권43 「封述傳」, 573쪽.

【역문】 무성제(武成帝) 때 율령을 제정하는 데 참여하였는데, 전후(前後) 대사(大事)를 대부분 그에게 맡겼다.[32](『북제서』「왕송년전」)

【원문】 議律令, 又以討北狄之功, 封穎川郡公.(趙郡王叡傳)

【역문】 율령을 논의하였고, 또한 북쪽의 오랑캐를 토벌한 공로로 인해 영천군(穎川郡)의 공(公)으로 봉해졌다.[33](『북제서』「조군왕예전」)

【원문】 與熊安生、馬敬德等議五禮, 兼修律令.(崔儦傳)

【역문】 웅안생(熊安生), 마경덕(馬敬德) 등과 함께 오례(五禮)를 논의하였고, 겸하여 율령을 정비하였다.[34](『북사』「최표전」)

【원문】 弟漢, 字仲霄. 武成中, 爲司車路下大夫, 與工部郭彦、太府高賓等參議格令, 每較量時事, 必有條理.(北史裴寬傳)

【역문】 아우 배한(裴漢)의 자(字)는 중소(仲霄)이다. 무성제(武成帝) 때 사거로하대부(司車路下大夫)가 되었고, 공부(工部) 곽언(郭彦), 태부(太府) 고빈(高賓) 등과 함께 격령(格令)을 논의하는 데 참여하였는데, 시사(時事)를 비교하여 헤아릴 때마다 틀림없이 조리(條理)가 있었다.[35](『북사』「배관전」)

【원문】 北齊初命, 造新律未成, 文宣猶採魏制, 至武成時, 趙郡王叡等造律成, 奏上, 凡十二篇.(唐六典注)

【역문】 북제가 처음 건국된 후 신율(新律)이 완성되지 못하였으므로 문선제(文宣帝)는 후위의 제도를 그대로 채택하였으나, 무성제(武成帝) 때에 이르러 조군왕(趙君王) 고예(高叡) 등이 율을 완성한 후 상주하여 올렸으니,

---

32 『北齊書』 권35 「王松年傳」, 471쪽.
33 『北齊書』 권13 「趙郡王叡傳」, 172쪽.
34 『北史』 권24 「崔儦傳」, 877쪽.
35 『北史』 권38 「裴寬傳」, 1399쪽.

모두 12편(篇)이었다.[36](『당육전』 주)

【세주 원문】 按齊自文襄撰麟趾新制, 文宣造律, 歷廢帝孝昭武成, 事經五代, 參與刪訂至數十人, 史稱科條簡要, 非虛譽也. 隋唐二代之律, 均以此爲藍本.

【세주 역문】 북제의 문양제(文襄帝)가 『인지신제』를 편찬하고 문선제(文宣帝)가 율을 만든 이후부터 대대로 폐제(廢帝), 효소제(孝昭帝), 무성제(武成帝)에 이르기까지 그 과정이 5대에 걸쳐 진행되어 율령의 산정(刪訂)에 참여한 인물들만 해도 수십 명에 이르렀으니, 사서(史書)에서 그 과조(科條)가 간략(簡略)하면서도 명료하였다고 평가한 것은 허황된 칭찬이 아니었다고 하겠다. 수(隋)와 당(唐) 2대에 걸친 율은 모두 이를 바탕으로 제정된 것이었다.

◉ 齊律篇目 『북제율』의 편목

【원문】 一曰名例, 二曰禁衛, 三曰婚戶, (唐律疏義北齊名婚戶律, 隋以戶在婚前, 改爲戶婚律) 四曰擅興, 五曰違制, 六曰詐僞, (通典作詐欺誤) 七曰鬪訟, 八曰賊盜, (唐六典作盜賊誤) 九曰捕斷, 十曰毀損, 十一曰廐牧, 十二曰雜. 其定罪九百四十九條.(隋書刑法志)

【역문】 1. 명례(名例), 2. 금위(禁衛), 3. 혼호(婚戶), [『당률소의』에 따르면, 북제에서는 혼호율(婚戶律)이라 하였지만, 수(隋)에서는 "호" 자를 "혼" 자의 앞에 두어 호혼율(戶婚律)이라 개명하였다.][37] 4. 천흥(擅興), 5. 위제(違制), 6. 사위(詐僞), [『통전』에 "사기(詐欺)"라고 한 것[38]은 오기(誤記)이다.] 7. 투송(鬪訟), 8. 적도(賊盜), [『당육전』에 "도적(盜賊)"이라고 한 것은 오기(誤記)이다.] 9. 포단(捕斷), 10. 훼손(毀損), 11. 구목(廐牧), 12. 잡(雜)이라고 하였다. 그 죄의 조항을 정한 것이 949조였다.[39](『수서』「형법지」)

---

36 『唐六典』 권6 「尙書刑部」 注, 182쪽.
37 『唐律疏議』 권12 「戶婚1」, '脫漏戶口增減年狀', 231쪽.
38 『通典』 권164 「刑法2」, '刑制中·北齊', 4228쪽.
39 『隋書』 권25 「刑法志」, '齊', 705쪽.

◉ 齊律佚文 『북제율』의 일문

【원문】 婦人年六十以上免配宮. (北史崔昻傳引律)

【역문】 부인(婦人)으로 60세 이상인 자는 궁중에서 복역하는 형벌을 면제한다.[40] (『북사』「최앙전」에서 율을 인용)

【세주 원문】 按北齊書彭城王浟傳引令云, 年出六十, 例免入官, 與北史異.

【세주 역문】 『북제서』「팽성왕유전」에서 영(令)을 인용하여 "연령 60세를 넘으면, 예에 따라 관(官)으로 몰수하는 것을 면제한다."[41]고 하여 『북사』의 내용과 다르다.

◉ 齊刑名 북제의 형명

【원문】 死: 轘, 梟首, (陳屍三日, 無市者列於鄕亭顯處) 斬, (殊身首) 絞. (死而不殊)

【역문】 사형(死刑)은 환형(轘刑), 효수형(梟首刑), [시신을 3일 동안 진열하되, 진열할 저자가 없는 경우 마을의 공사(公舍)에서 사람들의 눈에 잘 띄는 곳에 펼쳐둔다.] 참형(斬刑), [몸과 머리를 분리하여 절단한다.] 교형이다. [죽이되 몸과 머리를 분리하여 절단하지는 않는다.]

【원문】 流. (流罪以上加杻械) 論犯可死, 原情可降, 鞭笞一百, 髡之投於邊裔, 以爲兵卒. 未有道理之差, 其不合遠配者, 男子長徒、女配春, 六年.

【역문】 유형(流刑). [유죄(流罪) 이상은 유계(杻械)를 가한다.] 범한 죄를 논한 것이 사형에 처할 만하나, 정상(情狀)을 참작해 형을 감하여 줄 만한 경우 편(鞭)과 태(笞)를 100대씩 가하고 두발을 잘라 변경으로 보내어 병졸로 삼는다. 아직 거리상의 차등은 없었으며, 그중 먼 지역으로 유배

---

40 『北史』 권32 「崔昻傳」, 1182쪽.
41 『北史』 권10 「彭城王浟傳」, 135쪽.

보내기에 적합하지 않는 경우 남자는 장기간 도역(徒役)에 처하고, 여자
는 곡물을 찧는 일에 배치하며, 모두 6년을 기한으로 한다.

【세주 원문】 按元景安傳, 同聞語者數人, 皆流配遠方, 云遠方者, 蓋齊流刑係沿北魏
之制, 與 漢晉徒邊相類, 初無道理之差, 至隋始以罪之輕重, 分道之遠近.

【세주 역문】 「원경안전」에 따르면, "함께 이야기를 들은 자가 수 명이었으며, 이들은
모두 먼 지역으로 유배되었다."[42]고 하여, "먼 지역[遠方]"을 언급하고 있는데, 이는
대체로 북제의 유형(流刑)이 북위의 제도를 계승한 것으로 한(漢)나라와 진(晉)나라
의 "도변(徒邊)"과 서로 유사하다. 당초에는 거리상의 차이가 없었다가 수(隋)나라
때에 이르러서야 비로소 지은 죄의 경중(輕重)에 따라 거리상의 멀고 가까움을 구분
하게 되었다.

【원문】 刑: (凡五等. 亦曰耐, 並鎖輸左校而不髡. 無保者鉗之. 婦人配舂及掖庭織.)
五歲刑, (加鞭一百, 加笞八十.) 鞭者, 鞭其背. 五十, 一易執鞭人. 鞭鞘皆
用熟皮, 削去廉稜. 鞭瘡長一尺. 笞者笞臀, 而不中易人. 四歲刑, (加鞭
一百, 加笞六十.) 三歲刑, (加鞭一百, 加笞四十.) 二歲刑, (加鞭一百, 加笞二
十.) 一歲刑. (加鞭一百, 無笞.)

【역문】 형죄(刑罪)는 [모두 다섯 등급이다. 또한 내(耐)라고도 한다. 모두 가
쇄(枷鎖)를 채워 좌교(左校)[43]에 보내 노역에 배치하되, 두발은 자르지 않
는다. 보증인이 없는 경우 목에 겸(鉗)을 씌운다. 부인은 곡물을 찧는 일
및 액정(掖庭)[44]에서 직물을 짜는 일에 배치한다.] 오세형(五歲刑), [편(鞭)
100대와 태(笞) 80대를 가한다.] 편을 집행하는 경우, 그 등에 편을 가한
다. 50대를 치면 편을 치는 이를 교체한다. 편의 손잡이는 모두 무두질

---

42 『北齊書』 권41 「元景安傳」, 544쪽.
43 "左校"는 官署의 名稱이다. 工徒를 관장하는 官署이다. 秦 · 漢初에는 左, 右, 前, 後, 中의 五校가
   있었는데, 후에는 左, 右校만을 두었다. 曹魏에서는 材官에 병합되었고, 晉에서는 少府에 속하였으
   며, 隋 · 唐代에는 將作監에 속하였다. 宋 이후 각 왕조에는 모두 左校令丞을 두었으며, 北齊에도
   존재하였다. 左校署의 영과 승의 職掌은 營構, 木作, 採材 등이었다.
44 "掖庭"은 後宮의 妃嬪이 있는 旁宮을 가리킨다.

한 가죽을 사용하고 모난 귀퉁이를 잘라 없앤다. 편창(鞭瘡)의 길이는 1
척(尺)이다. 태(笞)를 집행하는 경우 볼기에 태를 가하되, 도중에 태를 치
는 이를 교체하지는 않는다. 사세형(四歲刑), [편 100대와 태 60대를 가
한다.] 삼세형(三歲刑), [편 100대와 태 40대를 가한다.] 이세형(二歲刑),
[편 100대와 태 20대를 가한다.] 일세형(一歲刑)이다. [편 100대를 가하
되, 태는 가하지 않는다.]

【세주 원문】 按北齊刑罪亦稱徒. 御覽六百四十二引三國典略云, 司馬子如等緣宿憾,
乃奏暹及季舒過狀, 各鞭二百, 徒於馬城, 晝則供役, 夜置地牢, 卽刑罪也.

【세주 역문】 북제에서는 형죄(刑罪)를 또한 "도(徒)"라고도 불렀다. 『태평어람』 권
642에서 『삼국전략』을 인용하여 말하기를, "사마자여(司馬子如) 등이 원한으로 인하
여 이내 최섬(崔暹)과 최이서(崔季舒)의 죄상을 상주하였다. 이에 각각 편(鞭) 200대
씩을 가한 후 마성(馬城)으로 보내어 낮에는 복역시키고 밤에는 지하 감옥에 배치하
였다."[45]고 하였으니, 곧 형죄이다.

【원문】 鞭: (凡五等) 一百, 八十, 六十, 五十, 四十.
【역문】 편(鞭): [모두 다섯 등급이다.] 100대, 80대, 60대, 50대, 40대.

【원문】 杖: (凡三等. 杖長三尺五寸, 大頭徑二分半, 小頭徑一分半. 決三十已下杖
者, 長四尺, 大頭徑三分, 小頭徑二分.) 三十, 二十, 十.
【역문】 장(杖)은 [모두 세 등급이다. 장의 길이는 3척(尺) 5촌(寸)이고, 대두
(大頭)는 직경 2푼(分) 반, 소두(小頭)는 직경 1푼 반이다. 30대 이하의 장
을 집행할 경우 그 길이는 4척이고, 대두는 직경 3푼, 소두는 직경 2푼이
다.] 30대, 20대, 10대이다.

---

45 『太平御覽』 권642 「刑法部」8, '徒'.

◉ **贖罪** 속죄

【원문】 贖罪舊以金, 皆代以中絹. 死一百匹, 流九十二匹, 刑五歲七十八匹, 四歲六十四匹, 三歲五十匹, 二歲三十六匹. 各通鞭笞論. 一歲無笞, 則通鞭二十四匹. 鞭杖每十, 贖絹一匹. 至鞭百, 則絹十匹. 無絹之鄕, 皆准絹收錢.(隋書刑法志)

【역문】 속죄(贖罪)는 본래 금(金)을 내는 것으로 되어 있었지만, 모두 중등 품질의 견(絹)을 내는 것으로 교체하였다. 사형은 100필(匹), 유형은 92필, 형죄 가운데 5세형은 78필, 4세형은 64필, 3세형은 50필, 2세형은 36필이다. 여기에는 각각 편(鞭)과 태(笞)가 포함된 것으로 논죄한다. 1세형에는 태가 없기 때문에 편을 포함하여 견 24필로 한다. 편형과 장형은 10대마다 견 1필을 내어 속(贖)하는 것이니, 편이 100대이면 견은 10필이 된다. 견이 생산되지 않는 지방에서는 모두 견에 상당하는 전(錢)을 징수한다.[46](『수서』「형법지」)

【원문】 合贖者, 謂流內官及爵秩比視、老小閹癡幷過失之屬.(同上)

【역문】 속(贖)의 적용을 받을 수 있는 자는 유내관(流內官) 및 유내관에 상당하는 작질(爵秩)을 가진 자, 노인, 아이, 엄인(閹人), 백치(白癡)로서 모두 과실을 범한 부류들이다.[47](『수서』「형법지」)

◉ **宮刑** 궁형

【원문】 季舒等家屬男女徙北邊, 妻女及子婦配奚官, 小男下蠶室, 沒入賞産.(北史崔季舒傳)

【역문】 최이서(崔季舒) 등의 가속(家屬)은 남녀 모두 북쪽 변경으로 보내졌

---

46 『隋書』 권25 「刑法志」, '齊', 705-706쪽.
47 『隋書』 권25 「刑法志」, '齊', 706쪽.

고, 처와 딸 및 며느리는 관(官)에 종으로 배속되었으며, 어린 아들은 잠실(蠶室)[48]에 하옥되었고, 자산(貲産)은 관(官)에 몰수되었다.[49](『북사』「최계서전」)

【원문】 天統五年春二月乙丑, 詔應宮刑者, 普免刑爲官口.(後主紀)

【역문】 천통 5년(569) 봄 2월 을축일에 조(詔)를 내려, 마땅히 궁형(宮刑)에 처해야 하는 자들에 대해 두루 형의 집행을 면(免)하여 관구(官口)[50]로 삼도록 하였다.[51](『북제서』「후주본기」)

● 房誅 방주

【원문】 愔、子獻、天和皆帝姑夫云. 於是乃以天子之命下詔罪之, 罪止一身, 家口不問. 尋復簿錄五家, 王晞固諫, 乃各沒一房.(楊愔傳)

【역문】 양음(楊愔), 연자헌(燕子獻), 가주혼천화(可朱渾天和)를 모두 폐제(廢帝)의 고모부라고 하였다. 이리하여 이내 천자의 명으로 조(詔)를 내려 그들을 벌하였는데, 그 처벌은 다만 당사자들에 그쳤을 뿐 집안 식구들에게는 죄를 묻지 않았다. 오래지 않아 다시 그들의 5가(家)까지를 모두 처벌하고자 하였으나, 왕희(王晞)가 극구 간언하여 결국 각각 당사자의 일가족만을 사형에 처하도록 하였다.[52](『북제서』「양음전」)

【원문】 任胄令仲禮藏刀於袴中, 因高祖臨觀, 謀爲竊發, 事捷之後, 共奉文暢爲主. 爲任氏家客薛季孝告高祖, 問皆具伏. 以其姊寵故, 止坐文暢一房.(尒朱文暢傳)

---

48 "蠶室"은 宮刑을 執行하거나 宮刑을 받는 자가 거처하던 獄室을 말한다.
49 『北史』 권32, 「崔季舒傳」.
50 官府에 沒入되어 奴隷로 충당되는 죄를 범한 家口를 말한다.
51 『北齊書』 권8 「後主本紀」, 102쪽.
52 『北齊書』 권34 「楊愔傳」, 459-460쪽.

【역문】 임주(任胄)는 정중체(鄭仲禮)에게 명하여 사타구니 안에 칼을 숨기고 고조(高祖)가 모습을 드러내는 때를 틈타 몰래 살해하고자 모의하여, 일이 성공한 후 문창(文暢)을 군주로 옹립하려고 하였다. 임주 집안의 문객(門客)인 설계효(薛季孝)가 이 사실을 고조에게 고발하였는데, 죄인들을 심문(審問)하여 보니 그 말이 모두 사실이었다. 그러나 고조는 임주가 자신의 누이에게 총애를 받고 있다는 이유로 다만 문창의 일가족만을 처벌토록 하였다.[53](『북제서』「이주문창전」)

【원문】 顯祖末年, 旣多猜害, 追忿隆之, 誅其子德樞等十餘人.(高隆之傳)

【역문】 현조(顯祖)는 말년에 이미 꺼려하고 두려워하는 바가 많았는데, 옛일로 고융지(高隆之)에게 분노를 느껴 그의 아들 고덕추(高德樞) 등 10여 인을 주살(誅殺)하였다.[54](『북제서』「고융지전」)

【세주 원문】 按北齊有門房之誅, 齊蓋沿魏制. 族誅僅祖珽傳有因(斛律)光府參軍封士讓啓告光反, 遂滅其族之語, 他不槪見, 蓋不常用也.

【세주 역문】 북제에는 가문에 대한 주멸(誅滅) 규정이 있었는데, 북제는 대체로 북위의 제도를 계승하였다. 일족의 주멸에 대한 사례는 다만 「조정전」에 "곡률광(斛律光)의 부참군(府參軍)인 봉사양(封士讓)이 곡률광이 모반을 하였다고 고발함으로 인하여 마침내 그 일족을 주멸하였다."[55]는 내용 정도만이 보인다. 이는 개략적인 면모가 아니었으며, 대체로 일상적으로 사용되는 것도 아니었던 것이다.

● 重罪十條 중죄 10조

【원문】 一曰反逆, 二曰大逆, 三曰叛, 四曰降, 五曰惡逆, 六曰不道, 七曰

---

53 『北齊書』 권48 「尒朱文暢傳」, 666쪽.
54 『北齊書』 권18 「高隆之傳」, 238쪽.
55 『北齊書』 권39 「祖珽傳」, 539쪽.

不敬, 八曰不孝, 九曰不義, 十曰內亂. 其犯此十者, 不在八議論贖之
限.(隋書刑法志)

【역문】 첫째는 반역(反逆), 둘째는 대역(大逆), 셋째는 반(叛), 넷째는 항(降),
다섯째는 악역(惡逆), 여섯째는 부도(不道), 일곱째는 불경(不敬), 여덟째
는 불효(不孝), 아홉째는 불의(不義), 열째는 내란(內亂)이다. 이 열 가지
를 범한 경우, 팔의(八議)로서 논하여 죄를 속(贖)하는 범위에 두지 않는
다.[56](『수서』「형법지」)

【원문】 又制立重罪十條爲十惡.(唐六典注)

【역문】 또한 중죄(重罪) 10조(條)를 제정하여 십악(十惡)이라 하였다.[57](『당
육전』의 注)

【원문】 長鸞令綽親信誣告其反, 奏云: 此犯國法, 不可赦.(南陽王綽傳)

【역문】 한장란(韓長鸞)이 고작(高綽)의 측근에게 명하여 그가 모반하였다고
무고(誣告)하게 한 후 상주(上奏)하기를, "이는 국법(國法)을 위반한 일로
서 사면할 수가 없습니다."라고 하였다.[58](『북제서』「남양왕작전」)

【원문】 夜中, 義雲被賊害, 卽善昭所佩刀也, 遺之於義雲庭中. 邢邵上言,
此乃大逆.(畢義雲傳)

【역문】 한밤중에 필의운(畢義雲)이 강도에게 살해당하였는데, 흉기는 곧 그
의 아들인 필선소(畢善昭)가 평소에 차고 다니던 칼로서 아버지의 집 마
당에서 잃어버린 것이었다. 이에 형소(邢邵)가 상언(上言)하기를, "이는
대역죄(大逆罪)입니다."라고 하였다.[59](『북제서』「필의운전」)

---

56 『隋書』 권25 「刑法志」, '齊', 706쪽.
57 『唐六典』 권6 「尙書刑部」 注, 182쪽.
58 『北齊書』 권12 「南陽王綽傳」, 160쪽.
59 『北齊書』 권47 「畢義雲傳」, 660쪽.

◉ 八議　팔의

【원문】爲司徒、冀州刺史, 遊獵無度, 姿情强暴. 後主聞之, 詔鎖綽赴行
在所, 至而宥之.(南陽王綽傳)

【역문】사도(司徒) 및 기주자사(冀州刺史)가 되었다. 사냥을 하는 자리에서
법도(法度)를 지키지 않고 무례하여 한껏 난폭하게 행동하였다. 후주(後
主)가 이 일을 듣고, 조(詔)를 내려 고작(高綽)을 체포한 후 행재소(行在所)
로 보내게 하였으며, 도착하고 나서야 그를 용서하였다.[60](『북제서』「남양
왕작전」)

【원문】又高歸彦起逆, 義雲在州私集人馬, 並聚甲仗, 將以自防, 爲人所
啓. 武成猶錄其往誠, 竟不加罪.(畢義雲傳)

【역문】또한 고귀언(高歸彦)이 역모를 일으키자, 필의운(畢義雲)은 지방에
있으면서 개인적으로 병사와 군마를 모집하고 각종 무기를 마련함으로
써 스스로 방어를 하고자 하였다. 그러나 다른 사람에 의해 이 일이 조
정에 보고되었다. 무성제(武成帝) 오히려 그가 지난날에 성실하였다는
점을 고려하여 끝내 죄를 가하지는 않았다.[61](『북제서』「필의운전」)

【세주 원문】按此卽議親議能之例. 蓋自魏晉以來, 無不以八議入律也.

【세주 역문】이는 곧 의친(議親)과 의능(議能)의 사례이다. 대체로 위진(魏晉) 이래 팔
의(八議)를 율에 입안(立案)하지 않은 경우는 없었다.

---

60 『北齊書』권12 「南陽王綽傳」, 159~160쪽, "後爲司徒、冀州刺史, 好裸人, …. 在樓上彈人, 好微行,
遊獵無度, 姿情强暴, 云學文宣伯爲人. 有婦人抱兒在路, …, 乃食焉. 後主聞之, 詔鎖綽赴行在所, 至
而宥之."

61 『北齊書』권47 「畢義雲傳」, 659쪽, "又高歸彦起逆, 義雲在州私集人馬, 並聚甲仗, 將以自防, 實無
他意. 爲人所啓. 及歸彦被擒, 又列其朋黨專擅, 爲此追還, 武成猶錄其往誠, 竟不加罪, 除兼七兵尙
書."

● **枉法贓處死刑** 법을 왜곡하여 뇌물을 수수한 경우 사형에 처함

【원문】 珽擬補令史十餘人, 皆有受納, 後其事皆發, 縛珽送廷尉, 據犯枉法處絞刑.(祖珽傳)

【역문】 조정(祖珽)은 영사(令史) 10여 명을 헤아려 보임(補任)시키면서 모두에게 뇌물을 받았는데, 후에 그 일이 모두 발각되었다. 그를 포박하여 정위(廷尉)에게 보내니, 법을 왜곡한 죄를 범하였다는 데 근거하여 교형(絞刑)에 처하였다.[62](『북제서』「조정전」)

【원문】 上令有司推劾. 孝琰案其受納貨賄, 致於極法, 因搜索其家, 大獲珍異, 悉以沒官.(封子繪傳)

【역문】 황제가 유사(有司)에 명하여 진상을 소급하여 조사토록 하였다. 봉효염(封孝琰)은 뇌물을 수수한 것으로 판명되어 매우 엄중한 법 적용을 받게 되었다. 때문에 그의 집을 수색하여 얻어낸 수많은 진귀한 보물들은 남김없이 관(官)으로 몰수되었다.[63](『북제서』「봉자회전」)

【원문】 淸河有二豪吏田轉貴、孫舍興, 久吏姦猾, 多有侵削. 因事遂脅人取財. 計贓依律不至死. 讓之以其亂法, 殺之.(裴讓之傳)

【역문】 청하(淸河) 지역에 전전귀(田轉貴)와 손사흥(孫舍興)이라는 두 명의 호리(豪吏)가 있었다. 오랫동안 관리(官吏)로 있으면서 매우 간사하고 교활하여 백성들의 재산을 침탈하는 경우가 많았다. 이로 인해 마침내 백성을 협박하여 재물을 갈취하는 일이 일어났지만, 장물(贓物)을 헤아려 보니 율에 따라 사형에 처하기에는 부족하였다. 그러나 배양지(裴讓之)는 이들이 법을 어지럽혔다는 이유로 사형에 처하였다.[64](『북제서』「배양지전」)

---

62 『北齊書』 권39, 「祖珽傳」, 515–516쪽. "文宣作相, 珽擬補令史十餘人, 皆有受納, 據法處絞, 上尋捨之. … 事發, … 縛珽送廷尉, 據犯枉法處絞刑."
63 『北齊書』 권21「封子繪傳」, 308쪽.
64 『北齊書』 권35「裴讓之傳」, 466쪽.

【원문】 北齊陽翟太守張善, 苛酷貪叨, 惡聲流布. 蘭臺遣御史魏輝儁, 就
郡治之, 罪當合死. 善於獄中, 使人通訴, 誣輝儁爲納民財, 枉見推縛.
文宣帝大怒, 令尙書令盧斐覆驗之, 斐遂希旨, 成輝儁罪狀, 奏報. 於州
斬決.(太平廣記一百十九引還寃記)

【역문】 북제 때 양적(陽翟) 태수 장선(張善)은 매우 잔혹하고 함부로 법을
집행하여 악명이 널리 퍼져 있었다. 난대어사(蘭臺御史) 위휘준(魏輝儁)
을 해당 지역으로 파견하여 진상을 조사하게 하였더니, 그 죄는 응당 사
형에 처해야 마땅하였다. 그러나 장선은 옥 중에 갇혀 있으면서 다른 사
람을 통해 도리어 위휘준이 백성들에게 뇌물을 받고 왜곡되게 법을 적
용하여 자신을 잡아들였다고 무고하게 하였다. 문선제(文宣帝)가 이를
듣고 크게 노하여 상서령(尙書令) 노비(盧斐)에게 다시 이 사안을 조사하
도록 명하였고, 노비는 결국 문선제가 바라는 대로 유휘준의 죄상을 만
들어 내어 보고를 올렸다. 이리하여 유휘준은 결국 그 지역에서 참형에
처하는 것으로 판결되었다.[65](『태평광기』 권119에서 「환원기」를 인용)

【세주 원문】 按唐律受財枉法者十五匹絞.

【세주 역문】 당률에 따르면, 뇌물을 수수하여 법을 왜곡한 것이 15필이면 교형에 처
하였다.[66]

◉ 彊盜長流 강도장류

【원문】 幷州嘗有强盜, 長流參軍推其事, 所疑賊並已拷伏, 失物家並識認,
唯不獲盜贓. 文襄付瓊, 更令窮審, 乃別推得元景融等十餘人, 並獲贓
驗.(蘇瓊傳)

【역문】 병주(幷州)에 일찍이 강도가 있었는데, 장류참군(長流參軍)이 그 일

---

65 『太平廣記』 권119 「報應18」, '寃報1 · 魏輝儁'.
66 『唐律疏議』 권11 「職制3」, '監主受財枉法', 220쪽.

을 조사하여 보니, 도적으로 의심되는 이들은 모두 이미 고문 끝에 자복을 한 상태였고 물건을 잃어버린 집안사람들도 모두 이를 확인하였지만, 유독 도적질한 장물(贓物)만은 찾아내지를 못하였다. 문양제(文襄帝)가 이 사안을 소경(蘇瓊)에게 교부하여 재차 상세하게 조사할 것을 명하였다. 이에 별도로 원경융(元景融) 등 10여 명을 체포해 내었는데, 이들 모두에게서 장물(贓物)을 소지한 증거를 찾아내었다.[67](『북제서』「소경전」)

【세주 원문】 按唐律, 强盜持杖者, 雖不得財, 流三千里.

【세주 역문】 당률에 따르면, 강도가 무기를 소지한 경우 비록 재물을 얻지 못하였을지라도 유형 3000리에 처한다고 하였다.[68]

◉ **盜佛像** 불상을 도둑질한 경우

【원문】 皇建中, 徐州城中五級寺, 忽被盜銅像一百軀, 有司徵檢四隣防宿及蹤跡所疑, 逮繫數十人. 瓊一時放遣. 後十日, 抄賊姓名及贓處所, 徑收掩, 悉獲.(蘇瓊傳)

【역문】 황건 연간(560-561)에 서주성(徐州城) 내 오급사(五級寺)에서 갑작스레 동상(銅像) 100구를 도둑질당하였다. 유사(有司)에서 이웃 마을의 야간 수위(守衛) 및 종적이 의심스러운 자를 조사하여 수십 명을 체포하였다. 그러나 소경(蘇瓊)은 한꺼번에 이들을 풀어주었다. 열흘이 지난 후 도적의 성명 및 장물(贓物)이 보관된 장소를 모두 밝혀내어 잃어버린 동상을 남김없이 찾아내었다.[69](『북사』「소경전」)

【세주 원문】 按唐律有盜毀天尊佛像, 蓋沿隋制. 然六朝時人崇佛, 疑以此入律, 當自南北朝時始, 不獨北齊. 周武帝黜佛, 故知周律定無此條也.

---

67 『北齊書』 권46 「蘇瓊傳」, 643쪽.
68 『唐律疏議』 권19 「賊盜3」, '强盜', 356쪽.
69 『北史』 권86 「蘇瓊傳」, 645쪽.

【세주 역문】 당률에는 "천존상(天尊像)이나 불상(佛像)을 도둑질하거나 훼손한 경우"[70]에 대한 내용이 있는데, 이는 대체로 수(隋)나라의 제도를 계승한 것이다. 그러나 육조 때는 당시 사람들이 부처를 숭상하였으므로 이미 이와 같은 규정이 율 안에 입안되어 있었을 것으로 생각되며, 이와 같은 규정의 입안은 응당 남북조 때부터 시작되었던 것이지 유독 북제에서만 제정되었던 것은 아닐 것이다. 북주의 무제(武帝)는 불교를 배척하였으므로 북주율 내에는 이와 같은 조문이 없었을 것이라는 점을 알 수 있다.

◉ 盜牛   소를 도둑질한 경우

【원문】 遷南淸河太守, 其郡多盜. 縣民魏雙成失牛, 疑其村人魏子賓, 列送至郡, 一經窮問, 知賓非盜者, 卽便放之. 雙成訴云: 府君放賊去, 百姓牛何處可得? 瓊不理其語, 密走私訪, 別獲盜者.(蘇瓊傳)

【역문】 남쪽의 청하(淸河) 태수로 관직을 옮겼는데, 이 지역에는 도둑이 많았다. 현(縣)의 백성 위쌍성(魏雙成)은 자신의 소를 잃어버렸는데, 그 범인이 같은 마을 사람인 위자빈(魏子賓)으로 의심된다며 관부(官府)로 와서 진술하였다. 그러나 한 차례 조사를 통해 위자빈이 소를 훔친 자가 아니라는 것을 파악하여 즉시 그를 방면하였다. 이에 위쌍성이 하소연하여 말하기를, "부군(府君)께서 도적이 도망가도록 놓아주시니, 저는 소를 어디에서 찾아야 한단 말입니까?"라고 하였다. 소경(蘇瓊)은 그 말에 개의치 않고 은밀히 돌아다니며 몰래 수소문을 한 끝에 별도로 도둑질을 한 자를 잡아내었다.[71](『북제서』「소경전」)

【세주 원문】 按唐律有盜官私牛馬殺. 考鹽鐵論, 盜馬者死, 盜牛者加, 其源蓋出於漢律.

70 『唐律疏議』 권19 「賊盜3」, '盜毀天尊佛像', 353쪽.
71 『北齊書』 권46 「蘇瓊傳」, 643쪽.

【세주 역문】 당률에는 "관사(官私)의 소나 말을 훔쳐서 죽인 경우"[72]에 대한 내용이 있다. 『염철론』에 따르면, "말을 훔친 경우 사형에 처하고, 소를 훔친 경우 가중(加重)한다."[73]고 하였으니, 그 기원은 대체로 한율에서 비롯된 것이다.

◉ 諸姦 모든 간음(姦淫) 행위

【원문】 妃王氏與倉頭姦, 凝知而不能限禁. 後事發, 賜死.(華山王凝傳)

【역문】 왕비(王妃) 왕씨(王氏)가 종복(從僕)과 간통하였는데, 화산왕(華山王) 고응(高凝)은 이를 알면서도 금할 수가 없었다. 후에 일이 발각되어 왕씨는 사형을 받았다.[74](『북제서』「화산왕응전」)

【원문】 行定陶縣令, 坐姦事免.(劉逖傳)

【역문】 정도현(定陶縣)의 현령직(縣令職)을 대리하였는데, 간음 행위로 죄를 받아 면관(免官)되었다.[75](『북제서』「유적전」)

【원문】 顯祖召鄴下婦人薛氏入宮, 而岳先嘗喚之至宅, 由其姊也. 帝讓岳以爲姦民女. 岳曰: 臣本欲取之, 嫌其輕薄不用, 非姦也.(淸河王岳傳)

【역문】 현조(顯祖)가 업하(鄴下)에 있던 부인(婦人) 설씨(薛氏)를 징소(徵召)하여 궁으로 들게 하였다. 고악(高岳)이 이보다 앞서 그녀를 가택(家宅)으로 불러들였는데, 그녀의 언니 때문이었다. 이에 현조는 고악이 민간의 여자를 간음하였다며 꾸짖었다. 고악이 말하기를, "신(臣)은 본래 그녀를 취하고자 하였으나 그 경박함이 싫어서 취하지는 않았으니, 간음한 것이 아닙니다."라고 하였다.[76](『북제서』「청하왕악전」)

---

72 『唐律疏議』 권19 「賊盜3」, '盜官私馬牛而殺', 356쪽.
73 『鹽鐵論』 권10 「刑德」.
74 『北齊書』 권10 「華山王凝傳」, 139쪽.
75 『北齊書』 권45 「劉逖傳」, 615쪽.
76 『北齊書』 권13 「淸河王岳傳」, 176쪽.

【세주 원문】 按唐雜律, 有監主於監守內姦.

【세주 역문】 당(唐)의 「잡률」에는 "감림관(監臨官)이나 주수관(主守官)이 관할 구역 내에서 간음 행위를 한 경우"[77]에 대한 내용이 있다.

◉ 誣告　무고

【원문】 思好反前五旬, 有人告其謀反. 韓長鸞女適思好子, 故奏有人誣告諸貴, 事相擾動, 不殺無以息後, 乃斬之.(上洛王思好傳)

【역문】 고사호(高思好)가 모반을 일으키기 50일 전에 누군가가 그 모반 계획을 고발하였다. 한장란(韓長鸞)은 자신의 딸이 고사호의 아들에게 시집을 갔기 때문에 고사호를 비호하여 상주하기를, "누군가가 귀족을 무고하여 소란을 일으키고 있으니, 이 자를 처형하지 않는다면 후에 이와 같은 자들이 끊이지 않을 것입니다."라고 하였고, 고발한 자는 이내 참수를 당하였다.[78](『북제서』「상락왕사호전」)

◉ 漏洩　누설

【원문】 子澤, 頗有文學. 歷位中書侍郎, 兼給事黃門侍郎, 以漏泄免.(北史 裴延儁傳)

【역문】 아들 배택(裴澤)은 자못 학식이 있었다. 중서시랑(中書侍郎), 겸급사황문시랑(兼給事黃門侍郎)을 역임하였다가 누설(漏泄)로 인하여 면관(免官) 당하였다.[79](『북사』「배연준전」)

【원문】 後漏洩省中語, 出爲丞相西閤祭酒.(隋書盧思道傳)

---

77 『唐律疏議』 권26 「雜律1」, "監主於監守內姦", 496쪽.
78 『北齊書』 권14 「上洛王思好傳」, 186쪽.
79 『北史』 권38 「裴延儁傳」, 1378–1379쪽.

【역문】 후에 궁궐 내의 이야기를 누설하여 승상서합좨주(丞相西閣祭酒)로 축출되었다.[80](『수서』「노사도전」)

【세주 원문】 按漏洩省中語, 本漢律. 蓋沿漢制.

【세주 역문】 궁궐 내 이야기의 누설은 한율에 근본을 두고 있다. 대체로 한나라의 제도를 계승한 것이다.

◉ 詔書脫誤 조서에 탈오가 발생한 경우

【원문】 頃之, 坐詔書脫誤, 左遷驍騎將軍.(陽休之傳)

【역문】 그 즈음에 조서(詔書)를 탈오(脫誤)한 일로 죄를 받아 효기장군(驍騎將軍)으로 좌천(左遷)되었다.[81](『북제서』「양휴지전」)

【세주 원문】 按唐律, 制書誤輒改定, 在職制二.

【세주 역문】 당률에 따르면, "제서(制書)에 오류가 있는데 함부로 개정한 경우"[82]에 대한 내용이 「직제2」에 있다.

◉ 非所宜言 마땅히 말해야 할 바가 아닌 경우

【원문】 王曰: 卿何敢發非所宜言, 須致卿於法.(王晞傳)

【역문】 왕이 말하기를, "경(卿)은 어찌하여 감히 해서는 안 될 말을 꺼내는가? 내 반드시 경(卿)을 법에 따라 처벌할 것이다."라고 하였다.[83](『북제서』「왕희전」)

---

80 『隋書』 권57 「盧思道傳」, 1397쪽.
81 『北齊書』 권42 「陽休之傳」, 562쪽.
82 『唐律疏議』 권10 「職制2」, "制書官文書誤輒改定", 200쪽.
83 『北齊書』 권31 「王晞傳」, 420쪽.

【세주 원문】 按非所宜言, 本漢律, 今唐律已無此條, 不知廢於何時. 考梁律仍有此條, 是南北朝諸律, 均相沿未改. 唐律全襲隋開皇律, 幷其條數未更動, 則此條直隋初刪之耳.

【세주 역문】 "마땅히 말해야 할 바가 아닌 경우"에 대한 규정은 한율에 근본을 두고 있다. 현재 당률에는 이미 이 조문이 없으나 언제 폐지된 것인지는 알 수가 없다. 양률을 살펴보면 여전히 이 조문이 남아 있는데, 남조의 여러 율은 모두 이를 계승하여 바꾸지 않았다. 당률은 전적으로 수나라의 개황률(開皇律)을 계승하면서 그 조문 수 또한 변경하지 않았으니, 이 조문은 다만 수나라 초기에 삭제된 것일 뿐이다.

◉ **擅用庫錢**　마음대로 고전(庫錢)을 사용한 경우

【원문】 以擅用庫錢免.(隋書盧思道傳)

【역문】 관부의 고전(庫錢)을 함부로 사용하여 면관(免官)을 당하였다.[84](『수서』「노사도전」)

◉ **擅放免囚**　마음대로 죄수를 방면한 경우

【원문】 周諒入於齊, 爲楊州刺史平鑒所獲, 繫之獄, 妻生男, 鑒因喜醉, 檀放免之. 旣醒知非, 上啓自劾, 齊主特原其罪.(御覽六百四十三引三國典略)

【역문】 주량(周諒)은 북제로 들어왔다가 양주자사(楊州刺史) 평감(平鑒)에게 체포되어 하옥되었다. 평감은 자신의 아내가 아들을 낳자 기쁨에 취해 마음대로 주량을 방면하였다. 곧 자신의 잘못을 깨달은 후 스스로를 탄핵하는 보고를 황제에게 올렸고, 북제의 황제는 특별히 그 죄를 용서하였다.[85](『태평어람』 권643에서 『삼국전략』을 인용)

---

84 『隋書』 권57 「盧思道傳」, 1398쪽, "後以擅用庫錢, 免歸於家."
85 『太平御覽』 권643 「刑法部9」, '獄'.

◉ **考竟** 고경

【원문】 齊兗州刺史武城縣公崔陵恃預舊恩, 頗自矜縱, 寵妾馮氏, 假其威刑, 恣情取納, 爲御史所劾, 召收繫廷尉, 考竟, 遂死獄中.(御覽六百四十六引三國典略)

【역문】 북제의 연주자사(兗州刺史) 무성현공(武城縣公) 최능시(崔陵恃)는 이전에 황제의 은총(恩寵)을 받았다는 이유로 매우 교만하고 제멋대로 행동하였다. 총애하는 첩(妾)인 풍씨(馮氏)를 엄한 형벌에 빙자하여 멋대로 취하였다. 이에 어사(御史)에게 탄핵을 당하여 정위(廷尉)에게 체포된 후 마지막까지 형신(刑訊)을 당하다가 끝내 옥중(獄中)에서 사망하였다.[86] (『태평어람』권646에서 『삼국전략』을 인용)

◉ **赦** 사면

【원문】 將建金雞而大赦.(河間王孝琬傳)

【역문】 장차 금계(金雞)를 세워 천하에 대사면령을 내리고자 하였다.[87](『북제서』「하간왕효완전」)

【원문】 北齊, 赦日, 武庫令設金雞及鼓於閶闔門外之右. 勒集囚徒於闕前, 撾鼓千聲, 脫枷鎖, 遣之.(通典一百六十九)

【역문】 북제에서는 사면일에 무고령(武庫令)이 금계(金雞)와 북(鼓)을 창합문(閶闔門) 밖 오른쪽에 설치하고, 죄수들을 궐 앞으로 모이게 하여 북을 천 번 두드린 후 가쇄(枷鎖)를 벗겨주어 석방한다.[88](『통전』권169)

---

86 『太平御覽』 권646 「刑法部12」, '考竟'.
87 『北齊書』 권11 「河間王孝琬傳」, 146쪽.
88 『通典』 권169 「刑法典」, '赦宥', '北齊', 4386쪽.

◉ 酒禁 주금

【원문】 河淸四年春二月, 以年穀不登, 禁酤酒.(武成帝紀)

【역문】 하청 4년(565) 봄 2월에 한 해 동안의 곡식 수확이 좋지 못하다는 이
유로 술의 매매를 금지하였다.[89](『북제서』「무성제본기」)

【원문】 天統五年冬十月, 詔禁造酒.(後主紀)

【역문】 천통 5년(569) 겨울 10월에 조(詔)를 내려 술을 빚는 것을 금지하였
다.[90](『북제서』「후주본기」)

【원문】 武平六年秋閏八月, 開酒禁.(同上)

【역문】 무평 6년(575) 가을 윤 8월에 주금령(酒禁令)을 해제하였다.[91](『북제
서』「후주본기」)

◉ 齊令 북제의 영

【원문】 河淸三年, 尙書令、趙郡王叡等, 又上新令四十卷, 大抵採魏、晉
故事.(隋書刑法志)

【역문】 하청 3년(564)에 상서령(尙書令) 조군왕(趙郡王) 고예(高叡) 등이 다시
『신령(新令)』40권을 진상(進上)하였는데, 이는 대체로 위(魏)·진(晉) 이
래의 고사(故事)를 채택한 것이었다.[92](『수서』「형법지」)

【원문】 北齊令五十卷.(隋書經籍志. 舊唐書經籍志作八卷, 新唐書藝文志同通典
作三十卷.)

---

89 『北齊書』권7「武成帝本紀」, 94쪽.
90 『北齊書』권8「後主本紀」, 102쪽.
91 『北齊書』권8「後主本紀」, 108쪽.
92 『隋書』권25「刑法志」, '齊', 705쪽.

【역문】 『북제령』은 50권이다.[93](『수서』 「경적지」. 『구당서』 「경적지」에는 "8권"[94]이라고 하였고, 『신당서』 「예문지」와 『통전』에는 "30권"이라고 하였다.)

【원문】 北齊令趙郡王叡等, 撰令五十卷, 取尙書二十八曹爲其篇名.(唐六典注)

【역문】 북제는 조군왕(趙郡王) 고예(高叡) 등에게 명하여 영(令) 50권을 편찬하게 하였으며, 상서(尙書) 28조(曹)를 취하여 그 편명(篇名)으로 삼았다.[95](『당육전』 주)

【세주 원문】 按隋書百官志, 北齊六尙書分統列曹. 吏部統吏部、考功、主爵三曹. 殿中統殿中、儀曹、三公、駕部四曹. 祠部統祠部、主客、虞曹、屯田、起部五曹. 五兵統左中兵、右中兵、左外兵、右外兵、都兵五曹. 都官統都官、二千石、比部、水部、膳部五曹. 度支統度支、倉部、左戶、右戶、金部、庫部六曹. 凡二十八曹. 齊令卽以此爲篇目.

【세주 역문】 『수서』 「백관지」[96]에 따르면, 북제의 6상서(尙書)는 열조(列曹)를 나누어 거느리며, 이부(吏部)는 이부, 고공(考功), 주작(主爵) 3조(曹)를 통할한다. 전중(殿中)은 전중, 의조(儀曹), 삼공(三公), 가부(駕部) 4조를 통할한다. 사부(祠部)는 사부, 주객(主客), 우조(虞曹), 둔전(屯田), 기부(起部) 5조를 통할한다. 오병(五兵)은 좌중병(左中兵), 우중병(右中兵), 좌외병(左外兵), 우외병(右外兵), 도병(都兵) 5조를 통할한다. 도관(都官)은 도관, 이천석(二千石), 비부(比部), 수부(水部), 선부(膳部) 5조를 통할한다. 탁지(度支)는 탁지, 창부(倉部), 좌호(左戶), 우호(右戶), 금부(金部), 거부(庫部) 6조를 통할한다. 모두 28조이다. 북제의 영(令)은 곧 이를 편목으로 삼았다.

【원문】 人居十家爲比鄰(通典卷三作鄰比), 五十家爲閭里, 百家爲族黨. 一

---

93 『隋書』 권33 「經籍志」, '刑法篇', 972쪽.
94 『舊唐書』 권46 「經籍志」, '乙部史錄 · 刑法類', 2010쪽.
95 『唐六典』 권6 「尙書刑部」, 184쪽.
96 『隋書』 권27 「百官志」, '後齊', 752-753쪽 참고.

黨之內則有黨族一人, 副黨一人, 閭正二人, 鄰長十人, 合有十四人. (一黨以下二十七字, 據通典卷三補) 男子十八以上, 六十五已下爲丁; 十六已上, 十七已下爲中; 六十六已上爲老; 十五已下爲小. (通典卷七引同) 率以十八受田, 輸租調, 二十充兵, 六十免力役, 六十六退田, 免租調. (通典卷五引同) 京城四面, 諸坊之外三十里內爲公田. 受公田者, 三縣代遷戶執事官一品已下, 逮于羽林武賁, 各有差. 其外畿郡, 華人官第一品已下, 羽林武賁已上, 各有差. 職事及百姓請墾田者, 名爲受田. (通典作永業田) 奴婢受田者, 親王止三百人; 嗣王止二百人; 第二品嗣王已下及庶姓王, 止一百五十人; 正三品已上及皇宗, 止一百人; 七品已上, 限止八十人; 八品已下至庶人, 限止六十人. 奴婢限外不給田者, 皆不輸. 其方百里外及州人, 一夫受露田八十畝, 婦四十畝. 奴婢依良人, 限數與在京百官同. 丁牛一頭, 受田六十畝, 限止四年. (通典作牛) 又每丁給永業二十畝, 爲桑田. 其中種桑五十根, 楡三根, 棗五根. 不在還受之限. 非此田者, 悉入還受之分. 土不宜桑者, 給麻田, 如桑田法. 率人一牀, 調絹一疋, 綿八兩, 凡十斤綿中, 折一斤作絲, 墾租二石, 義租五斗. 奴婢各准良人之半. 牛調二尺, (通典作丈) 墾租一斗, 義租五升. 墾租送臺, 義租納郡, 以備水旱. 墾租皆依貧富爲三槀. 其賦稅常調, 則少者直出上戶, 中者及中戶, 多者及下戶. 上槀輸遠處, 中槀輸次遠, 下槀輸當州倉. 三年一校焉. 租入臺者, 五百里內輸粟, 五百里外輸米. 入州鎭者, 輸粟. 人欲輸錢者, 准上絹收錢. (通典卷五引同) 諸州郡皆別置富人倉. 初立之日, 准所領中下戶口數, 得支一年之糧, 逐當州穀價賤時, 斟量割當年義租充入. 穀貴, 下價糶之; 賤則還用所糶之物, 依價糴貯. (通典卷十二引同) 每歲春月, 各依鄉土早晚, 課人農桑. 自春及秋, 男十五已上, 皆布田畝. 桑蠶之月, 婦女十五已上, 皆營蠶桑. 孟冬, 刺史聽審邦敎之優劣, 定殿最之科品. 人有人力無牛, 或有牛無力者, 須令相便, 皆得納種. 使地無遺利, 人無遊手焉. (通典卷二引同) 緣邊城守之地, 堪墾食者, 皆營屯田, 置都使子使以統之. 一子使當田五十頃, 歲終考

其所入, 以論褒貶.(隋書食貨志引河淸三年定令)

【역문】 거주하는 백성 10가(家)를 비린(比鄰)으로 삼고, [『통전』 권3에는 인비(鄰比)라고 하였다.] 50가를 여리(閭里)로 삼으며, 100가를 족당(族黨)으로 삼는다. 1당(黨)의 내(內)에는 당족(黨族) 1인, 부당(副黨) 1인, 여정(閭正) 2인, 인장(鄰長) 10인을 두며, 모두 14인이다. ["일당(一黨)" 이하 27자(字)는 『통전』 권3에 의거하여 보충하였다.] 남자 18세 이상 65세 이하를 정(丁)으로 삼고, 16세 이상 17세 이하를 중(中)으로 삼으며, 66세 이상을 노(老)로 삼고, 15세 이하는 소(小)로 삼는다. [『통전』 권7에도 동일하게 인용되어 있다.] 모두 18세 때 전지(田地)를 지급하고 조조(租調)를 납부하게 한다. 20세 때는 병역(兵役)에 충당하고, 60세 때는 역역(力役)을 면제한다. 66세 때는 전지(田地)를 회수하고 조조(租調)를 면제한다. [『통전』 권5에 동일하게 인용되어 있다.] 경성(京城) 주변의 사방에서 각 방(坊)의 밖으로 30리(里) 이내를 공전(公田)으로 삼는다. 공전을 지급하는 경우 경기(京畿) 삼현(三縣)은 대족(代族) 천호(遷戶) 중 집사관(執事官) 1품 이하부터 우림군(羽林軍) 무사(武士)에 이르기까지 각기 차등을 두어 지급한다. 그 밖의 경기 지역은 화인(華人) 관원 중 1품 이하 우림군 무사 이상에게 각기 차등을 두어 지급한다. 직사관(職事官) 및 백성이 간전(墾田)을 요청하는 경우 이를 수전(受田)이라 부른다. [『통전』에는 영업전(永業田)이라 하였다.] 노비에게 전지(田地)를 지급할 경우 친왕(親王)은 300인, 사왕(嗣王)은 200인으로 제한하고, 제2품 사왕(嗣王) 이하 및 여러 성씨의 왕은 150인으로 제한하며, 정3품 이상 및 황실 종친은 100인으로 제한하고, 7품 이상은 80인으로 제한하며, 8품 이하부터 서인(庶人)까지는 60인으로 제한한다. 노비가 정해진 한도 밖에 해당하여 전지(田地)를 지급하지 않은 경우에는 모두 조세를 납부하지 않게 한다. 경성(京城)의 사방 100리 밖 및 각 주(州)의 인호(人戶)는 부(夫) 한 사람당 노전(露田) 80무(畝), 부인(婦人)에게는 40무를 지급한다. 노비는 양인(良人)의 수전액(受田額)을 따르며, 노비의 인원수 제한은 경사(京師)

에 있는 백관(百官)과 동일하다. 정우(丁牛)는 한 마리당 전지(田地) 60무를 지급하되, 4년으로 제한한다. [『통전』에는 "년(年)"을 "우(牛)"라고 하였다.]⁹⁷ 또한 정(丁)마다 영업전(永業田) 20무씩을 지급하여 상전(桑田)으로 삼도록 한다. 그중 뽕나무를 50그루, 느릅나무를 3그루, 대추나무를 5그루 심도록 한다. 이는 환수하는 범위에 포함되지 않는다. 상전이 아닌 경우 모두 지급하고 환수하는 분량으로 들인다. 토지가 뽕나무를 심기에 적합하지 않는 경우 마전(麻田)을 지급하되, 상전(桑田)을 지급하는 규정과 동일하게 한다. 대체로 부부(夫婦) 한 사람당 조견(調絹) 1필(疋), 면(綿) 8량(兩)을 납부하게 하되, 총 10근(斤)의 면(綿) 중에서 1근은 사(絲)로 환산하고, 간조(墾租) 2석(石)과 의조(義租) 5두(斗)를 납부하게 한다. 노비는 각각 양인(良人)을 기준으로 하였을 때 그 반(半) 만큼씩 납부하게 한다. 소는 한 마리당 조(調) 2척(尺), [『통전』에는 "척(尺)"을 "장(丈)"이라고 하였다.] 간조(墾租) 1두(斗), 의조(義租) 5승(升)을 납부하게 한다. 간조(墾租)는 상서대(尚書臺)로 보내고, 의조(義租)는 각 군(郡)에 납부하게 하여 홍수와 가뭄에 대비하도록 한다. 간조(墾租)는 모두 빈부(貧富)에 따라 3효(梟)로 나눈다. 그 부세(賦稅)와 상조(常調)는 적은 경우 다만 상호(上戶)에서 나오게 하고, 중간인 경우 중호(中戶)에 미치게 하며, 많은 경우 하호(下戶)에 미치게 한다. 상효(上梟)는 먼 지역으로 납부하게 하고, 중효(中梟)는 그 다음으로 먼 지역에 납부하게 하며, 하효(下梟)는 해당 주(州)의 창(倉)으로 납부하게 한다. 3년에 한 차례씩 점검을 진행한다. 조(租)를 상서대에 들일 경우 500리 내에서는 곡물[粟], 500리 밖에서는 쌀[米]로 납부하게 한다. 주진(州鎭)으로 들일 경우에는 곡물로 납부하게 한다. 전(錢)으로 납부하기를 바라는 자가 있으면, 상등(上等)의 견(絹)을 기준으로 전(錢)을 수납(受納)한다. [『통전』 권5에 동일하게 인용되어 있다.] 전국의 각 지역에는 모두 부인창(富人倉)을 설치한다. 처음 건립한 날 관할하는 바의 중(中)·하호(下戶)의 구수(口數)를 기준

---

97 4년으로 제한하였다는 것보다는 네 마리로 제한하였다는 것이 더욱 설득력 있다.

으로 하여 1년 치의 양곡(糧穀)을 수령할 수 있으며, 해당 주(州)의 곡물 가격이 낮아질 때마다 당년(當年)의 의조(義租) 수입 내에서 분할하여 충당하도록 한다. 곡물의 가격이 높아질 때는 낮은 가격에 내어 팔도록 하며, 곡물의 가격이 낮을 때는 다시 내다 팔았던 곡물만큼 가격에 따라 매입하여 저장한다. [『통전』권12에 동일하게 인용되어 있다.] 매년 봄철에는 각각 향토(鄕土)의 파종 시기가 빠르고 늦음에 의거하여 백성들이 농사와 양잠에 힘쓰도록 권면한다. 봄부터 가을까지 남자 15세 이상은 모두 전무(田畝)에서 경작을 하게 한다. 뽕나무를 심고 양잠을 하는 달에 15세 이상 부녀(婦女)는 모두 잠상(蠶桑)하는 일에 힘쓰게 한다. 초겨울에 자사(刺史)는 각 지역별 교화의 우열(優劣)을 보고받아 심사하고, 전최(殿最)의 과품(科品)을 평정한다. 백성들 중 인력은 있으나 소가 없는 경우 또는 소는 있으나 인력이 없는 경우가 있다면, 반드시 이들 양자로 하여금 서로 협력하게 하여 모두 파종을 할 수 있게 한다. 전지(田地)에 황폐한 곳에 없게 하여 백성들 중에 일을 하지 않는 자가 없도록 한다. [『통전』권2에 동일하게 인용되어 있다.] 변경을 따라 성을 쌓고 방어하는 지역에서 땅을 개간하여 양식을 심을 수 있는 경우 모두 둔전(屯田)을 경영하도록 하고, 도사(都使)와 자사(子使)를 설치하여 이를 통할하게 한다. 자사(子使) 한 사람당 전지(田地) 50경(頃)을 관할하게 하고, 연말에 그 납입한 바의 액수를 심사함으로써 포폄(襃貶)을 논하게 한다.[98](『수서』「식화지」에서 하청 3년에 제정한 영을 인용)

【원문】 親王、公主、太妃、妃及從三品已上喪者, 借白鼓一面, 喪畢進輸. 王、郡公主、太妃、儀同三司已上及令僕, 皆聽立凶門柏歷. 三品已上及五等開國, 通用方相. 四品已下, 達於庶人, 以魁頭. 旌則一品九旒, 二品、三品七旒, 四品、五品五旒, 六品、七品三旒, 八品已下, 達于庶人, 唯旐而已. 其建旐, 三品已上及開國子、男, 其長至軫, 四品、五品

---

98 『隋書』권24 「食貨志」, '魏', 677–678쪽.

至輪, 六品至于九品, 至較. 勳品達于庶人, 不過七尺.(隋書禮儀志引後齊
定令)

【역문】 친왕(親王), 공주(公主), 태비(太妃), 비(妃) 및 종3품 이상이 사망한
경우 백고(白鼓) 1면(面)을 빌려주도록 하고 상례(喪禮)가 끝난 뒤 회수하
도록 한다. 왕(王), 군공주(郡公主), 태비(太妃), 의동삼사(儀同三司) 이상
및 영복(令僕)이 사망한 경우에는 모두 흰 비단을 묶은 흉문(凶門)과 횡
목(橫木)으로 백력(柏歷)을 세우는 것을 허락한다. 3품 이상 및 5등 개국
작(開國爵)이 사망한 경우 방상(方相)⁹⁹을 두루 사용하도록 한다. 4품 이
하부터 서인(庶人)까지는 기두(魌頭)¹⁰⁰를 사용하도록 한다. 혼(魂)을 부
르는 깃발의 경우 1품은 구류(九旒), 2품과 3품은 칠류(七旒), 4품과 5품
은 오류(五旒), 6품과 7품은 삼류(三旒)를 사용하고, 8품 이하부터 서인까
지는 다만 조(旐)를 사용할 따름이다. 그 깃발의 규격은 3품 이상 및 개국
자(開國子)와 개국남(開國男)의 경우 길이가 수레 뒤의 횡목(橫木)까지 이
르고, 4품과 5품의 경우 수레의 바퀴 부분까지 이르며, 6품부터 9품까지
는 수레의 좌석 부분까지 이른다. 각급 훈관(勳官)부터 서인까지는 7척
(尺)을 초과해서는 안 된다.¹⁰¹(『수서』 「예의지」에서 북제가 제정한 영을 인용)

【원문】 宮衞之制, 左右各有羽林郎十二隊. 又有持鈒隊、鋋槊隊、長刀
隊、細仗隊, 楯鍛隊、雄戟隊、格獸隊、赤氅隊、角抵隊、羽林隊、步
遊盪隊、馬遊盪隊. 又左右各武賁十隊, 左右翊各四隊, 又步遊盪、馬
遊盪左右各三隊, 是爲武賁. 又有直從武賁, 左右各六隊, 在左者爲前
驅隊, 在右者爲後拒隊. 又有募員武賁隊、强弩隊, 左右各一隊, 在左
者皆左衞將軍總之, 在右者皆右衞將軍總之, 以備警衞. 其領軍、中領

---

99 전설 속에서 疫鬼와 山川의 妖怪를 몰아낸다는 神靈을 말한다.

100 귀신을 물리치고 역병을 몰아낼 때 귀신 분장을 한 사람이 착용하던 가면이다. 喪禮 때에도 이것
을 사용하였다.(『周禮』 「夏官」, '方相氏', "方相氏掌蒙熊皮. 〈漢鄭玄注: 冒熊皮者, 以驚敺疫癘之鬼,
如今魌頭也.〉")

101 『隋書』 권8 「禮儀志」, '喪葬', 155쪽.

將軍, 侍從出入, 則著兩襠甲, 手執棨杖. 左右衛將軍、將軍則兩襠甲, 手執檀杖. 侍從左右, 則有千牛備身、左右備身、刀劍備身之屬. 兼有武威、熊渠、鷹揚等備身三隊, 皆領左右將軍主之, 宿衛左右, 而戎服執仗. 兵有斧鉞弓箭刀矟, 旌旗皆囊首, 五色節文, 旆悉赭黃. 天子御正殿, 唯大臣夾侍, 兵仗悉在殿下. 郊祭鹵簿, 則督將平巾幘, 緋衫甲, 大口袴.(同上引河清定令)

【역문】 궁위제도(宮衛制度)는 좌우에 각각 우림랑(羽林郎) 12대(隊)가 있다. 또한 지삽대(持鈒隊), 연삭대(鋋槊隊), 장도대(長刀隊), 세장대(細仗隊)가 있고, 순쇄대(楯鍛隊), 웅극대(雄戟隊), 격수대(格獸隊), 적창대(赤氅隊), 각저대(角抵隊), 우림대(羽林隊), 보유탕대(步遊盪隊), 마유탕대(馬遊盪隊)가 있다. 또한 좌우에 각각 무분(武賁) 10대가 있는데, 좌우익(左右翊)에 각각 4대가 있고, 또한 보유탕(步遊盪)과 마유탕(馬遊盪)이 좌우 각각에 3대씩 있으니, 이것이 무분(武賁)이다. 또한 직종무분(直從武賁)이 있는데, 좌우에 각각 6대씩 있으며 좌측에 있는 것이 전구대(前驅隊)이고 우측에 있는 것이 후거대(後拒隊)이다. 또한 모원무분대(募員武賁隊)와 강노대(强弩隊)가 있는데, 좌우에 각각 1대씩 있으며 좌측에 있는 것은 모두 좌위장군(左衛將軍)이 총괄하게 하고 우측에 있는 것은 우위장군(右衛將軍)이 총괄하게 함으로써 경위(警衛)를 갖춘다. 그중 영군(領軍)과 중령장군(中領將軍)이 황제를 시종하여 궁중을 출입할 경우 양당갑(兩襠甲)을 착용하고 손에는 정장(棨杖)을 파지한다. 좌우위장군(左右衛將軍)과 장군(將軍)의 경우 양당갑(兩襠甲)을 착용하고 손에는 단장(檀杖)을 파지한다. 황제를 좌우에서 시종하는 이들로는 천우비신(千牛備身), 좌우비신(左右備身), 도검비신(刀劍備身)과 같은 무리들이 있다. 아울러 무위(武威), 웅거(熊渠), 응양(鷹揚) 등의 비신(備身) 3대는 모두 좌우 장군(將軍)을 거느리고 이들을 주관하며, 좌우에서 숙위(宿衛)를 할 때 군복을 착용하고 무기를 파지한다. 병기로는 부(斧), 월(鉞), 궁(弓), 전(箭), 도(刀), 삭(矟)이 있고, 정기(旌旗)는 모두 상단을 포대로 씌우고 규정된 대로 오색(五色)

을 칠하며, 기는 모두 적황색으로 한다. 천자(天子)의 어가(御駕)가 정전(正殿)에 머무는 경우에는 오직 대신(大臣)만이 곁에서 시봉(侍奉)할 수 있으며, 병기는 모두 전(殿) 아래에 둔다. 교외에서 천지(天地)에 제사를 지낼 때의 의장대(儀仗隊)는 평평한 두건을 두르고, 비색(緋色) 삼갑(衫甲)과 입구가 큰 바지를 착용한다.[102](『수서』「예의지」에서 하청 연간에 제정한 영을 인용)

【원문】 四時祭廟及元日廟庭, 並設庭燎二所.(通典卷四十九引河淸定令)

【역문】 사시(四時)의 제묘(祭廟) 및 원일(元日)의 묘정(廟庭)에는 모두 정료(庭燎)[103]를 두 군데 설치한다.[104](『통전』권49에서 하청 연간에 제정한 영을 인용)

【세주 원문】 按以上均諸書所引齊令佚文. 又唐六典注卷四, 引河淸令, 改左士郞爲膳部. 改左主客爲主爵, 南主客爲主客, 掌諸蕃雜客事. 據隋志云, 後齊制官, 多循後魏, 此蓋擧其不同者. 此外雖未明引令文, 而可知其爲齊令者, 如北齊官品見通典卷三十八, 其職掌俸秩, 均詳見隋書百官志, 百官服制則詳於禮儀志, 疑皆採之齊令, 但不知隷於何篇耳. 以文繁, 不及備錄.

【세주 역문】 이상은 모두 각종 서적에서 인용된 『북제령』의 일문(佚文)이다. 또한 『당육전』권4의 주에서 『하청령(河淸令)』을 인용하여, "좌사랑(左士郞)을 고쳐 선부(膳部)라 하였고, 주객(主客)을 주작(主爵)이라 하였으며, 남주객(南主客)을 주객(主客)이라 하였다. 여러 번(蕃)에서 온 잡객(雜客)에 관한 일을 관장하였다."[105]고 하였다. 『수서』「형법지」에 따르면, "북제의 관제(官制)는 대부분 후위의 제도를 계승하였다."[106]고 하였는데, 이는 대체로 서로 상이한 점을 거론한 것이다. 그 밖에 비록 명확하게 영문(令文)을 인용한 것은 아니더라도 그것이 북제의 영(令)이라는 것을 알

---

102 『隋書』 권12 「禮儀志」, '鹵簿 · 齊', 280–281쪽.
103 궁정을 밝게 비추는 횃불을 말한다.
104 『通典』 권49 「禮典」, '吉禮', 1371쪽.
105 『唐六典』 권4 「尙書禮部」 注, 127–129쪽.
106 『隋書』 권25 「刑法志」, '後齊', 751쪽.

수 있는 것들이 있다. 예컨대 북제의 관품(官品)은 『통전』권38에 보이고, 그 직장(職掌)과 봉질(俸秩)은 모두 『수서』「백관지」에 상세히 나타나며, 백관(百官)의 복제(服制)는 「예의지」에 상세하다. 이는 모두 『북제령』을 채택한 것으로 생각되지만, 어느 편(篇)에 속하는 것인지를 알 수 없는 것들일 뿐이다. 다만 문장이 번잡하기 때문에 여기에 갖추어 기록하지는 않는다.

◉ **權令** 임시령

【원문】 其不可爲定法者, 別制權令二卷, 與之並行.(隋書刑法志)

【역문】 그중 법령으로 확정할 수 없는 경우 별도로 『권령』2권을 제정하여 『북제율』과 함께 병행하였다.[107](『수서』「형법지」)

【원문】 北齊權令二卷.(隋書經籍志)

【역문】 북제의 『권령』은 2권이다.[108](『수서』「경적지」)

【원문】 又撰權令二卷, 兩令並行.(唐六典注)

【역문】 다시 『권령』2권을 편찬함으로써 두 가지 영(令)이 병행되었다.[109](『당육전』주)

◉ **齊格** 북제의 격

【원문】 河淸四年, 坐違格私度禁物, 並盜截軍糧, 有司依格處斬, 家口配沒.(王峻傳)

【역문】 하청 4년(565)에 격(格)을 위반한 채 몰래 금물(禁物)을 운반하고 또

---

107 『隋書』 권25 「刑法志」, 706쪽.
108 『隋書』 권33 「經籍志」, '刑法篇', 972쪽.
109 『唐六典』 권6 「尙書刑部」 注, 184쪽.

한 군량을 도둑질하여 가로챈 일로 죄를 받았다. 유사(有司)는 격(格)에 의거하여 당사자를 참수형에 처하였고, 그 가족은 관부에서 몰수하여 노예로 배속시켰다.[110](『북제서』「왕준전」)

【원문】 後平秦王高歸彦謀反, 須有約罪, 律無正條, 於是遂有別條權格, 與律並行.(隋書刑法志)

【역문】 이후 평진왕(平秦王) 고귀언(高歸彦)이 모반(謀反)하였을 때 그 죄를 정할 필요가 있었지만, 율에는 적용할 수 있는 정규 조문이 없었다. 이리하여 마침내 『별조권격(別條權格)』을 두어 율과 함께 병행하게 되었다.[111](『수서』「형법지」)

【세주 원문】 按唐律令格式幷行, 蓋沿齊制.

【세주 역문】 당(唐)에서 율(律)·령(令)·격(格)·식(式)을 병행하였던 것은 대체로 북제의 제도를 계승한 것이다.

◉ 齊以春秋決獄 북제의 춘추결옥

【원문】 收伏連及高舍洛、王子宜、劉辟彊、都督翟顯貴於後園, 帝親射之而後斬, 皆支解, 暴之都街下. 文武職吏盡欲殺之. 光以皆勳貴子弟, 恐人心不安, 趙彦深亦云春秋責帥, 於是罪之各有差.(琅玡王儼傳)

【역문】 후원(後園)에서 사적복련(厙狄伏連) 및 고사락(高舍洛), 왕자의(王子宜), 유벽강(劉辟彊), 도독(都督) 적현귀(翟顯貴)를 체포하였는데, 황제가 친히 그들에게 활을 쏘아서 맞힌 후에 참하였고, 모두 신체를 절단한 후 도성의 거리에서 햇볕에 말리게 하였다. 문무관원들은 모두 그를 살해하고자 하였다. 곡률광(斛律光)은 모두 공신이자 귀족의 자제들이었으므

---

110 『北齊書』 권25 「王峻傳」, 364쪽.
111 『隋書』 권25 「刑法志」, '齊', 706–707쪽.

로 민심이 불안해질 것을 염려하였고, 조언심(趙彦深) 또한 "부하에게 잘
못이 있으면 그 통솔자를 문책한다."는 『춘추』의 도리를 언급하였다.
이리하여 처벌을 하는 데 각기 차등이 있게 되었다.[112](『북제서』「낭아왕
엄전」)

◉ **齊律家** 북제의 법률가

【원문】 封術. 齊封述, 渤海蓨人, 廷尉卿軌之子也. 久爲法官, 明解律令,
議斷平允, 時人稱之.(御覽六百三十八, 引三國典略)

【역문】 봉술. 북제의 봉술은 발해(渤海)의 수(蓨) 지역 출신으로 정위경(廷
尉卿) 봉궤(封軌)의 아들이다. 오랫동안 법관을 역임하였다. 율령에 매우
해박하여 옥송(獄訟)을 심의하여 판결하는 데 공평무사하였다. 이에 당
시 사람들은 그를 칭송하였다.[113](『태평어람』 권638에서 『삼국전략』을 인용)

【원문】 封述, 久爲法官, 明解律令, 議斷平允, 深爲時人所稱.(冊府元龜六百
十八)

【역문】 봉술은 오랫동안 법관을 역임하였다. 율령에 매우 해박하여 옥송
(獄訟)을 심의하여 판결하는 데 공평무사하였다. 당시 사람들에게 매우
큰 칭송을 받았다.[114](『책부원구』 권618)

【세주 원문】 按渤海封氏, 世長律學, 封隆之參定麟趾格, 封繪參定齊律, 俱見各本傳.

【세주 역문】 발해(渤海)의 봉씨(封氏)는 집안 대대로 율학(律學)에 능하였다. 봉융지
(封隆之)는 『인지격』을 참정(參定)하였고, 봉회(封繪)는 『북제율』을 참정하였다. 이
와 같은 내용은 모두 각각의 본전(本傳)에 보인다.

---

112 『北齊書』 권12 「琅琊王儼傳」, 163쪽.
113 『太平御覽』 권638 「刑法部」, '律令下'.
114 『冊府元龜』 권618 「刑法部」, '平允'.

【원문】 宋世軌. 世軌, 幼自嚴整. 好法律, 稍遷廷尉卿.(本傳)

【역문】 송세궤. 송세궤는 어릴 적부터 스스로 엄명(嚴明)하고 단정(端整)하였다. 법률을 좋아하여 오래지 않아 정위경(廷尉卿)으로 관직을 옮겼다.115(『북제서』「송세궤전」)

---

115 『北齊書』 권46 「宋世軌傳」, 639쪽.

後周律考

【원문】 隋文帝代周有天下, 其制定律令, 獨採北齊而不襲周制, 返而考之
隋書經籍志及新舊唐書經籍藝文諸志, 所列南北朝律令略備, 然於周
令, 獨不著錄, 心竊疑之. 及讀周書蘇綽盧辯諸傳, 而後知隋之不襲用
周律令, 蓋有由也. 綽傳云, 有晉之季, 文章競爲浮華, 遂成風俗. 太祖
欲革其弊, 乃命綽爲大誥, 自是之後, 文筆皆依此體. 辯傳云, 太祖欲行
周官, 命蘇綽專掌其事. 未幾而綽卒, 乃令辯成之. 並撰次朝儀, 車服器
用, 多依古禮. 史通謂宇文初習華風, 軍國詞令, 皆準尙書. 太祖勅朝廷
他文悉準於此, 陷於矯枉過正之失, 乖夫適俗隨時之義, 諒哉言乎. 今
周令雖佚, 而隋書禮儀食貨諸志所採, 與夫通典所輯者, 尙可得其大
槪. 大抵官名儀制, 一依周禮, 幷文句亦必求其相似, 較之太玄之仿周
易, 中說之擬論語, 殆尤甚焉. 令狐德棻謂其時雖行周禮, 內外衆職, 又
兼用秦漢等官, 於宇文一代之制, 深致不滿. 周令如是, 而律可知矣.
周律名曰大律, 蓋卽大誥之意, 其文體之規模, 大誥又可以意得之. 夫
自魏晉以還, 律目雖有異同, 而體裁率沿法經九章之舊. 今必欲以科
刑之典, 麗以尙書周禮之文, 削足適屨, 左支右絀. 史稱趙肅撰周律,
積思累年, 遂惑心疾而死, 或亦職此之由. 今以隋志所載者考之, 篇目
科條, 皆倍於齊律, 而祀享朝會市廛三篇, 爲晉魏以來所未見. 意皆剌
取天官、地官、春官諸文, 資其文飾, 其餘則多又沿晉律, 今古雜糅,
禮律凌亂, 無足道者. 隋氏代周, 一掃宇文迂謬之迹, 唐初諸臣修五代
志, 於周制紀載獨略, 維時周令尙存, 而經籍志亦不著錄, 蓋修史諸臣,
雖存孤本, 而民間久無其書, 觀於唐六典注於周令已不能擧其篇目, 知

其散佚已久. 玆篇所輯, 僅就周書北史及隋志略爲編次, 採撫獨爲簡
略, 誠非得已.

一九二三年癸亥冬 閩縣 程樹德 序

【역문】 수(隋) 문제(文帝)는 후주(後周)를 대신하여 천하(天下)를 소유하게 되
었는데, 그 율령을 제정할 때는 오히려 북제의 제도를 채용하였을 뿐 후
주의 제도는 계승하지 않았다. 한편『수서』「경적지」와『구당서』「경적
지」및『신당서』「예문지」등을 살펴보면, 남북조 율령의 대략적인 내
용을 열거하고 있지만, 후주의 영(令)에 대해서는 유독 그 내용을 저록
(著錄)하지 않았으니, 마음속에 의구심이 들었다. 그러나『주서』「소작
전」과「노변전」등을 읽고 난 후에야 수(隋)가 후주의 율령을 계승하지
않았던 데는 이유가 있었다는 것을 깨달았다. 곧「소작전」에 "진(晉)나
라 말에 문장(文章)의 형식은 겉모습만 화려하게 수식(修飾)하는 경향이
짙어졌고, 끝내는 하나의 풍속이 되어 버렸다. 태조는 그 폐단을 개혁하
고자 마침내 소작(蘇綽)에게 명하여「대고(大誥)」[1]를 기준으로 삼도록 하
였다. 이 이후부터 글을 쓸 때는 모두 이 필체를 따르게 하였다."[2]고 하
였고,「노변전」에 "태조는「주관(周官)」[3]을 시행하고자 소작에게 명하여
그 일을 전담하여 주관토록 하였다. 오래지 않아 소작이 죽자 노변(盧辯)
에게 명하여 이를 완성토록 하였다. 아울러 조정의례(朝廷儀禮)를 찬차
(撰次)하게 하고, 거여(車輿)와 예복(禮服) 및 병기(兵器)와 농구(農具)는
대부분 고례(古禮)에 따르도록 하였다."[4]고 하였다.『사통』에 "후주[宇
文][5]는 당초 겉모습만 화려하게 수식하는 문체를 답습하였다. [때문에 이

---

1 『尙書』의 편명이다.
2 『周書』 권23 「蘇綽傳」, 391-394쪽.
3 『尙書』의 편명이다.
4 『周書』 권24 「盧辯傳」, 404쪽.
5 後周[北周]는 곧 宇文氏가 창업한 국가이다.

후부터]6 군국(軍國)의 사령(詞令)은 모두 『상서』를 기준으로 삼도록 하였다. 태조는 조정에 명하여 다른 문장들도 모두 이를 기준으로 삼게 함으로써 지나치게 한쪽으로 치우치게 되는 실수에 빠졌고, 시의(時宜)에 맞게 세속에 적응한다는 취지를 어그러뜨렸다."7고 하였으니, 이와 같은 표현이야말로 명확하다고 하겠다. 현재 후주의 영(令)은 비록 산일(散佚)되었을 지라도 『수서』「예의지」 및 「식화지」 등에 채록된 내용과 『통전』에 집록된 내용들을 통해 여전히 그 대체적인 면모를 살펴볼 수가 있다. 대체로 관명(官名)과 예의제도 및 그 구체적인 규정은 일률적으로 『주례』에 의거하였고, 아울러 문구(文句) 역시 반드시 이와 유사한 형식으로 작성해야만 했다. 그러나 태현(太玄)이 『주역』을 모방하고, 중설(中說)이 『논어』를 본뜬 것과 이를 견주어 보았을 때, 그 정도는 더욱 심하였다. 『주서』를 편수(編修)한 영호덕분(令狐德棻)8은 "당시에 비록 『주례』를 시행하였을지라도 경사(京師)와 지방의 수많은 직책들은 또한 진(秦)나라나 한(漢)나라 등의 옛 관제(官制)를 겸하여 사용하였으니, 후주 일대(一代)의 자체적인 제도는 심각할 정도로 충족되지 못하였다고 하겠다."9고 하였다. 후주의 영(令)이 이와 같았으니, 그 율의 경우도 가히 알 만한 것이다. 후주의 율은 『대율(大律)』이라 명명하였으며, 여기에는 곧 「대고」의 취지가 담겨 있다. 그 문체의 규모는 「대고」를 통해서 또한 추측할 수 있을 것이다. 위진(魏晉) 이후 율의 편목은 비록 달랐을지라도 체재(體裁)는 대부분 『법경』과 『구장률』의 옛 면모를 계승하였다. 현재 과형(科刑)의 전적(典籍)을 반드시 『상서』나 『주례』의 문장으로 짝짓고자 한다면, 이는 발꿈치를 잘라 신발에 맞추는 격이자 왼쪽만 지탱하고 오른쪽은 놓아 버리는 격일 것이다. 사서(史書)에 "조숙(趙

---

6 『史通』 권17 「雜說中」, '周書一條'의 원문에는 "宇文. 初習華風. 事由蘇綽. 至於軍國詞令, 皆準尚書."라고 하였다.

7 『史通』 권17 「雜說中」, '周書一條'.

8 令狐德棻(583-666)은 唐 初期의 정치가이자 사학가이다. 宜州 華原 출신으로 수차례 관방 서적의 편찬에 참여하였으며, 『周書』의 편찬은 그의 최대 업적으로 꼽힌다.

9 『周書』 권24 「盧辯傳」, 404쪽.

肅)에게 후주의 율을 편찬하게 하였는데, 다년간 고심을 거듭하다가 결국 노심(勞心) 끝에 병을 얻어 사망하였다."[10]고 한 것 또한 이와 같은 이유 때문이었을 것이다. 현재 『수서』 「형법지」에 기재된 내용을 통해 이를 고증해 보면, 편목(篇目)과 과조(科條)는 모두 북제율의 곱절이며, 「사향(祀享)」, 「조회(朝會)」, 「시전(市廛)」 등 3편(篇)은 진위(晉魏) 이래 그 유래가 없던 것들이다. 생각건대 모두 「천관」, 「지관」, 「춘관」의 여러 내용을 채취하여 그 문식(文飾)을 바탕으로 하였고 나머지 또한 대부분 진율(晉律)을 계승하였으니, 현재의 규정과 옛날의 규정이 서로 뒤섞이고 예와 율이 어지럽게 되어 정도(正道)에 충족됨이 없게 되었을 것이다. 수나라가 후주를 대체하여 우문씨(宇文氏)의 그릇된 자취를 한 번에 쓸어버렸고, 당(唐)나라 초에 제신(諸臣)들은 오대(五代)의 지(志)를 수찬(修撰)하면서 후주의 제도와 관련한 내용을 유독 소략하게 기재하였다. 생각건대 당시 후주의 영(令)이 여전히 존재하였음에도 「경적지」에서조차 이를 저록(著錄)하지 않았던 것은 아마도 사서(史書)를 수찬(修撰)하던 제신(諸臣)들이 비록 유일한 판본[孤本]을 보유하였을지라도 민간에는 오랫동안 그 책이 전해지지 못하였기 때문이었던 것으로 보인다. 『당육전』 주에서 후주의 영(令)에 관해 이미 그 편목을 열거할 수 없었던 것을 보면, 그 산일(散佚)됨이 이미 오래되었던 것임을 알 수 있다. 이에 여기서 각 편(篇)을 모은 것들은 다만 『주서』와 『북사』 및 『수서』 「형법지」의 내용을 토대로 대략적인 순서를 엮은 것이지만, 그렇게 수집하여 모은 것들도 유독 그 내용과 분량이 간략(簡略)한 것은 실로 부득이한 일이라 하겠다.

1923년 계해 겨울 민현에서 정수덕 서(序)

---

10 『周書』 권37 「趙肅傳」, 663쪽; 『隋書』 권25, 「刑法志」, '周', 707쪽 등.

● **周律源流(附西魏大統式)** 후주율의 원류(서위의 『대통식』을 덧붙임)

【원문】 周文帝之有關中也, 霸業初基, 典章多闕. 大統元年, 命有司斟酌
今古通變, 可以益時者, 爲二十四條之制, 奏之. 七年, 又下十二條制.
十年, 魏帝命尙書蘇綽, 總三十六條, 更損益爲五卷, 班於天下. 其後以
河南趙肅爲廷尉卿, 撰定法律. 肅積思累年, 邃感心疾而死. 乃命司憲
大夫託拔迪掌之. 至保定三年三月庚子乃就, 謂之大律, 凡二十五篇.
(隋書刑法志)

【역문】 후주(後周) 문제(文帝)가 관중(關中)을 보유하였을 당시는 바야흐로
패업의 기초를 세울 때였으므로 전장제도(典章制度)에 누락된 부분이 많
았다. 대통 원년(535)에 유사(有司)에 명하여 고금(古今)의 제도가 상통
(相通)하고 변화된 바를 참작하고 고려하여 오늘날에 유익한 것들을 취
하여 24조의 규정을 만든 후 상주하게 하였다. 7년에는 다시 12조의 규

정을 제정하였다. 10년에 서위(西魏)의 문제(文帝)는 상서(尙書) 소작(蘇綽)에게 명하여 36조를 종합한 후 다시 덜어내거나 덧붙여 5권을 만들게 한 후 천하에 반포하였다. 그 후 하남(河南) 조숙(趙肅)을 정위경(廷尉卿)으로 임명하여, 법률을 찬정(撰定)하게 하였다. 조숙은 다년간 고심을 거듭하며 노심하던 끝에 병사하였다. 사헌대부(司憲大夫) 탁발적(託拔迪)에게 명하여 그 일을 담당하게 하였다. 보정 3년(563) 3월 경자일에 비로소 완성하였으니, 이를 『대율(大律)』이라 한다. 모두 25편이다.[11](『수서』「형법지」)

【원문】 大統元年三月, 太祖以戎役屢興, 民吏勞弊, 乃命所司斟酌今古, 參考變通, 可以益國利民便時適治者, 爲二十四條新制, 奏魏帝行之. (文帝紀)

【역문】 대통 원년(535) 3월에 태조는 전쟁이 자주 일어나 백성과 관원들이 지치고 고달플 것이라 여겼다. 이에 담당 관사에 명하여 고금의 제도를 헤아려 살펴 그 변통(變通)된 바를 참고한 후 국가에 이익이 되고, 백성들에게 이로우며, 시의에 적합하고, 다스리는 데 적당한 것들로 24개 조문의 신제(新制)를 만들도록 하였으며, 서위(西魏) 문제(文帝)에게 상주하여 시행되게 하였다.[12](『주서』「문제본기」)

【원문】 大統七年冬十一月, 太祖奏行十二條制, 恐百官不勉於職事, 又下令申明之. (文帝紀)

【역문】 대통 7년(541) 겨울 11월에 태조가 [위나라 황제에게] 상주하여 12개 조문의 규정이 시행되게 하였다. 백관(百官)들이 맡은 바 직무에 힘쓰지 않는 것을 염려하여 다시 영(令)을 내려 신명(申明)한 것이다.[13](『주

---

11 『隋書』 권25 「刑法志」, '周', 707쪽.
12 『周書』 권2 「文帝本紀」, 21쪽.
13 『周書』 권2 「文帝本紀」, 27쪽.

서』「문제본기」)

【원문】 西魏大統七年九月, 度支尙書蘇綽爲六條詔書, 一曰修身心, 二曰厚敎化, 三曰盡地利, 四曰擢賢良, 五曰恤獄訟, 六曰均賦役. 泰置坐右, 令百司習誦之, 牧守令長, 非通六條及計帳, 不得居官. 尋又益新制十二條.(玉海)

【역문】 서위 대통 7년(541) 9월에 탁지상서(度支尙書) 소작(蘇綽)이 6개 조(條)의 조서(詔書)를 만들었다. 첫째는 신심(身心)을 수양(修養)할 것[修身心]이고, 둘째는 교화를 도타이 할 것[厚敎化]이며, 셋째는 지력(地力)을 최대한으로 끌어올릴 것[盡地利]이고, 넷째는 어질고 현명한 인재를 발탁할 것[擢賢良]이며, 다섯째는 옥송(獄訟)을 너그러이 판결할 것[恤獄訟]이고, 여섯째는 부역을 고르게 할 것[均賦役]이었다. 우문태(宇文泰)는 이를 가까운 주변에 놓아두고 백관(百官)들로 하여금 익히고 외우도록 하였으며, 지방장관이 6조 및 계장(計帳)에 통과하지 못하면, 관직을 계속할 수 없게 하였다. 오래지 않아 다시 새로운 규정 12개 조문을 더하였다.[14] (『옥해』 권65)

【세주 원문】 按據周書蘇綽傳, 六條詔書作於大統十年, 玉海疑吳.

【세주 역문】 『주서』「소작전」에 따르면, 6개 조의 조서(詔書)는 대통 10년(544)에 작성되었다.[15] 『옥해』의 내용이 오기(誤記)인 것으로 의심된다.

【원문】 蘇綽六條一卷.(崇文總目卷二)

【역문】 소작의 『육조』는 1권이다.(『崇文總目』 권2)

【원문】 大統十年秋七月, 魏帝以太祖前後所上二十四條及十二條新制, 方

---

14 『玉海』 권65 「律令」, '西魏六條'.
15 『周書』 권23 「蘇綽傳」, 382쪽.

爲中興永式, 乃命尙書蘇綽更損益之, 總爲五卷, 班於天下. 百姓便之.
(文帝紀)

【역문】 대통 10년(544) 가을 7월에 서위(西魏) 문제(文帝)는 태조가 전후시
기에 올린 24조 및 12조의 새로운 규정을 가지고 바야흐로 영구한 법식
을 중흥시키기 위해 상서(尙書) 소작에게 명하여 재차 그 내용을 덜어내
거나 덧붙여 5권으로 종합하게 한 후 천하에 반행하였다. 이에 백성들
이 편안(便安)해졌다.[16](『주서』「문제본기」)

【원문】 十年, 命尙書蘇綽總三十六條, 更損益爲五卷, 謂之大統式.(唐六典注)

【역문】 대통 10년(544)에 상서(尙書) 소작에게 명하여 36조를 종합한 후 재
차 그 내용을 덜어내거나 덧붙여 5권으로 만들게 하였는데, 이를 『대통
식(大統式)』이라 한다.[17](『당육전』주)

【원문】 周大統式三卷.(隋書經籍志. 新唐書藝文志亦同)

【역문】 『주대통식』은 3권이다.[18](『수서』「경적지」. 『신당서』「예문지」[19]에도 동
일하다.)

【원문】 先是, 太祖命肅撰定法律. 肅積思累年, 遂感心疾. 去職, 卒於家.
(趙肅傳)

【역문】 이보다 앞서 태조는 조숙(趙肅)에게 명하여 법률을 찬정(撰定)토록
하였다. 조숙은 다년간 고심을 거듭하다가 결국 노심(勞心) 끝에 병을 얻
었다. 관직을 고사한 후 가택(家宅)에서 사망하였다.[20](『주서』「조숙전」)

---

16 『周書』 권2 「文帝本紀」, 28쪽.
17 『唐六典』 권6 「尙書刑部」 注, 185쪽.
18 『隋書』 권33 「經籍志」, '刑法篇', 972쪽.
19 『新唐書』 권58 「藝文志」, '刑法類', 1494쪽, "蘇綽大統式三卷."
20 『周書』 권37 「趙肅傳」, 663쪽.

【원문】 保定三年二月庚子, 初頒新律.(武帝紀)

【역문】 보정 3년(563) 2월 경자일에 처음으로 신율(新律)을 반포하였다.[21]
（『주서』「무제본기」)

【원문】 後周命趙肅等造律, 保定中奏之. 凡二十五篇, 大凡定罪一千五百三十七條, 比於齊律, 煩而不當.(唐六典注)

【역문】 후주는 조숙(趙肅) 등에게 명하여 율을 만들게 하였는데, 보정연간 (561-565)에 [완성하여] 이를 상주하였다. 모두 25편(篇)이며, 죄(罪)를 정한 것이 모두 1,537조(條)로서 『북제율』과 비교하였을 때 번잡하면서도 합당치 못하였다.[22](『당육전』주)

【원문】 又監修律令, 進位大將軍.(北史柳敏傳)

【역문】 또한 율령을 감수(監修)하였고, 대장군(大將軍)으로 진급하였다.[23]
（『북사』「유민전」)

【원문】 政明習故事, 又參定周律.(北史裴政傳)

【역문】 배정(裴政)은 고사(故事)에 밝고 익숙하여 또한 『후주율』을 제정하는 데 참여하였다.[24](『북사』「배정전」)

【원문】 與斛斯徵、柳敏等, 同修禮律.(隋書崔仲方傳)

【역문】 곡사징(斛斯徵), 유민(柳敏) 등과 함께 예와 율을 찬수(撰修)하였다.[25]
（『수서』「최중방전」)

---

21 『周書』권5「武帝本紀」, 68쪽.
22 『唐六典』권6「尙書刑部」注, 182–183쪽.
23 『北史』권88「柳敏傳」, 2358쪽.
24 『北史』권77「裴政傳」, 2612쪽.
25 『隋書』권65「崔仲方傳」, 1447쪽.

【원문】 一曰刑名, 二曰法例, 三曰祀享, 四曰朝會, 五曰婚姻, 六曰戶禁, 七曰水火, 八曰興繕, 九曰衛宮, 十曰市廛, 十一曰鬪競, 十二曰劫盜, 十三曰賊叛, 十四曰毀亡, 十五曰違制, 十六曰關津, 十七曰諸侯, 十八曰廐牧, 十九曰雜犯, 二十曰詐僞, 二十一曰請求, 二十二曰告言, 二十三曰逃亡, 二十四曰繫訊, 二十五曰斷獄. 大凡定罪一千五百三十七條.(隋書刑法志)

【역문】 1. 형명(刑名), 2. 법례(法例), 3. 사향(祀享), 4. 조회(朝會), 5. 혼인(婚姻), 6. 호금(戶禁), 7. 수화(水火), 8. 흥선(興繕), 9. 위궁(衛宮), 10. 시전(市廛), 11. 투경(鬪競), 12. 겁도(劫盜), 13. 적반(賊叛), 14. 훼망(毀亡), 15. 위제(違制), 16. 진관(關津), 17. 제후(諸侯), 18. 구목(廐牧), 19. 잡범(雜犯), 20. 사위(詐僞), 21. 청구(請求), 22. 고언(告言), 23. 도망(逃亡), 24. 계신(繫訊), 25. 단옥(斷獄). 죄(罪)를 정한 것이 모두 1,537조(條)였다.[26](『수서』「형법지」)

【세주 원문】 按唐六典注引周律篇目, 祀享作祠享, 關津作關市, 請求作請賕, 告言作告劾, 與隋志微異.

【세주 역문】 『당육전』 주[27]에는 『후주율』의 편목을 인용하면서 「사향(祀享)」을 「사향(祠享)」, 「관진(關津)」을 「관시(關市)」, 「청구(請求)」를 「청구(請賕)」, 「고언(告言)」을 「고핵(告劾)」이라고 기재하여, 『수서』「형법지」의 내용과 조금 다르다.

◉ 周刑名   후주의 형명

【원문】 杖刑五: 十, 二十, 三十, 四十, 五十.

【역문】 장형(杖刑)은 다섯 등급으로 10대, 20대, 30대, 40대, 50대이다.

---

26 『隋書』 권25 「刑法志」, '周', 707쪽.
27 『唐六典』 권6 「尙書刑部」 注, 182–183쪽.

【원문】 鞭刑五: 六十, 七十, 八十, 九十, 一百.

【역문】 편형(鞭刑)은 다섯 등급으로 60대, 70대, 80대, 90대, 100대이다.

【원문】 徒刑五: (徒輸作者, 皆任其所能而役使之.) 徒一年者, 鞭六十, 笞十. (婦人當笞者, 聽以贖論. 下同.) 徒二年者, 鞭七十, 笞二十. 徒三年者, 鞭八十, 笞三十. 徒四年者, 鞭九十, 笞四十. 徒五年者, 鞭一百, 笞五十.

【역문】 도형(徒刑)은 다섯 등급이다. [노역에 복역하는 수도(囚徒)는 모두 각자 능(能)한 바에 의거하여 사역시킨다.] 도(徒) 1년의 경우 편(鞭) 60대와 태(笞) 10대를 가한다. [부인(婦人)의 죄(罪)가 태(笞)를 가하는 범위에 해당할 경우 속(贖)으로 논죄하는 것을 허락한다. 아래의 경우도 모두 이와 같다.] 도(徒) 2년의 경우 편 70대와 태 20대를 가한다. 도(徒) 3년의 경우 편 80대와 태 30대를 가한다. 도(徒) 4년의 경우 편 90대와 태 40대를 가한다. 도(徒) 5년의 경우 편 100대와 태 50대를 가한다.

【원문】 流刑五: (唐六典注, 周流刑以六年爲限.) 流衛服, 去皇畿二千五百里者, 鞭一百, 笞六十. 流要服, 去皇畿三千里者, 鞭一百, 笞七十. 流荒服, 去皇畿三千五百里者, 鞭一百, 笞八十. 流鎭服, 去皇畿四千里者, 鞭一百, 笞九十. 流蕃服, 去皇畿四千五百里者, 鞭一百, 笞一百.

【역문】 유형(流刑)은 다섯 등급이다.[28] [『당육전』 주에 "후주의 유형은 6년을 기한으로 한다."[29]고 하였다.] 유(流) 위복(衛服)은 기내(畿內)로부터 2,500리(里)를 벗어나는 것으로 편(鞭) 100대와 태(笞) 60대를 가한다. 유(流) 요복(要服)은 기내로부터 3,000리를 벗어나는 것으로 편 100대와 태 70대를 가한다. 유(流) 황복(荒服)은 기내로부터 3,500리를 벗어나는 것

---

28 "流衛服. 去皇畿"라는 내용이 보이므로 皇畿로부터의 거리임을 알 수 있다. 또한 2,500리의 경우는 衛服. 3,000리의 경우는 要服. 3,500리의 경우는 荒服. 4,000리의 경우는 鎭服. 4,500리의 경우는 蕃服에 유배하는 것으로 규정되어 있는데, 이는 대체로 『周禮』에 기초한 것으로 보이지만, 일치하지는 않는다.

29 『唐六典』 권6, 「尙書刑部」의 注, 182쪽.

으로 편 100대와 태 80대를 가한다. 유(流) 진복(鎭服)은 기내로부터
4,000리를 벗어나는 것으로 편 100대와 태 90대를 가한다. 유(流) 번복
(蕃服)은 기내로부터 4,500리를 벗어나는 것으로 편 100대와 태 100대를
가한다.

【원문】 死刑五: 罄, (唐六典注罄作磔) 絞, 斬, 梟, 裂.

【역문】 사형은 다섯 등급으로 경(罄), [『당육전』 주에는 "경(罄)"을 "책(磔)"
이라고 하였다.] 교(絞), 참(斬), 효(梟), 열(裂)이다.

◉ 贖罪 속죄

【원문】 贖杖刑五, 金一兩至五兩. 贖鞭刑五, 金六兩至十兩. 贖徒刑五, 一
年金十二兩, 二年十五兩, 三年一斤二兩, 四年一斤五兩, 五年一斤八
兩. 贖流刑, 一斤十二兩, 俱役六年, 不以遠近爲差等. 贖死罪, 金二
斤.(隋書刑法志)

【역문】 속장형(贖杖刑)은 다섯 등급으로 금(金) 1냥(兩)부터 5냥까지이다.
속편형(贖鞭刑)은 다섯 등급으로 금 6냥부터 10냥까지이다. 속도형(贖徒
刑)은 다섯 등급으로 도(徒) 1년은 금 12냥, 도(徒) 2년은 15냥, 도(徒) 3년
은 1근(斤) 2냥,[30] 도(徒) 4년은 1근 5냥, 도(徒) 5년은 1근 8냥이다. 속유

---

30 『二年律令』에서는 벌금과 속형을 각각 황금 1냥과 2냥 등으로 규정하고 있다. 『管子』에 따르면,
황금 1斤은 1만전이고, 王莽 시기 황금 1근의 가격도 1만전인 것으로 보아 전국시대부터 황금 1근의
가격이 만전이었다는 의견에는 이의가 없어 보인다. 그러나 물가변동을 고려하지 않고 황금가격
을 1근 = 1만전으로 고정시키는 것은 비현실적일 수밖에 없다. 우선 張家山漢簡의 문서 중 하나로
출토된 『算數書』에는 금값이 1근에 5,040전으로 나와 있고, 前漢 중엽에 저술되었을 것으로 생각
되는 『九章算術』에는 1근의 가액이 6,250전 또는 9,800전으로 나타나기 때문이다. 그러므로 罰 ·
贖 · 債를 錢으로 납입할 때는 각 郡마다 10월 黃金의 平價로 환산하라는 이년율령의 규정은 황금
과 동전의 교환 비율 변동을 전제로 한 것이다. 시장의 상황에 따라 황금 가격에 등락이 있는 것을
고려하여 漢律에는 속형 · 벌금형의 액수를 황금가로 일관되게 표시하고 있는 것이다. 즉 금본위
제로 하여 금의 시세에 따라 동전으로 절납하게 하는 방법을 채택한 것으로 보인다. 그러나 居延
漢簡의 몇몇 문서에는 벌금 1냥이 625전으로 고정되어 있고, 1근도 1만전으로 고정되어 있다. 자세
한 사항은 任仲爀, 「秦漢律의 벌금형」, 『中國古中世史研究』15, 2006년 참고.

형(贖流刑)은 1근 12냥으로 모두 6년간 노역에 처한다. 유배지의 원근(遠近)에 따라 차등(差等)을 두지는 않는다. 속사죄(贖死罪)는 금 2근이다.[31] (『수서』「형법지」)

【원문】 應贖金者, 鞭杖十, 收中絹一匹. 流徒者, 依限歲收絹十二匹. 死罪者一百匹. 其贖刑, 死罪五旬, 流刑四旬, 徒刑三旬, 鞭刑二旬, 杖刑一旬. 限外不輸者, 歸於法. 貧者請而免之.(同上)

【역문】 마땅히 속금(贖金)을 납부해야 할 경우 편장(鞭杖) 10대를 가하고 중견(中絹) 1필(匹)을 거둔다. 유도죄(流徒罪)의 경우 형(刑)의 한도에 따라 해마다 견(絹) 12필씩을 거둔다.[32] 사죄(死罪)의 경우 견 100필이다. 속형(贖刑)의 기한은 사죄의 경우 50일, 유형의 경우 40일, 도형의 경우 30일, 편형의 경우 20일, 장형의 경우 10일 이내로 한다. 기한이 넘도록 견을 납부하지 못한 경우에는 법률대로 형에 처한다. 가난한 이들이 청원(請願)하면 이를 면제한다.[33](『수서』「형법지」)

【원문】 其贖罪金絹兼用.(唐六典注)

【역문】 그 속죄에는 금(金)과 견(絹)을 함께 사용하였다.[34](『당육전』주)

◉ 不立十惡之目 십악의 조목을 두지 않음

【원문】 不立十惡之目, 而重惡逆、不道、大不敬、不孝、不義、內亂之罪. 凡惡逆, 肆之三日.(隋書刑法志)

【역문】 십악(十惡)의 조목을 두지는 않았지만, 악역(惡逆)·부도(不道)·대

---

31 『隋書』 권25 「刑法志」, '周', 708쪽.
32 流刑 5等級의 贖은 모두 1근 12냥 및 徒役 6년이다. 도역 1년은 견 12필에 해당하므로 도역 6년은 72필에 해당한다.
33 『隋書』 권25 「刑法志」, '周', 708–709쪽.
34 『唐六典』 권6 「尙書刑部」 注, 181쪽.

불경(大不敬)·불효(不孝)·불의(不義)·내란(內亂)의 죄는 중죄(重罪)로 하였다. 무릇 악역(惡逆)은 사형에 처한 후 3일간 그 시체를 군중들에게 보였다.[35](『수서』「형법지」)

◉ **八議** 팔의

【원문】 所管禮州刺史蔡澤黷貨被訟. 達以其勳庸, 不可加戮.(北史周室諸王 代奰王達傳)

【역문】 관할 지역 내 예주자사(禮州刺史) 채택(蔡澤)이 뇌물을 수수한 혐의로 소송을 당하였다. 우문달(宇文達)은 그에게 훈공(勳功)이 있었기 때문에 사형을 가할 수 없었다.[36](『북사』「대비왕달전」)

【세주 원문】 按此卽八議中之議功, 周律列八議, 又見唐六典注.

【세주 역문】 이는 곧 팔의(八議) 중 의공(議功)이다. 후주의 율에는 팔의가 열거되어 있으며, 이는 『당육전』 주에도 보인다.

◉ **加減** 가감

【원문】 鞭者以一百爲限. 加笞者, 合二百止. 應加鞭笞者, 皆先笞後鞭.(隋書刑法志)

【역문】 편(鞭)은 100대를 한도로 한다. 태(笞)를 가할 경우 [편과] 합하여 200대로 그친다. 편과 태를 가해야 할 경우 모두 태를 먼저 치고 편을 후에 친다.[37](『수서』「형법지」)

---

35 『隋書』 권25 「刑法志」, '周', 708쪽.
36 『北史』 권58 「代奰王達傳」, 2094쪽.
37 『隋書』 권25 「刑法志」, '周', 708쪽.

【원문】 杖十已上, 當加者上就次, 數滿乃坐. 當減者, 死罪流蕃服, 蕃服已
下俱至徒五年. 五年以下, 各以一等爲差.(同上)

【역문】 장형(杖刑) 10대 이상으로 장(杖)의 수(數)를 늘려야 할 경우 상위(上
位)에 규정된 수(數)에 이르러서야 비로소 해당하는 죄를 준다. 감죄를
해야 할 경우 사죄(死罪)는 번복(蕃服)에 유(流)하고, 번복(蕃服) 이하의
유형(流刑)은 똑같이 도(徒) 5년[38]으로 한다.[39](『수서』「형법지」)

◉ 故縱 고종

【원문】 乃悉詔桀黠少年素爲鄕里患者, 署爲主帥, 分其地界. 有盜發而不
獲者, 以故縱論.(韓褒傳)

【역문】 이에 마을에 근심거리가 되는 흉폭하고 교활한 소년들을 모두 불러
모아 주사(主帥)를 맡게 하고는 각각 관할해야 하는 지역의 경계를 나누
었다. 만약 도적이 발생하였는데도 이를 포획하지 못할 경우 고의로 방
종한 죄[故縱]로써 논하게 하였다.[40](『주서』「한포전」)

◉ 考竟 고경

【원문】 子肅, 早有才名, 性頗輕猾, 卒以罪考竟終.(張軌傳)

【역문】 아들 장숙(張肅)은 일찍부터 재능과 명성이 있었으나 그 성품이 매
우 경박하고 교활하여, 끝내 죄를 얻어 마지막까지 형신(刑訊)을 당하다
가 사망하였다.[41](『주서』「장궤전」)

---

38 北周의 死刑에는 磬, 絞, 斬, 梟, 裂의 5등급이 존재하는데, 사죄를 경감해야 할 때는 이 5등급의 사
형을 1등급으로 보고 流刑의 최고형인 衛服에 처한다는 것이다. 또 流刑에는 衛服, 要服, 荒服, 鎭
服, 蕃服의 5등급이 있지만, 경감할 경우에는 流刑 5등급을 하나의 등급으로 보고 徒刑의 최고형
인 徒5年에 처한다는 것이다.
39 『隋書』 권25 「刑法志」, '周', 708쪽.
40 『周書』 권37 「韓褒傳」, 661쪽.
41 『周書』 권37 「張軌傳」, 664쪽.

◉ 除名　제명

【원문】 植誅死, 穆亦坐除名.(李穆傳)

【역문】 이식(李植)은 주살되었고, 이목(李穆) 또한 이 일로 죄를 받아 제명
　　되었다.[42](『주서』「이목전」)

【원문】 其長子康恃悅舊望, 遂自驕縱. 悅及康並坐除名.

【역문】 그 장자(長子) 왕강(王康)은 부친 왕열(王悅)의 옛 명망을 믿고 마침
　　내 교만해져 멋대로 행동하였다. 이에 왕열과 왕강 모두 죄를 받아 제명
　　되었다.[43](『주서』「왕열전」)

◉ 犯罪在赦前　사면 이전에 범한 죄

【원문】 周詔: 有司無得糾赦前事; 唯庫倉廩與海內所共, 若有侵盜, 雖經
　　赦宥免其罪, 徵備如法.(通鑑一百六十七)

【역문】 후주에서 조(詔)를 내리기를, "유사(有司)는 사면 이전의 일을 조사
　　하지 말라. 다만 고(庫), 창(倉), 늠(廩) 등에 비축된 재물과 해내(海內)에
　　서 상공(上貢)되는 재물에 한하여 만약 침도(侵盜) 행위가 발생할 경우
　　비록 사면을 통해 그 죄를 면제하였을지라도 그대로 법에 정해진 바와
　　같이 징벌토록 하라."고 하였다.[44](『자치통감』권167)

◉ 雜戶　잡호

【원문】 盜賊及謀反大逆降叛惡逆罪當流者, 皆甄一房配爲雜戶. 其爲盜

---

42 『周書』 권30「李穆傳」, 528쪽.
43 『周書』 권69「王悅傳」, 580쪽.
44 『資治通鑑』 권167「陳紀1」, '高祖, 永定 3년', 5185쪽.

賊事發逃亡者, 懸名注配. 若再犯徒、三犯鞭者, 一身永配下役.(隋書
刑法志)

【역문】 도적(盜賊) 및 모반(謀反), 대역(大逆), 항반(降叛),[45] 악역(惡逆)으로
죄(罪)가 유(流)에 해당하는 경우[46] 모두 그 일가족을 분리하여 잡호(雜
戶)로 편입시킨다.[47] 도적(盜賊) 행위를 하고 난 뒤 사실이 발각되어 도망
(逃亡)한 경우 그 이름을 게시(揭示)한 후 호적에 기입(記入)하며, 가족은
노역에 배치한다. 만약 도형의 죄를 두 번 범한 경우이거나 편형의 죄를
세 번 범한 경우이면, 당사자는 영구히 천역에 종사시킨다.[48](『수서』「형
법지」)

【원문】 建德六年, 齊平後, 帝欲施輕典於新國, 乃詔凡諸雜戶, 悉放爲百
姓. 自是無復雜戶.(同上)

【역문】 건덕 6년(577)에 북제(北齊)를 평정한 이후 황제는 새롭게 건립된
나라에 가벼운 형벌 법규를 베풀고자 하였다. 이에 조(詔)를 내려, "무
릇 모든 잡호(雜戶)를 남김없이 석방하여 일반 백성으로 삼도록 하라."
고 하였다. 이후부터 잡호(雜戶)와 관련한 제도가 회복된 일은 없었
다.[49](『수서』「형법지」)

【원문】 六年八月壬寅詔曰: 以刑止刑, 世輕世重. 罪不及嗣, 皆有定科. 雜

---

45 北齊의 "重罪十條"에 따르면, 그중 셋째가 "叛"이고 넷째가 "降"이다. 北周에서는 아직 그 구분이
  명확하지 않았던 것으로 보인다.
46 범죄자 본인이 아니라 연좌되어 流配刑에 해당하는 자를 의미한다.
47 魏晉南北朝 시기에 이르러 군현민과 노비 사이에 새로운 예속신분이 나타나는데 그 대표적인 것
  이 私的隸屬民으로 客, 官府隸屬民으로 雜戶가 있다. 北魏 때는 피정복지 漢人의 百工伎巧가 영
  구적으로 官의 雜役에 충당되어 百雜戶, 雜役戶, 隸戶 등으로 불리었다. 그들은 일반민보다 낮은
  지위에 있었지만, 賤民은 아니었다. 그런데 西魏와 北周 때는 雜役戶가 부족하여 "犯罪緣坐者"를
  여기에 충당하였으며, 雜役戶의 주체로 삼았다. 그 때문에 雜戶의 개념은 官有賤民의 의미로 전화
  되었다.
48 『隋書』권25 「刑法志」, '周', 708쪽.
49 『隋書』권25 「刑法志」, '周', 709쪽.

役之徒, 獨異常憲, 一從罪配, 百世不免. 罰旣無窮, 刑何以措. 道有沿
革, 宜從寬典. 凡諸雜戶, 悉放爲民. 配雜之科, 因之永削.(武帝紀)

【역문】 건덕 6년(577) 8월 임인일에 조(詔)를 내려 말하기를, "형(刑)으로 형
(刑)을 제지함에 그 법률 규정이 때에 따라 가볍기도 하고 무겁기도 하
다. 죄인에 대한 처벌이 그 후대(後代)까지 미치지 않게 한다는 것은 예
로부터 명문 규정으로 제정되어 있는 바이다. 잡역에 종사하는 무리들
은 유독 일상적인 법규와 다른 적용을 받아, 한 번 죄를 범하여 노역에
배치되면 백세(百世) 이후의 자손까지도 이를 면할 길이 없다. 그 처벌이
이처럼 끝이 없다면 형법이 어떻게 공평하게 시행될 수 있단 말인가. 법
률제도는 연혁을 좇게 마련이니, 마땅히 관대한 형벌법규를 따라야 한
다. 그러므로 모든 잡호(雜戶)를 남김없이 석방하여 일반 백성으로 삼도
록 하라. 잡호(雜戶)에 배속시키는 형벌규정도 이에 맞추어 영구히 삭제
토록 하라."고 하였다.[50](『주서』「무제본기」)

◉ **枷鎖之制** 가쇄(枷鎖)의 제도

【원문】 凡死罪枷而拲, 流罪枷而梏, 徒罪枷, 鞭罪桎, 杖罪散以待斷. 皇族
及有爵者, 死罪已下鎖之, 徒已下散之. 獄成將殺者, 書其姓名及其罪
於拲, 而殺之市. 唯皇族與有爵者隱獄.(隋書刑法志)

【역문】 무릇 사죄(死罪)를 범한 자에게는 칼[枷]을 씌우고 두 손목을 묶는다.
유죄(流罪)를 범한 자에게는 칼[枷]을 씌우고 수갑을 채우며, 도죄(徒罪)
를 범한 자에게는 칼[枷]만 씌운다. 편죄(鞭罪)를 범한 자에게는 양쪽 다
리에 차꼬[桎]를 채우고, 장죄(杖罪)를 범한 자에게는 형구를 씌우지 않은
채 판결을 기다리게 한다. 황족 및 작위가 있는 자는 사죄(死罪) 이하일
경우 쇄(鎖)를 채우고, 도죄(徒罪) 이하일 경우 형구를 채우지 않는다. 옥
송(獄訟)에 대한 심리가 끝나고 장차 사형에 처해져야 하는 경우 두 손을

---

50 『周書』 권6 「武帝本紀」, 114쪽.

묶은 형구에 성명 및 그 죄를 적어 넣고 저자에서 주살한다. 다만 황족이나 작위가 있는 자는 그 심리 절차와 형벌의 시행을 내밀(內密)하게 진행한다.[51](『수서』「형법지」)

● **周嚴治盜之律**　후주의 도적을 엄히 다스린 율

【원문】 盜賊群攻鄕邑及入人家者, 殺之無罪.(隋書刑法志)

【역문】 도적(盜賊)이 무리를 지어 향읍(鄕邑)을 공격하거나 인가(人家)에 침입한 경우에는 이들을 살해하더라도 무죄(無罪)이다.[52](『수서』「형법지」)

【원문】 經爲盜者, 注其籍. 唯皇宗則否.(同上)

【역문】 도죄(盜罪)를 범한 경우 호적에 기입한다. 다만 황실종친은 기입하지 않는다.[53](『수서』「형법지」)

【원문】 建德六年十一月, 初行刑書要制. 持杖羣彊盜一匹以上, 不持杖羣彊盜五匹以上, 監臨主掌自盜二十匹以上, 小盜及詐僞官物三十匹以上, 正長隱五戶及十丁以上、隱地三頃以上者, 至死. 刑書所不載者, 自依律科.(武帝紀)

【역문】 건덕 6년(577) 11월에 처음으로 『형서요제(刑書要制)』를 시행하였다. 무기를 소지하고 무리를 지어 1필(匹) 이상을 강도한 경우, 무기를 소지하지 않고 무리를 지어 5필 이상을 강도한 경우, 감림관(監臨官)과 주수관(主守官)이 직접 20필 이상을 훔친 경우, 자질구레한 것을 훔치거나 관물(官物)을 사위(詐僞)한 것이 30필 이상인 경우, 각급 행정관원이 민호(民戶)를 숨겨준 것이 5호(戶) 또는 10정(丁) 이상이거나 전지(田地)

---

51 『隋書』 권25, 「刑法志」, '周', 708쪽.
52 『隋書』 권25, 「刑法志」, '周', 708쪽.
53 『隋書』 권25, 「刑法志」, '周', 708쪽.

를 숨겨준 것이 3경(頃) 이상인 경우는 모두 사형에 처하였다. 『형서요
제』에 기재되어 있지 않은 경우에는 유관 법률 조문에 의거하여 처리하
도록 하였다.[54](『주서』「무제본기」)

◉ 周以經義決獄 후주의 경의결옥

【원문】 元年二月丁亥, 楚國公趙貴謀反, 伏誅. 詔曰: 法者天下之法, 朕旣
爲天下守法, 安敢以私情廢之. 書曰, 善善及後世, 惡惡止其身, 其貴、
通、興、龍仁罪止一家, 僧衍止一房, 餘皆不問.(孝閔帝紀)

【역문】 원년(557) 2월 정해일에 초국공(楚國公) 조귀(趙貴)가 모반(謀反)하여
주살되었다. 조(詔)를 내려 말하기를, "법이라는 것은 천하의 법이다. 짐
이 이미 천하를 위하여 법을 지키기로 한 이상, 어찌 감히 사사로운 감
정으로 이를 가만두겠는가. 『상서』에 '선량한 덕행을 후세에 전하고, 악
함을 징계하는 것은 그 자신에 그치게 한다.'고 하였으니, 조귀(趙貴), 만
후기통(萬侯幾通), 질노홍(叱奴興), 왕용인(王龍仁)의 죄는 그 일가(一家)에
그치게 하고, 장손승연(長孫僧衍)의 죄는 그 가족에 그치게 하며, 그 밖
의 사람들에게는 모두 죄를 묻지 말라."고 하였다.[55](『주서』「효민제본기」)

【원문】 詔曰: 君親無將, 將而必誅. 大冢宰晉公護志在無君, 義違臣節. 懷
玆蠆毒, 逞彼狼心, 任情誅暴, 肆行威福. 今肅正典刑, 護已卽罪, 可大
赦天下.(晉蕩公護傳)

【역문】 조(詔)를 내려 말하기를, "군주와 부모에 대해서는 반역하여 시해하
려는 마음이 없어야 하고, 반역하여 시해한 경우에는 반드시 주살해야
한다. 대총재(大冢宰) 진공(晉公) 우문호(宇文護)는 심중에 군주가 없으
며, 그 품은 뜻은 신하로서의 도리를 위반하였다. 가슴속에 이처럼 흉악

---

54 『周書』권6, 「武帝本紀」, 105쪽.
55 『周書』권3 「孝閔帝本紀」, 47~48쪽.

한 독을 품고, 함부로 저 이리 같은 마음을 풀어놓아 제멋대로 백성들을 죽이고 난폭하게 굴며, 방자(放恣)하게 상을 내리기도 하고 벌을 내리기도 하였다. 현재 형벌법규를 엄정(嚴正)히 하여 우문호는 이미 그 죄에 대한 형벌을 받았으니, 천하에 대사면령을 내릴 수 있도록 하라."고 하였다.[56](『주서』「진탕공호전」)

◉ 禁娶母同姓爲妻妾
모친과 동성인 여자를 취하여 처나 첩으로 삼는 것을 금함

【원문】 建德六年六月丁卯, 詔曰: 同姓百世, 婚姻不通, 蓋惟重別, 周道然也. 而娶妻買妾, 有納母氏之族, 雖曰異宗, 猶爲混雜. 自今以後, 悉不得娶母同姓, 以爲妻妾. 其已定未成者, 卽令改聘.(武帝紀)

【역문】 건덕 6년(577) 6월 정묘일에 조(詔)를 내려 말하기를, "동성지간에 백대(百代)가 지나더라도 혼인이 성립할 수 없게 하는 것은 대체로 혼인 관계를 무겁게 구별하고자 하는 것으로 주(周)나라 때부터 이미 그러하였다. 아내를 맞이하고 첩을 들이는 데 모친의 친족을 초빙하니, 비록 이종(異宗)이라 할지라도 오히려 한데 뒤섞이게 됨이 있다. 지금 이후부터 일률적으로 모친과 동성인 여자를 취하여 처나 첩으로 삼을 수 없도록 하라. 만약 이미 혼인을 약속하였으나 아직 성사되지 않은 경우가 있다면, 즉시 명하여 다른 사람을 구하게 하라."고 하였다.[57](『주서』「무제본기」)

【세주 원문】 按周書宣帝紀詔制九條, 宣下州郡, 二曰母族絶服外者聽婚. 是武帝時凡母族均禁通婚, 至宣帝時則絶服外者仍許之也.

【세주 역문】 『주서』「선제본기」에 따르면 조(詔)를 내려, 구조(九條)를 제정하게 한 후 전국에 선포하여 하달하였다. 그중 두 번째에 "모친의 친족 중 오복[絶服] 이외의

---

56 『周書』 권11 「晉蕩公護傳」, 176쪽.
57 『周書』 권6 「武帝本紀」, 103쪽.

자라면 혼인을 허락한다."[58]고 하였다. 즉 무제 때 모든 모친의 친족과는 일절 통혼 (通婚)이 금지되었지만, 선제 때에 이르러 오복 이외인 경우에는 그대로 통혼을 허락 하고 있는 것이다.

● **禁報讎** 보복과 복수의 금지

【원문】 保定三年夏四月戊午, 初禁天下報讎, 犯者以殺人論.(武帝紀)

【역문】 보정 3년(563) 여름 4월 무오일에 처음으로 천하에 보복과 복수하 는 행위를 금지하였으며, 이를 위반할 경우 살인으로 논죄하게 하였 다.[59](『주서』「무제본기」)

【원문】 初除復讎之法, 犯者以殺論.(隋書刑法志)

【역문】 처음으로 복수에 대한 법을 폐지하였는데, 이를 범할 경우 살인으 로 논죄토록 하였다.[60](『수서』「형법지」)

【세주 원문】 按所謂復讎之法者, 據隋志卽報讎者, 告於法而自殺之, 不坐, 蓋周律原 有此條.

【세주 역문】 이른바 복수에 대한 법이란『수서』「형법지」에 따르면 곧 "복수의 경우 법률의 수속을 거친 다음이라면, 직접 원수를 살해해도 처벌하지 않는다."[61]고 한 것 인데, 대체로 후주의 율에는 본래부터 이와 관련한 조문이 있었던 것이다.

● **錢禁** 전(錢)의 주조에 대한 금지

【원문】 建德五年春正月, 初令鑄錢者絞, 其從者遠配爲民.(武帝紀. 隋書食

---

58 『周書』 권7「宣帝本紀」, 116쪽.
59 『周書』 권6「武帝本紀」, 68쪽.
60 『隋書』 권25「刑法志」, '齊', 709쪽.
61 『隋書』 권25「刑法志」, '周', 708쪽.

貨志民作戶)

【역문】 건덕 5년(576) 봄 정월에 처음으로 영(令)을 내려 전(錢)을 주조하는 경우 교형(絞刑)에 처하도록 하였으며, 그 종범(從犯)은 먼 지역으로 유배하여 그 지역의 백성으로 삼게 하였다.[62](『주서』「무제본기」. 『수서』「식화지」에는 "민"을 "호"라고 하였다.)

◉ **刑書要制, 刑經聖制** 『형서요제』와 『형경성제』

【원문】 初, 高祖作刑書要制, 用法嚴重. 及帝即位, 以海內初平, 恐物情未附, 乃除之. 至是大醮於正武殿, 告天而行焉.(宣帝紀)

【역문】 당초 고조는 『형서요제』를 제정하여 형법을 엄중히 하였다. 선제가 막 즉위하였을 때는 해내(海內)가 처음으로 평정되었기 때문에 민심이 아직 귀부(歸附)하지 않은 것을 염려하여 이를 폐지했었다. 이때에 이르러 정무전(正武殿)에서 제천 의식을 거행하면서 하늘에 고한 후 이 법을 다시 시행하였던 것이다.[63](『주서』「선제본기」)

【원문】 大象元年, 下詔曰: 高祖所立刑書要制, 用法深重, 其一切除之. 然帝荒淫日甚, 惡聞其過, 誅殺無度, 疏斥大臣. 又數行肆赦, 爲姦者皆輕犯刑法, 政令不一, 下無適從. 於是又廣刑書要制, 而更峻其法, 謂之刑經聖制. 宿衛之官, 一日不直, 罪至削除. 逃亡者皆死, 而家口籍沒. 上書字誤者, 科其罪. 鞭杖皆百二十爲度, 名曰天杖. 其後又加至二百四十.(隋書刑法志)

【역문】 대상 원년(579)에 조(詔)를 내려 말하기를, "고조께서 제정하신 『형서요제』는 법의 규정이 지나치게 무거우므로 모두 폐기한다."고 하였다. 그러나 선제(宣帝)의 황음(荒淫)은 날로 심중해져 자신의 과오를 듣

---

62 『周書』 권6 「武帝本紀」, 94쪽.
63 『周書』 권7 「宣帝本紀」, 120–121쪽.

는 것을 싫어하였고, 주살(誅殺)에 절제가 없었으며, 대신(大臣)들을 멀리하고 배척하였다. 또 누차 내키는 대로 사면(赦免)을 하여 간자(奸者)들이 모두 쉽게 형법을 어겼다. 정령(政令)은 통일되지 않았고, 아랫사람들은 따라야 할 바를 알지 못하였다. 이에 다시 『형서요제』를 늘려서 형법을 더욱 엄하게 한 후 『형경성제』라고 일컬었다. 궁중에서 숙위(宿衛)하는 관원이 하루 숙직을 빠질 경우 그 죄명은 삭직제명(削職除名)에 이르렀다. 도망한 자는 모두 사형에 처하고 가족들은 모두 적몰(籍沒)되었다. 조정에 상서(上書)할 때 글자에 착오가 있으면, 율에 의해 단죄(斷罪)하였다. 편(鞭)과 장(杖)은 모두 120대를 한도로 하여 천장(天杖)이라 하였다. 그 후 또 증가하여 240대에 이르렀다.[64](『수서』「형법지」)

【원문】 隋高祖爲相, 又行寬大之典, 刪略舊律, 作刑書要制. 旣成奏之, 靜帝下詔頒行. 諸有犯罪未科決者, 並依制處斷.(同上)

【역문】 수(隋)나라 고조는 재상이 되었을 때, 재차 관대한 형법을 시행하여 구율(舊律)을 삭감하고 『형서요제』를 만들었다. 완성 후 조정에 상주하자 정제(靜帝)가 조(詔)를 내려 반행하였다. 무릇 죄를 범하였으나 아직 판결을 받지 않은 경우에는 모두 새로운 규정에 의해 처단토록 하였다.[65](『수서』「형법지」)

◉ 周令 후주의 영(令)

【원문】 後周命趙肅、拓跋迪定令, 史失篇目.(唐六典注)

【역문】 후주는 조숙(趙肅)과 탁발적(拓跋迪)에게 명하여 영(令)을 제정하게 하였으나, 사서(史書)에는 편목(篇目)이 남아 있지 않다.[66](『당육전』주)

---

64 『隋書』 권25 「刑法志」, '齊', 709–710쪽.
65 『隋書』 권25 「刑法志」, '齊', 710쪽.
66 『唐六典』 권6 「尙書刑部」 注, 184쪽.

【세주 원문】 按舊唐書經籍志、新唐書藝文志於南北朝諸律令, 獨闕周令. 六典注成於李林甫, 當唐之中葉, 周令已不可考, 則其佚久矣. 隋書禮儀志於周制記載深詳, 苟非周令尙存, 何所依據? 然隋書經籍志亦不著錄, 殊不可解.

【세주 역문】 『구당서』「경적지」와 『신당서』「예문지」는 남북조의 여러 율령 중에서 유독 후주의 영(令)에 대한 기재만 누락하였다. 『당육전』의 주는 이임보(李林甫)에 의해 완성되었으므로 응당 당(唐) 중엽부터 이미 후주의 영(令)을 고찰할 수가 없었던 것이니, 그 일실(佚失)됨이 매우 오래되었던 것이라 하겠다. 『수서』「예의지」는 후주의 제도에 대하여 매우 상세하게 기재하였는데, 진실로 후주의 영(令)이 상존(尙存)하였던 것이 아니라면, 무엇을 근거를 서술하였겠는가? 그러므로 『수서』「경적지」에서조차 이를 저록(著錄)하지 않았던 것은 더욱 이해하기가 어렵다.

【원문】 載師掌任土之法, 辨夫家田里之數, 會六畜車乘之稽, 審賦役斂弛之節, 制畿疆修廣之域, 頒施惠之要, 審牧産之政. 司均掌田里之政令. 凡人口十已上, 宅五畝; 口九已上, 宅四畝; 口五已下, 宅三畝. 有室者, 田百四十畝, 丁者田百畝. 司賦掌功賦之政令. 凡人自十八以至六十有四, 與輕癃者, 皆賦之. 其賦之法, 有室者, 歲不過絹一疋, 綿八兩, 粟五斛; 丁者半之. 其非桑土, 有室者, 布一疋, 麻十斤; 丁者又半之. 豐年則全賦, 中年半之, 下年一之, 皆以時徵焉. 若艱凶札, 則不徵其賦. 司役掌力役之政令. 凡人自十八以至五十有九, 皆任於役. 豐年不過三旬, 中年則二旬, 下年則一旬. 凡起徒役, 無過家一人. 其人有年八十者, 一子不從役, 百年者, 家不從役. 廢疾非人不養者, 一人不從役. 若凶札, 又無力征. 掌鹽掌四鹽之政令. 一曰散鹽, 煮海以成之; 二曰鹽鹽, 引池以化之; 三曰形鹽, 物地以出之; 四曰飴鹽, 於戎以取之. 凡鹽鹽形鹽, 每地爲之禁, 百姓取之, 皆稅焉. 司倉掌辨九穀之物, 以量國用. 國用足, 卽蓄其餘, 以待凶荒; 不足則止. 餘用足, 則以粟貸人. 春頒之, 秋斂之.(隋書食貨志)

【역문】 재사(載師)는 토지의 구체적인 정황을 근거로 전부(田賦)를 제정하

는 방법을 관장하여 남녀 전리(田里)의 수목(數目)을 변명(辨明)하고, 가축과 거승(車乘)의 비축량을 계산하며, 부역(賦役)의 부렴(賦斂)과 시혜(施惠)의 한도를 살피고, 국토 면적의 너비와 길이를 제정하며, 혜정(惠政)을 실시(實施)하는 요강(要綱)을 반포하고, 목축(牧畜)의 생산에 관한 규정을 심리(審理)한다. 사균(司均)은 전리(田里)에 관한 정령(政令)을 관장한다. 무릇 인구 10인 이상은 택지(宅地)가 5무(畝)이고, 인구 9인 이상은 택지가 4무이며, 인구 5인 이하는 택지가 3무이다. 가실(家室)이 있는 경우는 전지(田地)가 140무이고, 정부(丁夫)는 100무이다. 사부(司賦)는 공부(功賦)에 관한 정령(政令)을 관장한다. 무릇 백성은 18세부터 64세까지 가벼운 장애를 가진 사람을 포함하여 모두 부세(賦稅)를 징수한다. 부세를 징수하는 방법은 가실이 있는 경우 매년 견(絹) 1필(疋), 면(綿) 8량(兩), 속(粟) 5곡(斛)을 초과하지 않으며, 정부(丁夫)의 경우 그 반이다. 그 중 뽕나무를 심기에 적합하지 않은 지역은 가실이 있는 경우 포(布) 1필, 마(麻) 10근(斤)이며, 정부(丁夫)의 경우 그 반이다. 풍년이면 전액을 징수하고, 중년이면 그 반액을 징수하며, 하년이면 10분의 1을 징수하되, 모두 시의에 따라 징수한다. 만약 기근이나 전염병이 발생한다면, 부세를 징수하지 않는다. 사역(司役)은 역역(力役)에 관한 정령(政令)을 관장한다. 무릇 백성은 18세부터 59세까지 모두 노역에 임해야 한다. 풍년에는 30일을 초과하지 않고, 중년에는 20일이며, 하년에는 10일이다. 무릇 노역시킬 사람의 징발은 집마다 한 사람을 초과하지 않는다. 그중 80세 이상인 사람이 있으면 아들 중 한 명을 노역에 종사시키지 않도록 하고, 100세 이상인 사람이 있으면, 집안 전체를 노역에 종사시키지 않도록 한다. 장애가 있어 다른 사람의 도움이 아니면 생활할 수 없는 경우 당사자에 한하여 노역에 종사시키지 않도록 한다. 만약 기근이나 전염병이 발생한다면 또한 노역을 면제한다. 장염(掌鹽)은 사염(四鹽)에 관한 정령(政令)을 관장한다. 첫째는 산염(散鹽)으로 바닷물을 말려서 만든다. 둘째는 고염(鹽鹽)으로 못의 물을 끓어내어 없앤 후 만든다. 셋째는 형염

(形鹽)으로 소금이 생산되는 지역을 선택하여 만들어 낸다. 넷째는 이염(飴鹽)으로 서쪽 변경 지역에서 취한다. 무릇 고염과 형염은 각지에서 함부로 만드는 것을 금지하며, 백성들이 이를 얻으면 모두 세금을 징수한다. 사창(司倉)은 아홉 가지 곡류를 변별(辨別)하는 일을 관장하며, 이로써 국용(國用)을 헤아린다. 국용(國用)이 충족되면 그 나머지를 비축하여 흉년에 대비하며, 부족한 경우에는 비축을 중단한다. 비축한 양식도 충족이 되었다면, 남은 곡식을 백성들에게 대여해 준다. 봄철에 나누어 주었다가 가을에 거두어들인다.[67](『수서』「식화지」)

【세주 원문】 按此段文法, 酷以周禮, 史稱文帝命蘇綽大誥凡百, 文字均依其體. 食貨志所探, 決爲周令原文無疑. 此外禮儀志所載服制, 通典及周書盧辯傳所載之官品, 其名稱亦全模倣周禮, 疑亦本之周令, 以文多不錄. 今周令雖佚, 尙可於隋志得其大概也.

【세주 역문】 이 문단의 법령은 『주례』의 향기가 매우 진하다. 사서(史書)에 일컫기를 문제가 소작에게 명하여 「대고」를 기준으로 삼도록 하였고, 모든 문자는 일률적으로 그 체재를 따랐다고 하였다. 「식화지」에서 채택한 이 법령이 틀림없이 『후주령』의 원문일 것이라는 데는 의심의 여지가 없다. 그 밖에 「예의지」에 실려 있는 복제(服制)와 『통전』 및 『주서』「노변전」에 실려 있는 관품(官品)의 경우 그 명칭 역시 전적으로 『주례』를 모방하였고, 또한 본래 후주의 영(令)이었을 것이라 생각되지만, 내용이 많아 여기에 모두 기록하지는 않는다. 현재 후주의 영(令)은 비록 산일(散佚)되었을지라도 여전히 『수서』「형법지」를 통해 그 대체적인 면모를 확인할 수 있다.

⊙ 九條 구조

【원문】 宣政元年八月, 詔制九條, 宣下州郡.(隋書刑法志)

【역문】 선정 원년(578) 8월에 조(詔)를 내려 구조(九條)를 제정하게 한 후 전

---

67 『隋書』 권24 「食貨志」, '後周', 679–680쪽.

국에 선포하여 하달하였다.[68](『수서』「형법지」)

【원문】 遣大使巡察諸州. 詔制九條, 宣下州郡: 一曰, 決獄科罪, 皆准律文; 二曰, 母族絶服外者, 聽婚; 三曰, 以杖決罰, 悉令依法; 四曰, 郡縣當境賊盜不擒獲者, 竝仰錄奏; 五曰, 孝子順孫義夫節婦, 表其門閭, 才堪任用者, 卽宜申薦; 六曰, 或昔經驅使, 名位未達, 或沉淪蓬蓽, 文武可施, 宜竝採訪, 具以名奏; 七曰, 僞齊七品以上, 已敕收用, 八品以下, 爰及流外, 若欲入仕, 皆聽預選, 降二等授官; 八曰, 州擧高才博學者爲秀才, 郡擧經明行修者爲孝廉, 上州、上郡歲一人, 下州、下郡三歲一人; 九曰, 年七十以上, 依式授官, 鰥寡困乏不能自存者, 竝加稟恤.(宣帝紀)

【역문】 대사(大使)를 파견하여 전국을 순찰(巡察)하게 하였다. 조(詔)를 내려 구조(九條)를 제정하게 한 후 전국에 선포하여 하달하였다. 첫째, 옥송(獄訟)을 판결하여 죄명을 확정할 때는 모두 율문(律文)을 기준으로 한다. 둘째, 모친(母親)의 친족 중 오복[絶服] 이외인 자와는 혼인을 허락한다. 셋째, 장(杖)을 쳐서 죄를 벌할 때는 모두 법령에 의거해야만 한다. 넷째, 해당 군현(郡縣) 지역 내에서 발생한 도적을 포획하지 못한 경우 모두 기록하여 상주해야만 한다. 다섯째, 효자(孝子), 순손(順孫), 의부(義夫), 절부(節婦)가 있을 경우 그 가정을 표창하며, 관직에 임용될 만한 재능을 갖추고 있는 경우 응당 즉시 상신(上申)하여 추천한다. 여섯째, 혹 이전에 관직을 담당하였던 적이 있지만 명성과 지위를 높이지 못한 자, 혹은 빈한(貧寒)한 상황에 처해 있지만 문무(文武) 방면에 재능을 가지고 있는 자는 마땅히 모두 찾아낸 후 명단을 갖추어 상주한다. 일곱째, 북제 때 7품 이상의 관원은 이미 거두어 임용하라는 명이 내려졌고, 8품 이하의 관원 및 유외(流外)의 하급 관리 중 만약 입사를 하고자 하는 이가 있다면, 모두 예선(預選)의 자격이 주어지는 것을 허락하되, 2등급을

---

68 『隋書』 권25 「刑法志」, '齊', 709쪽.

낮추어 관직을 제수한다. 여덟째, 주(州)에서 천거한 재능이 높고 박학한 자를 수재(秀才)로 삼고, 군(郡)에서 천거한 경의(經義)에 통명(通明)하고 품행이 단정한 자를 효렴(孝廉)으로 삼으며, 상주(上州)와 상군(上郡)에서는 해마다 1인을 천거하고, 하주(下州)와 하군(下郡)에서는 3년마다 1인을 천거한다. 아홉째, 70세 이상인 자에게는 규정에 따라 관직을 제수하고, 홀아비나 과부 또는 궁핍한 이들로 스스로 생활해 나가는 것이 불가능한 경우에는 모두 무휼(撫恤)을 더한다.[69](『주서』 「선제본기」)

◉ **周律家** 후주의 법률가

【원문】 徐招. 時有高平、徐招, 少好法律. 發言措筆, 常欲辨析秋毫. 歷職內外, 有當官之譽.(趙肅傳)

【역문】 서초(徐招). 당시 고평(高平)과 서초라는 인물이 있었는데, 어려서부터 법률을 좋아하였다. 말을 꺼내기만 하면 붓을 들어 글을 써내려가며 항상 작은 일도 분석하고자 하였다. 내외(內外)의 여러 관직을 경력하면서 맡는 관직마다 그에 걸맞은 명성을 얻었다.[70](『주서』 「조숙전」)

【원문】 招少好法律及朝廷舊事.(徐招傳)

【역문】 서초(徐招)는 어려서부터 법률 및 조정(朝廷)의 구사(舊事)를 좋아하였다.[71](『북사』 「서초전」)

---

69 『周書』 권7 「宣帝本紀」, 116쪽.
70 『周書』 권37 「趙肅傳」, 663쪽.
71 『北史』 권70 「徐招傳」, 2431쪽.

隋律考

【원문】 隋律有二: 一爲文帝所定之開皇律, 一爲煬帝所定之大業律. 考舊
唐書刑法志, 高祖受禪, 詔納言劉文靜與當朝通識之士, 因開皇律令而
損益之, 盡削大業所有煩峻之法. 通鑑武德元年六月, 廢隋大業律令.
唐六典注, 皇朝武德中, 命裴寂殷開山等定律令, 其篇目一准開皇之
舊, 刑名之制, 又亦略同. 惟三流皆加一千里, 居作三年二年半二年皆
爲一年, 以此爲異. 又除苛細五十三條. 唐會要武德七年律令成, 大略
以開皇爲准格, 五十三條入於新律, 其他無所改正. 是今所傳唐律, 卽
隋開皇律舊本, 猶之南齊永明律全用晉律張杜舊本也. 今以隋志證之,
篇目同爲十二, 一也; 刑名同爲五等, 二也; 襲其十惡之條, 三也. 隋志
論開皇律於十惡之後, 卽及於八議減等聽贖之制, 與唐律之有請章減
章贖章者, 其先後次序, 亦復相同. 疑唐初修律諸人, 僅擇開皇律之苛
峻者, 從事修正, 其他條項, 一無更改. 今以隋書唐律互較, 尙可彷彿得
其修訂之迹. 文帝紀, 開皇二十年, 詔敢有毀壞偸盜佛及天尊像嶽鎭海
瀆神形者, 以不道論; 沙門壞佛像, 道士壞天尊像者, 以惡逆論. 今唐律
諸盜毀天尊佛像者, 徒三年. 卽道士女冠盜毀天尊像、僧尼盜毀佛像
者, 加役流, 所謂删除苛細者, 殆卽此類. 隋志凡在八議之科及官品第
七以上, 犯罪皆例減一等, 品第九以上者聽贖. 唐律則分犯死罪與流罪
以下爲二, 減贖均以犯流罪以下爲限, 死罪則須先奏請, 皆與開皇律不
同. 又唐律十惡皆有小註, 不道小註有厭蠱而無呪詛. 據鄭譯傳開皇律
亦以厭蠱爲不道, 此與唐律同. 然后妃傳以巫蠱呪詛並擧, 其他以呪詛
坐死者, 屢見各傳. 疑隋律十惡小註, 尙有呪詛, 而唐律删之; 疏義亦明
言呪詛不入十惡, 凡此皆修訂之尙可考者. 蓋唐初修律諸臣, 如裴寂劉

文靜殷開山等本非律家, 開皇定律, 源出北齊, 而齊律之美備, 又載在史冊, 人無異詞, 執筆者不敢率爲更改. 故舊唐書刑法志, 一則曰以開皇律爲準, 再則曰餘無所改, 紀其實也. 若夫大業律爲唐初所廢, 意其刻深等於秦法, 而實不然. 考隋志言大業律於五刑降從輕典者二百餘條, 其枷杖決罰訊囚之制, 並輕於舊. 今以篇目較之, 較開皇律多請求關市二篇, 析戶婚賊盜廐庫鬭訟爲二篇, 大抵增其篇目, 仍其條項. 據劉炫傳, 大業律出於牛弘之手, 然隋志謂弘卽開皇中修律之一人, 則二律同出一手. 且是律之頒行, 在大業三年, 倉猝而成. 蓋煬帝好大喜功, 特欲襲制禮作樂之名, 本無補弊救偏之意. 弘窺見其旨, 故篇目雖增於舊, 而刑典則降從輕. 至其末葉, 刑罰濫酷, 本出於律令之外. 唐初襲漢高入關約法之故智, 因而廢之, 非必其律之果不善也, 不然以弘之長厚, 而爲刻深如亡秦之法哉? 吾嘗謂北齊律、隋律、唐律之三者, 大體同符, 今齊律、隋律均佚, 而唐律尙存, 雖謂之齊律、隋律不亡可也.

一九二二年壬戌孟秋 閩縣 程樹德 序

【역문】 수율(隋律)에는 두 가지가 있다. 하나는 문제(文帝) 때 제정한 『개황률(開皇律)』이고, 다른 하나는 양제(煬帝) 때 제정한 『대업률(大業律)』이다. 『구당서』「형법지」에 따르면, "고조는 선양을 받고 나서, 유문정(劉文靜)과 조정 내 학식이 높은 인사들의 건의를 받아들여 『개황율령(開皇律令)』을 바탕으로 그 내용을 증손(增損)하되, 대업 연간(605-618)에 제정된 번거로우면서도 엄혹한 법률은 모두 삭제하라는 조(詔)를 내렸다."[1]고 하였고, 『자치통감』에는 "무덕 원년(618) 6월에 수(隋)의 『대업율령(大業律令)』을 폐지하였다."[2]고 하였다. 또 『당육전』 주에는 "당조(唐朝) 무덕 연간(618-626)에 배적(裴寂)과 은개산(殷開山) 등에게 율령을 제정하

---

1 『舊唐書』 권50 「刑法志」, 2133–2134쪽.
2 『資治通鑑』 권185 「唐紀」, 5794쪽.

도록 명하였는데, 그 편목은 일률적으로 『개황률』의 옛 면모를 기준으로 삼았다."[3]고 하였으며, 형명(刑名)의 제도 또한 대체로 동일하였다. 다만 세 등급의 유형(流刑)[4]에 모두 1,000리(里)를 더하였고, 노역[居作] 3년, 2년 반, 2년을 모두 1년으로 하였다는 점이 다를 뿐이다. 또한 가혹하고 세세한 53개 조문을 폐지하였다. 『당회요』에 "무덕 7년(624)에 율령의 제정 작업을 완성하였다. 이는 대체로 『개황률』을 기준으로 삼아 제정하였던 것인데, 53개 조문을 신율(新律)에 포함시킨 것을 제외하고는 고치거나 바로잡은 부분이 없다."[5]고 하였으니, 지금까지 전해지는 당률은 곧 수나라 『개황률』의 구본(舊本)을 기준으로 삼았던 것으로 이는 마치 남제(南齊)의 『영명률(永明律)』이 전적으로 진율(晉律)을 계승하면서 장두(張杜)의 구본(舊本)을 활용한 것과 유사하다. 현재 『수서』 「형법지」를 통해 이를 고증하여 보면, 편목(篇目)이 열두 편으로 동일하다는 것이 그 첫 번째이고, 형명(刑名)이 다섯 등급으로 동일하다는 것이 그 두 번째이며, 십악(十惡)에 대한 조문을 계승하였다는 것이 그 세 번째이다. 『수서』 「형법지」는 『개황률』 중 십악(十惡)에 대하여 논한 후 곧 팔의(八議)의 감등(減等)과 청속(聽贖)의 규정을 언급하고 있는데, 이는 당률에 규정된 청장(請章), 감장(減章), 속장(贖章)과 그 전후 순서까지 역시 동일하다. 당(唐) 초에 율을 정비한 여러 인물들은 다만 『개황률』의 가혹하고 엄준한 내용만을 가려 뽑아 사안에 맞추어 수정하거나 바로잡았을 뿐 그 밖의 조항들에 대해서는 조금도 변경을 가하지 않았던 것으로 보인다. 현재 『수서』의 내용을 토대로 당률과 서로 비교하여 보면, 여전히 그 내용을 수정(修訂)한 부분들의 대강을 짐작할 수 있다. 「문제본기」에 "개황 20년(600)에 조(詔)를 내리기를, '감히 불상(佛像) 및 천존상(天尊像)과 악(嶽)·진(鎭)·해(海)·독(瀆)에 있는 신형(神形)을 훼손하거나 훔치는 자가 있을 경우 부도(不道)로써 논죄토록 하라. 또한 승려가 불상을

---

3 『唐六典』 권6 「尙書刑部」의 注. 182쪽.
4 唐代에는 流刑을 流 2千里, 流 2千5百里, 流 3千里의 세 등급으로 나누었는데. 이를 "三流"라 한다.
5 『唐會要』 권39 「定格令」. 701쪽.

훼손하거나, 도사(道士)가 천존상(天尊像)을 훼손하는 경우 악역(惡逆)으로써 논죄토록 하라.'"[6]고 하였는데, 현재 당률에도 "무릇 천존상이나 불상을 훔치거나 훼손한 경우 도형(徒刑) 3년에 처한다. 만약 도사(道士)나 여관(女官)이 천존상을 훔치거나 훼손한 경우 및 승려나 비구니가 불상을 훔치거나 훼손한 경우에는 역역(力役)을 추가하여 유배시킨다."[7]고 하였으니, 이른바 가혹하고 세밀한 규정을 삭제하였다는 것은 대부분 이와 같은 부류였을 것이다. 『수서』「형법지」에 "무릇 팔의(八議)의 규정에 포함되는 자이거나 7품관 이상이 죄를 범하는 경우 모두 예에 따라 1등(等)을 감(減)한다. 9품관 이상이 죄를 범한 경우에는 속(贖)하는 것을 허락한다."[8]고 하였다. 당률의 경우 사죄(死罪)와 유죄(流罪) 이하를 구분하여 둘로 삼았고, 감형(減刑)과 속형(贖刑)은 모두 유죄(流罪) 이하를 범한 경우로 한정하였으며, 사죄(死罪)의 경우 먼저 상주하여 재가를 받아야만 했는데, 이와 같은 내용들은 모두 『개황률』과 다른 부분이다. 또한 당률의 십악(十惡)에는 모두 소주(小註)가 있는데, 부도(不道)의 소주(小註)에 염고(厭蠱)는 있지만 주저(呪詛)는 없다. 「정역전」에 따르면, 『개황률』 또한 염고(厭蠱)를 부도(不道)로 삼았는데,[9] 이는 당률과 동일하다. 그러나 「후비전」에서는 무고(巫蠱)와 주저(呪詛)를 모두 거론[10]하였고, 그 밖에도 주저(呪詛)로 죄를 받아 사형에 처해지는 경우가 수시로 각 전기에 보인다. 수율 중 십악(十惡)의 소주(小註)에는 여전히 주저(呪詛)에 대한 내용이 있었지만 당률에서는 이를 삭제한 것으로 보이며, 소의(疏議) 또한 주저(呪詛)는 십악(十惡)에 포함되지 않는다고 명확히 언급하였으니, 대체로 이와 같은 것들은 모두 수정(修訂)한 부분 중에서도 여전히 고찰할 수 있는 것들이라 하겠다. 대개 당(唐) 초에 율령을 제정한

---

6 『隋書』 권2 「高祖本紀」, 46쪽.
7 『唐律疏議』 권19 「賊盜3」, '盜毁天尊佛像', 353쪽.
8 『隋書』 권25 「刑法志」, '隋', 711쪽.
9 『隋書』 권38 「鄭譯傳」, 1137쪽.
10 『隋書』 권36 「文獻獨孤皇后紀」, 1108–1109쪽.

여러 신하들, 예컨대 배적(裵寂), 유문정(劉文靜), 은개산(殷開山) 등은 본래 법률가가 아니었다. 개황 연간(581-600)에 제정된 율은 본디 북제에서 비롯된 것으로 북제율이 굉장히 잘 갖추어져 있었다는 사실은 또한 여러 사책(史冊)에 기재되어 있으며, 이에 대해 어떤 사람도 이의를 제기하지 않았으니, 율을 집필한 이들도 감히 경솔하게 이를 고치지는 못하였던 것이다. 그러므로『구당서』「형법지」에 첫째는『개황률』을 기준으로 삼았고, 둘째는 이미 대강이 결정되어 나머지는 고칠 필요가 없었다고 하였으니,[11] 이와 같은 기록은 실제와 부합하는 것이다.『대업률』이 당(唐) 초에 폐지된 것과 관련하여 그 엄혹함이 진(秦)나라의 법과 같았다고 생각하였기 때문이지만 실제로는 그렇지 않았다.『수서』「형법지」를 살펴보면, "『대업률』은 오형(五刑)의 범위 내에서 종래보다 가벼운 형벌에 따르도록 한 것이 200여 조이고, 가장(枷杖)·결벌(決罰)·신수(訊囚)의 제도는 모두 이전보다 가벼워졌다."[12]고 하였다. 현재 편목으로 이를 비교하여 보면,『개황률』에 비해「청구」,「관시」등 두 편이 더 많고,「호혼」,「도적」,「구고」,「투송」등을 나누어 두 편으로 삼아 대체로 그 편목은 증가하였지만, 그 조항은 그대로였다.「유현전」에 따르면,『대업률』은 우홍(牛弘)의 손에서 나왔다고 하였고,[13]『수서』「형법지」에는 유홍이 개황연간(581-600)에 율령을 정비한 사람 중 하나라고 하였으니,[14]『개황률』과『대업률』은 모두 같은 인물에 의해 제정된 것이었다. 게다가 율이 반행되었던 것은 대업 3년(607)의 일이었으므로 매우 단시간에 완성되었다. 양제(煬帝)는 큰일을 도모하고 공(功)을 세우는 것을 좋아하여 다만 제도와 예(禮)를 정하고 악(樂)을 짓는다는 명분을 계

---

11 『舊唐書』권50 「刑法志」, 2134쪽, "及受禪, 詔納言劉文靜與當朝通識之士, 因開皇律令而損益之, 盡削大業所用煩峻之法。 … 尋又敕尙書左僕射裵寂、 … 太常博士徐上機等, 撰定律令, 大略以開皇爲準. … 惟正五十三條格, 入於新律, 餘無所改."

12 『隋書』권25 「刑法志」, '隋', 717쪽, "其五刑之內, 降從輕典者, 二百餘條. 其枷杖決罰訊囚之制, 並輕於舊."

13 『隋書』권75 「劉炫殿」, 1721쪽, "煬帝卽位, 牛弘引炫修律令."

14 『隋書』권25 「刑法志」, '隋', 712쪽, "又敕蘇威、 牛弘等, 更定新律."

승하고자 한 것일 뿐, 본래 폐단을 바로잡고 편벽된 것을 고치려는 의도는 없었다. 유홍은 그 취지를 살펴서 알았기 때문에 이전보다 편목의 수는 늘렸지만, 형벌 법규는 그 강도를 낮추어 가벼운 규정에 따르도록 하였던 것이다. 말엽에 이르러 형벌이 남용되고 잔혹해진 것은 본래 율령 이외의 부분에서 비롯되었다. 당(唐) 초에는 한(漢) 고조가 입관(入關)한 후 법을 간소화하였던 옛 방식을 계승하였기 때문에 이를 폐지하였던 것이지 반드시 그 율의 내용이 옳지 못하였기 때문만은 아닌 것이다. 그렇지 않다면 유홍의 장후(長厚)함으로써 엄혹하게 하기를 망한 진(秦)나라의 법과 같이 하였겠는가? 나는 일찍부터 북제율, 수율, 당률 이 세 가지 율은 서로 부합한다고 생각해 왔다. 때문에 북제율과 수율은 모두 일실(逸失)되었지만 당률이 아직 존재하므로 북제율과 수율이 망실(亡失)되지 않았다고 설명하는 것도 가능하다고 생각한다.

1922년 임술 맹추 민현에서 정수덕 서(序)

隋律考 上
수율고 상

◉ 開皇定律年月及修律諸人
개황 연간에 율을 제정한 연월 및 율을 제정하는 데 참여한 여러 인물

【원문】 開皇元年冬十月戊子, 行新律.(文帝紀)

【역문】 개황 원년(581) 겨울 10월 무자일에 신율(新律)을 시행하였다.[15](『수서』「고조본기」)

【원문】 詔頒之曰: 帝王作法, 沿革不同, 取適於時, 故有損益. 夫絞以致斃, 斬則殊刑, 除惡之體, 於斯已極. 梟首轘身, 義無所取, 不益懲肅之理, 徒表安忍之懷. 鞭之爲用, 殘剝膚體, 徹骨侵肌, 酷均臠切. 雖云遠古之式, 事乖仁者之刑, 梟轘及鞭, 並令去也. 貴礪帶之書, 不當徒罰,

---

15 『隋書』 권1 「高祖本紀」, 15–16쪽.

廣軒冕之蔭, 旁及諸親. 流役六年, 改爲五載, 刑徒五歲, 變從三祀. 其
餘以輕代重, 化死爲生, 條目甚多, 備於簡策. 宜班諸海內, 爲時軌範,
雜格嚴科, 並宜除削. 先施法令, 欲人無犯之心, 國有常刑, 誅而不怒之
義. 措而不用, 庶或非遠, 萬方百辟, 知吾此懷.(刑法志)

【역문】 조(詔)를 반포하여 말하기를, "제왕(帝王)이 법률을 제정함에 전대
(前代)를 계승하거나 개정함이 동일하지 않아, 그 시의에 적합한 것들을
취하기 때문에 증감(增減)이 있다. 무릇 '교(絞)'는 사람을 죽음에 이르게
하는 것이고, '참(斬)'은 신체를 절단하는 극히 엄한 형으로 악을 제거하
는 방식 중에는 이 두 가지가 가장 극단적이다. 효수(梟首)나 환신(轘身)
등의 형은 이치상 취할 바가 아닌 데다 범죄를 징계하고 엄숙히 하는 데
도 도움이 되지 못하며 공연히 형법의 잔인함을 표현하는 것에 지나지
않는다. 편형(鞭刑)의 사용은 피부나 신체에 손상을 주고 피부를 뚫고 뼈
에 상처를 주니, 그 잔혹함은 살을 도려내는 것과 같다. 비록 오래전부
터 사용되어 온 방식이라 하더라도 사리로 분별하자면, 어진 자의 형벌
과 서로 어긋난다. 효수(梟首), 환신(轘身) 및 편형(鞭刑)은 모두 폐지토록
하라. 제후봉작(諸侯封爵)의 서서(誓書)[16]를 존중하여 쉽게 처벌을 해서
는 안 되며, 관작(官爵)이 누릴 수 있는 음비(蔭庇)를 확대하여 널리 친척
까지 미치게 하라. 유배형(流配刑) 6년을 고쳐서 5년으로 하고, 도형(徒
刑) 5년을 3년으로 하라. 그 나머지는 경형(輕刑)으로 중형(重刑)을 대신
하여 사형에 해당하는 자를 가능한 한 살릴 수 있도록 하고, 조목이 변
한 것이 매우 많으므로 형서에 자세히 기재하도록 하라. 이를 천하에 반
포하여 현재의 준칙으로 삼도록 하라. 번잡하고 엄격한 율조(律條)는 마
땅히 모두 없애도록 하라. 먼저 법령을 실시하는 것은 사람들로 하여금
법을 어기고자 하는 마음이 생기지 않도록 하고, 국가에서 이미 정한 형
법은 징벌에 부합하게 하되 남용이 되지 않도록 하기 위함이다. 형벌을

---

16 『漢書』 권16 「高惠高后文功臣表」, 527쪽에 "封爵之誓曰: 使黃河如帶, 泰山若厲, 國以永存, 爰及苗
裔."라고 하였는데, 여기서는 이 故事를 인용해서 "封爵을 가지고 있는 자"를 가리킨다.

두되 사용하지 않는 상황이 혹 멀어지지 않도록 하라. 각 지방의 관원들이 짐의 이 마음을 알아주었으면 한다."고 하였다.[17](『수서』「형법지」)

【원문】 三年, 因覽刑部奏, 斷獄數猶至萬條. 以爲律尙嚴密, 故人多陷罪. 又敕蘇威、牛弘等, 更定新律. 除死罪八十一條, 流罪一百五十四條, 徒杖等千餘條, 定留唯五百條. 凡十二卷. 自是刑網簡要, 疎而不失(刑法志)

【역문】 [개황] 3년(583)에 형부(刑部)에서 올린 상주문을 살펴보니, 단옥(斷獄)의 안건 수가 여전히 만 건에 달하였다. [황제는] 법률이 여전히 엄하고 조밀하기 때문에 많은 사람들이 죄에 빠지는 것이라고 생각하였다. 이에 다시 소위(蘇威)와 우홍(牛弘) 등에게 칙(敕)을 내려 신율(新律)을 개정하게 하였다. 사죄(死罪) 중 81조(條), 유죄(流罪) 중 154조, 도죄(徒罪)와 장죄(杖罪) 등에서 천여 조를 삭제한 후, 단지 500조만을 확정하여 남겨두었으니, 모두 12권이었다. 이로부터 형벌의 강목이 간요(簡要)해졌고, 너그러우면서도 어긋나지 않게 되었다.[18](『수서』「형법지」)

【원문】 隋文帝參用周、齊舊政, 以定律令, 除苛慘之法, 務在寬平.(舊唐書刑法志)

【역문】 수(隋) 문제(文帝)는 후주와 북제의 옛 제도를 참고하여 율령을 제정하였는데, 가혹한 법을 없애고 너그러우면서도 공평하게 하는 데 힘썼다.[19](『구당서』「형법지」)

【원문】 隋開皇元年, 命高熲等七人定律, 至三年, 又敕蘇威、牛弘刪定, 凡十二篇.(唐六典注)

---

17 『隋書』 권25 「刑法志」, '隋', 711–712쪽.
18 『隋書』 권25 「刑法志」, '隋', 712쪽.
19 『舊唐書』 권50 「刑法志」, 2133쪽.

【역문】 수나라 개황 원년(581)에 고경(高熲) 등 7인에게 명하여 율을 제정하게 하였다. 개황 3년(583)에 이르러 다시 칙(敕)을 내려 소위(蘇威)와 우홍(牛弘)에게 이를 산정(刪定)토록 하였으니, 모두 12편(篇)이었다.[20](『당육전』주)

【원문】 隋律十二卷.(經籍志. 舊唐書經籍志隋律十二卷, 高熲等撰, 新唐書藝文志高熲等隋律十二卷.)

【역문】 『수율』은 12권이다.[21](『수서』「경적지」. 『구당서』「경적지」에는 "『수율』12권, 고경 등 편찬."[22]이라고 하였고, 『신당서』「예문지」에는 "고경 등의 『수율』12권."[23]이라고 하였다.)

【원문】 開皇元年, 乃詔尙書左僕射、勃海公高熲, 上柱國、沛公鄭譯, 上柱國、淸河郡公楊素, 大理前少卿、平源縣公常明, 刑部侍郎、保城縣公韓濬, 比部侍郎李諤, 兼考功侍郎柳雄亮等, 更定新律, 奏上之.(刑法志)

【역문】 개황 원년(581)에 상서좌복야(尙書左僕射) 발해공(勃海公) 고경(高熲), 상주국(上柱國) 패공(沛公) 정역(鄭譯), 상주국(上柱國) 청하군공(淸河郡公) 양소(楊素), 대리전소경(大理前少卿) 평원현공(平源縣公) 상명(常明), 형부시랑(刑部侍郎) 보성현공(保城縣公) 한준(韓濬), 비부시랑(比部侍郎) 이악(李諤), 겸고공시랑(兼考功侍郎) 유웅량(柳雄亮) 등에게 조(詔)를 내려, 신율(新律)을 개정한 후 보고토록 하였다.[24](『수서』「형법지」)

【원문】 詔譯參撰律令, 上勞譯曰: 律令則公定之, 音樂則公正之. 禮樂律

---

20 『唐六典』권6 「尙書刑部」注. 183쪽.
21 『隋書』권33 「經籍志」. '刑法篇'. 972쪽.
22 『舊唐書』권46 「經籍志」. '乙部史錄 · 刑法類'. 2010쪽.
23 『新唐書』권58 「藝文志」. '乙部史錄 · 刑法類'. 1494쪽.
24 『隋書』권25 「刑法志」. '隋'. 710쪽.

令, 公居其三, 良足美也.(鄭譯傳)

【역문】 조(詔)를 내려, 정역(鄭譯)으로 하여금 율령을 편찬하는 데 참여토록
하였다. 이후 황제가 정역의 노고를 치하하며 말하기를, "율령을 그대가
제정하였고, 음악도 그대가 바로잡았다. 예(禮)·악(樂)·율(律)·영(令)
의 네 가지 중 그대가 세 가지를 점하였으니, 실로 찬미할 만하도다."라
고 하였다.[25](『수서』「정역전」)

【원문】 開皇元年, 勅令與太尉任國公于翼、高熲等同修律令. 事訖奏聞,
別賜九環金帶一腰, 駿馬一匹, 賞損益之多也.(李德林傳)

【역문】 개황 원년(581)에 칙(勅)을 내려, 태위(太尉) 임국공(任國公) 우익(于
翼), 고경(高熲) 등과 함께 율령을 정비하게 하였다. 일을 마치고 상주하
여 보고하였더니, 황제가 별도로 아홉 고리의 금대(金帶) 1요(腰)와 준마
1필(匹)을 하사하였는데, 이는 [그가 율령을 정비하면서] 덜어내거나 더
한 것이 매우 많았다는 [것을 칭찬하여 내린] 상(賞)이었다.[26](『수서』「이
덕림전」)

【원문】 尋拜大宗伯, 典修禮律.(滕穆王瓚)

【역문】 오래지 않아 대종백(大宗伯)에 제수되어 예와 율의 정비를 주관하였
다.[27](『수서』「등목왕찬전」)

【원문】 開皇初, 拜尙書左僕射, 與郢國公王誼修律令.(趙芬傳)

【역문】 개황 연간(581-600) 초, 상서좌복야에 제수되어 영국공(郢國公) 왕의
(王誼)와 함께 율령을 정비하였다.[28](『수서』「조분전」)

---

25 『隋書』 권38 「鄭譯傳」, 1137-1138쪽, "未幾, 詔譯參撰律令, 復授開府、隆州刺史. … 上勞譯曰: 律
令則公定之, 音樂則公正之. 禮樂律令, 公居其三, 良足美也."
26 『隋書』 권42 「李德林傳」, 1200쪽.
27 『隋書』 권44 「滕穆王瓚傳」, 1221쪽.
28 『隋書』 권46 「趙芬傳」, 1251쪽, "開皇初, 罷東京官, 拜尙書左僕射, 與郢國公王誼修律令."

【원문】 奉詔參修律令.(元諧傳)

【역문】 조(詔)를 받들어 율령을 정비하는 데 참여하였다.[29](『수서』「원해전」)

【원문】 焯又與諸儒修定禮律.(劉焯傳)

【역문】 유작(劉焯)은 재차 여러 유자(儒者)들과 함께 예(禮)와 율을 정비하고 제정하였다.[30](『수서』「유작전」)

【원문】 詔與蘇威等修定律令. 政採魏、晉刑典, 下至齊、梁, 沿革輕重, 取其折衷. 同撰著者十有餘人, 凡疑滯不通, 皆取決於政.(裴政傳)

【역문】 조(詔)를 내려 소위(蘇威) 등과 함께 율령을 정비하여 제정토록 하였다. 배정(裴政)은 위(魏)와 진(晉)의 형전(刑典)을 채용하였고, 아래로는 제(齊)와 양(梁)에 이르기까지 그 법률 규정 가운데 가볍거나 무거운 것들을 판별하여 계승하기도 하고 개정하기도 하면서 절충되는 바를 취하였다. 함께 찬저(撰著)에 참여했던 10여 인은 대체로 의심되어 막히고 통하지 않는 내용이 있으면, 모두 배정에게 의견을 구하여 결정하였다.[31](『수서』「배정전」)

【세주 원문】 按政嘗參定周律, 然其定隋律獨不襲周制, 是周律繁而不要, 當時已有定論也.

【세주 역문】 배정(裴政)은 일찍이 『후주율』을 제정하는 데 참여했었지만, 『수율』을 제정할 때는 오히려 후주의 제도를 계승하지 않았다. 곧 『후주율』이 번잡하기만 하고 요략(要略)하지 못하다는 사실은 당시부터 이미 정론(定論)이 있었던 것이다.

【원문】 帝令朝臣釐改舊法, 爲一代通典, 律令格式多威所定. 世以爲能.

---

29 『隋書』 권40 「元諧傳」, 1170쪽.
30 『隋書』 권75 「劉焯傳」, 1719쪽. "王以罪廢, 焯又與諸儒修定禮律, 除雲騎尉."
31 『隋書』 권66 「裴政傳」, 1549쪽.

(蘇威傳)

【역문】 황제는 조신(朝臣)들에게 구법(舊法)을 개정하여 일대(一代)에 두루
통하는 제도를 만들도록 명하였는데, 율령격식(律令格式)은 대부분 소위
(蘇威)가 제정한 것이었다. 세상 사람들이 모두 그를 유능하다고 여겼
다.[32](『북사』「소위전」)

【원문】 詔與牛弘撰定律令格式.(趙軌傳)

【역문】 조(詔)를 내려 우홍(牛弘)과 더불어 율령격식(律令格式)을 찬정(撰定)
토록 하였다.[33](『북사』「조궤전」)

【원문】 牛弘愛其才, 署禮部員外郞. 奉詔定五禮、律令.(李百藥傳)

【역문】 우홍(牛弘)이 그의 재능을 아껴 예부원외랑(禮部員外郞)으로 임명되
었다. 조(詔)를 받들어 오례(五禮)와 율령을 제정하였다.[34](『신당서』「이백
약전」)

【원문】 一曰名例, 二曰衛禁, 三曰職制, 四曰戶婚, 五曰廐庫, 六曰擅興,
七曰賊盜, 八曰鬪訟, 九曰詐僞, 十曰雜律, 十一曰捕亡, 十二曰斷獄.
(刑法志)

【역문】 1.「명례」, 2.「위금」, 3.「직제」, 4.「호혼」, 5.「구고」, 6.「천흥」,
7.「도적」, 8.「투송」, 9.「사위」, 10.「잡률」, 11.「포망」, 12.「단옥」이
다.[35](『수서』「형법지」)

【세주 원문】 按唐律篇目與此全同, 隋志云, 定留惟五百條, 今唐律亦五百條, 是幷條
項亦相同也.

---

32 『北史』 권63 「蘇威傳」, 2245쪽.
33 『北史』 권70 「趙軌傳」, 2418쪽.
34 『新唐書』 권102 「李百藥傳」, 3973쪽.
35 『隋書』 권25 「刑法志」, '隋', 712쪽.

【세주 역문】 당률의 편목도 이와 전적으로 동일하다. 『수서』「형법지」에 "확정하여 남겨둔 것은 단지 500조이다."[36]라고 하였는데, 현재 당률 또한 500조이다. 즉 총 조항의 수 역시 서로 같았던 것이다.

◉ 開皇律佚文 『개황률』의 일문

【원문】 准枉法者, 但准其罪, 以枉法論者, 卽同眞法.(劉子翊傳)

【역문】 "왕법(枉法)에 준한다."는 것은 다만 그 죄에 준한다는 뜻이고, "왕법(枉法)으로 논죄한다."는 것은 곧 본래의 법[眞法]과 동일하게 처벌한다는 뜻입니다.[37](『수서』「유자익전」)

【세주 원문】 按唐律名例稱准枉法論准盜論之類, 罪止流三千里, 但准其罪稱以枉法論及以盜論之類, 皆與眞犯同.

【세주 역문】 당률의 「명례」[38]에 따르면, "왕법(枉法)에 준하여 논죄한다." 또는 "도(盜)에 준하여 논죄한다."고 한 경우 그 죄에 대한 형벌은 유형(流刑) 3,000리에 그친다. 그러나 그 죄에 준하여 "왕법(枉法)으로 논죄한다." 또는 "도(盜)로 논죄한다."고 한 경우 모두 진범(眞犯)과 동일하게 처벌한다.

◉ 刑名 형명

【원문】 死刑二: (二死皆贖銅百二十斤) 絞, 斬.

【역문】 사형(死刑)은 2등급[2등급의 사형은 모두 속동(贖銅)이 120근(斤)이다.]으로 교(絞), 참(斬)이다.

---

36 『隋書』 권25 「刑法志」, '隋', 712쪽.
37 『隋書』 권71 「劉子翊傳」, 1653쪽.
38 『唐律疏議』 권6 「名例6」, '稱反坐罪之等', 138쪽.

【원문】 流刑三: (應住居作者, 三流俱役三年. 近流加杖一百, 一等加三十.) 一千里, (居作二年, 贖銅八十斤) 一千五百里, (居作二年半, 贖銅九十斤) 二千里. (居作三年, 贖銅一百斤)

【역문】 유형(流刑)은 3등급[본래의 장소에서 노역하는 경우 3등급의 유형(流刑) 모두 3년간 노역에 처한다. 근류(近流)[39]는 장(杖) 100대를 추가하고, 1등(等)마다 장 30대를 추가한다.]으로 1,000리[노역 2년, 속동 80근], 1,500리[노역 2년반, 속동 90근], 2,000리[노역 3년, 속동 100근]이다.

【세주 원문】 按通鑑一百七十五, 作流刑三, 自二千里至三千里. 胡三省注亦云與隋志不同. 考唐六典注, 唐律一准開皇之舊, 惟三流皆加一千里, 通鑑蓋傳寫之誤.

【세주 역문】 『자치통감』권175는 유형 3등급을 2,000리부터 3,000리까지로 서술하였다. 호삼성(胡三省)의 주에도 『수서』「형법지」와 다르다고 하였다.[40] 『당육전』의 주를 살펴보면, 당률은 일률적으로 『개황률』의 옛 면모를 기준으로 제정되었고, 다만 유형 3등급에 한하여 모두 1,000리를 더하였을 뿐이다.[41] 『자치통감』의 내용은 아마도 전사(傳寫)하는 과정에서 발생한 오류일 것이다.

【원문】 徒刑五: 一年, (贖銅二十斤) 一年半, (贖銅三十斤), 二年, (贖銅四十斤) 二年半, (贖銅五十斤) 三年. (贖銅六十斤)

【역문】 도형(徒刑)은 5등급으로 1년[속동 20근], 1년 반[속동 30근], 2년[속동 40근], 2년 반[속동 50근], 3년[속동 60근]이다.

【원문】 杖刑五: 六十, (贖銅六斤) 七十, (贖銅七斤) 八十, (贖銅八斤) 九十, (贖

---

39 "近流"는 流配刑 가운데 가장 짧은 "一千里"를 말한다.

40 『資治通鑑』권175「陳紀」, 5444~5445쪽. "流刑三, 自二千里至三千里. 〈按隋志: 流刑三, 有千里、千五百里、二千里. 應配者, 一千里, 居作二年; 一千五百里, 居作二年半; 二千里, 居作三年. 應住居作者, 三流俱役三年, 近流加杖一百, 一等加三十. 此云自二千里至三千里, 不同.〉"

41 『唐六典』권6「尙書刑部」, 182쪽. "皇朝武德中, 命裴寂、殷開山等定律令, 其篇目一准隋開皇之律, 刑名之制又亦略同. 唯三流皆加一千里, 居作三年、二年半、二年皆爲一年, 以此爲異."

銅九斤) 百. (贖銅十斤)

【역문】 장형(杖刑)은 5등급으로 60대[속동 6근], 70대[속동 7근], 80대[속동 8근], 90대[속동 9근], 100대[속동 10근]이다.

【원문】 笞刑五: 十, (贖銅一斤) 二十, (贖銅二斤) 三十, (贖銅三斤) 四十, (贖銅四斤) 五十. (贖銅五斤)

【역문】 태형(笞刑)은 5등급으로 10대[속동 1근], 20대[속동 2근], 30대[속동 3근], 40대[속동 4근], 50대[속동 5근]이다.

【세주 원문】 按唐律刑名, 蓋沿開皇之舊, 惟加重流刑自二千里至三千里. 今以隋志唐律互證, 開皇律仍沿北齊之制, 刑名先其重者, 故以死刑列首. 唐卽採北周之制, 刑名先其輕者, 以笞刑列首, 爲稍異耳.

【세주 역문】 당률의 형명은 대체로 『개황률』의 옛 면모를 계승하면서 다만 유형에 2,000리부터 3,000리까지를 가중하였다. 현재 『수서』 「형법지」의 내용과 당률을 서로 고증해 보면, 『개황률』은 북제의 제도를 그대로 계승하였고, 형명도 그중에서 무거운[重] 것을 앞에 두었기 때문에 사형이 첫머리에 위치한다. 당(唐)은 북주의 제도를 채택하였고, 형명도 그중에서 가벼운[輕] 것을 앞에 두었기 때문에 태형이 첫머리에 위치한다는 점에서 조금 다를 뿐이다.

● 十惡 십악

【원문】 又置十惡之條, 多採後齊之制, 而頗有損益. 一曰謀反, 二曰謀大逆, 三曰謀叛, 四曰惡逆, (文帝紀, 敢有毀壞偸盜佛及天尊像、嶽鎭海瀆神形者, 以不道論. 沙門壞佛像, 道士壞天尊者, 以惡逆論.) 五曰不道, 六曰大不敬, 七曰不孝, 八曰不睦, 九曰不義, 十曰內亂. (刑法志)

【역문】 또한 십악(十惡)에 관한 조문을 두었는데, 대부분 북제의 제도를 채택하였지만 자못 증감이 있었다. 1. 모반(謀反), 2. 모대역(謀大逆), 3. 모

반(謀叛), 4. 악역(惡逆), [「문제본기」에 "감히 불상(佛像) 및 천존상(天尊像)이나 악(嶽)·진(鎭)·해(海)·독(瀆)의 신상(神像)을 훼손하거나 훔친 경우 부도(不道)로 논죄토록 하라. 승려가 불상을 훼손하고, 도사(道士)가 천존상을 훼손한 경우에는 악역(惡逆)으로 논죄토록 하라."[42]고 하였다.] 5. 부도(不道), 6. 대불경(大不敬), 7. 불효(不孝), 8. 불목(不睦), 9. 불의(不義), 10. 내란(內亂)이다.[43](『수서』「형법지」)

【원문】 周齊雖具十條之名, 而無十惡之目. 開皇創制, 始備此科. 酌於舊章, 數存於十. 自武德以來, 仍遵開皇, 無所損益.(唐律疏義)

【역문】 북주와 북제 때는 비록 10조의 죄명은 갖추었으나 십악(十惡)이라는 죄목은 없었다. 개황 연간(581-600)에 법제(法制)를 정하면서 비로소 이 죄목을 갖추게 되었는데, 옛 법률 조문을 참작하였지만 그 수목은 10조목으로 유지하였다. 무덕 연간(618-626) 이후에는 『개황률』을 준수하여 가감한 것이 없었다.[44](『당률소의』)

【원문】 犯十惡及故殺人獄成者, 雖會赦, 猶除名.(刑法志)

【역문】 십악(十惡)을 범하였거나 고의(故意)로 사람을 살해하여 옥안(獄案)이 종결된 경우, 비록 사면이 있더라도 여전히 제명된다.[45](『수서』「형법지」)

【세주 원문】 按唐律刑名, 諸犯十惡、故殺人、反逆緣坐, 獄成者, 雖會赦, 猶除名. 與開皇律同.

【세주 역문】 당률의 형명에 따르면, "무릇 십악죄(十惡罪)와 고의살인죄(故意殺人罪)를 범하였거나 반(反)·역(逆)에 연좌(緣坐)되어 옥안(獄案)이 성립된 경우 사면령이

---

42 『隋書』 권2 「高祖本紀」, 46쪽.
43 『隋書』 권25 「刑法志」, '隋', 711쪽.
44 『唐律疏議』 권1 「名例1」, '十惡', 6쪽.
45 『隋書』 권25 「刑法志」, '隋', 711쪽.

내렸더라도 그대로 제명된다."[46]고 하여,『개황률』과 동일하다.

◉ 八議 팔의

【원문】 其在八議之科, 及官品第七已上犯罪, 皆例減一等. 其品第九已上犯者, 聽贖.(刑法志)

【역문】 그중 팔의(八議)에 관한 규정에 포함되거나 7품관 이상인 자가 죄를 범한 경우 모두 예에 따라 1등(等)을 감(減)한다. 9품관 이상이 죄를 범한 경우에는 속(贖)하는 것을 허락한다.[47](『수서』「형법지」)

【세주 원문】 按唐律刑名, 八議犯死罪者, 皆條所坐及應議之狀, 先奏請議, 議定奏裁. 流罪以下, 減一等; 七品以上官犯流罪以下, 從減一等之例; 諸應議、請、減及九品以上之官, 犯流罪以下, 聽贖, 均以流罪以下爲限, 與開皇律異.

【세주 역문】 당률의 형명에 따르면, "팔의(八議)에 해당하는 자가 사죄(死罪)를 범한 경우 모두 적용할 죄목과 논의해야 할 정상(情狀)을 조목별로 갖추어 먼저 의죄(議罪)를 주청(奏請)하고, 의죄(議罪)하여 형(刑)이 결정되면 상주하여 재가를 받는다. 유죄(流罪) 이하는 한 등급을 감한다."[48]고 하였고, "7품 이상의 관원이 유죄(流罪) 이하를 범한 경우 각각 1등(等)을 감하는 예에 따른다."[49]고 하였으며, "무릇 의장(議章)·청장(請章)·감장(減章)을 적용받을 수 있는 자 및 9품 이상의 관원이 유죄(流罪) 이하를 범한 경우 속(贖)하는 것을 허락한다."[50]고 하여, 모두 유죄(流罪) 이하를 한도로 삼고 있는데, 이는 『개황률』과 다른 점이다.

---

46 『唐律疏議』권2 「名例」2, '除名', 47–48쪽.
47 『隋書』권25 「刑法志」, '隋, 711쪽.
48 『唐律疏議』권2 「名例」2, '八議者議章', 32쪽.
49 『唐律疏議』권2 「名例」2, '七品以上之官減章', 34쪽.
50 『唐律疏議』권2 「名例」2, '應議請減贖章', 34쪽.

◉ 除宮刑鞭刑及梟首轘刑之法
궁형과 편형 및 효수형과 환형에 대한 법의 폐지

【원문】 漢除肉刑, 除墨剕耳, 宮刑猶在. 大隋開皇之初, 始除男子宮刑, 婦人猶閉於宮.(尙書正義)

【역문】 한(漢)나라 때 육형(肉刑)을 폐지하였으나 묵형(墨刑)과 비형(剕刑) 등을 폐지하였을 뿐 궁형(宮刑)은 여전히 존재하였다. 수(隋)나라 개황 연간(581-600) 초에 비로소 남자의 궁형을 폐지하였으나 부인(婦人)은 여전히 궁(宮)에 폐(閉)하였다.(『상서정의』)

【원문】 宮刑至隋乃赦.(周禮秋官司刑疏)

【역문】 궁형(宮刑)은 수(隋)나라 때에 이르러 마침내 사면되었다.(『주례』「추관」, '사형'의 소)

【세주 원문】 按困學紀文引通鑑西魏大統十三年三月除宮刑, 謂不始於隋考. 北齊天統五年, 猶應有宮刑之詔, 是北朝仍有宮刑, 未可遽議孔疏之非.

【세주 역문】 『곤학기문』에는 『자치통감』을 인용하여 서위 대통 13년(547) 3월에 궁형(宮刑)을 폐지하였다고 하였으며, 수(隋)나라 때 비롯된 것이 아니라는 견해를 밝혔다. 그러나 북제 천통 5년(569)에 오히려 궁형에 대한 조령(詔令)이 있었으므로 북조에서는 여전히 궁형이 존재하였음을 알 수 있다. 그러므로 공영달(孔穎達)의 소(疏)가 그릇되었다고 논할 수는 없다.

【원문】 蠲除前代鞭刑及梟首轘裂之法.(刑法志)

【역문】 전대(前代)의 편형(鞭刑)과 효수(梟首), 환형(轘裂)에 관한 법은 폐지하였다.[51](『수서』「형법지」)

---

51 『隋書』 권25 「刑法志」, '隋', 711쪽.

◉ **除孥戮相坐之法** 노륙상좌법의 폐지

【원문】 又詔免尉迥、王謙、司馬消難三道逆人家口之配沒者, 悉官酬贖,
使爲編戶. 因除孥戮相坐之法.(刑法志)

【역문】 다시 조(詔)를 내려 위형(尉迥), 왕겸(王謙), 사마소난(司馬消難) 등 세
지역에서 역모한 자의 가족으로 적몰된 경우 모두 속금(贖金)을 내게 한
후 편호(編戶)로 삼게 하였다. 이로 인해 가족까지 연좌(緣坐)하여 처형
하는 법이 폐지되었다.[52](『수서』「형법지」)

◉ **官當** 관당

【원문】 犯私罪以官當徒者, 五品已上, 一官當徒二年; 九品已上, 一官當
徒一年; 當流者. 三流同比徒三年. 若犯公罪者, 徒各加一年, 當流者各
加一等. 其累徒過九年者, 流二千里.(刑法志)

【역문】 [관원 신분으로] 사죄(私罪)를 범하여 관(官)으로 도형(徒刑)을 당(當)
할 경우 5품 이상은 1관(官)으로 도(徒) 2년에 당(當)한다. 9품 이상은 1
관(官)으로 도(徒) 1년에 당(當)한다. 유형(流刑)을 관당(官當)할 경우 3등
급의 유형 모두 도(徒) 3년으로 비정한다. 만약 공죄(公罪)를 범하였다
면, [1관(官)에] 도형 각 1년을 더하고, 유형을 관당(官當)할 경우에는 각각
1등을 더한다. 그중 형기의 합계가 9년 이상인 경우 유(流) 2,000리로 한
다.[53](『수서』「형법지」)

【세주 원문】 按唐律名例改比徒三年爲四年.

【세주 역문】 당률의 「명례」에 도형(徒刑) 3년으로 비정(比定)하던 것을 4년으로 바꾸
었다.[54]

---

[52] 『隋書』 권25 「刑法志」, '隋', 713쪽.
[53] 『隋書』 권25 「刑法志」, '隋', 711쪽.

◉ 坐事去官　죄를 받아 관직을 박탈당한 경우

【원문】 開皇十三年春二月己丑, 制坐事去官者, 配流一年.(文帝紀)

【역문】 개황 13년(593) 봄 2월 기축일에 죄를 받아 관직을 박탈당한 경우 1
년 동안 유배한다는 법령을 제정하였다.[55](『수서』「고조본기」)

◉ 私令衛士出外科徒
　　사적으로 위사(衛士)를 근무지 밖으로 나가게 한 경우 도형(徒刑)을 부과함

【원문】 帝在顯仁宮, 勅宮外衛士不得輒離所守. 有一主帥, 私令衛士出外,
　　帝付大理繩之. 師據律奏徒.(源師傳)

【역문】 황제가 현인궁(顯仁宮)에 있을 때 궁(宮) 밖의 위사(衛士)는 마음대로
지키는 곳을 이탈해서는 안 된다는 명을 내렸다. 어떤 한 명의 주수(主
帥)가 몰래 위사(衛士)를 근무지 밖으로 내보낸 일이 있었는데, 황제가
이 일을 대리시(大理寺)에 교부하여 그를 붙잡았다. 원사(源師)는 율에
근거하여 도형(徒刑)을 내릴 것을 상주하였다.[56](『수서』「원사전」)

◉ 私入番交易　몰래 번국(蕃國)으로 들어가 교역을 한 경우

【원문】 化及遣人入蕃, 私爲交易. 事發, 當誅.(宇文化及傳)

【역문】 우문화급(宇文化及)은 사람을 보내어 번국(蕃國)으로 들어가게 한 후
몰래 교역을 하였다. 일이 발각되어 마땅히 주살(誅殺)되어야 했다.[57]
　　(『수서』「우문화급전」)

---

54 『唐律疏議』 권2 「名例」2, '官當', 45쪽.
55 『隋書』 권2 「高祖本紀」, 38쪽.
56 『隋書』 권66 「源師傳」, 1553쪽.
57 『隋書』 권85 「宇文化及傳」, 1892쪽, "遂勸化及遣人入蕃, 私爲交易. 事發, 當誅, 逃獨證智及罪惡,
　　而爲化及請命."

【세주 원문】 按唐律衛禁, 諸齎禁物私度關者, 坐贓論. 疏義云, 依關市令, 錦綾羅縠紬錦絹絲布犛牛尾眞珠金銀鐵, 並不得度西邊北邊諸關及至緣邊諸州興易. 隋制當同.

【세주 역문】 당률의 「위금」에 "무릇 사유가 금지된 물품[禁物]을 가지고 관(關)을 사사로이 건넌 경우 좌장(坐贓)으로 논죄한다."고 하였고, 소의(疏義)에 이르기를, "「관시령」에 따르면, '금(錦)·능(綾)·나(羅)·곡(縠)·주(紬) 등의 비단·솜[綿]·생사(絲)·포(布)·이우(犛牛)의 꼬리·진주(眞珠)·금(金)·은(銀)·철(鐵)은 모두 서쪽 변경과 북쪽 변경의 여러 관(關)을 건너거나 연변의 모든 주에서 교역할 수 없다.'"고 하였다.[58] 이는 수나라의 제도와 응당 동일하다.

◉ 奏對不以實　주대(奏對)할 때 실제 정황을 토대로 진술하지 않는 경우

【원문】 因下詔罪萬歲曰: 乃懷姦詐, 妄稱逆面交兵, 不以實陳.(史萬歲傳)

【역문】 이에 조(詔)를 내려 사만세(史萬歲)의 죄를 벌하여 말하기를, "마침내 간사하게 속일 마음을 품어 반대쪽을 향하여 교전(交戰)하였다고 거짓말을 하였으니, 실제 정황을 토대로 진술한 것이 아니다."라고 하였다.[59](『수서』「사만세전」)

【세주 원문】 按唐律, 對制上書不以實, 在詐僞.

【세주 역문】 당률에는 "대제(對制) 및 상서(上書)를 할 때, 실제 정황을 토대로 진술하지 않는 경우"[60]에 대한 내용이 「사위」에 있다.

---

58 『唐律疏議』 권8 「衛禁2」, '齎禁物私度關', 176–177쪽.
59 『隋書』 권53 「史萬歲傳」, 1356쪽, "旣而悔, 追之不及. 因下詔罪萬歲曰: 杜國、太平公萬歲, 拔擢委任. …, 乃懷姦詐, 妄稱逆面交兵, 不以實陳, 懷反覆之方, 弄國家之法. 若竭誠立節, 心無虛罔者, 乃爲良將, 至如萬歲, 懷詐要功, 便是國賊, 朝憲難虧, 不可再捨."
60 『唐律疏議』 권25 「詐僞」, '對制上書不以實', 458쪽.

◉ **知非不擧** 위법 행위를 알고도 적발하지 않은 경우

【원문】 開府蕭摩訶妻患且死, 奏請遣子向江南, 收其家産, 御史見而不言. 壽奏劾之曰: 摩訶遠念資財, 近忘匹好, 又命其子捨危惙之母, 爲聚斂之行. 而兼殿內侍御史臣韓微之等, 親所聞見, 竟不彈糾. 若知非不擧, 事涉阿縱, 請付大理.(元壽傳)

【역문】 개부(開府) 소마가(蕭摩訶)의 처(妻)는 병세가 위중하여 곧 사망하려고 하였다. 이에 아들을 강남(江南)으로 보내어 그의 가산(家産)을 수취해 올 수 있도록 해줄 것을 주청(奏請)하였는데, 어사(御史)는 이를 보고도 아무런 언급도 하지 않았다. 이에 원수(元壽)가 이 일을 탄핵하는 상주문을 올려 말하기를, "소마가의 경우 멀게는 재물을 탐하였고 가깝게는 부부지간의 정을 잊었으며, 또한 그 아들로 하여금 목숨이 위태로운 모친을 버린 채 재물을 거두러 가게 하였습니다. 그런데 겸전내시어사(兼殿內侍御史) 신(臣) 한미지(韓微之) 등은 직접 이 일을 보고 들어 알았음에도 끝내 탄핵하여 규찰하지 않았습니다. 만약 위법 행위를 알고도 이를 적발하지 않는다면, 그 사정(事情)은 비호(庇護)하여 방종(放縱)한 것으로 관련지어야 합니다. 청컨대 이 일을 대리시(代理寺)에 교부하여 처리토록 하십시오.[61](『수서』「원수전」)

【세주 원문】 按唐律鬪訟, 諸監臨主司知所部有犯法, 不擧劾者, 減罪人罪三等. 據此知隋律亦有此條.

【세주 역문】 당률의 「투송」에는 "무릇 감림관(監臨官)이나 주사(主司)가 관할 지역 내에 범법(犯法)한 행위가 있음을 알고도 이를 적발하지 않은 경우 죄인의 죄에서 3

---

[61] 『隋書』권63 「元壽傳」, 1497–498쪽, "開府蕭摩訶妻患且死, 奏請遣子向江南收其家産, 御史見而不言. 壽奏劾之曰: 臣聞天道不言, 功成四序, …, 竊以人倫之義, 伉儷爲重, 資愛之道, 烏鳥弗虧. 摩訶遠念資財, 近忘匹好, 又命其子捨危惙之母, 爲聚斂之行. 一言纔發, 名教頓盡. 而兼殿內侍御史臣韓微之等親所聞見, 竟不彈糾. 若知非不擧, 事涉阿縱; 如不以爲非, 豈關理識? …, 忝居左轄, 無容寢默. 謹以狀聞. 其行本、微之等, 請付大理."

등을 감한다."[62]고 하였다. 이에 따르면 수율에도 이 조문이 있었음을 알 수 있다.

◉ 漏洩　누설

【원문】 數漏泄省中語.(元壽傳)

【역문】 수차례 궁중(宮中)의 일을 누설하였다.[63](『수서』「원수전」)

　　【세주 원문】 按漢律有漏泄省中語, 詳漢律考.

　　【세주 역문】 한율에 "궁중의 일을 누설하는 경우"에 대한 내용이 있다. 이는 한율고(漢律考)에 상세히 밝혀 두었다.

◉ 交通　교통

【원문】 蜀王秀之得罪, 冑坐與交通, 除名.(元冑傳)

【역문】 촉왕(蜀王) 양수(楊秀)가 죄를 범하였을 때, 원주(元冑)는 그와 교통(交通)한 일로 죄를 받아 제명되었다.[64](『수서』「원주전」)

【원문】 齊王暕之得罪也, 純坐與交通.(董純傳)

【역문】 제왕(齊王) 양간(楊暕)이 죄를 범하였을 때, 동순(董純)은 그와 교통(交通)한 일로 죄를 받았다.[65](『수서』「동순전」)

【원문】 有司劾浩, 以諸侯交通內臣, 竟坐廢免.(秦孝王俊傳)

【역문】 유사(有司)가 양호(楊浩)를 탄핵하여 제후로서 내신(內臣)과 교통(交

---

62 『唐律疏議』 권24 「鬪訟4」, '監臨知犯法不擧劾', 449쪽.
63 『隋書』 권63 「元壽傳」, 1498쪽. "子敏, 頗有才辯, 而輕險多詐. 壽卒後, 帝追思之, 擢敏爲守內史舍人, 而交通博徒, 數漏泄省中語."
64 『隋書』 권40 「元冑傳」, 1177쪽.
65 『隋書』 권65 「董純傳」, 1539쪽.

通)하였다는 이유로 끝내 죄를 받아 폐면(廢免)되었다.[66](『수서』「진효왕준
전」)

【원문】 楊素奏或以內臣交通諸侯, 除名爲民, 配戍懷遠鎭.(柳彧傳)

【역문】 양소(楊素)는 유욱(柳彧)이 내신(內臣)으로서 제후와 교통(交通)하였
다는 이유로 제명하여 일반 백성으로 삼은 뒤 회원진(懷遠鎭)을 수비하
는 일에 배속시킬 것을 상주하였다.[67](『수서』「유욱전」)

【원문】 有司奏: 左衞大將軍元旻、右衞大將軍元冑、左僕射高熲, 並與
世積交通, 受其名馬之贈.(王世積傳)

【역문】 유사(有司)에서 상주하기를, "좌위대장군(左衞大將軍) 원민(元旻)과
우위대장군(右衞大將軍) 원주(元冑), 좌복야(左僕射) 고경(高熲)은 모두 왕
세적(王世積)과 교통(交通)하여 그의 명마(名馬)를 뇌물로 받았습니다."라
고 하였다.[68](『수서』「왕세적전」)

【원문】 蜀王秀之得罪也, 儉坐與交通, 免職.(北史柳儉傳)

【역문】 촉왕(蜀王) 양수(楊秀)가 죄를 범하였을 때, 유검(柳儉)은 그와 교통
(交通)한 일로 죄를 받아 면직되었다.[69](『북사』「유검전」)

【원문】 御史劾俱羅以郡將交通內臣, 坐除名.(魚俱羅傳)

【역문】 어사(御史)는 군장(郡將)으로서 내신(內臣)과 교통하였다는 이유로
어구라(魚俱羅)를 탄핵하였고, 어구라는 처벌을 받아 제명되었다.[70](『북
사』「어구라전」)

---

66 『隋書』 권45 「秦孝王俊傳」, 1241쪽.
67 『隋書』 권62 「柳彧傳」, 1484쪽.
68 『隋書』 권68 「王世積傳」, 1173쪽.
69 『北史』 권86 「柳儉傳」, 2886쪽.
70 『北史』 권78, 「魚俱羅傳」, 2648쪽, "御史劾俱羅以郡將交通內臣, 帝大怒, 與伯隱俱坐除名."

【세주 원문】 按隋書北史各傳, 以交通被劾者不一, 是當時必已懸爲厲禁. 隋書郭衍傳, 晉王有奪宗之謀, 因召衍, 陰共計議. 又恐人疑無故來往, 託以衍妻患癭, 王妃蕭氏有術能療之, 當時法網之密如此. 考漢書鄭衆傳, 太子儲君, 無外交之義, 漢有舊防, 蕃王不宜私通賓客. 隋蓋沿漢制也.

【세주 역문】 『수서』와 『북사』의 각 전기에는 교통(交通)하여 탄핵된 경우가 한 둘이 아니다. 이는 분명 당시에 이미 금령으로 제정되어 있었을 것이다. 『수서』「곽연전」에 "진왕(晉王)은 황태자 자리를 빼앗을 음모를 가지고 있었다. 이에 곽연(郭衍)을 불러 은밀히 함께 계획을 논의하였다. 또한 아무런 연고도 없이 두 사람이 함께하는 것에 대해 다른 사람들이 의심할 것을 염려하여, '곽연의 처(妻)가 중병에 걸렸는데 왕비(王妃)인 소씨(蕭氏)에게 의술이 있어 그녀를 치료할 수 있다.'는 말로 핑계를 삼았다."[71]고 하였으니, 당시의 법망이 치밀하기가 이와 같았다. 『후한서』「정중전」을 살펴보면, "태자(太子)와 저군(儲君)[72]에게 외교지의(外交之義)[73]란 없다. 한나라에는 옛날부터 금지해 온 것이 있으니, 번왕(藩王)은 빈객(賓客)과 사사로이 왕래[私通]해서는 안 된다는 것이다."[74]라고 하였다. 수나라는 대체로 한나라의 제도를 계승한 것이다.

● **交關** 교관

【원문】 文振先與王世積有舊, 世積以罪誅, 文振坐與交關.(段文振傳)

【역문】 단문진(段文振)은 이전부터 왕세적(王世積)과 친분이 있었는데, 왕세적이 죄를 범하여 주살됨에 따라 단문진도 그와 서로 왕래가 있었다는

---

71 『隋書』 권61, 「郭衍傳」, 1470쪽.
72 "太子"와 "儲君"은 모두 皇位 계승이 이미 확정된 王子를 말한다. 즉 太子가 곧 儲君이다. 그러나 본문에서는 鄭衆이 자신과 私通하기를 원하는 皇太子 및 山陽王 荊을 빗대어 太子와 儲君이라 표현한 것이다.(『白虎通義』 권상, 「德論上」'京師', "儲君, 嗣主也.";『舊唐書』 권195, 「回紇傳」 5203쪽, "元帥即唐太子也. 太子即儲君也.")
73 光武帝 建武 연간에 皇太子 및 山陽王 荊이 虎賁中郎將 梁松을 통해 재물을 건네주며 鄭衆과 通義하고자 하였으나 鄭衆이 이를 거절하면서 한 말이다. 즉 옛날부터 太子儲君이 外部人과 私交하여 通義하는 것을 금지하여 왔으므로 받아들일 수 없다고 한 것이다.
74 『後漢書』 권66 「鄭衆傳」 1224쪽.

이유로 처벌을 받았다.[75](『북사』「단문진전」)

【세주 원문】 按交關本漢律, 隋書潘徽傳, 及玄感敗, 凡交關多權其患. 是大業律亦同.

【세주 역문】 "교관(交關)"은 한율에 근본을 두고 있다. 『수서』「반휘전」에 "양현감(楊玄感)이 패배하였을 때, 그와 왕래가 있던 이들은 대부분 그 후환을 근심하였다."[76] 고 하였다. 이는 『대업률』과도 동일하다.

◉ 厭蠱 염고[77]

【원문】 其婢奏譯厭蠱左道. 譯又與母別居, 爲憲司所劾, 由是除名. 下詔曰: 若留之於世, 在人爲不道之臣, 戮之於朝, 入地爲不孝之鬼.(鄭譯傳)

【역문】 그 시녀(侍女)는 정역(鄭譯)이 무술(巫術)에 의지하여 다른 사람에게 재앙을 주는 삿된 방법을 사용한다고 상주하였다. 정역은 또한 모친과 따로 거주하여 헌사(憲司)에 의해 탄핵되었고, 이로 인해 제명되었다. 이에 조(詔)를 내려 말하기를, "만약 정역을 살려주어 세상에 남겨둔다면 사람들 사이에 부도(不道)한 신하가 될 것이고, 조정(朝廷)에서 그를 주륙(誅戮)한다면 땅 속으로 들어가 불효(不孝)한 귀신(鬼神)이 될 것이다." 라고 하였다.[78](『수서』「정역전」)

【세주 원문】 按唐律不道小註, 造畜蠱毒, 厭魅. 文帝詔指厭蠱爲不道, 知隋律亦有此註, 與唐律同.

---

75 『北史』 권76, 「段文振傳」, 2588쪽, "文振先與王世積有舊. 初. 文振北征, 世積遺以駝馬. 比還, 世積以罪誅. 文振坐與交關, 功遂不錄."

76 『隋書』 권76 「潘徽傳」, 1747쪽.

77 巫術에 의지하여 다른 사람에게 재앙을 주는 행위를 말한다.

78 『隋書』 권38, 「鄭譯傳」, 1137, "譯自以被疎, 陰呼道士章醮以祈福助. 其婢奏譯厭蠱左道. 上謂譯曰: 我不負公, 此何意乎? 譯無以對. 譯又與母別居, 爲憲司所劾, 由是除名. 下詔曰: 譯嘉謀良策, 寂爾無聞, 鬻獄賣官, 沸騰盈耳. 若留之於世, 在人爲不道之臣, 戮之於朝, 入地爲不孝之鬼, 有累幽顯, 無以置之, 宜賜以孝經, 令其熟讀, 仍遣與母共居."

【세주 역문】 당률은 부도(不道)에 대한 소주(小註) 중에 "고독(蠱毒)을 제조하거나 기르고, 염매(厭魅)한 행위를 말한다."[79]고 하였다. 문제(文帝)가 조(詔)를 내려, 염고(厭蠱) 행위는 부도죄(不道罪)가 됨을 지적하였으므로 수율에도 이 주(註)가 있었고 그 내용은 당률과 동일하였음을 알 수 있다.

【원문】 后異母弟, 以猫鬼巫蠱, 呪詛於后, 坐當死.(后妃紀)

【역문】 황후 이모(異母)의 동생이 묘귀(猫鬼)로써 무고(巫蠱)하여 황후를 저주[呪詛]한 일로 죄를 받아 사형을 당하였다.[80](『수서』「문헌독고황후기」)

【원문】 弘希旨奏綸厭蠱惡逆, 坐當死. 帝以皇族不忍, 除名徙邊郡.(北史隋宗室傳)

【역문】 왕홍(王弘)이 조정의 뜻에 아첨하여 양륜(楊綸)이 무술(巫術)에 의지하여 황제를 저주[厭蠱]함으로써 악역(惡逆)을 범하였다고 상주하였고, 양륜은 이 일로 죄를 받아 사형을 선고받았다. 그러나 황제는 그가 황족(皇族)이라는 이유로 차마 사형을 내리지는 못하고 제명한 후 변경 지역으로 천사(遷徙)시켰다.[81](『북사』「등목왕찬전」)

【원문】 開皇十八年五月詔畜猫鬼、蠱毒、厭魅、野道之家, 投於四裔.(冊府元龜六百十一)

【역문】 개황 18년(598) 5월에 조(詔)를 내려, "묘귀(猫鬼), 고독(蠱毒), 염매(厭魅), 야도(野道)를 기르는 집안은 변경 지역[四裔]으로 유배토록 하라."고 하였다.[82](『책부원구』권611)

---

79 『唐律疏議』권1,「名例1」, '十惡・五日不道', 9쪽.
80 『隋書』권36,「文獻獨孤皇后紀」, 1108~1109쪽.
81 『北史』권71,「滕穆王瓚傳」, 2452~2453쪽, "弘希旨奏綸厭蠱惡逆, 坐當死, 帝令公卿議之, …, 棄同卽異. 父悖於前, 子逆於後, 爲惡有將, 其罪莫大. 請依前科. 帝以皇族不忍, 除名徙邊郡."
82 『冊府元龜』권611「刑法部」, '定律令'.

◉ **居父母喪嫁娶** 부모의 거상(居喪) 중에 시집이나 장가를 가는 경우

【원문】 士文從父妹有色, 應州刺史唐君明居母憂, 娉以爲妻, 爲御史所劾.(厙狄士文傳)

【역문】 사적사문(厙狄士文)의 종부(從父)에게 누이가 있었는데 용모가 아리따웠다. 응주자사(應州刺史) 당군명(唐君明)은 모친상을 치르는 중에 그녀를 맞이하여 처(妻)로 삼았다가 어사(御史)에 의해 탄핵되었다.[83](『수서』「사적사문전」)

【세주 원문】 按唐律居父母夫喪嫁娶, 在戶婚.

【세주 역문】 당률에는 "부모나 남편의 거상(居喪) 중에 시집이나 장가가는 경우"에 대한 내용이 「호혼」에 있다.[84]

◉ **戶口簿帳不以實**
호구를 기록한 장부의 내용이 실제와 부합하지 않는 경우

【원문】 曹土舊俗, 民多姦隱, 戶口簿帳恒不以實. 慧下車按察, 得戶數萬. 轉齊州刺史, 得隱戶數千.(乞伏慧傳)

【역문】 조주(曹州) 지역에서는 오래전부터 백성들이 관부를 기만하고 속이는 풍조가 만연하여, 호구(戶口)를 기록한 장부도 항상 실제와 부합하지 않았다. 걸복혜(乞伏慧)는 이곳에 부임하여 은닉된 호(戶)에 대한 조사를 실시하였고, 결국 수만 호(戶)를 적발하였다. 제주자사(齊州刺史)로 옮긴 후에도 은닉된 수천 호(戶)를 적발하였다.[85](『수서』「걸복혜전」)

---

83 『隋書』 권74 「厙狄士文傳」, 1693쪽. "士文從父妹爲齊氏嬪, 有色, 齊滅之後, 賜薛國公長孫覽爲妾. 覽妻鄭氏性妬, 譖之於文獻后, 后令覽離絶, 士文恥之, 不與相見. 後應州刺史唐君明居母憂, 娉以爲妻, 由是士文、君明並爲御史所劾."

84 『唐律疏議』 권13, 「戶婚2」, '居父母夫喪嫁娶', 257쪽.

85 『隋書』 권55 「乞伏慧傳」, 1378쪽. "曹土舊俗, 民多姦隱, 戶口簿帳恒不以實. 慧下車按察, 得戶數萬.

【원문】 時山東承齊之弊, 戶口簿籍類不以實. 熙曉諭之, 令自歸首, 至者
一萬戶.(令狐熙傳)

【역문】 당시 산동(山東) 지역에는 제(齊)나라 때부터 이어져 온 폐습(弊習)
으로 호구를 기록한 장부가 거의 실제와 부합하지 않았다. 영호희(令狐
熙)는 그 사실을 깨달은 후 은닉된 호구로 하여금 스스로 돌아와 자수하
게 하였는데, 돌아와 자수한 이들이 만호(萬戶)에 이르렀다.86(『수서』「영
호희전」)

【세주 원문】 按唐律, 里正州縣不覺脫漏及脫戶, 均在戶婚.

【세주 역문】 당률에는 "이정(里正)87과 주현(州縣)의 관원이 탈루 및 탈호를 적발하지
못한 경우"에 대한 내용이 모두 「호혼」에 있다.88

◉ 官物入私 관물을 사적으로 들인 경우

【원문】 譯擅取官材, 自營私第, 坐是復除名.(鄭譯傳)

【역문】 정역(鄭譯)은 멋대로 관부의 재목을 취하여 자신의 사택(私宅)을 짓
는 데 사용하였는데, 이 일로 죄를 받아 재차 제명되었다.89(『수서』「정역
전」)

【원문】 左武衞將軍劉昇諫曰: 秦王非有他過, 但費官物營廨舍而已. 臣謂
可容. 上曰: 法不可違. 若如公意, 何不別制天子兒律?(秦孝王俊傳)

【역문】 좌무위장군(左武衞將軍) 유승(劉昇)이 간언하여 말하기를, "진왕(秦

… 歲餘, 轉齊州刺史, 得隱戶數千."
86 『隋書』 권56 「令狐熙傳」, 1385쪽.
87 唐代에는 100戶를 1里로 설정하고, 1里 내에서 里正 1人을 선발하였다. 里正은 戶口의 파악과 課役
의 징수 등을 담당하였다.
88 『唐律疏議』 권12 「戶婚1」, '里正不覺脫漏增減', 233쪽; 『唐律疏議』 권12 「戶婚1」, '州縣不覺脫漏增
減', 233쪽.
89 『隋書』 권38 「鄭譯傳」, 1136쪽, "譯頗專權, 時帝幸東京, 譯擅取官材, 自營私第, 坐是復除名爲民."

王)께는 다른 과실이 없습니다. 다만 관물(官物)을 가지고 해사(廨舍)를 짓는 데 사용하였을 따름입니다. 신(臣)은 용서해 줄 만하다고 생각합니다."라고 하였다. 이에 황제가 말하기를, "법률을 위반해서는 아니 된다. 만약 그대의 뜻과 같이해야 한다면, 어찌 별도로 '천자의 자식에 관한 율'이 제정되지 않았겠는가?"라고 하였다.[90](『수서』「진효왕준전」)

【세주 원문】 按唐律廐庫, 諸財物不應入官私而入者, 坐贓論. 疏義應入官乃入私.

【세주 역문】 당률은 「구고」에 "무릇 재물을 관부나 개인에게 들여서는 안 되는데도 들인 경우 좌장(坐贓)으로 논죄한다."고 하였고, 소의(疏義)에 "응당 관부에 들여야 하는데 개인에게 들인 것이다."라고 하였다.[91]

◉ **盜邊糧一升已上, 盜取一錢已上**
   변경의 양식을 1승(升) 이상 훔친 경우 및 1전(錢) 이상 훔친 경우

【원문】 開皇十五年冬十二月戊子, 勑盜邊糧一升已上皆斬, 並籍沒其家. (文帝紀)

【역문】 개황 15년(595) 겨울 12월 무자일에 "변경의 양식[邊糧]을 1승(升) 이상 훔친 경우 모두 참형에 처하고, 아울러 그 집안을 적몰(籍沒)토록 하라."는 명을 내렸다.[92](『수서』「고조본기」)

【원문】 奴婢, 鬻粟以塡之. 是後盜邊糧者, 一升已上皆死, 家口沒官. (刑法志)

【역문】 노비로 삼아 [그 몸값으로] 곡식을 사서 메우도록 하였다. 이후 변경의 양식을 훔친 경우 1승(升) 이상은 모두 사형에 처하였고, 그 가속들은

---

90 『隋書』권45 「秦孝王俊傳」, 1240쪽, "左武衛將軍劉昇諫曰: 秦王非有他過, 但費官物營廨舍而已. 臣謂可容. 上曰: 法不可違. 昇固諫, …. 上曰: 我是五兒之父, 若如公意, 何不別制天子兒律? 以周公之爲人, … 卒不許."

91 『唐律疏議』권15 「廐庫」, '財物應入官私', 292쪽.

92 『隋書』권2 「高祖本紀」, 40쪽.

관청에 몰수하여 노비로 삼았다.[93](『수서』「형법지」)

【원문】 是時帝意每尙慘急, 而姦回不止, 京市白日, 公行掣盜, 人間强盜,
亦往往而有. 帝患之, 問群臣斷禁之法. 楊素等未及言, 帝曰: 朕知之
矣. 詔有能糾告者, 沒賊家産業, 以賞糾人. 時月之間, 內外寧息. 其後
無賴之徒, 候富人子弟出路者, 而故遺物於其前, 偶拾取則擒以送官,
而取其賞. 大抵被陷者甚衆. 帝知之, 乃命盜一錢已上皆棄市. 行旅皆
晏起早宿, 天下懍懍焉. 此後又定制, 行署取一錢已上, 聞見不告言者,
坐至死. 自此四人共盜一榱桶, 三人同竊一瓜, 事發卽時行決. 有數人
劫執事而謂之曰: 吾豈求財者邪? 但爲枉人來耳. 而爲我奏至尊, 自古
以來, 體國立法, 未有盜一錢而死也. 而不爲我以聞, 吾更來, 而屬無類
矣. 帝聞之, 爲停盜取一錢棄市之法.(刑法志)

【역문】 당시 황제는 항상 형벌을 준엄하게 적용코자 하였지만, 간악한 행
위가 그치지 않아 경사(京師)의 저자에서는 대낮에 노상강도가 발생하였
고 민간에서의 강도 사건 역시 왕왕 발생하였다. 황제는 이를 근심하여
뭇 신하들에게 이와 같은 일들을 근절할 수 있는 방법을 하문하였다. 양
소(楊素) 등이 아직 대답을 하지 못하고 있었는데, 황제가 말하기를, "그
방법을 알아냈도다."라고 하였다. 이에 조(詔)를 내려, "능히 다른 사람
의 도둑질을 고발하는 자가 있으면, 그 도둑 집안의 재산을 몰수하여 고
발한 자에게 상으로 내리도록 하라. 그리하면 2-3개월 만에 안팎이 안녕
무사(安寧無事)해질 것이다."라고 하였다. 그 후 무뢰배들은 부유한 집안
의 자제들이 밖으로 나오기만을 기다렸다가 고의로 물품을 그 앞에 떨
어트려 그들이 우연히 그것을 줍기라도 하면, 그대로 붙잡아서 관청으
로 보낸 후 그 상을 받았다. 대체로 이와 같이 하여 죄에 빠지게 되는 경
우가 매우 많았다. 황제는 이를 깨달은 후 마침내 1전(錢) 이상을 도둑질

---

93 『隋書』 권25 「刑法志」, '隋', 714쪽, "復令孝卿馳驛斬之, 沒其家爲奴婢, 籯粟以塡之. 是後盜邊糧者,
一升已上皆死, 家口沒官."

한 경우 모두 기시(棄市)에 처하도록 명하였다. 그러자 나그네들은 모두 늦게 일어나서 일찍 취침하였고, 천하 사람들이 모두 전전긍긍하였다. 이후 다시 새로운 규정을 제정하여 관서에 통보하기를, '1전(錢) 이상을 취하는 것을 보거나 들었음에도 고발하지 않는 경우 사죄(死罪)에 처한다.'고 하였다. 이로부터 네 명이 함께 한 개의 서까래를 도둑질하거나 세 명이 함께 오이 하나를 도둑질해도 발각이 되면, 즉시 처형되었다. 몇몇이 담당 관리를 협박하여 말하기를, "우리가 어찌 재물을 구하는 자들이겠는가? 단지 억울한 사람으로서 왔을 뿐이다. 우리를 위하여 황제께 상주해 달라. 옛날부터 나라를 다스리는 법을 정하는데, 1전(錢)을 훔쳤다고 해서 사형에 처한 적은 없었다. 우리를 위하여 [황제께] 보고하지 않는다면 우리가 다시 와서 가만두지 않을 것이다."라고 하였다. 황제는 그 보고를 받은 후 1전(錢)을 취하면 기시(棄市)에 처한다는 법의 시행을 중단하였다.[94](『수서』「형법지」)

◉ **盜毀天尊佛像** 천존상이나 불상을 훔치거나 훼손한 경우

【원문】 帝以年齡晚暮, 尤崇尙佛道, 又素信鬼神. 二十年, 詔沙門道士壞佛像天尊, 百姓壞岳瀆神像, 皆以惡逆論.(刑法志)

【역문】 황제는 연로해지면서 더욱 불교와 도교를 숭상하였고, 게다가 평소 귀신(鬼神)을 믿었다. [개황] 20년(600)에 조(詔)를 내려, 승려나 도사가 불상(佛像)이나 천존상(天尊像)을 훼손하고, 백성들이 악(岳)·독(瀆)에서 신상(神像)을 훼손한 경우 모두 악역(惡逆)으로 논죄토록 하였다.[95](『수서』「형법지」)

【원문】 開皇二十年十二月辛巳, 詔曰: 佛法深妙, 道教虛融, 咸降大慈, 済

---

94 『隋書』 권25 「刑法志」, '隋', 714쪽.
95 『隋書』 권25 「刑法志」, '隋', 715쪽.

度羣品, 凡在含識, 皆蒙覆護. 所以雕鑄靈相, 圖寫眞形, 率土瞻仰, 用申
誠敬. 其五嶽四鎭, 節宣雲雨, 江、河、淮、海, 浸潤區域, 並生養萬物,
利益兆人, 故建廟立祀, 以時恭敬. 敢有毀壞偸盜佛及天尊像、嶽鎭海
瀆神形者, 以不道論. 沙門壞佛像, 道士壞天尊者, 以惡逆論. (文帝紀)

【역문】 개황 20년(600) 12월 신사일에 조(詔)를 내려 말하기를, "불법(佛法)
은 심오하고 미묘하며 도교는 융통(融通)함을 내재하고 있으니, 모두가
크나큰 자비로움을 내려 중생들을 제도(濟度)한다. 무릇 중생[含識]⁹⁶들은
모두 그로부터 비호(庇護)를 받고 있다. 그러므로 신령(神靈)의 상(像)을
조각하거나 주조하고 그 본래의 형상을 그림으로 그려냄으로써 천하[率
土]⁹⁷가 함께 우러러보며 진심으로 공경하는 마음을 표현하는 것이다.
그중 오악(五嶽)과 사진(四鎭)의 신령은 구름을 드리우고 비를 뿌리는 일
을 관장하며, 강(江)·하(河)·회(淮)·해(海)의 윤택(潤澤)한 지역은 모두
만물을 양육하고 만민(萬民)에게 이로움을 더하여 주기 때문에 묘당(廟
堂)을 건립하여 제사를 지냄으로써 수시로 공경함을 다하는 것이다. 그
러므로 감히 불상(佛像) 및 천존상(天尊像)이나 악(嶽)·진(鎭)·해(海)·
독(瀆)의 신상(神像)을 훼손하거나 훔치는 경우 부도(不道)로써 논죄토록
하라. 승려가 불상을 훼손하고, 도사(道士)가 천존상을 훼손한 경우에는
악역(惡逆)으로 논죄토록 하라."고 하였다.⁹⁸(『수서』「고조본기」)

【세주 원문】 按唐律賊盜, 諸盜毀天尊佛像者徒三年, 卽道士女冠盜毀天尊像, 僧尼
盜毀佛像者可役流. 蓋隋沿北齊而加重其刑, 唐初修律, 又減輕其罪也.

【세주 역문】 당률에는 「적도」에 "무릇 천존상이나 불상을 훔치거나 훼손한 경우 도
형 3년에 처한다. 만약 도사(道士)나 여관(女官)이 천존상을 훔치거나 훼손한 경우
및 승려나 비구니가 불상을 훔치거나 훼손한 경우에는 역역(力役)을 추가하여 유배

---

96 意識이 있고 感情이 있는 생물을 가리키는 불교 용어이다. 곧 衆生을 표현한다.
97 "率土之濱"의 줄임말로 국가 전체의 영토를 가리킨다.
98 『隋書』권2「高祖本紀」, 45~46쪽.

시킨다."[99]고 하였다. 대체로 수나라는 북제의 제도를 계승하여 그 형(刑)을 가중하였지만, 당나라 초에 율을 정비하면서 다시 그 죄를 감경(減輕)하였다.

◉ **請求許財** 다른 사람의 재물을 받고 청탁한 경우

【원문】 高祖謂諫議大夫王達曰: 卿爲我覓一好左丞. 達遂私於汪曰: 我當薦君爲左丞, 若事果, 當以良田相報也. 汪以達所言奏之, 達竟以獲罪.(楊汪傳)

【역문】 고조가 간의대부(諫議大夫) 왕달(王達)에게 말하기를, "그대가 나를 대신하여 훌륭한 좌승(左丞) 한 명을 찾아보도록 하라."고 하자, 왕달이 곧 몰래 양왕(楊汪)에게 말하기를, "내가 장차 그대를 좌승(左丞)으로 천거할 테니, 만약 좋은 결과가 나온다면 응당 양전(良田)을 나에게 주어 보답을 해야만 하네."라고 하였다. 양왕은 왕달이 한 말을 황제에게 상주하였고, 왕달은 결국 이 일로 죄를 얻고 말았다.[100](『수서』「양왕전」)

【세주 원문】 按唐律受人財請求, 在職制.

【세주 역문】 당률에는 "다른 사람의 재물을 받고 청탁한 경우"에 대한 내용이「직제」에 있다.[101]

◉ **監臨受財三百文杖一百**
감림관이 재물을 받은 것이 300문(文)이면 장형 100대에 처한다

【원문】 雍州別駕元肇言於上曰: 有一州吏, 受人餽錢三百文, 依律合杖一百. 然臣下車之始, 與其爲約. 此吏故違, 請加徒一年. 行本駁之曰: 律

---

99 『唐律疏議』권19「賊盜3」, '盜毀天尊佛像', 353쪽.
100 『隋書』권56「楊汪傳」, 1393–1394쪽.
101 『唐律疏議』권11「職制3」, '受人財請求', 219쪽.

令之行, 並發明詔, 與民約束. 今肇乃敢重其敎命, 輕忽憲章. 非人臣之
禮.(劉行本傳)

【역문】 옹주(雍州) 별가(別駕) 원조(元肇)가 상언(上言)하여 말하기를, "주(州)
의 하급관리 한 사람이 누군가 뇌물로 바친 300문(文)을 받았으니, 율에
따르면 장형(仗刑) 100대에 처해야 마땅하였습니다. 그러나 신(臣)은 부
임한 지 얼마 되지 않았을 때, 그에게 약속을 받았습니다. 그럼에도 이
하급관리는 [재차] 고의(故意)로 이를 위배하였으니, 청컨대 도형 1년을
가중하여 주시기 바랍니다."라고 하였다. 이에 유행본(劉行本)이 이를 반
박하여 말하기를, "율령의 시행은 모두 명명백백한 조령(詔令)을 반포하
여 백성들과 약속을 한 것입니다. 지금 원조는 끝내 감히 자신의 교명
(敎命)만을 중히 여기되, 국가의 법률 규정은 경시하며 홀시하고 있습니
다. 이는 신하된 자로서의 예가 아닙니다."라고 하였다.[102](『수서』「유행
본전」)

【세주 원문】 按唐律職制, 諸監臨主司受財而枉法者, 一尺杖一百, 一疋加一等, 不枉
法者, 一尺杖九十, 二疋加一等. 又諸監臨之官, 受所監臨財物者, 一尺笞四十, 一
疋加一等. 元肇所言州吏受人餽錢, 傳文簡約, 未知與唐律何條相當. 隋志言, 開皇
律以輕代重, 是已輕於前代, 受餽錢三百卽杖一百. 以一尺笞四十之例, 是較唐律加
重至六等, 決無是理. 疑係指受財枉法言之. 所謂杖一百, 亦與唐律相合. 其請加徒
一年, 亦不過加一等耳, 與情理亦近. 唐律多沿隋律, 此亦其一端也.

【세주 역문】 당률은 「직제」에 "무릇 감림주사(監臨主司)가 재물을 받고 법을 왜곡하
여 적용한 경우 1척(尺)이면 장형(杖刑) 100대에 처하고 1필(疋)마다 1등씩 가중하
며, [재물은 받았지만] 법을 왜곡하여 적용하지 않은 경우 1척이면 장형(杖刑) 90대에
처하고 2필마다 1등씩 가중한다."[103]고 하였고, 또 "무릇 감림하는 관인이 감림하는

---

102 『隋書』 권62, 「劉行本傳」, 1478쪽. "雍州別駕元肇言於上曰: 有一州吏, 受人餽錢三百文. 依律合杖
一百. 然臣下車之始, 與其爲約. 此吏故違, 請加徒一年. 行本駁之曰: 律令之行, 並發明詔, 與民約束.
今肇乃敢重其敎命, 輕忽憲章. 欲申己言之必行, 忘朝廷之大信, 虧法取威, 非人臣之禮."
103 『唐律疏議』 권11 「職制3」, '監主受財枉法', 220쪽.

지역에서 재물을 받은 경우 1척이면 태형(笞刑) 40대에 처하고, 1필마다 1등씩 가중한다."104고 하였다. 원조(元肇)가 언급한 "주(州)의 하급관리가 뇌물을 받았다."는 내용은 전하는 문장이 간략하고 약소하여 구체적으로 당률의 어떤 조문에 상당하는지는 알 수가 없다. 『수서』「형법지」에 "『개황률』은 가벼운 규정으로 무거운 규정을 대체하였다."105고 하였으니, 이미 전대(前代)보다 가벼워진 상태로서 뇌물로 300문(文)을 받은 경우 장형(杖刑) 100대에 처한다고 한 것이다. 1척에 태형(笞刑) 40대를 처한다는 예는 당률에 비해 6등까지 가중한 것으로 결코 이와 같은 이치는 없다. 생각건대 재물을 받고 법을 왜곡하여 적용한 것을 가리켜 언급한 것으로 보인다. 이른바 장형(杖刑) 100대는 또한 당률과 서로 부합한다. 그리고 도형(徒刑) 1년을 가중하여 줄 것을 청하였던 것도 1등을 가중한 것에 불과할 뿐이니, 정리(情理)와도 근사(近似)하다. 당률은 대부분 수율을 계승하였는데, 이 또한 그중 일부라고 하겠다.

◉ **毆人致死**　다른 사람을 구타하여 사망에 이르게 한 경우

【원문】 開皇中, 方貴嘗因出行遇雨, 淮水汎長, 於津所寄渡, 船人怒之, 搊方貴臂折. 至家, 其弟雙貴驚問所由, 方貴具言之. 雙貴恚恨, 遂向津毆擊船人致死. 守津者執送之縣官, 案問其狀, 以方貴爲首, 當死, 雙貴從坐, 當流.(郞方貴傳)

【역문】 개황 연간(581-600)에 낭방귀(郞方貴)는 일찍이 외출을 하였다가 비를 만났는데 회하(淮河)가 범람하였기 때문에 나루터[의 한 배]에 끼어 앉아서 강을 건너게 되었다. 뱃사람들은 그런 낭방귀에게 화가 나 그를 구타하여 팔을 부러뜨렸다. 집에 도착하였을 때 그의 아우 낭쌍귀(郞雙貴)가 놀라서 어떻게 된 일인지를 묻자, 낭방귀는 그에게 일일이 사정을 알려주었다. 이야기를 듣고 난 낭쌍귀는 크게 분노하여 마침내 나루터로 가서 뱃사람을 구타하여 죽음에 이르게 하였다. 나루를 지키는 자가

---

104 『唐律疏議』 권11 「職制3」, '受所監臨財物', 221쪽.
105 『隋書』 권25 「刑法志」, '隋', 712쪽.

그를 붙잡아 현관(縣官)에게 보내어 그 정상(情狀)을 조사한 결과, 낭방귀는 주범이 되어 사형에 처해졌고 낭쌍귀는 종범으로 연좌되어 유형에 처해졌다.[106](『수서』「낭방귀전」)

【세주 원문】 按唐律鬪訟, 諸鬪毆殺人者絞, 又云卽威力使人毆擊, 而致死傷者, 雖不下手, 猶以威力爲重罪, 下手者減一等. 縣官蓋以方貴脅弟使毆殺人, 故以方貴爲首, 雙貴坐流, 卽下手減一等也. 隋律蓋與唐律同.

【세주 역문】 당률의 「투송」에는 "무릇 싸우다가 사람을 구타하여 죽인 경우 교수형(絞首刑)에 처한다."[107]고 하였고, 또한 "만약 위세나 힘으로 다른 사람을 부려, 구타로 죽게 하였거나 상해를 입게 하였다면, 비록 본인이 손을 쓰지 않았더라도 여전히 위세나 힘이 있는 자를 중죄(重罪)로 다스리고, 직접 손을 쓴 자는 1등을 감한다."[108]고 하였다. 현관(縣官)은 대체로 낭방귀(郎方貴)가 그 동생에게 강요하여 다른 사람을 구타하여 죽이게 하였다고 생각하였기 때문에 낭방귀를 주범으로 삼고, 낭쌍귀(郎雙貴)는 연좌하여 유형에 처하였던 것으로 보인다. 즉 직접 손을 쓴 자에게 1등을 감하여 준 것이다. 수율은 대체로 당률과 동일하다.

◉ 掠人 약인

【원문】 其兄子伯仁, 隨沖在府, 掠人之妻, 上聞而大怒, 令蜀王秀治其事. (韋世康傳)

【역문】 그 형의 아들 위백인(韋伯仁)은 위충(韋沖)을 수종(隨從)하여 부(府)에 있으면서 다른 사람의 처(妻)를 강제로 취하였다. 황제가 이 일을 보고받고는 크게 노하여 촉왕(蜀王) 양수(楊秀)로 하여금 그 일을 처리하게 하였다.[109](『수서』「위세강전」)

---

106 『隋書』 권72 「郎方貴傳」, 1668–1669쪽.
107 『唐律疏議』 권21 「鬪訟1」, '鬪毆殺人', 387쪽.
108 『唐律疏議』 권21 「鬪訟1」, '威力制縛人', 392쪽.
109 『隋書』 권47 「韋世康傳」, 1270쪽, "其兄子伯仁, 隨沖在府, 掠人之妻, 士卒縱暴, 邊人失望. 上聞而

◉ **戲殺** 희살

【원문】 其奴嘗與鄕人董震因醉角力, 震扼其喉, 斃於手下. 震惶懼請罪, 士謙謂之曰: 卿本無殺心, 何爲相謝! 然可遠去, 無爲吏之所拘.(李士謙傳)

【역문】 그의 노복(奴僕)은 일찍이 마을 사람 동진(董震)과 함께 술에 취하여 힘겨루기를 하였는데, 동진이 그 노복의 목구멍을 눌러 자신의 손에 죽게 하였다. 동진이 두렵고 당황스러워 죄를 청하자 이사겸(李士謙)이 그에게 말하기를, "그대는 본래 죽이려는 마음이 없었거늘 어찌하여 나에게 사죄를 하는가! 그러하니 멀리 도망갈 수 있도록 하되, 관리에게 체포되는 일은 없도록 하게."라고 하였다.[110](『수서』「이사겸전」)

◉ **流人枷鎖傳送** 유형에 처해진 죄인은 가(枷)와 쇄(鎖)를 채워 전송한다

【원문】 開皇末, 爲齊州參軍. 送流囚李參等七十餘人詣京師. 時制, 流人並枷鎖傳送.(北史王伽傳)

【역문】 개황 연간(581-600) 말에 제주참군(齊州參軍)이 되었다. 유형에 처해진 죄수 이참(李參) 등 70여 인을 데리고 경사(京師)에 이르렀다. 당시 규정에 따르면, 유형에 처해진 죄인은 모두 가(枷)와 쇄(鎖)를 채워 전송하였다.[111](『북사』「왕가전」)

◉ **犯錢禁當杖** 전금(錢禁)을 위반할 경우 장형(杖刑)에 해당한다

【원문】 時上禁行惡錢, 有二人在市, 以惡錢易好者, 武候執以聞, 上令悉

大怒, 令蜀王秀治其事."
110 『隋書』 권77 「李士謙傳」, 1753쪽.
111 『北史』 권86 「王伽傳」, 2888쪽.

斬之. 綽進諫曰: 此人坐當杖, 殺之非法.(趙綽傳)

【역문】 당시 황제는 악전(惡錢)[112]의 유통을 금지하였다. 그럼에도 어떤 두 사람이 저자에서 악전(惡錢)을 품질이 우수한 전(錢)으로 교환을 하였다. 무후(武候)는 그들을 붙잡아 조정에 보고하였고, 황제는 이들을 모두 참형에 처하라고 명하였다. 이에 조작(趙綽)이 간언하기를, "이 사람들의 죄는 장형(杖刑)에 해당합니다. 그들을 사형에 처한다면, 법률에 어긋나게 됩니다."라고 하였다.[113](『수서』「조작전」)

◉ **禁私造兵器**　병기의 사적 제조에 대한 금령

【원문】 開皇十五年春二月丙辰, 收天下兵器; 敢有私造者, 坐之. 關中緣邊, 不在其例.(文帝紀)

【역문】 개황 15년(595) 봄 2월 병진일에 천하의 병기를 거두어들이고, 감히 사적으로 병기를 주조할 경우 처벌토록 하였다. 다만 관중(關中)의 연변(緣邊) 지역은 그 처벌하는 예에 포함시키지 않았다.[114](『수서』「고조본기」)

◉ **禁隱藏緯候圖讖**　참위서 및 도참서를 숨겨두거나 보관할 수 없다는 금령

【원문】 開皇十三年二月丁酉, 制私家不得隱藏緯候圖讖.(文帝紀)

【역문】 개황 13년(593) 2월 정유일에 사가(私家)에서는 참위서(讖緯書) 및 도참서(圖讖書)를 숨겨두거나 보관할 수 없다는 법규가 제정되었다.[115](『수서』「고조본기」)

---

112 사적으로 주조한 가짜 돈 또는 품질이 불량하거나 무게가 부족한 돈을 가리킨다.
113 『隋書』 권62 「趙綽傳」, 1485~1486쪽.
114 『隋書』 권2 「高祖本紀」, 39쪽.
115 『隋書』 권2 「文帝本紀」, 38쪽.

◉ 開皇令 『개황령』

【원문】 開皇二年秋七月甲午, 行新令.(通志)

【역문】 개황 2년(582) 가을 7월 갑오일에 새로 제정한 영(令)을 반행하였다.[116](『통지』 권18)

【원문】 隋開皇命高熲等撰令三十卷, 一官上, 二官品下, 三諸省臺職員, 四諸寺職員, 五諸衛職員, 六東宮職員, 七行臺諸監職員, 八諸州郡縣鎭戌職員, 九命婦品員, 十祠, 十一戶, 十二學, 十三選擧, 十四封爵俸廩, 十五考課, 十六宮衛軍防, 十七衣服, 十八鹵簿上, 十九鹵簿下, 二十儀制 二十一公式上, 二十二公式下, 二十三田, 二十四賦役, 二十五倉庫廐牧, 二十六關市, 二十七假寧, 二十八獄官, 二十九喪葬, 三十雜.(唐六典注)

【역문】 수나라 개황 연간(581-600)에 고경(高熲) 등에게 영(令) 30권을 편찬하도록 명하였다. 1. 관품령상(官品令上), 2. 관품령하(官品令下), 3. 제성대직원령(諸省臺職員令), 4. 제사직원령(諸寺職員令), 5. 제위직원령(諸衛職員令), 6. 동궁직원령(東宮職員令), 7. 행대제감직원령(行臺諸監職員令), 8. 제주군현진수직원령(諸州郡縣鎭戌職員令), 9. 명부품원령(命婦品員令), 10. 사령(祠令), 11. 호령(戶令), 12. 학령(學令), 13. 선거령(選擧令), 14. 봉작봉름령(封爵俸廩令), 15. 고과령(考課令), 16. 궁위군방령(宮衛軍防令), 17. 의복령(衣服令), 18. 노부령상(鹵簿令上), 19. 노부령하(鹵簿令下), 20. 의제령(儀制令), 21. 공식령상(公式令上), 22. 공식령하(公式令下), 23. 전령(田令), 24. 부역령(賦役令), 25. 창고구목령(倉庫廐牧令), 26. 관시령(關市令), 27. 가녕령(假寧令), 28. 옥관령(獄官令), 29. 상장령(喪葬令), 30. 잡령(雜令)이다.[117](『당육전』 주)

---

116 『通志』 권18 「隋紀」.
117 『唐六典』 권6 「尙書刑部」 注, 184-185쪽.

【원문】 隋開皇令三十卷, 目一卷.(經籍志. 舊唐書經籍志, 隋開皇令三十卷, 裴政等撰. 新唐書藝文志, 牛弘等隋開皇令三十卷.)

【역문】 『수개황령』은 30권이고, 『목록』은 1권이다.[118](『수서』「경적지」, 『구당서』「경적지」에는 "『수개황령』 30권, 배정 등 편찬."[119]이라 하였고, 『신당서』「예문지」에는 "우홍 등의 『수개황령』 30권."[120]이라 하였다.)

【원문】 爲人後者, 爲其父母並解官, 申其心喪. 父卒母嫁, 爲父後者雖不服, 亦申心喪. 其繼母嫁不解官.(劉子翊傳引令)

【역문】 후대(後代)가 되는 사람은 그 부모를 위하여 관직에서 물러나 상복(喪服)을 입지 않고 마음속의 애통함을 표현한다. 부친이 사망하고 모친이 개가하면 부친의 후대(後代)로서 비록 복상(服喪)을 하지 않더라도 또한 마음속의 애통함을 표현한다. 그 계모(繼母)가 개가할 때는 관직에서 물러나지는 않는다.[121](『수서』「유자익전」에서 영을 인용)

【세주 원문】 按此喪葬令逸文.

【세주 역문】 이는 「상장령」의 일문(逸文)이다.

【원문】 人五家爲保, 保有長. 保五爲閭, 閭四爲族, 皆有正. 畿外置里正, 比閭正, 黨長比族正, 以相檢察焉.(通典卷三, 引文帝新令同) 男女三歲已下爲黃, 十歲已下爲小, 十七已下爲中, 十八已上爲丁. 丁從課役, 六十爲老, 乃免.(通典卷七, 引文帝新令同) 自諸王已下, 至于都督, 皆給永業田, 各有差. 多者至一百頃, 少者至四十畝. 其丁男、中男永業露田, 皆遵後齊之制. 並課樹以桑楡及棗. 其園宅, 率三口給一畝, 奴婢則五口給一畝. 丁男一牀, 租粟三石. 桑土調以絹絁, 麻土以布絹. 絁以疋, 加

---

118 『隋書』 권33 「經籍志」, '刑法篇', 973쪽.
119 『舊唐書』 권46 「經籍志」, '乙部史錄 · 刑法類', 2010쪽.
120 『新唐書』 권58 「藝文志」, '乙部史錄 · 刑法類', 1494쪽.
121 『隋書』 권71 「劉子翊傳」, 1651–1652쪽.

綿三兩. 布以端, 加麻三斤. 單丁及僕隷各半之. 未受地者皆不課. 有
品爵及孝子順孫義夫節婦, 並免課役. 京官又給職分田. 一品者給田五
頃. 每品以五十畝爲差, 至五品, 則爲田三頃, 六品二頃五十畝. 其下每
品以五十畝爲差, 至九品爲一頃. 外官亦各有職分田. 又給公廨田, 以
供公用.(食貨志引新令)

【역문】 백성들은 5가(家)를 1보(保)로 삼고, 보(保)마다 보장(保長)을 둔다. 5
보(保)를 1여(閭)로 삼으며, 4여(閭)를 1족(族)으로 삼는데, 모두 여정(閭
正)과 족정(族正)을 둔다. 경기(京畿) 이외의 지역에는 이정(里正)을 두는
데, 이정은 여정(閭正)에 비견되며, 당장(黨長)을 두는데, 당장은 족정(族
正)에 비견된다. 이들은 서로를 검사하고 규찰한다. [『통전』 권3에 문제
의 신령을 인용하였는데, 그 내용은 이와 동일하다.] 남녀 3세 이하를 황
(黃)으로 삼고, 10세 이하는 소(小)로 삼으며, 17세 이하를 중(中)으로 삼
고, 18세 이상은 정(丁)으로 삼는다. 정(丁)에게는 부역과 조세를 부과하
며, 60세를 노(老)로 삼아 비로소 부역과 세금을 면제한다. [『통전』 권7
에 문제의 신령을 인용하였는데, 그 내용은 이와 동일하다.] 제왕(諸王)
이하부터 도독(都督)까지는 모두 영업전(永業田)을 지급하되, 각각 차등
을 둔다. 많은 경우 100경(頃)에 이르고, 적은 경우에는 40무(畝)에 이른
다. 정남(丁男)과 중남(中男)에게 지급하는 영업전(永業田)과 노전(露田)
은 모두 후제(後齊)의 제도를 따른다. 모두 뽕나무와 느릅나무 및 대추나
무에 대하여 세금을 부과한다. 원택(園宅)은 일률적으로 3구(口) 당 1무
씩 지급하고, 노비(奴婢)는 5구(口) 당 1무씩 지급한다. 정남(丁男)은 부
부(夫婦)가 속(粟) 3석(石)을 납부한다. 뽕나무를 심는 토지에서는 견시
(絹絁)를 납부하고, 마(麻)를 심는 토지에서는 포견(布絹)을 납부한다. 견
시(絹絁)는 필(疋)을 기준으로 하며, 면(綿) 3량(兩)을 추가한다. 포(布)는
단(端)을 기준으로 하며, 마(麻) 3근(斤)을 추가한다. 단정(單丁) 및 노복
(奴僕)은 각각 그 반을 납부한다. 아직 전지(田地)를 지급받지 않은 경우
모두 조세와 부역을 부과하지 않는다. 품계 및 작위가 있거나 효자(孝

子), 순손(順孫), 의부(義夫), 절부(節婦)인 경우 모두 조세와 부역을 면제한다. 경관(京官)에게는 또한 직분전(職分田)을 지급한다. 1품인 경우 전지(田地) 5경(頃)을 지급한다. 품마다 50무를 기준으로 차등을 두어 5품에 이르게 되면 전지(田地)는 3경이 되며, 6품은 2경 50무가 된다. 그 이하는 품마다 50무를 기준으로 차등을 두어 9품에 이르게 되면 1경이 된다. 지방관 또한 각각 직분전(職分田)을 지급한다. 또한 공해전(公廨田)을 지급하여 공용(公用)으로 충당하게 한다.[122](『수서』「식화지」에서 신령을 인용)

【세주 원문】 按此條雜引令文, 所云遵後齊之制, 蓋省文也.

【세주 역문】 이 조(條)는 영문(令文)을 뒤섞어 인용하였다. 후제(後齊)의 제도를 따른다고 하였듯이 대체로 생략된 문장이다.

◉ 開皇格 『개황격』

【원문】 隋則律令格式幷行.(經籍志)

【역문】 수나라는 율·령·격·식을 동시에 시행하였다.[123](『수서』「경적지」)

【세주 원문】 按唐書刑法志曰, 唐之刑書有四, 曰律、令、格、式, 據此知悉沿開皇舊制也.

【세주 역문】 『신당서』「형법지」에 "당(唐)의 형서(刑書)에는 네 가지가 있으니, 율·령·격·식이라 한다."[124]고 하였다. 이에 따르면 모두 개황 연간(581-600)의 옛 제도를 계승한 것임을 알 수 있다.

【원문】 所修格令章程, 並行於當世, 然頗傷苛碎, 論者以爲非簡允之法.
(北史蘇威傳)

---

122 『隋書』 권24 「食貨志」, 680–681쪽.
123 『隋書』 권33 「經籍志」, '刑法篇', 974쪽.
124 『新唐書』 권56 「刑法志」, 1407쪽.

【역문】 정비한 바의 격령(格令) 장정(章程)은 모두 당시대에 시행되었다. 그러나 자못 가혹하고 번거로워 논자들은 이를 두고 간명하면서도 공평한 법은 아니었다고 평가하였다.[125](『북사』「소위전」)

【원문】 格令班後, 蘇威每欲改易事條. 德林以爲格式已頒, 義須畫一, 縱令小有蹲駁, 非過蠹政害民者, 不可數有改張.(李德林傳)

【역문】 격령(格令)이 반행된 이후 소위(蘇威)는 수시로 그 조문을 수정하고자 하였다. 그러나 이덕림(李德林)은 이미 격식(格式)이 반포된 이상 응당 일률적으로 집행해야 하며, 설령 사소한 문제점이 있다할지라도 정사를 좀먹고 백성에게 해를 끼치는 문제가 아닌 이상 번번이 개정해서는 안 된다고 생각하였다.[126](『수서』「이덕림전」)

【원문】 高祖之世, 以刀筆吏類多小人, 年久長姦. 又以風俗陵遲, 婦人無節. 於是立格, 州縣佐史, 三年而代之, 九品妻無得再醮.(劉炫傳)

【역문】 고조의 치세 때 문안(文案)을 주관하였던 관리들은 대부분 소인(小人)이었기 때문에 오래도록 간사한 행위가 조장되었다. 또한 풍속이 어그러짐으로 인하여 부인(婦人)은 절조(節操)가 없었다. 이리하여 격(格)을 제정하여 주현(州縣)의 좌사(佐史)들은 3년에 한 번씩 교체하도록 하였고, 9품 이하 관원의 처(妻)는 개가할 수 없도록 하였다.[127](『수서』「유현전」)

【세주 원문】 按李諤傳, 諤見禮敎凋敝, 公卿薨亡, 其愛妾侍婢, 子孫輒嫁賣之, 遂成風俗. 上書曰: 朝聞其死, 夕規其妾, 方便求娉, 以得爲限, 無廉恥之心, 棄友朋之義. 上覽而嘉之. 五品以上妻妾不得改醮, 始於此也. 意者雖有定格, 仍未施行, 故改良於五品以上歟.

---

125 『北史』 권63 「蘇威傳」, 2248쪽.
126 『隋書』 권42 「李德林傳」, 1200쪽.
127 『隋書』 권75 「劉炫傳」, 1721쪽.

【세주 역문】「이악전」에 "이악(李諤)은 예교(禮敎)가 무너져 공경(公卿)들이 사망할 경우 그 애첩(愛妾)이나 시비(侍婢)들은 자손(子孫)들에 의해 번번이 재가하거나 팔려가는 것이 마침내 풍속이 되어 버렸다고 생각하였다. 이에 상서(上書)하여 말하기를, '아침에 그 죽음 소식을 들었어도 저녁이 되면 그 시첩(侍妾)을 얻기를 바라고 기회를 틈타 첩으로 맞이할 방법만 찾다가 결국 얻어내는 데 목적을 두고 있으니, 부끄러운 마음이 전혀 없고 붕우(朋友)의 도리마저 저버리고 있습니다.'라고 하였다. 황제가 상소문을 열람해 보니 장려할 만하였다. 5품 이상 관원의 처첩이 개가할 수 없도록 한 규정은 바로 여기서 비롯된 것이다."[128]라고 하였다. 즉 비록 격(格)이 제정되어 있었을지라도 여전히 시행이 되지 않았기 때문에 5품 이상의 관원으로 그 규정을 개량(改良)하였던 것으로 생각된다.

---

128 『隋書』 권66 「李諤傳」, 1543–1544쪽.

隋律考下
수율고 하

● **大業定律年月及修律諸人**

대업 연간에 율을 제정한 연월 및 율을 제정하는 데 참여한 여러 인물

【원문】 大業三年夏四月甲申, 頒律令, 大赦天下.(煬帝紀)

【역문】 대업 3년(607) 여름 4월 갑신일에 율령을 반포하고 천하에 대사면령
을 내렸다.129(『수서』「양제본기」)

【원문】 煬帝以開皇律令猶重, 大業二年十月更制大業律, 牛弘等造. 三年
四月甲申頒行, 凡十八篇, 五百條.(玉海卷六十五)

【역문】 양제(煬帝)는 『개황율령』을 여전히 중히 여겼기 때문에 대업 2년
(606) 10월에 수정을 가하여 『대업률』을 제정하였다. 이는 우홍(牛弘) 등

---

129 『隋書』 권3 「煬帝本紀」, 67쪽.

이 만든 것이다. 대업 3년(607) 4월 갑신일에 반행하였으니, 모두 18편
(篇), 500조(條)였다.[130](『옥해』권65)

【세주 원문】 按開皇律及唐律, 均五百條, 據此知篇目雖有分析, 而條項則多仍其舊也.

【세주 역문】 『개황률』 및 『당률』은 모두 500조이다. 이에 근거하여 편목은 비록 세
밀하게 나누었지만 조항은 대부분 그 옛 면모를 계승하였던 것이다.

【원문】 煬帝卽位, 以高祖禁網深刻, 又敕修律令.(刑法志)

【역문】 양제(煬帝)는 즉위하고 나서 고조(高祖)의 법령이 지나치게 엄혹하
다고 생각하여 다시 율령을 개정토록 명하였다.[131](『수서』「형법지」)

【원문】 其五刑之內, 降從輕典者, 二百餘條. 其枷杖決罰訊囚之制, 並輕
於舊.(同上)

【역문】 그 오형(五刑)의 내(內)에 종래보다 가벼운 형벌로 한 것이 200여 조
이다. 그 가장(枷杖), 결벌(決罰), 신수(訊囚)의 제도[132]는 모두 이전보다
가벼워졌다.[133](『수서』「형법지」)

【원문】 隋大業律十一卷(經籍志. 舊唐書經籍志、新唐書藝文志均作十八卷)

【역문】 『수대업률』은 11권이다.[134](『수서』「경적지」, 『구당서』「경적지」[135]와
『신당서』「예문지」[136]에는 모두 "18권"이라고 하였다.)

---

130 『玉海』 권65 「律令」, '西魏六條'.

131 『隋書』 권25 「刑法志」, '隋', 716쪽. "煬帝卽位, 以高祖禁網深刻, 又敕修律令, 除十惡之條."

132 "枷杖"은 그 무게나 크기에 관한 규정이고, "決罰"은 죄인을 때리는 杖의 數에 관한 규정이며, "訊
囚"는 죄수를 심문하는 방식에 대한 규정이다.

133 『隋書』 권25 「刑法志」, '隋', 717쪽.

134 『隋書』 권33 「經籍志」, '刑法篇', 972쪽.

135 『舊唐書』 권46 「經籍志」, '乙部史錄・刑法類', 2010쪽.

136 『新唐書』 권58 「藝文志」, '乙部史錄・刑法類', 1404쪽.

【원문】 煬帝卽位, 牛弘引炫修律令.(劉炫傳)

【역문】 양제(煬帝)가 즉위한 후 우홍(牛弘)은 유현(劉炫)과 함께 율령을 정비하였다.[137](『수서』「유현전」)

【원문】 牛弘等造新律成, 凡十八篇, 謂之大業律; 甲申, 始頒行之. 民久厭嚴刻, 喜於寬政. 其後征役繁興, 民不堪命, 有司臨時迫脅以求濟事, 不復用律令矣.(通鑑一百八十)

【역문】 우홍(牛弘) 등이 신율(新律)의 제정을 완성하였다. 총 18편으로 『대업률』이라 불렸다. 갑신일에 비로소 반포하여 시행하였다. 백성들은 오래도록 엄혹한 법률에 시달리다가 너그러운 시정(施政)에 매우 기뻐하였다. 그 후 정벌 전쟁이 자주 일어나자 백성들은 명령을 감당할 수가 없게 되었고, 유사(有司)는 임시로 백성들을 핍박하여 일을 구제함에 따라 다시는 율령이 사용되지 않기에 이르렀다.[138](『자치통감』 권180)

◉ **大業律篇目** 『대업률』의 편목

【원문】 一曰名例, 二曰衛宮, 三曰違制, 四曰請求, 五曰戶, 六曰婚, 七曰擅興, 八曰告劾, 九曰賊, 十曰盜, 十一曰鬪, 十二曰捕亡, 十三曰倉庫, 十四曰廐牧, 十五曰關市, 十六曰雜, 十七曰詐僞, 十八曰斷獄.(刑法志. 唐六典注)

【역문】 1. 명례(名例), 2. 위궁(衛宮), 3. 위제(違制), 4. 청구(請求), 5. 호(戶), 6. 혼(婚), 7. 천흥(擅興), 8. 고핵(告劾), 9. 적(賊), 10. 도(盜), 11. 투(鬪), 12. 포망(捕亡), 13. 창고(倉庫), 14. 구목(廐牧), 15. 관시(關市), 16. 잡(雜), 17. 사위(詐僞), 18. 단옥(斷獄)이다.[139](『수서』「형법지」. 『당육전』 주[140]의 내

---

137 『隋書』 권75 「劉炫傳」, 1721쪽.
138 『資治通鑑』 권180 「隋紀4」, '煬皇帝上', 大業 3년, 5628쪽.
139 『隋書』 권25 「刑法志」, '隋', 716-717쪽.
140 『唐六典』 권6 「尙書刑部」 注, 183쪽.

용도 이와 동일하다.)

● **刑名仍開皇之舊** 형명은『개황률』의 옛 면모를 그대로 계승함

【원문】 時斗稱皆小舊二倍, 其贖銅亦加二倍爲差. 杖百則三十斤矣. 徒一
年者六十斤, 每等加三十斤爲差, 三年則一百八十斤矣. 流無異等, 贖
二百四十斤. 二死同贖三百六十斤. 其實不異.(刑法志)

【역문】 당시 두(斗)와 칭(稱)은 모두 본래보다 2배 작았으므로 그 속동(贖銅)
의 무게 역시 2배로 늘려서 그 차액을 보충하였다. 장(杖) 100대의 속동
(贖銅)은 30근(斤)이었다. 도(徒) 1년의 속동(贖銅)을 60근으로 매 등급마
다 30근을 더하여 차등으로 삼았으니, 도(徒) 3년은 180근이었다. 유형
(流刑)에는 등급이 없었으며 속동(贖銅)은 240근이었다. 교형(絞刑)과 참
형(斬刑)의 두 사형은 똑같이 속동(贖銅) 360근이었다. 사실상 [신(新) ·
구(舊) 법률의 속동(贖銅) 수량에는] 차이가 없었다.[141](『수서』「형법지」)

【세주 원문】 按據此, 知大業律刑名均與開皇同, 惟贖銅加二倍爲稍異耳.

【세주 역문】 이에 근거하면,『대업률』의 형명은 모두『개황률』과 동일하다는 사실을
알 수 있다. 다만 속동(贖銅)에 2배를 가하였다는 점이 조금 다를 뿐이다.

● **除十惡之條** 십악에 대한 조문의 삭제

【원문】 又敕修律令, 除十惡之條.(刑法志)

【역문】 다시 율령을 정비하도록 명하여 십악(十惡)에 대한 조문을 삭제하였
다.[142](『수서』「형법지」)

---

141 『隋書』 권25 「刑法志」, '隋', 716쪽.
142 『隋書』 권25 「刑法志」, '隋', 716쪽, "煬帝卽位, 以高祖禁網深刻, 又敕修律令, 除十惡之條."

【원문】 大業有造後, 復更刊除, 十條之來, 唯存其八.(唐律疏義)

【역문】 대업 연간(605-616)에 개정한 후, 다시 삭제하여 열개 조문 가운데 여덟 조문만이 남게 되었다.[143](『당률소의』)

【세주 원문】 按大業律仿後周之制, 不別立十惡之目, 以十惡分隷各條, 而十惡中又刪其二也.

【세주 역문】 『대업률』은 후주의 제도를 모방하여 별도로 십악(十惡)의 조목을 제정하지는 않았다. 이로써 십악은 각 조문에 나뉘어 예속되었고, 십악 중에서도 또한 두 가지를 삭제하였다.

◉ 違拒詔書 조서에 복종하지 않는 경우

【원문】 君肅告衆曰: 若從元帥, 違拒詔書, 必當聞奏, 皆獲罪也. 諸將懼.(來護兒傳)

【역문】 최군숙(崔君肅)이 여러 사람들에게 고하여 말하기를, "만약 원수(元帥)를 따른다면 조서(詔書)를 위반하여 황제의 명을 거스르게 되는 것이니, 이는 반드시 상주하여 보고해야 마땅한 일이며, 또한 모두 죄를 얻게 될 것이오."라고 하였다. 이에 여러 장수들이 두려워하였다.[144](『수서』「내호아전」)

【원문】 有司奏緒怯懦違詔, 於是除名爲民.(吐萬緖傳)

【역문】 유사(有司)는 토만서(吐萬緖)가 겁이 많고 나약하여 조서(詔書)를 위반하였다고 상주하였다. 이리하여 제명된 후 일반 백성이 되었다.[145]

---

143 『唐律疏議』 권1, 「名例1」, '十惡', 6쪽.
144 『隋書』 권64 「來護兒傳」, 1516쪽. "君肅告衆曰: 若從元帥, 違拒詔書, 必當聞奏, 皆獲罪也. 諸將懼, 盡勸還, 方始奉詔."
145 『隋書』 권65 「吐萬緖傳」, 1539쪽. "帝不悅, 密令求緒罪失, 有司奏緒怯懦違詔, 於是除名爲民, 配防建安."

(『수서』「토만서전」)

【세주 원문】 按唐律職制, 諸被制書, 有所施行而違者, 徒二年.

【세주 역문】 당률의 「직제」에는 "무릇 제서(制書)를 받고서 이를 시행하는 데 어김이
있을 경우 도(徒) 2년에 처한다."146고 하였다.

⊙ 呪詛 저주

【원문】 煬帝時, 諸侯王恩禮漸薄, 集憂懼不知所爲, 乃呼術者兪普明, 章
醮以祈福助. 有人告集呪詛, 憲司希旨, 鍛成其獄, 奏集惡逆, 坐當死.
天子下公卿議其事, 楊素等曰: 集密懷左道, 厭蠱君親, 公然呪詛. 請論
如律.(衞昭王爽傳)

【역문】 양제(煬帝) 때 제후왕(諸侯王)에 대한 은례(恩禮)가 점차 줄어들자 양
집(楊集)은 초조하여 어찌할 바를 몰랐다. 이에 술사(術師) 유보명(兪普
明)을 불러들여 제단을 베푼 후 자신을 보우(保佑)해 줄 것을 기도하였
다. 그런데 누군가 양집이 황제를 저주[呪詛]한다고 고발을 하였다. 헌사
(憲司)는 황제의 의지에 부합하도록 그 죄명을 짜 맞추어 양집이 악역(惡
逆)을 범하였으니, 그 죄는 사형에 해당한다고 상주하였다. 이에 천자는
공경(公卿)들에게 이 일을 교부하여 논의토록 하였다. 양소(楊素) 등이
말하기를, "양집은 마음속에 삿된 방법으로 음해할 생각을 품고 무술(巫
術)로써 군친(君親)을 해하고자 하여 공공연히 저주[呪詛]를 하였습니다.
청컨대 율에 의거하여 논죄토록 해 주십시오."라고 하였다.147(『수서』「위
소왕상전」)

146 『唐律疏議』 권9 「職制1」, '被制書施行有違', 197쪽.
147 『隋書』 권44 「衞昭王爽傳」, 1224쪽. "煬帝時, 諸侯王恩禮漸薄, 猜防日甚. 集憂懼不知所爲, 乃呼術
   者兪普明, 章醮以祈福助. 有人告集呪詛, 憲司希旨, 鍛成其獄, 奏集惡逆, 坐當死. 天子下公卿議其
   事, 楊素等曰: 集密懷左道, 厭蠱君親, 公然呪詛, 無慚幽顯, 情滅人理, 事悖先朝, 是君父之罪人, 非
   臣子之所赦. 請論如律."

◉ 詐疾 질병의 사칭(詐稱)

【원문】 遼東之役, 郡官督事者前後相屬, 有西曹掾當行, 詐疾, 褒詰之.(元
孝矩傳)

【역문】 요동(遼東) 지역에서 전쟁이 일어나자, 지방관원으로 군대를 수행하
여 각종 일을 맡아 관리하는 이들이 앞뒤로 연결되어 끊이지가 않았다.
어떤 서조(西曹) 연리(掾吏)가 마땅히 군대를 수행해야만 하는데도 병을
사칭(詐稱)하여 따르려 하지 않자, 원표(元褒)가 그를 문책하였다.[148](『수
서』「원효구전」)

【세주 원문】 按唐律, 詐疾病有所避, 在詐僞.

【세주 역문】 당률에는 "질병이 있다고 속이고 회피하는 경우"에 대한 규정이 「사위」
에 있다.[149]

◉ 藏匿罪人 죄인의 장닉(藏匿)

【원문】 玄感敗後, 妓妾並入宮. 帝因問之, 玄感平常時與何人交往, 其妾
以虞綽對. 徙綽且末. 綽至長安而亡, 變姓名, 抵信安令天水辛大德, 大
德舍之. 歲餘, 因有識綽者而告之, 竟爲吏所執, 坐斬江都.(虞綽傳)

【역문】 양현감(楊玄感)이 패패한 이후 그의 가녀(歌女)와 희첩(姬妾)들도 모
두 궁(宮)으로 들여졌다. 황제가 이들에게 양현감은 평상시에 어떤 사람
들과 왕래를 하였느냐고 묻자, 그중 한 희첩이 우작(虞綽)이라고 대답하
였다. 황제는 우작을 차말(且末)로 천사(遷徙)시켰다. 우작은 장안(長安)
에 이른 직후 도망하여 성명까지 바꾼 채 신안현(信安縣) 현령 천수(天水)

---

148 『隋書』 권50 「元孝矩傳」, 1319쪽, "及興遼東之役, 郡官督事者前後相屬, 有西曹掾當行, 詐疾, 褒詰
之, 掾理屈. 褒杖之, 掾遂大言曰: 我將詣行在所, 欲有所告. 褒大怒, 因杖百餘, 數日而死. 坐是免官."
149 『唐律疏議』 권25 「詐僞」, '詐疾病及故傷殘', 471쪽.

출신 신대덕(辛大德)이 있는 곳에 도착하였고, 신대덕은 그에게 머물 곳을 마련해 주었다. 1년여 시간이 흐른 뒤에 우작을 알아본 이가 있어 그를 고발하게 되었고, 끝내 관리에게 붙잡혀 강도(江都)에서 참형에 처해졌다.[150](『수서』「우작전」)

【세주 원문】 按唐律知情藏匿罪人, 在捕亡.

【세주 역문】 당률에는 "실정을 알고도 죄인을 숨겨준 경우"에 대한 내용이 「포망」에 있다.[151]

◉ 里長脫戶 이장탈호

【원문】 于時猶承高祖和平之後, 禁網疎闊, 戶口多漏. 或年及成丁, 猶詐爲小, 未至於老, 已免租賦. 蘊歷爲刺史, 素知其情, 因是條奏, 皆令貌閱. 若一人不實, 則官司解職, 鄕正里長皆遠流配.(裴蘊傳)

【역문】 당시는 여전히 고조 때의 화평(和平)한 정국(政局)을 이어받은 직후였고, 그물망처럼 펼쳐진 금령도 비교적 관대하여 호구(戶口)의 누락이 많았다. 연령이 이미 성정(成丁)에 이르렀는데도 여전히 거짓으로 나이가 어리다고 속이는 경우[152]도 있었고, 아직 노년에 이르지 않았는데도 나이를 속이고 이미 조세와 부역을 면제받는 경우[153]도 있었다. 배온(裴蘊)은 자사(刺史)를 역임하여 평소부터 그 실정을 잘 알았기 때문에 이 상황을 조목별로 갖추어 상주하였다. 황제는 모두 직접 검열토록 명하

---

150 『隋書』 권76 「虞綽傳」, 1740–1741쪽, "及玄感敗後, 籍沒其家, 妓妾並入宮. 帝因問之, 玄感平常時與何人交往, 其妾以虞綽對. 帝令大理卿鄭善果窮治其事. 綽曰: 羈旅薄遊, 與玄感文酒談款, 實無他謀. 帝怒不解, 徙綽且末. 綽至長安而亡, 吏逮之急, 於是潛渡江, 變姓名, 自稱吳卓, 遊東陽, 抵信安令天水辛大德, 大德舍之. 歲餘, 綽與人爭田相訟, 因有識綽者而告之, 竟爲吏所執, 坐斬江都, 時年五十四."

151 『唐律疏議』 권28 「捕亡」, '知情藏匿罪人', 540쪽.

152 『開皇律』에 따르면, 3세 이하는 "黃"이고, 10세 이하는 "小"이며, 17세 이하는 "中"이고, 18세 이상이 "丁"이다. 丁에게는 조세와 부역이 부과된다.

153 『開皇律』에 따르면, 60세 이상이 "老"이며, 이때 비로소 조세와 부역을 면제 받는다.

였다. 또한 만약 한 사람이라도 실제와 부합하지 않는다면 향정(鄕正)과 이장(里長)을 모두 변경으로 유배토록 하였다.[154](『수서』「배온전」)

【세주 원문】 按唐律戶婚, 諸里正不覺脫漏增減者, 罪止徒三年. 此入流配, 知大業律重於唐律也.

【세주 역문】 당률은 「호혼」에 "무릇 이정(里正)이 탈루(脫漏)와 증감(增減)을 깨닫지 못하는 경우 그 죄의 최고형은 도(徒) 3년이다."[155]라고 하였다. 여기에는 유배가 포함되어 있으므로 그 처벌은 『대업률』이 당률보다 더 무거웠음을 알 수 있다.

◉ 縣令無故不得出
현령은 특별한 사유 없이 관할 지역 밖으로 나갈 수 없다

【원문】 時制縣令無故不得出境, 有伊闕令皇甫詡幸於楝, 違禁將之汾陽宮.(齊王楝傳)

【역문】 당시 현령은 특별한 사유 없이 관할 지역 밖으로 나갈 수 없다고 법규가 제정되어 있었다. 이궐현(伊闕縣) 현령 황보우(皇甫詡)는 양간(楊楝)에게 신뢰를 얻었다. 이에 양간은 금령을 어기고 그를 분양궁(汾陽宮)으로 데려 갔다.[156](『수서』「제왕간전」)

【세주 원문】 按唐律, 刺史縣令私出界, 在職制.

【세주 역문】 당률에는 "자사(刺史)나 현령(縣令)이 사적(私的)으로 관할 지역 밖으로 나간 경우"에 대한 내용이 「직제」에 있다.[157]

---

154 『隋書』 권67 「裴蘊傳」, 1575쪽.
155 『唐律疏議』 권12 「戶婚1」, '里正不覺脫漏增減', 233쪽.
156 『隋書』 권59 「齊王楝傳」, 1443쪽.
157 『唐律疏議』 권9 「職制1」, '刺史縣令等私出界', 185쪽.

◉ **籍沒** 적몰

【원문】 上大怒, 澇、鸞、緒並伏誅, 籍沒其家.(元譜傳)

【역문】 황제가 크게 노하여 원방(元澇), 전란(田鸞), 기서(祁緒)를 모두 복주(伏誅)하고, 그 집안을 적몰(籍沒)하였다.[158](『수서』「원해전」)

【원문】 謀洩伏誅, 家口籍沒.(宇文忻傳)

【역문】 모의한 일이 누설되어 복주(伏誅)되었고, 그 집안 식구들은 적몰(籍沒)되었다.[159](『수서』「우문흔전」)

【원문】 於是斬東都市, 家口籍沒.(魚俱羅傳)

【역문】 이리하여 동도(東都)의 저자에서 참형을 당하였고, 그 집안 식구들은 적몰(籍沒)되었다.[160](『수서』「어구라전」)

【원문】 及玄感敗, 伏誅, 籍沒其家.(李子雄傳)

【역문】 양현감(楊玄感)이 패배하고 나서 복주(伏誅)되었고, 그 집안은 적몰(籍沒)되었다.(『수서』「이자웅전」)

【원문】 元淑及魏氏俱斬於涿郡, 籍沒其家.(趙元淑傳)

【역문】 조원숙(趙元淑) 및 위씨(魏氏)는 모두 탁군(涿郡)에서 참수되었고, 그 집안은 적몰(籍沒)되었다.[161](『수서』「조원숙전」)

【세주 원문】 按隋無族誅之制, 故常以籍沒代之.

---

158 『隋書』 권40 「元譜傳」, 1172쪽.
159 『隋書』 권40 「宇文忻傳」, 1167쪽. "謀洩伏誅, 年六十四, 家口籍沒."
160 『隋書』 권64 「魚俱羅傳」, 1518쪽. "敬眞希旨, 奏俱羅師徒敗衂, 於是斬東都市, 家口籍沒."
161 『隋書』 권70 「趙元淑傳」, 1620쪽.

【세주 역문】 수나라에는 멸족의 제도가 없었기 때문에 항상 적몰(籍沒)로 그것을 대신하였다.

◉ 大業令 『대업령』

【원문】 隋大業令三十卷.(經籍志. 新唐書藝文志作十八卷)

【역문】 『수대업령』은 30권이다.[162](『수서』「경적지」. 『신당서』「예문지」에는 "18권"[163]이라고 하였다.)

【원문】 會議新令, 久不能決, 道衡謂朝士曰: 向使高熲不死, 令決當久行. (薛道衡傳)

【역문】 모여서 신령(新令)을 논의하였으나 오래도록 결정할 수가 없었다. 이에 설도형(薛道衡)이 조정의 인사들에게 말하기를, "만약 고경(高熲)이 죽지 않았다면, 법령은 일찍이 결정되어 응당 시행되었을 것이오."라고 하였다.[164](『수서』「설도형전」)

【원문】 初, 新令行, 衍封爵從例除.(郭衍傳)

【역문】 당초 신령(新令)이 시행되어 곽연(郭衍)의 봉작(封爵)도 예에 따라 삭탈되었다.[165](『수서』「곽연전」)

【원문】 煬帝三年定令, 品自第一至第九, 唯置正從, 而除上下階. 又定朝之班序, 以品之高卑爲列. 品同則以省府爲前後, 省府同則以局署爲前後.(通典卷三十九)

---

162 『隋書』 권33 「經籍志」, '刑法篇', 973쪽.
163 『新唐書』 권58 「藝文志」, '乙部史錄‧刑法類', 1494쪽에는 『大業令』에 대한 기록이 없다. 단지 "『大業律』 18권"이라는 기록만이 남아 있다. 여기서는 『大業律』을 『大業令』으로 착오한 듯하다.
164 『隋書』 권57 「薛道衡傳」, 1413쪽.
165 『隋書』 권61 「郭衍傳」, 1470쪽.

【역문】 양제(煬帝) 3년(607)에 영(令)을 제정하였다. 품(品)은 제1부터 제9까지로 다만 정(正)과 종(從)만을 두었을 뿐, 상하(上下)의 계(階)는 폐지하였다. 또한 조정의 반서(班序)를 제정하였다. 품(品)의 높고 낮음을 열(列)로 삼았다. 품(品)이 같은 경우 성부(省府)로 전후(前後)를 삼았으며, 성부(省府)가 같은 경우에는 국서(局署)로 전후를 삼았다.[166](『통전』권39)

【세주 원문】 按此條言大業官品令與開皇官品之差, 通典不載大業令官品, 蓋仍開皇之舊, 僅除上下階爲稍異耳.

【세주 역문】 이 조(條)는 대업연간의 관품령과 개황연간 관품의 차이를 언급하였다. 『통전』에 대업연간의 관품은 기재되어 있지 않지만, 대체로 개황연간의 관품을 계승하였으며, 다만 상하의 계(階)를 폐지하였다는 점이 조금 다를 뿐이다.

◉ 大業式 『대업식』

【원문】 大業二年五月乙卯, 詔曰: 自古已來賢人君子, 有能樹聲立德、佐世匡時、博利殊功、有益於人者, 並宜營立祠宇, 以時致祭. 墳壟之處, 不得侵踐. 有司量爲條式, 稱朕意焉.(煬帝紀)

【역문】 대업 2년(606) 5월 을묘일에 조(詔)를 내려 말하기를, "자고 이래의 현인(賢人)과 군자(君子)들 중 능히 명성(名聲)과 성덕(聖德)을 수립함이 있고, 당시의 세상을 구제하였으며, 널리 탁월한 공훈을 베풀고, 백성들에게 이익됨이 있게 한 이들은 모두 마땅히 사당(祠堂)을 세우고 때에 따라 제사를 지내야만 한다. 이들의 분묘가 있는 곳에는 함부로 침입하여 발을 대어서는 안 된다. 유사(有司)는 이를 잘 헤아려 조식(條式)을 제정함으로써 짐의 의도에 부합하도록 하라."고 하였다.[167](『수서』「양제본기」)

---

166 『通典』권39 「職官典」, '秩品4·隋', 1082쪽.
167 『隋書』권3, 「煬帝本紀」, 66쪽. "乙卯, 詔曰: 旌表先哲, 式存饗祀, 所以優禮賢能, 顯彰遺愛. 朕永鑒前修, 尙想名德, 何嘗不興歎九原, 屬懷千載. 其自古已來賢人君子, 有能樹聲立德、佐世匡時、博利殊功、有益於人者, 並宜營立祠宇, 以時致祭. 墳壟之處, 不得侵踐. 有司量爲條式, 稱朕意焉."

【원문】 大業四年冬十月乙卯, 頒新式於天下.(煬帝紀)

【역문】 대업 4년(608) 겨울 10월 을묘일에 신식(新式)을 천하에 반포하였다.[168](『수서』「양제본기」)

◉ **隋律家** 수의 법률가

【원문】 郎茂. 茂工法理, 爲世所稱.(郎茂傳)

【역문】 낭무(郎茂). 낭무는 법리(法理)에 공교(工巧)하여, 세상 사람들에게 칭송되었다.[169](『수서』「낭무전」)

【원문】 子茂字蔚之, 師事國子博士河間權會, 受詩、易、三禮及玄象刑名之學.(北史郎基傳)

【역문】 아들 낭무(郎茂)의 자(字)는 위지(蔚之)이다. 국자박사(國子博士) 하간(河間)과 권회(權會)를 스승으로 섬겨『시경』,『주역』,『주례』,『예기』,『의례』및 현상학(玄象學)과 형명학(形名學)을 배웠다.[170](『북사』「낭기전」)

【원문】 崔廓. 廓嘗著論, 言刑名之理, 其義甚精, 文多不載.(崔廓傳)

【역문】 최곽(崔廓). 최곽은 일찍이 의론(議論)을 발표한 적이 있었는데, 형명학(形名學)의 이치에 대해서 언급하였다. 그 의론이 매우 정치하였으나 그 문장들은 대부분 기재되어 있지 않다.[171](『수서』「최곽전」)

【원문】 楊汪. 汪明習法令, 果於剖斷, 當時號爲稱職.(楊汪傳)

【역문】 양왕(楊汪). 양왕은 법령에 밝고 익숙하여 분석하여 판단을 내리는

---

168 『隋書』 권3 「煬帝本紀」, 72쪽.
169 『隋書』 권66 「郎茂傳」, 1555쪽.
170 『北史』 권55 「郎基傳」, 2014쪽.
171 『隋書』 권77 「崔廓傳」, 1755쪽.

데 과단성이 있었다. 이에 당시 그 재능이 직책에 걸맞다는 평을 들었다.[172](『수서』「양왕전」)

◉ 隋代刑罰之峻 수대 형벌의 엄혹함

【원문】 高祖性猜忌, 素不悅學, 旣任智而獲大位, 因以文法自矜, 明察臨下. 恒令左右覘視內外, 有小過失, 則加以重罪. 又患令史贓汚, 因私使人以錢帛遺之, 得犯立斬. 每於殿廷打人, 一日之中, 或至數四. 嘗怒問事揮楚不甚, 卽命斬之. 十年, 尙書左僕射高熲、治書侍御史柳彧等諫, 以爲朝堂非殺人之所, 殿庭非決罰之地. 帝不納. 熲等乃盡詣朝堂請罪, 曰: 陛下子育群生, 務在去弊, 而百姓無知, 犯者不息, 致陛下決罰過嚴. 皆臣等不能有所裨益, 請自退屛, 以避賢路. 帝於是顧謂領左右都督田元曰: 吾杖重乎? 元曰: 重. 帝問其狀, 元擧手曰: 陛下杖大如指, 箠楚人三十者, 比常杖數百, 故多致死. 帝不懌, 乃令殿內去杖, 欲有決罰, 各付所由. 後楚州行參軍李君才上言, 帝寵高熲過甚, 上大怒, 命杖之, 而殿內無杖, 遂以馬鞭笞殺之. 自是殿內復置杖.(刑法志)

【역문】 고조의 성격은 시기(猜忌)가 심하고, 본래 학문을 좋아하지 않았다. 지모에 의해서 황제의 지위를 얻은 이후 스스로 문법(文法)에 정통하다고 자부하여 모든 일에 명찰(明察)하다는 태도로 신하들을 대하였다. 항상 주변의 측근들에게 조정 내외를 정찰하게 하여 조그만 과실이라도 발견되면 곧 중죄로 처단하였다. 또한 영사(令史)들의 오직(汚職) 행위를 우려하여 몰래 사람을 부려 전백(錢帛)을 보내고는 이를 받으면 즉시 참형(斬刑)에 처하였다. 매양 전정(殿廷)에서 사람에게 매질을 하였는데, 하루 중 수차례에 이르기도 하였다. 일찍이 장형을 집행하는 사람[173]이 미온적으로 장을 집행하자 분노하여 즉시 참형을 명한 적도 있었다. [개

---

172 『隋書』 권56 「楊汪傳」, 1394쪽.
173 "問事"는 심문할 때 장(杖)을 휘두르는 사람을 말한다.

황] 10년(590)에 상서좌복야(尙書左僕射) 고경(高熲), 치서시어사(治書侍御史) 유욱(柳彧) 등이 간(諫)하여 말하기를, "조당(朝堂)은 사람을 죽이는 곳이 아니옵고, 전정(殿庭)은 형벌을 집행하는 장소가 아닙니다."라고 하였으나, 황제는 받아들이지 않았다. 이에 고경 등이 모두 조당(朝堂)으로 나아가 죄를 청하며 말하기를, "폐하께서는 천하의 백성들을 양육하고 각종 폐단을 제거하는 데 힘쓰고 계시지만, 백성들이 무지하여 죄를 범하는 경우가 그치지를 않아 폐하께서 엄혹한 형벌을 가하는 데 이르게 하였습니다. 이는 모두 신(臣)들이 폐하를 보좌하여 국정을 이끄는 능력이 부족하기 때문입니다. 바라옵건대 직임에서 물러나 현명한 이에게 길을 양보할 수 있게 하여 주십시오."라고 하였다. 황제는 이에 영좌우(領左右) 도독(都督) 전원(田元)을 돌아보며 말하기를, "나의 장(杖)이 무거운가?"라고 물었다. 전원이 말하기를, "무겁습니다."라고 하였다. 황제가 그 정도가 어떠한가를 묻자, 전원이 손을 들어 말하기를, "폐하의 장(杖)은 이와 같이 매우 커서 사람에게 30대를 가할 경우 일반적인 장(仗)의 수백 대에 상당합니다. 때문에 죽음에 이르는 경우가 많습니다."라고 하였다. 황제는 불쾌한 기색을 보이면서도 이내 전내(殿內)의 장(仗)을 치우도록 하고 처벌을 하고자 할 때는 각각 주관하는 관서에 교부토록 하였다. 후에 초주행참군(楚州行參軍) 이군재(李君才)가 상언(上言)하기를, "황제께서는 고경을 지나치게 총애하십니다."라고 하였다. 황제는 크게 분노하여 그를 장(杖)으로 때리라 명하였지만 전내(殿內)에 장(杖)이 없었으니, 마침내 말의 채찍[鞭]으로 태(笞)를 쳐서 죽였다. 이로부터 전내(殿內)에 다시 장(杖)이 두어졌다.[174](『수서』「형법지」)

【원문】 其諸司屬官, 若有愆犯, 聽於律外斟酌決杖. 於是上下相驅, 迭行箠楚, 以殘暴爲幹能, 以守法爲懦弱.(同上)

【역문】 모든 관서 소속의 관원으로 만약 죄과(罪過)가 있을 경우 율의 규정

---

174 『隋書』 권25 「刑法志」, '隋'. 713쪽.

에 얽매이지 않고 적절히 판단하여 장형(杖刑)을 집행하는 것을 허락하였다. 이리하여 상하가 서로 압박하여 번갈아 장형을 가하였고, 잔혹한 자가 수완이 있는 것으로 간주되고 법률을 준수하는 자가 유약한 것으로 간주되었다.[175](『수서』「형법지」)

【원문】 帝猜忌, 二朝臣僚, 用法尤峻. 御史監師, 於元正日不劾武官衣劍之不齊者, 或以白帝, 帝謂之曰: 爾爲御史, 何縱捨自由. 命殺之. 諫議大夫毛思祖諫, 又殺之. 左領軍府長史考校不平, 將作寺丞以諫麥䴴遲晚, 武庫令以署庭荒蕪, 獨孤師以受蕃客鸚鵡, 帝察知, 並親臨斬決. 仁壽中, 用法益峻, 帝旣喜怒不恒, 不復依準科律. 大理寺丞楊遠、劉子通等, 性愛深文, 每隨牙奏獄, 能承順帝旨. 帝大悅, 並遣於殿庭三品行中供奉, 每有詔獄, 專使主之. 候帝所不快, 則案以重抵, 無殊罪而死者, 不可勝原. 遠又能附楊素, 每於塗中接候, 而以囚名白之, 皆隨素所爲輕重. 其臨終赴市者, 莫不塗中呼枉, 仰天而哭.(同上)

【역문】 황제는 북제와 북주 출신의 신료들을 의심하여 법을 매우 엄준하게 적용하였다. 어사(御史) 감사(監師)가 원정일(1월 1일)에 무관(武官) 중 의복대검(衣服帶劍)이 가지런하지 않은 이들을 적발하지 않았다. 누군가 이 일을 황제에게 보고하였는데, 황제가 말하기를, "그대는 어사(御史)이면서 어찌하여 내버려둔 채 멋대로 행동하도록 하는가?"라고 하고는 그를 죽이라고 명하였다. 간의대부(諫議大夫) 모사조(毛思祖)가 이 일에 대해 간언하자 다시 그를 죽였다. 좌령군부(左領軍府)의 장사(長史)는 고과평정(考課評定)을 불공평하게 했다는 이유로, 장작시승(將作寺丞)은 백성들에 대한 보릿짚의 공출 배당이 늦었음을 간언하였다는 이유로, 무고령(武庫令)은 관서의 뜰이 황폐해졌다는 이유로, 독고사(獨孤師)는 남만(南蠻)의 사자가 보내온 앵무(鸚鵡)를 받았다는 이유로, 황제가 그 사실을 알고 난 후에는 모두 친히 참형(斬刑)을 집행하였다. 인수 연간(601-

---

175 『隋書』 권25 「刑法志」, '隋', 714쪽.

604)에는 법의 적용이 더욱 엄해졌다. 황제는 이미 희노(喜怒)의 정(情)이 일정치 않았고 다시는 법률에 의거하려 하지 않았다. 대리시승(大理寺丞) 양원(楊遠)과 유자통(劉子通) 등은 그 성정(性情)이 무거운 처벌 법규를 좋아하는 인물들이었다. 관아에서 옥안(獄案)을 상주할 때마다 황제의 뜻을 잘 파악하여 그대로 따랐다. 황제는 크게 기뻐하여 이들을 모두 전정(殿庭)에서 3품의 반열에 들여 공봉(供奉)토록 한 후 조옥(詔獄)이 있을 때마다 그들이 전담하여 주관하게 하였다. 황제가 불쾌히 여기는 바라면 곧 중죄로써 처단하니, 죽임을 당할 만한 죄가 아닌데도 사형에 처해진 자들이 수를 헤아릴 수가 없었다. 양원은 또한 양소에게 의부(依附)하여 매양 길가에서부터 그를 맞아들인 후 죄수의 성명을 알려줌으로써 모두 양소의 심중에 따라 경중을 판정하였다. 사형 집행을 위해 저자로 끌려가는 자들 중에는 길에서 억울함을 호소하고 하늘을 우러러 통곡하지 않는 자가 없었다.[176](『수서』「형법지」)

【원문】 每言當今法急, 官不可爲. 上大怒, 命斬之.(權武傳)

【역문】 말할 때마다 현재의 법령은 매우 엄혹하고 관직은 할 만하지가 않다고 하였다. 이에 황제가 크게 노하여 참형에 처하도록 명하였다.[177]
(『수서』「권무전」)

【원문】 尙書省嘗奏犯罪人依法合流, 而上處以大辟, 莊奏曰: 法者天子所

---

176 『隋書』 권25, 「刑法志」, '隋', 715~716쪽, "帝猜忌. 二朝臣僚, 用法尤峻. 御史監師, 於元正日不劾武官衣劍之不齊者, 或以白帝. 帝謂之曰: 爾爲御史, 何縱捨自由. 命殺之, 諫議大夫毛思祖諫, 又殺之, 左領軍府長史考校不平, 將作寺丞以諫麥翹遲晩, 武庫令以署庭荒蕪, 獨孤師以受蕃客鸚鵡, 帝察知, 並親臨斬決. 仁壽中, 用法益峻, 帝旣喜怒不恒. 不復依準科律, 時楊素正被委任. 素又稟性高下, 公卿股慄. 不敢措言, 素於鴻臚少卿陳延有不平, 經蕃客館, 庭中有馬屎, …, 殆至於斃, 大理寺丞楊遠、劉子通等, 性彼深文, 每隨牙奏獄, 能承順帝旨. 帝大悅, 並進於殿庭三品行中供奉, 每有詔獄, 專使主之, 候帝所不快, 則案以重抵, 無殊罪而死者, 不可勝原. 遠又能附楊素, 每於塗中接候, 而以囚名白之, 皆隨素所爲輕重. 其臨赴書市者, 莫不塗中呼枉, 仰天而哭. 越公素侮弄朝權, 帝亦不之能悉."
177 『隋書』 권65, 「權武傳」, 1537쪽, "武常以南越邊遠. 治從其俗, 務適便宜. 不依律令, 而每言當今法急, 官不可爲. 上令有司案其事, 皆驗. 上大怒, 命斬之."

與天下共也. 今法如是, 更重之, 是法不信於民心. 帝不從, 由是忤旨.
(柳莊傳)

【역문】 상서성(尚書省)에서 일찍이 죄를 범한 사람을 법에 따라 유형에 처해야 마땅하다고 상주하였는데도 황제는 사형[大辟]에 처하도록 명하였다. 이에 유장(柳莊)이 상주하여 말하기를, "법이란 천자와 천하가 함께 공유하는 것입니다. 현재 법이 이와 같은데도 그것을 더욱 무겁게 하시니, 이러한 법은 백성들의 마음으로부터 신임을 얻지 못합니다."라고 하였다. 그러나 황제는 그의 의견에 따르지 않았고, 유장은 이로부터 황제의 성지(聖旨)를 받들지 않게 되었다.[178](『수서』「유장전」)

【원문】 帝暮年, 精華稍竭, 不悅儒術, 專尚刑名.(北史儒林傳)

【역문】 황제는 말년에 정신적인 원기(元氣)가 점점 줄게 되어 유술(儒術)을 좋아하지 않고 오로지 형명(刑名)만을 숭상하였다.[179](『북사』「유림전」)

【원문】 以上文帝.

【역문】 이상은 문제(文帝) 때의 사례이다.

【원문】 帝乃更立嚴刑, 敕天下竊盜已上, 罪無輕重, 不待聞奏, 皆斬. 百姓轉相群聚, 攻剽城邑, 誅罰不能禁. 帝以盜賊不息, 乃益肆淫刑. 九年, 又詔爲盜者籍沒其家. 自是群賊大起.(刑法志)

【역문】 이에 황제는 더욱 엄혹한 형벌을 세웠다. 천하에 칙(敕)을 내려, 절도(竊盜) 이상은 그 죄의 경중을 따질 것 없고, 조정에 상주할 것도 없이 모두 참형에 처하도록 하였다. 백성들이 이리저리로 옮겨 다니며 점차

---

178 『隋書』 권66 「柳莊傳」, 1552쪽. "尚書省嘗奏犯罪人依法合流, 而上處以大辟, 莊奏: 臣聞張釋之有言, 法者天子所與天下共也. 今法如是, 更重之, 是法不信於民心. 方今海內無事, 正是示信之時, 伏願陛下思釋之之言, 則天下幸甚. 帝不從, 由是忤旨."

179 『北史』 권81 「儒林傳」, 2707쪽.

무리를 지은 후 성읍을 공격하여 약탈하였으나, 주살(誅殺)의 징계로도 금지할 수가 없었다. 황제는 도적떼가 그치지 않자 이내 지극히 가혹한 형법을 시행하였다. 대업 9년(613)에 다시 조(詔)를 내려, 도적이 된 자는 그 가족과 재산을 몰수토록 하였다. 이로부터 군적(群賊)이 크게 일어났다.[180](『수서』「형법지」)

【원문】 蘊善候伺人主微意, 若欲罪者, 則曲法順情, 鍛成其罪. 所欲宥者, 則附從輕典, 因而釋之.(裴蘊傳)

【역문】 배온(裴蘊)은 황제의 심사(心思)를 파악하는 데 능하여, 만약 황제가 누군가에게 죄를 주려고 할 경우 법을 왜곡하고 인정(人情)을 좇아 그 죄명을 짜 맞추었다. 또한 만약 황제가 용서하고자 할 경우 가벼운 형벌 규정에 의거하여 그로 인해 죄인이 석방될 수 있도록 하였다.[181](『수서』「배온전」)

【원문】 蜀王秀之得罪, 賓客經過之處, 仲卿必深文致法, 州縣長吏坐者太半. 上以爲能.(趙仲卿傳)

【역문】 촉왕(蜀王) 양수(楊秀)가 죄를 범하였는데, 양수의 빈객(賓客)들이 왕래한 정황이 있으면, 조중경(趙仲卿)은 갖은 방법을 동원하여 반드시 그 죄명을 짜 맞추었다. 이에 주현(州縣)의 장리(長吏)들 중 상당수가 이 일에 연좌되고 말았다. 황제는 그러한 조중경에게 재능이 있다고 생각하였다.[182](『수서』「조중경전」)

【원문】 遼東之意, 遣弘嗣往東萊海口監造船. 諸州役丁苦其捶楚, 官人督役, 晝夜立於水中, 略不敢息, 自腰以下, 無不生蛆, 死者十三四.(元弘嗣傳)

---

180 『隋書』 권25 「刑法志」, '隋', 717쪽.
181 『隋書』 권67 「裴蘊傳」, 1575쪽.
182 『隋書』 권74 「趙仲卿傳」, 1697쪽.

【역문】 요동(遼東) 지역을 도모할 생각에 원홍사(元弘嗣)를 동래(東萊)의 해구(海口)로 파견하여 배를 만드는 작업을 감시하게 하였다. 전국에서 온 역정(役丁)들은 매질에 고통스러워 하였고, 관인(官人)들은 역(役)을 감독하느라 밤낮으로 물속에 서 있으면서 감히 조금도 쉴 생각을 못하였으니, 허리 아래로 구더기가 발생하지 않은 자가 없었으며, 사망에 이른 자도 열 명 중에 서너 명이었다.[183](『수서』「원홍사전」)

【원문】 於是將政出金光門, 縛政於柱, 公卿百僚並親擊射, 臠割其肉, 多有噉者. 噉後烹煮, 收其餘骨, 焚而揚之.(斛斯政傳)

【역문】 이리하여 곡사정(斛斯政)을 금광문(金光門)으로 압송한 후 그를 기둥에 단단히 묶었다. 그리고 공경(公卿)과 백료(百僚)들이 모두 직접 활을 쏘아 맞혔다. 게다가 그의 살점이 떼어다가 씹어 먹는 자들도 많았다. 그의 살점을 씹어 먹은 다음에는 다시 끓는 물에 삶아 남은 뼈를 수습하여 불사른 후 그 재를 하늘에 뿌렸다.[184](『수서』「곡사정전」)

【원문】 煬帝忌刻, 法令尤峻, 人不堪命.(舊唐書刑法志)

【역문】 양제(煬帝)는 다른 사람을 시기하여 가혹하게 대하였기 때문에 그 법령은 더욱 엄혹하였다. 이에 백성들은 그 학정(虐政)의 압박을 견디지 못하였다.[185](『구당서』「형법지」)

【원문】 末年嚴刻, 生殺任情, 不復依例. 及楊玄感反, 誅九族, 復行轘裂、梟首, 磔而射之.(唐六典注)

【역문】 말년에 엄혹하여 생살(生殺)을 임의대로 시행하고 다시는 법례(法例)에 따르지 않았다. 양현감(楊玄感)이 반란을 일으켰을 때 구족(九族)을

---

183 『隋書』 권74 「元弘嗣傳」, 1701쪽.
184 『隋書』 권70 「斛斯政傳」, 1623쪽.
185 『舊唐書』 권50 「刑法志」, 2133쪽.

주멸하였으며, 환열형(轘裂刑)과 효수형(梟首刑)을 다시 시행하여, [사지를] 찢고 활로 쏘았다.[186](『당육전』주)

【원문】 以上煬帝.

【역문】 이상은 양제(煬帝) 때의 사례이다.

---

[186] 『唐六典』권6「尙書刑部」注, 183쪽.

구 조 율 고

九 朝 律 考